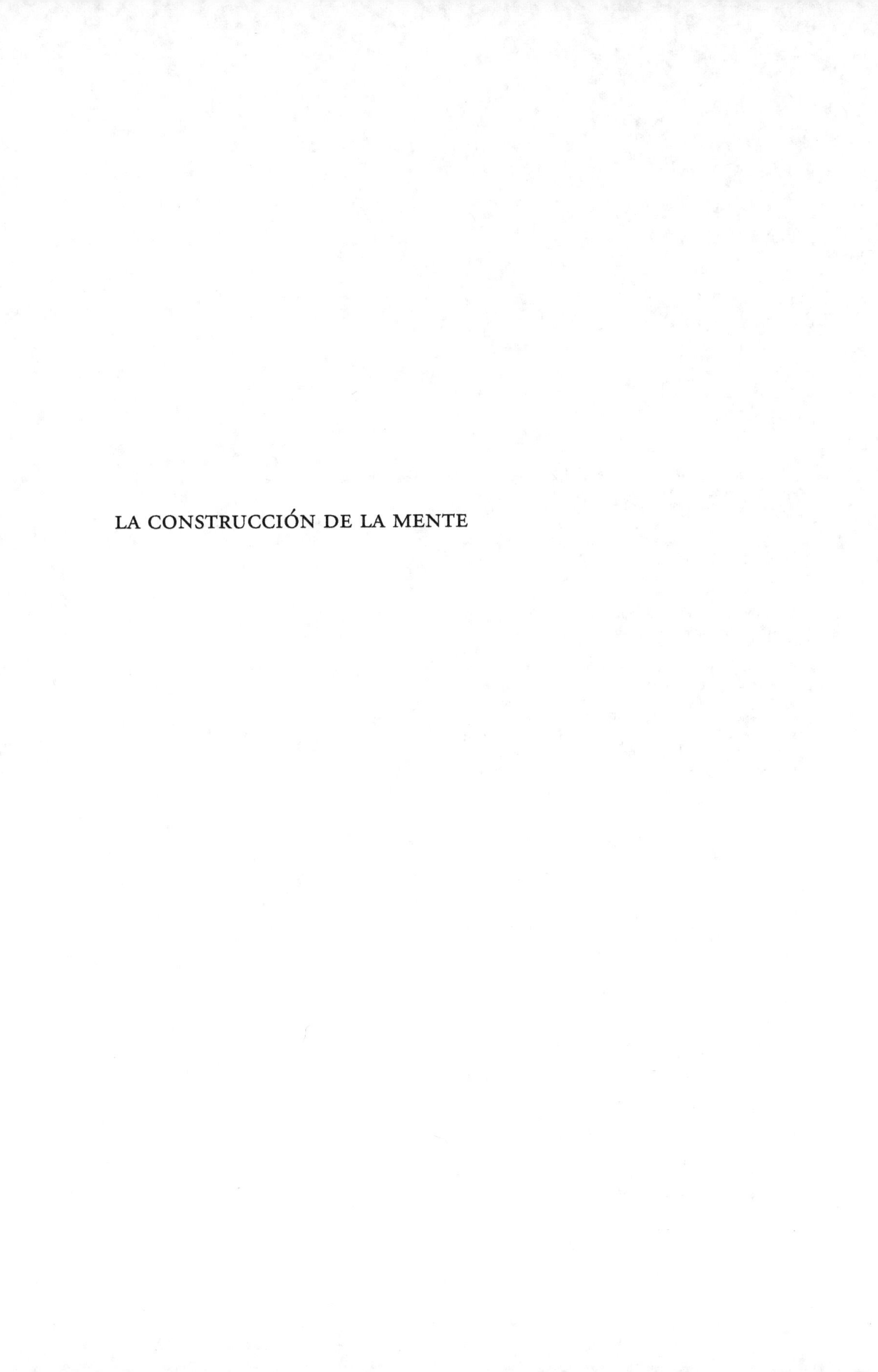

LA CONSTRUCCIÓN DE LA MENTE

EDICIONES UNIVERSIDAD CATÓLICA DE CHILE
Vicerrectoría de Comunicaciones
Av. Libertador Bernardo O'Higgins 390, Santiago, Chile

editorialedicionesuc@uc.cl
www.ediciones.uc.cl

La Construcción de la Mente
CÓMO SE DESARROLLA LA TEORÍA DE LA MENTE

Making Minds was originally published in English in 2014.
This translation is published by arrangement with Oxford
University Press. Ediciones UC is solely responsible for this
translation from the original work and Oxford University Press
shall have no liability for any errors, omissions or inaccuracies
or ambiguities in such translation or for any losses caused by
reliance thereon.

Traductora: Henriette Iraçabal Vidal

Pontificia Universidad Católica de Chile
© Inscripción N° 282.466
Derechos reservados
Septiembre 2017
ISBN N° 978-956-14-2147-9

Diseño: Francisca Galilea
Impresor: Imprenta Salesianos S.A.

CIP-Pontificia Universidad Católica de Chile
Wellman, Henry M., autor.
La construcción de la mente: cómo se desarrolla la teoría de la
mente / Henry M. Wellman; editores académicos María Inés
Susperreguy, Cristian A. Rojas-Barahona: traductora Henriette
Iraçabal Vidal.
Incluye bibliografía.
1.	Desarrollo cognitivo.
2.	Procesos cognitivos.
3.	Cognición en niños.
I.	t.
II.	Susperreguy Jorquera, María Inés, editor.
III.	Rojas-Barahona, Cristian A., editor.
2017	115.413 + DDC23	RDA

La Construcción de la Mente

CÓMO SE DESARROLLA LA TEORÍA DE LA MENTE

Henry M. Wellman

EDITORES ACADÉMICOS
María Inés Susperreguy
Cristian A. Rojas-Barahona

EDICIONES UC

Índice

Agradecimientos

ESCRIBIR UN LIBRO como este no sería posible sin un punto de vista informado. Mi propia investigación, así como perspectivas con «información privilegiada», dan color a mi pensamiento y este libro. Valoro y me he esforzado por entregar conclusiones e interpretaciones firmemente arraigadas en datos (si bien reconozco que están cargadas de teoría también), pero muchos de los ejemplos desarrollados con mayor detalle provienen de mi propio trabajo. Creo haber dejado bastante claros los esfuerzos y la investigación de muchos otros investigadores, a quienes les pido que perdonen mi modo personalista de presentación. De hecho, la «teoría de la mente» ha avanzado como lo ha hecho no solo por las ideas y hallazgos que ha producido, sino por los esfuerzos de algunos investigadores, inusualmente capacitados y perspicaces que, aunque muchas veces puedan estar en desacuerdo, han sido muy profesionales y han estado abiertos a discutir argumentos, datos y otros puntos de vista. Me siento bendecido de contar con muchos de ellos entre mis amigos y muchos otros como colegas. La teoría de la mente ha tenido la suerte de haber captado el interés y los esfuerzos de tal equipo de profesionales, fértil e inteligente.

Incluso mis propios pensamientos en este libro han sido ayudados, mejorados, inspirados e informados por muchos otros. Me gustaría destacar aquí a Alison Gopnik, Candi Peterson, Susan Gelman, Carl Johnson, Paul Harris, Janet Astington, Josef Perner, Alan Leslie y Liz Spelke. Incluso la investigación que menciono como propia es colaborativa, a menudo con algunas de las personas que acabo de mencionar, y aún más claramente con un gran número de estudiantes excepcionales con los que he tenido la suerte de trabajar: David Estes, Karen Bartsch, Jacqui Woolley, Mita Banerjee, Anne Hickling, Margaret Evans, Ann Phillips, Kristin Lagatutta, Mark Sabbagh, Jennifer Amsterlaw, David Liu, Sarah Dunphy-Lelii, Jenny LaBounty, Tamar Kushnir, Marjorie Rhodes y Lindsay Bowman, entre otros.

Más específicamente, el Capítulo 5, «Progresiones Ampliadas en la Comprensión de la Teoría de la Mente», representa un trabajo colaborativo con Candi Peterson y David Liu. La parte del Capítulo 5 en la que hablo de la universalidad se basa en gran medida en Wellman (2013), que apareció en un volumen editado por M. Banaji y S. Gelman. El Capítulo 6, «Teoría de la Teoría: Reconstrucción del Constructivismo», no habría sido posible sin el pensamiento, la amistad y la colaboración de Alison Gopnik (y ese capítulo aborda parte de algunas ideas analizadas más en detalle en Gopnik y Wellman, 2012). El Capítulo 11, «El Cerebro Social: Áreas Cerebrales Involucradas en la Teoría de la Mente», tiene una deuda, tanto empírica como conceptual, con David Liu, Mark Sabbagh y especialmente con Lindsay Bowman (porque en parte, el Capítulo 11 toma prestados fragmentos de Bowman y Wellman, 2014). El Capítulo 13, «Desarrollos Posteriores: Mentes y Cerebros, Dios y Almas», proviene de extensas y fructíferas colaboraciones con Carl Johnson, así como de investigaciones emprendidas con Jon Lane y Margaret Evans.

Y de manera más general, mis ideas han sido moldeadas por mi lectura de otros autores. Filósofos, médicos, psicólogos y antropólogos han influido en mi pensamiento, a tal punto que me es imposible hacer aquí un reconocimiento adecuado.

Durante más de 20 años, Sheba Shakir ha sido de invaluable ayuda en la administración de mis proyectos, publicaciones y asuntos universitarios; y también en este libro.

Y no solo personas me han apoyado, sino también organizaciones. Mi investigación ha recibido el constante y generoso financiamiento del *Eunice Shriver National Institute of Child Health and Human Development of the National Institutes of Health*. También he recibido financiamiento crucial de la *National Science Foundation* y la *McDonnell Foundation*. Y pude dedicarme de manera importante a escribir este libro gracias a una residencia especial Bellagio de la *Rockefeller Foundation*. Me beneficié enormemente de varios enriquecedores períodos como profesor visitante en la *University of Queensland*. Esta edición traducida fue posible gracias a conversaciones de colaboración durante un tiempo extendido con María Inés Susperreguy, y luego por una visita a Santiago de Chile, donde expuse en el Seminario Internacional de PEL, invitado por María Inés, Cristian Rojas-Barahona y la Facultad de Educación de la Pontificia Universidad Católica de Chile. Posteriormente, la Facultad de Educación y Ediciones UC se hicieron cargo de la traducción y publicación del presente libro. Durante todos los pasos del proceso ellos fueron de gran ayuda, extremadamente colaboradores y efectivos. Reconozco con gratitud sus numerosos esfuerzos.

Por último, mi casa académica, la *University of Michigan*, me ha brindado inmenso apoyo durante más de 30 años. Es una de las mejores instituciones de educación superior del mundo y, sin duda, ha contribuido a mi formación continua siendo una fuente inagotable de ideas, colegas y excelentes estudiantes.

Por último, pero no menos importante, quiero dar las gracias a mi familia: Karen, Ned y Daniel, y más recientemente Chelsea y Chase.

LA CONSTRUCCIÓN DE LA MENTE

Introducción

TEORÍA DE LA MENTE, DESARROLLO Y COGNICIÓN HUMANA

FUNDACIONAL

EN MARZO DEL 2010, un grupo de mineros chilenos quedaron atrapados a más de 700 metros bajo roca y tierra tras el colapso de una mina. Al ser descubiertos vivos, por medio de una sonda electrónica, el primer mensaje que envió uno de ellos a su esposa fue:

> *Pensábamos* que nos íbamos a morir de hambre aquí abajo. No te *imaginas* lo que me dolía el alma por querer hacerte saber que estábamos vivos y no poder hacerlo… lo único que *quiero* ahora es verte cuando salga desde las entrañas de la tierra. [Énfasis añadido] (Tresniowski y McNeil, 2010).

El mensaje de este hombre irradia uno de los aspectos más fundamentales de la vida humana: pensar en el otro en términos de pensamientos, deseos, esperanzas, imaginando y conociendo. La literatura también lo hace. Analicemos este pasaje de Romeo y Julieta. En uno de los primeros actos, cuando Romeo recién se enamora de Julieta, pero se da cuenta de que es una Capuleto (mientras que él es un Montesco), confía sus sentimientos a su amigo y compañero de clan, Benvolio.

> BENVOLIO: Hazme caso, *olvida pensar* en ella.
> ROMEO: Oh, enséñame cómo debería *olvidar* pensar.
> BENVOLIO: Deja tus ojos en libertad; *contempla* otras bellezas.

> ROMEO: Quien ciego ha quedado no olvida el preciado tesoro que sus
> ojos perdieron… [Énfasis añadido] (Shakespeare, 1597/1961, p. 398).

La buena literatura nos presenta vidas humanas. Narrativas, tragedias, comedias, romances, todas ellas cuentan nuestras historias. Y en un punto del análisis (en medio de maravillosas diferencias y particularidades), la literatura cuenta una sola historia, una historia centrada en la comprensión de los pensamientos, emociones, deseos y acciones del ser humano. Esta comprensión cotidiana de las personas como seres que piensan, olvidan, quieren y recuerdan es conocida entre los científicos como «teoría de la mente». Los humanos vivimos socialmente: criados por padres, en comunidades familiares que interactúan, se preocupan y trabajan con otras personas constantemente. No solo vivimos socialmente, sino que pensamos socialmente: desarrollamos y dependemos de un amplio conocimiento sobre la vida social, las entidades sociales (personas, amigos, enemigos, clanes, familias), así como de las acciones e interacciones sociales (amar, agredir, aconsejar). Parece concebible que la amplia gama de cogniciones sociales que adquieren los seres humanos, sea una serie de hechos, ideas y axiomas convencionales que pueden estar vagamente relacionados e incluso desconectados. Pero detrás de la frase «teoría de la mente» está la afirmación de que la cognición social del ser humano se basa en una comprensión de nosotros mismos y de los demás en términos de nuestros estados internos, mentales y psicológicos. Shakespeare, los mineros en Chile, y en general todos nosotros, interpretamos o construimos a las personas en términos de deseos, pensamientos, gustos y preferencias, intenciones y recuerdos, revelando una teoría de la mente cotidiana. Los niños también lo hacen, como evidencia la transcripción de conversaciones del día a día:

> NIÑO (3 años, 9 meses): ¿Se puede comer caracoles?
> MADRE: Algunas personas comen caracoles, sí.
> NIÑO: ¿Por qué?
> MADRE: Porque les gustan.
> NIÑO: Mami, ¿quieres comer caracoles?
> MADRE: No, no creo que me gustaría comer caracoles.
> NIÑO: No me gusta comer caracoles… La gente come caracoles (Bartsch
> y Wellman, 1995, pág. 85).

Por otro lado, no nos vemos —al menos no muy a menudo ni profundamente— en términos de meras apariencias externas ni de conductas observables. Alison

Gopnik y sus colegas (Gopnik, Meltzoff y Kuhl, 2001) captaron esta idea con un ejemplo convincente. Imagine a una familia sentada alrededor de la mesa. «Vemos» todo el desarrollo de la escena en términos de personas y actuaciones: padres e hijos, personas que hablan y otras que escuchan sosteniendo una conversación, burlándose, pasándose las papas, prefiriendo el postre a los vegetales. Pero si nos fijáramos en cambio en lo superficial y evidente, sin pasar por el filtro de nuestra teoría de la mente, veríamos lo siguiente:

> Bolsas de piel rellenas, cubiertas por telas, sobre sillas, que se mueven de maneras impredecibles… pequeñas manchas negras que se mueven incesantemente en la parte superior de estas bolsas y, bajo ellas, un pequeño agujero que emite sonidos de manera irregular. Esto es, por supuesto, la visión que tendría una persona demente, una pesadilla (Gopnik, Meltzoff et al., 2001, pp. 4-5).

Veinticinco años atrás, prácticamente no se oía hablar de la teoría de la mente, mientras que hoy es ampliamente analizada. Una búsqueda reciente en Google del concepto «teoría de la mente» (en inglés, *theory of mind*) arrojó más de un millón y medio de coincidencias. Una de las razones clave tras este interés generalizado ha sido la provocadora y enriquecedora información publicada por psicólogos del desarrollo que muestra que incluso los niños pequeños atribuyen tales estados a deseos, creencias y emociones de uno mismo y de los demás. Estos hallazgos han intrigado a varios investigadores: los primatólogos han analizado hasta qué punto la «mentalización» es exclusivamente humana. Los científicos de la evolución han estudiado la evolución de la teoría de la mente para determinar si fue terreno fértil para los avances en la inteligencia humana en general. Los antropólogos han debatido respecto de si la comprensión mental del concepto persona es universal o no lo es y, de hecho, si la teoría de la mente en la infancia es crucial para que el aprendizaje cultural se lleve a cabo. Los psicólogos clínicos han indagado el grado en que los déficits en la teoría de la mente inciden en los trastornos sociales, en especial en el caso de individuos con autismo. Los neurocientíficos se han preguntado si la mentalización está especialmente apoyada en el cerebro humano y en qué medida es modular y específica. Y estudiosos de la religión han sugerido que una teoría de la mente cotidiana proporciona la base para que el ser humano se interese en Dios y en lo sobrenatural.

En este libro, hago un análisis más profundo de cómo se desarrolla la teoría de la mente, proporcionando con ello una continuación del libro *The Child's*

Theory of Mind (Wellman, 1990/1995 en la edición en español). Es posible que de 1990 en adelante no solo la importancia del tema haya aumentado (1.500.000 coincidencias), sino que la naturaleza de la teoría de la mente en sí se haya hecho más conocida y se comprenda de mejor forma. Sin embargo, los resultados no están exentos de vacíos y contradicciones. Además, la literatura sobre la teoría de la mente incluye conflictos profundamente arraigados. Estos conflictos, a su vez, reflejan las divisiones actuales acerca de cómo caracterizar mejor la cognición humana fundacional, si como dominio específico o general, como manifiesto de teorías ingenuas, módulos conceptuales o redes de conexiones aprendidas.

Pese a ello, creo que la información y las teorías son más reveladoras y adecuadas de lo que podíamos haber esperado en un principio, pues incluyen muchas más señales que ruidos, entregan una serie de conclusiones claras y, de hecho, han logrado un inusitado nivel de consenso en medio de las disputas e incógnitas. En este libro, trato de articular esta historia.

Mi título merece una aclaración. Este no es un libro sobre cómo las neuronas construyen cerebros que forman a su vez las mentes. Tampoco es un libro sobre el desarrollo cognitivo de formación de la mente en el sentido más amplio. Se trata de construir la mente en el sentido específico de desarrollar nuestras teorías de la mente. Se trata de cómo nosotros, y nuestros hijos, desarrollamos la comprensión cotidiana de nuestra propia vida mental y de la de los demás. Nadie puede entrar en la mente de otra persona y conocerla. Así, cada mente que sentimos, con la que interactuamos o atribuimos a los demás es, necesariamente, una mente que nosotros construimos.

COGNICIÓN HUMANA FUNDACIONAL

Existen diversos énfasis que ayudan a organizar mi perspectiva. Uno de ellos tiene que ver con la importancia de una teoría de la mente cotidiana de nuestra cognición humana. Gran parte de las investigaciones e interés en la teoría de la mente de los últimos 25 años —ya son miles los informes de investigadores de todo el mundo— son resultado de la hipótesis de que la teoría de la mente podría ser algo así como una cognición humana fundacional o basal. Las siguientes citas ilustran esta idea:

La mente contiene una serie de módulos conceptuales canalizados de forma innata, diseñados para procesar la información conceptual en relación con determinados dominios… [como por ejemplo] un sistema de física ingenuo, de psicología ingenua o para «leer la mente»; un sistema de biología *común*, de numeración intuitiva [y] un sistema geométrico para cambiar la orientación y navegar en entornos inusuales (Carruthers, 2002, pág. 663).

Las capacidades cognitivas de cualquier animal dependerán de sistemas de conocimiento de desarrollo temprano y de dominios específicos. Tal como las crías de animales tienen sistemas de percepción especializados para detectar determinados tipos de información sensorial y sistemas motores especializados que guían cierto tipo de acciones, también tienen sistemas cognitivos especializados y para tareas específicas: sistemas para representar los objetos materiales, navegar a través de la disposición espacial, reconocer e interactuar con otros animales, entre otros. Estos sistemas especializados proporcionan el núcleo para todas las capacidades cognitivas adultas (Spelke, 2003, pág. 278).

La primera cita es de un científico que defiende el concepto de «modularidad masiva», según el cual la mente se basaría en un conjunto de módulos mentales innatos, y que la psicología ingenua sería uno de ellos. La segunda es de una investigadora que promueve el «conocimiento nuclear», que es una visión relacionada aunque un tanto distinta. Por ahora, simplemente quiero hacer hincapié en la aseveración general subyacente de que la cognición humana está compuesta de sistemas cognitivos profundos y distintivos, que elaboran y procesan la información específica en ciertas formas características. Esta aseveración es coherente con diversas teorías sobre la naturaleza y origen de tal conocimiento. Pero para empezar, simplemente den por hecho que tales sistemas existen; luego, saber qué son será muy importante y revelador. Conocer la naturaleza de este tipo de sistemas podría ayudar a especificar las cogniciones que los seres humanos encuentran fáciles versus aquellas difíciles de lograr o adquirir. Es decir, las cogniciones humanas fundacionales proporcionarían un marco para reflexionar acerca del entendimiento humano intuitivo y contra intuitivo, una perspectiva sobre los «conceptos naturales» frente a los exóticos. Tener una hoja de ruta de dicha cognición humana fundacional podría ayudar a identificar mejor las perspectivas cognitivas básicas comunes a todos los seres humanos, en medio de las numerosas diferencias cognitivas que desarrollamos en el curso de nuestras vidas en los distintos entornos locales y sociales. De hecho, dado un conjunto de sistemas distintivos y separables, estos servirían para perfilar la arquitectura cognitiva de la mente humana: las cogniciones humanas fundacionales serían los bloques de construcción —los cimientos— para analizar y depurar otros conocimientos humanos más complejos o derivados.

Un ejemplar frecuente de este sistema cognitivo básico, evidente en las citas de Peter Carruthers y Elizabeth Spelke antes mencionadas, es la psicología ingenua o teoría de la mente. La propuesta acerca de las cogniciones humanas fundacionales es empírica, y considero que los datos empíricos dejan en claro que la teoría de la mente constituye tal dominio cognitivo fundacional. Estos datos también ayudan a responder la pregunta de cómo sería la cognición humana fundacional. De hecho, los datos de la teoría de la mente sugieren que los sistemas cognitivos humanos «nucleares» difieren de algunas de las aseveraciones hechas sobre ellos.

¿Cómo podemos reconocer la cognición humana fundacional cuando la vemos? Tal vez podamos confiar la tarea de detectarla a la neurociencia cognitiva (véase el Capítulo 11). Quizás, pero yo prefiero un análisis más cognitivo. A este nivel de análisis, una imagen sencilla que podría dibujarse de las cogniciones humanas fundacionales sería que son evidentes desde muy temprano en la vida humana, que representan sistemas tan básicos que los compartimos con algunos de nuestros pares del mundo animal y que, una vez instauradas, lo estarán de por vida. En esta imagen, un sistema cognitivo nuclear sería prácticamente imposible de modificar por experiencias individuales en desarrollo. De hecho, quienes hablan de conocimiento nuclear sostienen que está establecido o fijado por la evolución y que no cambia entre la infancia y la edad adulta (por ejemplo, Scholl y Leslie, 2001; Spelke, 1994, 2003) y a menudo sostienen que los sistemas cognitivos nucleares son precisamente aquellos que compartimos con todos los demás primates o incluso con todos los mamíferos (Spelke, 2003; Spelke y Kinzler, 2007). Pero considero que tales afirmaciones son problemáticas, o demasiado incompletas, al menos para la teoría de la mente. La teoría de la mente requiere de una representación más compleja y de desarrollo. En esta imagen más compleja, las cogniciones humanas fundacionales son básicas en términos de desarrollo, en el sentido de que son rápidamente aparentes, pero también en el sentido de que evolucionan de tal manera que influyen en los desarrollos adicionales que se construyen sobre ellas. En este desarrollo, las cogniciones fundacionales —conceptos, procesos y sistemas— experimentan un cambio sustancial, que luego influye fundamentalmente en otras cogniciones. Algunas cogniciones fundacionales constituyen también la cognición humana fundacional pues casi no se ven en especies no humanas, e incluso en otros primates (no humanos). La teoría de la mente, en particular, destaca como una capacidad distintivamente humana, al menos en su forma más desarrollada de la niñez (e incluso en los inicios más tempranos de los bebés), y es un sistema cognitivo fundacional de desarrollo dinámico y no estático.

DESARROLLO

Consideremos nuevamente el postulado básico de la teoría de la mente: la cognición social del ser humano se centra en una interpretación de uno mismo y de los demás en términos de estados mentales. Dada una historia del desarrollo, dicho postulado se centra en un logro cognitivo. Los adultos de las sociedades anglo-europeas (para limitar las cosas por ahora) atribuyen, predicen y explican a las personas a través de sus estados mentales y, además, los niños de estas sociedades gradualmente logran hacer esto mismo.

Filósofos (como por ejemplo Stich, 1983), psicólogos (como Wellman, 1990) y antropólogos (D'Andrade, 1987) concuerdan en que nuestra comprensión mental cotidiana se organiza en torno a tres grandes categorías de la mente y el comportamiento: creencias, deseos y acciones. Básicamente, dentro de nuestra comprensión cotidiana interpretamos que las personas realizan *actos* con los que *piensan* que van a conseguir lo que *quieren*. El minero chileno aseguró a su esposa que estaba vivo porque sabía que ella lo creería muerto, y él quería aliviar su preocupación. Y en el caso de Romeo y Julieta, ellos querían estar juntos, pero creían que sus familias se opondrían rotundamente, por lo que decidieron verse en secreto.

De acuerdo a un análisis de consenso como este, una comprensión de las creencias es una característica fundamental de nuestra teoría cotidiana de la mente. Las personas realizan actos o acciones con los que piensan van a conseguir lo que quieren. Por supuesto que pueden estar equivocados, en cuyo caso piensan y actúan erróneamente, a menudo frustrando sus propios deseos. Las equivocaciones, los errores, la ignorancia y las ideas equivocadas son el elemento esencial de nuestra psicología cotidiana y por ende de nuestra vida diaria. Al final de la obra de Shakespeare, Romeo llega a la cripta y se encuentra con Julieta (aparentemente) muerta. Desesperanzado, se suicida. Pero Julieta (profundamente drogada para fingir su muerte) se despierta y, al hacerlo, encuentra a Romeo muerto a su lado. Y al verlo sin vida, ella también pone fin a la suya. Ambas muertes son trágicas, pero el acto de Romeo es una trágica equivocación, basada en una creencia trágicamente falsa.

Evidentemente, el razonamiento de la teoría de la mente va más allá de esto; es un sistema organizado (una teoría) de construcciones e implicaciones interconectadas, que incluyen percepciones, emociones, impulsos, ignorancia y así sucesivamente, las cuales se superponen con las creencias, deseos y acciones. Así, la investigación sobre la teoría de la mente abarca una variedad de concepciones, competencias y tareas, que describo en los Capítulos 2, 4, 5 y 8. Sin embargo, por décadas el grueso de la investigación se ha centrado en la comprensión de creencias en base a la evaluación de tareas de falsas-creencias. A modo de ejemplo, una tarea de falsa-creencia que se utiliza con niños de diferentes edades (al igual que con adultos, simios e individuos con autismo) se presenta como una sátira dramática que parece natural (en realidad más del tipo títeres, como Punch y Judy, que Shakespeare). El niño ve a un personaje, Judy, que coloca un objeto (caramelo) en un cajón (que luego se cierra). Pero cuando Judy sale de escena (y por tanto no se ve), el caramelo es cambiado de lugar (tal vez por Punch) a un estante que después se cierra. Judy regresa y quiere su caramelo. ¿Dónde lo buscará Judy? Las respuestas correctas a esta tarea de cambio de ubicación predicen que Judy buscará erróneamente el caramelo en el cajón y piensan (equivocadamente) que es donde está (y no en el estante). La comprensión de la teoría de la mente implica darse cuenta de que los estados mentales difieren de la realidad y de la conducta evidente, sin embargo, son los que moldean esta conducta. La tarea de falsa creencia es una demostración ingeniosa para comprender este concepto.

Como describo en los Capítulos 1 y 2, diversos hallazgos muestran que los preescolares de menor edad fallan en dichas tareas de falsas creencias, mientras que los de más edad por lo general contestan correctamente. Pero que quede claro que, aun cuando los niños más pequeños suelen fallar en estas tareas de falsas creencias, igual entienden algo sobre la mente (Capítulo 4) e incluso los bebés muestran una comprensión inicial de las personas como agentes intencionales cuyas acciones están guiadas por objetivos, percepciones y conciencia subjetiva (Capítulos 8 y 9). Dado este tipo de hallazgos, todas las perspectivas viables sobre la teoría de la mente reconocen que los resultados de la teoría de la mente cambian con la edad; el logro cognitivo que constituye la teoría de la mente tiene una suerte de historia del desarrollo. De hecho, incluso sin tareas de falsa-creencia o investigaciones especializadas en bebés, cualquier persona que observe a niños se dará cuenta de los cambios significativos que se producen con el desarrollo: los bebés más pequeños prestan atención a las personas; los bebés de más edad interactúan con ellas; y los niños pequeños y preescolares hablan con las personas y hablan de ellas, refiriéndose incluso a sus deseos, pensamientos, esperanzas y fantasías. Las distintas perspectivas cuentan historias diferentes respecto a qué cambia y de qué forma, pero el desarrollo y los datos que se desprenden de él, proporcionan una perspectiva crucial para comprender y evaluar las distintas alternativas.

Para ver por qué, analicemos sucintamente dos propuestas alternativas. Según la primera, la teoría de la mente se basa en un módulo mental innato que lee las acciones en términos de estados mentales subyacentes. Este módulo estaría presente desde los inicios de la vida (según una secuencia consistente, sobre todo de maduración) y podría sufrir daños en algunos individuos, provocando déficits sociales y comunicacionales como los vistos en el autismo. Posturas modulares y nativistas como esta son frecuentes en la literatura sobre la teoría de la mente; recordemos la cita antes mencionada de Peter Carruthers (2002; y, específicamente, Alan Leslie describe un módulo de teoría de la mente como este en Leslie, 1994, y Scholl y Leslie, 2001). Estas posturas contemplan (y estarían respaldadas por) distintos datos: posiblemente por resultados que muestran que (a) los niños en etapa de crecimiento evidencian contundentemente una comprensión de la teoría de la mente (incluso de falsas creencias) y lo hacen desde muy temprana edad, incluso cuando son bebés; (b) los niños normales evidencian tal comprensión en todas las culturas, según una secuencia consistente de maduración, a pesar de las grandes diferencias sociales y de lenguaje existentes; (c) los individuos con autismo presentan un trastorno específico en las comprensiones de la teoría de la mente, sobre todo en términos de falsas creencia (en comparación con otros individuos, incluyendo aquellos que presentan otro tipo de trastornos); y (d) el razonamiento de la teoría de la mente ocurre en circuitos cerebrales específicos, y son esos circuitos los que están afectados en los niños con autismo.

Entonces, incluso este tipo de perspectiva hace ciertas predicciones de desarrollo (punto b anterior) que son diferentes para los individuos con desarrollo típico y aquellos con autismo (c). Ahora analicemos otra propuesta opuesta, claramente distinta, según la cual la teoría de la mente surge de la mera acumulación de información social obtenida de los demás. Los adultos dicen y enseñan a los niños cómo pensar acerca de las personas (y cómo hablar e interactuar con ellas) como seres mentales, y los niños pasan de ser completamente ignorantes en este sentido a absorber las ideas de quienes los rodean. Según esta postura, los bebés humanos muestran una temprana atención a la interacción comunicacional y, esencialmente, estas interacciones proporcionan conocimiento social acerca de los demás. Expuestos a este conocimiento, los niños adquieren comprensiones mentales cada vez más complejas de las personas, vidas y mentes. También abundan en la literatura algunas posturas socio-experimentales similares a estas (por ejemplo, Carpendale y Lewis, 2004; Garfield, Peterson y Perry, 2001). Estas posturas necesitan (y estarían respaldadas por) distintos tipos de resultados convergentes: potencialmente, datos muestran que (a) la comprensión de la teoría de la mente se desarrolla a través de un sinnúmero de pasos incrementales a medida que los niños van aprendiendo; (b) los niños que han tenido distintas experiencias sociales y comunicacionales logran avances en materia de teoría de la mente a distintas edades y trayectorias, lo cual es quizás más dramático en niños con autismo o sordera; (c) efectivamente la naturaleza de la teoría de la mente (la naturaleza de la psicología popular) será diferente para los niños que crecen en comunidades culturales distintas, en la medida que aprenden las ideas de su gente; y (d) los circuitos especializados del cerebro dedicados al razonamiento adulto sobre la teoría de la mente son resultado de un desarrollo impulsado por experiencias.

Estas perspectivas modulares y de aprendizaje por experiencia, si bien abordan los hechos de maneras distintas, concuerdan en que la teoría de la mente «se desarrolla». Por ende, en sentidos bastante reales, la comprensión de la teoría de la mente ha estado, y debe estar, limitada por los datos en cuanto a cómo se produce el desarrollo: qué estados iniciales conducen a qué estados intermedios y asintóticos, y cuáles son los mecanismos que inciden en ellos. Hoy por hoy, cada vez hay más datos de calidad disponibles respecto del desarrollo. Son estos datos los que constituyen el foco de este volumen, el lente a través del cual sintetizo y organizo el entendimiento actual. Los resultados de tal síntesis del entendimiento actual podrían adoptar diversas formas, pero independientemente de cuál sea se requiere de una perspectiva de desarrollo para comprender mejor nuestra teoría de la mente humana, y para que el entendimiento trascienda los *impasses* actuales. Mi título, *La Construcción de la Mente*, refleja este enfoque en la teoría de la mente como un logro de desarrollo. Como queda claro en la discusión anterior, la información necesaria debe provenir de diversas fuentes, de individuos que presenten desarrollo típico y atípico, de distintos países y culturas contrastantes, e incluir hallazgos conductuales y cerebrales.

UNA PERSPECTIVA CONSTRUCTIVISTA: TEORÍA DE LA TEORÍA

Cualquier aproximación a la teoría de la mente relacionada con desarrollo requiere de la superposición de dos focos: descriptivamente, ¿qué entienden los niños de la mente y cuándo? En teoría, ¿qué tipo de explicaciones alternativas dan cuenta de esta comprensión de desarrollo (y cuáles son sus éxitos y fracasos)? En el libro, me concentro primero en los datos descriptivos (Capítulos 1 al 5), para luego ahondar en la teoría (Capítulo 6) y en las alternativas teóricas (Capítulo 7). Sin embargo, para que el libro en su conjunto tenga sentido, los datos requieren de una suerte de organización e interpretación, un marco para ayudar a organizar y presentar incluso los datos iniciales. Mi marco de fondo sigue siendo la teoría de la teoría (Gopnik y Wellman, 1994; Gopnik y Wellman, 2012; Wellman, 1990): la teoría de que nuestra psicología cotidiana realmente es una teoría, una teoría intuitiva, una teoría mentalista y cotidiana de las vidas y acciones de los seres humanos; en resumen, una teoría de la mente. Una perspectiva de la «teoría de la teoría» no es en ningún caso universalmente aceptada, pero varios investigadores admiten que la teoría de la mente es, de manera profunda, como una teoría: «Los bebés humanos están dotados de diversos y distintivos sistemas fundamentales de conocimientos, los cuales serían, de manera importante en algunos casos, aunque no en todos, como una teoría»(Carey y Spelke, 1996, pág. 515). ¿Cómo así?

El estudio de la teoría de la mente pone de manifiesto una tensión clásica, que se refleja en el estudio del desarrollo cognitivo en términos más generales (Gopnik y Wellman, 2012). Superficialmente, los niños parecen tener estructuras abstractas de pensamiento (teorías) pero al mismo tiempo también pueden aprenderlas. Ahora bien, ¿cómo podrían aprenderse estas abstracciones tan estructuradas? Posturas nativistas, basadas en teorías de modularidad y conocimientos básicos (Scholl y Leslie, 2001; Spelke y Kinzler, 2007), respaldan la estructura, coherencia y abstracción de los conocimientos básicos de la niñez.

En este sentido fundamental coinciden en que el conocimiento en cuestión es del tipo teoría (como en la cita anterior de Carey y Spelke, 1996). Sin embargo, estos enfoques dan por sentado que estas estructuras de conocimiento abstracto son innatas, que no serían modificables en base a los datos que dependen de la experiencia y que, de hecho, no se podrían aprender. En tanto, las posturas empíricas, basadas en premisas de sistemas dinámicos y de conexiones (Elman et al., 1996; Thelen y Smith, 1994), respaldan la idea del aprendizaje, si bien insisten en que el conocimiento resultante constituye una colección distribuida de asociaciones y funciones. Una estructura sin (o con poco) aprendizaje versus la idea de aprender sin (o con poca) estructura. Esta tensión es evidente en las dos alternativas analizadas antes: las propuestas modulares frente a las de aprendizaje por experiencia respecto del desarrollo de la teoría de la mente. Por ejemplo, Jean Piaget (1983) daba una resolución constructivista a esta tensión:

las representaciones abstractas se construirían a partir de las interacciones de los niños con el mundo. En este sentido, la teoría de la teoría es una sucesora de Piaget, una propuesta constructivista sobre la teoría de la mente donde las teorías cotidianas proporcionan la estructura y se aprenden.

De importancia clave para esta perspectiva es que las teorías, tanto científicas como cotidianas, implican una interacción muy interesante entre (al menos) dos niveles de análisis: teoría versus datos, u observaciones frente a construcciones teóricas subyacentes y proposiciones para dar cuenta de tales observaciones. Y esto es una interacción dinámica: los científicos forman y modifican sus teorías científicas sobre la base de datos; los niños construyen y modifican sus teorías intuitivas del mundo como resultado de la experiencia, es decir, datos y evidencia.

Las teorías deben vivir en el mundo de los datos y dar cuenta de ellos, pero se diferencian de estos en el sentido que son cuerpos de conocimiento que van más allá de una mera colección de hechos observables. David Premack y Guy Woodruff (1978) reconocieron esto en su artículo original sobre la teoría de la mente: «Un individuo tiene una teoría de la mente si se atribuye estados mentales a sí mismo y a otros. Un sistema de inferencias de este tipo es considerado, adecuadamente, como una teoría puesto que tales estados mentales no son directamente observables, mientras que el sistema puede ser utilizado para hacer predicciones sobre las acciones de otros» (pág. 515). Por lo tanto, las teorías concentran construcciones teóricas no observables para dar sentido y explicar los datos, y para predecir nuevos (aún no observados) fenómenos, hallazgos y regularidades. La característica clave no es que las construcciones teóricas sean necesariamente ni literalmente inobservables, sino que funcionan a un nivel diferente de los datos que explican.

Esta interacción esencial y característica entre la teoría y los datos ayuda a dar forma y revelar tres aspectos característicos de las teorías: su estructura, su función y su carácter dinámico. Estos también son tres rasgos distintivos de los tipos de conocimientos cotidianos que quiero examinar y, en particular, de la teoría de la mente cotidiana.

Estructura y Jerarquía

Las teorías pueden ser específicas —y describir cómo operan delimitados fenómenos— o más generales y abstractas. Desde que Thomas Kuhn se refirió a las revoluciones científicas, se ha reconocido que las teorías científicas están estructuradas jerárquicamente. Los datos se refieren a teorías específicas; y las teorías específicas están enmarcadas en paradigmas (Kuhn, 1962/2011 en la edición en español) y en tradiciones de investigación (Lakatos, 1970; Laudan, 1977/1986 en la edición en español). La mecánica celestial, por ejemplo, enmarca una comprensión del cielo en términos de espacio, materia y energía física (más que de espíritus, dioses y constelaciones personificadas); y proporciona una tradición investigativa dentro de la cual se generan teorías más específicas acerca de los fenómenos astronómicos. Los exponentes del desarrollo cognitivo han utilizado el término «teorías marco» (Carey, 2009; Wellman, 1990; Wellman y Gelman, 1998) para capturar generalizaciones cotidianas más amplias respecto de causales específicas. La psicología de la «creencia-deseo» está en este nivel de consideración general; la teoría de la mente es una teoría marco que enmarca teorías cotidianas más específicas. A modo de ejemplo idiosincrático, analicemos mi teoría cotidiana y específica de mi exótica tía Lib. Para entenderla, apelo a mis creencias y deseos en general; pero las creencias y deseos abstractos y genéricos no son suficientes. Debo, más concretamente, interiorizarme en sus gustos y deseos exóticos y extravagantes, así como en sus a veces estrafalarias creencias para explicar sus acciones y conversaciones, francamente peculiares la mayoría de las veces. Por supuesto, puede que haya más de tres niveles de datos —los datos, la teoría específica y la teoría marco—, pero en general los principios o compromisos teóricos más abstractos o generales que se dan en niveles «superiores», enmarcan modelos más específicos o concretos en los niveles «inferiores», los cuales hacen un contacto más directo con los datos que están a la «base».

Explicaciones, predicciones e intervenciones

Una teoría organiza a las entidades y fuerzas que la privilegian en marcos causal-explicativos que dan cuenta de fenómenos comprensibles y predecibles en su dominio. Una teoría influencia la forma en que se interpreta la evidencia; permite predecir, de manera general, lo que sucederá a futuro; proporciona explicaciones de los datos; y se beneficia de, a la vez que respalda, intervenciones directas en el mundo para tratar de cambiarlo. Vale la pena volver a recalcar que estas características son importantes para la comprensión del día a día y no solo para el pensamiento científico. En particular, nuestra psicología cotidiana, nuestra teoría de la mente, proporciona una teoría marco para las acciones y estados de los seres humanos. Dentro de esta teoría marco cotidiana, las personas y sus acciones y experiencias son los datos centrales de nuestra psicología cotidiana; las creencias, deseos y similares, son las construcciones teóricas que utilizamos para comprender, predecir y explicar los datos. Posturas y teorías más específicas —con mi teoría respecto de la tía Lib— están limitadas por los marcos más abstractos que ayudan a generarlas. Me produce gran satisfacción (y afecto por ella) ser capaz de explicarme a mí mismo la forma de ser de tía Lib, aun cuando me equivoco a la hora de predecir qué será lo próximo que hará o dirá. La interpretación de los conocimientos teóricos en capas como estas, ayuda a esclarecer cómo funcionan las teorías no solo para organizar, dar sentido y explicar los datos, sino también, en términos de desarrollo, para ayudar a definirlos y generarlos. El hecho de que las teorías se desarrollen a partir de datos, pero que también se utilicen para definirlos y generarlos, parece ser indiscutiblemente circular, salvo en las teorías de carácter jerárquico. La ideas teóricas marco analizan y organizan los datos, toda vez que permiten el desarrollo de modelos más específicos para explicarlos y orientar la investigación para generar más datos, así como modelos revisados que pueden, en ocasiones, dar lugar a la revisión de los mismos marcos. Dada su estructura y su función, los marcos teóricos delimitan dominios; teorías específicas dan lugar a explicaciones más detalladas de los fenómenos dentro de estos dominios globalmente definidos y en consonancia con el marco explicativo más general. Por otra parte, una teoría marco no solo delimita un dominio, sino que lo delimita para un mayor desarrollo, aprendizaje y exploración a partir de datos.

Desarrollo impulsado por los datos

Las estructuras cognitivas, como las que define Piaget (1970/1995 en la edición en español), serían construidas a partir de experiencias de acciones y modificadas a la luz de más experiencias. Del mismo modo, una postura teoría-teoría sostiene que las construcciones teóricas, organizadas en estructuras teóricas, no solo generan y organizan los datos, sino que cambian de acuerdo a estos. Obviamente, podría decirse que el constructivismo de Piaget fracasó, en parte, por su incapacidad para explicar, con mayor nivel de detalle y de manera más convincente, cómo el aprendizaje y el estructuralismo podrían ir de la mano. ¿Cómo podrían construirse esas estructuras y marcos profundos sobre la base de experiencias? Algunas de las críticas más severas respecto de la teoría de la teoría se originan en torno a este mismo punto.

En los últimos años, sin embargo, ha surgido un sinnúmero de ideas computacionales nuevas que demuestran convincentemente que (y cómo) la estructura causal, de carácter jerárquico y claramente abstracto, en principio se puede aprender a partir de los datos. Estos métodos de aprendizaje computacionales tienen dos características clave: la inferencia bayesiana probabilística y la estructura jerárquica. En el Capítulo 6, describo con más detalle cómo los modelos jerárquicos bayesianos (HBM, en su sigla en inglés) demuestran que la experiencia basada en observación de datos, si se procesa a través de las teorías jerárquicas «apiladas» correctamente, puede resultar en aprendizaje y desarrollo tanto abstracto como específico.

Para adelantar un poco, los modelos bayesianos probabilísticos —y el aprendizaje bayesiano jerárquico— comienzan con la regla de Bayes, una regla de inferencia inductiva formulada por primera vez por el reverendo Thomas Bayes en el siglo XVIII. Depender de la inferencia bayesiana tiene su atractivo porque la propia regla de Bayes proporciona una forma bastante general para explicar una interacción entre la teoría y los datos: la regla de Bayes considera tanto las hipótesis (H) como los datos o evidencia (E), y se centra en la probabilidad de una hipótesis central H a partir de los datos observados E. Por otra parte, la regla de Bayes habla de aprendizaje inferencial, en el sentido de revisar las hipótesis que uno tiene enfrentadas a nuevos datos. Por lo tanto, una probabilidad inicial se considera para la posible H, $p(H)$, y al enfrentarse a E, dicha probabilidad inicial es actualizada para convertirse en la probabilidad posterior o resultante: probabilidad de la H dada la E. Así, $p(H) \rightarrow p(H/E)$. En las circunstancias adecuadas, la probabilidad actualizada, posterior, puede calcularse por medio de la regla de Bayes.

Este cálculo crucial de hipótesis y evidencia no está limitado al pensamiento científico, sino que se utiliza en la práctica cotidiana. Mi dolor de espalda, ¿es producto de una mala postura o de una discopatía? La evidencia (intentar practicar yoga y/o hacerse una radiografía) me ayudará a saber cuál es la causa más probable o bien a considerar una hipótesis completamente distinta. Esta integración de los conocimientos previos con la evidencia nueva capta justamente lo que Piaget quiso decir al hablar de asimilación y acomodación, así como parte de lo que yo quiero decir cuando me refiero a que la teoría de la teoría implica un desarrollo impulsado por datos que provienen de las teorías cotidianas.

La regla de Bayes ha existido por largo tiempo, y los últimos avances en el aprendizaje computacional bayesiano dependen esencialmente de un aprendizaje probabilístico que considera múltiples hipótesis. Por lo general, hay una cierta cantidad de hipótesis para explicar un conjunto de datos determinado. Si consideramos que la tarea del aprendiz es definida y determinista —encontrar las hipótesis que realmente den cuenta de los datos— el problema se vuelve demasiado difícil, e incluso imposible, de resolver. Lo anterior forma parte del «enigma de la inducción» (Goodman, 1955/2004 en la edición en español) y también de los argumentos sobre la «pobreza del estímulo» (Chomsky, 2006): ¿cómo puede el aprendiz inferir la respuesta correcta si tantas hipótesis alternativas se ajustan a las pequeñas y caóticas cantidades de datos observadas en la experiencia del día a día? Resulta que una mayor integración de la probabilidad con los mecanismos de aprendizaje ofrece una respuesta clave al problema de aprendizaje. Aunque muchas hipótesis pueden ser compatibles con la evidencia, puede que algunas se consideren más probables que otras.

La segunda característica clave del modelo jerárquico bayesiano antes descrito va un poco más allá en este sentido, al considerar que las múltiples y variadas hipótesis estarían ordenadas jerárquicamente (como lo consignan Tenenbaum, Griffiths y Niyogi, 2007): hay una estructura donde se van acumulando hipótesis o teorías, en la cual algunas hipótesis que figuran en el Nivel 1 están restringidas (y generadas) por otras que están en el Nivel 2; las que están en el Nivel 2 pueden estar incluso más limitadas y ser generadas por otras más en el Nivel 3, que están acumuladas más arriba en esta estructura. Las teorías de los niveles superiores representan el conocimiento más abstracto o más general, mientras que las de los niveles inferiores son más específicas o concretas y están más cerca de los datos. Y, en principio, las probabilidades teóricas del Nivel 2 (o 3) pueden actualizarse y modificarse en base a los cambios que se producen en el Nivel 1, tal como en el método bayesiano las hipótesis del Nivel 1 son actualizadas y modificadas en base a los datos o evidencia (E).

No es solo teóricamente posible inferir hipótesis jerárquicas complejas a partir de patrones probabilísticos de datos, sino que en realidad puede ser realizado. Con la ayuda de estas ideas bayesianas, de probabilidades jerárquicas, científicos basados en procesos computacionales han hecho inferencia bayesiana jerárquica y revisión de hipótesis en demostraciones bastante interesantes (véase el Capítulo 6). Estos ejemplos de aprendizaje bayesiano jerárquico —formas en las que el aprendizaje basado en datos puede producir cambios locales a hipótesis específicas y también cambios más profundos a hipótesis más abstractas (creación de teoría y cambio de teoría) como productos de experiencias enfrentadas a datos— proporcionan una demostración constructivista para respaldar la teoría de la teoría como, al menos, un marco provisional para analizar el desarrollo de la teoría de la mente.

Interesantemente según los modelos jerárquicos bayesianos de probabilidades —y de acuerdo con la teoría de la teoría— las teorías cambian frecuentemente de manera distintiva, implicando pasos intermedios. La evidencia hace que los científicos, y los niños, modifiquen progresivamente sus hipótesis iniciales, dando como resultado una serie característica de concepciones. Los desarrollos progresivos —y las progresiones que responden a datos por concepto de experiencia— son características que destaco en lo sucesivo, pues son cada vez más evidentes y permanentes de la riqueza de datos disponibles actualmente sobre el desarrollo de la teoría de la mente en la infancia.

CONCLUSIÓN

Sherlock Holmes dijo la célebre frase: «Es un error capital teorizar antes de tener toda la evidencia» (Partington, 1996, pág. 256). En este sentido, necesitamos tener sobre la mesa toda la evidencia —datos, gran cantidad de ellos— antes de involucrarnos por completo a comprobar una teoría, a construirla. Ese es el trabajo de muchos de los capítulos que siguen, partiendo por los Capítulos 1, 2, 3, 4 y 5. Por supuesto, Holmes es un personaje de ficción y su declaración interpreta erróneamente el proceso científico: inevitablemente, en áreas de estudio importantes, los datos son complejos y no es útil (ni de interés) hacer una simple enumeración y compilación de ellos en un listado empírico común y corriente. Es necesario vincular, organizar y comprender los datos sobre la marcha y, como acabamos de señalar, los marcos científicos son útiles a la hora de establecer patrones de datos y ayudan a entender y esclarecer los datos en su conjunto y sus implicaciones. Todo análisis de datos está en parte cargado a la teoría; no hay forma menos teórica de hacer esta tarea. Para un marco inicial, utilizo la teoría de la teoría, lo que explica mi título constructivista y de desarrollo: los niños están en el quehacer de construir sus teorías de la mente.

I

El Desarrollo de una Teoría de la Mente

MIRADA GENERAL INICIAL

EL 5 DE MARZO DE 2007, el sitio NBCNews.com publicó un artículo titulado «Científicos que leen la mente predicen comportamiento» («Científicos intentan predecir las intenciones», 2007). El artículo comenzaba de la siguiente forma: «En un laboratorio en Alemania, voluntarios ingresaron a una máquina de resonancia magnética en forma de rosquilla y llevaron a cabo tareas simples, tales como decidir si sumar o restar dos números». Los científicos, instalados en una habitación contigua, intentaban leer la mente de estos voluntarios: trataban de identificar lo que la persona pretendía hacer en sus pensamientos antes de actuar, mediante el análisis de sus escáneres cerebrales. Los investigadores, liderados por el doctor Haynes de Berlín, tuvieron un éxito razonable: lograron identificar, de mejor forma que el azar, las decisiones de los sujetos acerca de lo que harían más tarde, en este caso, si sumar o restar.

Básicamente, se les dijo a los participantes que decidieran ellos mismos si sumarían o restarían dos números, unos segundos antes de proyectar estos números en una pantalla. Durante esos pocos segundos, el escáner arrojó imágenes computacionales de las activaciones cerebrales de los participantes, y los investigadores usaron estas imágenes para predecir la decisión que tomarían los sujetos: un patrón cerebral sugirió la suma y otro la resta.

«La investigación, que se inició en julio de 2005, ha sido de alcance limitado: solo 21 personas se han sometido a las pruebas hasta ahora. Y la tasa de precisión del 71 por ciento tiene apenas un 20 por ciento más de éxito que la selección al azar», reconoce el artículo.

Pese a ello, el artículo citaba varias reacciones entusiastas:

«El hecho de que podamos determinar cuál es la intención mental de una persona lleva nuestra comprensión del pensamiento subjetivo a un nivel completamente nuevo», dijo el Dr. Paul Wolpe, profesor de psiquiatría de la Universidad de Pennsylvania (párrafo 9 del artículo).

Tanja Steinbach, una participante adulta del experimento, dijo: «Es muy extraño. Pero como sé que solo pueden hacer esto si tienen algunas máquinas específicas, no me preocupa que todo el mundo en la calle pueda leer mi mente» (párrafo 6).

El artículo termina con un comentario respecto de que algunos estarían alarmados por las consecuencias de esta lectura de la mente. «Los científicos están haciendo progresos suficientes como para poner nerviosos a los especialistas en ética» (párrafo 19).

Leer la mente es sin duda algo increíble. Sin embargo, incluso los niños de 2 y 3 años de edad lo hacen todos los días: incluso los bebés pueden descifrar con éxito las intenciones de alguien. Y no lo hacen con grandes máquinas, sino con sus cerebros de 2 años, y con su teoría de la mente común y corriente, y aún en desarrollo. Todos leemos las mentes de esta manera ordinaria (mundana, pero totalmente increíble). Y lo hacemos mejor que estos científicos: no de manera infalible (pero probablemente con al menos el 70% de asertividad en cosas tan simples como inferir intenciones en situaciones limitadas y luego utilizarlas para predecir el comportamiento), pero también podemos hacerlo en situaciones cotidianas menos restringidas. El cómo hacemos esto es la historia de la teoría de la mente (junto con mucha investigación). Y que lo hagamos todos los días no minimiza el poder ni la magia de poder hacerlo. Sigue siendo leer la mente, pese a ser una actividad ordinaria, común y, de hecho, siempre presente y necesaria para nuestra vida cotidiana.

De hecho, la adquisición de esta teoría de la mente cotidiana es uno de los logros intelectuales más impresionantes del desarrollo humano. Al igual que el lenguaje de los seres humanos, la teoría de la mente es notablemente abstracta, pero la llevan a cabo de manera básica los niños de todo el mundo. Y, de nuevo, igual que el lenguaje, ambas competencias tempranas son sorprendentes y sus desarrollos son más que evidentes: los bebés prestan atención a otros seres humanos que están cerca de ellos; los niños de 2 años hablan sobre los deseos y sentimientos de los demás y consuelan a los que están tristes; entre los 3 y los 4 años de edad los niños ya se refieren a pensamientos y comienzan a mentir y a hacer travesuras; y las teorías de la mente matizadas —de las «psicologías populares»— son evidentes y dramáticamente distintas entre las comunidades culturales del mundo. De hecho, la revelación de datos de desarrollo que muestran la atribución, prácticamente generalizada, por parte de los niños pequeños de los estados mentales de sí mismos y de los demás ha ayudado a fomentar el creciente interés contemporáneo en la teoría de la mente. Tanto los adultos como los niños están insertos en la teoría de la mente, tal como los científicos, académicos y el público general que consume noticias.

En este capítulo, entrego un breve resumen general del curso de la teoría de la mente infantil, de manera de sentar las bases para luego abordar más en profundidad algunos temas y cuestiones clave en los capítulos posteriores. Como preámbulo es importante destacar que en ocasiones se describe la teoría de la mente como un logro preescolar, equiparado con el rendimiento de los niños en las tareas de falsa creencia. Yo me inclino por una construcción mucho más amplia (y más interesante), tanto desde el punto de vista conceptual como de desarrollo. La teoría de la mente describe nuestra amplia comprensión humana de los estados mentales de las personas, tales como intenciones, deseos y pensamientos, y muestra cómo las acciones están determinadas por tales estados. Se refiere a nuestra psicología cotidiana, haciendo hincapié en la «lectura de la mente» que tan bien caracteriza a nuestros entendimientos psicológicos cotidianos y a nuestro «sentido común».

DESARROLLO PROGRESIVO DE LA TEORÍA DE LA MENTE: DESDE LA PRIMERA INFANCIA

El desarrollo de una comprensión de las personas comienza con el nacimiento. A los bebés de apenas unos días de vida les gusta mirar a las personas y sus caras, y las imitan, pero no sucede lo mismo con los dispositivos inanimados; del mismo modo, escuchan las voces humanas y así sucesivamente. No hay datos que demuestren, de manera convincente, que estos bebés logren comprender a las personas en un sentido «mental» y psicológico más profundo, que trascienda las características superficiales que son evidentes. Pero ahora está claro que los bebés mayores sí lo hacen.

Comprensión de Acciones Intencionales por Parte de los Bebés

Los primeros ejemplos de conceptualizaciones psicológicas de las personas aparecen en la comprensión de intenciones; cuando están por cumplir el año de vida, los niños comienzan a tratarse a sí mismos y a los demás como agentes intencionales y experimentadores. El recuadro 1.1 da un ejemplo de un método que se usa para demostrar que los bebés entienden las intenciones (extraído de Brandone y Wellman, 2009; y Phillips y Wellman, 2005). En demostraciones iniciales usando una variante de este paradigma, los bebés vieron un círculo animado que «salta» una barrera para alcanzar su meta-objetivo. Tal como lo hacen con los actos humanos intencionales, como alcanzar algo, los bebés de 9 y 12 meses miran durante más tiempo las pruebas animadas indirectas que las directas, lo que evidenciaría una comprensión abstracta y generalizada del componente intencional (Gergely, Nádasdy, Csibra y Bíró, 1995; Csibra, Gergely, Bíró, Koós y Brockbank, 1999).

Pruebas similares proporcionan resultados convergentes. En una prueba clásica desarrollada por Amanda Woodward (1998), los bebés estaban acostumbrados a ver una mano que trataba de alcanzar y finalmente agarraba uno de dos juguetes. Luego, los bebés veían dos pruebas distintas donde la ubicación de los juguetes era cambiada. En la prueba *nuevo objetivo/movimiento antiguo,* la mano se extiende a la antigua ubicación y por tanto toma un juguete diferente. En la prueba *antiguo objetivo/nuevo movimiento,* la mano toma el mismo juguete, como en la habituación, pero este está ahora en una ubicación distinta. Si los bebés codificaran el comportamiento de habituación simplemente en términos de movimiento espacial de la mano, entonces la prueba *antiguo objetivo/movimiento nuevo* sería novedosa (ya que la mano ejecuta una trayectoria diferente que la que ya ocurrió durante la habituación). Sin embargo, si los bebés codificaran el comportamiento de habituación en términos de la mano que alcanza un objeto particular (que sería el objetivo), entonces la prueba *nuevo objetivo/movimiento antiguo* sería más novedosa y atractiva. Los bebés de 5 y 9 meses de edad mantuvieron su atención durante más tiempo en la prueba *nuevo objetivo/movimiento antiguo,* lo que indica que veían la acción original en términos de su objetivo.

Tal como muestran los estímulos descritos en el recuadro 1.1, las acciones intencionales posiblemente manifestarían los estados psicológicos —metas, deseos e intenciones— de un actor. Pero aun así son susceptibles de ser investigados en bebés que aún no desarrollan el habla, pues son fácilmente observables. Resultados como los que describe el recuadro 1.1 y los de Amanda

Woodward proporcionan evidencia respecto de que la comprensión de los bebés va más allá de prestar atención superficial a las acciones: los bebés procesan las acciones en formas que corresponden a una conceptualización intencional del actor, guiada por un objetivo, en lugar de una mera lectura superficial de sus comportamientos.

Más aún, la comprensión de las acciones intencionales por parte de los bebés es evidente no solo en la investigación basada en el tiempo que ellos observan de manera pasiva, sino también en paradigmas más activos-interactivos. Por ejemplo, Tanya Behne y sus colegas (2005) hicieron un juego con bebés, en el cual una mujer les pasaba juguetes sobre una mesa. De manera aleatoria, la mujer les mostraba un juguete pero no se los entregaba, en ocasiones porque no quería y en otras porque no podía (por ejemplo, porque no podía extraer el juguete de un recipiente transparente). Los bebés de 9 a 18 meses de edad (pero no los de 6 meses) se mostraron más impacientes (tratando de alcanzar el juguete, dándose vuelta) cuando la mujer mantuvo deliberadamente el juguete, que cuando realmente estaba haciendo esfuerzos por pasárselos. Así los bebés percibieron algo de las diferencias entre los escenarios intencionales de *no poder* o *no querer*, si bien los comportamientos superficiales y los resultados fueron equivalentes.

En relación con esto, las acciones intencionales no solo están dirigidas hacia objetivos específicos, sino que son no accidentales. Por ello, Malinda Carpenter y sus colegas (1998) hicieron un experimento donde bebés de 14 y 18 meses de edad observaban a un modelo adulto mientras realizaba varias secuencias de dos acciones con objetos complejos (por ejemplo, pulsaban un botón y luego movían una palanca), con lo que producían un evento muy interesante (lanzaban una canica por un tobogán). El adulto indicaba verbalmente que una de las acciones era intencional («¡Ahí está!»), y la otra accidental («¡Vaya!»). Los bebés imitaron casi el doble de veces las acciones intencionales que las accidentales, y muy rara vez imitaron las secuencias completas de las dos acciones (véase también Gardiner, Greif y Bjorklund, 2011; Olineck y Poulin-Dubois, 2005).

Cuando ven acciones como las descritas en el recuadro 1.1, o cuando se aprietan botones y mueven palancas, es posible que los bebés solo puedan identificar la direccionalidad espacial y la eficiencia de la conducta manifiesta hacia el objetivo evidente, una comprensión conductual o «teleológica», más que una comprensión intencional, orientada al objetivo (Gergely y Csibra, 2003). Cabe destacar que en el recuadro 1.1 la mano efectivamente alcanza/agarra el objeto; y en la acción de las palancas, las manos efectivamente las sostienen y hacen que se muevan. En términos conductuales, puede que «agarrar», «mover» y «obtener»

RECUADRO I.I

COMPRENSIÓN DE ACCIONES INTENCIONALES EN BEBÉS

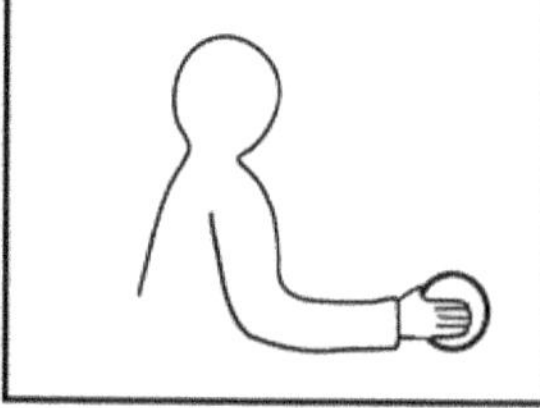
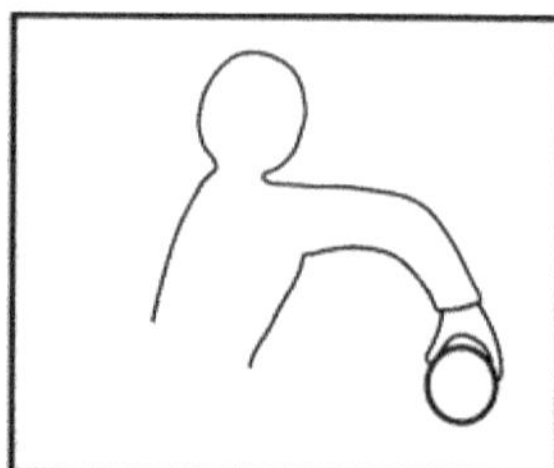

Evento de habituación · Prueba de alcance directo · Prueba de alcance indirecto

Gran parte de la investigación respecto de cómo los bebés perciben a las personas se basa en una observación minuciosa de ellos mientras miran a agentes y acciones. Los paradigmas establecidos por pruebas de habituación (o de familiarización) muestran que la atención visual de los bebés disminuye cuando se les presenta repetidamente una prueba con el mismo estímulo, mientras que esta aumenta cuando se les presenta un estímulo diferente.

De esta manera, los paradigmas de la prueba de familiarización ponen al bebé de tal manera que mirará atentamente durante más tiempo los eventos de pruebas inesperados.

En el paradigma de alcanzar un objetivo (véase parte superior del recuadro), a los bebés se les muestra en reiteradas ocasiones una prueba de alcanzar un objetivo sorteando una barrera de modo que se acostumbren a este comportamiento. Luego, *se retira* la barrera y los eventos de prueba contrastan dos conceptualizaciones diferentes respecto de las acciones del agente: una asociada a intenciones y otra a movimientos físicos del cuerpo. Supongamos que durante la habituación el bebé interpreta la acción del agente en términos de su movimiento físico (el brazo y la mano van hacia arriba y luego hacia abajo dibujando un arco). En este caso, en el evento de prueba el bebé debiera esperar que el agente alcance el objeto de manera indirecta (ya que se repite el mismo movimiento), mientras que si lo hace de manera directa sería más novedoso y le llamaría especialmente la atención. Por el contrario, si el bebé inicialmente interpreta la acción como orientada hacia un objetivo, cuando la barrera se retira, la acción esperada sería que trate de alcanzarlo directamente, puesto que el agente continúa buscando directamente el objetivo. En esta segunda conceptualización, el alcance indirecto sería más llamativo, porque (aunque el movimiento del brazo del agente sigue siendo el mismo que durante la habituación) el agente no estaría dirigiéndose derechamente al objetivo: así, los bebés de 8, 9, 10 y 12 meses de edad consistentemente miran durante más tiempo el evento de prueba de alcance indirecto.

Por otra parte, los bebés miran con igual atención ambos eventos de prueba en condiciones de control en las que se habitúan primero a un escenario sin barrera, *o* si se les acostumbra primero al mismo movimiento de brazo que sortea una barrera, pero donde no hay una meta-objeto.

sean prácticamente las únicas cosas que el bebé sepa acerca de objetivos; para los bebés, puede que los objetivos sean acciones-resultados evidentes más que acciones-objetivos previstos. Sin embargo, inferir un objetivo cuando este no se ha cumplido y, por ende, no es evidente en los movimientos o resultados del actor, podría demostrar una comprensión de que existen intenciones más allá de las acciones superficiales realizadas. Así, en un estudio fundacional (Meltzoff, 1995), los bebés de 18 meses de edad presenciaron cómo un adulto intentaba realizar varias acciones novedosas orientadas a lograr un objetivo pero no lo lograba (como, por ejemplo, tratar de colgar un anillo en un gancho). Aunque los bebés nunca vieron que la acción resultara, cuando se les dio la oportunidad de actuar ellos mismos con los objetos, «imitaron» la acción exitosa mucho más que la fallida (que en realidad vieron). Este patrón también se evidenció en bebés de 15 meses, pero no así con los de 12 (Carpenter et al., 1998).

Obviamente, las producciones motoras que se necesitan para que se imite una acción sin duda requieren de una respuesta demandante por parte del bebé, más que la observación atenta que se necesita para tareas del tipo descrito en el recuadro 1.1. Consideremos entonces una versión distinta de la prueba del recuadro 1.1, donde ahora, durante la habituación, el actor pasa por encima de la barrera, pero nunca logra alcanzar el objeto. Si están familiarizados con este tipo de acciones infructuosas, los bebés de 10 y 12 meses de edad, pero no los de 8 meses, interpretan las acciones en términos del objetivo intencional (nunca visto) de alcanzar el objeto (Brandone y Wellman, 2009). Cuando se elimina la barrera en los eventos de prueba, los bebés de 10 y 12 meses esperan que el actor intente tomar directamente el objeto que antes no logró alcanzar y, por tanto, miran con mayor atención si él o ella no lo hace. Los bebés de ocho meses familiarizados con los eventos *exitosos* los consideran como intencionales (orientados al objetivo de alcanzar la pelota), pero no aquellos fallidos que no alcanzan el objetivo. Sin embargo, los bebés de 10 meses son capaces de interpretar —y de hecho lo hacen— las características de comportamiento directo de la acción misma (la mano no agarra la pelota) para inferir la intención del actor (él o ella quiere agarrar la pelota). Estos y otros datos similares (como por ejemplo los de Hamlin, Hallinan y Woodward, 2008) demuestran una comprensión progresiva en los bebés: en este caso una comprensión de intencionalidad que va desde ver las acciones en términos de objetivos externos para verlos en términos de planes y objetivos internos menos evidentes.

En las investigaciones analizadas hasta ahora, las acciones presentadas a los bebés fueron previamente agrupadas y cuidadosamente segmentadas de diversas formas: por ejemplo, los bebés fueron habituados a un solo comportamiento mostrado en múltiples ensayos. En el comportamiento de todos los días, sin embargo, estos segmentos de acción se fusionan con otros en secuencias de acciones (por ejemplo, una madre se dirige a un armario, toma un trapero, trapea el suelo, enjuaga el trapero, etcétera). Dare Baldwin y sus colegas (Baldwin, Baird, Saylor y Clark, 2001) crearon videos de tales secuencias de acciones cotidianas y luego solicitaron a personas adultas que identificaran porciones que fuesen «significativas en cuanto a la comprensión de las intenciones del actor». Los adultos mostraron altos niveles de consenso en la forma de analizar conceptualmente estos videos de acciones continuas. Luego, mostraron los videos a bebés de 10 a 11 meses. En los ensayos de familiarización, los niños vieron un video varias veces. Luego, vieron el mismo video una vez más en dos formatos de prueba diferentes. En videos de prueba de *intención completa*, se insertó una pausa en el punto que los adultos habían identificado como el final del segmento de acciones intencionales. En videos de prueba de *intención interrumpida*, se insertó una pausa similar, pero esta vez en el medio del segmento de acciones intencionales, en lugar de al final. Los bebés observaron durante mayor tiempo los videos de prueba intención interrumpida. Se desprende entonces que los bebés estaban analizando el comportamiento secuencial con los mismos tipos de límites de intencionalidad que identificaron los adultos.

Comprensión de experiencias intencionales en bebés

En el lenguaje común, «intencional» se aplica a acciones orientadas a alcanzar un objetivo; pero en el sentido científico y filosófico más amplio, «intencionalidad» indica un tipo característico de orientación subjetiva de los agentes hacia el mundo. Por ejemplo, ver mi teclado del computador y estar consciente de su presencia se considera una experiencia intencional. El mirar, es decir la conciencia visual, tiene objetos que se experimentan (tal como el actuar tiene sus objetos como meta) y esto es efectivo tanto si los movimientos oculares que fijaron mi vista en el teclado fueron deliberados como si no lo fueron. Las experiencias intencionales no necesariamente requieren de acciones intencionales (tal como las acciones intencionales no necesariamente necesitan ser exitosas). Por lo tanto, la comprensión de intencionalidad en los bebés debe abordar la comprensión de la acción *y* de la experiencia: las personas no solo realizan actos intencionales, sino que experimentan subjetivamente el mundo. La observación es un ejemplo de ello y un ejemplo de investigación bastante útil, susceptible de aplicar en investigaciones con bebés, pues es posible presentar a los bebés actos de visión que ellos pueden observar. Por ejemplo, un bebé puede observar a alguien que voltea su mirada hacia un objeto determinado, como un teclado de computador.

Potencialmente, el que un bebé mire fijamente la mirada de un agente (o la orientación de su cabeza), quien a su vez dirige su mirada a un objeto, se debería a una comprensión de que el agente ve algo: la persona tiene una experiencia visual de algún tipo, y eso es lo que vería, si miro en esa dirección. Interesantemente, los bebés ya siguen con la mirada, hasta cierto punto, hacia los 8 o 9 meses de edad (e incluso antes). Cuando ven a un adulto que voltea su mirada para ver un juguete que aparece, los bebés de esta edad también voltean su mirada siguiendo la del adulto en dirección al juguete. Pero, alternativamente, el seguimiento de la mirada por parte del bebé podría ser meramente conductual: seguir la orientación de la mirada o de la cabeza de otras personas podría simplemente redundar en vistas interesantes para el bebé y, en ese sentido, valdría la pena seguir la mirada de alguien aun *sin* un reconocimiento de la experiencia visual del agente (Baldwin y Moses, 1996). Cuando cumplen 12 a 14 meses, sin embargo, los bebés también siguen la mirada de un adulto alrededor de una barrera, aunque esto requiera inclinarse o moverse detrás de la barrera por sí mismos, junto con comprobar visualmente hacia adelante y hacia atrás, aparentemente para verificar que ellos y el agente están viendo lo mismo (Dunphy-Lelii y Wellman, 2004; Moll y Tomasello, 2004). De hecho, ya a los 20-24 meses un bebé es capaz de alejar de sí un objeto (privándose de la visión interesante) para asegurarse de que otros lo verán (Lempers, Flavell y Flavell, 1977).

Aun así, es posible que incluso al mirar sorteando barreras de manera adecuada los niños solo estén respondiendo a la orientación de los ojos del agente (o la de su cabeza o nariz), junto con algo de seguimiento de obstáculos evidentes, sin un sentido más profundo de la experiencia intencional del agente (Moore y Corkum, 1994). De hecho, a los 12 meses, los bebés suelen «seguir con la mirada» los movimientos de cabeza de personas adultas que están usando vendas en los ojos.

Sin embargo, datos recientes confirman una comprensión más profunda de la experiencia visual. Andrew Meltzoff y Rechelle Brooks (2008) hicieron que bebés de 12 meses de edad experimentaran lo que sucedía con las vendas para los ojos, tapando su propia visión. Después de estas experiencias, los bebés se mostraron significativamente menos propensos a «seguir la mirada» de un adulto con los ojos vendados, lo que sugiere que su percepción de lo que el adulto puede ver —experiencia visual— guiaría las acciones de los bebés. Al mismo tiempo, a los 18 meses de edad a menudo no siguen con la mirada a un adulto con vendas en los ojos, probablemente debido a que han llegado a comprender que las vendas bloquean la experiencia visual. Pero en el mismo estudio, el experimento se llevó a cabo con bebés de 18 meses y con una venda especial que se veía oscura, pero que al usarla permitía ver a través de ella con facilidad. Después de la experiencia con *esta* venda en los ojos, los bebés de 18 meses sí siguieron con la mirada la orientación de la cabeza del adulto con los ojos vendados. Por lo tanto, entre los 12 y los 18 meses de edad, es la percepción de la experiencia visual de la persona por parte de los bebés (y no solo la orientación evidente de los ojos o de la cabeza) la que a menudo controla su seguimiento con la mirada.

Tanto en su comprensión de las acciones intencionales como en la de experiencias intencionales, los bebés (por lo menos los de más de un año de vida) nos muestran que han progresado más allá de la simple adquisición de reglas de comportamiento para codificar las acciones humanas; por ejemplo, saben que esos «objetivos» son aquellas cosas que un agente obtiene o que esas «vistas» son solo cosas interesantes que están allí cuando un agente dirige o fija en ellos su mirada. Otra forma de resaltar su progreso es decir que los bebés entienden los estados de conocimiento de las personas. Por lo tanto, para el bebé las personas no solo son capaces de tener experiencias intencionales sobre un evento en particular (aquí y ahora); sus experiencias pueden acumularse y actualizarse (o no hacerlo) en el tiempo. Michael Tomasello y Katharina Haberl (2003) analizaron esto con bebés de 12 y 18 meses que interactuaron con tres objetos. Básicamente, un adulto participó en estas interacciones con dos de los objetos, pero estuvo ausente con el tercero. Después de las interacciones, el adulto regresó, vio los tres objetos sobre una bandeja y le dijo al bebé: «¡Guau! ¡Eso es genial! ¿Puedes darme eso?», mientras hacía un gesto ambiguo en dirección de todos los objetos. Los tres objetos eran familiares para el niño, pero uno (sin nombre y no especificado en el gesto) era nuevo (y «genial») para el adulto. Los bebés dieron al adulto el objeto que era nuevo para él. Entonces, los bebés siguieron las experiencias del adulto lo suficiente para saber que (a) su experiencia no se actualizaba junto con las suyas (reconocimiento de la «subjetividad» o especificidad de la experiencia de cada persona) y que, por ende, (b) no conocía de antes el tercer objeto. Este tipo de seguimiento de una conciencia o no conciencia previa de algún objeto o evento implica una comprensión rudimentaria de estados de conocimientos: una persona que ha tomado conciencia de X sabe algunas cosas sobre este, mientras que si no lo ha visto es ignorante de este. (En el Capítulo 8 describo cómo la apreciación de conciencia tipo conocimiento en los bebés es limitada en relación con la comprensión del conocimiento en niños mayores, si bien también es de conocimiento).

En resumen, el entendimiento inicial de los bebés respecto de la intención culminan en la comprensión de que agentes intencionales se comportan de acuerdo con sus objetivos (deseos y emociones) limitados por su conciencia experimentada (e inconciencia). Esta comprensión del deseo-conciencia de las personas constituye una impresionante, si bien incipiente, comprensión de los estados mentales/estados mentales intencionales. Esta comprensión deseo-conciencia abarca también una percepción rudimentaria pero impresionante de la conciencia o inconsciencia (conocimiento o ignorancia) sobre eventos por parte de los agentes, un reconocimiento de que si las experiencias de las personas respecto de las situaciones no se actualizan a medida que cambian los acontecimientos, entonces pueden ignorar algunas circunstancias clave.

FALSAS CREENCIAS DENTRO DEL RAZONAMIENTO CREENCIA-DESEO

Las capacidades de los bebés, por impresionantes que sean, están muy lejos de la comprensión que tienen los niños en edad preescolar. Las sensibilidades deseo-conciencia en la apreciación de acciones intencionales de los bebés no se condice con el razonamiento causal-explicativo, de creencia-deseo, de los preescolares.

Consideremos primero la representación del recuadro 1.2. Tal como allí se representa, un agente podría tener una falsa creencia sobre, por ejemplo, dónde está un objeto —piensa que está en el cajón— más allá de su ignorancia de su ubicación. Las creencias definitivamente se centran más en los «contenidos» mentales de una persona.

Recordemos a Romeo y Julieta. La suya es una historia de deseos, emociones, percepciones *y más*. Romeo no solo desea a Julieta y la ve allí inerte a su lado en la tumba, sino que no sabe lo que le pasó. Sin embargo, esta es una historia sobre algo más que ignorancia. Romeo no solo no sabe lo que le pasó a Julieta, sino que *cree que está muerta*. Comprender la posibilidad de un ámbito interno de contenidos mentales (ideas, pensamientos, imágenes) es el sello de una teoría «representacional» de la mente. La comprensión de las falsas creencias, cuando los contenidos de la realidad (Julieta está viva) contradicen a aquellos de la mente («Julieta ha muerto»), ilustra de manera potente, si bien cotidiana, tal comprensión representacional. Del mismo modo, pero más prosaicamente, para Judy (en el recuadro 1.2) que su caramelo esté en el estante va contra su pensamiento («el caramelo está en el cajón»).

El desfase entre las creencias y la realidad es una de las razones de que haya habido tanta investigación sobre la comprensión infantil de las falsas creencias (cientos de estudios en los meta-análisis de Liu, Wellman, Tardif y Sabbagh, 2008; Milligan, Astington y Dack, 2007; Wellman, Cross y Watson, 2001). Otra de las razones tras este alto volumen de investigación es que, cuando los investigadores recién se estaban interesando en la teoría de la mente, se desarrollaron varias pruebas de falsas creencias, «estándares» y fáciles de usar (recuadro 1.2), y estas han demostrado ser bastante reveladoras. Por un lado, muestran sistemáticamente una importante transición evolutiva. De hecho, como se muestra en el recuadro 1.2, puesto que se han utilizado en todo el mundo, las pruebas de falsas creencias revelan un logro universal en el desarrollo infantil de la teoría de la mente. Igualmente intrigante es que el momento de llegar a comprender las falsas creencias difiere entre los distintos países.

Hay mucho que decir acerca de las falsas creencias, así como sobre la utilidad empírica de estas pruebas, pero independientemente, un enfoque en una sola prueba o logro es limitado y engañoso. Por lo tanto, es importante saber que entre los 3 y 4 años, los niños no solo esperan que la gente actúe de acuerdo con sus creencias, aun cuando esas son erróneas o falsas, sino que también explican las acciones de las personas citando sus estados mentales, incluyendo sus creencias (Schult y Wellman, 1997); comienzan a entender acerca de la mentira y la decepción (Siegal y Peterson, 1998); hacen la distinción entre apariencia y realidad (Flavell, Green y Flavell, 1986); y saben que las expresiones externas de una persona no tienen por qué mostrar sus emociones internas (Harris et al., 1986); entre otras cosas. Por dar un solo intrigante ejemplo, los niños de 3 y 4 años de edad juzgan explícitamente que las ideas, pensamientos y sueños de una persona son experiencias «internas», inmateriales y no-reales. Entre otras cosas, pueden juzgar fácilmente que mientras que un perro de verdad puede ser acariciado, visto por los ojos, y visto por muchas personas, un perro imaginario no puede serlo (Richert y Harris, 2006; Watson, Gelman y Wellman, 1998; Wellman y Estes, 1986).

Incluso las mismas tareas estándares de falsa-creencia implican razonamiento acerca de algo más que creencias. Judy *quiere* su caramelo; no *vio* que lo cambiaron de lugar; y, cuando ella lo busque en el cajón, se sentirá *decepcionada*. Para reiterar un punto de mi capítulo introductorio, los filósofos y psicólogos a menudo caracterizan nuestro sistema cotidiano de razonamiento acerca de la mente, el mundo y el comportamiento como una psicología creencia-deseo

RECUADRO I.2

COMPRENSIÓN DE FALSAS-CREENCIAS

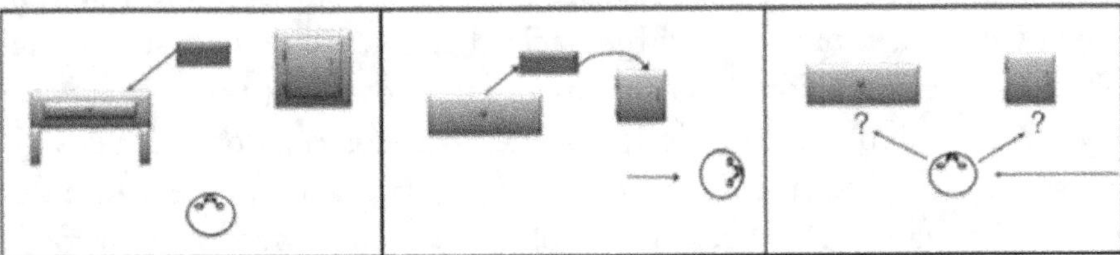

Las pruebas de falsas-creencias implican hacer razonar a los niños acerca de un agente cuyas acciones deben ser controladas por una falsa creencia. Estas pruebas pueden adoptar muchas formas, pero una tarea común consiste en utilizar un cambio de lugar, como se muestra en la parte superior del recuadro. El niño (que no se muestra) ve al personaje, Judy, guardar su caramelo en una de las dos ubicaciones. El personaje se va del lugar y, mientras no puede ver, el caramelo es cambiado de ubicación. El personaje regresa y quiere su caramelo, y se le pregunta al niño: «¿Dónde va a buscar Judy su caramelo?» o «¿Dónde piensa Judy que está su caramelo?». Los preescolares de más edad responden correctamente, al igual que los adultos. Los niños más pequeños, sin embargo, contestan de manera incorrecta. Y no de manera azarosa; contestan sistemáticamente que Judy va a buscar en el estante (que es donde el caramelo realmente está). Cabe destacar que la prueba evalúa más que la atribución de ignorancia (Judy no sabe), evalúa la atribución de falsa creencia (Judy piensa —falsamente— que su caramelo está en el cajón).

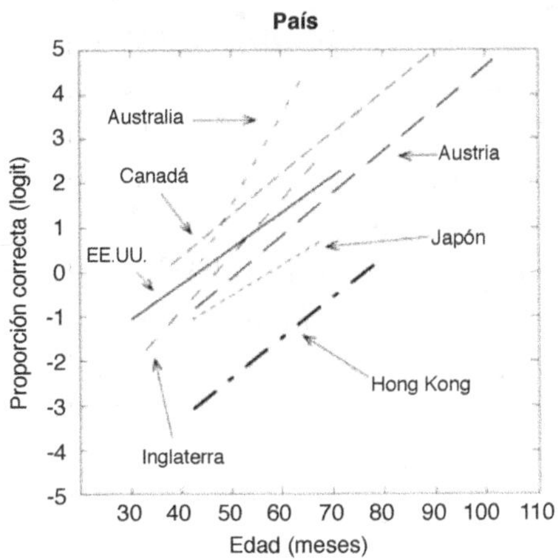

Una prueba alternativa utilizada con frecuencia consiste en usar un elemento sorpresa o inesperado (en lugar de un cambio de ubicación). Por ejemplo, los niños ven una caja de lápices de cera, dicen pensar que la caja tiene lápices de cera en su interior, pero al abrirla ven que contiene velas. Se les pregunta lo que pensará otra persona que nunca ha visto lo que hay en el interior, si lápices de cera o velas.

Hay varios factores que hacen que estas pruebas sean más fáciles o más difíciles; sin embargo, los niños van desde un desempeño inferior al azar, hasta un desempeño superior al azar, por lo general en los años preescolares. Más aún, como se muestra en el gráfico de la izquierda (que combina los resultados de Wellman, Cross y Watson, 2001; y de Liu, Wellman, Tardif y Sabbagh, 2008), los niños de diferentes comunidades lingüístico-culturales pueden comprender las falsas creencias más rápida o lentamente; sin embargo, en todos los entornos evidencian la misma trayectoria, desde un desempeño inferior al azar (bajo cero en el gráfico) a uno superior al azar, desde la infancia temprana a la tardía. Esto ocurre incluso con niños de culturas no occidentales y que no hablan idiomas indoeuropeos, así como con niños de sociedades tradicionales analfabetas.

(D'Andrade, 1987; Fodor, 1987/1994 en la edición en español; Wellman, 1990). Tal psicología cotidiana proporciona explicaciones y predicciones de acciones apelando a lo que la persona piensa, sabe y espera, sumado a lo que quiere, pretende y espera. ¿Por qué Judy fue hacia el cajón? Ella *quería* su caramelo y *pensó* que estaba en el cajón. El razonamiento de la psicología cotidiana también incluye razonamiento acerca de los orígenes de los estados mentales (Judy quiere su caramelo porque *tiene hambre*; y piensa que está en el cajón donde lo *vio* por última vez). Es decir, la psicología «creencia-deseo» incorpora una variedad de construcciones relacionadas, tales como impulsos y preferencias que cimentan los deseos y experiencias histórico-perceptivas los que, a su vez, fundamentan las creencias. También incluye las reacciones emocionales que resultan de estos deseos, creencias, preferencias y percepciones: la felicidad que producen los deseos cumplidos, la frustración de los deseos insatisfechos y la sorpresa cuando los acontecimientos se contradicen con nuestras creencias firmemente arraigadas. El desempeño de los niños en las pruebas estándar de falsa-creencia se erige como un marcador de acontecimientos importantes en esta red de razonamiento creencia-deseo acerca de sí mismos y de los demás.

El desarrollo, por parte de los niños, de esta red de razonamiento creencia-deseo se ve influenciado por las experiencias en sus vidas, y tiene un fuerte impacto sobre sus acciones sociales e interacciones con otras personas. Una forma de apreciar esto es teniendo en mente que en medio de las trayectorias coherentes que se muestran en el recuadro 1.2, de una alta probabilidad de lograr un juicio incorrecto a una alta probabilidad de uno correcto entre los 2 años de edad y los 6 o 7, también hay variaciones obvias en cuanto a la edad entre los distintos países. Y existe también una variación considerable entre los distintos individuos. A pesar de que casi todos los niños con un desarrollo típico finalmente dominan la falsa creencia, algunos niños (en cualquier comunidad lingüística-cultural) desarrollan esta comprensión más temprano y otros más tarde. Por ejemplo, la edad en que los niños estadounidenses pueden resolver primero las pruebas de falsa-creencia (Wellman et al., 2001) o empezar a hablar de las personas en términos de creencias, así como de deseos (Bartsch y Wellman, 1995), puede variar entre los 2 y los 5 años o más. Mientras que algunos niños pueden razonar acerca de las causas internas-mentales de las emociones y acciones a los 2 años de edad, otros tienen dificultades para explicar por qué las personas actúan y sienten de la manera que lo hacen a los 4 y 5 años. Esta variación ha sido relevante para identificar los factores que influyen en el logro de la comprensión de la teoría de la mente y los resultados que se ven influenciados por las comprensiones de esta teoría.

Analicemos sucintamente los factores que inciden en la consecución de la teoría de la mente. Vivir al interior de redes sociales, como por ejemplo en familias con más hermanos o grupos de parentesco social más numerosos, potencia la teoría de la mente en los preescolares. Josef Perner y sus colegas (1994) fueron los primeros en informar que los niños en edad preescolar con uno o más hermanos pasaban las pruebas de falsa-creencia antes que los niños sin hermanos. Otros estudios han señalado que las experiencias de juego con hermanos mayores versus hermanos menores (Cassidy, Fineberg, Brown y Perkins, 2005; Peterson, 2000; Ruffman, Perner, Naito, Parkin y Clements, 1998), y las interacciones con personas mayores en general (Lewis, Freeman Kyriakidou, Maridaki-Kassotaki y Berridge, 1996) promoverían la comprensión temprana de las creencias y representaciones mentales de los niños.

Las experiencias familiares y sociales de este tipo pueden ser influyentes en parte por su conexión con el juego de simulación. Para los preescolares, tener más compañeros de juego equivale a tener más oportunidades para representar o simular (Perner et al., 1994). En consonancia con esta idea, Marjorie Taylor y Stephanie Carlson (1997) determinaron que los niños de 3 y 4 años de edad con vasta experiencia de fantasía (por ejemplo, niños que tienen amigos imaginarios, que participan frecuentemente en juegos de simulación o con múltiples figuras y juguetes de ficción) tienen más posibilidades de aprobar las pruebas de falsa-creencia que aquellos con menos participación en juegos de fantasía. Esto es razonable porque los niños que participan frecuentemente en juegos de roles suelen analizar los papeles, negociar escenas, transformar objetos y hablar de sus estados mentales durante el juego (Howe, Petrakos y Rinaldi, 1998). De hecho, la negociación y asignación de funciones durante los juegos de roles (Astington y Jenkins, 1995) y la representación de roles imaginarios con los hermanos (Youngblade y Dunn, 1995) predicen la comprensión de falsa-creencia en los niños.

De igual forma, las diferencias individuales en el conocimiento de los niños sobre los estados mentales han sido vinculadas a las primeras conversaciones sociales. Si bien en todos los hogares se conversa acerca de los estados mentales, estas pláticas varían de una familia a otra en términos de los estados que en realidad se analizan, la tendencia a proporcionar explicaciones causales y el estímulo de los padres para que los niños participen (Lagattuta y Wellman, 2002; Ruffman, Slade y Crowe, 2002). Estas conversaciones padre-hijos acerca de los estados mentales, las emociones y las causas que motivan las distintas acciones influyen en la rapidez con que los niños alcanzan los distintos hitos de la teoría de la mente (como la falsa creencia; Bartsch y Wellman, 1995; Dunn y

Brown, 1993; Ruffman et al., 2002). De manera más general, la competencia lingüística también incide en el logro de la teoría de la mente (Astington y Baird, 2005). Y, más específicamente, según diversos estudios la conversación entre padres e hijos sobre las causas y consecuencias de las acciones y las emociones son particularmente importantes para facilitar la comprensión de la teoría de la mente en los niños (Dunn y Brown, 1993; Lagattuta y Wellman, 2002; Peterson y Slaughter, 2003).

¿Qué sucede con los resultados? El argumento es que la teoría de la mente da forma e influye profundamente en nuestras vidas. Por ende, los cambios en la comprensión de las creencias-deseos, como aquellos marcados por los cambios en la comprensión de las falsas creencias, en principio debieran tener un impacto en la vida de los niños. De hecho, las diferencias en la comprensión de falsa-creencia evaluadas en los años preescolares predicen varias competencias clave de la infancia, como la manera en que los niños hablan respecto de personas en su conversación diaria y cuánto lo hacen, sus habilidades sociales de interacción y, en consecuencia, sus interacciones y popularidad entre sus compañeros (Astington y Jenkins, 1995; Lalonde y Chandler, 1995; Watson, Nixon, Wilson y Capage, 1999). El logro de las comprensiones de la teoría de la mente influye en el uso del engaño por parte de los niños, en sus estrategias para discutir o persuadir a otros, y en su participación en juegos como el escondite (por ejemplo, Bartsch, London y Campbell, 2007; Peskin y Ardino, 2003). Estos hallazgos son importantes y reveladores para confirmar la relevancia de la teoría de la mente en la vida real, y los revisaré con mayor nivel de detalle en el Capítulo 3.

Todos estos resultados afirman que algo contundente e importante ocurre en la comprensión de la teoría de la mente en los niños durante la etapa preescolar. ¿Pero qué? Investigaciones recientes sostienen que los bebés —a los 12 y 15 meses— ya reconocen que las personas actúan sobre la base de sus creencias y falsas creencias (Onishi y Baillargeon, 2005; Scott & Baillargeon, 2009; Surian, Caldi y Sperber, 2007). De ser cierto, estos hallazgos permitirían argumentar que tomar conocimiento de la falsa creencia (y, con ello, de una teoría de la mente representacional) no es una parte tan crucial de la transición preescolar como alguna vez se pensó. Este es un tema de gran importancia, así como la discusión en curso en este sentido, por lo cual analizo los datos, su significado y sus implicaciones en profundidad en el Capítulo 8.

A modo de adelanto de tal discusión, considero que los estudios con bebés ayudan a confirmar, por lo menos, que los bebés entienden que las personas actúan en base a objetivos; que los bebés siguen los cambios en las experiencias de otras personas que producen en ellos conciencia o inconsciencia de acontecimientos clave (al menos en escenarios simplificados); y que los bebés esperan que los agentes que están conscientes o no conscientes actúen de forma diferente. De este modo, estos resultados confirman la descripción anterior respecto de que los bebés alcanzan una sensibilidad deseo-conciencia de las acciones intencionales que comprende una percepción inicial de los estados de conocimiento (e ignorancia).

Al mismo tiempo, la teoría de la mente en los niños cambia, de forma demostrable, en términos de potencia y carácter pasada la infancia. La comprensión de la teoría de la mente comienza en la infancia pero también progresa; y las primeras concepciones de las acciones intencionales dan paso a sistemas más complejos de comprensión de las creencias-deseos. Y dentro de una progresión tan general, existen varias más precisas.

PROGRESIONES EN LAS COMPRENSIONES DE LA TEORÍA DE LA MENTE EN PREESCOLARES

La progresión mejor establecida se refiere a la comparación entre la comprensión infantil de los deseos e intenciones frente a la de las creencias. Cuando se les evalúa en tareas estrechamente comparables, con formatos similares a los de las tareas de falsas creencias en preescolares (como en el recuadro 1.2), los niños pequeños evidencian una comprensión de que la gente puede tener diferentes deseos para el mismo objeto o evento, pero no respecto de que puedan tener distintas creencias (Wellman y Liu, 2004, proporcionan un meta-análisis de numerosos estudios). Las comparaciones de tareas estrechamente comparables muestran también la comprensión del conocimiento y la ignorancia a la hora de fallar en el entendimiento de la falsa creencia (Wellman y Liu, 2004).

Este tipo de cambios evolutivos son intrigantes. En efecto, tal como señalé en el capítulo introductorio, en sentidos muy reales todos los postulados verosímiles ahora predicen patrones de cambio y estabilidad durante varios años a medida que se desarrolla la teoría de la mente. Por tanto, una comprensión integral de la teoría de la mente requiere cada vez más datos en cuanto a cómo progresa realmente el desarrollo: qué estados iniciales conducen a qué estados intermedios y asintóticos, e influidos por qué mecanismos. Este tipo de datos está surgiendo: progresiones extensas y detalladas de las comprensiones que caracterizan a la teoría de la mente. Un ejemplo claro está comprendido en una establecida escala de teoría de la mente (Wellman y Liu, 2004), la cual contempla tareas cuidadosamente elaboradas para evaluar la comprensión de los niños de los siguientes elementos:

1. Deseos Diversos (DD; las personas pueden tener deseos diferentes para la misma cosa)
2. Creencias Diversas (DB, en su sigla en inglés; las personas pueden tener diferentes creencias respecto de una misma situación)
3. Acceso al Conocimiento (KA, en su sigla en inglés; puede que algo sea verdad, pero una persona podría no saberlo)
4. Falsa Creencia (FB, en su sigla en inglés; puede que algo sea verdad, pero alguien podría creer algo distinto)
5. Emoción Oculta (HE, en su sigla en inglés; alguien puede sentirse de una manera, pero demostrar una emoción diferente)

Las pruebas son similares en cuanto a procedimientos, idioma y formato, no obstante, los preescolares estadounidenses muestran un claro orden de dificultad, al igual que en la lista, donde la comprensión de los Deseos Diversos sería más fácil y la comprensión de las Falsas Creencias y luego la de las Emociones Ocultas, más difíciles. En resumen, DD>DB>KA>FB>HE. La misma progresión de cinco etapas o pasos también caracteriza a los preescolares australianos (Peterson, Wellman y Liu, 2005) y alemanes (Kristen, Thoermer, Hofer, Aschersleben y Sodian, 2006), y una progresión muy similar se observa en los niños chinos (Wellman, Fang, Liu, Zhu y Liu, 2006) y en los de Irán (Shahaeian, Peterson, Slaughter y Wellman, 2011). La serie extendida de logros de desarrollo en la comprensión de los estados mentales por parte de bebés, niños pequeños y niños mayores se ajusta a una perspectiva de construcción de teoría que espera que los niños logren una progresión en las comprensiones intermedias, en la medida que las concepciones iniciales no explican adecuadamente el comportamiento y, por tanto, son modificadas progresivamente a la luz de la creciente cantidad de datos o evidencia. Pero aun así, tales progresiones proporcionan datos cruciales de desarrollo que ayudan a aclarar diversas alternativas teóricas. Analizaremos estas progresiones con mayor nivel de detalle en el Capítulo 5.

AUTISMO Y SORDERA INFANTIL

Dada la evidencia de la importancia de la teoría de la mente en la vida social cotidiana y en la interacción humana, ¿cómo sería la vida para alguien que presentara severas deficiencias o fuese diferente en términos de la teoría de la mente? La «hipótesis de la teoría de la mente para el autismo» sostiene que un individuo con autismo es un ejemplo fidedigno de una persona con tales características. Muchos estudios muestran ahora trastornos en el razonamiento sobre estados mentales —como por ejemplo, tareas de falsas-creencias fallidas— en individuos con autismo de alto funcionamiento (véase Baron-Cohen, 1995). Este tipo de deficiencias en el razonamiento psicológico no son evidentes en grupos control de sujetos con síndrome de Down, discapacidad mental general o retrasos específicos en el lenguaje. Es probable que una hipótesis de la teoría de la mente sobre el autismo no sea totalmente correcta en un sentido claro y amplio como una explicación sobre el autismo, pero ha demostrado ser reveladora e importante. La hipótesis de que los individuos con autismo presentan una deficiencia clara en la comprensión de la teoría de la mente —de hecho, tales deficiencias son parte fundamental de las dificultades elementales de los autistas en cuanto a relaciones sociales— no solo ha dado luces respecto del autismo, sino que también la investigación sobre la teoría de la mente en personas con autismo ha permitido saber más sobre la teoría de la mente.

En particular, esta línea de investigación ha ayudado a abordar la interrogante respecto de si la teoría de la mente es de dominio específico, forjando un dominio de comprensión social humana especializado, o más bien el resultado de cogniciones de dominio general aplicadas a la tarea de comprender a las personas. Es posible que los procesos de dominio general, como las competencias generales de memoria, atención y comprensión de lenguaje, puedan explicar completamente el razonamiento y el desarrollo de la teoría de la mente. Estos factores sin duda son importantes, sin embargo la mayoría de los investigadores cree que la comprensión de las personas también es parte de un procesamiento de dominio específico más especializado.

En este sentido, el desempeño de los individuos con autismo de alto funcionamiento en pruebas de falsas fotografías versus falsas creencias ha demostrado ser bastante esclarecedor (tal como la investigación sobre la comprensión de falsos dibujos y falsas señales por parte de individuos con autismo). Las tareas de falsa-creencia se resumen en el recuadro 1.2; por su parte, las tareas de falsa-fotografía son parecidas en formato, pero no apuntan a dispositivos de representación mentales, sino físicos. Por ejemplo, en paralelo a la tarea diagramada en la parte superior del recuadro 1.2, supongamos que el niño ve una cámara que toma una fotografía del caramelo en el cajón, no en el estante (el niño ve el proceso cuando se toma la fotografía, pero la imagen en sí se pone boca abajo y nunca se mira). El dulce se cambia de lugar entonces al estante, y tanto el cajón como el estante están cerrados. A continuación, se le pregunta al niño: «En la foto, ¿dónde está el caramelo? y, en realidad, ¿dónde está?».

Los individuos con autismo de alto funcionamiento fallan sistemáticamente en las tareas de falsa-creencia, si bien aprueban, también de manera sistemática, las tareas paralelas de falsa-fotografía (Leekam y Perner, 1991; Leslie y Thaiss, 1992). Dado que la memoria, atención, aprendizaje y comprensión de lenguaje de estos individuos son suficientes para entender las falsas fotografías, tales factores de procesamiento de dominio general no dan cuenta de sus dificultades paralelas con las falsas creencias. Este tipo de datos respalda las posturas de comprensiones psicológicas de dominio más específico.

En ocasiones se utilizan estos datos para apoyar los postulados de un módulo de la teoría de la mente (ToMM, en su sigla en inglés) innato y las correspondientes afirmaciones de que el autismo sería una alteración neurológica específica en dicho módulo. Y en efecto, este tipo de posición modular está básicamente inspirada en la investigación sobre la teoría de la mente y el autismo (como la de Baron-Cohen, Leslie y Frith, 1985). No obstante, para que quede claro, ninguna de las investigaciones hasta ahora ha analizado la necesidad de que el razonamiento de la teoría de la mente refleje el trabajo de un ToMM innato. De hecho, una de las implicaciones de plantear la existencia de módulos de teoría de la mente es que las personas sin trastornos en los módulos en cuestión —que por ejemplo no son autistas— debieran lograr la comprensión de los estados mentales dentro de un plano temporal de maduración más o menos estándar. Sin embargo, en muchos estudios, los niños preescolares sordos criados por padres oyentes muestran retrasos y deficiencias en las tareas de teoría de la mente comparables a aquellos que presentan los niños con autismo (Gale, deVilliers, deVilliers y Pyers, 1996; Peterson y Siegal, 1995, 1999; véase análisis en Peterson, 2009). Estos niños sordos no han sufrido el mismo tipo de daño neurológico que los autistas, cualquiera sea este, tal como evidencia el hecho de que los niños sordos criados por padres también sordos no muestran retrasos en la teoría de la mente. En cambio, los retrasos de los niños sordos criados en familias oyentes reflejarían experiencias comunicacionales y un lenguaje empobrecido en su primera infancia.

Conclusiones como estas, entre otras, desafían las afirmaciones de que el desarrollo de la teoría de la mente depende exclusivamente de mecanismos modulares de maduración. Por lo tanto, si bien las investigaciones sobre la teoría de la mente en personas con autismo sin duda nos entregan información sobre algunas cosas, también podrían conducir a confusiones. El autismo está plagado no solo por trastornos en la teoría de la mente, sino que por otros deterioros cognitivos, tales como déficit de la función ejecutiva y de coeficiente intelectual (Happé, 1995; South, Ozonoff y McMahon, 2007). De esta forma, para las personas con autismo, es difícil establecer claramente las diferencias debido a los retrasos asociados a la teoría de la mente, dado que están sumamente enredados con diversos otros retrasos. Las personas sordas, en mi opinión, ofrecen una comparación más adecuada con los niños de desarrollo típico para analizar un desarrollo tardío de la teoría de la mente. Por esta razón me centro en los niños sordos considerablemente más que en los individuos con autismo en el resto de este libro.

DESARROLLOS POSTERIORES

La comprensión de la mente y de las personas, por parte de los niños, sigue desarrollándose en aspectos importantes pasados los 5 o 6 años de edad. Incluso los niños mayores desarrollan ideas cada vez más reflexivas sobre la vida mental, la mente y el cerebro, entre otras cosas.

La comprensión de los niños respecto del pensamiento, por ejemplo, muestra un desarrollo considerable. Como destacamos brevemente líneas arriba, incluso los niños de 3 y 4 años de edad saben que las personas experimentan ideas y pensamientos internos, inmateriales y no reales. Estos niños pequeños saben que el pensamiento es un evento mental interno que es diferente de ver, hablar o tocar un objeto y que el contenido de nuestros pensamientos (por ejemplo, un pensamiento sobre un perro) no son físicos ni tangibles (Richert y Harris, 2006; Wellman y Estes, 1986). De igual manera, entre los 3 y los 5 años de edad, los niños pequeños captan algo de la subjetividad y, por tanto, de la diversidad de pensamiento. En el ítem de deseo diverso (DD) de la Escala de la Teoría de la Mente antes descrita (Wellman y Liu, 2004), los niños de 3 años son capaces de afirmar que mientras que ellos piensan que el perro de Bill está en el garaje, Bill piensa que está en el patio.

Sin embargo, estos niños pequeños parecen tener escasa o ninguna noción del constante flujo de ideas y pensamientos que son experimentados en la vida cotidiana y que participan, de forma activa, en el pensamiento consciente. Por ejemplo, los niños de 7 años de edad y los adultos afirman que una persona que está sentada en silencio y con una expresión en blanco, aun así está experimentando «algunos pensamientos e ideas» y que es casi imposible tener una mente completamente «vacía de pensamientos e ideas»;

pero hasta los 5 años los niños no comparten estas intuiciones (Flavell, Green y Flavell, 1993, 1995, 1998). Los niños en edad preescolar tienen dificultades similares para informar de sus *propios* pensamientos (Bauer, 2002; Flavell et al., 1995), y los niños pequeños son sorprendentemente inconscientes de que los pensamientos a veces toman la forma de «discurso interno» (Flavell, Green, Flavell y Grossman, 1997).

John Flavell resume estos resultados mediante la conclusión de que los niños pequeños conciben los pensamientos como acontecimientos mentales básicamente aislados, en lugar de estar insertos en flujos de conciencia jamesianos (James, 1890/1989 en la edición en español). Recién hacia los 6 y 7 años de edad los niños reconocen «las ideas como un tipo de reacción en cadena de secuencias enteras de pensamientos, cada uno dando pistas cognitivas a su sucesor» (Flavell et al., 1995, pág. 85).

En relación con esto, es después de la edad preescolar que los niños desarrollan una apreciación más profunda de la mente misma en comparación con el cerebro. Para ilustrar esta idea, los investigadores le han preguntado a niños desde preescolar hasta la escuela secundaria si podrían realizar algunos tipos de funciones sin un cerebro y, por separado, sin una mente (Johnson y Wellman, 1982; Richert y Harris, 2006), funciones tales como actos mentales (pensar, recordar), percepciones (ver, oír), sentimientos (sentir interés, sentirse feliz) y acciones voluntarias (caminar, hablar). Los niños más pequeños responden de forma idéntica cuando se les pregunta sobre el cerebro y la mente, y conciben la mente/cerebro como algo exclusivamente necesario para actos puramente mentales. Por lo tanto, estos niños más pequeños explican que necesitan el cerebro (y por tanto la mente) para pensar o recordar, pero argumentan que solo necesitan los ojos (y no un cerebro/mente) para ver, solo necesitan oídos para oír y solo necesitan piernas para caminar. Más tarde, como en quinto grado, los niños toman conciencia en general respecto de que el cerebro es diferente de la mente; el cerebro es necesario para todas las funciones, mientras que la mente es más clara y exclusivamente necesaria para las actividades mentales; y el cerebro y la mente no solo se diferencian funcionalmente sino que sustancialmente, si bien la mente es inmaterial, y el cerebro, material y sólido.

Uno de los conjuntos más interesantes de desarrollos posteriores, construidos sobre la base de una teoría de la mente preescolar, pero que la trasciende, tiene que ver con la creciente disposición de los niños de albergar ideas de mentes y capacidades extraordinarias. Podría decirse que la mayor apreciación de la mente como un estado más mental en comparación con el cerebro, que es más corporal, es fundamental para la formación y la adquisición de ideas trascendentales,

tales como la posibilidad de que la mente o el espíritu trasciendan la muerte corporal o la posibilidad de un agente sobrenatural en el que la mentalidad sería liberada de sus limitaciones ordinarias. Un ejemplo rápido ilustra algunos de estos desarrollos.

En un influyente estudio, Justin Barrett y sus colegas (Barrett, Richert y Driesenga, 2001) comenzaron a analizar el desarrollo de las ideas de los niños acerca de la «alteridad» de Dios. Estos científicos demostraron que una vez que los niños comienzan a apreciar las limitaciones del conocimiento humano común y las creencias —que las personas pueden tener falsas creencias, por ejemplo— reconocen que Dios podría tener poderes más extraordinarios. Por ejemplo, se utilizó una medición estándar de la comprensión infantil de falsa creencia, una tarea de contenidos sorprendentes (véase recuadro 1.2), y los niños hicieron inferencias acerca de Dios frente a mamá. Cuando los niños en edad preescolar reconocen los límites del conocimiento humano (mamá estaría equivocada), a menudo atribuyen mayor poder «especial» a Dios, quien conocería el contenido.

Este hallazgo, que demuestra la creencia de los niños en el poder mental especial de Dios, se ha extendido y aclarado de varias maneras (véase el Capítulo 13). Una interpretación que saco de estos y otros datos sobre progresiones posteriores en las teorías de la mente de los niños es que las comprensiones tempranas en edad preescolar proporcionan la base para la construcción de ideas posteriores, incluyendo sus reflexiones acerca de la mente y la vida. Los logros tempranos respaldan los cuestionamientos espontáneos y las ideas de los niños, pero también apoyan su receptividad y asimilación de las enseñanzas socioculturales, doctrinas e ideas acerca de Dios, los superhéroes y el Papá Noel (Viejo Pascuero), entre otros.

CONCLUSIONES

La teoría de la mente (a) se adquiere rápidamente en los casos normales; (b) se adquiere a través de una extensa serie de logros de desarrollo; (c) comprende varias percepciones básicas que se van adquiriendo, en todo el mundo, en virtud de una trayectoria similar (aunque no en igual plano temporal); (d) requiere de un aprendizaje y un desarrollo considerable basado en un conjunto de habilidades especializadas para que los bebés pongan atención y representen a las personas; y (e) su adquisición se ve severamente retrasada tanto en individuos con autismo como en niños sordos criados por padres oyentes. No todos los investigadores están de acuerdo con todos estos puntos; sin embargo, esta lista representa un importante consenso en relación con la teoría de la mente basada en un conocimiento empírico considerable, obtenido en el curso de investigaciones realizadas durante 25 años por científicos del desarrollo de distintas disciplinas y países.

Varios de los temas que he tocado en este resumen son particularmente ricos en cuanto a datos o debate, y revelan con mayor precisión cómo se desarrolla la teoría de la mente. En los próximos capítulos, doy cuerpo a estos datos y a la fascinante imagen que ofrecen en cuanto al desarrollo de un sistema cognitivo humano fundacional. Estos datos también sientan la base para hacer frente a postulados más profundos sobre la naturaleza de la teoría de la mente y cómo se adquiere.

2

Teoría de la Mente Preescolar, Parte 1

COMPRENSIÓN UNIVERSAL CREENCIA-DESEO

«LAS PELÍCULAS DEBERÍAN tener un principio, un punto medio y un final», se le dijo al cineasta francés Jean-Luc Godard, ante lo cual dio una respuesta que más tarde se haría famosa: «Sin duda, pero no necesariamente en ese orden» (Corliss, 1981). Una historia o cronología que comienza en la mitad puede aclarar, por adelantado, algunos pasos cruciales que sirven a la vez como destino para los eventos anteriores y como punto de partida para los posteriores. En la teoría de la mente, la comprensión creencia-deseo en preescolares proporciona ese punto, siendo la piedra angular de los desarrollos previos y la base para otros desarrollos conceptuales futuros. Son logros que costó alcanzar, pero a la vez son plataformas que permiten el despegue.

PSICOLOGÍA CREENCIA-DESEO

Niño (3 años, 7 meses de edad) prueba un poco de pegamento.
NIÑO: No me gusta.
ADULTO: ¿Por qué pusiste eso en tu boca?
NIÑO: Pensé que era rico.
(Bartsch y Wellman, 1995, pág. 112).

Reiteremos que una idea central de nuestra teoría de la mente cotidiana es una construcción de las personas en términos de creencias y deseos, lo cual

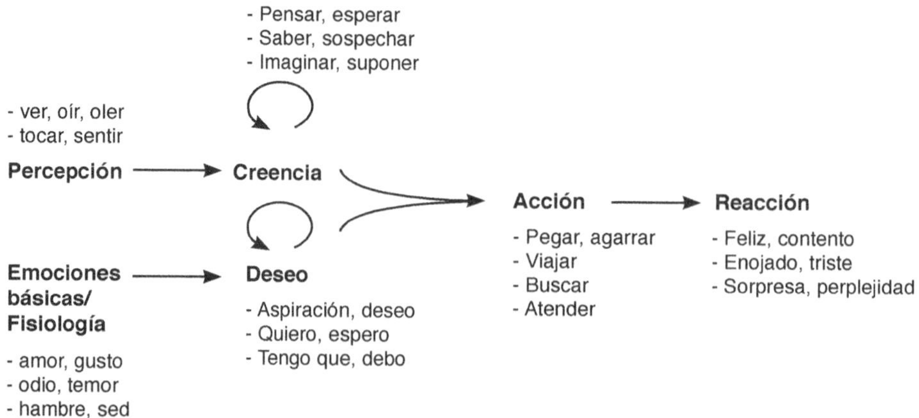

FIGURA 2.1 Esquema simplificado para representar el razonamiento creencia-deseo. Centralmente, vemos como las personas desempeñan acciones con las que *creen* van a conseguir lo que *desean*. Pero también, las emociones básicas y los estados fisiológicos potencian nuestros deseos; las experiencias perceptivas y vivenciales cimentan nuestros conocimientos y creencias; y las acciones no solo ocurren, sino se traducen en resultados ante los cuales el actor reacciona (Wellman, 1990).

nos da la idea fundamental de que las personas hacen cosas con las que *piensan* van a conseguir lo que quieren: «*Pensé* que era rico». La psicología ingenua, por supuesto, es más amplia y compleja que eso. Con un poco más de detalle, el razonamiento de la teoría de la mente de niños en edad preescolar abarca al menos las construcciones y conexiones que se muestran en la figura 2.1. Las emociones básicas y los estados fisiológicos potencian nuestros deseos; las experiencias perceptivas y vivenciales cimentan nuestras creencias y conocimientos; las acciones no solo ocurren, sino que tienen resultados que provocan reacciones adicionales por parte del actor. Debido a que Romeo *ama* a Julieta *quiere* estar con ella. Y porque ha *visto* el conflicto de su clan con los Capuletos es que *sabe* que su familia se opondrá violentamente. Entonces actúa en secreto. Cuando lo logra y puede estar con ella, es *feliz* (de hecho «enfermo de amor» y eufórico). Y cuando no se puede y están separados, él está *triste* (crudamente decepcionado y abatido).

Esta psicología creencia-deseo cotidiana de las acciones constituye una compleja red de construcciones e inferencias, con una variedad de recursos interpretativos, predictivos y explicativos entrelazados. Y esto incluso es así en los niños en edad preescolar. Sin embargo, tiene sentido comenzar haciendo hincapié en la comprensión infantil de las creencias y deseos. Las creencias, junto con los deseos, son fundamentales para comprender las acciones y las mentes; y una de las razones de esta importancia es que las creencias y deseos, en particular, son diferentes del mundo (son estados *mentales*), pero al mismo tiempo conectan nuestras acciones con el mundo. En contraste, los estados mentales como las fantasías y sueños son más etéreos, y se mantienen aparte del mundo. Aunque el sello distintivo de las creencias (descripción de lo que hacen) es que apuntan a describir el mundo con precisión, estas pueden estar erradas y hacer mal su trabajo. La imaginación pura en este sentido no puede estar equivocada. Puede ser fantasiosa o mundana, extraña o familiar, pero no está bien o mal porque las imaginaciones, a diferencia de las creencias, son ficticias y no mundanas.

Así, entre los diferentes estados mentales, algunos como las creencias son particularmente útiles para razonar acerca de las acciones, pues pese a ser mentales, están claramente dirigidos hacia el mundo real. Pero los niños pequeños sin duda podrían ignorar o mostrarse confundidos respecto de estos estados útiles. Como son tanto de la mente como del mundo, ¿debiesen ser entendidos en términos de la mente o en términos del mundo, o (de alguna manera) de ambos?

CREENCIAS Y FALSAS CREENCIAS

Con frecuencia se afirma que la psicología creencia-deseo refleja una teoría de la mente representacional. La representación en bruto de la creencia de alguien (que aquello es una manzana), esbozada en la parte izquierda de la figura 2.2, muestra el porqué. En nuestra concepción adulta cotidiana, las creencias proporcionan al sujeto algo así como una representación del mundo. Y las imaginaciones fantasiosas, tal como las creencias, pueden ser representativas en un sentido: imaginar un unicornio, por ejemplo, proporciona una representación de tal cosa, pero esta representación no pretende ser una *representación del mundo real*. Cuando creemos que X es de tal o cual forma, eso es lo que enmarca nuestros actos para conseguir lo que queremos, pues realmente creemos que es así, no solo participamos en ello como una fantasía. Al costado derecho de la figura 2.2 se muestra una representación mental errada: él piensa que la manzana es un plátano. Y dada la conexión de las creencias con el mundo, en casos como este —de falsas creencias— no solo pensamos erróneamente, sino actuamos equivocadamente, lo que a menudo frustra nuestros propios deseos. Romeo se mata a sí mismo, en duelo por Julieta, mientras que en la realidad ella está allí junto a él, con vida.

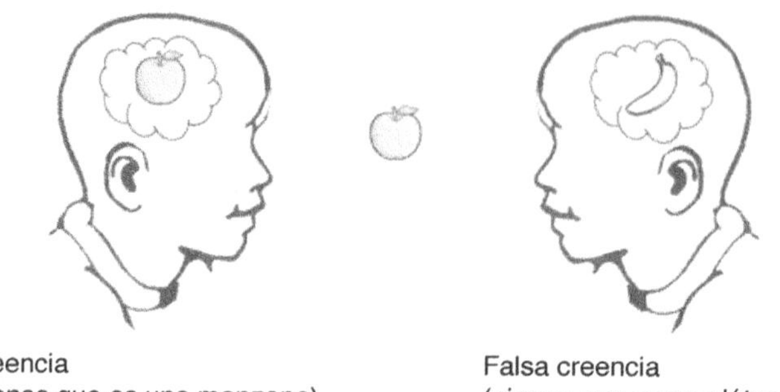

FIGURA 2.2 Representación simplificada de la creencia y falsa creencia acerca de una manzana.

Como las creencias son bastante instructivas en este sentido y porque son (junto con los deseos) parte central de nuestra psicología cotidiana, actualmente hay mucha investigación sobre las creencias, y sobre las falsas creencias en particular, para ayudarnos a entender las ideas de los niños.

Recordemos un ejemplo de tarea de falsa-creencia para preescolares, una de cambio de ubicación (recuadro 1.2 del Capítulo 1): Judy coloca su caramelo en el cajón y, mientras no puede ver, el caramelo es trasladado al estante. Judy regresa y quiere su caramelo. «¿Dónde va a buscar Judy su caramelo, en el estante o en el cajón?» Normalmente, al niño también se le hacen varias preguntas de control, tales como, «¿vio Judy que el caramelo fue cambiado de lugar?» (respuesta correcta: no); «¿dónde está el caramelo realmente?» (respuesta correcta: en el estante). Las respuestas correctas —que señalan que Judy buscará en el cajón— requieren de un razonamiento acerca de los deseos, pero también, necesariamente, de las creencias. Judy *quiere* su caramelo y *piensa* que está en el cajón. Las respuestas correctas también muestran una comprensión de la conexión de la mente con el mundo; como Judy tiene una creencia errónea, actúa de manera equivocada. De hecho, este tipo de tareas de falsa-creencia indagan un marco causal-explicativo, un marco que conecta la mente con el mundo en *dos* direcciones: de la mente hacia el mundo (por ejemplo, a través de acciones intencionales) y del mundo a la mente (por ejemplo, a través de la percepción).

Las creencias y falsas creencias se dan en muchas formas distintas. Lo mismo ocurre con las tareas de falsa-creencia «estándar» usadas en la investigación con niños. Por ahora, voy a llamar a estas tareas «tareas de falsa creencia explícitas» (para distinguirlas de la comprensión posiblemente implícita que puede observarse en las tareas de «falsa-creencia» con bebés que describo con más detalle en el Capítulo 8). Puede que esta no sea la mejor manera de hacer la distinción entre bebés y preescolares, pero es un atajo útil. Al menos, las tareas como las que se representan en el recuadro 1.2, requieren de juicios conscientes, pensados, para entregar respuestas correctas de manera coherente. En diversas tareas de este tipo, los niños de alrededor de 4 años y medio o más, a menudo tienen éxito en sus juicios de falsas creencias explícitas, mientras que los niños menores de 3 años y medio a menudo fallan, tal como se grafica en el recuadro 1.2. Y cuando se equivocan, no es de manera azarosa: el error de falsa-creencia se presenta de manera sistemática. Dicen que Judy buscará su caramelo en el cajón, donde realmente está, a pesar de que ella nunca vio que el caramelo fue cambiado de ubicación.

A pesar de la gran cantidad de estudios, conclusiones y variaciones de tareas de falsa-creencia (incluidos estudios con interpretaciones contradictorias e incluso a veces con resultados contradictorios), hay una historia coherente que emerge con claridad del meta-análisis que resume los datos y resultados de numerosos estudios individuales de manera estadística. Los datos del recuadro 1.2 provienen en parte de un meta-análisis inicial (Wellman et al., 2001) que incluyó casi 200 estudios que abarcan casi 600 condiciones y variaciones de tareas de falsa-creencia y más de 5.000 niños (las condiciones se refieren a los grupos dentro de un mismo estudio. Si en un estudio se aplicó la misma tarea a un grupo de niños de 3 años de edad, a uno de 4 y a uno de 5, esas serían tres condiciones). Las tareas de falsa-creencia explícita utilizadas en todos estos estudios fueron de hecho bastante variadas: algunas utilizaron cambios de ubicación, otras contenidos sorpresivos, y otras cosas más; algunas fueron verbales y otras no verbales; y se pidió a los niños juzgar comportamientos (¿dónde buscará Judy?) o pensamientos (¿qué piensa Judy?) para juzgar a seres humanos de carne y hueso, personas grabadas en video, figuritas de juguete o personajes ficticios.

El recuadro 1.2 muestra las principales conclusiones de este meta-análisis inicial, incluyendo un gráfico con las proporciones correctas de todas las condiciones dispuestas y la edad promedio de niños en una condición determinada. Los datos presentan el porcentaje de niños en un grupo (una condición) que responde correctamente, con una probabilidad de 50% de dar una respuesta correcta (ya que casi todos los estudios utilizan dos posibles ubicaciones o dos identidades posibles), dando una puntuación de 0 en los datos del recuadro 1.2. Observe que los datos están esencialmente ordenados; la competencia de la primera infancia se hace evidente alrededor de los 4 y 5 años, cuando los niños en gran medida responden correctamente, es decir, que están por encima de la probabilidad de responder al azar en una amplia gama de tareas y situaciones de falsa-creencia. Antes de los 4 años, los niños responden incorrectamente; y en los niños de 2 y 3 años hay un claro desempeño bajo el azar, con errores sistemáticos de falsa-creencia.

Por supuesto que hay diferencias entre los distintos individuos y tareas (que no se muestran), y a través de los distintos grupos (que se muestran de manera parcial). Esta variación es informativa. De partida, aborda una preocupación siempre presente: tal vez las particularidades de estas pruebas (su lenguaje, los materiales y las «historias» involucradas) confunden o desorientan a los niños pequeños (niños que realmente tienen un sólido conocimiento respecto de las falsas creencias, pero que debido a las peculiaridades de las tareas responden incorrectamente). Cualquier prueba experimental debe utilizar materiales, un lenguaje y preguntas específicas, estableciendo exigencias particulares. Quizás la utilización de materiales y métodos distintos arrojen una imagen muy diferente.

Uno de los puntos del meta-análisis inicial era abordar este problema elemental, la influencia de las diversas modificaciones y simplificaciones de las pruebas sobre el resultado o rendimiento estándar de falsa-creencia. Por ejemplo, las variaciones en una prueba de cambio de ubicación pueden estar más o menos sesgadas por las indicaciones verbales o por el lenguaje. Para disminuir las demandas verbales, los investigadores pueden simplemente representar los eventos y mostrar con teatralidad, sin palabras, que el protagonista no ve el crucial cambio de ubicación. Luego se les puede preguntar a los niños simplemente por el comportamiento («¿Dónde buscará Judy?») sin emplear términos como *pensar* o *saber*. Y el niño puede emitir su juicio señalando el estante o el cajón.

En los meta-análisis, la mayoría de las múltiples variaciones que los investigadores han probado en las tareas no generan mayor diferencia confiable en el desempeño (Wellman et al., 2001; Liu et al., 2008; y Milligan et al., 2007). Es posible que hayan parecido significativas en un estudio u otro, pero cuando se suman rigurosamente todos los estudios, las diversas variaciones en las pruebas no muestran efecto sistemático. Por ejemplo, no hay mayor diferencia si el personaje principal es una persona real, una fotografía de una persona, un títere o una muñeca; si la pregunta de falsa-creencia es acerca de conductas («¿Dónde buscará Judy?»), pensamientos («¿Dónde piensa Judy que está X?») o discurso («¿Dónde dirá Judy que está X?»); ni tampoco si las indicaciones para los niños son más o menos verbales. Al igual que en el recuadro 1.2, el rendimiento en todas estas variaciones de pruebas va sistemáticamente de una probabilidad de contestar correctamente por debajo del azar a una por sobre el azar en los años preescolares.

Aquí se da un ejemplo interesante e importante: ¿qué pasa si al niño se le pregunta por su propia falsa-creencia? Por ejemplo, considere una prueba que utilice contenidos sorpresivos con la descrita brevemente en el recuadro 1.2: un niño ve una caja típica de lápices de cera, afirma que tiene lápices de cera en su interior, pero ve (una vez abierta) que en el interior hay velas. Tenga en cuenta que en este tipo de tarea el niño experimenta por primera vez la falsa creencia. Entonces se le dice al niño de otra persona que nunca ha mirado dentro de la caja: «Vamos a mostrarle a Punch esta caja perfectamente cerrada; ¿qué pensará Punch que hay en su interior, lápices de cera o velas?». Esta versión de la tarea pregunta acerca de la creencia de un tercero, en este caso la de Punch. Consideremos entonces una tarea paralela donde preguntemos acerca de la creencia del niño evaluado. Una vez más, el niño experimenta por primera vez una falsa creencia: cuando se le muestra la caja cerrada dice, «creo que tiene lápices de cera», y después se da cuenta «oh, aquí hay velas». A continuación, se le pregunta al niño no sobre Punch sino sobre sí mismo: «Antes de ver dentro de la caja, ¿qué pensaste que había en el interior de la caja, lápices de cera o velas?»

Preguntar acerca de sí mismos o de otros arroja resultados prácticamente idénticos. Los niños más pequeños muestran resultados bajo el azar tanto si se les pregunta por sí mismos que por un tercero, y el aumento de respuestas correctas a través de los años preescolares van de la mano, tanto para sí mismos como para otros (Wellman et al., 2001). Obviamente esto es interesante, no solo desde el punto de vista metodológico: un ejemplo contundente de que el cambio en las demandas de una tarea no revela una supuesta «competencia temprana» que pudiese estar enmascarada en otras pruebas de falsa-creencia. También es sustantivamente intrigante: los niños (y adultos) a menudo pueden ser sorprendentemente incapaces de comprender sus propias creencias (y falsas creencias). Ver esto en acciones a veces es notable.

ADULTO: ¿Qué piensas que hay allí?
NIÑO: Dulces.
ADULTO: Abramos y veamos el interior.
NIÑO: Oh… rayos… ¡son lápices!
ADULTO: Cuando viste la caja por primera vez, antes de que la abriéramos, ¿qué pensaste que había dentro?
NIÑO: Lápices.
(Astington y Gopnik, 1988b, pág. 195).

Algunas variables de las tareas sí afectan el rendimiento; estas variaciones hacen que sea más fácil responder correctamente en las tareas estándares de falsa-creencia en niños en edad preescolar. Pero lo más importante es que los resultados se ven como las líneas paralelas apiladas que se muestran en el recuadro 1.2. Es decir, en algunas tareas explícitas los niños pueden responder correctamente a una edad un poco más temprana de lo que lo hacen en otra tarea de falsa-creencia, pero en cada caso la trayectoria esencial de desarrollo se mantiene sin variación: los niños van de peor a mejor de manera parecida *y* el rendimiento de los niños más pequeños se mantiene en el azar o por debajo de este. Es decir, aunque las variables de la tarea afectan el rendimiento o resultado, lo hacen sin interactuar con la edad.

En resumen, las concepciones de los niños acerca de las creencias cambian de manera importante en el curso de los años preescolares. Los niños pequeños pasan de una respuesta sistemáticamente errónea a una sistemáticamente correcta en las pruebas y con todas sus variaciones. Incluso la prueba más simple, adaptada para niños, que requiera de algún tipo de respuesta explícita por parte del niño (incluso un punto no verbal) muestra esta trayectoria básica de desarrollo. Incluso sucede con las tareas completamente no verbales (Call y Tomasello, 1999; Krachun, Carpenter, Call y Tomasello, 2009); e incluso con nuestras propias creencias.

Países y culturas

Centrarse en la investigación de las falsas creencias en preescolares permite la consideración inicial de si (y cómo) las comprensiones básicas de la teoría de la mente son universales o específicas de cada cultura, porque se han llevado a cabo estudios de falsa-creencia en muchos países distintos. Como se muestra en el recuadro 1.2, comprender explícitamente las creencias y falsas creencias parece ser algo que los niños logran en todas partes. En todos los países estudiados existe una trayectoria de desarrollo informativa (similar) en la cual los niños significativamente logran respuestas correctas después de una fase inicial de fallos sistemáticos, donde dicen que Judy buscará el objeto donde en realidad está y piensan que es allí donde está.

Sin embargo, el meta-análisis original (Wellman et al., 2001) estaba concluyentemente inclinado hacia los niños que crecen en comunidades de tipo europeo-occidental —Estados Unidos, Inglaterra, Alemania, Austria, Australia— y que hablan una lengua indoeuropea (Inglés, Alemán, Español).

De los casi 200 estudios considerados en dicho meta-análisis, solo un artículo provino de China, dos de Japón y uno de África.

Un estudio más detallado de los niños de comunidades e idiomas chinos ha demostrado ser particularmente revelador. Los niños chinos, por supuesto, crecen en familias no occidentales, mientras que el idioma chino sin duda no es una lengua indoeuropea. Más de la mitad de los niños del mundo viven en Asia oriental, y de ellos la mayoría es de China. Si queremos saber acerca de la naturaleza de la teoría de la mente, incluir a niños chinos parece esencial. Pero afortunadamente, en los años posteriores al meta-análisis inicial, investigadores llevaron a cabo numerosos estudios en China y muchos de estos incluyeron una o más tareas de falsa-creencia. Por ende, bajo la dirección de David Liu realizamos un nuevo meta-análisis (Liu et al., 2008), el cual se centró en niños chinos y que abarcó 196 condiciones de falsa-creencia en Hong Kong y China continental.

La figura 2.3 muestra los datos de China junto con los de Estados Unidos y Canadá. Es evidente en la figura 2.3, al igual que en el meta-análisis original, que el país o la comunidad sociolingüística influyen en el desempeño de los niños. En algunos lugares, los niños (en promedio) logran comprender la falsa-creencia más temprano o más tarde en comparación con sus pares de otros países. Pero de nuevo la trayectoria básica de desarrollo es la misma en todas partes: en todas partes, los niños van de un desempeño inferior al azar (sostienen consistentemente que el personaje buscará donde el objeto realmente está) a un desempeño superior al azar (sostienen consistentemente que el personaje buscará y pensará que el objeto está en el lugar equivocado).

El patrón exacto de los resultados de la figura 2.3 también es interesante y desconcertante a la vez. Es muy probable que los niños que crecen en Hong Kong y en Canadá sean bilingües, en comparación con los de Estados Unidos y Beijing. En promedio, el ser bilingüe ayuda a los niños a avanzar más rápidamente en la comprensión de la teoría de la mente, incluyendo la comprensión de la falsa-creencia (Goetz, 2003). Pero esto no es, de ninguna manera ni simple ni directamente, lo que da cuenta de estos resultados. Los niños de Hong Kong, que en estos datos tienen más probabilidades de ser bilingües, sin duda no logran una comprensión de la falsa-creencia con mayor rapidez. Los niños de Estados Unidos y Canadá crecen en culturas europeo-occidentales donde ser personas autónomas, independientes e individuales es algo «autorizado» y recomendado; los niños chinos por su parte crecen en culturas donde ser personas interdependientes, arraigadas en la sociedad

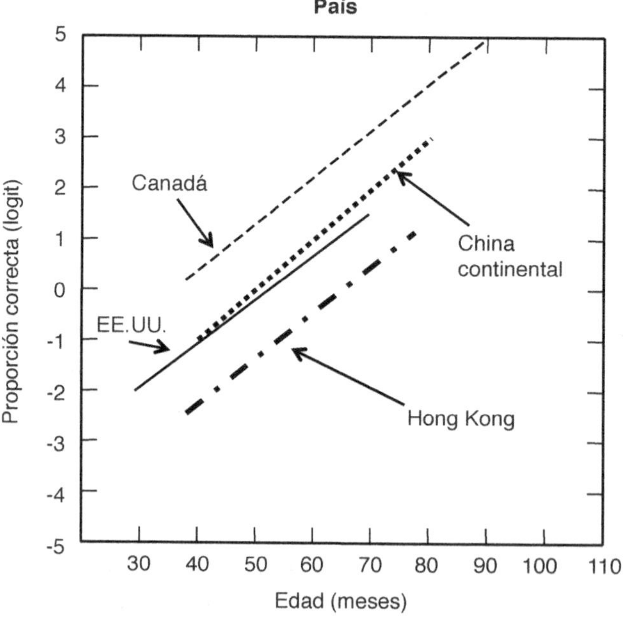

FIGURA 2.3 Trayectorias de desarrollo para lograr un desempeño correcto en pruebas explícitas de falsa-creencia. En la escala, el cero corresponde al azar; los números negativos están significativamente por debajo del azar; y los números positivos son significativamente superiores al azar (Liu, Wellman, Tardif y Sabbagh, 2008).

y comunes es algo «autorizado» y enfatizado (Nisbett, 2003). Esto sin duda afecta su comprensión acerca de las personas y acciones (como muestro en el Capítulo 5). Del mismo modo, los idiomas chinos (mandarín y cantonés) difieren del inglés de varias maneras bastante interesantes (que profundizo en el Capítulo 7). Sin embargo, estos factores no dan cuenta de estos resultados, ni simplemente ni con claridad; los niños de Estados Unidos y Beijing siguen trayectorias casi iguales en la comprensión de las falsas creencias; y los niños chinos de Beijing difieren de los de Hong Kong.

En medio de las diferencias de temporalidad que son evidentes en la figura 2.3 y en el recuadro 1.2, una imagen subyacente emerge con claridad: en todas partes los niños pequeños de desarrollo típico alcanzan un hito clave en la teoría de la mente, a saber, un tipo de comprensión de la creencia-deseo evaluada según una amplia gama de pruebas de falsa-creencia. Obviamente, el mensaje que se obtiene de estos datos *no* es que la cultura y el lenguaje no logren construir las ideas que tienen los niños sobre la mente, ni que de alguna forma esa teoría de la mente preescolar básica sea un producto «espontáneo» de cognición humana, no afecto por la cultura. Esto es claramente incorrecto, como lo veremos cada vez con mayor claridad. Sin embargo, estos datos dejan claro que la información transmitida y recibida culturalmente sobre las personas y las mentes, el aprendizaje cultural en sí, honra, en el desarrollo temprano, una cierta comprensión fundamental de las personas y las mentes enmarcado por una conceptualización mentalista profunda de personas, vidas y acciones. Los hallazgos de la teoría de la mente, cuando mucho, revelan algo de esta cognición humana fundacional universal en desarrollo, que evoluciona dinámicamente. Estos revelan algunos de los cimientos sobre los cuales descansan las arenas movedizas de los desarrollos específicos de cada cultura. Estas conclusiones son más claras en los años preescolares, porque es en esa etapa donde los datos son más internacionales; la investigación con bebés o niños con autismo, por su parte, está mucho más limitada a uno o dos escenarios culturales.

Creencias Verdaderas, Coherencia y Variabilidad

Cuando los niños pequeños entregan respuestas sistemáticamente incorrectas en sus juicios de falsas de creencias explícitas, suelen contestar correctamente en las pruebas de creencias verdaderas. En las tareas de creencias verdaderas, por ejemplo, Judy coloca el caramelo en el cajón (no en el estante) y se va. Y mientras está ausente y no puede ver, alguien toma su caramelo del cajón, pero *lo coloca de nuevo* en el mismo cajón. Los niños responden correctamente que Judy buscará en el cajón y dicen que Judy pensará que su caramelo está en el cajón, y no en el armario. En otra investigación realizada por David Liu y sus colegas (Liu, Sabbagh, Gehring y Wellman, 2009), aplicaron a niños entre 20 y 30 tareas de falsa-creencia, y aquellos que respondieron sistemáticamente de manera incorrecta en las tareas de falsa creencia (menos del 25% de respuestas correctas), sin embargo, contestaron sistemáticamente de manera correcta en las tareas de creencia verdadera (más del 90%). En una investigación que realizamos junto a Jennifer Amsterlaw (Amsterlaw y Wellman, 2006), los niños cuyos juicios de falsa-creencia fueron sistemáticamente incorrectos (a través de una serie de tareas, dos por día o cuatro a la semana, durante un total de 6 semanas), evidenciaron no obstante juicios correctos en el 93% de sus tareas de creencias verdaderas en el mismo período.

Estos datos respecto de las creencias verdaderas son tranquilizadores, en el sentido que muestran, al menos, que en tareas paralelas de falsa-creencia los niños no están siendo simplemente impulsados a cambiar sus respuestas a causa de alguna manipulación previa de los elementos usados o de los contenidos. Por supuesto, también es posible realizar tareas de creencias verdaderas complicadas, con transformaciones que también podrían engañar a los niños y llevarlos al error (véase Friedman, Griffin, Brownell y Winner, 2003; Ruffman, 1996). E incluso las respuestas de creencia-verdadera correctas solo nos indican que los niños están pensando en la realidad e informando de ella —donde está realmente el caramelo de Judy— y no comentando respecto de lo que ella piensa.

Una característica crucial, pero no evidente de los datos de falsa-creencia es que los niños individuales suelen ser sistemáticos y, al mismo tiempo, variables en sus respuestas ante tareas de falsa-creencia. En un estudio que aplicó a 72 niños de 4 años de edad un total de seis tareas de falsa-creencia (cada una con contenidos, personajes y accesorios distintos), 31% respondió correctamente en cinco o seis de las tareas; 56% respondió incorrectamente en cinco o seis; y solo 9 niños (13%) se ubicaron en la mitad con un patrón de respuestas más mixto (Watson, 1999). En el estudio más intenso que se mencionó anteriormente, realizado por David Liu, Mark Sabbagh y sus colegas (2009), se aplicó a 44 niños en edad preescolar entre 20 y 30 tareas de falsa-creencia (en un formato administrado por computador). De estos niños, 64% respondió sistemáticamente de manera correcta (más del 75% de respuestas correctas) en sus juicios de falsa-creencia; 30% respondió sistemáticamente de manera incorrecta (menos de 25% de aciertos); y solo 3 niños (7% de la muestra) se ubicó en el medio. Este tipo de respuestas coherentes sería un argumento en contra de la hipótesis de que al hacer múltiples preguntas simplemente se cansa o confunde a los niños pequeños o los lleva a pensar que deberían cambiar su respuesta previa (mostrándose confundidos y respondiendo al azar, en torno al 50%) y confirmaría, además, que los niños evidencian concepciones sistemáticamente erróneas en las tareas de falsa-creencia estándar.

Dicho esto, estos mismos datos muestran una variabilidad importante en la respuesta de un niño cualquiera. En los dos estudios que acabamos de describir, casi todos los niños evidenciaron una mezcla entre dos respuestas diferentes: las respuestas realistas (Judy buscará donde realmente está) y las respuestas de falsa-creencia (Judy buscará equivocadamente donde estaba antes).

La variabilidad en las respuestas de los niños está ordenada, organizada, en torno a algunas tendencias centrales, tal como las trayectorias individuales de los niños varían en torno a las trayectorias centrales que aparecen en el recuadro 1.2 y en la figura 2.3. Las tendencias centrales ordenadas son importantes. Pero la variabilidad entre los niños (ordenada) también es importante. Este tipo de variabilidad resulta ser útil para comprender el aprendizaje y desarrollo de los niños, un tema que retomo en el Capítulo 6.

EXPLICACIONES

Si bien un enfoque inicial en tareas de falsa-creencia estándar es informativo, no logra revelar la naturaleza, amplitud y coherencia de la psicología creencia-deseo emergente de los niños en edad preescolar. Un buen lugar para comenzar a tener una visión más completa es considerar las explicaciones de los niños. Según algunos planteamientos (por ejemplo, la teoría de la teoría, la teoría de que la psicología creencia-deseo cotidiana constituye una teoría causal-explicativa), explicar las acciones, vidas y mentes de las personas es una de las tareas centrales de la psicología ingenua. Es decir, una de las principales funciones de la psicología creencia-deseo cotidiana es dar sentido a las acciones y mentes humanas, para llenar los «porqués» de la vida humana, para responder a las preguntas cotidianas de «por qué» acerca de lo que hacemos (Apperly y Butterfill, 2009; Davidson, 1980/1995 en la edición en español; Wellman, 1990). ¿Por qué Romeo se suicida? Porque pensaba que Julieta estaba muerta (porque la vio inerte junto a él, sin respirar) y, al creerla muerta, la vida ya no tenía alegría para él, por lo que desea morirse. Tales explicaciones justifican nuestras acciones y estados. Estas explicaciones pueden parecer simples —«pensó que Julieta estaba muerta»— pero invocar una estructura causal compleja: las percepciones influyen en las creencias, que junto con los deseos conducen a las intenciones que dan forma a las acciones (como se esquematiza en la figura 2.1; véase también Malle, Knobe y Nelson, 2007).

Importancia Empírica y Frecuencia de las Explicaciones en la Infancia

Los niños pequeños se muestran bastante interesados en la explicación. Con frecuencia buscan y ofrecen explicaciones, especialmente explicaciones psicológicas del tipo asociado a la teoría de la mente.

Por ejemplo, Maureen Callanan y Lisa Oakes (1992) hicieron que mamás de niños en edad preescolar llevaran un registro diario de las preguntas causales de sus niños (por ejemplo, «¿por qué?», «¿cómo puede ser?») durante sus actividades diarias, como la hora de comer. Los niños hicieron numerosas preguntas causales sobre una variedad de eventos, incluyendo fenómenos mecánicos («¿Cómo funciona esa silla de ruedas?») y fenómenos naturales («¿Por qué centellean las estrellas?»). Sin embargo, por mucho, el mayor número de preguntas estuvo centrado en las causas de la actividad humana: pidiendo explicaciones acerca de las motivaciones y comportamientos de las personas (por ejemplo, «¿Por qué hizo eso?»).

Por supuesto, los registros del diario pueden ser más un reflejo de las preocupaciones de los padres que de sus hijos. Por esta razón, con Anne Hickling (Hickling y Wellman, 2001) examinamos extensas transcripciones de conversaciones cotidianas donde naturalmente surgían preguntas y explicaciones causales de los niños, utilizando términos explícitos como *por qué, porque, cómo* y *así*. Estos análisis comenzaron con más de 120.000 «turnos de habla» o enunciados de niños procedentes de la base de datos CHILDES (MacWhinney & Snow, 1985, 1990), registrados en conversaciones cotidianas entre padres e hijos, semana a semana o mes a mes, en el período en que los niños crecieron de 2 a 5 años. En promedio, las preguntas causales aparecieron apenas comenzaron los registros, con las preguntas «*¿por qué?*» siendo los enunciados causales que los niños primero producen. De hecho, las preguntas causales aparecieron antes que los enunciados causales (edad promedio a la primera aparición = 2 años 5 meses versus 2 años 8 meses para los enunciados), y por lo tanto se produjeron con más frecuencia que los enunciados causales a la edad de 2 años y medio (65% preguntas versus 35% enunciados). Estos datos de conversaciones proporcionan un respaldo sistemático y empírico para la observación común, anecdótica, de que hay un período temprano en el cual los niños se entregan a una intensa búsqueda de explicación, especialmente a través del uso de la pregunta «¿por qué?».

En consonancia con las conclusiones de Callanan y Oakes (1992), los niños de nuestro estudio (Hickling y Wellman, 2001) solicitan explicaciones de las actividades de las personas —por qué una persona hizo algo— en aproximadamente el 70% de sus preguntas causales a los 2, 3 y 4 años de edad. También pidieron explicaciones, aunque con menor frecuencia, ante eventos u objetos físicos (20%), eventos centrados en animales (5%) y una diversidad de otras cosas como plantas o fenómenos naturales como nubes (5%). Entonces, los niños pequeños buscan activamente explicaciones, y al origen de esta fascinación explicativa temprana está la curiosidad acerca de cómo explicar las actividades de los seres humanos (véase también Hood y Bloom, 1979).

Pero estos datos, ¿revelan de forma convincente que los niños pequeños son activos buscadores de explicaciones? Tal vez no: padres y profesores a menudo sospechan que todos esos *por qué* simplemente podrían ser producidos para llamar la atención, tácticas para mantener la conversación y retrasar la hora de acostarse. Por otra parte, tal vez los niños hacen esas preguntas, incluyendo los *por qué*, solo como parte de un proceso de adquisición del lenguaje. Gran parte de la investigación sobre las preguntas de los niños pequeños (por ejemplo, Rowland, Pine, Lieven y Theakston, 2003; Tyack e Ingram, 1977) asocia el lenguaje y el aprendizaje de las preguntas de los niños en estos primeros años; también puede ser que los niños estén tratando de aprender y de practicar cómo hacer preguntas gramaticalmente correctas.

El intercambio de preguntas y respuestas incluye: (a) hacer una pregunta (por ejemplo, ¿por qué?); (b) obtener una respuesta (explicación); y (c) evaluar, procesar y potencialmente aprender de la respuesta. De partida, la manera en que los niños evalúan, procesan y reaccionan antes las respuestas que reciben da luces clave acerca de la naturaleza de sus preguntas. Supongamos que incluso los niños pequeños quieren (en promedio) una explicación cuando preguntan por qué. Si es así, conseguir una explicación en respuesta a sus preguntas debería ser más satisfactorio que conseguir respuestas no explicativas y preguntas. Más específicamente, si los niños reciben una respuesta no explicativa (versus una explicación), su insatisfacción relativa podría ser revelada mostrándose en desacuerdo, reformulando la pregunta original o dando su propia explicación. Si los niños reciben una respuesta explicativa, su satisfacción podría reflejarse mostrando conformidad o haciendo algún comentario o pregunta que incorpore esa respuesta. De hecho, en un análisis más detallado de las conversaciones cotidianas con sus padres, los niños de 2, 3 y 4 años de edad presentaron estas reacciones (Frazier, Gelman y Wellman, 2009), lo que evidencia su relativa satisfacción con las respuestas explicativas a sus preguntas *por qué* y *cómo* y su insatisfacción si los padres intentaron darles respuestas no explicativas.

En estas conversaciones cotidianas, sin embargo, las respuestas explicativas de los padres fueron un poco más extensas que sus respuestas no explicativas, lo que podría indicar que tal vez los niños simplemente prefieren las conversaciones más extensas y no necesariamente la explicación. Afortunadamente, estos procesos pueden ser llevados a laboratorio para un control más experimental. En un contexto experimental, junto con Brandy Frazier y Susan Gelman (2009) hicimos que niños en edad preescolar interactuaran con un adulto en torno a diversos elementos —juguetes, fotos, libros, videos—, algunos de los cuales tenían por finalidad ser «extraños» y por ende provocar la pregunta *por qué*. Por ejemplo, el niño ve que alguien enciende un interruptor de luz con el pie; o se le entrega papel y lápices de cera para dibujar y al abrir la caja ve que todos los lápices de cera son de color naranja. Estos elementos lograron con éxito originar muchas preguntas *por qué* (por ejemplo, «¿por qué todos son color naranja?»), y en respuesta el adulto proporcionó respuestas cuidadosamente pauteadas (todas de igual extensión), la mitad proporcionando una explicación («fue un error de la fábrica de lápices de cera») y la otra mitad no explicativas («tienes razón, todos son de color naranja»). De nuevo, los niños preescolares más pequeños por lo general quedaron satisfechos con las respuestas explicativas y, en marcado contraste, insatisfechos con aquellas no explicativas (a menudo haciendo nuevamente sus preguntas, frunciendo el ceño o dando ellos mismos una explicación).

Explicación de Acciones

Los niños pequeños no solo buscan explicaciones, sino que ellos mismos las proporcionan. Y cuando los niños dan explicaciones, al igual que los adultos, estas incluyen dos partes: el tema o elemento a explicar y la explicación en sí. En cuanto al tema, en la investigación de Hickling y Wellman (2001), el 81% de las explicaciones de los niños en sus conversaciones cotidianas dan cuenta de acciones, movimientos y estados de sí mismos y de otros. Por lo tanto, al igual que en sus solicitudes de explicación, el foco de sus propias explicaciones fueron mayoritariamente las personas. Este énfasis explicativo en las personas ha sido confirmado también por otras investigaciones (Dunn y Brown, 1993; Hood y Bloom, 1979). Por ejemplo, Judy Dunn y Jane Brown (1993) registraron muestras de dos horas de conversación de 50 niños de 3 años de edad con sus padres, y determinaron que las explicaciones de estados y acciones humanas constituían la gran mayoría de las explicaciones de los niños. Esta es otra manera en que la comprensión creencia-deseo de los niños en edad preescolar es explícita.

La información acerca de conversaciones como estas se complementa con estudios experimentales diseñados para obtener explicaciones de los niños (por ejemplo, Inagaki y Hatano, 1993, 2002; Lagattuta, Wellman y Flavell, 1997; Schult y Wellman, 1997). Por dar un ejemplo, junto con Carolyn Schult (Schult y Wellman, 1997) le pedimos explicaciones a niños de 3 y 4 años de edad respecto de diversas acciones y movimientos humanos: *acciones intencionales* (una persona quiere hacer algo y hace lo que quiere), *acciones erróneas* (una persona quiere hacer algo, pero por error hace algo distinto), *acciones provocadas por factores físicos* (movimiento de una persona causado por el viento, la gravedad o alguna otra fuerza física), y *acciones causadas por factores biológicos* (movimiento de una persona provocado por algún mecanismo biológico, como fiebre o fatiga). Para ilustrar una acción errónea, los niños vieron imágenes de Alice que quería echarle salsa de chocolate a su helado, mete la mano en la nevera, saca un envase dispensador y le echa kétchup. Luego se les pregunta, «¿por qué hizo eso?». Para la acción provocada por un factor físico, vieron imágenes de Billy que estaba de pie sobre un taburete/banquillo, quería bajarse y permanecer suspendido en el aire «flotando sobre el suelo». Billy se bajó y llegó directamente hasta el suelo. Luego se les preguntó, «¿por qué hizo eso?». Las respuestas de los niños fueron clasificadas en explicaciones psicológicas (por ejemplo, «ella no sabía» o «quería probar algo distinto»), físicas («él es demasiado pesado», «no es un globo») y biológicas.

Consideremos solo las explicaciones y fenómenos psicológicos versus los físicos. Casi el 100% de las explicaciones de los niños para las acciones intencionales fueron psicológicas («él quería»), incluso en los niños de 3 años de edad. Por otra parte, el 88% de las explicaciones de los niños de 3 años (y el 93% de los niños de 4) para las acciones erróneas también fueron explicaciones psicológicas (por ejemplo, «ella no sabía»). En contraste, los preescolares proporcionaron explicaciones físicas casi exclusivamente para los movimientos humanos provocados por factores físicos. Tengamos en cuenta que tanto en los actos erróneos como en aquellos provocados por factores físicos, el personaje quería hacer algo, pero en realidad hizo algo distinto (colocar kétchup en su helado, bajar al suelo). Sin embargo, las explicaciones de los niños hicieron una distinción entre estos dos sucesos. En el caso de las acciones erróneas, sus explicaciones se refirieron a constructos psicológicos tales como creencias, deseos, etcétera. Para las acciones provocadas por factores físicos, sus explicaciones hicieron alusión a constructos físicos como contacto, solidez, gravedad, y así sucesivamente. Kayoko Inagaki y Giyoo Hatano (1993, 2002) también han demostrado que los niños en edad preescolar proporcionan explicaciones psicológicas para las acciones voluntarias, pero no para las involuntarias (Malle et al., 2007, demuestran que esto también aplica a los adultos).

Explicación de Estados Mentales

Es fácil pensar en la psicología creencia-deseo como centrada en la predicción —y explicación— de nuestras acciones. Recordemos la temprana descripción de David Premack y Guy Woodruff (1978): «El sistema [de estados mentales] puede utilizarse para hacer predicciones de las acciones de los demás» (pág. 515). Sin embargo, un enfoque solo en acciones es engañoso, ya que los fenómenos a explicar por la psicología popular son considerablemente más amplios. Como indicamos en la figura 2.1, explicamos las creencias de las personas (apelando a sus percepciones o inferencias), explicamos sus deseos (haciendo mención de sus temores más profundos y preferencias), y nos referimos a las creencias y deseos para explicar los estados mentales de una persona, como sus emociones. Para ilustrar, «¿por qué Romeo está tan *triste*?», «Porque *quería* reunirse con Julieta, pero no pudo". Así, las explicaciones psicológicas van más allá de las acciones a la hora de explicar los estados mentales de una persona y, más allá aún, para explicar las experiencias de vida individuales de una persona. Las explicaciones de las emociones proporcionan una ventana particularmente reveladora de estas facetas de la psicología creencia-deseo de los niños pequeños.

En estudios iniciales, los investigadores pidieron a niños en edad preescolar, así como a niños mayores y adultos, que explicaran las reacciones emocionales de los actores en diversas situaciones (felices, tristes, sorprendidos, curiosos). Por ejemplo, en las primeras investigaciones junto con Mita Banerjee (Wellman y Banerjee, 1991), los niños preescolares escucharon: «Jane estaba en el jardín y vio que tenía jugo de manzana de colación. Estaba muy contenta. ¿Por qué Jane estaba tan contenta?» o «Jeff visitó a su abuelita y cuando llegó a su casa vio que esta era de color púrpura. Se sorprendió muchísimo. ¿Por qué Jeff estaba tan sorprendido?» Como en estos escenarios hay una situación provocadora externa y obvia (el jugo de colación, la casa de color púrpura), no es sorprendente que algunas de las respuestas de los niños de 3 y 4 años de edad (aproximadamente un tercio) explicara las emociones de los personajes como resultante de una característica objetiva de la situación (por ejemplo, «ella está feliz porque tiene jugo»; «está sorprendido porque la casa es de color púrpura»). Más frecuentemente, sin embargo, los niños en edad preescolar, al igual que los adultos, explicaron las emociones haciendo alusión a otros estados mentales de la persona: sus deseos o creencias pertinentes (por ejemplo, «ella está feliz porque quería jugo de manzana»). Estas explicaciones psicológicas fueron debidamente discriminatorias. Es decir, los niños preescolares por lo general explicaron la felicidad y la tristeza en relación con los deseos de la persona, pero con mayor frecuencia explicaron la sorpresa y la curiosidad en relación a sus creencias («está sorprendido porque no creía que la casa fuese púrpura»). (Véase también Hadwin y Perner, 1991; Ruffman y Keenan, 1996).

Las explicaciones no solo tratan de identificar la causa próxima de algún evento que se ha producido; intentan hacer que dicha ocurrencia sea comprensible refiriéndose a un marco más amplio. Y en efecto, como mucho, las explicaciones que dan los niños pequeños de los estados emocionales de las personas proporcionan evidencia reveladora de una comprensión marco más amplia, conectada y coherente de las mentes y de las vidas. Este tipo de evidencia respalda la idea de referirse a sus conocimientos como un tipo de teoría, ya que dan cuenta de una red mayor, más coherente, de términos, constructos y conexiones. Junto con Kristin Lagattuta (Lagattuta y Wellman, 2001) proporcionamos información de este tipo haciendo que los niños explicaran escenarios como los siguientes:

> Un día Anne va al circo con su muñeca preferida. Cuando Anne está hablando con Bozo el payaso, Bozo accidentalmente pisa la muñeca y la rompe. Anne se siente triste. Varios días después, Anne está en la fiesta de cumpleaños de su amiga Jane. Llega la hora del espectáculo previsto para la fiesta y Anne ve a Bozo, el payaso de baile, en la habitación. Comienza a sentirse triste. *"¿Por qué Anne comienza a sentirse triste justo ahora?"*.

En múltiples estudios, los niños pequeños revelaron una competencia impresionante a la hora de explicar tales emociones en relación con causas históricas (experiencia pasada) y mentales (pensamientos). Casi todos los niños de 4 a 6 años de edad explicaron que las emociones de la persona se originaban por *estar pensando en un hecho pasado*, al menos a veces: «Anne está triste porque está pensando en cuando se rompió su muñeca». Entre los 3 y 6 años, los niños preescolares se volvieron cada vez más coherentes en la producción de tales explicaciones histórico-mentales. A menudo los niños mayores dieron explicaciones aún más precisas que llamamos *explicaciones con pistas cognitivas* (por ejemplo, «Anne está triste porque el payaso *le hace pensar* en su muñeca rota»). Cabe destacar que estas explicaciones no solo hacen alusión a un pensamiento del pasado, sino que también explican que estos pensamientos de algo que sucedió en el pasado fueron originados por un recuerdo en el escenario actual. A los 5 y 6 años, la gran mayoría de las explicaciones fueron con pistas cognitivas.

En varias formas cruciales, estas explicaciones revelan que en el razonamiento retroactivo de los efectos a las causas, las explicaciones de los niños pequeños también aluden a sistemas coherentes más grandes de constructos y causas. En primer lugar, los niños pequeños conectaron varios tipos de estados mentales y experiencias diferentes en una misma explicación (por ejemplo, *los pensamientos* acerca de una *experiencia pasada* provocaron la *experiencia actual* de sentirse *triste*). Más aún, estas explicaciones revelaron una comprensión fundamental de que las experiencias y estados mentales de una persona tienen una coherencia histórica-vivencial individual y específica. Esto significa que los niños pequeños agruparon algunos episodios y estados mentales sobre las experiencias de la persona para crear una explicación de *esas* reacciones del individuo. En contraste, los niños predijeron sistemáticamente que la amiga de Anne, Jane, que no había tenido la experiencia negativa, se sentiría feliz y no triste en la fiesta de cumpleaños. (Véase también Lagattuta, 2007, 2008).

ENTIDADES MENTALES

Otros temas interesantes, por derecho propio, revelan aún más la naturaleza, la coherencia y el impacto cotidiano de la emergente teoría de la mente de los niños en edad preescolar. Las concepciones de los niños de las entidades mentales son un caso relevante en este sentido. Los estados mentales, como las creencias y los deseos, proporcionan causas y razones para actuar. Sin embargo, el mundo mental incluye no solo las causas y razones mentales, sino también entidades mentales: «cosas» mentales. ¿Qué saben los niños acerca de las entidades mentales y, en particular, cómo difieren las entidades mentales de las entidades físicas? Jean Piaget dejó en claro cuán interesante es esta pregunta.

Históricamente, el interés de la investigación en la comprensión de la mente por parte de los niños se remonta (al menos) a los primeros escritos de Piaget (Piaget, 1967/2001 en la edición en español). Piaget se centró en los dos aspectos de la comprensión de la mente que acabamos de esbozar: el uso del razonamiento psicológico para explicar las acciones humanas (por ejemplo, cómo las intenciones y deseos causan y explican las acciones de los hombres) y una comprensión de la naturaleza de las entidades mentales (pensamientos, sueños). Sin embargo, se concentró mayoritariamente en las entidades mentales.

Piaget argumentó convincentemente que las entidades mentales, al ser cosas inmateriales, insustanciales y no obvias, muy distintas de las cosas físicas cotidianas, eran extremadamente confusas para los niños pequeños. En particular, Piaget afirmó que los niños pequeños, en edad preescolar, son seres «realistas» que piensan en las entidades mentales como entidades tangibles y físicas: por ejemplo, creen que los sueños representan entidades físicas reales (o al menos imágenes objetivas a la vista pública); creen que el pensamiento es, literalmente, el discurso evidente (donde los pensamientos son similares a la voz y no solo en términos de palabras pronunciadas, sino también en el sentido de bocanadas de aire emitidas por la boca).

El realismo infantil se caracteriza por dos confusiones, muy distintas una de la otra, aunque mutuamente complementarias. Primero, está la confusión entre el pensamiento y el cuerpo; para el niño, el pensamiento es una actividad del organismo —la voz— por lo cual es una cosa entre otras cosas y su característica esencial es la acción material… En segundo lugar está la confusión entre el signo y la cosa significada, el pensamiento y lo pensado. Desde este punto de vista, el niño no puede distinguir una casa real, por ejemplo, del concepto o imagen mental o nombre de la casa (Piaget, 1967, pág. 55/2001 en la edición en español).

Leer a Piaget es confrontar una visión coherente y seductora del desarrollo: el dualismo psicofísico adulto, ingenuo —la comprensión del mundo subjetivo, mental, en contraste con el objetivo, solo físico— se desarrolla en la infancia media (comenzando a los 7 u 8 años) después de un período inicial de confusión profundo no dualista. Como las ideas, los sueños y las imágenes mentales son experiencias y entidades complejas, subjetivas, privadas y aparentemente abstractas, no es sorprendente que los niños pequeños no las entiendan completamente.

Las conclusiones de Piaget surgen del análisis de las respuestas de niños a preguntas abiertas tales como «¿qué es pensar?» y «¿qué son los sueños?». Investigadores contemporáneos han analizado la comprensión de los niños más cuidadosamente al examinar de manera sistemática sus juicios y explicaciones de alternativas contrastantes. Gracias a ello, ahora está claro que sin importar cuán convincente sea la visión de Piaget, es profundamente engañosa. Básicamente, la comprensión de los pensamientos de los niños, como un ejemplo clave, nos muestra una imagen muy clara y distinta.

Recordemos del Capítulo 1 que si se les dice a los niños de 3, 4 y 5 años de edad acerca de una persona que tiene un perro en contraste con otra persona que está pensando en un perro, y luego se les pide juzgar qué «perro» se puede ver con los ojos de uno, cuál se puede tocar y cuál se puede acariciar, incluso los niños de 3 años hacen estos juicios de manera correcta (Harris, Brown, Marriott, Whittall y Harmer, 1991; Harris, Pasquini, Duke, Asscher y Pons, 2006; Taylor, Cartwright y Carlson, 1993; Wellman y Estes, 1986; Wellman et al., 1996). Los niños pequeños juzgan que los objetos físicos convencionales (por ejemplo, un perro) son materiales (pueden ser tocados), externamente perceptibles (pueden ser vistos con los ojos) y públicos (otros lo pueden ver); mientras que las entidades mentales (por ejemplo, un pensamiento sobre un perro) son inmateriales, no perceptibles externamente y privadas. Las entidades ordinarias físicas tienen algunas propiedades objetivas, de comportamiento sensorial, que las entidades mentales comunes no tienen.

¿Hasta dónde llega esto? Consideremos la respuesta de los niños respecto de que un pensamiento acerca de un perro (o un perro en un sueño) *no* se puede ver, tocar ni acariciar, mientras que un perro sí. Por supuesto, un perro que se ha escapado (y por lo tanto está físicamente ausente) tampoco se puede ver ni tocar, pero no obstante es físicamente real. Y la vesícula de una persona no puede ser vista ni se puede tocar (normalmente), y además es interna y por lo tanto «privada», pero también es, no obstante, una cosa física en lugar de una mental. ¿Será acaso que los niños pequeños simplemente ven las ideas y pensamientos como algo físico (aunque «ausente») al igual que un objeto que se ha ido, o uno que está escondido dentro de un contenedor, es una entidad física pero imperceptible? O tal vez los niños pequeños tienen otras concepciones equivocadas, realistas y sutiles. Por ejemplo, las ideas y los sueños efectivamente podrían ser concebidos como cosas físicas, pero como un tipo especial de cosas físicas, no sustanciales, quizás como el humo, las sombras, o el aire. Piaget (1967/2001 en la edición en español), de hecho, cita a preescolares mayores que dicen que los pensamientos son luces, sombras, aire, humo e imágenes externas, que pueden ser vistas con los ojos.

Junto con David Estes y Jacqui Woolley (Estes, Wellman y Woolley, 1989) examinamos inicialmente estos temas con niños de 3, 4 y 5 años de edad, haciéndolos reflexionar sobre entidades mentales, con sus correspondientes objetos físicos, objetos físicos ausentes y cosas reales pero intangibles como los sonidos, el humo, el aire y las sombras. Los niños juzgaron si las diversas entidades podrían ser tocadas o vistas, etcétera y además, de manera crítica, se les pidió que explicaran sus respuestas. Una vez más las explicaciones resultaron ser bastante reveladoras. En sus juicios, los niños dijeron (adecuadamente) que las entidades mentales no se podían ver ni tocar, pero también dijeron (adecuadamente) que los objetos ausentes no se podían ver ni tocar, que el aire no se podía ver ni tocar, y así sucesivamente. Sin embargo, explicaron estos juicios de manera muy diferente en los distintos casos. Estos niños pequeños explicaron que los elementos mentales no pueden ser tocados en parte por su peculiar *estado de realidad*; «no es real»; «en realidad no es nada». Por el contrario, los elementos físicos e incluso las cosas físicas no sustanciales, como el humo, fueron explicados como elementos reales. Además, y fundamentalmente, los niños pequeños explicaron que las entidades mentales no se pueden tocar por su *identidad-mental*: «es solo un sueño», «es ficticio», «solo está en su mente». Contrariamente, los objetos reales ausentes, que no están a la mano, no se pueden tocar porque se fueron, no están allí. Es decir, tienen un estatus particular en términos de *ubicación-posesión*, no en términos de identidad mental.

Otros estudios han confirmado y ahondado en esta comprensión de los niños pequeños del peculiar estado mental de las entidades mentales. Por ejemplo, al igual que en las citas anteriores, los niños a menudo dicen que las entidades mentales no pueden ser tocadas, o que no son reales, y si se les pide que expliquen podrían comentar que esto se debe a que están «dentro», solo en la «cabeza» o «mente» de una persona. Pero consideremos el caso de un objeto físico real que está ausente, ya que está en el interior de una persona, como una pasa recién ingerida que ahora está en el estómago. ¿Podrían los niños pequeños (*à la* Piaget) pensar que los pensamientos están en la cabeza en un sentido físico real, tal como las pasas están en el estómago? En una serie de estudios, junto con Julie Watson y Susan Gelman (Watson et al., 1998) evaluamos los juicios de los niños acerca de comparaciones entre una persona (John) que está pensando en una pasa o gomita y otra (Joe) que se tragó una. Los niños de 3, 4 y 5 años de edad distinguieron adecuadamente estos casos en sus juicios y razonamientos. En cuanto a las pasas y gomitas, estos niños pequeños contestaron «sí», que *realmente* hay una gomita en el interior de Joe; y «sí», verá una pasa en el interior de Joe si un médico mira en su interior con una máquina especial (rayos X). Respecto del pensamiento acerca de pasas o gomitas, sin embargo, los niños pequeños respondieron «no», no hay *realmente* una gomita en el interior de John (ni siquiera «en realidad dentro de la cabeza de John»), y «no», *no* verá una pasa, si un médico mira el interior de John con un máquina especial (de rayos X).

Bastante acertadamente, como se ha discutido hasta ahora, los juicios de los niños respecto de los elementos mentales pueden tener una idea conceptual básicamente negativa: las entidades mentales *no* se pueden tocar, *no* pueden ser vistas (con los ojos), y *no* son reales. Sin embargo (para los adultos), las experiencias mentales también poseen aspectos positivos o afirmativos en comparación con la realidad objetiva. Fundamentalmente, garantizan la posibilidad de un pensamiento imaginario. Uno puede pensar en cosas inexistentes, imposibles o fantásticas; que no estaban o no están, y que no pueden ser reales ni objetivas. ¿Qué pasa con la comprensión infantil de la posibilidad de que existan tales características positivas de la actividad mental?

Los niños de 3, 4 y 5 años de edad reconocen algunas características positivas de las entidades mentales que también distinguen de sus contrapartes físicas. Por ejemplo, los niños de 3, 4 y 5 años pueden juzgar fácilmente que «no», realmente no hay «hormigas que puedan andar en bicicleta» (o «cucharas que vuelen»); y que «no», nunca han visto una (Wellman, 1990). Del mismo modo que juzgan que los «cerdos voladores» no están «realmente en este mundo»; que están «muy seguros» de que otras personas dirán que no existen tales cosas; y que ellos lo saben porque «nunca han visto uno» y nadie lo ha hecho (Harris et al., 2006). Pero estos niños pequeños también juzgan que «sí», pueden «cerrar los ojos y pensar en una hormiga que anda en bicicleta» (o «pensar en un cerdo que vuela»; Wellman, 1990) y que la gente puede imaginar o pretender que sí existen (Harris et al., 2006). Por otra parte, los niños en edad preescolar juzgan que las entidades mentales —por ejemplo, una imagen mental de un globo— puede cambiarse «con solo pensar en ellas», mientras que los objetos reales —por ejemplo un globo— no puede cambiarse (Estes, 1998). De esta manera, los niños en edad preescolar siguen mostrando que comprenden la diferencia entre lo mental y lo real.

IMAGINACIÓN

Las entidades e ideas de fantasía —pensamientos acerca de hormigas que andan en bicicleta, imágenes mentales inventadas y los sueños que retratan eventos ficticios— derivan de estados mentales como imaginar, no de creer. Al principio de este capítulo, comenté que los estados mentales de imaginación y creencia son similares en el sentido elemental que son «representativos». Los contenidos de los pensamientos y creencias imaginarios «representacionales» de una situación determinada: si X imagina que una taza vacía está llena, sus pensamientos la representan llena. Lo mismo pasa con las creencias: si X cree que una taza vacía está llena, sus pensamientos la representan como si estuviese llena. En este sentido, para comprender la imaginación puede que se necesiten comprensiones de la teoría de la mente similares a las necesarias para comprender las creencias. No es de extrañar, entonces, que durante los años preescolares los niños también desarrollen comprensiones de tales estados mentales ficticios y sus correspondientes entidades mentales.

Pero conceptualmente, la imaginación y la creencia de fantasía también presentan claras diferencias. Las creencias «supuestamente» son correctas. Estas son representativas en un sentido más amplio (Perner, 1991/1994 en la edición en español). Si nos referimos a que alguien «cree que X» nos referimos no a una representación antigua cualquiera de X, sino a su representación de X como un hecho real. A pesar de que las creencias pueden ser falsas, en general, están destinadas a ser verdaderas. Contrariamente, en la imaginación, la verdad es menos importante. De hecho, el fin de imaginar es crear una situación representativa imaginaria que es ficticia y no pretende representar con exactitud el mundo real.

Como las creencias y las falsas creencias son mentales pero al mismo tiempo buscan representar el mundo tal como es, es posible que este carácter híbrido haga que la comprensión de las creencias sea, en promedio, algo más difícil que comprender que las imaginaciones. En línea con este análisis, varios estudios bien controlados confirman que esto es así. El desarrollo de la comprensión de la imaginación y de las creencias va de la mano durante la edad preescolar; pero comparaciones minuciosas demuestran que la comprensión de representaciones imaginarias, contrarias a la realidad, es más fácil y se logra varios meses antes en promedio, que la comprensión de las falsas creencias que difieren de la realidad (Custer, 1996; Gopnik y Slaughter, 1991; Woolley, 1995; véase Woolley, 1997 para revisar este punto). A continuación un ejemplo, basado en una prueba de simulación-discrepante.

Simulación Discrepante

Esta tarea de simulación discrepante evalúa la comprensión de los estados mentales subjetivamente diferentes de distintas personas, dentro de un episodio de simulación compartido (expuestos o no expuestos a una condición simulada socialmente compartida; Hickling, Wellman y Gottfried, 1997; Peterson y Wellman, 2009). La tarea utiliza deliberadamente un procedimiento paralelo a las tareas estándar de falsa creencia, las que a su vez, por supuesto, manipulan la creencia compartida versus la creencia discrepante.

Así, para la prueba de simulación discrepante, el adulto que ejecuta la tarea lleva al niño a una situación de simulación, mientras que otro adulto, Gail, también se encuentra en el lugar. «Mira este vaso. ¿Qué crees que hay en él? Así es, está realmente vacío. Pero ahora simulemos un poco. Supongamos que vertemos leche con chocolate en el vaso. Toma, hazlo tú». En ese momento Gail sale del lugar, y mientras está ausente, el adulto y el niño siguen simulando que, además, se tomaron toda la leche con chocolate (por lo que el vaso vacío está vacío tanto en la situación de realidad como en la simulación). Gail regresa y la pregunta clave de la prueba es, «¿Qué piensa Gail que hay en el vaso, leche de chocolate o nada?».

En múltiples estudios diferentes, los niños de 3 y 4 años de edad logran mejor desempeño en las tareas de simulación discrepante que en aquellas paralelas de falsa creencia (Hickling et al., 1997; Peterson y Wellman, 2009). Del mismo modo, Wendy Custer (1996) mostró el mismo patrón de resultados con las tareas que utilizan las burbujas de pensamiento para representar tanto las creencias como simulaciones imaginarias.

BURBUJAS DE PENSAMIENTO

La figura 2.2 utiliza una burbuja de pensamiento para simbolizar gráficamente los pensamientos y parte de sus cualidades mentales de representación (y de falsa representación). Lo mismo ocurre con la figura 2.4. Las burbujas de pensamiento proporcionan una forma particular para referirse y caracterizar las representaciones mentales de una persona. Por ende, proporcionan una vía interesante para probar las concepciones de los niños. Tengamos en cuenta, por ejemplo, que en la figura 2.4 parece fácil referirse al pensamiento del personaje frente a los propios objetos y acciones reales. O, en el caso de la falsa creencia en la figura 2.2, una burbuja de pensamiento puede distinguir con claridad el pensamiento de la persona que X es un plátano versus la realidad donde X es una manzana.

Por supuesto, si bien las burbujas de pensamiento parecen muy útiles y claras para los adultos, pueden no ser útiles, e incluso incomprensibles, para los niños. De hecho, es claramente posible que las burbujas de pensamiento puedan ser difíciles de entender dado que emplean convenciones pictóricas especiales. Pruebas de investigación respecto de la comprensión por parte de niños de otras convenciones pictóricas —por ejemplo, líneas de acción detrás del cuerpo de una figura para representar el movimiento en imágenes estáticas o marcas que emanan de las bocas de los personajes para representar sonidos— sugieren que los niños no entienden estas convenciones sino hasta los 6 a 9 años de edad (Gross et al., 1991; Stevenson y Friedman, 1986). Además, las burbujas de pensamiento representan los pensamientos en términos visibles y tangibles, marcas pictóricas sobre un pedazo de papel. Estas representaciones concretas bien podrían confundir a los niños pequeños porque los pensamientos son entidades inmateriales e invisibles, e incluso los niños de 3 y 4 años de edad lo saben, como acabamos de exponer.

Por otra parte, algo de las burbujas de pensamiento parece ser transparente y directo. Estas muestran los pensamientos como representaciones (como «imágenes» que tienen su propio contenido de representación): utilizan directamente una representación pictórica para mostrar una mental. Si, o cuando, los niños desarrollan una comprensión representacional de la mente, esta herramienta de representación podría ser una forma perceptiva y fácil de entender para

FIGURA 2.4 Burbuja de pensamiento para representar el pensamiento de un niño acerca de un carro (Wellman, Hollander y Schult, 1996).

describir los pensamientos. Por lo tanto, explorar la comprensión de los niños de las burbujas de pensamiento podría ayudar a esclarecer su comprensión de los propios pensamientos y de sus representaciones mentales.

Varios de los primeros estudios sobre la teoría de la mente utilizaron las burbujas de pensamiento como parte de historias sobre las acciones, las emociones y los pensamientos de las personas (Hadwin y Perner, 1991; Miller, Kessel y Flavell, 1970; Yuill, 1984). Sin embargo, dichos estudios no evaluaron la comprensión de las burbujas de pensamiento por parte de los niños; los investigadores simplemente utilizaron las burbujas de pensamiento junto con descripciones verbales paralelas para presentar sus materiales a los niños. En ocasiones algunos libros ilustrados para niños en edad preescolar también emplean burbujas de pensamiento. Pero, curiosamente, esto es realmente infrecuente (a diferencia de las burbujas de discurso utilizadas en los cómics que leen los niños de más edad); en un sondeo de casi 200 libros ilustrados para niños en edad preescolar de fuentes en inglés (Dyer, Shatz y Wellman, 2000) y japonés (Dyer-Seymour, Shatz, Wellman y Saito, 2004), menos del 3% de las imágenes presentaron alguna vez una burbuja de pensamiento o incluso de discurso. Obviamente, aunque estén presentes, los niños pequeños podrían comprender adecuadamente estas herramientas pictóricas o no hacerlo. Por esta razón, en una serie de estudios iniciales llevados a cabo junto con Michelle Hollander y Carolyn Schult (Wellman, Hollander y Schult, 1996) nos preguntamos directamente, ¿qué hacen los niños pequeños con las burbujas de pensamiento? ¿infieren de manera espontánea, o pueden incluso entender, que las burbujas de pensamiento muestran un reino mental de pensamientos en lugar del mundo real de acciones, objetos y eventos evidentes?

Incluso niños pequeños de 3 años lograban comprender rápidamente ciertos aspectos clave de las burbujas de pensamiento. Si se les mostraba una imagen como la figura 2.4 y se les preguntaba «¿qué es esto?», con un adulto apuntando la burbuja de pensamiento, solo el 5% de los niños de 3 años y menos del 25% de los de 4 mencionaron de forma espontánea algo como pensamientos o sueños, o incluso discurso. Sin embargo, y lo que es más importante, los niños pequeños demostraron que podían entender fácil y rápidamente. Si se les decía con claridad «esto muestra lo que está pensando», los niños podían luego responder con facilidad y precisión a preguntas como «¿qué está pensando?» (diciendo «carro» y no «perro», a pesar de que el niño está igualmente «conectado» con ambos). Más del 85% de los niños de 3 años fue capaz de hacer esto con las imágenes iniciales y posteriores (véase también Parsons y Mitchell, 1999).

Entonces, los niños pequeños pueden llegar rápidamente a «interpretar» las burbujas de pensamiento: si se les pregunta lo que un personaje está pensando, ellos (correctamente) mencionan los contenidos de la burbuja de pensamiento del personaje. ¿Pero acaso muestran una comprensión más reveladora? Por ejemplo, ¿entienden que las burbujas de pensamiento representan experiencias subjetivas? Pues sí lo hacen. Consideremos una tarea en la que dos figuras de cartón, un niño y una niña, ven al interior de una caja oscura, y luego el niño se da vuelta y se le muestra con una burbuja de pensamiento que contiene una muñeca y a la niña con una que muestra un oso de peluche. En esta situación, los niños podrían fácilmente responder «¿qué piensa el niño que hay en la caja?» (muñeca) y «¿qué piensa la niña que hay en la caja?» (oso de peluche). E incluso pueden responder que «sí» ante la pregunta de si el niño y la niña tienen distintos pensamientos. Incluso en niños de 3 años, el 90% resolvió correctamente este tipo de tareas de burbujas de pensamiento (Wellman et al., 1996).

Los niños también lograron pasar otras pruebas relacionadas. Lo más desconcertante es que los niños de 3 y 4 años de edad lograron distinguir con seguridad entre imágenes, que un personaje puede ver y tocar, y pensamientos, algo que un personaje no puede ver ni tocar, *incluso* cuando los pensamientos de los personajes fueron representados a través de una burbuja de pensamiento: una representación pictórica tan visible y tangible para el niño como las imágenes reales mostradas de manera paralela (Wellman et al., 1996). Incluso los niños sordos logran entender con facilidad que las burbujas de pensamiento retratan lo que alguien está pensando (Wellman y Peterson, 2013).

En resumen, los niños, al igual que los adultos, consideran que esta herramienta de representación (quizás curiosa) —una burbuja de pensamiento— constituye una manera fácil y natural de mostrar los pensamientos. Y al hacerlo, los niños en edad preescolar revelan una creciente comprensión representacional de los pensamientos y creencias. Para ser claros, ni los adultos ni los niños en edad preescolar piensan que los pensamientos son, literalmente, imágenes en la cabeza: recordemos que incluso los niños de 3 años no tratan a las burbujas de pensamiento como imágenes literales como fotografías ni tampoco imágenes literales ocultas al ojo humano (por ejemplo en una caja o en el cráneo). Pero como representaciones *mentales*, los pensamientos son razonablemente concebidos como representaciones —del mismo modo que en la figura 2.4— y esto es plausible incluso para los niños de 3, 4 y 5 años de edad.

CONCLUSIONES

Las ideas de los niños acerca de las burbujas de pensamiento ayudan a confirmar de manera más general que su psicología creencia-deseo, como aquella de los adultos laicos (no filósofos, no científicos, no teólogos), muestra un dualismo ingenuo. Este tipo de dualismo confirma la noción de sentido común de un mundo de objetos y eventos reales «allí afuera», distinto de un mundo mental de pensamientos e ideas «aquí dentro». Es un dualismo psicofísico que confirma una serie de distinciones subjetivas-objetivas:

1. Las actitudes mentales son individuales y subjetivas. Puedo pensar que los días de lluvia son sombríos; puedo pensar que son atractivos y refrescantes. El niño puede pensar que la caja contiene una muñeca mientras que la niña piensa que exactamente la misma caja tiene un oso de peluche.

2. Los pensamientos son distintos de las cosas. Un pensamiento sobre un árbol es mental e inmaterial; un árbol es físico y concreto. Del mismo modo, las creencias son diferentes de la realidad y la imaginación no

está supeditada a la realidad. Judy puede creer que su juguete está en el armario, aunque está en el estante. No hay hormigas que anden en bicicleta y nunca he visto una, pero puedo pensar en una.

3. Los actos mentales no son comportamientos corporales (mi cuerpo puede estar encadenado, pero mis pensamientos son libres). Por lo tanto los actos y eventos mentales son privados; los pensamientos, deseos y sentimientos pueden ocultarse e ir contra los relatos, expresiones y actos objetivos. Joe puede estar pensando en carros mientras pasea a su perro (figura 2.4). Del mismo modo, el cuerpo funciona (física, involuntariamente) de manera independiente de los pensamientos, deseos e intenciones. Billy puede querer quedarse flotando, suspendido en el aire, pero aun así cae directo al suelo.

4. Sin embargo, lo más importante, es que algunos estados y representaciones mentales conectan con el mundo y construyen las acciones. Las creencias, las imágenes mentales, los deseos, las preferencias y otros similares pueden surgir debido a objetos y acontecimientos en el mundo; las creencias, los deseos y las preferencias son «sobre» esos estados y cosas del mundo real. Y en sentido contrario, las creencias y los deseos, en particular, causan, forman y proporcionan las razones tras nuestras acciones manifiestas: las acciones son objetivas, consecuentes y concretas. Cuando pensamos erróneamente, actuamos equivocadamente.

En suma, los niños pequeños en edad preescolar logran entender que las cosas de tipo mental son a la vez menos y más que la realidad: no pueden ser tocadas ni vistas, no son materiales; sin embargo, incluyen acontecimientos y cosas fantásticas y ficticias que no es posible encontrar en el mundo real de objetos y eventos físicos. Lo mental, a diferencia de lo real, puede ser falso o imaginario, puede ser no manifiesto en acciones o expresiones, y puede ser influenciado «con solo pensar».

Y esto es solo la mitad de su amplia y coherente comprensión, puesto que el mundo mental no está simplemente separado del mundo físico de los objetos y acciones: se conecta hábilmente con él. Las creencias (e imágenes) pueden surgir del mundo real (por ejemplo, a través de la experiencia perceptiva) y las creencias (y los deseos) pueden dirigir las acciones (acciones incluso equivocadas o erróneas producto, por ejemplo, de la ignorancia y de una falsa creencia).

Los niños en edad preescolar pueden predecir las creencias de una persona al conocer sus experiencias perceptivas; pueden predecir sus acciones al conocer sus creencias; pueden explicar sus acciones apelando a sus creencias y deseos; pueden explicar sus creencias haciendo mención de sus experiencias perceptivas (incluyendo el no haber tenido o no haber actualizado ciertas experiencias perceptivas); y pueden explicar sus emociones apelando a sus deseos y creencias. La riqueza, la coherencia y la sistematicidad de la teoría de la mente preescolar (capturada hasta cierto punto en la figura 2.1) no pueden subestimarse simplemente porque emanen de diminutas cabezas de niños de 4 años de edad.

3

Consecuencias en el Mundo Real

ACCIÓN SOCIAL

ES COMÚN IMAGINAR (e incluso caricaturizar) a un científico o filósofo en su sillón trabajando en su teoría, una idea hipotética acerca de algo (como por ejemplo la materia oscura), muy alejada de la vida cotidiana o práctica. La teoría de la mente en edad preescolar *no* es así, no se trata simplemente de ideas hipotéticas sacadas a relucir para responder a preguntas peculiares planteadas por psicólogos infantiles en situaciones de sillón. La teoría de la mente en preescolares no solo es coherente, interesante y de amplio alcance; esta influye, de manera comprobable, en la vida de los niños. La teoría de la mente en preescolares ayuda a dirigir las acciones e interacciones sociales del niño.

Más allá de la importancia práctica, la influencia del desarrollo de la teoría de la mente en la acción social es de importancia teórica porque pone de manifiesto el alcance y la naturaleza de la teoría de la mente en los niños en edad preescolar. También es teóricamente importante porque la extensión y el impacto práctico de la teoría de la mente preescolar ayudan a responder la pregunta clave respecto de en qué difieren esta teoría y la comprensión más temprana de los bebés. Es decir, independientemente de la correcta interpretación de la interesante e importante investigación en bebés (véase los Capítulos 8 y 9), los entendimientos y transiciones de la teoría de la mente preescolar —exactamente aquellas que analizamos en el capítulo anterior— son poderosos y transformadores. La prueba de ello está, en parte, en cómo las comprensiones de la teoría de la mente en la edad preescolar predicen e influyen en varias competencias clave de la infancia.

Dada la naturaleza de la investigación disponible, para comprender la influencia de la teoría de la mente en las acciones, interacciones y competencias sociales de los niños preescolares se requiere analizar, una vez más, las falsas creencias. A pesar de que la comprensión de estas ofrece, en el mejor de los casos, un indicador limitado de acontecimientos complejos, sin duda es informativo. Dado que los investigadores desarrollaron tempranamente tareas de falsa-creencia fáciles de administrar, estas a menudo han sido empleadas en otras investigaciones. En particular, la variación individual en la comprensión de las falsas creencias se ha utilizado (a) como una medida de resultado para abordar qué tipo de factores influyen en el desarrollo de la teoría de la mente y (b) como una medida de antecedente para investigar el impacto de los desarrollos de la teoría de la mente en otras cosas. Aquí mi atención se centra en este segundo conjunto de relaciones: si las diferencias de la teoría de la mente conducen a otras diferencias en las vidas de los niños y de qué forma. El supuesto común, a menudo no analizado, ha sido que, por supuesto, el progreso en la teoría de la mente es consecuencia de las acciones de los niños y no solo sus concepciones. Así, un artículo reciente del *New York Times* sobre la transición de los niños a la escuela incluyó un párrafo sobre lo que denominó «la siempre importante teoría de la mente». Sin embargo, ¿se justifica este supuesto? ¿Es importante la teoría de la mente en este sentido, por no decir de suma importancia? La respuesta corta es sí: a medida que los niños adquieren una psicología creencia-deseo explícita en la edad preescolar, sus acciones e interacciones sociales cambian. La respuesta ampliada es más interesante y más convincente.

Como prefacio a la respuesta ampliada, es importante recordar que, en el transcurso de los años preescolares, los niños de desarrollo más típico logran comprender robustamente cómo las acciones están determinadas por los estados y las experiencias mentales, no solo en situaciones directas, sino también cuando la mente y la acción están en desacuerdo producto de situaciones de ignorancia, falsa creencia o ideas equivocadas. Sin embargo, algunos niños logran estas comprensiones de desarrollo antes que otros niños, a juzgar por sus respuestas a las tareas estándar de falsa-creencia. Por ende, la información bien entendida, *no se refiere* a si existen consecuencias importantes de lograr o no comprender la teoría de la mente. Más bien, se busca identificar si una comprensión más temprana o más tardía de la teoría de la mente, como lo indicaría un hito como la comprensión de la falsa-creencia, impacta la vida de los niños.

COMPETENCIAS Y HABILIDADES SOCIALES

Para comenzar, consideremos algunas relaciones importantes entre comprensión de la teoría de la mente y las mediciones globales, agregadas, de las habilidades y acciones sociales de los niños. En particular, varios estudios han indicado sistemáticamente que comprender más temprana o tardíamente las falsas-creencias se relaciona con algunas mediciones globales de popularidad y aceptación de los pares: los niños en edad preescolar con mejor comprensión de las falsas-creencias son más populares y aceptados. Esto se observa con niños de 3 a 5 años de edad en Israel (Diesendruck y Ben-Eliyahu, 2006), con niños de 4 a 6 años en Australia (Slaughter, Dennis y Pritchard, 2002), con niños de 3 a 6 años en los Estados Unidos (Cassidy, Werner, Rourke, Zubernis y Balaraman, 2003; LaBounty, 2008; Watson et al., 1999), y con niños de 3 y 4 años en Canadá (Astington, 2003; Astington y Jenkins, 1995; Moore, Barresi y Thompson, 1998). Estos estudios han medido la aceptación de los pares a través de calificaciones de popularidad por parte de los maestros (LaBounty, 2008; Watson et al., 1999), pero también han medido el estatus entre pares a través de escalas sociométricas (Cassidy et al., 2003; Diesendruck y Ben-Eliyahu, 2006) y por nominación de pares de «los niños con quienes me gusta jugar» (Astington, 2003; Slaughter et al., 2002). En la mayoría de estos estudios la relación entre la teoría de la mente y la popularidad o aceptación sigue siendo significativa cuando se remueven otras variables como la edad del niño o la competencia lingüística. Otras relaciones positivas similares se encuentran entre la comprensión de la falsa-creencia y clasificaciones agregadas o globales, por parte de los maestros, de las habilidades sociales de los niños (Diesendruck y Ben-Eliyahu, 2006; Lalonde y Chandler, 1995; Razza y Blair, 2009).

Más allá de las mediciones agregadas o globales, algunos estudios han examinado más detalladamente la relación entre la comprensión de la falsa-creencia en los niños y sus habilidades sociales. Un estudio inicial de Chris Lalonde y Michael Chandler (1995) ha servido como prototipo. Estos científicos examinaron la relación entre la teoría de la mente y un gran número (40) de comportamientos sociales positivos evaluados según puntuaciones asignadas por maestros y trataron de identificar relaciones claramente diferenciadas, incluyendo dos categorías de comportamiento hipotético que difieren en su relación con la teoría de la mente. La *categoría intencional* estaba diseñada para referirse a aquellos comportamientos que «requieren alguna medida del entendimiento de las vidas mentales de los otros» (Lalonde y Chandler, 1995, pág. 167) e incluía afirmaciones tales como «conversa con otras personas sobre temas de interés mutuo» y «es capaz de comentar sobre las diferencias entre sus propios deseos y los de otros». La categoría de *convenciones sociales*, por su parte, se refería a comportamientos prosociales rutinarios que requieren solo un conocimiento básico de situaciones sociales e incluía afirmaciones tales como «dice "por favor" al pedir algo» y «respeta los tiempos establecidos por la persona a cargo». Los comportamientos intencionales a menudo mostraron una correlación significativa con la comprensión de falsa-creencia (con correlaciones de hasta .40 o más), contrariamente a varios comportamientos socio-convencionales.

Las categorías intencional y socio-convencional de Lalonde y Chandler (1995) no estaban definidas con precisión e incluían algunos elementos discutibles que no parecían calzar correctamente en la categoría asignada (por ejemplo, la afirmación «intenta explicar su mal comportamiento» estaba catalogada como socio-convencional y «participa en simples juegos de mesa» estaba codificada como intencional). Esto llevó a Janet Astington y sus colegas, entre otros, a cuestionar la validez de la selección de categorías de Lalonde y Chandler. Sin embargo, utilizando casi los mismos métodos, revisados de manera concienzuda, Astington en gran medida replicó el trabajo de Lalonde y Chandler y determinó que la teoría de la mente estaba relacionada con los elementos «intencionales», incluso al controlar la capacidad lingüística (Astington, 2003), algo no evaluado por Lalonde y Chandler.

Jennifer LaBounty (2008) fue un poco más lejos y creó subescalas elaboradas especialmente a partir de elementos de cuestionarios aplicados a padres y maestros (como «La escala de mi niño» de Kochanska; Kochanska, DeVet, Goldman, Murray y Putnam, 1994). LaBounty creó varios grupos de comportamientos prosociales con *carga cognitiva*, como la empatía (compuesta por ítems tales como «intenta consolar o tranquilizar a otro afligido») o el comportamiento social cooperativo («hace que sus padres se fijen en contratiempos o daños causados por él/ella»). También creó un grupo de comportamientos *convencionales* supuestamente sociales, pero no altamente social cognitivos tales como «comenta cuando uno de sus padres cambia de apariencia» o «sigue las reglas de la casa». La comprensión de las falsas-creencias por parte de los niños, evaluada con la ayuda de un conjunto de ocho pruebas o tareas de falsa-creencia, efectivamente predijo conductas prosociales con carga cognitiva, pero demostró no estar relacionada con los comportamientos convencionales en los niños de 3 años y medio. Este patrón de relaciones convergentes y discriminatorias se mantuvo cuando se midió y controló por el coeficiente intelectual de los niños y su función ejecutiva.

Una perspectiva amplia caracteriza a muchos de estos estudios (Cassidy et al., 2003; Dunn, 1995; LaBounty, 2008), donde «la teoría de la mente puede ser pensada como compuesta por dos tipos distintos de comprensión: la comprensión de la mente (estados cognitivos como las creencias y los deseos) y la comprensión de las emociones (sensibilidad emocional hacia los demás)» (Cassidy et al., 2003, pág. 198). En general, los dos aspectos de la comprensión psicológica predicen las habilidades sociales y competencias prosociales de los niños en edad preescolar (véase, por ejemplo, Cassidy et al., 2003; Cutting y Dunn, 1999; Eisenberg, Zhou, Liew, Champion y Pidada, 2006; Knafo, Steinberg y Goldner, 2011), pero al mismo tiempo los patrones de comprensión de la «mente» y de la «emoción» a menudo difieren uno del otro.

Las relaciones revisadas hasta ahora han sido concurrentes en que a los niños se les han aplicado pruebas de falsa-creencia (y/o tareas de comprensión de emociones) y se han recabado calificaciones y observaciones de padres/niños/maestros más o menos al mismo tiempo. Con estos datos, una mejorada teoría de la mente podría conducir a mejoradas habilidades sociales, o viceversa. Es muy probable que la relación entre estas sea bidireccional, pero aun así es importante saber si parte de la historia consiste en que los conocimientos de la teoría de la mente influyen en los comportamientos sociales. Los datos longitudinales permiten comprobar de mejor manera la dirección de la influencia. Las asociaciones longitudinales entre las cogniciones sociales tempranas y la posterior acción social no han sido tan bien estudiadas. Pero aun así los datos disponibles sirven de apoyo. Judy Dunn y sus colegas (2002) determinaron que el razonamiento social-cognitivo (la comprensión de la falsa-creencia, pero también la toma de perspectiva emocional) en niños en edad preescolar predijo relaciones positivas con sus pares, tanto al momento de la evaluación como más adelante, cuando los niños hicieron la transición a la escuela. Es decir, un puntaje agregado socio-cognitivo (no se informaron las mediciones de la perspectiva creencia y emoción por separado) proporciona predicciones longitudinales significativas. También se constataron predicciones longitudinales de la competencia social a los 6 y 7 años, a partir de logros de falsa-creencia tempranos a los 4 y 5 años en los datos longitudinales que Janet Astington y sus colegas informaron en Astington (2003).

Jennifer Jenkins y Janet Astington (2000) investigaron más a fondo los efectos de la teoría de la mente en los resultados sociales a través del tiempo, pero con un enfoque específico en la participación de los niños en el juego, incluyendo juegos de roles, especialmente sociales, una forma de interacción social cotidiana y frecuente, para los niños en edad preescolar. Con ese enfoque, identificaron una relación longitudinal entre la teoría de la mente (comprensión de falsa-creencia) y los comportamientos sociales de juego: una teoría de la mente temprana predijo conductas positivas posteriores (cooperativas), las que se evidenciaron en episodios de juegos de roles sociales, pero no viceversa. Natalie Eggum, Nancy Eisenberg y sus colegas (Eggum et al., 2011) siguieron una muestra de casi 200 niños de 3 años y medio a 4 años y medio y después de 6 años de edad. La comprensión de las emociones a los 3 años y medio predijo una orientación prosocial en las calificaciones de los padres (por ejemplo, «trata de hacerte sentir mejor cuando estás triste» o «siente lástima por otros niños que son objeto de burla») a los 4 años y medio y 6. La comprensión de la mente (evaluada solo con tareas de falsa-creencia a los 4 años y medio) predijo una orientación prosocial a los 6 años. Y en nuevas investigaciones, una comprensión de la teoría de la mente a los 5 años predijo una conducta prosocial un año más tarde, según los informes de maestros (Caputi, Lecce, Pagnin y Banerjee, 2012), y la teoría de la mente de los preescolares predijo habilidades sociales (reportada por maestros) en transición a la educación primaria (Lecce, Caputi y Hughes, 2011; Razza y Blair, 2009).

Resumen preliminar
Todos estos descubrimientos son importantes para confirmar la relevancia de la teoría de la mente para la vida real. Sin embargo, los enlaces no son ni tan fuertes —las correlaciones suelen ser del orden de .30— ni tan directos como algunos habían supuesto. Janet Astington (2003) lo dijo muy bien cuando señaló que la teoría de la mente es «a veces necesaria, nunca suficiente» (pág. 13) para guiar las interacciones socio-comunicativas de los niños. Esto tiene sentido si reconocemos que un niño puede entender las creencias o deseos de otra persona, pero insiste de todos modos en los suyos, al menos en ocasiones. Un niño podría entender que otras personas tienen sentimientos internos que pueden diferir de los suyos, pero ignorarlos en una u otra situación. Como estos ejemplos sugieren, de hecho, las comprensiones básicas de la teoría de la mente no son el tipo de ideas que simplemente se traducen, directa e inevitablemente, en comportamientos sociales apropiados.

Por otra parte, de ninguna manera se esperaría que una teoría de la mente mejorada se traduzca siempre en una conducta *prosocial.* Algunos datos sugieren que una teoría de la mente mejorada puede traducirse en un comportamiento manipulador, en una búsqueda por ganar, como por ejemplo, en un *bullying* efectivo (Sutton, Smith y Swettenham, 1999). Algunas conclusiones sugieren que podría estar asociada a un comportamiento demasiado sensible más adelante en la vida, por ejemplo, en la transición hacia las relaciones con sus pares en la escuela primaria (Dunn, 1995). Desde esta perspectiva, por supuesto, la relación esperada entre la teoría de la mente adulta y las interacciones y habilidades sociales de los adultos tendrían las mismas características; una comprensión «madura» de la teoría de la mente es solo «a veces necesaria, nunca suficiente» para guiar las interacciones socio-comunicativas, tanto las interacciones prosociales como las antisociales.

Es importante destacar que el desempeño de los niños en las tareas de falsa-creencia (como indicador de una psicología creencia-deseo emergente) se asocia también con otros tipos de comportamientos del mundo real, tales como la mentira y la persuasión, como describo sucintamente. Antes de eso, sin embargo, es útil considerar la relación entre la teoría de la mente y el desarrollo de las funciones ejecutivas en los niños en edad preescolar, ya que esto proporciona la perspectiva y los antecedentes necesarios.

DIFERENCIA ENTRE LA TEORÍA DE LA MENTE Y LA FUNCIÓN EJECUTIVA

Mientras suceden desarrollos sustantivos en la comprensión mental de las personas por parte de los niños en edad preescolar, las habilidades de la función ejecutiva mejoran de manera espectacular. «Las funciones ejecutivas» abarcan varios constructos y habilidades, incluyendo la planificación, el control inhibitorio, la memoria de trabajo y la flexibilidad cognitiva que son de por sí heterogéneos (Garon, Bryson y Smith, 2008; Zelazo y Müller, 2011). No es de extrañar, entonces, que haya varias posibilidades para explicar cómo los avances en la teoría de la mente podrían explicarse por un desarrollo más general en la función ejecutiva. Para mis propósitos, estas varias posibilidades pueden agruparse libremente en posturas de cómo *la función ejecutiva* se *expresa* y cómo *la función ejecutiva emerge* (Moses, 2001).

Como ejemplo, consideremos un análisis de cómo el progreso en el control inhibitorio podría dar cuenta de avances en la comprensión de falsa-creencia (Carlson y Moses, 2001). Las tareas a menudo requieren de la capacidad de inhibir una respuesta inicial o predominante (por ejemplo, no gritar una respuesta correcta, sino levantar la mano) o de inhibir pensamientos dominantes (por ejemplo, no pensar en los regalos de cumpleaños para poder esperar con más paciencia por el momento de abrirlos). La habilidad de inhibir experiencias innatas o respuestas típicas o dominantes es una de las competencias de función ejecutiva que se desarrolla notablemente en los años preescolares. Y el desempeño en pruebas de la teoría de la mente sin duda requiere de este tipo de control inhibitorio: por ejemplo, la naturaleza real de los acontecimientos y situaciones es de importancia obvia para los niños pequeños; pero en las tareas de falsa-creencia, para lograr una respuesta correcta el niño debe inhibir su tendencia predominante a decir o apuntar donde el objeto realmente está (por ejemplo, en el estante; véase el recuadro 1.2) y en lugar de ello debe poner atención a la creencia del personaje acerca de dónde está (en el cajón). Por hipótesis, en la postura de que la función ejecutiva se expresa, los niños pequeños en edad preescolar entienden explícitamente las falsas creencias, pero su expresión de tal comprensión está enmascarada por las exigencias de la función ejecutiva en las pruebas estándares de falsa-creencia para niños en edad preescolar. En las posturas más extremas, esto haría que el desarrollo de la teoría de la mente preescolar fuese prácticamente equivalente al desarrollo de la función ejecutiva.

En contraposición, en una postura de cómo la función ejecutiva emerge, los niños pequeños en edad preescolar no entienden todavía la falsa creencia de manera explícita y deben desarrollar dicha noción. Las funciones ejecutivas tales como la inhibición, el cambio de la atención y la flexibilidad son, en este planteamiento, instrumentales (quizás incluso necesarias) para lograr este desarrollo conceptual. Como ejemplo, comencemos (de nuevo) con el supuesto de que, para los niños pequeños, la atención y el foco en la realidad es muy preponderante: capta la atención de los niños pequeños. Esta naturaleza de la realidad, de llamar la atención, entorpece cualquier atención o consideración de cosas efímeras y no obvias como los estados mentales de los niños más pequeños. Para tener cada vez mayor noción de la posibilidad de que existan estados mentales (distintos de la realidad), los niños deben inhibir la atención inmediata y exclusiva a la realidad y volcar su atención hacia los estados mentales en juego (menos obvios, menos preponderantes). Las funciones ejecutivas permiten a los niños inhibir la atención inmediata y exclusiva en la realidad y, por lo tanto, surgen cambios de foco hacia la comprensión de los estados mentales.

Personalmente me inclino por estas últimas posturas de cómo la función ejecutiva emerge, como se verá a lo largo de este libro. Sin embargo, las posturas de cómo la función ejecutiva se expresa han conseguido creciente consideración y apoyo en el último tiempo, a la luz de datos que potencialmente mostrarían que los bebés pueden comprender las falsas creencias (véase el Capítulo 8). El resultado de la investigación, sin embargo, respaldaría la función ejecutiva emergente por sobre las posturas de expresión. Por ejemplo, la investigación muestra que, mientras la teoría de la mente y la función ejecutiva se correlacionan en la edad preescolar, no se superponen completamente. Cuando Stephanie

Carlson y Lou Moses (2001) llevaron a cabo por primera vez un minucioso análisis de las diferencias individuales de desempeño en las tareas de teoría de la mente (incluyendo, puntualmente, varias tareas de falsa-creencia) y tareas de función ejecutiva (incluyendo, puntualmente, tareas de control inhibitorio), las tareas de control inhibitorio mostraron una alta correlación con las tareas de teoría de la mente (aproximadamente un .60) y una correlación significativa (aunque reducida) se mantuvo incluso después de corregir por edad, inteligencia verbal y varias otras medidas de control. Este tipo de resultado se ha replicado con frecuencia. Al mismo tiempo, sin embargo, un «factor de la teoría de la mente» surgió en un análisis de componentes principales de Carlson y Moses, junto a los factores de función ejecutiva. Por su parte, algunos análisis de regresión arrojaron contribuciones *independientes* significativas de la teoría de la mente y la función ejecutiva al desempeño de falsa-creencia. Consideremos además que las competencias de la función ejecutiva no solo se correlacionan sustancialmente con el desempeño de la teoría de la mente entre los 3 y los 4 años de edad, sino que las competencias de la función ejecutiva en estas edades predicen longitudinalmente una mejor competencia en la teoría de la mente a los 5 y 6 años, y la competencia de la función ejecutiva a los 3 años predice longitudinalmente una mejor competencia en la teoría de la mente a los 4 años (Hughes, 1998; Hughes, Ensor y Marks, 2011). De esta manera, las habilidades de la función ejecutiva parecen contribuir más a cómo emergen las habilidades de la teoría de la mente en desarrollo que su mera expresión.

Además, para volver al tema de este capítulo, las comprensiones de falsa-creencia predicen de manera significativa aspectos de las habilidades de interacción social de los niños y de popularidad entre sus pares, incluso en estudios donde se controla y aplica una corrección por la función ejecutiva, tanto concurrente (como en LaBounty, 2008) como longitudinalmente (Hughes et al., 2011). Rachel Razza y Clancy Blair (2009) proporcionan un importante ejemplo reciente. Analizaron la comprensión de falsa-creencia y la competencia social (medida en función de calificaciones completas asignadas por maestros) longitudinalmente, pero incluyeron también las habilidades de función ejecutiva. El desempeño en las tareas de falsa-creencia en niños en edad preescolar se asoció positivamente con la competencia social en el nivel de transición a la educación primaria tras controlar las habilidades de la función ejecutiva. Esta investigación también resulta interesante porque Razza y Blair estudiaron una muestra de bajos ingresos del programa «*Head Start*» que sirve de complemento a los resultados de otras investigaciones que en su mayoría han estudiado a niños de clase media.

Más aún, los avances en la teoría de la mente influyen en algunos aspectos de la vida y acciones de los niños más allá de las habilidades de interacción y aceptación social analizadas hasta ahora.

MENTIRAS Y ENGAÑO

El engaño completamente desarrollado implica hacer algo para inspirar de manera intencional la ignorancia o falsa creencia en otra persona: ocultar un objeto o actuar de modo que los demás no sepan dónde está o qué es, cambiar la apariencia de un objeto (o de una acción) para que se vea como algo que no es, describir algo como X cuando es Y. La mentira —describir algo como X cuando es Y— es un buen ejemplo: la mentira implica hacer una *declaración falsa* con la *intención* de *engañar* (donde el engaño en sí implica la intención de producir una falsa creencia). Teniendo en mente esta definición, el vínculo entre la teoría de la mente y la mentira o el engaño debiera ser particularmente reveladora y directa; la mentira y el engaño son comportamientos cotidianos importantes del tipo que podrían requerir —y revelar— una teoría representacional de la mente de manera más directa. Hoy existe un buen número de estudios sobre el engaño en los niños en edad preescolar y más aún sobre la mentira, los cuales están a la base del trabajo seminal de Jean Piaget (1932/1935 en la edición en español). Me concentro en la mentira como ejemplo principal.

Para empezar, en la edad preescolar, cuando se evidencian cambios demostrables en las teorías de las mentes de los niños (por ejemplo, la comprensión de la falsa creencia), es cuando surge la mentira (y el engaño) y, aumentan dramáticamente. Por ejemplo, aunque las opiniones de los padres sobre la edad en que sus hijos mienten deliberadamente varían, la mayoría consigna los 4 años (Stouthamer-Loebel, 1991) o un poco antes, a los 3 años y medio de edad (Newton, Reddy y Bull, 2000). Tales mentiras cotidianas implican negaciones falsas («yo no lo hice»), culpas falsas («él lo hizo»), aseveraciones falsas («papá dijo que estaba bien»), ostentaciones falsas («yo también puedo hacer eso») e ignorancia falsa («no sé quién lo arruinó»).

Esta aparición de la mentira (y engaño) preescolar es en cierto modo paralela al desarrollo de la comprensión del conocimiento o creencia y, específicamente, de la falsa creencia. Pero visto de esta manera general, el vínculo no es tan estrecho ni convincente. Por un lado, mientras que los padres señalan un importante aumento en la mentira y el engaño a lo largo de los años preescolares, donde los 3 años y medio y los 4 años marcarían una transición notoria, a menudo consignan al menos algunas falsas negaciones, aseveraciones, ostentaciones, etcétera en sus hijos de 2 años (por ejemplo, Newton et al., 2000), niños que probablemente serían demasiado pequeños para alcanzar entendimientos claves y explícitos de falsa-creencia.

Estudios experimentales confirman lo que indican los padres. Investigaciones experimentales sobre la mentira en niños pequeños por lo general han utilizado el paradigma de la «tentación». Con la ayuda de prototipos, un adulto coloca sobre una mesa un juguete escondido en un contenedor para verlo o usarlo «más tarde» y sale de la habitación diciéndole al niño explícitamente que no debe husmear. Según lo registrado en video o a través de un espejo unidireccional, la mayoría de los niños pequeños husmeó el juguete mientras el adulto estuvo ausente. Al regresar, el adulto le pregunta al niño, «¿husmeaste?». Los niños pequeños que lo hicieron con frecuencia dicen que no, «mienten». En un estudio con niños de 2 y 3 años de Michael Lewis y sus colegas (Lewis, Stanger y Sullivan, 1989), niños de apenas 2 años y 9 meses (los más pequeños sometidos a la prueba) mintieron de esta manera.

En este estudio de Lewis et al. (1989), el 88% de los niños husmeó. Y cuando se les preguntó si habían husmeado, aproximadamente una cuarta parte de los que sí lo hicieron se quedaron callados. De aquellos que dijeron algo (alrededor del 75% de los que husmearon), casi la mitad admitió haberlo hecho y la otra mitad aseguró que no. En total, pues, el 36% de estos niños pequeños de 2 y 3 años «mintió». Del mismo modo, y corroborando lo que informan los padres, los estudios experimentales han determinado que la mentira aumenta sustancialmente entre los 3 y los 5 años de edad (Polak y Harris, 1999; Talwar y Lee, 2002). Alan Polak y Paul Harris (1999) señalaron que el 84% de los niños de 5 años había «mentido» en uno de los dos estudios en que habían utilizado el paradigma de la tentación.

Al juntar estas conclusiones, un problema al establecer cualquier tipo de vínculo entre la mentira y la comprensión de las falsas creencias es que la «mentira» comienza bastante temprano. Otro problema es que en muchos de estos estudios, si los niños son evaluados en cuanto a su comprensión de falsa-creencia, a menudo hay poca o ninguna asociación directa entre ese conocimiento conceptual y el comportamiento del niño al mentir; solo hay algunas correlaciones poco significativas en Newton et al. (2000) y en el Experimento 1 de Polak y Harris (1999). Pero incluso en otros estudios, los logros preescolares en cuanto a la mentira o el engaño han sido relacionados de manera significativa al logro de la comprensión de falsa-creencia en la edad preescolar. Por ejemplo, Polak y Harris (1999) encontraron una asociación clara en su Experimento 2 (que argumentaron fue mejorado significativamente respecto del Experimento 1 que no encontró ninguna asociación).

Dos consideraciones ayudan a esclarecer este patrón de resultados inicialmente contradictorios. En primer lugar, de manera conceptual, un niño puede decir algo que logra engañar efectivamente a otra persona, sin tener que mentir, es decir, sin que haya intención de engañar. El niño podría estar cometiendo un error inocente (por ejemplo, olvidó que husmeó), pero más puntualmente podría estar participando en algo en verdad nefasto, pero sin la intención de engañar ni de inspirar ideas equivocadas. En particular, puede que los niños estén tratando de controlar el *comportamiento* de otra persona en lugar de manipular su *creencia*. Si la mamá apunta a un jarrón roto y pregunta «¿tú lo rompiste?» (o si un investigador pregunta, «¿husmeaste?»), puede que los niños digan «no lo hice» cuando en realidad sí lo hicieron, solo porque tal afirmación falsa les evitará de manera simple y efectiva cualquier consecuencia negativa (como por ejemplo un castigo). Y puede que estén utilizando este recurso porque evita estas consecuencias *mediante la creación de una falsa creencia* o puede que no. En cambio los niños pequeños, y especialmente los de muy corta edad, podrían reconocer que, en tales situaciones, el agente causal es el que recibe el castigo; y así para evitar el castigo, simplemente niegan ser ese agente. Por lo tanto, fácilmente podrían «mentir» sin hacerlo; decir una falsedad sin tratar de manipular la creencia de mamá (o del investigador), sino con el afán de manipular su comportamiento. Por esta razón, con frecuencia he usado comillas al decir que incluso los niños muy pequeños «mienten».

Del mismo modo, consideremos una situación competitiva: si tú obtienes el premio, yo no lo recibo. Puedo aumentar en gran medida las probabilidades de ganarme yo el premio haciendo que tú fracases. Y puedo hacer que fracases saboteándote (atándote de manos, levantando alguna barrera entre tú y el premio, etcétera) así como también engañándote (manipulando tu conocimiento para que no sepas dónde está el premio o para que pienses falsamente que está en otra parte). Los niños pueden sabotear los planes y esfuerzos de los demás sin tratar de sabotear específicamente sus *ideas*.

Una forma de abordar estos problemas de interpretación es ajustando las tareas y circunstancias de manera de aclarar el tipo de comportamientos que intervienen. Así, Beate Sodian (1994) argumentó que, al hacer la distinción entre sabotaje y engaño, su investigación muestra que el engaño de los niños está relacionado con su comprensión de falsa-creencia. Y siguiendo con nuestro énfasis en la mentira, un enfoque relacionado sería ajustar la situación con el fin de minimizar cualquier castigo por la «transgresión», aminorando de este modo los comportamientos diseñados simplemente para evitar un castigo. En una investigación reciente, Victoria Talwar y Kang Lee (2008) utilizaron este enfoque para estudiar la mentira en los niños. Al analizar la negación de un comportamiento que no tenía ningún castigo serio asociado, entonces tales actos podrían mostrar una asociación más estrecha con una comprensión de la falsa creencia.

Talwar y Lee (2008) utilizaron un método de tentación en el cual indujeron a los niños a cometer una transgresión muy menor, mirando a escondidas en un discreto juego de adivinanzas en que esto no podía hacerse. Por ejemplo, se colocó un juguete morado, Barney, detrás de un niño a quien se le dijo que no debía mirar mientras el adulto salía de la habitación por un momento. Después de grabar en video si el niño en realidad había mirado, el adulto entrevistó a los niños para evaluar si admitirían haber mirado a escondidas, o si mentirían y negarían haberlo hecho. El desempeño de los niños en un conjunto de tareas de falsa-creencia fue de hecho un predictor positivo e independiente de la mentira, para ocultar que habían mirado en esta situación menos grave, que no implicaba castigo.

Al igual que otros estudios (como el de Polak y Harris, 1999), Talwar y Lee (2008) también incluyeron una segunda parte. Los niños fueron entrevistados para determinar si podían mantener la mentira ocultando el conocimiento adquirido durante su transgresión. Entonces, se les hizo a los niños algunas preguntas de seguimiento sobre lo que habían adivinado (es decir, lo que supuestamente habían adivinado, pero que en realidad sabían con precisión tras haber mirado a escondidas). Por ejemplo, «¿cómo supiste que el juguete era Barney?». En estas conversaciones, algunos niños fueron mejores para mantener sus mentiras, mientras que otros directa o indirectamente dejaron entrever que habían visto el objeto (oculto) en cuestión. Por ejemplo, aquellos en que se filtró la mentira dijeron cosas como «era de color púrpura» o «se parecía a Barney». De nuevo, el desempeño de los niños en las tareas de falsa-creencia predijo diferencias individuales, en este caso, en términos de mantener en lugar de revelar sus mentiras.

Según estos hallazgos, la capacidad de razonar acerca de las falsas creencias sería un hecho predictivo de comportamientos sociales importantes del mundo real, algo así como el tipo de comportamiento social que debiera producir en el mundo real el razonamiento acerca de la teoría de la mente. Sin embargo, tengamos en cuenta nuevamente las capacidades de la función ejecutiva. Uno podría sospechar que mentir (y mantener una mentira) solo estaría asociado con el razonamiento de falsa-creencia por una asociación común con las habilidades de la función ejecutiva: habilidades en desarrollo del niño para controlar y planificar un comportamiento en lugar de otro. Mentir de seguro requiere de un mínimo nivel de control ejecutivo para superar la poderosa tendencia de decir simplemente lo que pasó y así ajustar o alterar la realidad. Por ende, para hacer frente a esta interpretación alternativa, en sus dos estudios Talwar y Lee (2008) evaluaron las capacidades de la función ejecutiva (el desempeño en un conjunto de tareas de control ejecutivo en edad preescolar). En ambos estudios, el razonamiento de falsa-creencia fue un factor predictivo único e independiente de mentira de los niños, incluso mientras controlaban las capacidades de la función ejecutiva. Estos resultados respaldan firmemente la afirmación de que son los avances conceptuales en la comprensión de la falsa creencia, y no simplemente otras exigencias de la tarea, los que se asocian con la mentira.

Entre paréntesis, no toda mentira es antisocial. Las mentiras piadosas no solo son toleradas, sino que se incentivan en algunas situaciones. De este modo, si un niño recibe un regalo que no le gusta de su abuela, se le insta a decir no solo gracias sino lo bonito que es. Fen Xu y sus colegas (Xu, Bao, Fu, Talwar y Lee, 2010) informaron sobre el desarrollo de este tipo de mentira en niños chinos y norteamericanos.

ESCONDER Y SECRETOS

Mentir para negar una trasgresión menor (o mayor) es un intento de esconder algo. ¿Qué pasa con el desempeño de los niños en una actividad cotidiana y directa de ocultamiento, como el juego de las escondidas? Este es un juego muy frecuente entre los niños y no solo lo disfrutan mucho, sino que además a menudo lo incitan ellos mismos (Peskin y Ardino, 2003). Así, las habilidades de los niños para participar con éxito en juegos como las escondidas podrían revelar vínculos realistas con el razonamiento de falsa-creencia. De hecho, en el estudio de Chris Lalonde y Michael Chandler (1995), las calificaciones de los maestros «sigue reglas en juegos simples sin la necesidad de recordarle» estuvieron altamente correlacionadas con el desempeño de falsa-creencia. Sin duda, el juego de las escondidas, en particular, representa el tipo de juego que exige a los niños reconocer los casos en que otros deben mantenerse ignorantes de las cosas que saben. Mejor aún, esconderse uno mismo en este juego no involucra absolutamente ninguna necesidad de evitar la transgresión.

Recuerdo jugar a las escondidas con frecuencia cuando mis hijos eran pequeños y cuando era mi turno de buscar, después de contar hasta 10, preguntando retóricamente en voz alta: «OK, aquí voy, me pregunto ¿dónde estará [nombre de niño]?». En ese momento el mismo niño decía, riéndose: «debajo de la cama». Esta es una de muchas anécdotas sobre lo mal que los niños pequeños juegan a las escondidas. Sin embargo, sorprendentemente existen pocos estudios sobre el juego de las escondidas. Joan Peskin y Vittoria Ardino (2003) hicieron un estudio de estos. Pusieron a niños de 3, 4 y 5 años a jugar individualmente a las escondidas con un adulto familiar. La tarea casi natural tenía lugar en una habitación conocida para el niño en su guardería, una sala que tenía varios escondites identificables: debajo de una mesa cubierta con un mantel largo hasta el piso y dos grandes armarios vacíos, entre otros. Todos los niños jugaron el rol de buscador y de escondido, y los comportamientos de los niños fueron codificados como exitoso o no exitoso. En los comportamientos exitosos el buscador no se enteraba de la ubicación del escondido, mientras que los casos no exitosos abarcaban situaciones en que el niño revelaba al adulto el lugar donde se ocultaría; que el niño no se escondiera sino que quedaba a plena vista mientras el adulto cubría sus ojos; que el niño llamara al adulto durante su búsqueda; y así sucesivamente. Cuando hacían el rol de buscador, los casos no exitosos incluían decir al adulto dónde debía ocultarse; contar hasta 10 manteniendo los ojos abiertos, y así sucesivamente. Con los niños de 3 años de edad, el 83% obtuvo un resultado no exitoso en el rol de buscador y escondido; sin embargo, el 78% de los niños de 4 años y el 94% de los niños de 5 años tuvieron desempeños adecuados. Es importante señalar que también se les asignó a los niños un conjunto reducido de tareas de teoría de la mente (tareas de falsa creencia). Los casos de éxito en el juego de las escondidas tuvieron una alta correlación con la teoría de la mente (correlaciones de .60 y más).

Asumir el rol de escondido en este juego implica guardar un secreto, mantener tu ubicación en secreto. Guardar secretos es una actividad ubicua de los adultos, más allá de los confines del juego de las escondidas, y además guardar un secreto es una tarea mayor, del mundo real para los niños; mantener en secreto el contenido de un regalo de cumpleaños hasta que el receptor lo abra, no decirle a alguien sobre una sorpresa antes de tiempo, entre otros. Nuevamente, existen innumerables anécdotas sobre niños pequeños que no pueden guardar secretos. Una situación típica en la vida real, en los dibujos animados de domingo y en las series de la TV, es donde mamá y niño envuelven un regalo secreto para papá (o para Sally en la escuela o para la abuela) y, en el momento en que el regalo es entregado, el niño anuncia: «es una corbata» o «es una muñeca». Nuevamente, llama la atención que se ha realizado poca investigación formal para explorar la concepción explícita de los niños sobre los secretos, pero Peskin y Ardino (2003) no solo estudiaron el juego de las escondidas de los niños, sino también su capacidad para guardar secretos.

En la tarea de guardar un secreto, los niños de 3, 4 y 5 años se encontraban en el área de cocina de su guardería. Primero se les pedía ocultar un pastel de cumpleaños de un maestro adulto específico y se les señalaba en varias ocasiones: «es un secreto. No le cuenten a nadie». Luego ese maestro aparecía y con un pretexto simple el niño era dejado solo con el maestro en la cocina y con el pastel oculto. En cuanto se quedaban solos, el maestro decía «tengo hambre; me gustaría saber si hay algo para comer aquí». Si el niño inicialmente no hacía mención de la torta, el maestro repetía su declaración «tengo hambre». Los casos no exitosos de guardar un secreto implicaban revelar directamente al maestro el secreto sobre el pastel o señalar la bolsa donde se encontraba escondido.

Solo el 33% de los niños de 3 años guardó el secreto, mientras que el 67% de los niños de 4 años y el 89% de los niños de 5 años, lo hicieron. Se registró una alta correlación entre el desempeño de los niños en una serie de tareas de falsa-creencia y guardar un secreto, una correlación de .62. Es decir, los niños que tenían mejor resultado en falsa-creencia también lograron ocultar información de mejor manera —guardar un secreto— de una tercera persona relevante.

En ambos estudios —uno de jugar a las escondidas y otro de guardar un secreto— Peskin y Ardino (2003) aplicaron además una pequeña serie de tareas de función ejecutiva. El control ejecutivo también se correlacionó con el éxito en el juego a las escondidas y el éxito en guardar un secreto. Pero las asociaciones claras entre el desempeño de falsa-creencia y lograr con éxito esconderse, buscar y guardar un secreto se mantuvieron incluso después de que las habilidades de control ejecutivo fueron controladas.

En resumen, a medida que los niños se volvían competentes en el razonamiento de falsa-creencia, eran más propensos a participar en estos juegos correctamente. Para el juego de las escondidas, los niños que tenían mejor desempeño en falsa-creencia tenían mejor capacidad para esconderse de alguien sin revelar su ubicación; y cuando adoptaban el rol de buscador, permitían a la persona que se escondía hacerlo sin espiar. Para guardar un secreto, los niños que tenían mejor desempeño en falsa-creencia tenían mejores resultados para ocultar una sorpresa realista. El hecho de que el razonamiento de falsa-creencia estuviera asociado con una acción apropiada en estas situaciones del mundo real demuestra que (a) las conceptualizaciones de los niños sobre la mente maduran progresivamente durante el período preescolar y que (b) esto tiene consecuencias predecibles para sus acciones sociales y vidas.

PERSUADIR A OTROS

Las mentiras y los engaños (incluidas las mentiras piadosas) tienen un elemento persuasivo; están diseñadas para persuadir a alguien de creer algo falso. Por supuesto, no toda la persuasión se basa en la mentira, pero una cantidad sustancial *está* basada en el manejo de la creencia. Al mismo tiempo, en su forma más general, los intentos de persuasión pueden no ser más que simples petitorios («por favor, por favor, por favor») y apelaciones emocionales (lágrimas). Así que, una vez más, los primeros intentos de persuasión de los niños pequeños podrían ser más conductuales y por repetición y, como tal, posiblemente no relacionados con la teoría de la mente. Karen Bartsch y sus colegas (por ejemplo, Bartsch y London, 2000; Bartsch et al., 2007) han intentado centrarse más específicamente en actos que parecen convencer a través de la entrega y manejo de información. Para ilustrar, en sus estudios los niños podían ver una réplica de un perrito que era «muy calmado y muy tranquilo». Luego llegaba una muñeca, Tricia, a la que se le decía: «Tricia, el cachorro quiere que lo acaricies». Tricia, decía, «oh no, porque creo que los cachorros muerden». En este punto al niño se le pregunta qué decir a Tricia para convencerla de que acaricie al perrito: «¿debemos decir a Tricia que el cachorro es bueno o el cachorro es tranquilo?». También se utilizó un segundo muñeco, Chris, que no quería acariciar al cachorro porque: «pienso que los cachorros ladran demasiado fuerte». Nuevamente, al niño se le preguntaba qué decir a Chris.

La idea aquí era ver si el niño intentaría persuadir a Tricia y Chris con diferentes argumentos, debidamente basados en sus creencias diferentes. Ello indicaría un claro uso y sensibilidad a la persuasión basada en la creencia. Tengamos en cuenta que la probabilidad de acertar en esta tarea —decirle a Tricia que el cachorro es bueno y también decirle a Chris que el cachorro es tranquilo— al azar fue de 25% (elegir una de dos alternativas correctamente para dos opciones seguidas). En diversos estudios realizados, los resultados de los niños de 3 años estuvieron básicamente en el nivel del azar mientras que los de los niños mayores mejoraron; normalmente los niños de 4 años mostraron probabilidades por sobre el azar y los niños de 5 incluso mejores (Bartsch y London, 2000; Bartsch et al., 2007).

Bartsch, Wade y Estes (2011) encontraron patrones muy similares con una serie de manipulaciones orientadas a aumentar la sensación de facilidad y de cotidianidad en sus tareas de persuasión. En un estudio, por ejemplo, solo se les preguntó a los niños: «¿qué deberíamos decir a Chris para conseguir que acaricie al cachorro?» (eliminando así la parte potencialmente difícil e incómoda de la pregunta: «¿deberíamos decirle que el cachorro es bueno o que el cachorro es tranquilo?»). En otro estudio, los niños debían persuadir a personas en lugar de muñecos. Esencialmente, en todas estas variaciones, los resultados de los niños de 3 años fueron al azar, mientras que los resultados de los niños de 4 y 5 años estuvieron por sobre el azar (y la respuesta basada en creencia también aumentó desde los 3 a los 4 o 5 años de edad). Bartsch y sus colegas (2007) demostraron entonces que este tipo de comportamiento interactivo de persuasión se correlacionó positivamente con la comprensión de falsa-creencia (correlaciones de .52 y .69 para los niños de 3 años y para los de 4 y 5 años, respectivamente). Además, se evidenció un patrón de desarrollo coherente a través del cual los niños de transición aprobarían en falsa creencia y fallarían en persuasión, pero no a la inversa. Tal patrón proporciona buena evidencia de que la comprensión de falsa-creencia no solo se asoció con persuasión basada en creencia sino que proporcionó un prerrequisito para ello.

Virginia Slaughter y sus colegas (Slaughter, Peterson y Moore, 2013) demostraron algo muy similar pero con todavía más impacto (en la vida real). En su estudio, los niños de 3 a 8 años debían persuadir a un muñeco de comer brócoli crudo o cepillarse los dientes en una situación interactiva en la que el muñeco respondía y se resistía. Comer verduras y lavarse los dientes son dos cosas sobre las cuales los niños en edad preescolar claramente reciben mensajes persuasivos. El número y calidad de argumentos persuasivos que los niños presentaron mostró una significativa correlación con una serie de pruebas de teoría de la mente y permanecieron significativas después de controlar la edad y habilidad verbal.

CONCLUSIONES

Estas secciones y temas, junto con el Capítulo 2, revelan aún más la amplitud, coherencia y fuerza de lo que saben los niños en edad preescolar. Que los niños de 4 y 5 años comprendan falsas creencias, creencias verdaderas, entidades mentales, sueños, imaginaciones y burbujas de pensamiento, según lo revelado en sus juicios, pero también según lo empleado en sus explicaciones, pone en evidencia un impresionante conjunto de comprensiones mentales conectadas de forma coherente. Más aún, estas perspectivas convincentes y conectadas influyen en las acciones sociales de los niños, incluidas sus interacciones con pares y adultos (esta influencia en las interacciones con adultos incluye aquellas con maestros en la transición desde la educación preescolar a la educación primaria, como se reporta en Wellman 2016). Influencian a los niños en edad preescolar a participar en mentiras, engaños, secretos y argumentos persuasivos que también caracterizan fuertemente las interacciones cotidianas entre adultos en todo el mundo. Además influyen en los juegos de los niños: efectivamente, las habilidades para jugar que afloran en la edad preescolar, y en especial aquellas que dependen de la evaluación de los conocimientos y creencias de otros, dan inicio a un conjunto de habilidades de juego que continúan desarrollándose hasta la edad adulta. El juego de las escondidas luego pasa a la «Batalla Naval», luego al Póker, al Dilema del Prisionero y más.

4

Teoría de la Mente Preescolar, Parte 2

DESEOS, EMOCIONES, PERCEPCIONES

NIÑO (2 años 11 meses): No me gusta… No quiero cuidar a Andy.
ADULTO: ¿Por qué no?
NIÑO: Porque llora cada vez que alguien le pega.
ADULTO: Por Dios, yo también lloraría si alguien me pegara.
NIÑO: Yo no lloraría si alguien me pegara…
ADULTO: Ya veo. ¿Tú crees que le duele, cuando le pegan a Andy?
NIÑO: Sí.
(Bartsch y Wellman, 1995, pág. 127).

LAS CREENCIAS PUEDEN PARECER distantes y deslucidas respecto de gran parte del mundo mental que confrontamos; más vívidos e inmediatos son nuestros deseos de corazón, las esperanzas más profundas y las emociones más sentidas. Freud fue un maestro al recordarnos que nuestros deseos y sentimientos son los que nos hacen actuar y reaccionar. Estas son las motivaciones y experiencias que dan color a nuestras vidas y que dirigen, aunque sesgadamente, nuestra forma de pensar. Y tal como en la psicología dinámica freudiana, pasa lo mismo en la psicología ingenua. En la colorida metáfora de Freud, las creencias y la razón (el yo) eran los jinetes en el caballo de los deseos, y las necesidades (el ello) «proporcionaban la energía propulsora» (1933/1979 en la edición en español).

La gran cantidad de investigación sobre las falsas creencias y las entidades mentales representacionales, junto con las relaciones demostrables entre el razonamiento de falsa-creencia y la vida de los niños preescolares, no debiesen crear una falsa impresión de que tener una teoría de la mente es entender las falsas-creencias, ni que comprenderlas equivale a tener una teoría de la mente. Las creencias (los pensamientos, las ideas) funcionan a la par con otros estados mentales, incluso dentro del razonamiento integral creencia-deseo.

Por otra parte, es posible que los niños más pequeños comprendan algunos de estos otros estados aun sin tener una buena comprensión de las herramientas y estados mentales representacionales, tales como las creencias, imágenes y burbujas de pensamiento. A temprana edad puede que los niños se enfoquen en el caballo e ignoren el jinete.

De hecho, los niños muy pequeños entienden mucho acerca de los deseos, una piedra angular del razonamiento creencia-deseo, y también de las emociones básicas. Esto es claramente evidente, para empezar, en las conversaciones de los niños.

HABLAR DE DESEOS Y EMOCIONES

Con la aparición del lenguaje, los niños comienzan a hablar explícitamente acerca de las personas. Recordemos que en sus conversaciones cotidianas, la gran mayoría de las preguntas «por qué» de los niños (¿por qué/cómo pasó?) son acerca de personas, y asimismo la gran mayoría de sus propias explicaciones «eso pasó por culpa de Y» son explicaciones de por qué las personas hicieron algo (Hickling y Wellman, 2001). En estas conversaciones, los niños no solo se refieren a personas; aluden a los estados mentales de estas. Por ejemplo, Daniela O'Neill y sus colegas (O'Neill, Main y Ziemski, 2009) grabaron en video a niños de 3 y 4 años de edad mientras comían bocadillos en su centro preescolar. En un estudio intensivo, se grabó a 25 niños dos veces a la semana, durante 21 semanas consecutivas. ¿Cómo esos niños pequeños inician las conversaciones con otros mientras se reúnen en torno a su comida? En esta situación (colmada de comida, utensilios, vasos, etcétera) y dada la edad y contexto (en que los niños han pasado horas interactuando con juguetes, libros, bloques, arena, pintura), sería fácil que los niños comenzaran comentando y preguntando sobre los objetos. No obstante, casi el 80% de las conversaciones que los niños entablaron se refirieron a personas: partieron preguntando acerca de sus oyentes (41%) o comentando sobre sí mismos (39%). Por otra parte, casi el 30% de sus inicios de conversación mencionó estados mentales de alguien más: los deseos, preferencias y determinadas emociones de un niño, con ocasionales menciones a las creencias y conocimientos de alguien.

En las conversaciones cotidianas de los niños pequeños, cuando mencionan los estados mentales de una persona, por lo general lo hacen usando verbos tales como *querer, desear* y *gustar;* y términos emocionales como *feliz* y *triste.* Estas palabras aparecen en aproximadamente el 5-10% de los turnos de habla de los niños, incluso en pequeños de apenas 2 años (Bartsch y Wellman, 1995; Wellman, Harris, Banerjee y Sinclair, 1995; Ruffman et al., 2002) y aparecen cada vez con mayor frecuencia después de dicha edad. Una pregunta clave, sin embargo, es si los niños tan pequeños realmente están hablando acerca de los estados mentales intencionales de alguien. Es posible que estos niños muy pequeños usen (o mal utilicen) las palabras de deseos o emociones para referirse a aspectos externos de las acciones, apariencias y situaciones asociadas a una persona y que en general ignoren o estén confundidos acerca de sus estados internos.

Analicemos las primeras conversaciones acerca de deseos. Los primeros comentarios respecto de que alguien *quiere* algo podrían referirse simplemente al atractivo de los objetos. La frase «quiere pastel» (simplemente) podría significar que pastel es el tipo de cosas que la gente quiere. «Quiero pastel» podría significar simplemente «dame un poco». Digamos que esta es una comprensión situacional, una que podría reflejar una mala comprensión de los términos referidos a deseo, o más profundamente, del propio deseo. Del mismo modo, la comprensión (o comprensión errónea) de las emociones y las primeras conversaciones sobre estas de un niño pequeño —«está feliz»— podrían limitarse a la noción de que ciertas situaciones simplemente provocan determinadas reacciones emocionales manifiestas (por ejemplo, los cumpleaños hacen que uno esté «feliz», donde «feliz» se traduce en sonrisas y risas). En contraste con tal comprensión situacional, una comprensión mentalista de los deseos implicaría reconocer que ellos no se pueden equiparar con las situaciones: algunos cascarrabias bien podrían considerar que el pastel es indeseable. Y, del mismo modo, las reacciones emocionales no provendrían directamente de situaciones desencadenantes, sino que serían subjetivas (si te gustan los cumpleaños, estar de cumpleaños o ir a uno te hace feliz; pero como a mí no me gustan, el mismo suceso resulta triste o deprimente para mí).

Los deseos y las emociones, tal como los estados mentales, se relacionan con las acciones y las producen. Si quiero pastel, es probable que trate de conseguirlo. Las primeras concepciones de «deseo» y la comprensión inicial de los términos *quiero* y *me gusta,* por tanto, también podrían ser simplemente referencias a acciones tales como buscar, encontrar, obtener, entre otros. Del mismo modo, a menudo se asocia los estados mentales a disposiciones conductuales típicas. Si me dan miedo las serpientes, es probable que las evite; si estoy triste, es probable que llore. Para los niños pequeños, la palabra *miedo* podría referirse solo al hecho de que una persona evite algo; *triste* podría referirse a las lágrimas o al comportamiento de angustia de una persona.

Por ende, debemos considerar dos posibilidades. Una de ellas es que los comentarios de los niños pequeños (y sus comprensiones) dan cuenta de referencias que se limitan a secuencias situación-acción. Podría pensarse que dicho niño está hablando de «deseo» o «emoción» propiamente tal, al utilizar términos como *feliz, triste* y *quiero* como expresiones abreviadas de cómo algunas situaciones o estímulos conducen regularmente a determinadas acciones (de tipo instrumental o expresivo), sin tener una comprensión más profunda de los estados subjetivos y de experiencia que median estas regularidades situación-acción (dentro de la filosofía, hay argumentos que apuntan a que los significados de términos emocionales podrían no ser más que esto; Ryle, 1949/2005 en la edición en español). La otra posibilidad es que los primeros enunciados de los niños pequeños acerca de los deseos y emociones demuestren de manera cierta un conocimiento explícito de los estados de experiencia, claramente subjetivos, del deseo y la emoción. Los niños pequeños pueden reconocer que tales estados existen de forma independiente de situaciones externas y acciones manifiestas, o incluso en contraste con ellas.

El estudio intensivo de conversaciones cotidianas de niños pequeños proporciona evidencia que respaldaría la segunda de estas alternativas. Las pruebas más claras surgen cuando los niños dicen cosas como las siguientes:

ADAM: [al adulto] ¿Quieres un poco?
ADULTO: No. No quiero.
ADAM: Bueno. Pero yo quiero un poco.

En esta conversación el niño, Adam, contrasta dos deseos diferentes respecto de la misma realidad física: tú quieres algo, pero yo no. Acertadamente a este tipo de expresiones se les llama *contrastivas*. En el análisis exhaustivo de cientos de miles de conversaciones cotidianas, niños de apenas 2 años producen tales expresiones contrastivas regularmente (aunque no con frecuencia) (Bartsch y Wellman, 1995; Ruffman et al., 2002; Wellman et al., 1995). Los siguientes son ejemplos conversacionales contrastivos de niños de 2 años (Bartsch y Wellman, 1995; Wellman et al., 1995):

PETER: Quiero salir. Pero no puedo.

ABE: Me cae bien Michael. Me cae bien Michael, mami.
MADRE: ¿Quieres ir afuera y jugar con Michael?
ABE: No. Ahora no.

ABE: No… ¿Te cae bien?
ADULTO: Sí, me cae bien.
ABE: Pero a mí no me gusta.

PAPÁ: Marky está enojado con tu Papi. (Mark es el hermano de Ross)
ROSS: ¡Pero yo estoy feliz con mi Papi!

NIÑO: Estaba triste. Pero no lloré.

Las primeras dos conversaciones contrastivas son sobre deseos; las dos últimas acerca de emociones. De manera más interesante, en estas conversaciones contrastivas los niños hacen varias distinciones subjetivas. Dos de los extractos anteriores contrastan la experiencia subjetiva de una persona con la de otra respecto del mismo objeto físico (por ejemplo, Papi), una persona está enojada, pero la otra está feliz. Los otros ejemplos contrastan deseos o emociones con acciones manifiestas: «quiero salir, pero no puedo»; «estaba triste, pero no lloré».

Estos ejemplos demuestran aspectos clave de una comprensión ingenua, mentalista, de las personas. Las conversaciones acerca de personas en los niños muy pequeños suponen la comprensión de que las personas tienen estados psicológicos internos distintos del mundo físico, porque tales estados se distinguen de las situaciones que pueden provocarlos y de los comportamientos y expresiones que pueden resultar de tales estados. Por otra parte, diferentes personas experimentan tales estados de manera distinta, incluso en la misma situación y de cara a los mismos objetos y eventos manifiestos.

Los niños un poco más grandes a veces pueden ser muy expresivos respecto a este punto:

ROSS (3 años y 7 meses): Esto, lo que tiene mi pan, se siente amargo en mi lengua… No me gusta. [Le entrega el pan a su papá]
PAPÁ: ¿Por qué me lo tengo que comer yo?
ROSS: Porque no me gusta la parte amarga.

PAPÁ: ¿Y qué te hace pensar que a Papi sí le gustará?
ROSS: Porque te gustan las cosas amargas. Así que cómetelo.
(Bartsch y Wellman, 1995, pág. 86).

EN EL LABORATORIO

Las conversaciones comunes y corrientes nos entregan una valiosa imagen de la vida cotidiana de los niños, y ayudan a certificar la centralidad y precisión de la comprensión mentalista temprana que ellos tienen de las personas, tanto de sí mismos como de los demás. Estas conversaciones también pueden darnos una mirada particularmente sensible, pues las mejores comprensiones de los niños pueden notarse más cuando participan con otras personas conocidas en situaciones de interés para ellos. Sin embargo, los análisis de conversaciones también pueden ser limitados. En una conversación, las ideas y conceptos deben expresarse con palabras, y a veces incluso los adultos no pueden hacerlo, y mucho menos niños de 2 años de edad, que están en pleno proceso de aprendizaje del lenguaje, toda vez que hacen frente a temas potencialmente complejos como (las construcciones interno-subjetivas de) los deseos, las emociones y las mentes. Los padres también contribuyen con estas conversaciones. Tal vez esto ayuda a que los niños se expresen mejor, pero quizá también (y sin duda en algunas ocasiones) las conversaciones reflejan conceptos y comprensiones de los padres más que de los hijos. Además, la recopilación de esta gran cantidad de datos de conversaciones constituye una tarea ardua, por lo que están disponibles (con suficiente nivel de detalle y profundidad) solo para un pequeño número de niños: un total de cinco o seis niños pueden ser muestras grandes para este tipo de investigación. Por fortuna, hay un paquete complementario de evidencias experimentales y naturales disponibles para el estudio temprano de la teoría de la mente.

Betty Repacholi y Alison Gopnik (1997) proporcionaron una demostración experimental, ya clásica, de la apreciación de experiencias deseo-emocionales subjetivas e individualizadas por parte de los niños pequeños: el estudio de las galletas saladas y el brócoli. En su experimento hicieron que niños de 18 meses de edad probaran dos bocadillos para evocar una preferencia negativa y otra positiva: brócoli (negativa) y galletitas saladas (positiva). A continuación, una adulta, frente al niño, probaba cada bocado diciendo «mmm» y sonriendo con uno de los bocadillos, pero diciendo «puaj» y frunciendo el ceño con el otro. En una condición de *coincidencia*, al adulto le gustaron las galletas y no le gustó el brócoli, coincidiendo con la preferencia del niño. En una condición de *divergencia*, en cambio, le gustó el brócoli. Luego el adulto extendió la mano a medio camino entre los dos bocadillos y dijo: «quiero un poco más, ¿me puedes dar un poco más?» procurando cuidadosamente no referirse a ninguno de los dos elementos. Una mayoría abrumadora de los niños de 18 meses de edad (pero no los de 14) le dieron el elemento que al adulto le había gustado, incluso en la condición de divergencia. Los niños no le pasaron simplemente el bocadillo que a ellos no les había gustado, quedándose con lo mejor para ellos, pues en la condición de coincidencia los niños pequeños le pasaron las galletas. Por ende, los niños demostraron una comprensión de que los deseos son subjetivos, al darse cuenta de que el adulto quería brócoli, en contra de su propia preferencia por las galletas.

Este método del brócoli versus las galletas saladas (véase también Egyed, Király y Gergely, 2013) representa un ejemplo de tarea o prueba de *deseos-diversos*, al evaluar la comprensión de los niños de cómo los deseos pueden diferir entre los distintos individuos (incluso deseos por los mismos objetos). Una tarea de deseo-diverso como la del brócoli y las galletas saladas, puede llamarse tarea de «deseo no-propio», donde el niño identifica que una persona tiene un deseo que no coincide con el suyo. Consideremos otra tarea de deseos-diversos en la cual al niño se le dice y se le muestra algo:

> A Ann le gusta jugar en el exterior y realmente le encanta columpiarse. A Joy le gusta jugar dentro de la casa y le encantan las ollas y sartenes de juguete. Es momento de juego libre y los niños pueden ir al patio o al rincón de la cocina. ¿Quién va a qué lugar?

En este tipo de tareas, el niño debe juzgar que dos personas distintas (ninguna de las cuales es él) tienen diferentes deseos que conducen a dos acciones divergentes. En estas tareas los niños de 2 y 3 años también son capaces de discriminar correctamente (Wellman y Liu, 2004).

Un razonamiento convincente acerca de los deseos y emociones abarca algo más que la idea de que distintas personas tienen diferentes deseos. En particular, debiera incluir (como al inicio de la tarea de Ann-Joy) el razonamiento acerca de la conexión entre los deseos y las acciones, tanto los actos conductuales como también las reacciones emocionales (tal como se representa en la figura 2.1). Consideremos un estudio inicial con niños de 2 años (Wellman y Woolley, 1990). En este estudio, los niños pequeños hacen juicios acerca de personajes infantiles, como Joe y Bill, en tres situaciones. En la situación *Encuentra lo que quiere*, un personaje quiere algo que puede estar en uno de dos lugares; el personaje lo busca en un lugar y lo encuentra. Así (con imágenes que ayudan a contar la historia y ayuda a estos niños pequeños a seguirla), «el conejo mascota de Joe se ha escapado y él quiere encontrarlo. Hay dos lugares donde podría estar (el garaje y el cobertizo). Joe busca primero en el cobertizo y mira lo que encuentra: su conejo».

La situación *No encuentra nada* es casi idéntica a la situación *Encuentra lo que quiere*, con la diferencia de que al buscar en la primera ubicación el personaje se da cuenta que allí no hay nada. La situación *Encuentra sustituto* también es idéntica a la *Encuentra lo que quiere* salvo que al buscar en el mismo lugar el personaje encuentra un objeto atractivo, pero no el que quería. Se pidió a los niños juzgar si el personaje estaría feliz o triste después de buscar en el primer lugar; los niños de 2 años predijeron adecuadamente que el personaje estaría feliz en la situación *Encuentra lo que quiere* (100% de las veces), pero triste en las situaciones *No encuentra nada* y *Encuentra sustituto* (alrededor del 80%). También se preguntó a los niños lo que el personaje haría a continuación, si detener la búsqueda o buscar en otro lugar; los niños de 2 años anticiparon correctamente que el personaje dejaría de buscar en las situaciones *Encuentra lo que quiere* (80% de las veces), pero que seguiría buscando en las otras dos situaciones (aproximadamente 90% de las veces).

Estos juicios muestran formas en que los niños de 2 años consideran los deseos y las emociones como estados mentales internos independientes de los objetos externos o conductas manifiestas, tal como es evidente a veces en sus conversaciones espontáneas. Analicemos cuidadosamente las situaciones *Encuentra lo que quiere* y *Encuentra sustituto*. En la primera, Joe quiere un conejo y lo encuentra. En la situación *Encuentra sustituto*, Bill quiere un perro, pero encuentra otra cosa; de hecho, localiza un conejo igual al que Joe encontró. Si consideramos a las personas a nivel de movimiento explícito y de resultados según el objetivo, los actos de Joe y Bill son idénticos. El mismo comportamiento da como resultado el mismo objeto: busca en el cobertizo, encuentra un conejo. Pero los niños de 2 años distinguen a esta similitud objetiva de las diferencias subjetivas: Joe estará feliz, Bill estará triste; Bill seguirá buscando, Joe se detendrá. Ellos comprenden, al menos a veces, que el resultado (obtener un lindo conejito) objetivamente no siempre hace feliz: depende de los deseos del personaje, deseos que difieren subjetivamente entre las distintas personas.

Otros estudios han confirmado estos resultados con niños un poco mayores. Por ejemplo, niños de 3 años utilizan coherentemente los deseos de los agentes o personajes para anticipar de manera adecuada su comportamiento (Bartsch, 1996; Cassidy, 1998; Cassidy et al., 2005; Joseph y Tager-Flusberg, 1999; Rakoczy, Warneken y Tomasello, 2007) y para predecir sus emociones (Hadwin y Perner, 1991; Rakoczy et al., 2007; Stein y Levine, 1989; Wellman y Banerjee, 1991). Angeline Lillard y John Flavell (1992) confirmaron además que los niños pequeños entienden que los deseos no necesitan coincidir con el estado real de las cosas (por ejemplo, Jill *quiere* jugo para el almuerzo, incluso cuando es leche lo que hay); y Lou Moses y sus colegas (Moses, Coon y Wusinich, 2000) mostraron que los niños de 3 años de edad comprenden que la privación y la saciedad influyen en los deseos, y que estos cambian con el tiempo (por ejemplo, puede que ahora quiera galletas, pero si como muchas después no voy a querer ninguna).

Curiosamente, la afirmación de que estos niños de 2 y 3 años de edad comprenden los deseos como algo interno y subjetivo ha sido cuestionada (Perner, Zauner y Sprung, 2005; Rieffe, Meerum Terwogt, Koops, Stegge y Oomen, 2001). La sospecha es que quizás estos niños pequeños son buenos para atribuir estos estados «de tipo deseo» a las personas, pero lo hacen con una noción de conveniencia objetiva de los objetos (u objetos en una situación) más que con una noción de los deseos subjetivos. Consideremos el escenario que acabamos de describir en el que Joe quiere un conejo y lo encuentra, pero Bill quiere un perro y encuentra un conejo; y donde Joe y Bill son juzgados como feliz y triste, respectivamente. Tal vez los niños pequeños ven esto como dos situaciones distintas —(a) la situación y búsqueda de Joe versus (b) la situación y búsqueda de Bill— y consideran que encontrar el conejito es (objetivamente) bueno en (a), pero que ver al otro conejito es (objetivamente) malo en (b). Nótese que en los escenarios de Wellman y Woolley (1990) que acabamos de describir, Joe y Bill no están en la misma situación exactamente al mismo tiempo, y no está explícitamente claro si encuentran precisamente el mismo conejo. Por lo tanto, no es del todo claro si tienen deseos subjetivamente diversos y emociones subjetivamente distintas sobre la misma y exacta situación-evento.

Sin embargo, Hannes Rakoczy y sus colegas (Rakoczy et al., 2007) abordan esta preocupación en dos estudios comparativos de situaciones, como el caso original de Joe-Bill (en que los deseos y resultados son diferentes, pero podrían ser compatibles porque la situación también fue objetivamente divergente) frente a situaciones modificadas en las que Joe y Bill están juntos en la misma situación, van juntos al mismo lugar, lo cual provoca el mismo resultado (encuentran *ese* conejo): los niños de 3 años respondieron de manera correcta en ambas pruebas de deseos.

Y, por supuesto, incluso los niños de 2 años parecen comentar sobre sentimientos relativos a la misma situación en algunas de sus conversaciones contrastivas cotidianas:

ABE: ¿Te gusta?
ADULTO: Sí, me gusta.
ABE: Pero a mí no me gusta.

Las emociones y los deseos son fenómenos psicológicos centrales; distinguir explícitamente la naturaleza subjetiva-experiencial de estos estados representa un hito importante en la comprensión infantil de la naturaleza psicológica de las personas. Y en base a estos datos de conversaciones cotidianas y experimentos sencillos, se trata de un hito que los niños alcanzan bastante temprano. Sin duda hay más que decir sobre la comprensión infantil de los deseos y emociones, pero una cosa a destacar es que en estos estudios, los niños parecen evidenciar cierta comprensión coherente de los deseos y emociones bastante antes que un entendimiento representacional de las creencias. Esto se confirma en las comparaciones directas entre su comprensión de estos estados.

RELACIÓN ENTRE HABLAR DE DESEOS Y HABLAR SOBRE PENSAMIENTOS

Para entender mejor las conversaciones de los niños acerca de los deseos y las emociones de las personas —utilizando términos como *querer, gustar, feliz, miedo*— es útil compararlas con sus conversaciones acerca de las creencias y conocimientos, donde usan términos tales como *pensar, conocer, recordar, soñar*. A veces los niños usan estos términos de formas que claramente o indudablemente *no* se refieren a los estados mentales. Así como «quiero eso» puede significar simplemente «dame eso», «¿sabes qué?» sin duda puede ser solo algo que decir para llamar la atención de una persona (en realidad no refiriéndose a su conocimiento), y «recuerda las llaves» puede representar «lleva las llaves». Pero es relativamente fácil eliminar estos enunciados no mentales e identificar aquellos en que los niños parecen en verdad estar refiriéndose a los estados mentales de una persona. Así lo hicimos junto con Karen Bartsch (Bartsch y Wellman, 1995), analizando cerca de 12.000 turnos de habla de niños (de 10 niños estudiados longitudinalmente) utilizando los términos *querer, gustar, pensar* y *conocer* para identificar referencias genuinas de deseos

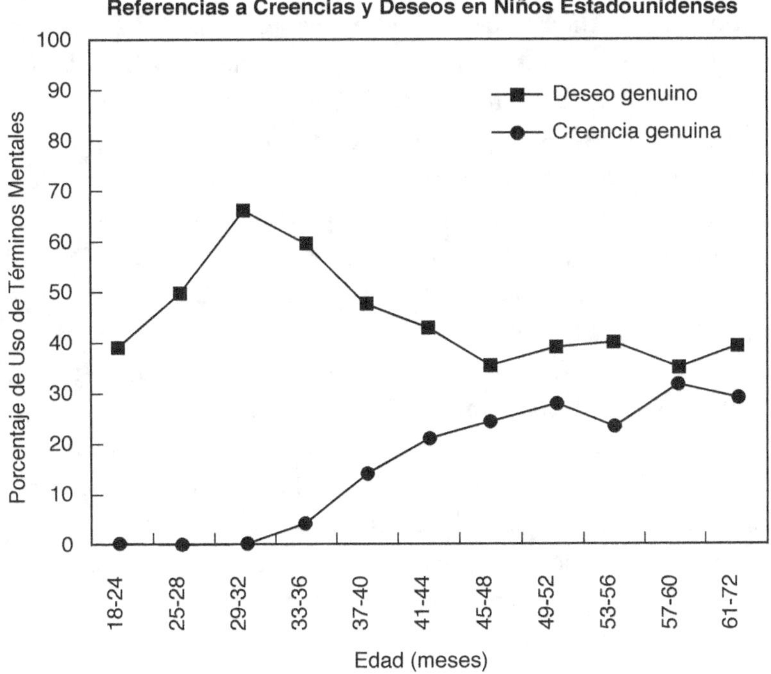

FIGURA 4.1 Referencias a creencias y deseos genuinos en conversaciones de niños con sus padres. (Extraído de Bartsch y Wellman, 1995).

y creencias. De este análisis surgió un patrón muy claro, como se muestra en la figura 4.1.

Es fácil ver en la figura 4.1 que las referencias a deseos (y emociones) genuinos aparecen bastante temprano, pero las referencias a creencias aparecen mucho más tarde, evidenciándose recién a los 3 años y aumentando de manera progresiva, llegando a ser evidente de manera consistente entre los 3 y los 4 años. Entre paréntesis, los datos muestran que las conversaciones acerca de conocimientos (por ejemplo, usando el verbo *conocer*) preceden a aquellas sobre creencias (*pensar*). La figura 4.1 junta las conversaciones sobre pensamientos con aquellas sobre conocimientos (bajo el título general de creencias) para recalcar que las conversaciones acerca de deseos (usando palabras como *querer* o *gustar*) son anteriores a estas dos.

El gráfico de la figura 4.1 representa la sumatoria de datos de los 10 niños analizados, pero se observó el mismo patrón general para cada niño analizado por separado; las referencias a deseos fueron evidentes casi tan pronto como los niños comenzaron a decir los primeros enunciados de 2 palabras; las referencias a creencias, por su parte, aparecieron 1 a 2 años más tarde. El punto en que aparecen las conversaciones sustanciales acerca de creencias varía en los distintos niños (antes o después, tal como con los datos de comprensión de las falsas creencias mostrados en el Capítulo 2), pero el patrón fue consistente.

Otros estudios han confirmado este patrón. Analizando pequeños extractos de muestras de conversación más grandes de parejas madre-hijo de habla inglesa, por ejemplo, Ted Ruffman y sus colegas (Ruffman et al., 2002) reportaron exactamente el mismo patrón. Más aún, los niños chinos —tanto los que crecen hablando mandarín como los de habla cantonesa— presentan esta misma secuencia de desarrollo general (Tardif y Wellman, 2000); y, de hecho, también lo hacen los niños de habla hispana (Ferres, 2003) y los niños sordos que se comunican con lenguaje de señas (Anderson y Reilly, 2002).

Las expresiones de tipo *contrastivo* antes descritas para las referencias a deseos y emociones también proporcionan datos convincentes para las referencias a pensamientos y conocimientos:

ADULTO: Oye, funciona. ¿Ves?
ABE (3 años 4 meses): Pensé que estaba roto.

ROSS (4 años 8 meses): Ahora ella ya sabe que yo sé. Ella solía pensar que yo no sabía cuando en realidad yo sí sabía.

ADULTO: Pensé que estabas abajo.
ADAM (3 años 3 meses): Pensé que yo estaba arriba.

ADULTO: ¿Qué estás haciendo?
SARAH (4 años 9 meses): Algo lindo con este papel. Tú no sabes, pero yo sí.

ROSS (3 años 7 meses): ¿Crees que Dios es bueno?
ADULTO: Sí.
ROSS: Pero creemos que Dios es malo.
ADULTO: ¿Por qué?
ROSS: Porque me da palmadas.
(Bartsch y Wellman, 1995).

Paralelamente a sus conversaciones acerca de deseos y emociones, los niños hacen dos tipos de distinciones en estas expresiones contrastivas. En los dos primeros ejemplos anteriores, el niño contrasta el pensamiento o conocimiento de alguien con la realidad (distinguiendo mente y mundo, tal como algunos deseos contrastivos, donde los resultados se diferencian de los deseos). En los últimos tres ejemplos, el niño contrasta los pensamientos o conocimientos de una persona con los de otra (identificando diferencias subjetivas entre los pensamientos, tal como algunos deseos contrastivos donde los resultados se diferencian de los deseos). Cuando junto con Karen Bartsch (Bartsch y Wellman, 1995) limitamos nuestro foco solo a expresiones contrastivas de niños (referencias más claras y sin duda más precisas respecto del mundo mental), surgió un patrón idéntico al de la figura 4.1. Las primeras referencias a deseos contrastivos fueron frecuentes y aparecieron mucho antes que cualquier referencia contrastiva a creencias.

En los ejemplos anteriores, con frecuencia los niños se refieren a sí mismos, a sus propios estados mentales. ¿Es posible que estas referencias de los niños pequeños a los estados mentales (deseos o creencias) sean simplemente que están conscientes de sus *propias* experiencias y que así las etiquetan? ¿o es que los niños también se refieren a los estados internos y por lo tanto no observables de los demás? Si, en alguna edad temprana, los niños no hacen más que etiquetar sus propios estados, en el mejor de los casos podrían evidenciar una comprensión muy limitada más que utilizar los conceptos o constructos de estados mentales de modo más general y profundo (Smiley y Huttenlocher, 1995). Sin embargo, los datos muestran que, al menos al año y medio y 2 años de edad, los niños no solo se refieren a sus propios estados; también comentan los estados internos de otros. Primero se refieren a los deseos y más tarde a las creencias. Las referencias genuinas de los niños tanto a deseos como a creencias tienden a ser mayoritariamente sobre sus propios estados, pero en ningún caso de manera exclusiva. Incluso los niños más pequeños se refieren a los estados internos de otros (Bartsch y Wellman, 1995; Ruffman et al., 2002). Las referencias a los estados de los demás son, por supuesto, mucho más claras en las conversaciones contrastivas de algunos niños que de otros. En muchos casos, como en los últimos tres que citamos, los niños pequeños no se limitan a comentar sus propios estados; reconocen las diferencias entre ellos y los demás, atribuyendo a otras personas estados únicos e independientes de deseos y de creencias.

Para mí, estos datos muestran un verdadero vuelco en la comprensión explícita de los niños, que pasan de interpretar a las personas en función de sus deseos y emociones para recién reconocer, más adelante, la importancia y omnipresencia de las creencias. Pero analicemos una interpretación alternativa. Tal vez lo que parece un progreso en el desarrollo, desde una referencia mental temprana a un deseo hasta una comprensión creencia-deseo más tardía, es un simple reflejo de cómo los adultos hablan a los niños. En concreto, tal vez los adultos no le hablan a los niños acerca de las creencias hasta que tienen unos 3 años de edad, y los niños siguen el ejemplo de sus padres en cuanto a los temas a los que se refieren: hablan sobre deseos cuando mamá lo hace; y hablan de creencias más tarde, cuando mamá lo hace. Junto con Karen Bartsch (Bartsch y Wellman, 1995) hicimos pruebas sobre esta posibilidad mediante una codificación de las conversaciones padre-hijo usando las mismas transcripciones utilizadas para los datos de los niños presentados en la figura 4.1. De hecho, los padres con frecuencia utilizaron términos que se refieren a creencias y pensamientos al hablar con sus hijos muy pequeños: más del 25% de las conversaciones alusivas a estados mentales con niños de 2 años utilizaron términos referidos a creencias y pensamientos, tales como la palabra *pensar*. Además, al usar dichos términos para hablarle a niños muy pequeños, en su mayoría los adultos hicieron referencias reales a pensamientos y creencias (no el uso coloquial, vacío, de los términos en frase del tipo «¿sabes qué?» o «recuerda las llaves»). Por lo tanto, a una edad muy temprana, los niños escuchan referirse a las personas en términos de creencias, así como de deseos, no obstante estos niños pequeños describen y se refieren a las personas en términos de deseos, pero no de creencias. El cambio en las expresiones y enfoque de los niños representado en la figura 4.1 es más sorprendente, ya que sus padres (como buenos psicólogos de creencias y deseos) les hablan acerca de las creencias y de los deseos desde un principio. De hecho, Elizabeth Meins y sus colegas (Meins y Fernyhough, 1999; Meins et al., 2003) y Mele Taumoepeau y Ted Ruffman (2006) han informado de cómo los padres hablan a sus *bebés* sobre creencias y deseos.

COMPARACIONES EXPERIMENTALES

Los datos experimentales complementan los datos de conversación al demostrar también que la comprensión de las emociones y los deseos simples es anterior a la de las creencias. Recordemos algunas tareas de *deseos-diversos*, como aquella en la que a Ann le gusta jugar al aire libre mientras que Joy prefiere estar dentro de la casa. Consideremos ahora una tarea paralela de creencias-diversas: Ann y Joy están en su centro preescolar y la maestra necesita ayuda para encontrar el libro para la hora del cuento. Ann piensa que el libro de cuento está en el cajón, mientras que Joy piensa que está en el estante. ¿Dónde buscará el libro Ann? ¿y Joy?

Enfrentados a pruebas paralelas como estas, que comparan directamente deseos diversos con creencias diversas, los niños pequeños logran más respuestas correctas en deseos que en creencias. Además, logran respuestas correctas en las tareas de deseos diversos en edades en que sus respuestas son consistentemente incorrectas en las tareas de creencias diversas. Un meta-análisis (Wellman y Liu, 2004) confirmó este patrón de comprensión de los deseos antes que las creencias a través de múltiples estudios; de hecho, en 13 de 13 estudios, las tareas de deseos-diversos (de distinto tipo) resultaron más fáciles para los niños pequeños que aquellas tareas paralelas de creencias diversas. Kimberly Cassidy (1998), y Hannes Rakoczy y sus colegas (2007) han proporcionado nuevas pruebas de que los niños de 3 años pasan con mayor facilidad las pruebas que requieren un razonamiento sobre deseos, al tiempo que reprueban aquellas tareas paralelas que exigen un razonamiento acerca de las creencias (por ejemplo, las tareas de «conflicto explícito de deseos» frente a las de «conflicto explícito de creencias» en Cassidy, 1998).

Un ejemplo extraído de estos estudios capta perfectamente esta diferencia en la comprensión temprana de las creencias y deseos, al tiempo que ilustra un aspecto adicional de la comprensión de los deseos: los deseos (así como las creencias) pueden volverse viejos y pasados de moda. Como describimos en el Capítulo 2, en una versión de creencia propia de una tarea de falsa-creencia (en este caso una prueba con un contenido sorpresivo), el niño ve una caja de lápices de cera y al abrirla descubre que tiene velas en su interior. La caja está cerrada y se le pregunta al niño «cuando viste la caja por primera vez, antes de que nos fijáramos en su interior, ¿qué pensaste que contenía? ¿lápices de cera o velas?». Alison Gopnik y Virginia Slaughter (1991) utilizaron esta misma tarea con niños pequeños, de 3 años de edad, y casi todos respondieron de manera incorrecta: dijeron que habían pensado que había velas antes de ver el interior. Y al hacerlo, fallan en comprender correctamente o reportan su creencia antigua u obsoleta.

Consideremos ahora una tarea paralela de deseo propio. En tres pruebas distintas, Alison Gopnik y Virginia Slaughter (1991) presentaron a los niños situaciones en las que sus deseos se volvieron obsoletos y por tanto cambiaron. Por ejemplo, en un principio el niño desea uno de dos libros cortos. Se le lee ese libro y el niño dice (como es natural) que ahora desea el otro libro. La pregunta de la prueba para los deseos pasados fue igual que para las creencias pasadas: «cuando viste por primera vez los libros, antes de haber leído uno, ¿cuál querías? ¿el libro A o el libro B?». En estas tareas, los mismos niños de 3 años que fallaron en la prueba de deseo propio por lo general acertaron. Por lo tanto, su desempeño fue considerablemente mejor al dar cuenta de deseos que habían cambiado que con las creencias que habían cambiado. Muchos niños dieron respuestas correctas de manera sistemática en las tareas de deseos y fallaron por completo en la prueba de creencias. (Véase Gopnik, Slaughter y Meltzoff, 1994, para datos similares; y Lagattuta y Wellman, 2001, para datos sobre la capacidad de los niños pequeños de dar cuenta adecuadamente de sus emociones pasadas).

Es relevante tener en cuenta que esto significa que los problemas de los niños pequeños con sus propias falsas creencias no pueden ser solamente atribuibles a problemas de mala memoria, es decir, que les cueste recordar los estados mentales pasados. Si ese fuese el problema, su desempeño sería deficiente también con los deseos y creencias pasadas. Pero sus respuestas son incorrectas con las creencias pasadas y obsoletas, mientras que logran reportar fácil y adecuadamente sobre estados mentales pasados y obsoletos más generales, a saber, los deseos pasados y obsoletos.

CONCEPTUALIZACIÓN DE DESEOS Y EMOCIONES

¿Cómo podemos caracterizar el tipo de comprensión de estados mentales —en particular, una comprensión verdadera interna-subjetiva de los deseos y emociones— que un niño puede tener y que, no obstante, no alcanza una comprensión representacional evidente en la comprensión de las creencias? La figura 4.2 capta una forma de abordar esta diferencia mediante un simple contraste gráfico entre la comprensión de las creencias (tal como se usó antes en el Capítulo 2) y un conocimiento muy básico de los deseos y emociones. Para los deseos, un niño pequeño podría interpretar que una persona tiene un impulso interno (un antojo) dirigido al mundo. «Él quiere *eso*». O John, a la izquierda, «quiere una manzana» («le gustan las manzanas»); Jack, a la derecha, «no quiere una manzana» («odia las manzanas»). Cabe destacar que esta representación es de un estado interno: John siente un deseo interior por la manzana, la prefiere, desea. Tengamos en cuenta, además, que este tipo de comprensión es adecuadamente subjetiva: John la quiere, Jack no; a John le gusta, Jack la odia.

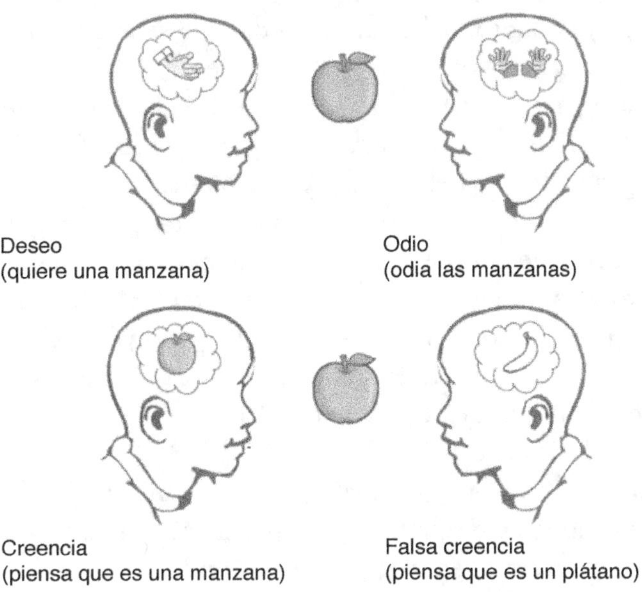

FIGURA 4.2 Representación gráfica de la comprensión de un niño pequeño de los deseos simples (arriba) y creencias (abajo).

Reiteremos que esta representación es de una conceptualización simplificada de los deseos. Nuestra conceptualización adulta de los deseos es compleja y llena de matices (tal como lo es nuestra comprensión de las creencias). Los filósofos suelen afirmar que incluso los deseos se entienden mejor como representaciones. Es decir, *tal como lo entienden los filósofos y los adultos*, los deseos son (en cierto modo) representaciones, al igual que las creencias (por ejemplo, si digo «John quiere un unicornio» y sé que los unicornios son imaginarios, entonces estoy demostrando una comprensión de deseos que es, en parte, una representación). Pero un niño pequeño podría tener una comprensión inicial simplificada. Los deseos, en su comprensión más simple, como en la figura 4.2, son estados psicológicos, subjetivos e internos; pero son estados que no representan «conexión» con estados ni objetos del mundo real. Por el contrario, las creencias en esta representación (y para los niños de 4 y 5 años de edad) son representacionales. Para las creencias, existe un contenido mental «en la cabeza» que representa el mundo. Incluso los niños de 4 años normalmente comprenden las creencias de esta manera; recordemos los datos del Capítulo 2 respecto de la facilidad con que comprenden los pensamientos en términos de burbujas de pensamiento: la herramienta de representación utilizada en la figura 4.2 para las creencias (pero no para los deseos).

Podemos distinguir, entonces, entre una clase de comprensión según la cual algunos estados mentales se interpretan como una conexión subjetiva con el mundo, o un registro directo del mundo, y otra mediante la cual otros estados se interpretan como la persona que representa a un estado externo. La hipótesis es que los niños pequeños primero comprenden los estados mentales del tipo conexión-registro y solo más tarde llegan a comprender los estados mentales representativos (Apperly, 2011; Flavell, 1988; Wellman y Woolley, 1990). Tal concepción explicaría su buen desempeño en las tareas de deseos y emociones básicas, antes de lograr un buen desempeño en las tareas paralelas que evalúan la comprensión de las creencias.

Estamos hablando, por ahora, de una comprensión muy básica y simplificada de los deseos o emociones. Comprensiones más elaboradas surgen y se necesitan, por ejemplo, para entender algunas emociones «complejas», como la vergüenza o el orgullo, y son importantes para hacer distinciones más precisas, por ejemplo, entre deseos e intenciones específicas. Entregaré nuevos datos respecto de estas comprensiones posteriores de las emociones en el siguiente capítulo.

PERCEPCIÓN

La comprensión de los niños muy pequeños no se limita a los deseos y emociones. Entre otras cosas, tienen una comprensión temprana muy interesante de la percepción y de la conciencia perceptiva. Puedo describir el caso de la percepción de manera sucinta, en gran parte gracias a los esfuerzos de John Flavell y sus colegas (Flavell, 1988; Flavell, Everett, Croft y Flavell, 1981).

Los niños empiezan a utilizar términos de percepción como *mirar* y *ver* desde alrededor del año y medio de vida (Bretherton y Beeghly, 1982; Wellman, Phillips y Rodríguez, 2000). Los niños se refieren a la percepción (usando los verbos *mirar, ver, mostrar, oír, escuchar, tocar, probar, oler*) tan pronto aluden a los deseos y casi con igual frecuencia (Wellman et al., 2000). Más aún, su comprensión perceptiva evoluciona de manera interesante con el desarrollo entre los 2, 3 y 4 años. John Flavell se ha referido a este punto como un desarrollo que va desde una comprensión de percepción Nivel 1 a una Nivel 2 (Flavell, 1988) o como un cambio de toma de perspectiva de Nivel 1 a Nivel 2 (Flavell, 1978). Vamos a hablar de esto en términos de la percepción visual, aunque la misma historia se repite para el oído, el tacto y así sucesivamente.

Una comprensión Nivel 1 de la conciencia perceptiva enfatiza la capacidad de los niños de inferir qué *objeto* ve otra persona. La comprensión Nivel 1 abarca por tanto el entendimiento de los niños respecto a que otros pueden ver cosas distintas de las que ellos ven y que dos personas distintas (por ejemplo, ellos mismos y otra persona) pueden ver diferentes objetos. La comprensión perceptiva Nivel 2 implica además inferir perspectivas de la gente, o experiencias perceptivas diferentes, de objetos, como por ejemplo lo que las personas ven cuando miran el mismo objeto, pero de maneras diferentes (por ejemplo, tú ves la parte de adelante mientras yo lo veo por detrás). La comprensión Nivel 2 (y por tanto la toma de perspectiva Nivel 2) por lo general es evidente solo en niños mayores de 3 años.

A partir de estas descripciones, en una tarea típica de Nivel 1, el niño ve un objeto o cosa que otra persona no puede ver y que, en su lugar, ve otro objeto. Por ejemplo, se sostiene una tarjeta grande con una imagen de un perro por un lado y de un gato por el otro entre un niño y un adulto. Se le pregunta al niño, «¿*tú*, ves al perro o al gato?» y «¿*yo*, veo al perro o al gato?». Los niños de 2 y 3 años por lo general responden correctamente a ambas preguntas (Flavell, Everett, Croft y Flavell, 1981; Gopnik y Slaughter, 1991; Moll y Meltzoff, 2011). En una prueba relacionada, un niño y un adulto se sientan enfrentados en una mesa que contiene un objeto pequeño, por ejemplo, una pelota del tamaño de un pomelo. En algunos ensayos, se coloca una pantalla sobre la mesa para que el objeto quede del lado del niño y en otros se coloca de tal forma que el objeto queda del lado del adulto, oculto de la visión del niño. Se le pregunta al niño, «¿*tú*, puedes ver la pelota?" y "¿*yo*, puedo verla?». En su mayoría los niños ya a los 2 años responden correctamente a ambas preguntas (Masangkay et al., 1974; Wellman et al., 2000).

En una tarea Nivel 2 típica (paralela a la prueba perro-gato Nivel 1), un niño ve una tortuga dibujada en una hoja de papel colocada boca arriba entre él y un adulto, con los pies de la tortuga hacia el niño y el caparazón hacia el adulto. Se le pregunta al niño, «¿*tú*, ves a la tortuga de pie o acostada en su caparazón?» y «¿*yo*, veo a la tortuga de pie o acostada en su caparazón?». O, el niño ve la cabeza de plástico de una bruja, del tamaño de un pomelo (con una fea nariz puntiaguda por delante y una mata de pelo desordenada detrás). Después de que el niño juega con la figura durante un momento (e identifica su cara y su espalda), la bruja está en la mesa orientada frente al niño (o de cara al adulto). A continuación se le pregunta al niño, «¿*tú*, ves la cara de la bruja o su espalda?» y «¿*yo*, veo su cara o su espalda?». Los niños de 2 y 3 años tienen un desempeño bastante bueno en las tareas Nivel 1, mientras que les va bastante mal en las tareas paralelas Nivel 2; y los niños de 4 años contestan correctamente en ambos grupos de tareas (Masangkay et al., 1974).

John Flavell (1988) argumentó que para las tareas Nivel 1, el niño solo tiene que comprender a las personas como seres conectados, a través de líneas de visión, con objetos del mundo, tal como los deseos se entienden como conexiones de las personas con el mundo (es decir, conectando a la persona con la manzana) en la figura 4.2. Para la toma de perspectiva Nivel 2, sin embargo, se necesita que el niño comprenda que las experiencias visuales de las personas representan el objeto de una manera determinada —boca abajo o boca arriba, de frente o de espalda, difusa y poco clara o precisa y nítida— tal como las creencias se interpretan como representaciones del mundo en la figura 4.2. En el Nivel 1 existen objetos visuales como objetos enteros y las personas están conscientes de ellos o no lo están. En el Nivel 2, en tanto, existen objetos visuales como objetos enteros, pero la gente solo puede ver parte de ellos, o facetas, lo que está precisamente en su campo de visión. Y las personas pueden no verlos bien; ven un pájaro negro, pero es solo la sombra de una hoja. Por lo tanto, en el Nivel 2, la representación visual que la gente hace del objeto se distingue del objeto en sí.

Para apoyar aún más la afirmación de que los niños preescolares mayores entienden la percepción en términos de representaciones perceptivas, Flavell y sus colegas (Flavell, Green y Flavell, 1986) pusieron a prueba la comprensión de los niños de las apariencias frente a las realidades y desarrollaron una serie de tareas de apariencia-realidad. Una tarea apariencia-realidad clásica utiliza un objeto engañoso, como una esponja con forma de roca y pintada como tal, o un huevo de plástico que se parece mucho a uno verdadero. Se les pregunta a los niños qué piensan que es («una roca») y luego se les deja jugar con el objeto y descubren que en realidad es «¡una esponja!». Entonces se les hace una pregunta de realidad: «real y verdaderamente, ¿qué es esto? ¿una roca o una esponja?». Y se les hace una pregunta de apariencia: «¿a tus ojos, qué te parece que es? ¿una roca o una esponja?» (por supuesto, a algunos niños, o al mismo niño con diferentes elementos, se les hace primero la pregunta de realidad y luego la de apariencia y a otros al revés). Los niños más pequeños por lo general fallan en estas tareas, dando exactamente la misma respuesta para las preguntas de realidad y de apariencia (Flavell et al., 1986). En algunos ítems, fallan al reportar la realidad: «es una esponja y se ve como una esponja». En otros casos, los niños fallan al reportar la apariencia: «parece un huevo y es un huevo». Por lo tanto, no es que una vez que los niños pequeños están familiarizados con el carácter real de los elementos no puedan dar cuenta de algo distinto. Es que no distinguen correctamente la apariencia de la realidad.

En general, los niños de 3 años fallan en las pruebas de apariencia-realidad y los de 4 y 5 años las pasan con éxito. Además, los avances en cuanto a distinción apariencia-realidad normalmente se correlacionan muy bien con los avances en falsas creencias, como era de esperar puesto que ambos suponen una comprensión representativa similar de los estados mentales (Carlson y Moses, 2001; Gopnik y Astington, 1988). Por supuesto, tal como algunas personas se han preguntado si las tareas de falsa-creencia de uso habitual pueden ser engañosamente difíciles para los niños pequeños, otros (incluyendo el propio John Flavell) se han preguntado si también lo son las pruebas de apariencia-realidad usadas comúnmente. Muchas variaciones en las pruebas (incluidos los heroicos esfuerzos por simplificar las tareas del mismo Flavell) no hicieron gran diferencia, ya que incluso así los niños pequeños fallaron. Esto es muy similar a lo que ha sucedido con las falsas creencias; las muchas variaciones de tareas de falsa-creencia han arrojado resultados similares. Pero también, como en el caso de falsa creencia, es posible construir algunas variaciones de tareas más simples y más fáciles que mejoran de forma confiable el desempeño de los niños pequeños en los juicios apariencia-realidad (Deák, Ray y Brenneman, 2003; Hansen y Markman, 2005). Del mismo modo, Henrike Moll y Andy Meltzoff (2011) argumentaron que la distinción entre el Nivel 1 y el Nivel 2 no es tan clara, e idearon pruebas en que a los niños de 36 meses de edad les fue bien, pese a tener algunas propiedades de tipo Nivel 2. Pero nuevamente, tal como con las falsas creencias, las trayectorias esenciales siguen siendo las mismas: existe un punto temprano en que los niños pequeños que pasan las pruebas de percepción Nivel 1 fallan en las pruebas de apariencia-realidad (aun simplificadas) o en las pruebas Nivel 2.

Con respecto a una comprensión perceptiva de Nivel 1, es razonable preguntarse hasta qué punto o cuánto saben los niños pequeños acerca de la percepción. Esto es paralelo a la sospecha de que tal vez la comprensión temprana de los deseos sea conductual y manifiesta (no propiamente subjetiva y mental). Una sospecha similar acerca de la comprensión Nivel 1 de la «percepción» podría ser que los niños pequeños no entiendan la percepción visual como una especie de experiencia interna y subjetiva, sino más bien como una línea exteriorizada de direccionalidad de los ojos hacia los objetos. De hecho, en sus primeros trabajos, Flavell (1978) básicamente llegó a la conclusión de que la perspectiva de Nivel 1 puede representar simplemente la comprensión geométrica del niño pequeño de las líneas o campos de visión —como las líneas de visión se extienden desde los ojos hasta los objetos— y no una comprensión de la experiencia visual (véase también Butterworth y Jarrett, 1991). Pero, de hecho, la comprensión

Nivel 1 de la percepción de los demás sí incluye un sentido real de que otros están teniendo una experiencia subjetiva e interna. ¿Cómo así?

Por un lado, nosotros (Wellman et al., 2000) demostramos que los niños entienden que ver produce una experiencia interna, puesto que saben que la acción asociada a menudo produce experiencias internas y subjetivas, como emociones y también deseos. Por ejemplo, los niños saben que el mirar algo agradable (o desagradable) produce un sentimiento interior de placer (o disgusto) al espectador. Esto es evidente en las pruebas de toma de perspectiva de Nivel 1 con una pequeña variación, donde se les pregunta a niños de 2 años no solo acerca de lo que el espectador ve, sino lo que él o ella sienten.

De hecho, recordemos el estudio con niños de 18 meses de edad para ver su comprensión de una situación con los ojos vendados del Capítulo 1: los niños de 18 meses *no* siguen la mirada de los adultos que tienen los ojos vendados (mientras que los de 12 meses sí lo hacen). Las vendas comunes bloquean la experiencia visual y tal vez los niños de 18 meses lo saben.

Pero las vendas típicas también son una tela visible delante de los ojos que no permite que el niño vea los ojos del adulto. Quizás todos los niños de 18 meses se dan cuenta de que esta tela corta la línea de conexión entre los ojos y los objetos. Pero después de la experiencia con vendas especiales que permiten ver, los niños de 18 meses siguieron adecuadamente la dirección de la mirada del adulto (Meltzoff y Brooks, 2008). Esa venda especial permitió la visión, pese a ser una tela visible delante de los ojos que no permitió que el niño viera los ojos del adulto *y* que bloqueó la conexión abierta de los ojos del adulto con el objeto. Si para los niños de solo 18 meses de edad la «visión» es solo direccionalidad de los ojos, entonces ambas condiciones a ciegas son lo mismo. Pero si la visión se trata de una «conciencia subjetiva», de una experiencia visual, estas dos condiciones difieren enormemente, puesto que una permite la experiencia visual y la otra no. Los niños de 18 meses concibieron adecuadamente estas dos condiciones como muy diferentes, la de la venda tradicional frente a la especial. La percepción no es solo manifiesta (los ojos hacen contacto con los objetos); la percepción produce una experiencia psicológica subjetiva e interna, y los niños pequeños lo saben.

Apelando una vez más a la figura 4.2, en esencia los niños pequeños logran una comprensión de la conciencia perceptiva, Nivel 1, bastante similar a la representación de los deseos de la figura 4.2. Para esta interpretación de la percepción Nivel 1, pensemos en una representación, no de manos al interior de la persona tratando de alcanzar la manzana, deseándola, sino de algo así como una linterna que brilla en el interior y que detecta la manzana. Esta direccionalidad perceptual es un estado adecuadamente subjetivo, interno, ya que es fácil imaginar también a otra persona, cuya linterna está orientada hacia otro lugar, o está apagada, por lo que no detecta o no ve la manzana. La comprensión perceptiva Nivel 1 es efectivamente interna y experiencial (al igual que la simple comprensión temprana de los deseos y emociones); la de Nivel 2, en tanto, es representacional (muy parecida al entendimiento de las creencias).

RAZONAMIENTO DESEO-CONCIENCIA

Por lo tanto, antes de entender explícitamente los pensamientos y las creencias, los niños comprenden varios otros estados internos-mentales, estados subjetivos de los deseos, las emociones y la experiencia perceptiva. ¿Cómo todo esto va junto, si es que va junto? Es decir, es posible que estos niños pequeños puedan evidenciar algunas comprensiones iniciales, esencialmente separadas, de los deseos, las emociones y la percepción; o puede que estén evidenciando una comprensión psicológica ingenua más coherente, que abarque interconexiones entre algunos de estos estados o quizás entre todos ellos.

La primera posibilidad, que la comprensión de los deseos, percepciones y emociones de los niños pequeños se dé esencialmente por separado, es plausible porque a menudo las primeras comprensiones están fragmentadas y solo más tarde se coordinan. Además, aunque los filósofos y psicólogos sostienen que la psicología popular de los adultos se basa en la comprensión de la existencia e interrelaciones entre diversos estados mentales (por ejemplo, Churchland, 1984/1992 en la edición en español; Davidson, 1980/1995 en la edición en español), en este postulado sobre el «holismo» de los estados mentales, es la interconexión de los deseos con las creencias la que es crítica.

> Según esta visión ampliamente aceptada [...] cada uno de estos conceptos se encuentra en una red de conceptos relacionados de tal manera que sus significados son interdependientes [...] conceptos de deseo sin conceptos relacionados de creencia, o creencias carentes de deseos asociados, fundamentalmente no tendrían sentido (Moses y Chandler, 1992, pág. 289).

Por lo tanto, una comprensión coordinada de diversos estados mentales podría basarse en la interacción de las creencias y los deseos. De ser así, esta comprensión podría tardar hasta el momento en que los niños empiezan a entender las creencias, cerca de los 3 o 4 años, o incluso más tarde, y las comprensiones anteriores de los deseos, percepciones y emociones serían parciales, incompletas y conceptualmente independientes.

La otra posibilidad, sin embargo, parece ahora más plausible. En primer lugar, a nivel teórico, incluso sin una concepción de creencia, la comprensión de los deseos, las emociones y la conciencia podría formar una incipiente psicología ingenua coordinada. En esta extensión de los argumentos sobre el holismo de los estados mentales, una concepción que comprendiese un solo concepto de estados mentales ciertamente sería deficiente, pero un sistema que abarcara varios podría ser adecuado, e incluso potente. En concreto, la comprensión de los estados intencionales de poner atención, querer y reaccionar emocionalmente ante determinados objetos, abarca varias características importantes que podrían generar en niños muy pequeños un sistema coherente para entender el comportamiento humano. En resumen, llamaré a esto una comprensión coherente *deseo-conciencia*. Estos estados, por ejemplo, incluyen tanto la dirección mente-mundo como mundo-mente (Searle, 1983/1992 en la edición en español). Es decir, como adultos tendemos a interpretar algunos estados internos como orientados a cambiar el mundo, haciendo que el mundo calce con nuestra mente. Los deseos, por ejemplo, conducen a (y por lo tanto son la base de) acciones tales como tratar de alcanzar, buscar y pedir objetos. Si nuestros deseos no son satisfechos, por lo general cambiamos nuestras acciones, tratando de hacer coincidir el mundo con nuestra mente. En cambio otros estados, como la creencia, pero también la conciencia perceptiva, se acomodan a los objetos, es decir, la mente se adapta al mundo. Si nuestra percepción inicial (o creencia) es errónea, por lo general cambiamos nuestra mente, haciéndola coincidir con el mundo. Una comprensión inicial conectada, de la experiencia perceptiva junto con el deseo, podría abarcar una dualidad significativa: la comprensión tanto de las acciones intencionales hacia el mundo como la experiencia intencional de estas.

Por supuesto, puede que los niños pequeños tengan un tipo de «holismo» menos interesante o empobrecido, si simplemente no saben diferenciar las emociones, los deseos y las percepciones. Pero para los niños pequeños, estos estados están conectados, y a la vez son distintos. Una forma de ver esto es que, en términos conceptuales, interpretar a las personas en función de sus emociones, deseos y conciencia ofrece una serie de inferencias y predicciones interconectadas; y empíricamente, ahora sabemos que a los 2 años los niños ya hacen muchas de estas inferencias y predicciones. Por ejemplo, si alguien quiere algo, conseguirlo lo hace feliz; y si en definitiva no quiere algo, tenerlo de todos modos lo hace infeliz (Repacholi y Gopnik, 1997; Wellman y Liu, 2004; Wellman y Woolley, 1990). Otras inferencias dependen del entendimiento de que la percepción nos vincula con el mundo exterior (y por lo tanto conecta nuestros deseos y emociones). Si a alguien le gusta algo y lo ve, es probable que esté contento; y si ve algo que no le gusta, puede mostrarse disgustado o desagradado (Moses, Baldwin, Rosicky y Tidball, 2001; Wellman et al., 2000). Betty Repacholi y sus colegas (Repacholi, Meltzoff y Olsen, 2008) demostraron que incluso los niños de 18 meses de edad saben que «si ella no me ve hacer algo, no se va a enojar». Estas son inferencias o predicciones sencillas pero profundas, que se observan ya en niños muy pequeños. Y estas inferencias coherentes también se manifiestan con frecuencia en las conversaciones de los niños pequeños. Por ejemplo, a menudo mencionan conexiones como estas (Wellman et al., 2000): *la percepción conduce a la emoción* («¿escuchas ese ruido [sonido de explosión]? Eso me asusta», o «él está feliz porque vio a un vaquero»), *la percepción conduce al deseo* («vio las galletas en la TV y quiere algunas»), y *el deseo a la percepción* («quiero escuchar» o «él no quiere ver»).

Nótese que un sistema de razonamiento deseo-conciencia como este fácilmente podría incluir una sencilla comprensión inicial de conocimiento: cuando una persona ve un objeto, se establece una conciencia interna y subjetiva de su existencia, una especie de compromiso y una conexión con dicho objeto. Y este vínculo puede continuar (tal como el deseo por el objeto puede continuar, o el miedo a que siga allí) aunque el objeto no esté a la vista de la persona. El conocimiento (en este simple Nivel 1 de una conciencia interna activada de un objeto) no desaparece simplemente por el hecho de que el objeto se ocluya. Por el contrario, si nunca se ha visto el objeto, porque está oculto a la vista, aunque permanezca en la misma habitación con uno, proporciona una forma simple de ignorancia. Esto se debe a que al no verlo no se establece la conexión interna y subjetiva esencial («si ella no puede ver lo que estoy haciendo, no se va a enojar»). No se establece la conciencia subjetiva apropiada o de compromiso con el objeto.

Este tipo de comprensión coherente deseo-conciencia de las personas no solo implica una forma de «compromiso» simple del conocimiento, sino que también incluye un dualismo físico-mental, a saber, la distinción entre la conducta manifiesta o las situaciones evidentes y las experiencias y sentimientos internos y subjetivos. Además, comprende un marco causal-explicativo para pensar acerca de las acciones y experiencias de las personas, como por ejemplo en las inferencias que acabamos de exponer: conseguir algo que quieres te hace sentir feliz; ver algo que te gusta y que está disponible hace que quieras tenerlo. No solo las predicciones dan cuenta de este marco, sino que también las primeras explicaciones de los niños pequeños: «está feliz porque vio a un vaquero». Antes de que los niños den explicaciones psicológicas creencia-deseo como las descritas en el Capítulo 2, igual entregan explicaciones psicológicas. Recordemos que incluso los niños de apenas 2 y 3 años buscan y ofrecen estas explicaciones. Y como es natural lo hacen citando percepciones, emociones y deseos: «él está llorando porque está triste»; «él no tiene miedo, porque no ve la serpiente»; «ella puso salsa de tomate en su helado porque quería». Acertadamente, la explicación más frecuente de los niños más pequeños para las acciones humanas es que el actor hizo lo que hizo *porque quería hacerlo* (véase Bartsch y Wellman, 1995; y Hickling y Wellman, 2001, para explicaciones cotidianas de acciones de niños de 3 años; y Schult y Wellman, 1997, para explicaciones inducidas a través de experimentos de las acciones humanas).

Este tipo de psicología ingenua coherente, que integra una sensación subjetiva e interna de los deseos, las emociones y el compromiso perceptivo de las personas —de una manera que abarca un sentido inicial del conocimiento o ignorancia de una persona— es impresionante, y se puede observar en niños muy pequeños, de apenas 2 años. De hecho, considero que este tipo de comprensión da cuenta de concepciones y competencias incluso anteriores en los bebés, tema que abordo más adelante en el Capítulo 8.

CONSECUENCIAS DEL MUNDO REAL

La comprensión de los niños pequeños de las personas como agentes conscientes, que sienten y desean, se manifiesta en sus interacciones y comportamiento cotidiano, tal como la psicología creencia-deseo de los niños mayores impacta su vida social. Los niños pequeños, incluso los bebés, entran en conflicto con otras personas y se oponen a ellas (véase también Reddy, 2008). Los niños pequeños, incluso los bebés, reconocen a los agentes que ayudan frente a aquellos que impiden la acción de otra persona (Kuhlmeier, Wynn y Bloom, 2003) y reaccionan ante aquellas personas que no les dan algo que desean (Behne et al., 2005). Este tipo de reacciones cotidianas a veces pueden estar basadas en la comprensión del niño de los estados internos de intención y deseo, y por tanto dejan entrever el impacto de la misma.

Por ejemplo, Judy Dunn (1988), documentó un incremento en las burlas intencionales hacia otros y en sus conflictos con los padres y hermanos, durante los 2 y los 3 años (12 a 36 meses más o menos) (véase también Reddy, 2008). De hecho, a medida que los niños pequeños entienden cada vez mejor la naturaleza de los deseos y las diferencias entre los deseos de las distintas personas, se manifiesta lo que las madres y pediatras llaman «los terribles dos años». Por supuesto que niños incluso menores, bebés, hacen cosas que disgustan a sus padres; pero varios autores afirman que lo que distingue a los terribles dos años es la insistencia con que los niños a menudo contrastan sus deseos con los de sus padres, practicando y experimentando enérgicamente con la naturaleza de los deseos divergentes del mundo real de «lo que yo quiero» frente a «lo que mamá quiere». A esta edad, los niños a menudo pueden oponerse insistentemente (de manera molesta, terrible, además de burlesca) a los deseos de sus padres a tal punto que renuncian a sus propias preferencias en su esfuerzo por mantener/proclamar sus deseos independientes. Mi esposa una vez me contó la siguiente conversación con nuestro hijo de 2 años:

MADRE: Aquí hay una galleta.
NIÑO: ¡No!

A esta edad, la línea divisoria entre burlarse y portarse mal se pierde en el proceso de hacer notar las diferencias. Y una forma de cuantificar algo de esto es analizando los conflictos verbales más de cerca. Por esta razón, junto con Karen Bartsch (1995) codificamos conflictos cotidianos de los niños expresados en sus conversaciones, tratando de identificar conflictos de deseo y también de creencias. Por ejemplo, *Deseo*:

ADULTO: Nosotros vamos a encenderlo más tarde.
NIÑO (2 años 10 meses): ¿Tú lo vas a prender más tarde?
ADULTO: Sí.
NIÑO: No, yo no quiero más tarde… quiero ahora. ¡Tú dijiste que ibas a prender los vaqueros [programa de tv]!
ADULTO: Te dije que más tarde.
ADULTO: No.

NIÑO (2 años 10 meses): Quiero… no quiero… no lo quiero [un parche].
ADULTO: Bueno, pero tienes que usarlo. Déjatelo.
NIÑO: No.

NIÑO (2 años 9 meses): Quiero ver la televisión, quiero ver la televisión…

ADULTO: En un rato más.

NIÑO: Quiero ver algo ahora.

ADULTO: No hay nada entretenido antes de las 11. ¿Por qué no jugamos un rato?

NIÑO: No quiero jugar.

Creencia:

ADAM (3 años, 3 meses): ¿Crees que tiene azúcar… un poco de azúcar aquí?

ADULTO: No tengo azúcar.

ADAM: Yo creo que tienes azúcar.

NIÑO (3 años 10 meses): Leslie me hace enojar.

ADULTO: ¿Por qué?

NIÑO: Si ella piensa que algo es tonto. Yo no creo que sea para nada tonto.

ADULTO: Oh, tuvieron una diferencia de opinión.

NIÑO: Sí. Ella piensa que su collar es una tontería.

ADULTO: ¿Ella pensó que era una tontería?

NIÑO: Sí. Pero yo no creo que lo sea.

(Abe y su padre están viendo un programa de televisión acerca de serpientes con una presentadora mujer).

ABE (3 años 8 meses): ¿Es una serpiente venenosa, papá?

ADULTO: No.

ABE: Yo pienso que si ella cuenta… yo pienso que si ella dice que es una serpiente venenosa… tú vas a estar equivocado.

ADULTO: Tienes razón, estaría equivocado. Pero no es una serpiente venenosa, acaba de decir que no lo es.

ABE: Parece una serpiente venenosa.

ADULTO: Sip. Pero no lo es.

Más allá del frecuente foco en la televisión, estos niños pequeños están no solo razonando acerca de las personas, también están argumentando con ellos, disputando diferentes posturas, intentando persuadir a alguien de que haga otra cosa, tomando partido o tratando de resolver diversos conflictos. Algunas disputas giran en torno a los aspectos físicos de las personas (por ejemplo, que alguien es más grande o más fuerte); o en relación a algunos aspectos de intercambio social (por ejemplo, de quién es el turno o quién posee ciertos objetos); pero otros implican aspectos psicológicos, incluyendo específicamente los deseos de quién prevalecerán o cuáles creencias son correctas. Por inferencia, si los niños pasan de una concepción de las personas en función de los deseos a una que incluye creencias, esta transición debiese influir también en la naturaleza de sus peleas y conflictos. Eso es parte de lo que analizamos junto con Karen Bartsch (Bartsch y Wellman, 1995). El resultado de este análisis fue bastante claro. Conciencia de las diferencias en los deseos y los conflictos sobre qué deseos (de quién) deben satisfacerse se encontró comúnmente en conversaciones muy precoces de los niños. Sin embargo, las disputas sobre pensamientos y creencias, sobre qué representaciones de la realidad son correctas, aparecieron más tarde.

La frecuente participación de los niños en disputas psicológicas —conflictos con otros acerca de los deseos y creencias— sugiere una hipótesis más amplia. No solo sus disputas están determinadas por sus comprensiones de los estados mentales, sino que estas pueden ser modeladas por sus disputas. Estas últimas pueden proporcionar experiencias formativas y tempranas para los niños, aumentando su conciencia de que los estados psicológicos difieren entre las personas y que los contenidos psicológicos sin duda pueden ser distintos de las cosas del mundo real a las que se refieren. Piaget (1932/1935 en la edición en español) propuso esta hipótesis, pero hizo hincapié en los conflictos de los niños con sus compañeros en los años escolares. Datos de conversación más actuales respaldan la ubicuidad de los conflictos a edades mucho más tempranas entre los niños con sus hermanos y también con sus padres, lo que sugiere la posibilidad de que estas experiencias desempeñen un papel más importante en la conformación de la cognición social de los niños.

CONCLUSIONES

La teoría de la mente, en algunas de sus formas y perspectivas, se logra temprano. Las primeras adquisiciones se observan con particular claridad en el entendimiento de niños muy pequeños que trascienden las situaciones, comportamientos y expresiones manifiestas de los agentes para penetrar sus deseos, emociones y experiencias perceptivas de naturaleza subjetiva. Pero la primera teoría de la mente también es dinámica: se desarrolla. ¿Cómo se despliega? Describir el desarrollo de la teoría de la mente preescolar como un vuelco desde los deseos hacia las creencias (como en la figura 4.2) o de las conexiones hacia las representaciones (o incluso de manera más integral desde la psicología deseo-conciencia a la psicología creencia-deseo) es demasiado simplista. Tales descripciones proporcionan una oportunidad preliminar y arbitraria que extrae ciertos momentos compartimentados de una progresión prolongada de desarrollo. La figura 4.2 representa dos peldaños de esta escala, pero el camino es más fluido y más interesante que eso, como detallo a continuación.

5

Progresiones Ampliadas en la Comprensión de la Teoría de la Mente

TENNESSEE WILLIAMS (EN *Camino Real*) dijo: «La humanidad es solo un trabajo en desarrollo» (Partington, 1996, pág. 737). También lo es la teoría de la mente en los años preescolares: es una progresión de ideas y desarrollos.

AMPLIACIÓN DE LA TEORÍA DE LA MENTE

Si bien la figura 4.2 sugiere falazmente que podría haber solo dos pasos o niveles para que los niños lleguen a entender los estados mentales, la figura utiliza, no obstante, una representación pictórica abreviada que puede ser útil para reflexionar más profundamente sobre las comprensiones de la teoría de la mente. Por ende, consideremos la figura 5.1 (en la página siguiente), que amplía esta forma abreviada para representar las diversas comprensiones que un niño puede alcanzar respecto de algunas distinciones de estados mentales. Entre otras cosas, como se muestra en esa figura, un niño puede entender que las personas pueden tener Deseos Diversos (la gente puede tener deseos diferentes para la misma cosa), Creencias Diversas (pueden creer cosas diferentes respecto de una misma situación), Acceso a Conocimiento (puede que algo sea cierto, pero si una persona no puede acceder a esa información no lo sabrá), Falsa Creencia (puede que algo sea cierto, pero alguien podría creer algo distinto), y Emoción Oculta (alguien puede sentir de una manera, pero demostrar una emoción diferente). La figura 5.1 también sugiere que las tareas o pruebas

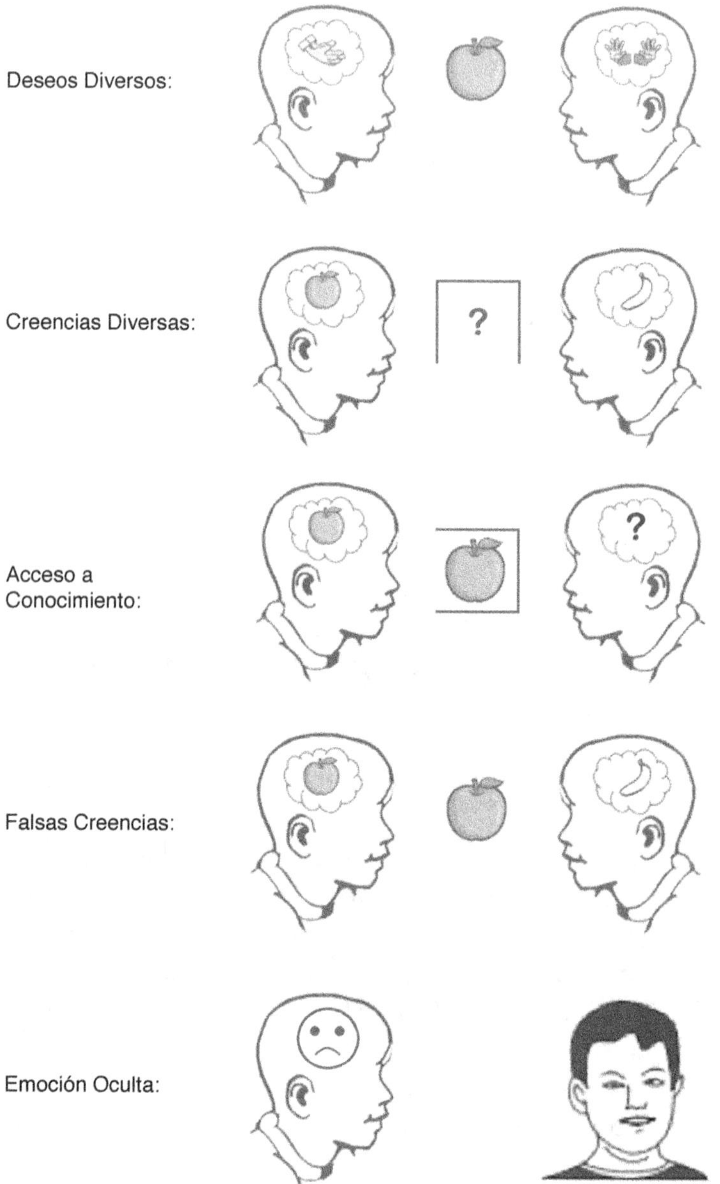

FIGURA 5.1 Representación gráfica de la comprensión de un niño de cinco contrastes de estados mentales.

podrían concebirse de modo que tengan formatos muy similares, sin embargo que apunten a estas distintas comprensiones de los estados mentales.

Junto con David Liu (Wellman y Liu, 2004) utilizamos este tipo de razonamiento para comenzar a establecer una Escala de la Teoría de la Mente (Escala ToM) con el fin de caracterizar y medir los avances en la teoría de la mente en niños en edad preescolar.

Tal como se indica en la figura 5.1, esta escala particular consta de cinco niveles cuidadosamente escogidos y evaluados a través de tareas paralelas que miden la comprensión de los niños. De esta forma, la escala capta la comprensión de los niños de (a) los Deseos Diversos (DD, en su sigla en inglés), (b) las Creencias Diversas (DB, en su sigla en inglés), (c) el Acceso a Conocimiento (KA, en su sigla en inglés), (d) la Falsa Creencia (FB, en su sigla en inglés), y (e) la Emoción Oculta (HE, en su sigla en inglés). La tabla 5.1 describe las etapas y las tareas ilustrativas en más detalle. Cada tarea tenía características similares a las pruebas de falsa-creencia descritas en el Capítulo 2 y eran muy parecidas a las tareas de deseos diversos señaladas en el Capítulo 4. Se estableció un escenario muy simple, que consta de dos partes, con uno o más personajes con la ayuda de dibujos o accesorios sencillos (por ejemplo, la imagen de un estante o de un armario, una pequeña figura de un niño), y se hizo la pregunta objetivo además de otra para familiarizar o de control. De esta manera, se hizo que las tareas fuesen comparables tanto en procedimiento, como en lenguaje y formato. Sin embargo, en varios estudios convergentes, los preescolares estadounidenses han evidenciado un claro orden de dificultad, que se enumera en la tabla 5.1 y en el cual la comprensión de los deseos diversos resulta ser la más fácil y la comprensión de las emociones ocultas, la más difícil (Wellman et al., 2006; 2011; Wellman y Liu, 2004; Wellman, López-Durán, LaBounty y Hamilton, 2008). De manera abreviada me refiero a esta secuencia como DD>DB>KA>FB>HE. El mismo desarrollo con cinco niveles caracteriza también a los preescolares australianos (Peterson y Wellman, 2009; Peterson et al., 2005) y alemanes (Kristen et al., 2006) que rinden estas pruebas.

Es posible que todas estas comprensiones respecto de los estados mentales hayan sido igualmente difíciles para los niños: todas se refieren a estados subjetivos, internos (deseos, ignorancia, creencias, sentimientos) que potencialmente pueden contradecir la conducta manifiesta o la realidad externa. Todas dicen relación con aspectos explícitos de la teoría de la mente alcanzados por niños con un desarrollo típico dentro de sus primeros años de vida o edad preescolar.

TABLA 5.1

Ejemplo de Ítems de la Escala de Teoría de la Mente

Tarea	Breve descripción
1. Deseos Diversos	El niño determina que dos personas (el niño versus alguien más) tienen deseos diferentes sobre un mismo objeto: ante la alternativa de dos bocadillos (zanahoria, galleta), el niño establece su preferencia, pero luego debe predecir la elección de la otra persona (quien prefiere la opción opuesta).
2. Creencias Diversas	El niño juzga que dos personas (él versus alguien más) tienen diferentes creencias sobre un mismo objeto en circunstancias que él no sabe cuál creencia es verdadera o cuál es falsa: el niño señala su creencia que el objeto está en el garaje, y oye que la creencia del otro es que el objeto está en los arbustos; el niño nunca ve dónde está el objeto, pero tiene que predecir si la otra persona lo buscará en el garaje o en los arbustos.
3. Acceso a conocimiento	El niño determina que otra persona ignora el contenido de un recipiente en circunstancias que él sabe lo que contiene: el niño ve un perro de juguete en un cajón cualquiera, el cajón está cerrado, y juzga si la otra persona (que nunca ha visto el interior) sabe lo que hay en el cajón.
4. Contenidos Falsa Creencia*	El niño juzga la falsa creencia de otra persona acerca de lo que contiene un recipiente distintivo en circunstancias que el niño sabe lo que hay en el interior: ve una caja de curitas conocida y descubre que tiene lápices en el interior; entonces debe juzgar lo que creerá alguien que nunca ha visto el interior.
5. Emoción Oculta	El niño determina que una persona puede sentir una cosa, pero demostrar una emoción diferente: se han burlado hirientemente del personaje, pero él no quiere que sus amigos sepan lo que siente; el niño debe juzgar cómo se siente el personaje (triste) y lo que demostrará su rostro (felicidad).

* Nota: se pueden utilizar otras tareas de falsa-creencia. Por diversas razones (véase Wellman y Liu, 2004), la tarea de Contenidos de Falsa Creencia es la que se incluye en la escala estándar de cinco niveles.

Es incluso más concebible que los niños entiendan algunos estados mentales antes que otros, pero esta comprensión anterior o posterior de algunos estados no es sistemática entre un niño y otro. Dadas las diferentes experiencias individuales, que son inevitables, y los distintos focos de conversación en las familias (por ejemplo, emociones versus deseos versus ignorancia), un determinado grupo de niños bien puede evidenciar una variedad de patrones distintos.

Al contrario de estas alternativas, los datos de la escala confirman de manera coherente ciertas regularidades identificables en el desarrollo de la comprensión de la mente en los niños: por ejemplo, entre el 75% y el 85% de los niños evaluados en los Estados Unidos y Australia muestra el mismo patrón: DD>DB>KA>FB>HE. Cabe destacar la coherencia de los niños; solo al azar, por ejemplo, menos del 20% de las respuestas de los niños sería coherente con este patrón.

Los niveles de esta escala muestran una importante característica de desarrollo: la escala forma una estricta escala de Guttman (1944, 1950) en la cual los patrones de éxito y fracaso son tales que si un niño pequeño sabe una cosa (pasa o aprueba en una sola prueba), casi siempre es la de deseos diversos; si el niño o niña saben dos cosas, casi siempre son las de deseos diversos y creencias diversas; y así sucesivamente. Esto implica que si un niño recibe una puntuación total de respuestas correctas de 4 versus 2, por ejemplo (donde las puntuaciones totales pueden ir de 0 a 5 de las cinco tareas correctas), esto no solo nos dice que el niño que obtuvo 4 sabe más cosas; también nos da una idea bastante clara de *qué sabe* el niño que obtuvo 2 (DD y DB), lo que aún no sabe, y qué otras cosas sabe el niño que obtuvo 4 (KA y FB, pero no HE). La tabla 5.2 muestra el patrón de la escala de Guttman.

Una escala de Guttman es muy estricta y exige una adherencia perfecta, por lo que si un niño queda fuera del patrón (por ejemplo, logra DD, DB y FB, pero no KA) o si uno obtiene un cuatro fallido (por ejemplo, responde correctamente en la tarea de Emoción Oculta (HE), pero no logra ninguna otra comprensión), ambos casos se consideran nulos. Las respuestas de los niños a esta Escala ToM son significativamente escalables, incluso en este sentido estricto. Sin embargo, también es posible analizar los datos de manera más probabilística (y de este modo extraer aún más información del set total de ítems logrados y no logrados).

Esto se puede hacer a través de modelos estadísticos más complejos, tales como el modelo de Rasch (Rasch, 1960). El modelo de Rasch con datos de la Escala ToM en niños también confirma una progresión en el desarrollo a través de los cinco ítems que es significativamente distinta de la situación al azar (Wellman et al., 2006; Wellman y Liu, 2004). Más aún, el modelo de Rasch también proporciona una métrica de la distancia estimada: un continuo arbitrario de números que puede estimar, por ejemplo, no solo que pasar correctamente la tarea de las creencias diversas es más difícil que aquella de los

TABLA 5.2

Escalograma de Guttman para los cinco ítems básicos						
Deseos Diversos	−	+	+	+	+	+
Creencia Diversa	−	−	+	+	+	+
Acceso a Conocimiento	−	−	−	+	+	+
Contenido Falsa Creencia	−	−	−	−	+	+
Emoción Oculta	−	−	−	−	−	+

80% de los niños muestra uno de estos seis patrones

Otros patrones

20% de los niños muestra uno de otros 26 posibles patrones

deseos diversos (DD>DB), sino que también cuánto más difícil. Por ejemplo, en una escala arbitraria de 0 a 10, ¿es la creencia diversa 1 más difícil, 0,5 más difícil o 2,2 más difícil que la de deseos diversos? El modelo de Rasch muestra que para los niños en edad preescolar de habla inglesa, estos cinco ítems por lo general están espaciados de manera uniforme; en una escala de 0 a 10, el deseo diverso se sitúa alrededor del 1,5, la creencia diversa en 3,0 y los siguientes elementos en 3,9, 5,0 y 7,2. Por ende, no hay una separación equidistante entre los distintos elementos, pero cada uno está a buena distancia de sus vecinos. Usando esta misma métrica de 0 a 10, por ejemplo, dos tareas de falsa-creencia diferentes (una con contenidos sorprendentes y otra con cambio de ubicación) se ubican en 5,0 y 5,1, respectivamente (Wellman y Liu, 2004), muy cerca la una de la otra.

De manera empírica, una escala de este tipo podría formarse con cualquier grupo de elementos, siempre y cuando los niños logren unos primeros y otros después (sonreír, luego caminar, luego ser capaz de sumar 2+3). En teoría, sin embargo, una escala de progresión es más válida y útil en la medida que refleja una trayectoria o progresión conceptual subyacente (Guttman, 1944, 1950). Para esta escala, los estados focales a ser comprendidos, si bien son diferentes en muchos aspectos (por ejemplo, sentimientos frente a conocimientos), son conceptualmente similares al ser subjetivos y por tanto difieren entre los distintos individuos y frente a hechos o conductas objetivas. Es decir, dos personas pueden tener deseos opuestos frente un mismo objeto o situación; del mismo modo, pueden tener creencias contrastantes, o un individuo puede estar informado de algo mientras que el otro lo ignora. En relación con esto, el estado mental de una persona puede ir en contraposición con una conducta o con la realidad, como cuando una persona siente una cosa, pero expresa algo diferente, o cuando cree algo que en realidad no es cierto. Por lo tanto, todos estos ítems reflejan el hecho de que los estados mentales serían más bien subjetivos que objetivos, de diversas maneras, y la escala establece niveles incrementales en la comprensión de esta subjetividad mental. De esta manera, la escala establece una progresión de logros conceptuales que caracterizan el desarrollo de la teoría de la mente y un método para medir dicha progresión. De hecho, la Escala ToM ha sido traducida a varios idiomas (italiano, español, turco, coreano, japonés, francés, hebreo, mandarín y cantonés, entre otros); y permite medir los conocimientos acumulados relacionados con la teoría de la mente de los niños de diversos países y comunidades en todo el mundo.

Al operar de esta forma, la escala permite una articulación más precisa para abordar diversas interrogantes importantes, en gran medida no resueltas. Por ejemplo, ¿en qué forma y para qué aspectos la comprensión temprana de la teoría de la mente puede ser universal? O bien, cuando los niños presentan un retraso en la comprensión de la teoría de la mente (como ocurre con la mayoría de los niños con autismo o con sordera), ¿demuestran acaso un retraso en la trayectoria típica de desarrollo o elaboran una trayectoria completamente distinta, o ambas cosas?

Cultura y Desarrollo, Secuencias y Planes Temporales

Secuencias

Para comenzar a abordar algunos de estos temas, analicemos la siguiente pregunta: ¿qué procesos dan cuenta de la coherencia de la secuencia que he descrito hasta ahora, DD>DB>KA>FB>HE? Claramente, una secuencia coherente podría resultar de maduraciones programadas de forma innata. O de manera similar, podría ser resultado del despliegue de logros en los procesos cognitivos básicos asociados a la maduración, como por ejemplo aumentos en la función ejecutiva o en la capacidad cognitiva. Sin embargo, como alternativa, una secuencia coherente también podría ser el resultado de procesos de aprendizaje conceptual (procesos de aprendizaje constructivista, por ejemplo, como se propone en la teoría de la teoría) en los cuales las concepciones iniciales conducen a concepciones posteriores, en forma de un patrón robusto de información y experiencias relevantes. No obstante, si son moldeadas de acuerdo a información y experiencias relevantes, entonces en principio las secuencias podrían ser muy diferentes.

Supongamos que las comprensiones de la teoría de la mente *son* producto de experiencias sociales y conceptuales que varían de una comunidad a otra, entonces las experiencias de los niños occidentales y chinos podrían ser crucialmente distintas. Tal como se discutió en el Capítulo 2, los niños chinos (a diferencia de los de Estados Unidos o Australia, por ejemplo) crecen en culturas no occidentales y viven experiencias distintas de sus pares occidentales de habla inglesa. Como un ejemplo, las lenguas chinas no son indoeuropeas y se diferencian del inglés de formas que podrían incidir en las primeras conversaciones entre los adultos y los niños, las cuales se sabe influyen en las comprensiones de la teoría de la mente en los niños de habla inglesa. De especial interés en este sentido es que las lenguas chinas usan una colección de verbos mentales diferente que el inglés (Tardif y Wellman, 2000). En particular, los términos ingleses *pensar* y *creer* se refieren por igual, y de manera ambigua, a creencias, que pueden ser verdaderas o falsas. Pero el lenguaje cantonés y el mandarín tienen verbos específicos para «pensar falsamente» y estos son utilizados por los niños en edad preescolar (Lee, Olson, y Torrance, 1999; Tardif, Wellman y Cheung, 2004). Estas experiencias lingüísticas divergentes podrían contribuir a las importantes diferencias que se dan en el desarrollo de las teorías de la mente de los niños pequeños.

En el ámbito cultural, diversos autores han contrastado un énfasis en las personas como un grupo que comparte cosas en común y que es interdependiente —evidente en muchos individuos de Asia del Este— versus un énfasis en personas distintivamente individualistas e independientes, lo cual se ve en muchos individuos de los Estados Unidos y Europa occidental (por ejemplo, Markus y Kitayama, 1991). Entre estas diferencias se cuenta un énfasis en los conocimientos y perspectivas comunes frente a la diversidad de creencias y perspectivas individuales. Más aún, los adultos occidentales y chinos parecen manifestar epistemologías cotidianas muy distintas. La epistemología cotidiana occidental se centra en la subjetividad y la creencia; la epistemología confuciana-china se centra más en la adquisición de conocimientos y en el conocimiento consensuado que toda persona recta debiera aprender. En particular, Richard Nisbett (2003) y Jin Li (2002) han argumentado que la epistemología occidental se centra más en la verdad y la falsedad de la creencia y la representación, mientras que la epistemología china se centra más en la adquisición de conocimiento pragmático. Donald Munro (1969) proporciona un análisis de corroboración en su examen histórico del pensamiento filosófico chino, *The Concept of Man in Early China [El Concepto de hombre en la China Temprana]*.

En consonancia con algunos de estos análisis lingüístico-filosóficos, desde el punto de vista del desarrollo parece haber diferencias culturales en la forma en que los preescolares chinos y los estadounidenses adquieren palabras tales como *pensar* y *conocer*. Tanto los niños en edad preescolar de habla inglesa como de habla china adquieren una palabra para el concepto *conocer* como uno de los primeros verbos para referirse a estados mentales, antes de incorporar un término para referirse a pensar (Tardif y Wellman, 2000). Pero los niños chinos reciben un mayor énfasis en el conocer en relación con el pensar. En sus conversaciones con niños pequeños, los padres chinos y estadounidenses se refieren con frecuencia a personas y a sus estados mentales, pero los padres chinos predominantemente hacen comentarios sobre el conocer (Tardif y Wellman, 2000), mientras que los padres estadounidenses comentan más sobre el pensar (Bartsch y Wellman, 1995). En los hogares y centros preescolares chinos, se coloca gran énfasis en la adquisición de conocimientos prácticos, tales como la forma de doblar correctamente una manta después de una siesta, cómo atarse los zapatos, escribir los caracteres chinos y recitar canciones y poemas con precisión (Li, 2001; Tobin, Wu, y Davidson, 1989). Los niños en edad preescolar de habla inglesa también deben dominar nuevos conocimientos, pero el énfasis chino en la adquisición de conocimientos a una edad temprana es notable (Kessen y The American Delegation on Early Childhood Development in the People's Republic of China, 1975; Tobin et al., 1989).

Este tipo de diferencias, y otras, nos llevaron (Wellman et al., 2006) a evaluar la comprensión de la teoría de la mente en niños chinos (frente a los niños estadounidenses y australianos) utilizando los métodos con escalas de ToM. Antes de seguir describiendo diferencias socioculturales relevantes, esto es lo que revelaron las comparaciones usando una Escala ToM entre niños de habla inglesa y china: las secuencias de la escala difieren en un aspecto fundamental; puntualmente, la comprensión de la creencia y la comprensión del conocimiento difieren de manera sistemática. Para los niños occidentales de habla inglesa una comprensión temprana de las creencias (revelada en la comprensión de las creencias diversas) precede a la comprensión de acceso a conocimiento, la cual a su vez antecede a la comprensión de falsas creencias, tal como se indicó anteriormente (por ejemplo, Wellman y Liu, 2004). Para los niños chinos, sin embargo, la comprensión de las tareas de acceso a conocimiento se da antes que cualquier comprensión de creencia (Wellman et al., 2006). Así, en relación con el orden DB antes que KA observado en los niños de habla inglesa (DB>KA), los preescolares de Beijing dieron vuelta los niveles DB y KA (KA>DB). La secuencia resultante, si bien de igual forma coherente en los niños como la original de Estados Unidos, coloca la comprensión del conocimiento (las personas que perciben un evento conocen sobre él) confiablemente por delante de la diversidad de creencias (diferentes personas tienen diferentes ideas y opiniones sobre la misma cosa). Cabe destacar que los niños chinos y de Estados Unidos/Australia pasaron el mismo número de niveles de la escala a edades equivalentes (no es que unos hayan sido en general más avanzados que los otros), pero el orden de las tareas en China fue claramente diferente.

Por tanto, estos datos apoyan la hipótesis general de que las variaciones transculturales sistemáticas en las filosofías de crianza, las concepciones culturales, la conversación y la socialización atraen la atención de los niños hacia algunos conceptos de estados mentales antes que a otros. Para explayarme un poco más, tanto los Estados Unidos como Australia a menudo son clasificadas como culturas individualistas e independientes donde se anima a los niños a pensar por sí mismos, a formar y hacer valer sus opiniones con libertad, y a escuchar diversas opiniones de los demás sin privilegiar necesariamente la sabiduría tradicional de los mayores sobre las nuevas ideas creativas de los más jóvenes (Greenfield, Keller, Fuligni y Maynard, 2003). China, por el contrario, es una cultura colectivista e interdependiente (Greenfield et al., 2003; Nisbett, 2003) donde los padres enseñan el respeto filial y fomentan la adquisición de tradiciones de conocimientos y habilidades culturales uniformes. De hecho, en las culturas individualistas, como las de Estados Unidos y Australia, hay un énfasis no solo por parte de los padres, sino en toda la sociedad, en los derechos y opiniones personales por sobre las responsabilidades colectivas y los valores compartidos; mientras que en China, se da exactamente lo contrario (Li, 2002; Munro, 1977). Por otra parte, la evidencia empírica muestra que los padres de Australia y de Estados Unidos (por ejemplo, Sigel, McGillicuddy-Delisi, y Goodnow, 1992) estimulan a los niños pequeños a hacer valer sus propias opiniones y reconocer los diferentes puntos de vista de los demás; los padres chinos, en tanto, desalientan la manifestación de puntos de vista personales discordantes, mientras que estimulan las ideas y conocimientos culturalmente consensuados (por ejemplo, Johnston & Wong, 2002; Stevenson et al., 1990).

Como es natural, entonces, estos estilos diferentes de crianza parecen conducir a que los niños de Estados Unidos y Australia formen sus conceptualizaciones iniciales de la mente en términos de diferencias de opinión, lo que explicaría su logro más temprano de la tarea de creencias diversas (DB). En China, la forma de educar a los niños parece redirigir el desarrollo de la teoría de la mente de modo que los conceptos clave de la mente se construyen desde el inicio en torno a la idea de que algunas personas pueden saber algo y otras ignorarlo.

Podría decirse que los resultados obtenidos con la Escala ToM en Estados Unidos/Australia-China reflejan estas prácticas variables de socialización cultural. Sin embargo, también hay otras explicaciones posibles. Principalmente, la comprensión un tanto temprana de la diversidad de opiniones en los preescolares de habla inglesa bien podría ser reflejo de la típica presencia de hermanos mayores en sus hogares. El tener hermanos (Perner et al., 1994) y los juegos de simulación, conversaciones y disputas con ellos (Brown, Donelan-McCall y Dunn, 1996; Randell y Peterson, 2009), se asocian de manera coherente con una mejorada teoría de la mente en la infancia. Podría decirse que este tipo de interacciones expone de manera notoria a los niños en edad preescolar a la diversidad de creencias. Y este estímulo para manejar precozmente el concepto de creencias diversas no ha estado disponible para los niños en edad preescolar de Beijing debido a la política nacional de tener un solo hijo por familia.

Junto con Ameneh Shahaeian, Candi Peterson y Virginia Slaughter (Shahaeian, Peterson, Slaughter y Wellman, 2011) identificamos a Irán como otra cultura colectivista que comparte el enfoque general de crianza de China, orientado al conocimiento y trasmitido por las personas mayores, aunque sin otras características idiosincrásicas de Beijing en términos de crianza. De hecho, al igual que China, pero a diferencia de Estados Unidos y Australia, la cultura iraní respeta las tradiciones culturales orientales interdependientes y orientadas a la educación, las cuales son bastante uniformes en toda la sociedad, están firmemente arraigadas en una historia filosófica de larga data y de cierta manera aisladas de las influencias occidentales contemporáneas (Rudy y Grusec, 2006). Por supuesto, la tradición musulmana de Irán se diferencia de los sistemas de creencia confucianos/comunistas de China en muchos aspectos; pero cuando se trata de educar a los niños, ambas culturas comparten algunas filosofías y prácticas de crianza similares que difieren marcadamente de la modalidad anglo-occidental (de Estados Unidos o Australia). Estudios comparativos de las creencias parentales y prácticas de crianza de Irán frente a las de Estados Unidos (por ejemplo, Price, 2006; Rudy y Grusec, 2006; Sharifzadeh, 2004) han puesto de manifiesto una adhesión constante de los padres iraníes a los valores familiares colectivistas, destacando la calidez de los padres y la responsabilidad, pero en un contexto de deber filial y de respeto a los mayores. Existe una estrecha vigilancia del comportamiento de los niños y una baja tolerancia a sus demandas de independencia y desacuerdo. Los padres iraníes desaprueban fuertemente la permisividad y promueven el aprendizaje, a menudo sacrificando lujos para estimular la adquisición de conocimientos y valores tradicionales en sus hijos.

En estos aspectos clave, las prácticas de crianza iraníes coinciden con aquellas de los padres chinos (por ejemplo, Chao, 1994; Chen, Dong y Zhou, 1997). Sin embargo, los niños en Irán, al igual que en Estados Unidos y Australia, pero a diferencia de China, por lo general no son hijos únicos, sino que a menudo tienen varios hermanos.

En nuestra investigación (Shahaeian et al., 2011), Ameneh Shahaeian hizo pruebas con varios niños iraníes en edad preescolar utilizando la escala de la teoría de la mente. Estos niños siguieron la secuencia de desarrollo de comprensiones de la teoría de la mente observada antes en China (Wellman et al., 2006); en particular, lograron la comprensión de KA antes que DB. En contraste, un grupo de control en Australia de igual edad logró la comprensión de las DB antes que KA, al igual que en la investigación citada antes con niños de Estados Unidos y Australia (y Alemania).

Planes Temporales

He estado argumentando, sobre la base de secuencias de desarrollo que difieren entre contextos culturales, que las primeras experiencias son fundamentales para el desarrollo de las capacidades de la teoría de la mente. Pero por supuesto, las secuencias no son el único tema; igualmente importantes son los planes temporales del desarrollo. Por ejemplo, los datos de falsa-creencia descritos en el recuadro 1.2 del Capítulo 1 ya muestran que los planes temporales pueden variar; algunos niños son más rápidos que otros en lo que respecta al logro de la comprensión de falsa-creencia. Sin embargo, en el panorama más general, puede que esto no implique gran variación. Como se muestra en esos gráficos, prácticamente en todas partes los niños logran una comprensión similar de las falsas creencias en los años preescolares. Y lo mismo podría sospecharse con los datos relativos a las secuencias. Las diferencias en las secuencias son interesantes, pero observemos que los niños dan casi los mismos pasos y más o menos al mismo tiempo en los años preescolares. Planes temporales fuertemente restringidos —no idénticos, pero restringidos— bien podrían reflejar que el desarrollo de las comprensiones de la teoría de la mente depende en gran medida de un control de maduración. Pero si las primeras comprensiones progresivas de la teoría de la mente están construidas unas encima de las otras, formadas en base a información y experiencias relevantes, dicho proceso debiera producir planes temporales muy distintos.

Como comentamos antes, la comprensión de la falsa-creencia *está* severamente (no de forma moderada) retrasada en los niños con autismo. La mayoría de los adolescentes y adultos con autismo presentan resultados deficientes en las tareas de falsa-creencia. Pero el autismo está plagado de alteraciones neurológicas y de deficiencias y retrasos cognitivos generalizados. El autismo sin duda podría tener su propio plan temporal de maduración más tardío. Un caso más elocuente respecto del papel que desempeña la experiencia dice relación con los niños sordos. Estos últimos no sufren de las mismas deficiencias neurológicas centrales e intelectuales que los individuos con autismo; en su lugar, estos sufren de una pérdida auditiva periférica. Por ende, estos niños reflejan más claramente desviaciones del curso normal de la experiencia en lugar de desviaciones del curso normal del funcionamiento cerebral.

De igual forma importante es que hay básicamente dos grupos de niños sordos a considerar. Los niños sordos de padres sordos crecen con una experiencia de lenguaje y conversación regular —aunque en lenguaje de señas— y por lo tanto se crían con otras personas que se comunican e interactúan con ellos profusamente (a estos niños a menudo se les llama usuarios nativos del lenguaje de señas). Pero la mayoría de los niños sordos —cerca del 95% de ellos— son hijos de padres oyentes. Estos niños crecen con experiencias tempranas muy diferentes del caso anterior. Por ejemplo, a pesar de los notables esfuerzos de sus padres oyentes por aprender el lenguaje de señas, rara vez llegan a dominarlo. Especialmente cuando su niño es pequeño, los padres oyentes se comunican con sus hijos sordos utilizando en su mayoría señas o gestos simples para referirse a uno que otro objeto (Vaccari y Marschark, 1997; Moeller & Schick, 2006). Además, por lo general solo una persona en la familia, a menudo la madre, es el principal comunicador «designado» y la persona que más interactúa con el niño. El niño sordo en una familia oyente (a los que se les llama usuarios tardíos del lenguaje de señas) comienza con un discurso primitivo sobre los estados internos, pensamientos e ideas de las personas; es probable que tenga un juego restringido con los demás; y por lo general tiene menos acceso al libre movimiento, toma de perspectiva, negociación de perspectiva, en la danza de las interacciones sociales.

Los niños sordos de padres oyentes (pero *no* los niños sordos de padres sordos) presentan un retraso sustancial en la comprensión de la falsa creencia, muchas veces de igual magnitud que aquel que presentan los niños autistas de alto funcionamiento (Peterson, 2009; Peterson y Siegal, 1995). Una vez más, sin embargo, un enfoque en la falsa creencia por sí solo es limitante. Por ejemplo, la demora en lograr esa prueba no nos dice si los niños están retrasados en una trayectoria estándar de logros, si están desarrollando una trayectoria muy diferente, si no se están desarrollando, etcétera. Y las comparaciones en algo así como la Escala ToM podrían responder a estas (y otras) preguntas.

Por lo tanto, es notable que cuando los niños sordos (de padres oyentes) son evaluados según la Escala ToM, también muestran una secuencia coherente de progresión. Tanto los niños sordos de Australia (Peterson et al., 2005) como de Estados Unidos (Remmel y Peters, 2009) presentan la misma secuencia —DD>DB>KA>FB>HE— que caracteriza a sus homólogos oyentes de habla inglesa, *pero* una secuencia retrasada en todos los niveles. A los niños sordos les toma 12 años o más lograr progresivamente lo que los niños oyentes (y los niños sordos de padres sordos) logran progresivamente en 4 a 6 años (Peterson & Wellman 2009; Peterson et al., 2005).

Para ser claros, los retrasos de estos niños sordos no reflejan solo dificultades para entender las preguntas. En estos estudios, participan en las pruebas personas con las que estos niños sordos están familiarizados en sus actividades escolares cotidianas, utilizando una comunicación combinada oral y de señas que también les es familiar y que ha sido ampliamente utilizada en sus interacciones escolares. Por otra parte, se puede demostrar que entienden la situación de prueba y el lenguaje utilizado, como queda claro en su correcto desempeño en las diversas preguntas que permiten familiarizar y otras de control que también forman parte de las tareas de la Escala ToM.

Secuencias Longitudinales y Planes Temporales

Los datos analizados hasta ahora son transversales; provienen de una sola evaluación de cada niño en las cinco tareas o pruebas de la escala y de la ponderación de los patrones de éxitos y fracasos. De este modo, en los años preescolares, si grupos de diferentes edades se ponen a prueba en la Escala ToM, las puntuaciones totales de la escala aumentan con regularidad y de manera significativa en función de la edad en todos los grupos, de 3 a 4 y a 5 años. De esta manera, la escala aparentemente entrega una visión transversal de la secuencia de comprensión que cualquier niño atravesaría a medida que crece. Pero los patrones de éxito y fracaso analizados en las pruebas de muchos niños no demuestran de manera definitiva progresiones longitudinales individuales. Sin embargo, los mismos patrones, incluyendo diferencias importantes tanto en las secuencias como en los planes temporales, se captan con claridad en datos longitudinales recientes. Es decir, esta Escala ToM también ha sido validada longitudinalmente sometiendo a prueba a los mismos niños varias veces a medida que crecen.

En esta investigación longitudinal, junto con Candida Peterson y Fuxi Fang (Wellman et al., 2011) evaluamos con la Escala ToM a cerca de 100 niños en edad preescolar con desarrollo típico de Estados Unidos y China continental, así como a niños sordos de lenguaje de señas tardío de Australia. Cada niño fue evaluado 2, 3, 4 veces o más con una distancia aproximada de 6 meses a 2 años entre cada evaluación. Dada la discusión hasta ahora en este capítulo, la comparación de estos tres grupos es muy interesante porque incluye a niños que exhiben progresiones diferentes según su cultura (Estados Unidos versus China) y niños que presentan retrasos sustanciales en la teoría de la mente (niños sordos, hijos de padres oyentes, que aprenden tardíamente el lenguaje de señas).

Según los resultados, tanto los preescolares de habla inglesa como los niños sordos de lenguaje de señas tardío mostraron la misma secuencia de cinco pasos en sentido longitudinal que tuvieron en comparaciones transversales: DD>DB>KA>FB>HE. Y de nuevo los niños chinos mostraron su secuencia distintiva, DD>KA>DB>FB>HE, donde la tarea de acceso a conocimiento es comprendida particularmente temprano. Por tanto, esta escala en particular proporciona una buena aproximación transversal a las secuencias longitudinales y por ende también entrega un atajo metodológico útil para monitorear de manera más sistemática los avances en la teoría de la mente asociados al desarrollo.

La figura 5.2 presenta los datos longitudinales de los grupos de Estados Unidos y China en términos de su *propia secuencia* estándar. Como queda claro en la figura, casi todos los niños avanzan en la escala en orden (es decir, en sus respectivos órdenes); un patrón al revés es extremadamente raro (mostrado por las líneas punteadas). Los casos que se salen del orden típico —pasando antes una tarea más difícil, mientras que fallan en una prueba intermedia «más fácil»— igual fueron muy escasos. ¿Qué pasa con los niños sordos? Como también es evidente en la figura 5.2, los niños sordos australianos (de padres oyentes) mostraron la misma secuencia que sus pares de habla inglesa, pero de nuevo evidenciaron un retraso considerable en la edad en que lograron cada paso o nivel de la escala.

Estos datos longitudinales proporcionan resultados y conclusiones adicionales. Por ejemplo, de manera óptima, en una secuencia de desarrollo cognitivo, las comprensiones tempranas no solo preceden entendimientos posteriores; longitudinalmente también los *predicen*. De hecho, en los datos longitudinales,

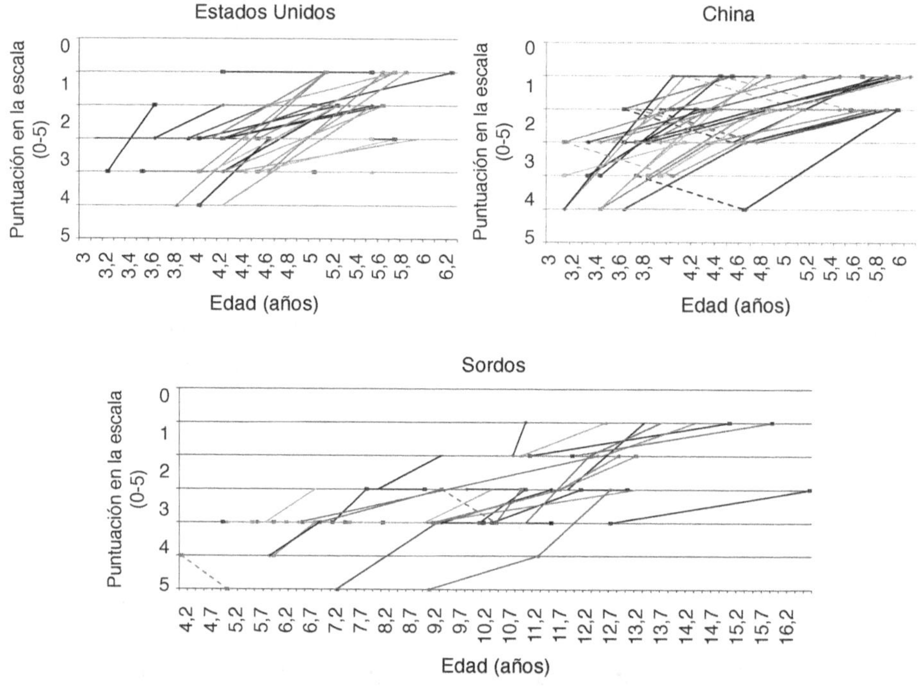

FIGURA 5.2 Trayectorias longitudinales de dominio de la teoría de la mente obtenidas tras reevaluar a niños individuales en la Escala ToM. Cada línea muestra las reevaluaciones de un niño medidas en función del aumento en su puntuación total en la Escala ToM (que puede oscilar entre 0 y 5) con el aumento de edad.

los niños con mejores resultados en los primeros ítems de la escala (DD, DB, KA) a los 3 años de edad tuvieron los mejores resultados en los ítems posteriores (FB, HE) un año después, a los 4 años. Y a más diferencia de tiempo entre las pruebas se observó mayor aumento en la tasa de éxito.

¿Período Crítico?

Cabe destacar que debido a sus experiencias conversacionales y sociales atípicas, así como a sus claros retrasos en la teoría de la mente, los niños sordos de padres oyentes son un grupo importante para la investigación de una cuestión intrigante e importante: ¿existe un período crítico para el desarrollo de la teoría de la mente? Los niños sordos a menudo han sido utilizados para evaluar y confirmar hipótesis de períodos críticos en relación con la adquisición del lenguaje (por ejemplo, Newport, 1991; Peterson, Pisoni y Miyamoto, 2010). De manera puntual, una hipótesis de período crítico en el desarrollo de la teoría de la mente (Morgan y Shepard-Kegl, 2006; Siegal y Varley, 2002) podría predecir que dichos niños (por ejemplo, los niños sordos de padres oyentes) que se perdieron algunas experiencias tempranas específicas (como discusiones con miembros de la familia sobre estados mentales tales como los conocimientos y las creencias), y con ello se retrasaron demostrable y severamente en sus comprensiones de la teoría de la mente durante un período preescolar fundamental, podrían resultar bloqueados para siempre en su desarrollo más allá de algunos de los primeros niveles de comprensión. Las tareas utilizadas en la Escala ToM fueron escogidas para reflejar la evolución preescolar en niños con un desarrollo típico, por lo que es concebible que si un niño no logra alcanzar estas comprensiones durante los años preescolares, podría ser incapaz de avanzar más allá de un cierto punto temprano o intermedio en la Escala ToM.

Sin embargo, los datos longitudinales correspondientes a niños no oyentes (figura 5.2) demuestran que, por el contrario, los niños pueden seguir haciendo avances sustanciales en estas comprensiones «preescolares» de la teoría de la mente hasta entrada la adolescencia. Casi todos los niños sordos usuarios tardíos del lenguaje de señas contemplados en esta muestra siguieron progresando longitudinalmente a través de la escala a edades más avanzadas. Por su parte, Jennie Pyers y Ann Senghas (2009) informaron de datos relacionados con personas sordas incluso mayores. El suyo fue un interesante estudio longitudinal con un grupo único de ocho adultos sordos de Nicaragua que habían crecido solo con un tipo de lenguaje de señas *pidgin* muy restringido y sin exposición a palabras o estructuras sintácticas para expresar estados mentales. Al momento de la primera evaluación, con una edad promedio de 22 años, la mayoría de estos adultos aún no pudo pasar las pruebas estándar de falsa-creencia. Sin embargo, entre los 23 y los 28 años, estos adultos se incorporaron a un club social de sordos y tuvieron oportunidad de conversar acerca de estados mentales y aprender las señales para referirse a ellos gracias a un miembro del club más joven que había crecido utilizando estos términos. Gracias a esta experiencia, el desempeño de falsa-creencia de los adultos mejoró sustancialmente cuando se les aplicó la prueba dos años más tarde. De hecho, algunos adultos mejoraron lo suficiente como para igualar la comprensión del miembro más joven. Y también empezaron a utilizar un discurso acerca de estados mentales de manera más frecuente.

Secuencias, Nuevamente

Mi interpretación preferida para los retrasos secuenciales sistemáticos que presentan los niños sordos que son usuarios tardíos del lenguaje de señas (en comparación con los niños sordos hijos de padres sordos y considerados nativos del lenguaje de señas y los niños oyentes de desarrollo típico) es que estos retrasos reflejan influencias socio-conversacionales en el desarrollo de la teoría de la mente. Y del mismo modo, las influencias de experiencias de conversación explican la diferencia observada en la secuencia entre los niños de Estados Unidos y de China. Sin embargo, el contraste de estas dos conclusiones pone de manifiesto un dilema: si las influencias socio-conversacionales conducen a diferencias en las secuencias (como es evidente en los casos de China e Irán), entonces ¿cómo podemos explicar la identidad en la secuencia en los niños sordos y sus pares de desarrollo típico de Estados Unidos y Australia? Reiteremos que los niños sordos de padres oyentes sin duda viven en mundos socio-conversacionales, e incluso culturales, muy diferentes. ¿Acaso no debiesen diferencias de tal magnitud redundar también en diferencias en la secuencia? La respuesta a esta pregunta es que sí; para esto solamente se necesita ampliar el alcance de la investigación más allá de las cinco tareas contempladas hasta ahora en la Escala ToM.

Utilizando este razonamiento, junto con Candida Peterson (Peterson y Wellman, 2009) ampliamos la escala de cinco elementos e incorporamos una sexta tarea centrada en la comprensión de los niños del engaño o simulación social. ¿Por qué un enfoque en la simulación? Primero que todo, algunas comprensiones respecto de la simulación —por ejemplo, que las personas que están ausentes y se pierden de algún cambio en la simulación instituido por otros, tendrán ideas viejas y obsoletas sobre lo que se estaba simulando (Hickling et al., 1997)— claramente reflejan la comprensión de estados mentales de otros similares a la comprensión de las creencias diversas o falsas creencias, y comparables al entendimiento de los estados de la imaginación de otros, como ya comenté en el Capítulo 2. Además, la simulación social es importante, puesto que la participación de los niños en juegos de simulación con otros individuos tiene relación con el desarrollo típico de las comprensiones de la teoría de la mente de los niños y a su vez, lo influye, tal como señalé en el Capítulo 1. Por lo tanto, la frecuencia con que los preescolares participan en juegos de simulación influye y predice sus competencias en el desarrollo de la comprensión de las falsas-creencias, sobre todo cuando el foco es una simulación social compartida (Astington y Jenkins, 1995; Taylor y Carlson, 1997; Youngblade y Dunn, 1995).

Si las experiencias sociales influyen de manera crucial en la comprensión de la simulación y en el desarrollo de la teoría de la mente, hay razones para esperar que la experiencia de la simulación, y por lo tanto el impacto de esta en la teoría de la mente, sea muy diferente para los niños sordos. De hecho, está claro que los niños sordos (de padres oyentes) presentan un retraso general en sus acciones e interacciones simuladas, al igual que en su comprensión de los estados mentales como las creencias y falsas creencias (Brown, Prescott, Richards y Paterson, 1997; Higginbotham y Baker, 1981).

Sin embargo, los retrasos generales en la comprensión cognitiva-social y en la comprensión y experiencias de simulación pueden presentar menor retraso o menor alteración en los niños sordos de padres oyentes que la comprensión de las creencias. Por ejemplo, estos niños no oyentes pueden compartir situaciones simuladas con otros de manera no verbal, a través de gestos, mímicas o manipulación de juguetes. De hecho, una simple simulación social bien puede hacerse a través de gestos que a través de palabras (por ejemplo, acercando un plátano a la oreja o pulsando en él teclas imaginarias para simular un teléfono celular). Esto podría hacer que los gestos no verbales (una fortaleza en los niños sordos) sean un medio útil para el intercambio social de estados mentales con los padres y compañeros de juego, dentro de una situación de simulación. A través de los intercambios no verbales de estados de ánimo ficticios con otros durante los juegos de simulación, los niños sordos podrían «lograr el mismo avance en la comprensión de los estados mentales» (Harris, 2005, pág. 80), que un niño aventajado en lenguaje a través de la conversación general.

Entonces, evaluamos (Peterson y Wellman, 2009) a niños preescolares oyentes de desarrollo típico y a niños sordos considerados usuarios tardíos del lenguaje de señas, con edades de 3 a 13 años, en las cinco tareas de la Escala ToM «estándar» antes descrita y en una sexta tarea muy similar en formato, materiales y lenguaje que buscaba evaluar la comprensión de una situación compartida de simulación. Para la tarea de simulación social usamos una versión de la prueba de simulación-discrepante descrita en el Capítulo 2 en la que una persona, Gail, está presente en una situación simulada inicial (por ejemplo, donde un auto rojo es ahora supuestamente azul) pero ausente cuando los demás cambian dicha situación simulada *a posteriori*. De un modo muy parecido al formato de falsa-creencia, el niño tenía que juzgar lo que Gail pensaba respecto del color del auto (frente a lo que pensaban los demás *y* el color real del auto).

Al igual que en estudios anteriores, estos niños sordos de familias oyentes mostraron una tardía comprensión de la teoría de la mente, incluyendo un retraso en la comprensión de la simulación compartida, en comparación con los niños de desarrollo típico. Además, estos niños sordos mostraron la misma secuencia de cinco pasos descubierta primero en preescolares oyentes (Wellman y Liu, 2004) y demostrada por primera vez para niños sordos (Peterson et al., 2005). Avanzaron a través de la misma secuencia de desarrollo de cinco pasos o niveles, aunque a un ritmo más lento que sus pares oyentes. Sin embargo, estos datos captaron diferencias notables e interesantes no solo en los planes temporales, sino también en las secuencias.

Dadas las tareas cuidadosamente seleccionadas, la comprensión de que la simulación es un proceso mental subjetivo y compartido a nivel social, precedió a la comprensión de la falsa creencia, tanto en niños oyentes como sordos. Pero, mientras que la secuencia fue DD>DB>KA>Simulación Discrepante>FB>HE para los niños con desarrollo típico, para los niños sordos fue DD>DB>Simulación Discrepante>KA>FB>HE. Por lo tanto, en la comparación de niños sordos con niños oyentes, la comprensión de la simulación social discrepante se produjo a una *edad* más tardía en los niños sordos que en los oyentes, pero antes *dentro de la secuencia* de comprensiones emergentes en los niños sordos que en los oyentes. Tal diferencia es comprensible, si suponemos (a) que las experiencias socio-interactivas (y la conversación) acerca de situaciones simuladas difieren entre los niños sordos y los oyentes y (b) que las experiencias socio-interactivas influyen significativamente en el logro de la comprensión de la teoría de la mente. De este modo, los intercambios no verbales de estados mentales ficticios con otros niños durante los juegos de simulación pueden ser una instancia particularmente precoz e importante para aprender acerca de los estados mentales de los niños sordos: «precoz» en el sentido de que, si bien estos últimos en promedio son mayores cuando evidencian esta comprensión de simulación, esto ocurre antes que otras comprensiones de teoría de la mente en ellos.

Mayor Análisis de los Datos de la Escala

Uno de los problemas para escalar los resultados es la posibilidad de que el orden de tareas observado refleje más una dependencia lógica entre las tareas que una progresión psicológica de desarrollo. Quizás, la Tarea B (que mide *b*) logra o tiene éxito en la Tarea A (que mide *a*) solo porque *b* está lógicamente compuesta de *a* y algo más (Brainerd, 1978; Brandtstädter, 1987). Sin embargo, los resultados de esta escala no se condicen con una mera dependencia lógica porque, por ejemplo, para los niños estadounidenses y australianos, la DB resulta más fácil y ocurre antes que KA; pero para los niños chinos e iraníes, KA es más fácil y ocurre antes que la comprensión de DB. El hecho de que el orden de dificultad se invierta para estas tareas entre los distintos grupos descarta la posibilidad de que una u otra tarea haya sido intrínsecamente más difícil desde el punto de vista lógico, o simplemente más difícil por las preguntas de la tarea o la complejidad lingüística. Del mismo modo, mientras que la comprensión de KA ocurre antes que aquella de simulación discrepante en la mayoría de los niños, en los niños sordos el orden se invierte y la simulación discrepante se da antes que la de KA.

Cabe destacar que el hecho empírico de que las tareas de teoría de la mente se logren en un orden secuencial no implica necesariamente una relación causa-efecto entre los niveles anteriores y posteriores en la secuencia. Los datos de la escala por sí solos no confirman que una comprensión más temprana de los deseos sea necesaria para lograr una comprensión de teoría de la mente posterior (como la de falsa creencia o emoción oculta). Sin embargo, la evidencia longitudinal, en particular las relaciones longitudinales predictivas del tipo establecido entre los primeros niveles de la escala como predictor del logro en niveles posteriores, ayuda a proporcionar la información necesaria. Incluso las relaciones longitudinales predictivas no son categóricas: se necesita una capacitación sistemática o estudios experimentales para establecer dichas conclusiones causales, o mejor aún, una combinación de investigación longitudinal y de investigación de intervención (Bradley y Bryant, 1983).

En este sentido, cabe destacar que estos datos minuciosos, en cuanto a secuencias coherentes (entre tareas comparables cuidadosamente seleccionadas dentro de un dominio específico de conocimiento) sirven de información útil y restringen dicha investigación experimental. Si comprendiendo A efectivamente *se comprende* B, no es plausible que A dé forma y provoque B; si efectivamente *precede* la comprensión de B, se convierte en un candidato causal que merece mayor investigación. Por lo tanto, la Escala ToM es una herramienta empírica particularmente prometedora para el diseño de investigación de entrenamiento destinada a abordar preocupaciones teóricas o prácticas. La escala proporciona un plan de comprensiones secuenciales que podrían ser utilizadas para construirse una sobre la otra, y suministra una herramienta de medición confiable para evaluar avances sistemáticos. El margen de la escala podría ser especialmente provechoso para evaluar mejoras a corto plazo en los grupos que presentan retraso (como niños sordos-usuarios tardíos del lenguaje de señas o niños con autismo) que pueden tardar más de 10 años en alcanzar el criterio tradicional Escala ToM (la falsa creencia) si se deja que el desarrollo siga su curso sin intervención. De hecho, en el Capítulo 6, analizo algunos estudios de entrenamiento recientes que combinan métodos de escala, longitudinales y microgenéticos para abordar los mecanismos de desarrollo para el logro de la teoría de la mente en niños sordos y aquellos con desarrollo típico.

COGNICIÓN SOCIAL UNIVERSAL: TEORÍA DE LA MENTE EN LA INFANCIA

Unir estas diversas conclusiones proporciona una manera de abordar con mayor precisión la universalidad de la teoría de la mente y de la psicología popular. Para empezar, vale la pena destacar cómo estos datos de escala revelan una combinación de comprensiones universalmente emergentes, así como de comprensiones culturales específicas. Es decir, (a) de una manera dispersa, pero no por ello menos importante, los desarrollos «preescolares» de la teoría de la mente reflejan una secuencia progresiva, prácticamente universal, de comprensiones conceptuales; pero (b) al mismo tiempo, las experiencias conversacionales, socio-culturales, dan forma a la teoría de la mente de los niños en desarrollo, revelando diferencias notables en las secuencias y en los planes temporales en que los niños alcanzan estas comprensiones conceptuales.

Estos resultados reproducen lo que un sabio alguna vez dijo: las personas son iguales en todas partes *y* son también diferentes en todas partes. La tarea difícil, sin embargo, es entender correctamente cómo las diferencias iluminan la condición humana universal y cómo las similitudes enmarcan las diferencias. El análisis de las secuencias de desarrollo en los logros de la teoría de la mente ayuda a especificar la interacción entre estas fuerzas, respaldando una perspectiva que hace hincapié tanto en las influencias conversacionales de índole cultural en el desarrollo de la teoría de la mente, así como en los logros socio-cognitivos universales durante la infancia. En el capítulo introductorio, señalé que la teoría de la mente constituye una cognición humana fundacional y que estas ayudan a identificar perspectivas cognitivas básicas que son comunes a todos los seres humanos. Es momento de fundamentar esta declaración con mayor claridad.

Psicología Popular Adulta Divergente

Todas las personas y las culturas se conocen a sí mismas y a los demás porque con frecuencia se encuentran con agentes normales y problemáticos y sus acciones: pensamos en los amigos de siempre y en comportamientos cotidianos, pero también hay personas y acciones descabelladas, criminales y antisociales.

Todos tenemos ciertas experiencias normales de la vida humana —como por ejemplo, tristeza, alegría o (para la mayoría de nosotros) una colorida visión tridimensional que es a la vez particular y común— pero tal como en las obras de Shakespeare, nos encontramos también con situaciones de rabia, demencia, alucinación y ceguera.

Para comprender estos fenómenos diferentes, en todo el mundo la psicología popular adulta hace hincapié en la amplia diversidad de ideas acerca de las personas, las acciones y la vida humana. Surgen así las diferentes psicologías populares, de las cuales entregamos aquí algunos ejemplos no aleatorios:

De acuerdo con Susan LeVine (1979, pág. 358), los Gusii prefieren discutir el comportamiento manifiesto y evitan hablar sobre las intenciones y otros aspectos de la mente:

> Su modo de expresión habitual consistía en describir acciones y eventos [...] dejando de lado las reacciones, opiniones y juicios personales.

Más radicalmente, la antropóloga Jane Fajans (1985, pág. 367) afirmó:

> Lo más desafiante e interesante acerca de los Baining [de Papúa Nueva Guinea], desde el punto de vista de los estudios etnopsicológicos, es que no parecen tener una psicología popular [...] Si [la psicología popular] incluye una preocupación por los afectos y las emociones, conceptos sobre las personas y sobre uno mismo, teorías de la desviación, interpretaciones conductuales e ideas sobre la cognición y la personalidad, los Baining manifiestan muy poco interés en estas áreas.

Volviendo a mi discusión anterior sobre las comprensiones chinas, Li Jin (2003, páginas 146-147) describe las concepciones chino-confucianas sobre el conocimiento, la verdad y el aprendizaje frente a las concepciones occidentales-socráticas, algo que parece esencial para la comprensión de la mente:

> Confucio rara vez se mostró preocupado por la noción de «verdad» (o falsedad), si es que alguna vez lo estuvo [...]. Puede que el modelo socrático sea respecto de la búsqueda de la verdad [...], pero el modelo confuciano se refiere al esfuerzo moral, lo cual es muy diferente de la epistemología occidental... estas diferencias son evidentes en las concepciones contemporáneas de aprendizaje [...]. [Comparando China con Estados Unidos]: *lo que el aprendizaje significa para los*

> *miembros de estas dos culturas es sustancialmente distinto a tal punto que hay muy poca superposición conceptual entre ellos.* [Énfasis añadido].

Estas son tres de las muchas descripciones etnográficas que existen de otros pueblos pensando acerca de personas y mentes de maneras que parecen sorprendentemente foráneas (véase Lillard, 1998). Admito que no está claro con exactitud qué hacer con todas estas afirmaciones. Los más exóticos son los postulados etnográficos generados por personas «ajenas» al grupo cultural en cuestión, quienes podrían estar particularmente interesadas en enfatizar y exagerar lo exótico y no occidental. Pero no necesito incorporar (ni creer) todos ellos para llegar a una conclusión válida de que existen diversas formas de pensar acerca de las personas —existen diversas psicologías populares— las que son muy diferentes unas de otras y distintas de la mía. A lo menos, las concepciones de los actores y agentes sociales esenciales varían ampliamente de cultura en cultura, comprendiendo desde personas (obviamente, aunque también), vacas, imágenes de culto, rocas y antepasados: todos tipos de agentes sociales «contraintuitivos» y aun así auténticos.

No obstante, también me parece que podemos concluir válidamente que la teoría de la mente cotidiana es universal. Es decir, yo argumento que estas dos cosas son ciertas: que la teoría de la mente es universal, pero que las psicologías populares difieren de manera significativa en todo el mundo. ¿Cómo puede ser esto? Las piezas de este rompecabezas se reúnen en torno a dos temas aclaratorios. Uno se refiere a los *niveles de análisis*. Es necesario hacer una distinción entre las comprensiones generales y las detalladas y específicas, algo así como las teorías marco en comparación con las teorías específicas (como mencioné en el capítulo introductorio). El otro tema tiene que ver con el *desarrollo*. Debemos tener en cuenta que la teoría de la mente se logra tanto de manera temprana como dinámica: evoluciona sobre la base de la experiencia. La teoría de la mente constituye una cognición social universal, sin embargo, permite grandes diferencias en la cognición social entre las diversas culturas y sociedades. Esto es lo que propongo:

Desarrollo Marco

Los niños de todo el mundo comparten una teoría de la mente marco. En consecuencia, los niños tienden a suponer que las personas tienen experiencias subjetivas y estados mentales internos. Tales supuestos, muy evidentes a los 2 o 3 años, son producto de desarrollos previos en la infancia temprana.

Tanto los niveles de análisis como de desarrollo juegan un papel importante en esta historia. En cuanto a los niveles de análisis, la expectativa general de los niños respecto de que las personas poseen pensamientos, deseos, percepciones y sentimientos proporciona un marco muy general; y ellos deben participar lo más posible en las instancias específicas del marco, incluyendo muchas asociadas a aprendizajes culturales específicos. El marco limita el tipo de hipótesis que los niños hacen acerca de las personas desde muy pequeños, pero deja una gran cantidad de detalles sin especificar: ¿son las vacas, así como las personas, agentes de creencias y deseos? (Sí, en la India). ¿Debo privilegiar las creencias individuales por sobre los conocimientos consensuados? (Sí, en los Estados Unidos). ¿Las culturas promueven emociones «ideales» que sus miembros debiesen mostrar? (Sí, pero este ideal es bastante distinto en China que en los Estados Unidos, como mostraré más adelante).

En cuanto al desarrollo, un marco precoz de la teoría de la mente es dinámico y no estático. De hecho, se puede revisar y cambiar, en algunas partes y aspectos, a algo muy distinto de su forma inicial. Un ejemplo de la magnitud de transformación posible se puede observar en los trascendentales cambios que ocurren en la edad preescolar, evidenciados en la conciencia de las falsas creencias y emociones ocultas, cambios que requieren de 10, 12 o más años en el caso de los niños sordos de padres oyentes.

La forma abreviada de referirme a este escenario es *Desarrollo Marco*; sin duda, el marco se desarrolla por sí mismo *y* enmarca futuros desarrollos. Este Desarrollo Marco predice limitaciones asociadas a la variabilidad cultural en las psicologías populares: que no tienen que ver con la maduración, pero sí con el desarrollo del aprendizaje. Después de todo, toda psicología popular debe poder ser aprendida por los niños de la comunidad en cuestión. No es posible que las comunidades culturales sostengan una conceptualización especialmente elaborada de algo que sus miembros no sean capaces de aprender.

La variabilidad limitada debiera ser notoria en la infancia, cuando el aprendizaje y el desarrollo están en sus primeras etapas. Las concepciones de los adultos acerca de las personas pueden ser mucho más disímiles en todo el mundo que las de los niños. ¿Por qué? Porque su marco inicial es habilitante (así como limitante) en el sentido que es un marco general y que funciona por medio del desarrollo. En un principio, el marco proporciona una base muy útil para que los miembros de una comunidad se comuniquen con sus niños. Pero, en parte a través de esta comunicación, las comunidades socializan y enseñan a sus niños las prácticas y creencias de sus grupos. En términos de desarrollo individual, las comunidades culturales tienen muchos años (al menos, desde la infancia hasta la edad adulta) durante los cuales pueden culturizar a sus niños respecto de sus creencias y visiones del mundo. En términos de desarrollo histórico, dichos grupos tienen siglos durante los cuales han desarrollado comprensiones únicas de sí mismos, las demás personas, las mentes y las sociedades. Las psicologías populares adultas resultantes pueden ser muy diferentes unas de otras en todo el mundo (y al parecer lo son), si bien están basadas en los supuestos marcos iniciales de los niños pequeños. Un camino largo, plagado de novedades progresivas, conecta la primera teoría de la mente con la profusión de psicologías populares divergentes.

El desarrollo marco es diferente de otros escenarios que dominan la discusión de la universalidad y variabilidad de nuestro pensamiento conceptual. Una alternativa dominante es el *conocimiento nativista*, según el cual hay comprensiones tempranas y evolucionadas que no cambian. Los escenarios de conocimiento nativistas (más recientemente, los postulados de conocimiento nuclear y de módulos mentales) privilegian y dan cuenta de la universalidad. La otra alternativa dominante es el *conocimiento empírico*, según el cual los niños pequeños comienzan siendo ignorantes y recogen —aprenden, armonizan e imitan— lo que sea que sus sociedades les digan. Los escenarios de conocimiento empírico (siendo las más recientes las propuestas de sistemas dinámicos y conexionistas) privilegian y explican fácilmente la variabilidad tanto en los planos temporales como en las secuencias. El desarrollo marco comprende, y representa, tanto la universalidad como la variabilidad. Y lo realiza haciendo hincapié en el desarrollo y en los niveles de análisis. Si insistimos en que hay varios niveles de análisis —marco versus específicos— y que hay cambios de desarrollo, entonces el patrón completo de los datos tiene sentido. La cognición social universal existe; si quieres verla, mira la teoría de la mente de los niños.

PROGRESIONES EN LA COMPRENSIÓN DE LAS EMOCIONES

Los datos sobre las progresiones —de las secuencias y los planes temporales— son cruciales para llegar a las conclusiones anteriores. Pero por supuesto nuestra escala ToM (Wellman y Liu, 2004) no es crucial. Los ítems de nuestra escala fueron cuidadosamente diseñados para ser comparables en el formato de prueba, acotados en cantidad, de fácil comprensión para los niños pequeños (para facilitar su uso con niños en edad preescolar y en aquellos con retrasos en el desarrollo) y para formar una escala Guttman estricta (donde si un niño aprueba un ítem posterior, sistemáticamente logra también todos los anteriores).

Sin embargo, como consecuencia de estas decisiones, esas cinco tareas no reflejan otros aspectos importantes del desarrollo de la teoría de la mente, no captan todas sus progresiones importantes y ciertamente no abarcan todas sus comprensiones preescolares. Los enfoques e ítems adicionales (por ejemplo, la inclusión de la prueba de simulación) son informativos. Francisco Pons, Paul Harris y Marc de Rosnay (2004) proporcionaron un conjunto de ítems que evalúa la comprensión de los niños de los estados emocionales (descuidado en gran medida en la escala ToM).

La primera comprensión, por parte de los niños en edad preescolar, de las emociones como estados internos y subjetivos (y la inclusión de estos puntos de vista en una comprensión deseo-conciencia temprana de personas) se esbozó en el Capítulo 4. Y en el Capítulo 3, señalé que tanto la comprensión de la mente como los entendimientos relacionados de las emociones, predicen las acciones e interacciones sociales de los niños preescolares. Las comprensiones de las emociones son variadas y complejas (tal como los entendimientos de la subjetividad mental examinados con la Escala ToM son diversos y complejos), e incluso las comprensiones «preescolares» de las emociones abarcan una progresión de ideas que se desarrollan entre el año de vida y los 9 o 10. Pons y sus colegas (2004) resumieron los resultados encontrados en múltiples pruebas de laboratorio, estudios y países, los cuales reflejan los componentes de desarrollo progresivo descritos en la tabla 5.3.

Posteriormente Pons y sus colegas (2003, 2004) desarrollaron una serie de tareas de comprensión de las emociones, una para cada componente de la tabla 5.3. Cada tarea era más o menos comparable en formato, ya que utilizaron dibujos de líneas simples similares. Por ejemplo, para evaluar el Componente 4, la *Creencia*, se mostró una imagen de un conejo (cuya cara se ocultó) con una zanahoria grande y jugosa en un marco destacado, incluyendo un zorro que estaba completamente escondido a la vista del conejo por un arbusto. Se preguntó a los niños cómo se sentía el conejo —si asustado, feliz, enojado o simplemente bien— con las correspondientes caras para elegir entre ellas. Todo el conjunto de tareas se llama TEC (*Test of Emotion Comprehension*, [Prueba de Comprensión de las Emociones]; Pons et al., 2004).

Cuando los niños de 3 a 11 años fueron evaluados (un total de 100 en Pons et al., 2004; y 80 en Pons et al., 2003), los datos mostraron progresiones significativas. Aproximadamente, más niños (y de menos edad) sortearon con éxito las tareas de los primeros componentes, y un menor número de niños y (en su mayoría) solo los de más edad lograron las comprensiones posteriores. Al igual que la Escala ToM, las respuestas de los niños al TEC revelaron una escalabilidad Guttman significativa (Pons et al., 2004). Pero a diferencia de la Escala ToM, los patrones de éxito y fracaso en los componentes de la serie de pruebas de Pons et al. (2004) se superponían de manera importante. Sin embargo, surgió una progresión más estricta al considerar las tareas como parte de tres grandes grupos. El *Cluster I* (Componentes 1, 2 y 5 de la tabla 5.3) era el de desarrollo más fácil y hacia los 5 años la gran mayoría de los niños fue capaz de reconocer correctamente las diferentes expresiones emocionales, identificar de igual manera las causas externas de las emociones y comprender el impacto de los recuerdos en las emociones. Pons y sus colegas dicen que este grupo representa una comprensión «externa» de las emociones (Pons et al., 2004). Luego surgió el *Cluster II* (con los componentes 3, 4 y 7); a los 6 o 7 años los niños se mostraron en gran medida capaces de comprender también el papel de los deseos y las creencias en las emociones, así como la posibilidad de ocultar las mismas. Pons y sus colegas llaman a esto una comprensión «mental» de la emoción.

Por último, básicamente después de los 7 u 8 años de edad, los niños fueron capaces de comprender las emociones mezcladas, y la posibilidad de regularlas a través de la cognición (*Cluster III*); se dice que este grupo representa una comprensión «reflexiva» de las emociones.

Algunas de estas progresiones reflejan la forma específica en que Pons y sus colegas evaluaron a los niños (2003, 2004); por ejemplo, desde el Capítulo 4 sabemos que la relación entre los deseos y las emociones puede ser comprendida desde muy temprano (como en la tarea del brócoli y las galletas saladas) y por ende que es más apropiada para el *Cluster I* que para otros niveles de comprensión más tardía en los datos del TEC. Sin embargo, esta investigación demuestra aún más la capacidad informativa de considerar la comprensión de la teoría de la mente en términos de progresiones sistemáticas, en este caso, haciendo hincapié y documentando de forma específica la comprensión de las emociones.

Como la Escala ToM, el examen longitudinal de un grupo de niños ($N =$ 42) mostró que los niveles transversales de dificultad aparente para niños en el TEC son un reflejo relativo de la progresión que los individuos atraviesan longitudinalmente (Pons y Harris, 2005). Otra vez, esto fue más claro al analizar las progresiones entre los tres grandes grupos o clústeres y mucho menos evidente cuando se consideran posibles progresiones paso a paso entre las nueve pruebas o componentes específicos. Y al igual que la Escala ToM, el TEC ha sido traducido y utilizado en diversos países, mostrando progresiones similares a través de muchas culturas (nuevamente a nivel de análisis de los tres grandes clústeres), así como diferencias entre las distintas culturas y comunidades respecto de la

TABLA 5.3

Componentes progresivos de la comprensión de la emoción (de acuerdo con Pons et al., 2004)

1. *Reconocimiento*: Reconocimiento visual de las expresiones faciales de las emociones básicas (alegría, tristeza, miedo y rabia). Comienza en la primera infancia y aproximadamente entre los 2 y 3 años de edad, los niños reconocen y nombran varias emociones.

2. *Causa Externa*: Comprensión de cómo las causas externas afectan las emociones. Por ejemplo, entre los 2 y 4 años, si alguien pierde su juguete preferido, los niños predicen la tristeza; si alguien consigue un juguete favorito, anticipan felicidad.

3. *Deseo*: Apreciación de que las reacciones emocionales dependen de los deseos de la persona. A los 2-4 años para situaciones simples (Repacholi y Gopnik, 1997; Wellman y Woolley, 1990), los niños entienden que dos personas pueden tener diferentes deseos sobre la misma situación.

4. *Creencia*: Comprensión de que las creencias de una persona, falsas o verdaderas, darán forma a su reacción emocional ante una situación determinada. Esta se alcanza entre los 4 y los 6 años.

5. *Recuerdo*: Comprensión inicial de la relación entre la memoria y la emoción, al menos para los acontecimientos y las emociones negativas (por ejemplo, acontecimientos en una situación actual pueden recordar y reactivar emociones negativas pasadas; Lagattuta y Wellman, 2001). Entendida entre los 4 y los 6 años.

6. *Regulación*: Diferentes estrategias ayudan a controlar las emociones de uno. Los niños más pequeños se refieren principalmente a las estrategias de comportamiento; y los niños de 6 años y más comienzan a reconocer las estrategias psicológicas (negación, distracción, etcétera.).

7. *Pantalla*: Comprensión de que la *expresión* de las emociones puede ser controlada, dejando una discrepancia entre la expresión externa de la emoción y la emoción que realmente se siente. Entendida entre los 4 años y los 7.

8. *Mezcla de Emociones*: Comprensión de que una persona puede tener múltiples emociones, incluso contradictorias, al mismo tiempo. Se alcanza entre los 7 y 8 años y más tarde.

edad en la que la mayoría de los niños sortea con éxito las diferentes pruebas del TEC (F. Pons, comunicación personal, 10 de enero de 2014).

Además de los datos obtenidos con la aplicación del TEC con niños de diferentes países y comunidades lingüísticas, la comprensión de las emociones por parte de los niños ha sido objeto de investigación en distintas culturas. De hecho, en parte porque los términos y expresiones para referirse a las emociones difieren ampliamente entre las distintas culturas e idiomas (Russell,

1991), la comprensión de las emociones ha recibido considerable atención a nivel internacional. En este ámbito, los estudios también han mostrado una mezcla informativa entre la adquisición recurrente, casi universal, y el desarrollo específico asociado a las distintas culturas.

El reconocimiento de varias emociones básicas como la alegría, el miedo, el disgusto, la rabia y la tristeza es, cuando menos, «mínimamente universal» (Russell, 1991; 1994; pero véase Barrett et al., 2009, para obtener una visión alternativa). Del mismo modo, los bebés, por lo visto en todo el mundo, evidencian capacidades para distinguir primero las expresiones positivas y negativas de la emoción (Termine e Izard, 1988) y luego, ya a las 10 semanas, para diferenciar las expresiones emocionales que reflejan la felicidad, la tristeza y la rabia, reaccionando ante ellas de la manera apropiada (Haviland y Lelwica, 1987; Walker-Andrews, 1988). Luego, en edad preescolar los niños comienzan a utilizar de manera adecuada las etiquetas de emoción de su lenguaje para referirse (especialmente) a estas emociones básicas (Widen y Russell, 2003).

Sin embargo, las influencias y adquisiciones culturales específicas para la comprensión de las emociones son evidentes en todas estas trayectorias recurrentes. Esta situación se observa con especial claridad en el estudio de Jeanne Tsai (2007) de la comprensión de los niños chinos y estadounidenses de un aspecto diferente y central de control de las emociones, la *regulación* (parte del *Clúster III*).

Afecto Ideal

Tsai y sus colegas (2006, 2007) se han centrado en el concepto de «afecto ideal», relativo a las preferencias culturales hacia los sentimientos emocionales considerados «buenos» que los individuos debiesen cultivar. Ellas distinguieron preferencias por los estados positivos de alta emoción (excitado, entusiasmado) y por aquellos de bajo entusiasmo (calmado, pacífico) como sentimientos ideales opuestos o contrastantes. Las investigadoras predijeron diferencias (en términos generales) que podían generar los contextos culturales individualistas frente a los colectivistas en tales afectos ideales preferidos. En muchos contextos culturales individualistas, se valora la capacidad de influir en los demás y en sus acciones; y para ejercer influencia en otras personas por lo general se requiere de gran emoción, entusiasmo y ánimo, por consiguiente, estados de alta activación. Por lo tanto, en tales circunstancias culturales, Tsai razonó que los afectos ideales tienden hacia una alta activación (véase Tsai, 2007). En los contextos culturales colectivistas también valoran el sentirse «bien», pero al mismo tiempo enfatizan de manera sistemática la idea de encajar, de adaptarse a los demás y de mantener la ecuanimidad y relaciones armoniosas. En consecuencia, en estas circunstancias culturales, el afecto ideal tiende hacia la baja activación (calmado, pacífico).

Trabajos con adultos de China y Estados Unidos apoyan en gran medida estas diferencias en el afecto ideal (Tsai, Knutson y Fung, 2006). Pero, ¿qué pasa con los niños? En una serie de estudios, Tsai y sus colegas (Tsai, Louie, Chen y Uchida, 2007) iniciaron un análisis de los libros ilustrados para niños pequeños de mayor venta en los Estados Unidos y Taiwán. Los personajes de los libros de Estados Unidos muestran expresiones emocionales de alta activación y participan en actividades altamente estimulantes (correr, saltar). Por su parte, los personajes de los libros de Taiwán muestran expresiones emocionales positivas de baja activación y participan en actividades más tranquilas (estar sentado, reflexionando, reposando).

Luego, Tsai y sus colegas (2007) compararon a niños en edad preescolar de 4 y 5 años en Taiwán y los Estados Unidos, respecto de mediciones sobre sus afectos ideales. Los niños taiwaneses seleccionaron claramente las actividades y afecto positivo de baja activación como sus preferidas, mientras que los niños europeo-americanos se inclinaron por las actividades y afectos positivos de alta activación.

En un último estudio, Tsai y sus colegas (2007) llevaron a cabo una investigación experimental corta en la cual se les leyó a niños preescolares taiwaneses y europeo-americanos libros ilustrados cuidadosamente elaborados, que incluyeron personajes con afectos de alta y baja activación. En ambos grupos, la lectura de historias emocionantes llevó a una mayor preferencia por actividades y expresiones activas (en lugar de calmadas) en una prueba posterior, mientras que aquella que incluyó historias tranquilas condujo a una mayor preferencia por actividades y expresiones de mayor calma en la prueba post lectura. Al mismo tiempo —lo que confirma los resultados de su estudio original con preescolares—, en promedio los niños preescolares europeo-americanos fueron más predispuestos a preferir actividades y expresiones de activación, mientras que los preescolares taiwaneses se mostraron más propensos a preferir actividades y expresiones de calma.

En cuanto a las preferencias de regulación de las emociones, estas difieren de manera sustancial en los niños occidentales y de Asia oriental en las edades comprendidas entre los 4 y los 5 años. Estas diferencias tienen que ver directamente con las preferencias culturales y prácticas de los adultos, así como con las herramientas culturales, como los libros ilustrados, diseñados para los niños más pequeños. Pero al mismo tiempo, las comprensiones culturales específicas de las manifestaciones emocionales y de afecto ideal, tienen lugar dentro de una progresión de desarrollo de diversas comprensiones de las emociones.

CONCLUSIONES

Esta acumulación de datos en cuanto a secuencias de desarrollo prolongadas tiene implicaciones cruciales para nuestra comprensión de la teoría de la mente y su desarrollo en los años fundacionales comprendidos entre los 2 y los 7 u 8 años (o hasta la adolescencia y adultez en el caso de los niños que presentan retrasos). En suma, estos datos iluminan variabilidades e influencias socioculturales fundamentales en el desarrollo de la teoría de la mente. Pero lo más importante es que esta variabilidad tiene lugar en un contexto de patrones secuenciales comunes (aunque en ningún caso idénticos).

A nivel mundial, los preescolares registran un progreso impresionante en el descubrimiento de un conjunto clave de comprensiones de la teoría de la mente, y lo hacen a un ritmo general más o menos similar entre una cultura y otra. Los niños sordos (de padres oyentes) registran un progreso sistemático en las mismas comprensiones, aunque en un lapso mucho más extendido. En este contexto, surge una variabilidad, tanto entre las distintas culturas como al interior de los grupos, en la progresión secuencial real de desarrollo de la teoría de la mente. Esta variabilidad en la secuencia y en los planes temporales está predeciblemente relacionada con las diferencias socio-culturales y lingüísticas experimentadas en la infancia; es dependiente de la experiencia. Y, como señalé en el Capítulo 3, esta variabilidad permite a los investigadores establecer consecuencias realistas para lograr una teoría de la mente. Sin embargo, esta variabilidad toma su forma dentro de progresiones y marcos de desarrollo más universales.

6

Teoría de la Teoría

RECONSTRUCCIÓN DEL CONSTRUCTIVISMO

COMO TODO EL MUNDO RECONOCE, Jean Piaget propuso una teoría «constructivista» del desarrollo cognitivo (Piaget, 1970/1995 en la edición en español). La idea de fondo es que nosotros, como personas que conocemos, tenemos representaciones coherentes, abstractas y altamente estructuradas del mundo que nos rodea, las cuales nos permiten entender el mundo y funcionar en él. Por ejemplo, tenemos una teoría de la mente marco tal como hemos descrito en los últimos capítulos. Entonces, la idea constructivista central es que tales estructuras no solo permiten el aprendizaje y lo generan, sino que ellas mismas son aprendidas: se construyen. La teoría de la teoría sigue en esta tradición. El planteamiento es que nuestras teorías —tanto aquellas marco como las más específicas— emergen y son modificadas a la luz de la acumulación de experiencia.

Pero, ¿cómo funciona este tipo de aprendizaje constructivista? Para Piaget (por ejemplo, 1952/1990 en la edición en español; 1983), los niños tratan de interpretar la nueva evidencia dentro del marco conceptual que ya tienen (asimilación), mientras hacen modificaciones para hacer frente a esta nueva evidencia (acomodación), hasta que estas modificaciones se acumulan adoptando una nueva comprensión global (equilibrio). Los investigadores han descrito sistemáticamente esta propuesta de asimilación-acomodación-equilibrio como valiosa, pero muy imprecisa. Valiosa en el sentido que propone mecanismos que combinan estructura y cambio de esta manera inextricable, lo cual es muy interesante (después de todo, las teorías científicas también parecen combinar estas dos fuerzas para lograr un cambio científico genuino). Y vaga o imprecisa porque la amalgama de estructuras propuesta no solo permite el aprendizaje, sino que a la vez también se aprende, parece una de esas criaturas mitológicas imposibles (centauros y grifos) en lugar de un mecanismo de la mente natural y creíble.

Esta vaguedad teórica (junto con algunas falencias empíricas) condenó el postulado de Piaget. Tanto en su tiempo como hoy en día, esto parecía dejar solo otras dos alternativas: el empirismo y el nativismo. Los planteamientos empíricos tradicionales —y más recientemente, las teorías de sistemas conexionistas y dinámicos (Elman et al., 1996; Thelen y Smith, 1994)— niegan que en realidad exista este tipo de estructuras abstractas y coherentes que postulan los constructivistas como Piaget. En su lugar, ellos ven un conjunto distribuido de asociaciones específicas entre *inputs* particulares o un conjunto de diversas funciones que dependen del contexto. Los planteamientos nativistas, incluyendo las teorías recientes de modularidad y conocimiento nuclear (Pinker, 1997/2001 en la edición en español; Spelke, Breinlinger, Macomber y Jacobson, 1992; Spelke y Kinzler, 2007), recogen la estructura, coherencia y abstracción de nuestras representaciones, pero refutan que estas puedan aprenderse. La teoría de la teoría está sujeta a estos mismos desafíos y tensiones.

Los científicos computacionales y los estadísticos también lidian con estos problemas. A grandes rasgos, un tipo de enfoque computacional se ha centrado en mecanismos de inferencias generales de conocimiento estadístico. En este sentido, el aprendizaje estadístico explota los mismos datos para calcular la similitud, asociación, covarianza y otras métricas estadísticas similares que son inducciones empíricas que luego son generalizadas a nuevas muestras. Los análisis estadísticos del béisbol, el «*Moneyball*», muestran la naturaleza y el poder de este enfoque estadístico. Llamemos a este el proyecto *bottom-up* (de abajo hacia arriba). Un segundo enfoque comienza con estructuras ricas en conocimiento que limitan cualquier aprendizaje o inducción. Por ejemplo, el modelador primero delimita el dominio en cuestión —por ejemplo, un diagnóstico médico— luego investiga las formas en que los expertos (por ejemplo, los diagnosticadores más experimentados) hacen esto y las herramientas que utilizan. A continuación, el modelador establece programas computacionales que capturan el *know-how* (saber-cómo) y que establecen una preestructura para los datos de entrada, con características y factores relevantes. Este es el proyecto *top-down* (de arriba hacia abajo) en el cual, al igual que para los módulos mentales, las principales estructuras vienen desde el «exterior», es decir, desde fuera del sistema de aprendizaje e inducción. En el aprendizaje computacional, las estructuras de arriba hacia abajo, ricas en conocimiento, provienen del diseñador del programa computacional. Para los módulos mentales, el diseñador es la evolución.

Sin embargo, un conjunto reciente de ideas computacionales apunta a una forma alternativa, constructivista, de una máquina de aprendizaje. Este nuevo «constructivismo racional» (Xu, Dewar, y Perfors, 2009) o «aprendizaje bayesiano basado en la teoría» (Tenenbaum, Griffiths y Kemp, 2006) utiliza el marco teórico de los modelos probabilísticos y el aprendizaje bayesiano. Junto con Alison Gopnik hemos argumentado que estas ideas y manifestaciones prometen «reconstruir el constructivismo» (Gopnik y Wellman, 2012). Por ende, estos también ayudan a respaldar la teoría de la teoría, tal como anticipé en el capítulo introductorio. En este capítulo, nos centraremos en cómo estas ideas computacionales pueden explicar el desarrollo de nuestras teorías intuitivas del mundo y, en particular, de la teoría de la mente. (Véase Gopnik y Wellman, 2012, para un planteamiento superpuesto que se centra menos en la teoría de la mente).

NUEVA REVISIÓN DE LA TEORÍA DE LA TEORÍA

La teoría de la teoría afirma que las teorías cotidianas están constituidas por varias estructuras conceptuales importantes y que el desarrollo cognitivo es como la creación y revisión de dichas teorías (Carey, 1985; Gopnik y Wellman, 1994; Wellman y Gelman, 1992). En resumen, los niños construyen teorías intuitivas del mundo y alteran y modifican dichas teorías sobre la base de nueva evidencia. Como señalé en el capítulo introductorio, la teoría de la teoría se enfoca en tres aspectos distintivos de las teorías intuitivas: su estructura, su función y su dinámica.

Primero que todo, las teorías tienen una estructura distintiva que abarca representaciones coherentes, abstractas y causales del mundo (por ejemplo, consideremos la estructura descrita en el Capítulo 2, figura 2.1, para la teoría de la mente). A menudo, estas representaciones incluyen entidades teóricas ocultas, no observables (como las creencias y los deseos). Por otra parte, las teorías tienen una estructura jerárquica. Las teorías pueden describir fenómenos causales específicos dentro de un dominio o campo de acción particular, pero estas teorías específicas también están insertas en «teorías marco» más abstractas. Estas teorías marco describen, en términos generales, los tipos de entidades y relaciones que operan en un dominio determinado en lugar de especificar dichas entidades y relaciones en detalle.

En segundo lugar, las teorías tienen funciones cognitivas distintivas y permiten hacer predicciones de amplio alcance sobre lo que sucederá en el futuro. También influyen en la interpretación de la evidencia propiamente tal. Además, las teorías son empresas causal-explicativas. Promueven planteamientos causales de las entidades y relaciones en sus respectivos dominios, proporcionando explicaciones de la naturaleza de dichas cosas y eventos. Estas explicaciones y planteamientos causales van más allá de simples predicciones sobre lo que va a ocurrir después.

Por último, lo más importante es que las teorías tienen dinámicas distintivas que reflejan una potente interacción entre las hipótesis y los datos, entre la teoría y la evidencia. En particular, a diferencia de las teorías modulares o de «conocimiento nuclear», estas cambian a la luz de la nueva evidencia, y lo hacen de una manera racional. Además, a diferencia de las estructuras asociacionistas, las teorías pueden cambiar en sus principios superiores y no solo a nivel de conexiones y detalles específicos. Es decir, las teorías marco también pueden cambiar, haciendo que este marco general se desarrolle.

Trabajos computacionales recientes, junto con la evidencia empírica, han revelado también otros aspectos significativos de estas dinámicas de cambio de la teoría. En particular, la modificación de la teoría a menudo depende de la variabilidad. Durante el cambio de la teoría y el desarrollo cognitivo, los niños sostienen y cambian gradualmente la probabilidad de múltiples hipótesis. Además, este proceso de revisión ocurre atravesando de forma dinámica una serie de niveles intermedios distintivos. Y a medida que la evidencia lleva a los niños a revisar sus hipótesis iniciales y sustituirlas por otras más probables, se produce una serie de conceptos relacionados que forman un puente entre una teoría amplia y la siguiente.

MODELOS PROBABILÍSTICOS Y APRENDIZAJE RACIONAL

En los últimos 15 años, los modelos probabilísticos se han vuelto cada vez más importantes en el aprendizaje de máquinas y en la inteligencia artificial (véase, por ejemplo, Glymour, 2003; Griffiths, Chater, Kemp, Perfors y Tenenbaum, 2010; Oaksford y Chater, 2007), y algunos de estos también han sido propuestos como un modelo similar a una teoría de desarrollo cognitivo (Gopnik et al., 2004; Gopnik y Tenenbaum, 2007; Gopnik y Wellman, 2012). Dos características de estos modelos probabilísticos son particularmente importantes para la teoría de la teoría. En primer lugar, describen modelos estructurados que representan hipótesis sobre cómo funciona el mundo. Y en segundo, describen las relaciones probabilísticas entre estos modelos y patrones de pruebas de manera rigurosa.

Como consecuencia, representan la estructura conceptual y, a la vez, permiten el aprendizaje.

Imaginemos una estructura real en el mundo: algo especialmente relevante para las teorías, una red de relaciones causales, por ejemplo, para la teoría de la mente, como las relaciones causales esbozadas en la figura 2.1. Esa estructura da lugar a algunos patrones de evidencia observables en lugar de otros, contingencias estadísticas entre los eventos. Un modelo o representación de esa estructura constituye una hipótesis acerca de cómo es la estructura del mundo. El tipo de representación adecuado permitiría generar patrones predecibles de evidencia observables en el mundo y a la vez hacer nuevas inferencias según corresponda. Desde una perspectiva constructivista del desarrollo, la pregunta realmente interesante es cómo podríamos aprender estas representaciones. Fundamentalmente, una relación sistemática entre la estructura y la evidencia en modelos adecuados también permite invertir el proceso y hacer inferencias sobre la naturaleza de la estructura a partir de la evidencia que genera. Científicos que estudian la visión se refieren a esto como «la solución del problema inverso». En el área de la visión, el problema inverso consiste en inferir la naturaleza de los objetos tridimensionales a partir de las imágenes pequeñas y poco nítidas que generan a nivel de la retina. En el desarrollo de la teoría, el problema es inferir la estructura causal de los eventos que observamos, aprender sobre el mundo a partir de la evidencia.

La idea de que los modelos mentales de la estructura del mundo generan predicciones sobre la evidencia observable, y que se puede invertir dicho proceso para aprender la estructura de la evidencia, no es nueva. De hecho, clásicamente ha sido captada en una forma matemática por la regla de Bayes. Esta es la versión más simple de la regla de Bayes:

$$P(H/E) \propto P(E/H)P(H)$$

La regla de Bayes combina una estructura hipotética (H) y la evidencia (E) que se ve para dar (la solución inversa) la probabilidad de H dada E o P(H/E). Por lo tanto, la regla de Bayes dice que la probabilidad posterior de su hipótesis (dada la evidencia) es proporcional a la probabilidad de la evidencia dada la hipótesis, P(E/H), y su estimación inicial de la probabilidad de la hipótesis, P(H).

P(H/E), la probabilidad «posterior» de la hipótesis, no es la única parte de la regla de Bayes que tiene un nombre convencional. P(H) es el «*a priori*», la probabilidad de la hipótesis antes de ver la evidencia. P(E/H) es la «probabilidad»; cuán probable es que usted viera la evidencia observada si la hipótesis fuese cierta. Así, de acuerdo con la regla de Bayes, la probabilidad posterior es función de la «*a priori*» y de la «probabilidad».

He aquí un ejemplo concreto tomado del artículo que preparamos junto con Alison Gopnik (Gopnik y Wellman, 2012). Supongamos que Mary está viajando y se despierta con un terrible dolor de cuello. Ella tiene tres hipótesis respecto de lo que le provocó el dolor: quizás tiene una arteria carótida obstruida, o durmió en una posición incómoda o probablemente fue la langosta que se comió la noche anterior que parecía un poco «pasada». Mary revisa en internet y descubre que es mucho más probable que una arteria obstruida y dormir en una posición incómoda produzcan dolor de cuello que comer un marisco es malas condiciones. De hecho, lee que las carótidas obstruidas casi siempre producen dolor de cuello: la *probabilidad* de tener dolor de cuello a raíz de una arteria carótida obstruida es particularmente alta. Lo anterior suena preocupante, pero de hecho es poco probable que Mary tenga una arteria carótida obstruida y, en general, es mucho más factible que haya dormido en una mala posición (o comido un marisco en mal estado); en particular, el haber dormido en una mala posición tiene una probabilidad *a priori* mucho mayor que tener una obstrucción severa en alguna carótida. Si combinamos estos dos factores, la «probabilidad» y la «*a priori*», llegaríamos a la conclusión de que una mala noche en una posición incómoda es la hipótesis más probable.

Por supuesto, con el tiempo, evidencias suficientes podrían llevarnos a aceptar una idea que inicialmente se veía muy poco probable. Evidencia como que el dolor persista, que una radiografía muestre la existencia de un bloqueo, etcétera, podría inclinarse crecientemente hacia el diagnóstico de la carótida obstruida que en un principio era muy poco probable. Esto da al razonamiento bayesiano probabilístico una combinación característica de estabilidad y flexibilidad. No se abandona una hipótesis muy probable de inmediato, pero sí en el caso de que se acumule suficiente evidencia en contra.

Los últimos avances en el modelado computacional han integrado nuevas ideas acerca de la probabilidad en este marco bayesiano. Si pensamos en una sola hipótesis (la hipótesis *a priori* o la posterior) como determinísticamente relacionada con la evidencia, y pensamos que la solución al problema inverso es una decisión respecto de si la hipótesis es correcta o incorrecta, entonces el problema inverso se vuelve extremadamente difícil de resolver. Esto se debe a que, por lo general, un gran número de hipótesis son compatibles con cualquier patrón de evidencia. ¿Cómo podemos decidir sobre cuál es *la* hipótesis correcta? Sin duda esta tarea es imposible. Este enigma relativo a la indeterminación de los datos ha llevado a conclusiones nativistas (por ejemplo, Gold, 1967; Pinker, 1984).

Algunos algoritmos de aprendizaje bayesiano probabilístico aceptan esta indeterminación y luego la explotan. En lugar de simplemente tomar la decisión respecto de si una hipótesis en particular es cierta o no, el aprendizaje bayesiano probabilístico considera múltiples hipótesis y determina su probabilidad siguiente. La posterior integración de la probabilidad junto con la variabilidad en el proceso de aprendizaje hace que el problema sea más manejable. Aunque muchas hipótesis podrían ser compatibles con la evidencia, algunas tienen más o menos probabilidades de haber generado dicha evidencia, y esto se puede determinar ajustando las probabilidades a las múltiples hipótesis.

En mi opinión, la inferencia bayesiana probabilística ayuda a captar la forma fragmentaria, si bien progresiva, en que funciona el desarrollo (los empiristas también hacen hincapié en este aspecto del desarrollo que no es fácilmente explicable con el nativismo). Al mismo tiempo, el poder generador de modelos estructurados puede ayudar a explicar el carácter abstracto y general de las inferencias de los niños (los nativistas también enfatizan este aspecto del desarrollo que tampoco se puede explicar fácilmente con el empirismo asociacionista tradicional). Y la integración de los conocimientos previos con la nueva evidencia se parece inquietantemente a lo que Piaget tenía en mente cuando hablaba de asimilación y acomodación.

REDES BAYESIANAS CAUSALES Y MAPAS CAUSALES

La regla de Bayes es, por sí misma, bastante general. De hecho, es demasiado general para explicar algo sin tener más información acerca de las hipótesis y las probabilidades. Aquí es donde entran las teorías y, para ser aplicables, las teorías (o modelos) tienen que capturar tanto las relaciones causales como los patrones de evidencia que generan. Los modelos son tan importantes como las matemáticas. Para permitir el uso de la regla de Bayes, los elementos de la ecuación de Bayes —las hipótesis (modelos), la evidencia y la probabilidad— tienen que especificarse de manera que las hipótesis se refieran a la evidencia de manera sistemática.

Las hipótesis causales son particularmente importantes tanto en la ciencia como en la vida común y corriente; y, para la teoría de la teoría, las teorías implican representaciones coherentes y abstractas de las relaciones *causales* (Carey, 1985; Wellman, 1990; Wellman y Gelman, 1998). Por lo tanto, los modelos causales deben especificarse de manera que se vinculen con la evidencia causal. Afortunadamente, tal como lo advirtieron primero Alison Gopnik y sus colegas (Gopnik et al., 2004), durante los últimos 15 años, los científicos computacionales y los filósofos han desarrollado modelos más precisos de las relaciones causales que funcionan de esta forma. Un buen conjunto de modelos, bastante ilustrativo, se conoce como «modelos gráficos causales» o «redes causales de Bayes» (Pearl, 2000; Spirtes, Glymour y Scheines, 1993, 2000).

Redes Causales de Bayes

Las redes causales bayesianas se desarrollaron por primera vez en la filosofía que estudia el conocimiento científico, en la ciencia computacional y en estadística (Glymour, 2001; Pearl, 1988, 2000; Spirtes et al., 1993). Los científicos parecen inferir teorías sobre la estructura causal del mundo a partir de patrones de evidencia; sin embargo, a los filósofos de la ciencia les era muy difícil explicar cómo esto era posible. Las redes causales de Bayes sirvieron de ayuda porque proporcionan una especie de lógica de la inferencia causal inductiva. Claramente, los científicos a menudo infieren estructuras causales mediante la realización de análisis estadísticos y experimentos. Es decir, observan los patrones de las relaciones entre las variables y «aíslan o controlan» algunas de ellas (como en el análisis estadístico); y, además, examinan las consecuencias de las intervenciones (como en los experimentos); y combinan estos dos tipos de procedimientos. Las redes causales bayesianas formalizan estos tipos de inferencias.

En las redes causales de Bayes, las hipótesis causales están representadas por gráficos dirigidos como el que aparece en la figura 6.1. Los gráficos se componen de variables, que representan tipos de eventos o estados del mundo, y flechas (conocidas más formalmente como bordes dirigidos), que representan las relaciones causales directas entre esas variables. La figura 6.1 es un gráfico que representa la estructura causal de los problemas de las conferencias académicas, utilizando de nuevo un ejemplo de Gopnik y Wellman (2012).

Dada una estructura causal en particular, solo algunos modelos probabilísticos se producirán entre las variables. Esto significa que, desde la perspectiva bayesiana, el gráfico especifica la probabilidad de la evidencia dada la hipótesis (es decir, dicho gráfico en particular). Para ilustrar cómo esto funciona, analicemos un problema causal simple, parcialmente incorporado en el gráfico de la figura 6.1. Supongamos que yo noto que cuando asisto a grandes conferencias muchas veces no puedo dormir cuando he estado en una fiesta y bebido vino. La fiesta (P) y el insomnio (I) covarían, tal como lo hacen el vino (W) y el insomnio (I).

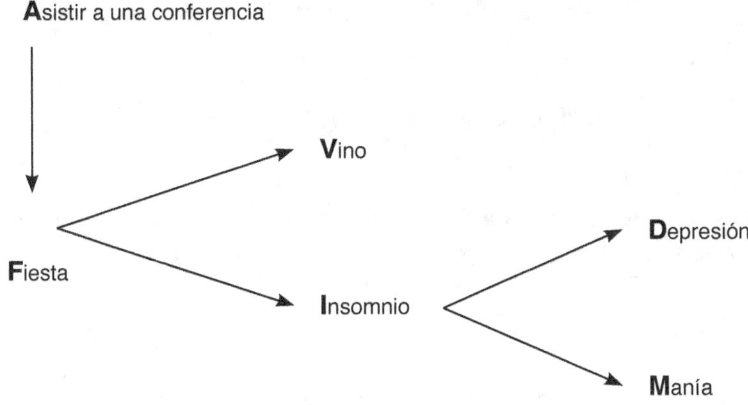

FIGURA 6.1 Diagrama causal de Bayes de conferencias académicas (y sus consecuencias). Los diagramas causales de Bayes pueden conectar cualquier variable con grafos o aristas dirigidas. En este ejemplo en concreto, A = asistir a una conferencia; P = fiestas; W = consumo de vino; I = insomnio; D = depresión; y M = manía (por sus siglas en inglés).

Supongamos, además, que hago algunas hipótesis acerca de cómo estas variables posiblemente se relacionan. Hay por lo menos dos posibilidades acerca de las relaciones entre estas variables. Tal vez las fiestas hacen que beba vino y eso me mantiene despierto (cadena causal). Quizás las fiestas son tan emocionantes que me mantienen despierto y también provocan, independientemente, que beba vino (causa común). Tal como se muestra en la figura 6.2, estas posibilidades pueden ser representadas por dos gráficos causales simples que incluyen variables tales como P +/– e I+/–, pero también especifican la naturaleza de las relaciones entre ellas.

En estos gráficos P +/–, por ejemplo, refleja que las fiestas pueden estar presentes (+) o ausentes (–). P +/– → I+/– indica la hipótesis de que las fiestas y el insomnio están causalmente relacionados, mientras que P+ → I+ señala la hipótesis más específica de que asistir a más fiestas conduce a un mayor insomnio. De esta forma, quizás (Gráfico 1) las fiestas (P +) me llevan a beber (W+) y el vino me mantiene despierto (I+); o tal vez (Gráfico 2) las fiestas (P+) me mantienen despierto (I +) y me hacen beber (W+). La variación conjunta entre las variables —que yo me diera cuenta de que muchas veces no puedo dormir cuando he estado en una fiesta y bebido gran cantidad de vino— es coherente con estas dos estructuras.

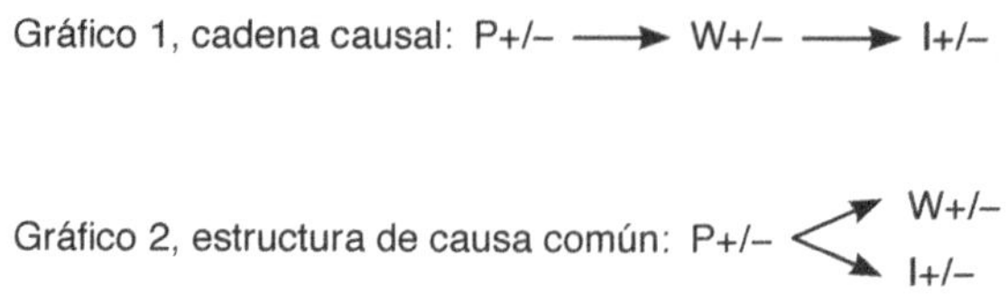

Gráfico 1, cadena causal: P+/– ⟶ W+/– ⟶ I+/–

Gráfico 2, estructura de causa común: P+/– ⟨ W+/– / I+/–

FIGURA 6.2 Gráficos causales simples de dos relaciones causales alternativas entre asistir a una fiesta (P), consumir vino (W), y padecer insomnio (I) (por sus iniciales en inglés).

Sin embargo, estos dos gráficos conducen a patrones probabilísticos diferentes entre las tres variables, en particular a patrones de probabilidad condicional diferentes. O como dicen los estadísticos, ponen a prueba diferentes relaciones entre algunas variables cuando otras variables han sido controladas. Supongamos que decido llevar un diario o registro con todas las veces en que bebo y asisto a una fiesta y examinar los efectos en mi insomnio. Si el gráfico 1 (en la figura 6.2) es correcto, entonces mi predicción es que mi diario demostrará que soy más propenso a tener insomnio cuando bebo vino, sin importar si he asistido o no a una fiesta (controlando esta variable). Si por el contrario el gráfico 2 es correcto, solo voy a ser más propenso a sufrir insomnio cuando voy a una fiesta, sin importar si he bebido un poco, mucho o nada de vino (controlando la variable vino).

Si sé que la estructura causal de mi insomnio está en efecto representada por el gráfico 1 (o el gráfico 2), y conozco los valores de algunas de las variables del gráfico (+ o –), puedo hacer predicciones coherentes y bastante generales sobre la probabilidad de otras variables. Tengamos presente que la idea de fondo de la causalidad implícita en estos gráficos dirigidos es más genuinamente causal que solo la covarianza de Hume (véase Gopnik y Wellman, 2012). En términos bayesianos, cada gráfico nos dice la probabilidad de ciertos patrones de evidencia dada una hipótesis particular sobre la estructura *causal* (flechas hipotetizadas).

Una Digresión: Mapas Causales

Allison Gopnik y sus colegas (2004) proporcionaron una analogía útil para pensar acerca de las redes causales de Bayes en términos de cognición cotidiana. Utilizaron el constructo de «mapas causales» para ayudar a analizar cómo funciona el aprendizaje y el razonamiento causal. Los mapas causales pueden ser comprendidos utilizando una analogía con los mapas cognitivos espaciales. Estos últimos nos permiten «representar las relaciones geométricas entre objetos del espacio de manera no egocéntrica, generando nueva información y relaciones no experimentadas directamente para luego generar nuevas inferencias espaciales» (Gopnik et al., 2004, pág. 5). Un taxista novato que hace un mapa mental de la distribución espacial de las calles de Londres con una exposición limitada a algunas de ellas puede utilizar este mapa inicial para hacer inferencias acerca de nuevas ubicaciones en dicha ciudad. Y como analogía de los mapas espaciales, los mapas causales reúnen experiencias específicas en un sistema más amplio que utilizamos para inferir nueva información causal de gran riqueza, como es evidente en las predicciones e intervenciones causales futuras.

Los mapas cognitivos claramente se aprenden sobre la base de la experiencia de la persona que los genera en su entorno espacial, tal como el conocimiento de los taxistas londinenses sobre las calles de Londres (Woollett, Spiers y Maguire, 2009). En paralelo, podría decirse que el aprendizaje de los mapas causales se basa en las experiencias de los conocedores causales en sus entornos causales.

El filósofo de la ciencia Steven Toulmin (1953/1967) va más allá y sugiere una analogía general entre los mapas y las teorías:

> Hemos visto cuan natural es hablar de nosotros mismos «encontrando nuestro camino en torno» a una serie de fenómenos con la ayuda de una ley de la naturaleza, o «reconociendo en qué lugar del mapa» se encuentra un objeto de estudio particular. Al hacerlo, empleamos una analogía cartográfica que vale la pena seguir: …la analogía entre las teorías y los mapas físicos recorre un largo camino y puede utilizarse para iluminar algunos rincones oscuros y polvorientos de la filosofía de la ciencia (Capítulo 4, «Teorías y mapas», pág. 4).

Aprendizaje y Redes Bayesianas

De manera obvia, aunque crucial, el aparato de las redes causales de Bayes se puede utilizar para resolver computacionalmente el problema inverso: aprender de la estructura a partir de la evidencia. Podemos conocer la estructura causal tanto al identificar la evidencia que se deriva de los resultados de las intervenciones como al analizar, a través de pruebas de observación, las probabilidades condicionales de los sucesos. Por ejemplo, en el ejemplo vino-insomnio, ¿cómo puedo saber qué hipótesis acerca de mi insomnio asociado a las conferencias académicas es la correcta? ¿cómo puedo distinguir entre las diferentes hipótesis causales en los gráficos 1 y 2 (en la figura 6.2)? Claramente, podría hacer un experimento. Podría mantener las fiestas como una constante (asistir a fiestas regularmente o no hacerlo nunca) e intervenir en la variable de beber vino o no hacerlo; o bien podría hacer que el beber vino sea la constante (beber de manera regular o no hacerlo) e intervenir en la variable de asistir o no a fiestas. Este razonamiento subyace a la lógica del diseño experimental en la ciencia.

También podría usar mi diario para llevar un registro de las frecuencias relativas de los tres eventos. Si noto más probabilidades de tener insomnio cuando bebo vino, independiente de si asisto a una fiesta, puedo inferir que el gráfico 1 es el correcto. Si observo que, independientemente de lo mucho o poco que beba, solo soy propenso a tener insomnio cuando voy a una fiesta, me inclinaré por el gráfico 2. Estas inferencias reflejan la lógica de las estadísticas correlacionales en la ciencia. Lo que hice con mi diario fue, en cierto modo, controlar los efectos de asistir a fiestas en la correlación vino/insomnio y luego sacar una conclusión causal.

Luego, el modelado probabilístico bayesiano, junto con hipótesis específicas y rastreables sobre los sistemas causales, permite (probabilísticamente) aprender esos sistemas causales que producen la evidencia. Varios modelos computacionales bayesianos hacen esto con datos de la vida real (véase, por ejemplo, Shipley, 2000).

Tengamos presente que las redes causales de Bayes también pueden incluir variables no observables: factores causales que no se observan en ningún evento manifiesto pero que están indirectamente vinculados con hechos evidentes. Tal vez el verdadero culpable de que no pueda dormir sea un virus estomacal tipo úlcera, que se activa con la bebida o con la música fuerte. Así que la verdadera estructura causal sería un gráfico como el de la figura 6.1, pero con un nodo adicional. Fundamentalmente, hay procedimientos bayesianos para identificar este tipo de variables no observadas *a partir de los datos*. Gopnik et al. (2004) proporcionaron varios ejemplos claros. La teoría de la teoría, por supuesto, plantea que los niños infieren variables no observadas como los estados mentales internos a partir de los patrones de la experiencia.

¿Qué Pasa con los Niños?

A nivel teórico, este enfoque de modelado incorpora un proceso constructivista, por lo que al menos hay pruebas de demostración plausibles de que el aprendizaje constructivista es posible. Pero este es el aprendizaje de «máquinas». ¿Qué pasa con los niños? ¿acaso su aprendizaje causal y sus esfuerzos de construcción de teoría se parecen en algo a estos modelos (computacionalmente rastreables)? Todos los niños, de acuerdo con la teoría de la teoría, construyen teorías causales intuitivas, incluyendo la teoría de la mente cotidiana. ¿Construyen los niños su conocimiento de manera similar a la de estos modelos? y ¿funcionan los modelos computacionales como los niños?

TRABAJO EMPÍRICO EN NIÑOS SOBRE EL RAZONAMIENTO BAYESIANO BASADO EN TEORÍAS

En los últimos 10 años, varios investigadores han explorado la posibilidad de que los niños puedan aprender una estructura causal a partir de la evidencia, tal como sugieren los formalismos bayesianos. La mayor parte de este trabajo ha considerado la comprensión infantil de la causalidad física y utilizado herramientas y situaciones de aprendizaje novedosos para dar a los niños problemas causales que aún no han sido resueltos. Así, los investigadores han dado a los niños evidencia controlada sobre nuevos sistemas causales para ver a qué tipo de conclusiones causales llegarán. El recuadro 6.1 muestra un ejemplo de una de las primeras investigaciones de este tipo, que originó gran cantidad de investigación contemporánea con una variedad de «detectores *blicket*».

Cognición social

Sin embargo, también necesitamos saber si estas ideas pueden dar luces sobre el conocimiento típico de un niño acerca de generalizaciones causales familiares y, en particular, si son pertinentes al aprendizaje cognitivo-social cotidiano. Además, ¿ayudan estas ideas a caracterizar los desarrollos de largo plazo, como los cambios en el conocimiento que quienes apoyan el desarrollo cognitivo han graficado como cambios en las teorías intuitivas de los niños? La teoría de la mente justamente proporciona datos y afirmaciones importantes sobre estos temas. A modo de ilustración, esbozaré diversas áreas de hallazgos emergentes dentro de la cognición social.

Bebés

Sabemos que incluso los bebés pueden detectar patrones probabilísticos complejos y aprender de ellos. De hecho, el aprendizaje estadístico ha sido una de las áreas más importantes en la investigación de desarrollo reciente sobre el aprendizaje

RECUADRO 6.1

Ejemplo de detector *blicket* y experimento de *blicket* simple

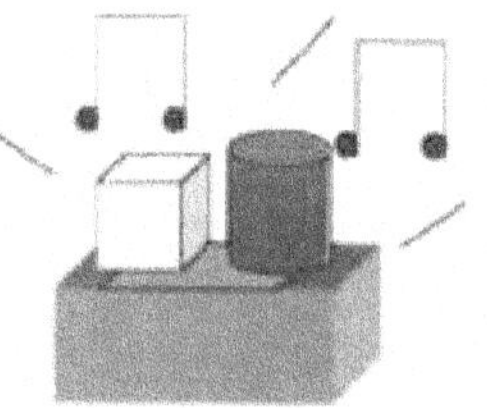

El bloque claro (amarillo) activa el detector

El bloque oscuro (azul) no activa el detector

Ambos bloques activan el detector

Un detector *blicket* (el dispositivo que está debajo de los bloques) puede activarse (emitir luz y reproducir música) cuando algunos bloques, pero no otros, se ponen sobre él.

Eventos como el representado en esta figura permiten hacer 4 interpretaciones causales diferentes:

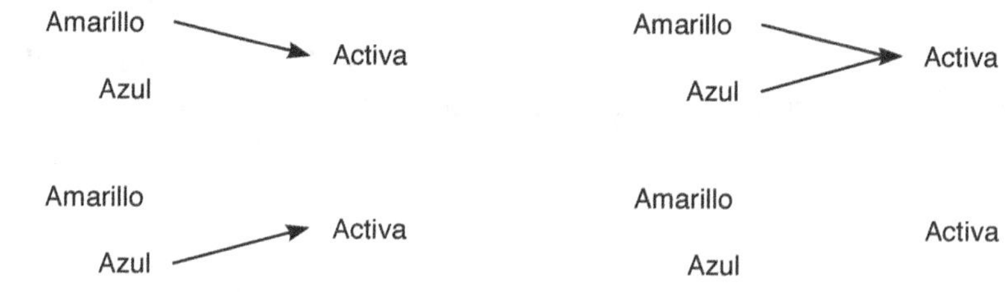

Nota: En esta figura, los cubos de color gris claro son de color amarillo, mientras que los cilindros negros son azules.

lingüístico y perceptivo (por ejemplo, véase Gómez, 2002; Kirkham, Slemmer y Johnson, 2002; Saffran, Aslin y Newport, 1996; Wu, Gopnik, Richardson y Kirkham, 2011). Esto incluye el descubrimiento de que los bebés que están en una etapa preverbal hacen uso de regularidades estadísticas, probabilísticas en sus experiencias para hacer inferencias acerca de la estructura del lenguaje y el mundo físico. Esta investigación muestra que incluso los bebés pequeños son sensibles a algunas de las regularidades estadísticas en los datos, que serían necesarias para participar en el aprendizaje causal bayesiano.

Este es un ejemplo relevante. Para el razonamiento físico de los bebés, Fei Xu y Vashti Garcia (2008) demostraron que los bebés de 8 meses de edad eran sensibles a patrones de muestreo estadístico. Un experimentador mostró a los bebés una caja llena de pelotas de ping-pong blancas y rojas, en una proporción de 80:20. Luego sacó algunas pelotas de la caja con los ojos cerrados. Suponiendo que la selección se haya generado de manera aleatoria, la distribución de pelotas de la muestra debiese asemejarse a la distribución de la caja. De hecho, los bebés sostuvieron la mirada durante más tiempo (evidenciando una transgresión a la respuesta esperada) cuando se sacó una muestra de pelotas mayoritariamente rojas de una caja que contenía principalmente pelotas blancas, que cuando se extrajo una muestra de pelotas en su mayoría blancas.

Estos datos indican que los bebés son sensibles a las relaciones estadísticas entre las muestras y las poblaciones, pero no señalan si los bebés hacen inferencias causales sobre los hechos ni, causalmente, lo que piensan acerca de la persona que extrae las pelotas (si acaso piensan algo). Investigaciones recientes van un poco más lejos para demostrar que los niños integrarán sus conocimientos previos con la nueva evidencia de una manera bayesiana, con el objeto de ir más allá del aprendizaje de variables observables para presuponer algunas *no observables*. Esto lo hacen mediante la inferencia de estados causales-mentales no observados del agente y, en particular, de sus intenciones, deseos y preferencias.

He aquí un ejemplo. Imaginemos que vemos una persona que repetidamente saca cinco pelotas azules de una caja que contiene muchas bolas rojas (80%) y muy pocas azules (20%). Fácilmente se puede pensar que esta persona extrajo una muestra no aleatoria de baja probabilidad y, a partir de ese supuesto, inferir que a esta persona *le gustan* las pelotas azules o que *las quiere* por alguna razón. Por el contrario, ¿qué pasaría si vemos a otra persona tomar cinco pelotas azules de una caja donde el 80% de las pelotas son *azules*? Dado que la conducta refleja en gran medida las probabilidades subyacentes, esto no nos proporcionaría información sobre la preferencia de la persona (o bien esta sería inútilmente ambigua). Si los niños comprenden esta diferencia —que la primera persona realmente quería las pelotas azules— habrán hecho una inferencia causal a partir de datos estadísticos y lo habrán hecho para un caso psicológico: se infirió las preferencias del actor.

Junto con Tamar Kushnir y Fei Xu (2010) demostramos que los bebés de 20 meses de edad efectivamente pueden interpretar este tipo de muestreo no aleatorio tanto de manera causal como psicológica. En nuestra investigación, una experimentadora tomó ranas de juguete de una caja donde casi todos eran patos (condición *minoritaria*) o sacó ranas de una caja donde casi todos los juguetes eran ranas (condición *mayoritaria*). Luego salió de la habitación y otro experimentador dio al niño un pequeño recipiente con ranas y un recipiente aparte con patos. Cuando regresó la experimentadora original, extendió su mano de manera ambigua entre ambos recipientes. Los niños le podían dar una rana o un pato. En la condición minoritaria (cuando el adulto había tomado originalmente ranas de una caja donde casi todos eran patos de juguete), los niños le dieron una rana. En este caso, los niños pequeños llegaron a la conclusión de que ella quería ranas. Por el contrario, en la condición mayoritaria (cuando había sacado ranas de una caja donde casi todas eran ranas), los niños se mostraron igualmente propensos a darle una rana o un pato. En este caso, estos niños pequeños llegaron a la conclusión de que ella simplemente había extraído una muestra aleatoria de la caja, en lugar de mostrar una preferencia por las ranas. Así, estos niños de 20 meses de edad habrían inferido un estado mental subyacente —un deseo— a partir de un patrón estadístico. Tengamos en cuenta que, en ambos casos, los niños vieron exactamente el mismo comportamiento manifiesto: un adulto que saca cinco ranas de un recipiente. No obstante, estos niños llegaron a diferentes hipótesis causales en función de las probabilidades de fondo tras dicho comportamiento.

No solo los niños pequeños infieren una preferencia a partir de la evidencia de una conducta estadística al azar (Kushnir et al., 2010; Ma & Xu, 2011), los niños en edad preescolar también lo hacen (Kushnir et al., 2010). ¿Pero qué sucede con los niños incluso más pequeños, los bebés? Incluso los niños pequeños han acumulado considerable información sobre las acciones (Meltzoff, 1995) y deseos (Repacholi y Gopnik, 1997) de las personas, incluyendo información verbal entregada por otras personas (Bartsch y Wellman, 1995). Tal vez los datos de niños de esta edad nos muestran una manera en que pueden identificar deseos específicos, pero no nos muestran que es así como los niños más pequeños aprenden por primera vez acerca de la noción de deseo. Las pruebas con niños incluso más pequeños nos podrían ayudar en este punto: entonces, más recientemente, nosotros (Wellman, Kushnir, Xu y Brink, 2016) hicimos pruebas con bebés de 10 meses que aún no hablan, en un paradigma de transgresión de expectativa, para determinar si pueden inferir deseos a partir de estos patrones estadísticos.

Analicemos la figura 6.3. Como allí se indica, dos grupos de bebés vieron una persona que retiró cinco pelotas azules de una caja transparente que contenía 20% de pelotas azules (condición minoritaria) o bien 80% azules (condición mayoritaria). Vieron esta misma acción en múltiples ensayos hasta lograr la habituación (sostuvieron la vista 50% menos de tiempo en las últimas tres

Eventos de habituación

Una persona extrae:     

Condición minoritaria (20%) proporción de pelotas azules a pelotas rojas: 5:20

Condición mayoritaria (80%) proporción de pelotas azules a pelotas rojas: 20:5

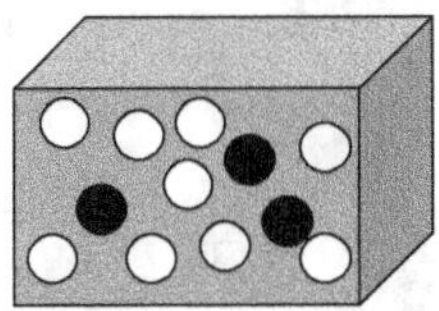

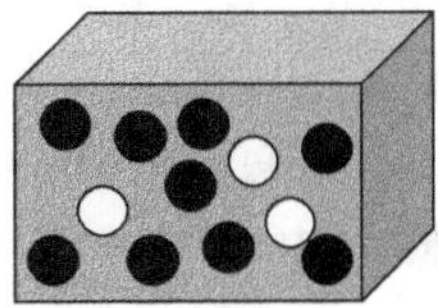

• Muestra extraída de manera intencional
• A partir de elementos minoritarios

• Muestra extraída de manera accidental
• A partir de elementos mayoritarios

Eventos de Prueba

o

 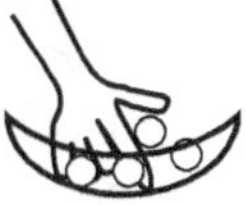

Selecciona azul

Selecciona roja

FIGURA 6.3 Representación de cómo bebés ven que una persona saca 5 pelotas azules, en los eventos de habituación, y luego escoge una pelota roja o azul en los eventos de prueba. En esta figura, los círculos negros representan las pelotas azules, mientras que los blancos representan las pelotas rojas.

pruebas en comparación con las tres primeras). Tras la habituación, presenciaron uno de dos eventos de prueba. En ambos, el mismo adulto estaba sentado a medio camino entre dos recipientes transparentes, uno con pelotas de color rojo y el otro con pelotas azules. El adulto miró los dos recipientes y luego estiró su mano para agarrar una pelota en uno de los recipientes (roja o azul) y en ese punto la acción se congeló. Los tiempos de observación de los bebés en esta prueba —de elegir una pelota roja o una azul— fueron la medida clave.

En la condición de minoría (20%), los bebés miraron durante mucho más tiempo la prueba de elección de pelota roja que la azul, pero no en la condición de mayoría (80%). En la condición de minoría, los bebés esperaban que la persona seleccionara la pelota azul, por eso miraron durante más tiempo el comportamiento de elección de la pelota roja. Tengamos en cuenta, una vez más, que en la habituación, los bebés en ambas condiciones vieron los mismos hechos: la persona sacó en repetidas ocasiones cinco pelotas azules de la caja. Y en la prueba, en ambas condiciones los bebés vieron los mismos hechos: la extracción de una pelota roja o una azul (desde sus respectivos recipientes). Ambos conjuntos de acciones fueron intencionales —la persona miró y alcanzó la caja, inspeccionó cuidadosamente y colocó las pelotas— pero el proceso de muestreo fue diferente. Los bebés llegaron a diferentes conclusiones —diferencias posteriores— al considerar cómo los actos se relacionaban con las probabilidades de fondo (divergentes).

Además, estos bebés en etapa preverbal infirieron un estado mental causal —deseo o preferencia— a partir de este patrón estadístico de acciones: la manipulación deliberada de las probabilidades por parte de las personas. El aprendizaje estadístico, en el nivel bajo, en el sentido de exploración de datos («*data mining*»), podría implicar simplemente el seguimiento de frecuencias y regularidades; pero nuestros hallazgos demuestran que los bebés van más allá de solo asociaciones estadísticas para inferir causas psicológicas.

Este tipo de inferencia estadística socio-causal, que ya se observa en bebés de apenas 10 meses de edad que están en etapa preverbal, podría ser un factor poderoso que contribuye al desarrollo de la cognición social infantil. Más específicamente, lo que puede ser crucial para el aprendizaje causal en el dominio psicológico es que las acciones intencionales característicamente transgreden las probabilidades físicas. Tal como sacar a propósito ranas verdes de una caja con casi puros patos amarillos transgrede estas probabilidades físicas, levantar intencionalmente un juguete del suelo anula su inercia física, y clasificar la pila de calcetines recién lavados de manera intencional en pares crea un evento de baja probabilidad a partir de un desorden inicial de alta probabilidad. Por hipótesis, es a través de la observación repetida de agentes que transgreden las probabilidades físicas en sus acciones que los bebés comienzan a suponer que las variables psicológicas causales no observables —siendo las más simples los deseos y las preferencias— estarían justificadas por los datos. Creo que este tipo de aprendizaje estadístico socialmente especial nos muestra el comienzo de la adquisición de conceptos psicológicos tales como los deseos, las preferencias y los objetivos y, con el tiempo, de las creencias y pensamientos.

Integración de los Conocimientos Previos con la Nueva Evidencia

La inferencia bayesiana combina evidencia, probabilidades y la probabilidad *a priori* de las hipótesis. Los niños, ¿toman en cuenta los conocimientos previos de una manera bayesiana cuando hacen inferencias causales? Varios estudios recientes han demostrado que lo hacen pero que, también de manera bayesiana, la nueva evidencia puede llevarlos a descartar una hipótesis inicialmente probable. Una vez más, estos estudios se han concentrado en la causalidad física, a menudo utilizando dispositivos conocidos como detectores *blicket* (Griffiths, Sobel, Tenenbaum y Gopnik, 2011; Kushnir y Gopnik, 2007; Sobel, Tenenbaum y Gopnik, 2004). Sin embargo, unos pocos estudios reveladores han analizado la causalidad psicológica y lo han hecho en conexión con la causalidad física o con la biológica.

Laura Schulz y sus colegas (Schulz, Bonawitz, y Griffiths, 2007; Schulz y Gopnik, 2004) han explorado si los niños creen que las relaciones causales pueden atravesar distintos dominios o ámbitos, por ejemplo, si una causa física podría dar lugar a un efecto psicológico o viceversa. Muchos estudios han sugerido que los niños en principio son reacios a considerar tales hipótesis, tienen una probabilidad previa muy baja. Por ejemplo, Laura Schulz y Alison Gopnik (2004) mostraron que niños de 4 años inicialmente juzgaron que hablar con una máquina —como el detector *blicket* del recuadro 6.1— no lo encendería ni haría sonar. Pero luego se dio a estos niños de 4 años evidencia, patrones de demostraciones causa-efecto observables, y utilizaron esta información estadística para aprender acerca de esta relación causal entre distintos ámbitos. Si los niños vieron los vínculos correspondientes (probabilidades condicionales) entre hablar y la activación, se volvieron más dispuestos a considerar que el hablar haría que la máquina funcionara: es decir, aprendieron la causa de dominio cruzado.

Teniendo en cuenta la exposición de los niños a los teléfonos celulares, intercomunicadores y otros dispositivos de este tipo en la sociedad contemporánea, tal vez aprender que hablarle a una máquina *blicket* puede activarla es, incluso para ellos, una hipótesis previa relativamente probable en lugar de «menos probable». Un caso más profundo se refiere a la incapacidad de los niños pequeños de entender los efectos psicosomáticos, donde causas psicológicas (por ejemplo, preocupación) dan lugar a efectos biológicos (por ejemplo, dolores de estómago, úlceras). Los niños en edad preescolar niegan de manera sistemática y con insistencia que tales efectos sean posibles (por ejemplo, Notaro, Gelman y Zimmerman, 2001). Así, en una serie de experimentos Laura Schulz, Elizabeth Bonawitz y Tom Griffiths (2007) partieron con niños preescolares que negaban sistemáticamente los efectos psicosomáticos y luego los expusieron gradualmente, a través de una secuencia de libros de cuentos, a una creciente cantidad de evidencia estadística (dentro de las viñetas ilustrativas de los cuentos) que respaldaba esta hipótesis de dominio cruzado. Este desvió sistemáticamente las inferencias de los niños precisamente de la forma que un modelo bayesiano predeciría. A medida que los niños tuvieron más y más evidencia a favor de la hipótesis de que la preocupación o el miedo pueden dar lugar a dolores de estómago, se mostraron cada vez más propensos a aceptarlo.

Interesantemente, en sus primeros estudios, esta revisión basada en la evidencia de creencias anteriores muy arraigadas funcionó con los niños de 4 y 5 años de edad, pero *no* con los de 3. Esto ayuda a certificar que para los niños muy pequeños, la causalidad psicosomática es efectivamente una hipótesis previa muy poco probable. Pero luego Elizabeth Bonawitz y sus colegas (Bonawitz, Fischer y Schulz, 2012) trabajaron con niños muy pequeños de 3 años de edad y de manera incluso más sistemática a lo largo de varias sesiones durante un lapso de 2 semanas, exponiéndolos a evidencia (a través de cuentos y *sketches*). Los niños de 3 años expuestos a esta dieta incluso más concertada de evidencia comenzaron a revisar sus hipótesis previas (en pasos graduales, progresivos).

CARACTERÍSTICAS DINÁMICAS DE LAS TEORÍAS

Los resultados examinados hasta ahora ya nos dicen algo acerca de la dinámica del aprendizaje de la teoría. Nos muestran que los niños a menudo aprenden acerca de la estructura causal de una manera normativamente correcta: dada la evidencia adecuada, sacan conclusiones causales apropiadas. Pero ahora quiero profundizar más en los procesos de aprendizaje involucrados en los cambios más profundos del desarrollo, tales como los que están involucrados en el cambio de la teoría.

Muestreo y Variabilidad

El aprendiz probabilístico bayesiano maneja diversas hipótesis, y el aprendizaje surge de la actualización de las probabilidades de estas hipótesis variadas. De esta forma, la variabilidad entre las hipótesis se convierte en una parte necesaria y una característica fundamental del proceso de aprendizaje. Los investigadores del desarrollo han reconocido cada vez más que los niños también consideran múltiples hipótesis y estrategias al mismo tiempo. Los niños suelen ser variables. Es frecuente que un mismo niño realice la misma tarea de manera correcta e incorrecta durante una misma sesión o que emplee dos o tres estrategias diferentes para la misma prueba en ensayos seguidos. Como Robert Siegler (1995, 2007) ha enfatizado de manera convincente, esta variabilidad realmente podría ayudar a explicar el desarrollo en lugar de ser solo ruido que pueda pasarse por alto.

Los ejemplos de Siegler suelen provenir del desarrollo numérico. En sus estudios, los niños utilizan estrategias variables para resolver exactamente los mismos problemas de adición. Pero el mismo patrón se aplica para la teoría de la mente. Pensemos en las tareas estándar de falsa-creencia, de cambio de ubicación. Un niño ve que Judy coloca su juguete en el cajón y desaparece. Judy no ve que Punch luego cambia el juguete al estante. Judy regresa y se le pregunta al niño: «¿Dónde buscará Judy su juguete? ¿en el estante o en el cajón?». En un estudio intensivo (Liu, Sabbagh et al., 2009), se aplicó a unos 50 niños preescolares entre 20 y 30 tareas de falsa-creencia. En un primer nivel de análisis, los niños mostraron un desempeño bastante coherente: el 65% de ellos logró más del 75% de estas tareas, mostrando un desempeño sistemáticamente correcto; y el 30% adicional logró menos del 25% de estas pruebas, por lo que su desempeño fue sistemáticamente incorrecto: dijeron que Judy buscaría primero en el estante, dando la respuesta «realista». Solo 3 niños se ubicaron en la mitad, mostrando un patrón completamente mezclado. Estos datos ayudan a respaldar la firmeza de las ideas de los niños pequeños, tanto su desconocimiento de las creencias en una primera instancia, como su posterior convencimiento tenaz de su poder. Pero al mismo tiempo, cuando se examinan los datos en mayor detalle, se hace evidente que existe una enorme variabilidad: todos los niños producen una mezcla de respuestas realistas incorrectas y de respuestas de falsa-creencia correctas.

Las tareas o pruebas de explicación de las falsas creencias proporcionan información relacionada. En estas tareas, en lugar de preguntar acerca de una predicción —«¿dónde buscará Judy su juguete?»— la persona que realiza el experimento le muestra al niño que Judy en realidad va al lugar donde el objeto ya no está (porque fue cambiado al estante) y luego le pide al niño una explicación: «¿por qué Judy está buscando en el cajón?». Los niños pequeños ofrecen explicaciones convincentes; de hecho, a menudo son mejores que sus predicciones paralelas (Wellman, 2011). Pero producen una mezcla de explicaciones muy diversas. En tareas sucesivas, un niño típico podría contestar «ella ya no quiere su juguete» (explicación de deseo), «está vacío» (explicación de realidad), «ella no sabe dónde está» (explicación conocimiento-ignorancia) y «piensa que su juguete está allí» (explicación de creencia). Junto con Jennifer Amsterlaw (Amsterlaw y Wellman, 2006) hicimos pruebas con niños de 3 y

4 años con 24 tareas de explicación de falsas creencias en un período de 6 semanas. Las explicaciones de realidad fueron más prevalentes en un principio, mientras que luego lo fueron las de conocimiento de ignorancia y creencias. Sin embargo, todos los niños fueron variables, produciendo a menudo dos o tres explicaciones diferentes en un mismo día.

Los investigadores que están interesados en diagramar los amplios cambios de largo plazo en el pensamiento de los niños a menudo ven este tipo de variabilidad como si se tratara simplemente de la varianza del error, de muy poco interés. Pero un enfoque bayesiano probabilístico dice que la variabilidad en realidad ayuda a los niños a aprender. Si los niños son una muestra de una serie de hipótesis, entonces la variabilidad no es ruido, sino que es de esperar. Y de hecho la variabilidad puede decirnos algo importante acerca de cómo se producen cambios más amplios. Más aún, si además consideramos la estructura jerárquica de las teorías, la variabilidad tiene otros aspectos y otras funciones distintivas, como explico a continuación.

REDES BAYESIANAS JERÁRQUICAS: MÁS AVANCES TEÓRICOS

Las redes bayesianas son buenas representaciones de estructuras causales particulares, incluso de estructuras causales complejas. Sin embargo, de acuerdo con la teoría de la teoría, a menudo los niños no solo están aprendiendo estructuras causales particulares, sino que también están aprendiendo generalizaciones marco abstractas sobre la estructura causal. Por ejemplo, además de aprender que mi deseo por tener ranas me hace sacarlas de la caja, los niños pueden desarrollar una generalización más amplia; pueden concluir que los deseos son los tipos de variables que causan las acciones (si bien otros estados mentales como las esperanzas vagas o las imaginaciones de ficción no lo hacen).

De hecho, la investigación «clásica» de la teoría de la teoría ha demostrado que los niños desarrollan un conocimiento marco más abstracto más allá del conocimiento específico de causalidad. Cuando hacen juicios sobre objetos y personas, los niños a menudo parecen entender los principios causales más amplios *antes* de comprender los detalles específicos (Simons y Keil, 1995; Wellman y Gelman, 1998). Por ejemplo, en un nivel abstracto, los niños de 3 y 4 años de edad, al igual que los adultos, saben que los objetos biológicos, como un cactus o un cerdo, por lo general tienen un interior distinto al de un artefacto, como un reloj o una alcancía. También saben que la parte interna es importante para la identidad y la función. No obstante, al mismo tiempo estos niños pequeños son especialmente inexactos e imprecisos respecto de cómo es el interior específicamente (Gelman y Wellman, 1991). Dicen que los objetos biológicos tienen sangre y vísceras (incluso un cactus) y que los artefactos tienen engranajes o relleno dentro (incluso una plancha de ropa). Del mismo modo, en las tareas de teoría de la mente, los niños se refieren en general a los deseos y las creencias del agente, aunque a menudo son sorprendentemente vagos e incluso se dan varias vueltas a la hora de explicar lo que son esos deseos o creencias. «Mira, Judy fue a buscar en el cajón, ¿por qué?». Porque quería. «¿Ella quiere su juguete?». Sí. «Bueno, su juguete está en el estante, ¿por qué buscó en el cajón?». Porque quiere (Amsterlaw y Wellman, 2006; Schult y Wellman, 1997).

Como ya hemos señalado, las generalizaciones más amplias son importantes tanto en las teorías científicas como en las intuitivas. Los filósofos de la ciencia se refieren a las «sobre-hipótesis» (Goodman, 1955/2004 en la edición en español), a «programas de investigación» (Laudan, 1977/1986 en la edición en español) o a «paradigmas» (Kuhn, 1962/2011 en la edición en español) para capturar estas generalizaciones de orden superior. Yo prefiero el término «teorías marco» (Wellman, 1990; Wellman y Gelman, 1992). En sus teorías marco, los niños dan por hecho que hay tipos característicos de variables y estructuras causales (que difieren, por ejemplo, para la psicología ingenua frente a la biología y la física). Los constructivistas, incluyendo a Piaget y otros teóricos de la teoría, insisten en que este conocimiento causal más abstracto podría aprenderse. El modelo bayesiano descrito hasta ahora nos dice cómo es posible aprender estructuras causales específicas. ¿Cómo es posible, computacionalmente, aprender estos principios causales generales más abstractos? ¿Cómo, computacionalmente, podríamos lograr realmente el desarrollo del marco?

Tom Griffiths y Josh Tenenbaum (2009; Tenenbaum, Kemp, Griffiths y Goodman, 2011), inspirados en la filosofía de la ciencia y en el desarrollo cognitivo, han formulado formas computacionales de representar y aprender las generalizaciones de orden superior sobre las estructuras causales. Ellos llaman a su enfoque modelo bayesiano jerárquico o bien modelado bayesiano basado en la teoría (Griffiths y Tenenbaum, 2009; Tenenbaum et al., 2006).

En el modelado bayesiano estándar, una red bayesiana en particular representa una hipótesis específica acerca de las relaciones causales entre variables particulares. Los modelos bayesianos jerárquicos (HBM, por su sigla en inglés) apilan hipótesis. Aquí se enfatizan dos ideas clave. En primer lugar, este tipo de estructuras pueden considerarse como existentes en las jerarquías de especificidad: de las teorías generales «marco» hacia teorías más específicas de «nivel de base» que describen e infieren la estructura de un conjunto muy específico de datos. Los niveles más altos contienen los principios generales que especifican qué hipótesis albergar en el nivel inferior. Así, estas estructuras de nivel superior pueden limitar las hipótesis más particulares representadas por determinadas redes bayesianas. Además, y esta es la segunda idea clave, estas generalizaciones de más alto nivel pueden ser aprendidas, ellas mismas, con estos métodos bayesianos.

Más específicamente, cada par de niveles en la jerarquía capta una interacción entre los «datos» y un «espacio de hipótesis» (o teoría). En la parte inferior están los datos o evidencia (E) y la teoría de primer nivel (H), al igual que en la regla de Bayes. Sin embargo, según esta propuesta, H es al mismo tiempo los datos para la Teoría 1. Por lo tanto, en un nivel más arriba de la evidencia (E), H se convierte en la E para la Teoría 1 y la Teoría 1 es el espacio de hipótesis para H. Así pues, tenemos que E > H > Teoría 1. En principio, entonces, si H puede aprender acerca de la estructura de sus datos, E, y hacer nuevas inducciones al respecto, entonces la Teoría 1 puede aprender (a través de la misma clase de principios) acerca de la estructura de sus datos, H, y hacer nuevas inducciones al respecto. Por supuesto, para hacer su trabajo, la Teoría 1 puede tener algún tipo de estructura que la limite; esta estructura se la da la Teoría 2. De este modo, subiendo y bajando en la jerarquía, los datos modifican y actualizan sus teorías *y* las teorías restringen las inducciones sobre los datos (haciendo posible el aprendizaje).

Recordemos que el razonamiento bayesiano implica que podemos resolver el problema inverso y determinar el posterior (la probabilidad de la hipótesis dada la evidencia) utilizando lo que sabemos acerca de la probabilidad y la información previa. $P(H/E)$ es una función de $P(H)$ y $P(E/H)$. La idea detrás de los modelos bayesianos jerárquicos o modelos de aprendizaje inductivo basados en teorías es no solo dejar que el aprendizaje bayesiano opere entre E y H, sino que *también* funcione entre H y la Teoría 1, y *también* entre la Teoría 1 y la Teoría 2, y así sucesivamente.

Este es un ejemplo de la psicología ingenua, en este caso, uno de rasgos y conductas. Analicemos una familia de gráficos que representan relaciones causales entre ciertos eventos «preescolares», como botar algunos bloques y chocar con alguien, por un lado, y reacciones tales como llorar, decirle a la profesora o disculparse, por el otro, tal como muestra la figura 6.4. Tal vez las relaciones pueden ser capturadas por el gráfico causal de nodos y flechas del extremo superior izquierdo de la figura 6.4, el gráfico A. O quizás la estructura causal correcta es la del gráfico B o del C. De hecho, el gráfico B capta una

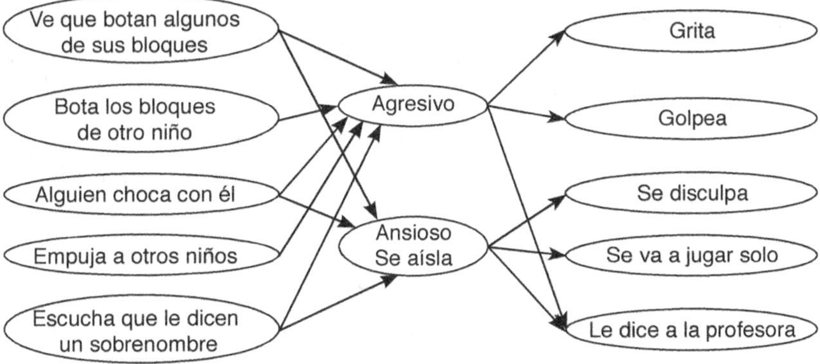

FIGURA 6.4 Tres redes bayesianas causales distintas sobre eventos de conductas habituales.

concepción simple de rasgo, mientras que el gráfico A se asemeja más a una secuencia situación-acción como las analizadas en el Capítulo 4.

Si bien los gráficos B y C son distintos entre sí, en realidad son dos versiones del mismo esquema gráfico más abstracto. En este esquema, todos los nodos se clasifican en tres categorías generales: los eventos de entrada, es decir, aquellas situaciones que afectan al niño (alguien lo empuja o le bota sus bloques); reacciones, es decir, cómo reacciona el niño (golpea, grita); y rasgos internos del carácter, tales como agresivo. Tanto el gráfico B como el C (a diferencia del gráfico A) tienen esta forma general, pero difieren en los detalles. Ambos podrían ser generados a partir de una teoría simple de orden superior como la siguiente:

1. Hay tres tipos de nodos: Eventos, Rasgos y Reacciones.
2. Las relaciones causales posibles solo toman la forma de Evento → Rasgo, y Rasgo → Reacción, o en total Evento → Rasgo → Reacción.

Tengamos en cuenta que Evento → Rasgo → Reacción es más general y abstracto que cualquiera de los gráficos más específicos de la figura 6.4. Evento → Rasgo → Reacción está en un nivel superior en varios sentidos. Evento, Rasgo y Reacción no son ellos mismos ninguno de los nodos incluidos en los gráficos (que son «botar los bloques», «golpear», etcétera). Además, Evento → Rasgo → Reacción no tiene «contacto» directo con la evidencia, lo cual incluiría dependencias entre «alguien lo golpea» y «[él] golpea» o «le botan algunos de sus bloques» y «le dice a la profesora».

En la figura 6.4, podemos pensar en los gráficos A, B y C como teorías específicas de acciones humanas. Evento → Rasgo → Reacción es una teoría de nivel superior y no una teoría específica. Esta teoría «superior» genera algunas teorías específicas (como los gráficos B y C), pero no otros (por ejemplo, no el gráfico A). La teoría de nivel superior Eventos → Rasgos → Reacciones no tiene contacto directo con los datos. Pero como genera algunas teorías específicas y no otras, la teoría de nivel superior indirectamente confrontará los datos a través de las teorías específicas que provoca.

Hay una variedad de teorías de nivel superior tal como hay una de teorías específicas e incluso hipótesis más específicas. La inferencia bayesiana nos permite especificar la probabilidad de diferentes teorías de nivel superior en una pila jerárquica. De hecho, el trabajo computacional en los modelos jerárquicos bayesianos ha demostrado que, al menos normativamente, el aprendizaje bayesiano jerárquico en verdad puede funcionar. Las teorías de nivel superior efectivamente se pueden actualizar de una manera bayesiana a través de evidencia que solo entra en contacto con las hipótesis de niveles inferiores. Tom Griffiths y Josh Tenenbaum (2007) entregaron una serie de demostraciones simples, mientras que Charles Kemp y sus colegas (Kemp, Perfors y Tenenbaum, 2007), y Noah Goodman y sus colegas (Goodman, Ullman, y Tenenbaum, 2011) proporcionaron algunas demostraciones más completas y complejas. Estas demostraciones muestran que es posible, en principio, que el aprendizaje se dé en varios niveles al mismo tiempo: no solo a nivel de hipótesis o teorías específicas sino que, incluso de manera más abstracta, en el nivel de la teoría marco. Cuando menos, estas demostraciones proporcionan experimentos mentales interesantes. Sugieren que el aprendizaje basado en datos no solo puede cambiar hipótesis específicas, sino que también llevar a cambios conceptuales más profundos, como la creación de teorías más abstractas y teorías marco.

Estos experimentos computacionales del pensamiento respaldan la viabilidad de los planteamientos constructivistas que sostienen que la interacción dinámica entre la estructura y los datos puede producir un aprendizaje de tipo específico como también un desarrollo más profundo. Los modelos jerárquicos bayesianos proporcionan un planteamiento computacional más detallado de cómo esto puede ocurrir. En el cuadro jerárquico bayesiano, el aprendizaje causal local puede y llevará a una revisión progresiva y más amplia de la teoría y a un cambio conceptual.

El modelado bayesiano jerárquico también se basa fundamentalmente en la variabilidad entre las hipótesis. Este tipo de aprendizaje probabilístico pone a prueba múltiples teorías específicas y teorías marco y actualiza la probabilidad de estas a la luz de la nueva evidencia, tal como el modelado probabilístico bayesiano lo hace en general. Además, desde esta perspectiva jerárquica, la variabilidad puede ser concebida no solo «sincrónicamente» (los niños adoptan múltiples enfoques a la vez), pero también «diacrónicamente» (diferentes enfoques surgen con el tiempo). Esto significa que a medida que el aprendizaje bayesiano jerárquico avanza sobre múltiples interacciones, surgen hipótesis intermedias de transición (Ullman, Goodman y Tenenbaum, 2012). En particular, en el proceso de aprendizaje, algunas hipótesis abstractas progresivamente llegan a dominar a otras, pero luego ellas mismas son dominadas por otras. Los modelos jerárquicos bayesianos, en la medida que funcionan de manera dinámica en base a la evidencia que va surgiendo con el tiempo, resultan en progresiones características de hipótesis intermedias.

Aprendizaje Progresivo en la Infancia

Si los niños son aprendices de probabilidades bayesianas jerárquicas, entonces también deberían producir hipótesis intermedias, las que deberían mejorar progresivamente. Y de hecho, el desarrollo conceptual de los niños progresa de esta manera. Estudios de astronomía ingenua (Vosniadou y Brewer, 1992) y de biología ingenua (Inagaki y Hatano, 2002) proporcionan evidencia indirecta de tales progresiones.

Volviendo al punto de este libro, pensemos nuevamente en el Capítulo 5. Los preescolares no pasan directamente de fallar a lograr las tareas de falsa-creencia entre los 2 y los 5 años de edad. En su lugar, desarrollan una serie de comprensiones acerca de la mente. Esta transición implica un revelador conjunto extendido de progresiones conceptuales capturadas en parte en la Escala ToM (Wellman y Liu, 2004). Si estas progresiones reflejan el aprendizaje bayesiano jerárquico, entonces deberían variar en función de las experiencias de los aprendices. El Capítulo 5 demostró dos tipos de variación fundamental dependiente de la experiencia. En primer lugar, que las diferencias en las secuencias son resultado de diversas experiencias en la infancia. Por ende, los niños estadounidenses y chinos, inmersos en diferentes idiomas y culturas, evidencian las diferencias correspondientes en sus progresiones tempranas de la teoría de la mente: su secuencia de comprensiones. Y, en segundo lugar, las diferencias en los planos temporales resultan de diferentes experiencias en la infancia. Por ende, los niños oyentes y los niños sordos (de padres oyentes), expuestos a experiencias comunicacionales tempranas muy distintas, evidencian las diferencias correspondientes en el plano temporal en que logran sus progresiones tempranas en la teoría de la mente.

Esta serie extendida de logros de desarrollo se ajusta al aprendizaje bayesiano jerárquico, una perspectiva de construcción de teoría, porque el aprendizaje bayesiano probabilístico predice que la secuencia de hipótesis que el aprendiz desarrolla depende de su «dieta» de evidencia. Estudios de microgenética, que hacen seguimiento al cambio conceptual longitudinalmente en el curso de algunos días o semanas, entregan nuevas pruebas directas en este sentido. Investigaciones recientes sobre la teoría de la mente de los niños preescolares emplean este enfoque.

Evidencia Microgenética

Una forma de captar con mayor precisión los cambios de desarrollo progresivo es a través de sesiones múltiples muy seguidas entre ellas, con los mismos niños durante una transición prolongada, consiguiendo de esta manera un registro microgenético de cambio y transición (Siegler, 2007). Algunos estudios de microgenética han hecho esto para la transición de la teoría de la mente en niños preescolares hasta una comprensión explícita de la falsa creencia (Amsterlaw y Wellman, 2006; Flynn, O'Malley y Wood, 2004).

En resumen, los estudios de microgenética son un tipo especial de estudio longitudinal en el cual se hacen muestras de manera muy frecuente para obtener una imagen depurada de cambio en el desarrollo. Además, para capturar el cambio de forma experimental, algunas investigaciones microgenéticas no solo miden el cambio sino que intervienen para acelerarlo, en diseños en los que los investigadores «eligen una tarea representativa de la cognición en cuestión, formulan las hipótesis de los tipos de experiencias cotidianas que llevan al cambio y luego proporcionan una mayor concentración de estas experiencias que de costumbre» (Siegler, 1995, pág. 413).

Siguiendo este pensamiento, en un estudio microgenético inicial de la teoría de la mente, junto con Jennifer Amsterlaw (Amsterlaw y Wellman, 2006) nos centramos en la adquisición de una comprensión de la falsa creencia en niños. Comenzamos con niños de 3 años de edad para los que un pretest había evidenciado un fracaso sistemático en numerosas tareas de falsa-creencia, así como en varias otras pruebas de teoría de la mente. En el curso del desarrollo cotidiano, estos niños pequeños requieren de un tiempo considerable para pasar de un desempeño erróneo sistemático en las tareas de falsa-creencia a uno correcto (véanse los Capítulos 2 y 5). De hecho, en nuestro estudio, en un grupo de control que solo se sometió a pre y post tests, después de 10 a 12 semanas los niños no registraron prácticamente ningún avance en la comprensión de falsa-creencia.

Puntualmente, sin embargo, tomamos un grupo de niños pequeños comparables que fallaban de forma sistemática en las pruebas de falsa-creencia y les pedimos predicciones y explicaciones sobre falsas creencias una y otra vez durante varias semanas. Así, en dos sesiones a la semana durante un total de 12 sesiones, tenían que predecir lo que sucedería en un escenario de falsa-creencia (por ejemplo, en el recuadro 1.2 del Capítulo 1, predecir dónde buscaría Judy su caramelo); a continuación, les mostramos lo que realmente sucedía (Judy buscaba en el cajón) y les pedimos que explicaran las acciones de los personajes (¿por qué Judy buscó en el cajón?). Una de las razones para someter a los niños a una mayor concentración de estas experiencias «cotidianas» se basó en los datos analizados en el Capítulo 2, que mostraron que los padres y los niños con frecuencia piden explicaciones sobre las acciones de las personas y que la variabilidad en la frecuencia de las explicaciones durante las conversaciones familiares cotidianas predice las diferencias individuales en la comprensión social-cognitiva de cada niño. Un segundo motivo fue más bayesiano: las experiencias microgenéticas de los niños les hacen fijarse en sus fracasos predictivos y explicarlos. Por lo tanto, de una manera bayesiana, los niños fueron incentivados a analizar sus consideraciones previas (sus predicciones fallidas) e intentar conciliarlas con la evidencia (a través de intentos de explicaciones).

En este grupo microgenético focal, se registró una mejora significativa en relación tanto con un pretest (donde los niños habían fallado de manera sistemática) como con dos grupos de control (que también fueron sometidos a repetidas pruebas) donde el fallo sistemático persistió. Los niños del grupo microgenético focal pasaron de cometer inicialmente errores de falsa-creencia sistemáticos (con un desempeño incorrecto 88% de las veces) a lograr luego un desempeño correcto el 79% de las veces. Además, en los post tests, estos niños del grupo microgenético también mejoraron en varias otras tareas de teoría de la mente.

No obstante, este primer estudio microgenético dejó varias preguntas intrigantes sin resolver. Una preocupación fue saber cómo progresan los niños (por ejemplo, ¿a través de qué pasos?). Una segunda inquietud tuvo que ver con saber ¿por qué algunos niños progresan mientras que otros, expuestos a exactamente las mismas experiencias microgenéticas, al parecer no lo hacen? Por ejemplo, en el estudio microgenético de Amsterlaw y Wellman (2006), utilizando un criterio de desempeño de 75% o superior en múltiples tareas de falsa creencia, 9 de los 12 niños del grupo microgenético focal cumplió con el criterio en el post test (y 7 registraron un desempeño perfecto). Pero esto significa que 3 niños (25%) o 5 (42%) de los 12 no lo hicieron. Como otro ejemplo, Heidemarie Lohmann y Michael Tomasello (2003) compararon cinco condiciones diferentes de entrenamiento con preescolares de muy corta edad, todos los cuales fracasaron en un pretest de falsa creencia. En la condición de mayor éxito (entrenamiento completo), en promedio, los niños mejoraron sustancialmente su desempeño en el post test en un conjunto de tres tareas de falsa-creencia; sin embargo, el éxito en el post test varió de cero a tres entre los distintos niños.

Dos posibilidades vagas si bien importantes podrían dar cuenta de estas variaciones individuales cuando los niños están expuestos a las mismas condiciones y solo algunos de ellos aprenden. Tal vez factores cognitivos generales «externos» o ajenos al dominio de la teoría de la mente explican por qué ciertos niños aprendieron más: por ejemplo, algunos estaban más atentos, pensativos, interesados o tenían mejor memoria. Sin embargo, desde una perspectiva probabilística bayesiana, también deberíamos considerar factores «internos» de las propias concepciones de la teoría de la mente: si bien todos los niños fracasaron sistemáticamente en el pretest, puede que algunos hayan tenido una base conceptual más sólida o avanzada sobre las personas y las mentes desde un principio, y por ende, avanzaron más mediante el desarrollo de estas comprensiones tempranas. Es decir, el análisis bayesiano del desarrollo y el aprendizaje hace hincapié en la relación entre la nueva información (la evidencia) y las hipótesis previas. El resultado consiste en cambios incrementales entre las probabilidades anteriores y las posteriores. Así, el estado conceptual previo da forma al aprendizaje posterior (más allá de la simple atención, habilidad ejecutiva o capacidad cognitiva general). Un fracaso sistemático en las pruebas previas de falsa-creencia en un estudio de entrenamiento o microgenético puede, sin embargo, enmascarar diferencias conceptuales relevantes. Novedosas combinaciones de métodos de escalas, de entrenamiento y microgenéticos-longitudinales abordan de mejor forma estos temas.

Combinación de Escalas y Evidencia Microgenética

Siguiendo estas ideas, junto con Marjorie Rhodes (2013) fusionamos los enfoques de microgenética y escala: evaluamos a los niños en la Escala ToM en pre y post test, aceleramos su comprensión a través de experiencias microgenéticas de predicción-explicación, y examinamos cómo opera el aprendizaje en términos de progresiones de la comprensión. También incluimos una muestra focal mayor de niños —29 (en comparación con los doce de Amsterlaw y Wellman, 2006)— con el fin de obtener algunos análisis y comparaciones adicionales.

Al igual que en el estudio original Amsterlaw y Wellman (2006), al someter a los niños a experiencias microgenéticas de predicción-explicación muchos progresaron; pero una vez más en términos de falsa creencia en el post test hubo variabilidad. Aunque el 60% sistemáticamente logró las tareas de falsa-creencia en el post test, el 40% falló. Es importante destacar que los niños no solo registraron variabilidad en el post test; también varió su desempeño en la Escala ToM en el pretest. Si bien los 29 niños del grupo microgenético fallaron sistemáticamente en las tareas de falsa creencia al principio, algunos registraron mayor progreso que otros en la Escala ToM. De hecho, en el pretest, esencialmente la mitad había logrado pasar la tarea de creencias diversas (DD y DB) y la otra mitad había llegado hasta la comprensión de acceso a conocimiento (DD, DB, y KA). Llamemos al primero «grupo pretest de creencias diversas» y al segundo grupo «pretest de conocimiento».

¿Cómo aprendieron estos dos grupos? Para el grupo pretest de conocimiento, el 75% logró un desempeño sistemático en comprensión de falsa creencia; pasaron tres o cuatro de un total de cuatro pruebas de falsa-creencia en el post test. De hecho, el 50% registró un desempeño perfecto: pasaron cuatro de cuatro. Del grupo pretest de creencias diversas, *ninguno* logró un desempeño correcto sistemático en pruebas de falsa-creencia (y, por supuesto, ninguno pasó las cuatro tareas de falsa-creencia en el post test). Así que los niños pretest de conocimiento progresaron a la comprensión de falsa creencia (dadas las experiencias microgenéticas de predicción-explicación) y los niños pretest de creencias diversas no lo hicieron, pese a estar sometidos a las mismas experiencias microgenéticas de mejora.

¿Qué pasó con los niños pretest de creencias diversas? En su Escala ToM post test, muchos progresaron también; en su caso fueron más allá de la comprensión de las creencias diversas logrando comprender el acceso al conocimiento (KA), si bien no lograron la comprensión de falsa creencia. En total, el 43% de ellos registró este avance. Por tanto, de una manera bayesiana constructivista, el progreso dependió de dónde se ubicaba el niño en un principio (sus comprensiones previas). Y los niños lograron una progresión de comprensiones intermedias en el camino a la comprensión de falsas creencias.

Los métodos microgenéticos, junto con las evaluaciones en la Escala ToM, también promueven el progreso en la teoría de la mente de los niños sordos de padres oyentes. En un estudio de entrenamiento reciente, junto con Candida Peterson (Wellman y Peterson, 2013) hicimos un pre y post test con niños sordos de padres oyentes, utilizando las Escalas ToM y diversas tareas de falsa-creencia; luego entrenamos a 13 de ellos, que fallaban sistemáticamente en pretest de falsa creencia, durante sesiones microgenéticas extendidas durante 6 semanas, y analizamos su progreso. Pensamos que, en promedio, los niños de 9, 10 y 11 años de edad registrarían un avance, y teniendo en cuenta sus retrasos generales en la teoría de la mente, que su prolongado progreso nos podría dar una visión más amplia del cambio cognitivo en la teoría de la mente durante el período comprendido desde el pretest hasta el post test.

Dos grupos de control de la misma edad, sometidos a los pre y post tests, no registraron cambios durante un período de 12 semanas, lo que confirma que sin intervención estos niños registran escaso cambio durante tal período. Sin embargo, el grupo focal que tuvo múltiples sesiones de entrenamiento microgenético con intervención sí registró cambio: lograron un desempeño correcto en el 69% de sus tareas de falsa-creencia en el post test. No solo lograron comprender los conceptos focales de teoría de la mente de su entrenamiento (el mismo tipo de tarea de falsa-creencia utilizado en sus sesiones de entrenamiento microgenético), sino que también generalizaron su comprensión a otras tareas de falsa-creencia nuevas. Además, registraron un avance significativo en la Escala ToM más amplia de conceptos de teoría de la mente.

Una vez más, sin embargo, no todos los niños de este grupo focal llegaron a entender la falsa creencia ni progresaron por igual. ¿Qué explica esta variación? Si bien los niños fallaron sistemáticamente en el pretest de falsa creencia, su «cercanía» a la comprensión de esta, medida por su posición en la Escala ToM, sin duda influyó en su progreso. Los niños que estaban más avanzados en la escala (por ejemplo, DD, DB y KA) tenían más probabilidades de lograr mayores progresos en falsa-creencia que los menos avanzados (que habían logrado en cambio DD o DD y DB). En análisis de regresión, este fue con creces el factor más importante en la progresión post test, incluso después de controlar la competencia lingüística y la edad. De nuevo, los puntos de partida diferentes en la teoría de la mente (medidos en función de la Escala ToM) de los niños predijeron diferencias en el progreso entre ellos, todos los cuales habían fracasado sistemáticamente en la comprensión de falsa creencia y habían estado sujetos a la misma intervención.

En total, estos datos ayudan a esclarecer los mecanismos del cambio cognitivo mediante la manifestación de tres características empíricas del aprendizaje constructivista, las cuales también cualifican al aprendizaje bayesiano probabilístico y jerárquico: (a) el aprendizaje se produce por medio de progresiones conceptuales ordenadas; (b) tanto las secuencias (en investigaciones transculturales) como los planes temporales (para niños sordos y en estos estudios microgenéticos experimentales) de las progresiones son dependientes de la experiencia; y, lo más importante, (c) el conocimiento conceptual previo influye en la presencia y cantidad de aprendizaje, tanto permitiendo el cambio conceptual dados algunos entendimientos anteriores y limitando el cambio conceptual a la luz de otros. Para los niños que estaban más cerca de comprender la falsa creencia en la Escala ToM en pre-test, su conocimiento (previo) les permitió progresar a una comprensión de la falsa creencia. Y para aquellos que estaban más lejos en un principio, el entrenamiento no logró la comprensión de la falsa creencia, pero sí generó otras comprensiones «más tempranas» de la teoría de la mente.

BENDICIONES DE LA ABSTRACCIÓN

Hasta ahora, parece que los modelos jerárquicos bayesianos pueden proporcionar planteamientos computacionales que explicarían cómo los niños logran aprender las teorías marco abstractas a partir de teorías específicas, las cuales se aprenden, a su vez, a partir de evidencia específica. Esto ayuda a seguir caracterizando el desarrollo marco que empecé a esbozar en el Capítulo 5. Pero esto aún no aborda la afirmación adicional, y los hallazgos de desarrollo relacionados, de que los niños a veces desarrollan teorías marco abstractas *antes* de desarrollar teorías específicas detalladas.

La sabiduría convencional en psicología dice que el aprendizaje en un nivel más bajo de generalización y abstracción —aprendizaje más concreto— debe preceder al aprendizaje general, abstracto y de nivel superior. Esta idea ha sido presupuesta tanto por los empiristas como por los nativistas. Esta es una de las razones por las cuales, cuando los bebés o niños muy pequeños comprenden la estructura abstracta, los nativistas concluyen que esta estructura debe ser innata (véase, por ejemplo, Spelke et al., 1992). Aunque algunos investigadores del desarrollo han subrayado en cambio que los niños pequeños a menudo parecen aprender regularidades abstractas e incluso hacerlo antes de las específicas (Simons y Keil, 1995; Wellman y Gelman, 1998), esta es una propuesta claramente no convencional y podría parecer que este tipo de aprendizaje no podría funcionar.

Sin embargo, trabajos recientes sobre modelado jerárquico bayesiano han demostrado que, y de qué forma, las generalizaciones abstractas a veces pueden preceder a las específicas (Goodman et al., 2011). Un simple ejemplo sirve para ilustrar este punto. Supongamos que le muestro una pila de varias bolsas con canicas de colores y que usted debe aprender el color de las canicas en cada bolsa. Luego saco algunas canicas de las bolsas. Comienzo con la bolsa 1. Saco una, luego dos, tres y cuatro canicas rojas seguidas. Cada vez que saco una canica le pregunto qué piensa que sucederá después. Al cabo de un rato, usted predice que aparecerá otra canica roja de la bolsa 1. Después repito el proceso con la bolsa 2. Pero esta vez tomo una sucesión de canicas azules. Para cuando llegue a la bolsa 3, usted bien podría concluir: «no sé el color, pero cualquiera sea el color de la primera canica que saque apuesto a que todas las demás de esa bolsa serán iguales». Usted ha aprendido una regularidad abstracta y su conocimiento de esta antecede a su aprendizaje del color específico de las canicas de la bolsa 3 o, probablemente, de cualquiera de las demás. Cabe destacar que esta estructura abstracta ciertamente no era innata, sino que fue aprendida. En las circunstancias adecuadas, las regularidades abstractas (por ejemplo, teoría = todas las canicas de la bolsa 3 serán del mismo color) pueden aprenderse antes que los detalles específicos (H = todas las canicas de la bolsa 3 son de color púrpura). El filósofo Nelson Goodman (1955/2004 en la edición en español) llamó a estos principios más abstractos «sobre-hipótesis»: hipótesis sobre qué hipótesis son probables.

Charles Kemp y sus colegas (2007) demostraron cómo las sobre-hipótesis se pueden aprender dentro de los modelos jerárquicos bayesianos y, partiendo de estas ideas, Noah Goodman y sus colegas (2011) utilizaron el modelado jerárquico bayesiano para proporcionar un conjunto sorprendente de resultados computacionales que llamaron «la bendición de la abstracción». Ellos mostraron que, en los modelos jerárquicos bayesianos, puede ser tan fácil aprender la estructura causal en varios niveles a la vez como inferir la estructura causal particular. Además, el aprendizaje tanto de nivel superior como de las estructuras específicas a partir de datos no puede ser más lento (es decir, no requiere más muestras de datos) que especificar las estructuras abstractas «de manera innata» al principio y luego aprender solo las estructuras específicas a partir de los datos. Quienes aprenden de probabilidades jerárquicas bayesianas no solo aprenden las estructuras abstractas, sino también los detalles incluidos en estas regularidades. Los niños hacen lo mismo.

CONCLUSIONES

Según la teoría de la teoría, existe una profunda afinidad entre el desarrollo cognitivo en la infancia y la ciencia: ambos implican aprender acerca de la estructura causal del mundo, aprendizaje que depende de la interacción entre la teoría y la evidencia. Sin embargo, comparar la ciencia con el aprendizaje de los niños puede sonar sospechoso. Después de todo, si bien las analogías entre la ciencia y el desarrollo cognitivo se encontraban ya entre los legados de Piaget, la ciencia es practicada por una pequeña minoría de la especie humana y básicamente en la historia reciente. La ciencia se apoya en estudios y tecnologías avanzadas (por ejemplo, microscopios, escáneres neuronales, aceleradores de partículas); y la ciencia contemporánea se enfoca en fenómenos que eran inimaginables hace apenas un par de siglos (por ejemplo, la relatividad espacio-tiempo, la evolución darwiniana, las partículas quarks).

De manera más básica para la teoría de la teoría, sin embargo, los científicos realizan algunos procesos clave de generación de conocimiento, prácticas cognitivas que los modelos computacionales de aprendizaje contemporáneo esclarecen aun más:

- Infieren conclusiones generales a partir de pequeñas muestras de evidencia, de manera inductiva y probabilística.
- Infieren relaciones causales a partir de dicha evidencia.
- Utilizan tanto la inferencia experimental como la estadística para deducir relaciones causales.
- Buscan explicaciones e hipótesis revisadas para datos anómalos o inesperados.
- Proponen variables no observadas para explicar datos anómalos.

Son estas prácticas generadoras de conocimiento esenciales para la investigación y el progreso científico (y no así las prácticas de publicación, revisión por parte de pares, ni adjudicarse proyectos de investigación). *Y*, de acuerdo con la teoría de la teoría, son estas prácticas las que son crucialmente características del desarrollo conceptual de los niños. Al menos estas prácticas de formación de teorías son características del desarrollo conceptual de la niñez en algunos ámbitos fundacionales, como la física ingenua, la biología ingenua y, puntualmente para la finalidad de este libro, la psicología ingenua o *teoría* de la mente.

Resumen

Las nuevas ideas computacionales, junto con las investigaciones recientes acerca de la teoría de la mente, proporcionan un respaldo fundamental para la teoría de la teoría. La nueva investigación computacional se basa en el aprendizaje bayesiano probabilístico y en el modelado jerárquico basado en teorías, mientras que las últimas investigaciones acerca de la teoría de la mente examinan secuencias de aprendizaje conceptual en la infancia. Estos conjuntos de investigaciones muestran cómo el muestreo y la variabilidad conducen a teorías intuitivas cada vez más precisas. La investigación de la teoría de la mente lo hace con los estudios de niños que crecen en diferentes ambientes socioculturales y que muestran secuencias distintas de desarrollo de teoría de la mente. Y lo hace también con la investigación microgenética, más experimental. En conjunto, estos avances ofrecen una versión más completa desde el punto de vista empírico y teórico de la teoría de la teoría, tal como se manifiesta en el desarrollo de la teoría de la mente.

7
Alternativas y Extensiones

LA TEORÍA DE LA TEORÍA y el enfoque bayesiano constructivista relacionado no son las únicas posturas que intentan explicar los desarrollos de la teoría de la mente. ¿Cómo les va y cómo se comparan estos diferentes planteamientos? La pregunta es compleja, porque están constantemente evolucionando. Y los distintos planteamientos pocas veces se enfrentan directamente, complementándose entre sí en algunos puntos, mientras que se contradicen en otros, dando origen a distintos estudios que no se comparan ni contraponen de manera clara. No obstante, la riqueza de datos proporcionados hasta ahora es útil para comparar y desarrollar las teorías. Ninguna postura se lleva todo el mérito; pero a final de cuentas la teoría de la teoría sigue siendo un planteamiento especialmente validado desde el punto de vista empírico y, hasta cierto punto, indispensable.

POSTURAS EXPLICATIVAS

Una forma de clasificar de manera general el terreno teórico es en posturas de dominio general y de dominio específico. Quizás los cambios generales de desarrollo —como cambios en el coeficiente intelectual (CI), la función ejecutiva o una cognición cada vez más compleja— explican por completo los cambios de desarrollo en las tareas de teoría de la mente. O, tal vez el conocimiento y los procesos específicos de dominio psicológico-social no solo son resultado de la teoría de la mente, sino que también le dan forma a esta (procesos que también, inevitablemente, redundan en diferencias fundamentales entre la psicología ingenua y la física o biología ingenua).

Posturas de Dominio General

Una posibilidad básica es que la cognición social y su desarrollo simplemente reflejen la inteligencia general —el CI— y su desarrollo. Los niños más inteligentes saben más y se desarrollan con más rapidez, y eso es lo único que nos muestran los datos sobre la teoría de la mente. Pero ese planteamiento es demasiado general. Los logros en materia de teoría de la mente (como la comprensión de las falsas creencias) se correlacionan significativamente con el CI verbal en los niños en edad preescolar (Carlson y Moses, 2001; Happé, 1995); sin embargo, la teoría de la mente hace contribuciones independientes a los análisis de la cognición social preescolar más allá del CI verbal y de otros constructos, como la edad, que también muestra una correlación con el CI (Carlson y Moses, 2001; Sabbagh, Xu, Carlson, Moses y Lee, 2006). Además, las personas con autismo presentan marcados déficits en las comprensiones de la teoría de la mente, aunque tengan un CI alto (Happé, 1995).

El siguiente es un buen ejemplo de esta disociación. Los niños que crecen con hermanos mayores (a diferencia de los primogénitos o hijos únicos) presentan una mejor comprensión de las falsas-creencias (en promedio) y alcanzan este hito de la teoría de la mente más rápido que los primogénitos y que los hijos únicos (Perner et al., 1994; McAlister y Peterson, 2007). Y se observa el patrón *opuesto* con el CI. Tal como lo han demostrado muchos estudios por años (Zajonc y Mullally, 1997), son los primogénitos y los hijos únicos los que (en promedio) tienen un CI más alto.

El CI es un constructo altamente impreciso y amplio, que se mide a través de una combinación de pruebas de vocabulario, memoria, conocimiento factual, razonamiento espacial y tareas cuantitativas. Los procesos de dominio general pueden ser más precisos que esto, como las posturas que se centran en el desarrollo de las funciones ejecutivas.

Posturas de la Función Ejecutiva

La función ejecutiva (EF, en su siglas en inglés) ha sido propuesta como un componente básico de todo el procesamiento de información (Miyake y Friedman, 2012), y se ha planteado que los cambios en la función ejecutiva podrían dar cuenta del desarrollo cognitivo general (Zelazo y Müller, 2011) y del desarrollo de la teoría de la mente en particular (Frye, Zelazo y Palfai, 1995; Müller, Zelazo e Imrisek, 2005). Y precisamente cuando se producen desarrollos considerables en los niños preescolares, en cuanto a su comprensión mental de las personas, su función ejecutiva mejora de manera drástica.

Las *funciones ejecutivas* se refieren a los procesos que intervienen en el control de las acciones, emociones y pensamientos. Evidencian tanto diversidad como uniformidad (Zelazo, Carter, Reznick y Frye, 1997): estas incluyen los componentes disgregables de la flexibilidad cognitiva, el control inhibitorio y la memoria de trabajo que se cohesionan moderadamente en un constructo global sensible (Miyake y Friedman, 2012). Esto significa que hay varias posibilidades que se superponen respecto de cómo los desarrollos de la teoría de la mente podrían explicarse con los progresos más generales de la función ejecutiva (Apperly, 2011).

El control inhibitorio nos entrega un ejemplo específico del caso más general. Varios planteamientos de teoría de la mente se centran en el control inhibitorio (por ejemplo, Leslie, German y Polizzi, 2005; Luo y Baillargeon, 2010); y en algunas investigaciones, el control inhibitorio ha demostrado relaciones particularmente fuertes con la teoría de la mente (Carlson y Moses, 2001). El *control inhibitorio* dice relación con la capacidad de suprimir acciones o pensamientos que son irrelevantes para el desempeño de una tarea determinada. Después de varios años de mantener la sal sobre la mesa, la cambias de lugar y la guardas sobre la cocina; luego te sorprendes a menudo yendo hacia la mesa a buscar la sal (siendo que sabes perfectamente que está sobre la cocina), y tienes que inhibir la tendencia a ir allí, a veces deteniéndote a mitad de camino. Se ha argumentado que los cambios en el procesamiento inhibitorio explicarían diversos cambios cognitivos, incluyendo mejoras generales en la competencia cognitiva durante la infancia y deterioros cognitivos generales en el envejecimiento (Dempster, 1992).

La habilidad de inhibir pensamientos sobresalientes (por ejemplo, no pensar en los regalos de cumpleaños con el fin de esperar más pacientemente el momento de abrirlos) o respuestas típicas o sobresalientes (como no ir hacia la mesa a buscar la sal) se desarrolla notablemente en los años preescolares, y pensar acerca de los estados mentales incorpora algunos de estos mismos procesos. Para hacer esto último por lo general se necesita pensar en dos cosas a la vez —deseos versus comportamientos, sentimientos versus manifestaciones emocionales, creencias versus realidades, uno mismo versus los demás— así como analizar adecuadamente algunas cosas sobre los otros, según sea necesario, para privilegiar por ejemplo las creencias de una persona por sobre la realidad a la hora de predecir sus acciones erróneas basadas en falsas-creencias. El desempeño en las tareas de control inhibitorio presenta una alta correlación con el rendimiento en las tareas de falsa-creencia, incluso después de controlar las variables como edad y capacidad lingüística (Carlson, Mandell y Williams, 2004; Carlson y Moses, 2001).

Para aprender y razonar acerca de los estados mentales de tipo aparente en los años preescolares, sin duda se necesitan recursos de la función ejecutiva. Así, una primera pregunta a considerar es si los avances en la teoría de la mente solo reflejan los progresos generales en la función ejecutiva aplicados al mundo de las personas y sus acciones. Las posturas de *expresión* de la función ejecutiva así lo afirman; pero empíricamente los desarrollos de la función ejecutiva por sí solos parecen insuficientes para dar cuenta de muchas de las diferencias y desarrollos más importantes dentro de una comprensión de la mente. Tal como revisamos en el Capítulo 3, la falsa creencia, por ejemplo, todavía predice de manera significativa algunos aspectos conversacionales de los niños, sus habilidades para interactuar socialmente, su participación en actos de simulación, las interacciones con sus compañeros y su popularidad entre ellos, así como su participación en juegos como las escondidas en aquellos estudios donde se ha controlado y eliminado la variable de la función ejecutiva (por ejemplo, Peskin y Ardino, 2003; Razza y Blair, 2009). Aunque, para reiterar, la teoría de la mente es mucho más que la comprensión de las falsas creencias, igual se justifica un enfoque inicial en ellas debido a que algunos teóricos de la función ejecutiva han argumentado que el razonamiento de las falsas-creencias en particular representa una capa adicional de problemas de control ejecutivo. Según esta perspectiva, la falsa creencia es particularmente difícil (Birch y Bloom, 2007; Mitchell, 1996; Russell, Jarrold y Potel, 1994) y esta competencia es la que podría reflejar la competencia de la función ejecutiva.

Supongamos por un momento que el rendimiento en falsas-creencias representa solamente el logro en la función ejecutiva. Si así fuese, los niños que logran tempranamente una buena función ejecutiva también deberían alcanzar tempranamente un buen rendimiento en falsa-creencia. Esta hipótesis fue explorada por Mark Sabbagh y sus colegas. De manera interesante, hay evidencia de que en Asia Oriental (por ejemplo, Oh y Lewis, 2008), y en concreto en China (Sabbagh et al., 2006), los niños desarrollan habilidades de función ejecutiva antes que sus pares de Occidente (probablemente porque los padres y maestros hacen especial énfasis en la socialización del autocontrol). Pero esta competencia más temprana en la función ejecutiva *no* se traduce en una comprensión mejor ni más temprana de la falsa creencia. En comparaciones precisas entre preescolares de Beijing (Sabbagh et al., 2006) y de los Estados Unidos (Carlson y Moses, 2001), los niños chinos presentaron competencias de función ejecutiva sistemática y significativamente avanzadas (en ocho tareas de función ejecutiva diferentes); y pese a ello, al mismo tiempo y con los mismos niños, no hubo diferencias en la teoría de la mente entre los niños chinos y estadounidenses de 3 años y medio, 4 años o 4 años y medio en cuatro tareas estándares diferentes de falsa-creencia para niños en edad preescolar (véase Liu et al., 2008, y el meta-análisis estudiado en el Capítulo 2 para comparaciones relacionadas entre niños estadounidenses y chinos).

Más allá de la falsa creencia, el recuadro 7.1 describe más pruebas reveladoras, incluyendo datos de la Escala ToM. En resumen, como concluimos en el Capítulo 3, los planteamientos de que la función ejecutiva *se expresa* (que argumentan que las tareas de teoría de la mente son solo variaciones —más o menos— de tareas de función ejecutiva) no logran explicar el desarrollo de la teoría de la mente. Por su parte, las posturas que sostienen que la función ejecutiva *emerge* esbozan una perspectiva alternativa: los cambios en la función ejecutiva promueven la aparición de concepciones de teoría de la mente cada vez más profundas (Moses, 2001). Como un ejemplo, para reconocer que las personas pueden tener no solo deseos diferentes sobre un mismo objeto, sino también creencias diferentes acerca de este, se requiere cierta capacidad de cambiar de forma flexible entre distintas alternativas y de recordarlas. En las posturas que plantean que la función ejecutiva emerge, entonces, las propias concepciones de teoría de la mente se desarrollan de manera importante, y las mejoras en la función ejecutiva desempeñan un papel facultativo: permiten al niño participar más eficazmente en la construcción teórica conceptual.

Como todas las tareas explícitas de teoría de la mente para niños en edad preescolar requieren de algunas capacidades de la función ejecutiva, diversos contrastes de tareas pueden, por supuesto, variar principalmente en la dificultad en relación con esta función ejecutiva. Consideremos una variación de una prueba de cambio de ubicación —una variación de la tarea esquematizada en el recuadro 1.2— donde en este caso un elemento *indeseado* está oculto en un cajón, una muñeca para los niños o un camión para las niñas. El otro contenedor —el estante— también tiene un juguete. Judy sabe qué podría ser el juguete, si bien nunca lo ve; ella solo ve el camión escondido en el estante. A continuación, Judy se va y, mientras no puede ver, los dos elementos son cambiados de lugar. Judy regresa en busca de un elemento para jugar y deseando evitar el camión. ¿Dónde buscará el juguete para jugar? A los niños les resulta mucho más difícil juzgar para el caso en el que Judy tiene un deseo de evitar (por ejemplo, evitar el camión), que para el caso estándar en que el deseo de Judy es obtener algo (Cassidy, 1998; Friedman y Leslie, 2004; Leslie et al., 2005; Leslie y Polizzi, 1998). Claramente los recursos de función ejecutiva adicionales necesarios para inhibir el deseo (deseo de evitar) hacen que este tipo de razonamiento creencia-deseo sea más difícil.

Temas Conceptuales Versus Temas de Función Ejecutiva

No obstante, en términos más generales, las funciones ejecutivas no logran explicar en su totalidad el desarrollo preescolar de la teoría de la mente: el desarrollo de la teoría de la mente en la edad preescolar no se limita únicamente al desempeño en las funciones ejecutivas. Por supuesto, esto *no* implica que la función ejecutiva no sea importante para el desarrollo de la teoría de la mente. El razonamiento de la teoría de la mente, en la mayoría de las situaciones, implica más que simples concepciones de la teoría de la mente. Ian Apperly (2011, 2012) argumentó convincentemente que gran parte del razonamiento cotidiano de la teoría de la mente —sostener conversaciones, «leer» o interpretar una pelea de juego entre dos compañeros y ver múltiples señales como un conjunto (voz, acciones y expresiones emocionales de una persona) con la finalidad de leer sus creencias y deseos, en un intento por enseñar a los demás— requiere de un procesamiento reflexivo, inmediato y que necesita de esfuerzo para informar de las interacciones sociales que se producen en los vertiginosos intercambios del día a día. Por lo tanto, la cognición social necesariamente utiliza recursos de la función ejecutiva para interactuar en el mundo social. La teoría de la mente es algo que hacemos, así como algo que sabemos, y «una explicación adecuada de la teoría de la mente debe explicar cómo lo hacemos» (Apperly, 2012, pág. 829). Estoy de acuerdo con esta postura. Pero además, yo diría que la evolución de la función ejecutiva, junto con otros factores, de partida puede acelerar la aparición de la teoría de la mente preescolar; los niños utilizan estos recursos no solo para emplear sus conceptos de teoría de la mente, sino también para aprender sobre el mundo social. Al mismo tiempo, si bien los procesos de función ejecutiva se utilizan para emplear concepciones de la teoría de la mente, los hallazgos que acabamos de analizar muestran que estas últimas tienen su propia naturaleza, poder y desarrollo más allá de la función ejecutiva.

Complejidad Cognitiva

Un análisis de dominio general relacionado sostiene que la creciente complejidad cognitiva explicaría el progreso en el desarrollo de la teoría de la mente. A menudo se piensa que la complejidad cognitiva va de la mano con la función ejecutiva, como en la teoría de complejidad y control cognitivo (CCC) que proponen Phillip Zelazo y sus colegas (Zelazo, Müller, Frye y Marcovitch, 2003).

En cuanto a la complejidad cognitiva en general, la idea es que las diferentes tareas con sus preguntas o demandas requieren de soluciones que incorporen diversos niveles de inferencia y entendimiento cognitivo. Por supuesto, las tareas varían en cuanto a complejidad cognitiva: 167×43 es más complejo que $3 + 2$. ¿Pero existe un análisis general de la complejidad cognitiva que se aplique a todas las tareas independiente de sus contenidos de dominio específico? ¿y este análisis puede dar cuenta de los cambios de desarrollo que hemos visto en la teoría de la mente? La aplicación por parte de Douglas Frye y sus colegas (1995) de la teoría de CCC al razonamiento de falsa-creencia ilustra el enfoque general.

En el análisis de CCC de Frye y Zelazo (Frye et al., 1995; Zelazo et al., 2003), se dice que las respuestas a las tareas de falsa-creencia requieren de un razonamiento flexible, con «normas integradas», como el siguiente: si el foco es la realidad, entonces el elemento está en el estante; pero, si el foco es la creencia del personaje, entonces el elemento está «en el cajón». Pero una vez más analicemos las tareas de la Escala ToM, así como los resultados con tareas paralelas de deseos y creencias diversas como se indica en el recuadro 7.1. Para las creencias diversas, si el foco es la creencia, entonces el elemento está «en el estante»; pero si el foco es mi creencia, entonces el elemento está «en el cajón». Pero la tarea de deseos diversos también parece requerir de un razonamiento con reglas integradas: si el foco es mi deseo, las galletas saladas son el objeto atractivo; pero, si el foco es el deseo de la otra persona, el brócoli es el objeto atractivo. Sin embargo, estas tareas, que parecen tan equivalentes en cuanto a complejidad y control cognitivo, producen diferencias de desarrollo sistemáticas.

Además, como se indica en el recuadro 7.1 para las funciones ejecutivas, las secuencias de Escala ToM invertidas y alternativas, como es evidente, por ejemplo, con los niños de los Estados Unidos en comparación con los de China, hacen improbable que las progresiones puntuales de teoría de la mente simplemente representen incrementos en la complejidad cognitiva de los niños. Cualquier análisis de complejidad cognitiva propuesto para explicar los datos detallados para los niños de los Estados Unidos (por ejemplo, que el acceso

RECUADRO 7.1

MAYOR ANÁLISIS DE CÓMO SE VINCULAN LAS DIFERENCIAS EN LA FUNCIÓN EJECUTIVA CON AQUELLAS DE LA TEORÍA DE LA MENTE

Deseos Diversos Versus Creencias Diversas

En una tarea de creencias diversas (véase el Capítulo 4), puede que los niños tengan que inhibir una consideración preponderante de lo que saben que es verdad con el fin de considerar lo que la otra persona cree. Pero, del mismo modo, en una tarea de deseos diversos —como la del brócoli y las galletas saladas de Repacholi y Gopnik (1997)— los niños tienen que inhibir su propia preferencia predominante para atribuir al adulto una preferencia diferente.

- Así y todo, los niños juzgan correctamente los deseos a los 18 meses, pero solo lo hacen con las creencias alrededor de los 3 años de edad. En un meta-análisis de muchos estudios relacionados, la comprensión de los deseos diversos fue sistemáticamente más fácil que la comprensión de las creencias diversas (Wellman y Liu, 2004).

- Aun cuando las tareas están diseñadas de modo que tengan demandas y formatos fácilmente comparables, los mismos niños de 2 y 3 años de edad pueden atribuirse a sí mismos deseos diferentes de aquellos de otros, pero no diferentes creencias (Flavell, Flavell, Green y Moses, 1990) y pueden atribuir deseos fallidos (frustrados) a sí mismos y a los demás, pero no creencias fallidas (u obsoletas) (Gopnik y Slaughter, 1991).

A pesar de las demandas de control inhibitorio equivalentes, esta diferencia de desarrollo en la comprensión de la teoría de la mente se mantiene.

Datos de la Escala ToM

No solo las tareas de deseos y creencias diversas, sino que todas las tareas de la escala de Wellman y Liu (2004) parecen tener demandas muy similares en cuanto a función ejecutiva y complejidad cognitiva.

- Todas manejan dos alternativas, una de las cuales debe inhibirse para elegir correctamente la otra. Para las creencias diversas, debo inhibir mi creencia para responder basándome en la creencia del otro; para la tarea de acceso a conocimiento, tengo que inhibir mi conocimiento/realidad para responder sobre la base de la falta de conocimiento del otro; y así sucesivamente.

Pero a pesar de estas demandas inhibitorias equivalentes, las cinco tareas difieren en su secuencia de desarrollo.

¿Mejoras Incrementales en la Función Ejecutiva?

¿Puede que la progresión de las cinco tareas en la secuencia de la escala de cinco niveles represente incrementos más extendidos en la función ejecutiva de los niños? Stephanie Carlson (Carlson y Schaefer, 2012) ha estado desarrollando una escala de la función ejecutiva, una evaluación corta (~10 minutos) de diversas habilidades de función ejecutiva (preconcebida en función del análisis de una gran variedad de tareas preescolares incluido en Beck, Schaefer, Pang y Carlson, 2011).

Este conjunto de pruebas incluye siete niveles de dificultad y revela incrementos graduales en las funciones ejecutivas en los años preescolares. Posiblemente tal medición podría mostrar que las mejoras graduales en la función ejecutiva explican los incrementos progresivos en la teoría de la mente. Sin embargo:

- Los datos que muestran secuencias de Escala ToM *invertidas* para los niños que crecen en los Estados Unidos en comparación con aquellos criados en China (o Australia versus Irán) son un argumento en contra de esta posibilidad. Si algunos incrementos paso a paso en la función ejecutiva explican los detallados datos correspondientes a los cinco niveles para los niños estadounidenses (por ejemplo, que la tarea de acceso a conocimiento requiere de una mayor inhibición que la prueba de creencias diversas), no podrían entonces dar cuenta de los datos de China.

Las secuencias invertidas (por ejemplo, para las creencias diversas y el acceso al conocimiento en los niños chinos frente a los de Estados Unidos) contradicen cualquier afirmación de que las diferencias de control inhibitorio en las distintas tareas puedan explicar completamente las diferencias puntuales observadas en la teoría de la mente.

Estas comparaciones de tareas abordan no solo temas de control inhibitorio, sino también de función ejecutiva que están estrechamente relacionados, como la memoria de trabajo y la flexibilidad cognitiva.

a conocimiento requiere de un razonamiento más complejo que las creencias diversas) será refutado por los datos de los niños chinos. Y cualquier tipo de análisis propuesto para dar cuenta de los datos obtenidos con los niños de Australia será cuestionado por la progresión alternativa observada con los de Irán.

Como fue el caso con las consideraciones sobre la función ejecutiva, por supuesto, algunas pruebas de teoría de la mente difieren principalmente en términos de complejidad cognitiva. Un ejemplo claro es la diferencia entre las tareas de falsa-creencia de primer y segundo orden. Una tarea de la falsa-creencia de primer orden es como aquella esbozada en el Capítulo 1, en el recuadro 1.2. En comparación, una tarea de la falsa-creencia de segundo orden, como las ideadas por primera vez por Josef Perner y Heinz Wimmer (1985), es algo como esto: papá mira desde la puerta mientras que Mary y Gary se recuestan a descansar. Mary está en la cama y Gary en el sillón reclinable. Mamá llama a Gary y papá ve que, mientras Gary está ausente, Mary se cambia de lugar al sillón reclinable. Ahora, ¿dónde piensa papá que está Mary, en la cama o en el sillón reclinable (creencia *verdadera* de primer orden)? ¿dónde piensa papá que Gary cree que está Mary, en la cama o en el sillón reclinable (*falsa* creencia de segundo orden)? La tarea de segundo orden requiere de una comprensión recursiva de la creencia de un personaje sobre la creencia del otro y es una medida bastante utilizada de las diferencias individuales de la teoría de la mente en niños mayores.

Para configurar una tarea de pensar sobre el pensar, tal como la de Perner y Wimmer (1985), se requiere de una extensa narrativa y secuencia de eventos (con varias preguntas esenciales de prueba y control). Así, además del pensamiento recursivo de segundo orden (un tema de complejidad cognitiva), las demandas lingüísticas y de memoria añadidas parecen requerir de competencias avanzadas de función ejecutiva para seguir el procedimiento. Este conjunto de demandas —pensamiento recursivo, función ejecutiva, lenguaje avanzado— hacen que la dificultad de las tareas de falsa-creencia de segundo orden sea sobre todo un producto de complejidad cognitiva y control independiente de las demandas de teoría de la mente. De hecho, esta interpretación no asociada a la teoría de la mente está respaldada por los hallazgos de Helen Tager-Flusberg y sus colegas (Sullivan, Zaitchik y Tager-Flusberg, 1994) respecto de que los niños de 4 y 5 años de edad a menudo logran exitosamente una modificación de la tarea de Perner y Wimmer que incluye múltiples recordatorios, indicaciones, correcciones y repeticiones de la historia con el fin de reducir sus cargas cognitivas de dominio general (no de teoría de la mente). El punto es que la complejidad cognitiva a veces puede hacer la diferencia entre algunas tareas de teoría de la mente frente a otras; de hecho, puede explicar gran parte, si no todas, las diferencias de desarrollo entre las falsas creencias de primer y segundo orden. Pero eso no quiere decir que los desarrollos de la teoría de la mente sean solo de complejidad cognitiva.

Glenda Andrews y sus colegas (Andrews, Halford, Ramo, Bowden y Jones, 2003) proporcionan otro ejemplo útil. Usando la teoría de complejidad relacional de Graeme Halford (Halford, Wilson y Phillips, 2010) como una manera alternativa de pensar acerca de la complejidad cognitiva, Andrews y sus colegas describieron paso a paso los incrementos en la complejidad cognitiva que utilizaron para examinar las comparaciones entre tareas relacionadas. En un estudio, por ejemplo, estos autores utilizaron su análisis de complejidad para elaborar dos versiones diferentes de varias tareas de teoría de la mente. Para ilustrar esto, crearon dos tareas diferentes de cambio de lugar; una, la más compleja, era una tarea de falsa-creencia de cambio de lugar, de nuevo del tipo descrito en el recuadro 1.2. Pero la otra era una tarea de *no-falsa-creencia* que también involucraba cambio de ubicación. Efectivamente, los niños pequeños se mostraron más proclives a fallar en las tareas más complejas y a pasar en las versiones de menor complejidad.

Cabe destacar, no obstante, que este análisis no sería capaz de explicar los resultados más extendidos de la Escala ToM. Según el análisis de complejidad relacional de Halford (Halford et al., 2010), los deseos diversos y las creencias diversas estarían ambos en un nivel «más fácil» de complejidad, mientras que el acceso al conocimiento y las falsas creencias estarían en otro nivel más complejo. No obstante, los deseos diversos y las creencias diversas *difieren* en su desarrollo. Y lo mismo sucede con el acceso al conocimiento en comparación con las falsas creencias. Por lo tanto, se producen cambios en el razonamiento y la concepción de la teoría de la mente que no son meros cambios en la complejidad cognitiva; más bien, son cambios en las propias concepciones de teoría de la mente.

En resumen, los desarrollos en complejidad cognitiva, al igual que los de función ejecutiva, parecen ser mejor interpretados en términos de un papel que permite la ejecución. Los aumentos en la complejidad cognitiva pueden permitir y promover avances conceptuales de teoría de la mente, además de facultar el uso de las concepciones de teoría de la mente en diferentes situaciones de razonamiento. Los aumentos en la complejidad cognitiva (y en la función ejecutiva) sin duda tienen un impacto en comprensión de los estados mentales por parte de los niños; pero se necesita de un trabajo conceptual de dominio específico adicional. En mi opinión, se necesita desarrollar la teoría constructivista.

Para sintetizar, una cuestión clave es realmente la misma que planteé en la discusión de la investigación microgenética del Capítulo 6. De modo más general, ¿qué explica el progreso en la teoría de la mente? Tal vez los factores cognitivos generales «externos» al dominio de la teoría de la mente —atención, memoria, control ejecutivo— podrían explicar de manera suficiente los cambios de teoría de la mente. Pero empíricamente no lo hacen. Entonces, en su defecto, se necesita de factores «internos» de las propias concepciones de la teoría de la mente —conceptos y procesos inherentes y precisos para pensar acerca de los agentes, acciones y mentes— para explicar los cambios en la teoría de la mente. Desde una perspectiva constructivista de la teoría de la teoría, las concepciones tempranas de las personas y las mentes limitan y a la vez permiten, las concepciones posteriores al entregar cimientos dentro del dominio conceptual de la cognición psicológica. En esta postura, el desarrollo de la teoría de la mente representa procesos de desarrollo conceptual de contenido específico al menos en igual magnitud que los incrementos en las capacidades o sistemas más generales.

Posturas de Dominio Específico

En contraste con las posturas de dominio general (o de manera complementaria), todas las posturas de dominio específico suponen que la inclinación de los seres humanos a entender a la gente mentalmente se origina en conocimientos, procesos y/o mecanismos especiales y específicos de la comprensión y el aprendizaje *social*. Cuando menos, los seres humanos como especie parecen estar preparados para adquirir y adherir a información social (Banaji y Gelman, 2013): aprender sobre el mundo indirectamente a través de la información y los afectos de otras personas (Harris, 2012), a partir de la pedagogía (Csibra y Gergley, 2009) y de la conversación (Gelman, 2009). Además, no hay duda de que a los 3 o 4 años de edad, el conocimiento de los niños sobre los fenómenos físicos versus los psicológicos contrastan de varias maneras características (Fodor, 1992; Hirschfeld y Gelman, 1994/2002 en la edición en español; Wellman y Gelman, 1992, 1998). En resumen, como se indica en el Capítulo 2, a esa edad los niños insisten en que las entidades mentales y físicas difieren, que las fuerzas físico-mecánicas dan cuenta de los cambios en el mundo físico, pero que un conjunto muy diferente de fuerzas —las creencias y los deseos— explican las acciones y experiencias intencionales.

Ya no es sorprendente afirmar que la psicología, la física y la biología ingenuas difieren claramente, en parte porque se suele aceptar que la cognición puede diferir de forma sustancial en diferentes áreas o dominios (Cosmides y Tooby, 1994; Fodor, 1983/1986 en la edición en español; Hirschfeld y Gelman, 1994/2002 en la edición en español; Wellman y Gelman, 1992, 1998). Sin embargo, la noción de dominios cognitivos específicos y distinguibles admite varias interpretaciones separables, captadas en tres tipos de postulados teóricos distintos: teorías, módulos y experticia.

Teoría de la Teoría

La teoría de la teoría es esencialmente una postura de dominio específico. Las teorías científicas clasifican el mundo en diferentes dominios de entendimiento. Las comprensiones actuales de la astronomía, por ejemplo, especifican que las estrellas son cuerpos masivos, similares al sol, y que existen en un espacio-tiempo continuo de enormes proporciones. Por esta razón, la mecánica celeste proporciona el marco causal-explicativo clave para entender las interrelaciones de estos cuerpos celestes; y por ende entrega explicaciones para los días, las estaciones, las mareas, los eclipses, etcétera. Por su parte, la economía ahonda en un dominio muy diferente, donde las entidades son consumidores, productores, bienes, PIB, etcétera, y donde las fuerzas micro y macroeconómicas, como la oferta y la demanda, la liquidez monetaria, las restricciones de mercado y las presiones regulatorias proporcionan los factores causal-explicativos correspondientes. De esta forma —tanto respecto de las entidades del mundo que abarcan como de los marcos causal-explicativos que emplean— las teorías científicas ahondan en el mundo en dominios de conocimiento muy distintos. Así también, de acuerdo con la teoría de la teoría, lo hacen las teorías cotidianas, tales como la teoría de la mente en comparación con la física ingenua.

Módulos

«Teoría de la mente» es una frase que atrae y que apunta acertadamente hacia una especie distintiva de cognición, no solo a la cognición social, sino a las evaluaciones mentales que están en el centro de tal cognición. Sin embargo, algunos teóricos sostienen que el nombre «teoría de la mente» está equivocado; es atractivo, pero está mal.

Para los teóricos modulares, en particular, los procesos de la teoría de la mente no derivan de ninguna teoría; emanan directamente de los cómputos de un módulo mental innato. Los módulos mentales, tal como los describió inicialmente Fodor (1983/1986 en la edición en español), generan representaciones de *inputs* perceptuales, como en las representaciones en 3D de la disposición espacial que capta el sistema visual (Marr, 1982/1985 en la edición en español). Tales módulos perceptuales están especificados de manera innata, su procesamiento es mandatorio y encapsulado, y por ende son esencialmente inmodificables: ningún entrenamiento ni experiencia contradictoria nos haría percibir el mundo en términos de dos dimensiones en lugar de tres. Los argumentos de otros teóricos con respecto a la modularidad han variado en al menos dos aspectos: si la modularidad está limitada a los procesos perceptuales o afecta también los procesos cognitivos centrales (como la teoría de la mente), y si tal modularidad es innata o se construye. La modularidad no implica necesariamente una evolución de módulos innatos (Karmiloff-Smith, 1992/1994 en la edición en español), pero los planteamientos de teoría de la mente sí, y es justamente ese el tipo de modularidad en el que me enfoco. Esos postulados (por ejemplo, Leslie, 1994; Scholl y Leslie, 2001) han propuesto un módulo de teoría de la mente (ToMM, por sus siglas en inglés) que es central (no perceptual), que de manera obligatoria y automática adquiere ciertas formas de *inputs* (por ejemplo, la percepción de un agente animado) y computa los estados mentales correspondientes (creencias, deseos, intenciones de dicho agente). Estas constituyen las representaciones innatas del módulo (y del organismo).

Es importante distinguir la postura general de que existe un conocimiento innato de la postura más firme de que hay módulos innatos (Carey, 2009; Gopnik y Wellman, 1994; Wellman y Gelman, 1998). Ciertas representaciones podrían ser especificadas de manera innata pero no ser modulares, ya sea porque el conocimiento es de dominio general o porque es fácilmente modificable sobre la base de nuevas experiencias. Todo tipo de conocimiento, incluidas la experticia o las teorías ingenuas, pueden incluir o comenzar a partir de una base de representaciones innatamente especificadas.

Por tanto, una diferencia fundamental entre las posturas modulares nativistas y otras dice relación con la naturaleza de la interacción entre la experiencia y la estructura conceptual. Los procesos modulares son mandatorios en el sentido de que, suponiendo que vengan de manera conectada (y no estén menoscabados), dan lugar a concepciones que son conversiones necesarias de los *inputs* pertinentes en representaciones especiales, especificadas por dicho módulo (Leslie, 1994).

Experticia

Claramente, la experticia puede forjar conocimientos y habilidades de dominio específico, ya que con suficiente práctica de una tarea (por ejemplo, el ajedrez, la lectura, la nemotecnia), una persona común reorganiza sus conocimientos en sistemas jerárquicos complejos y desarrolla redes ricas de información causalmente relacionada (Chi, Hutchinson y Robin, 1989). Estas habilidades no pueden explicarse como diferencias individuales en el procesamiento general de los talentos de expertos. El mismo individuo que es excelente en ajedrez muestra desempeños mundanos en tareas que están fuera de su dominio de habilidades. Por ejemplo, la memoria del experto en ajedrez para una cadena de dígitos es bastante común (Chi, 1978). Parece, pues, que estas capacidades son de dominio específico, por lo menos en cierto sentido de dominio.

La noción de dominios de habilidad moldeados según la experticia es distinta de la modularidad. En el primer caso, no se apela a módulos innatos, limitaciones innatas ni fuerzas evolutivas (aunque es muy posible que se recurra a los cimientos cognitivos innatos). El ejemplo clásico en este sentido es la lectura. Los homo sapiens no evolucionaron en un mundo lleno de escritos, pero las personas contemporáneas pueden llegar a ser expertas en ello; y, cuando se es experto, la lectura se convierte en un dominio característico de la cognición con sustratos neurales distintivos. Además, la experticia en el dominio a su vez influye en el aprendizaje, atención y comprensión de nueva información relacionada con el dominio.

Una postura de experticia de dominio específico —la teoría de la simulación— se aplica únicamente a la teoría de la mente. En contraste con la teoría de la teoría, la teoría de la simulación sostiene que el razonamiento común sobre las personas y las mentes *no* proviene de constructos conceptuales ni de representaciones abstractas, sino que de nuestras propias experiencias directas (Goldman, 1992, 2005; Gallese y Goldman, 1998; Harris, 1992, 2000/2005 en la edición en español). Como somos criaturas que tenemos experiencias de estados mentales (como las creencias y los deseos), sin duda nos referimos a tales estados; pero nuestra capacidad para hacerlo no depende de conceptos y representaciones en desarrollo. Más bien, simplemente experimentamos y reportamos nuestras propias experiencias mentales. La atribución de tales experiencias a otras personas, del mismo modo, no requiere de una serie de constructos e inferencias conceptuales sino de un proceso de simulación. Para pensar en las mentes de otros, nos proyectamos en la situación de la otra persona (quizás a través de neuronas espejo, véase el Capítulo 11), experimentamos lo que sentiríamos nosotros mismos en esa situación, y luego atribuimos dicha experiencia (simulada) al otro. La simulación es de dominio específico en el sentido que está anclada en experiencias mentales en primera persona. También se necesita experticia porque, en este proceso, los niños deben aprender a no atribuir sus propios estados a los demás, sino a simular los estados de otros a partir de *su* situación.

Información Relevante para los Módulos

Para empezar, está claro que una perspectiva nativista-modular ha promovido investigaciones relevantes y esclarecedoras que, al menos inicialmente, no fueron promovidas por otras posturas. El ejemplo obvio más importante se refiere a las investigaciones sobre individuos con autismo.

Desde una perspectiva nativista modular, el rápido desarrollo de las comprensiones que se observa en los niños de desarrollo típico en todo el mundo, como por ejemplo aquella de las falsas creencias, depende de un módulo mental especializado de la teoría de la mente (ToMM) que «se activa» en el desarrollo temprano. Desde su inicio, este tipo de posturas comenzaron con un marco neurológico-madurativo para analizar estos módulos (Leslie, 1994;

Baron-Cohen, 1995). Y desde esta perspectiva, este módulo —ToMM— podría activarse tempranamente en el desarrollo *o* verse afectado. Este razonamiento inspiró a los teóricos modulares para comenzar la influyente investigación de la teoría de la mente en personas con autismo (Baron-Cohen, 1995). De hecho, numerosos estudios ya han demostrado que para los individuos con autismo, incluso aquellos que son de muy alto funcionamiento en otros ámbitos, el razonamiento de la teoría de la mente es extremadamente complicado (Baron-Cohen, 2000). Además, dichas dificultades van acompañadas de anormalidades en los sustratos neurales que caracterizan al «cerebro social» humano (véase el Capítulo 11).

Al mismo tiempo, estas posturas modulares conllevan otras implicaciones. Una de las implicaciones de postular la existencia de módulos de teoría de la mente es que los individuos que *no* presentan deficiencias en los módulos en cuestión —por ejemplo, que no tienen autismo— debieran alcanzar comprensiones de los estados mentales en un plan temporal de maduración relativamente estándar. Aquí es donde los estudios complementarios de niños preescolares sordos criados por padres oyentes han sido tan reveladores. Como indicamos en el Capítulo 5, los estudios muestran retrasos y deficiencias en las tareas de teoría de la mente comparables con los de los niños con autismo. Sin embargo, estos niños sordos no han sufrido el mismo tipo de daño neurológico que los niños autistas. Su daño es periférico: en los oídos, no en la mente. Esto es evidente en el hecho de que los niños no oyentes criados por padres sordos no muestran retrasos de teoría de la mente. Este tipo de hallazgos cuestionan las posturas donde el desarrollo de la teoría de la mente depende en gran medida de mecanismos neurológicos-madurativos.

Los módulos innatos, así como las dificultades que enfrentan los niños autistas con la teoría de la mente, también sugieren importantes influencias genéticas sobre la teoría de la mente y el desarrollo de esta. Lo mismo sucede con las deficiencias de los niños con síndrome de William y los deterioros socio-cognitivos que se encuentran en los niños con síndrome de Turner, un trastorno cromosómico claramente delimitado (Skuse et al., 1997). Para abordar las posibles influencias genéticas, Claire Hughes y sus colegas (Hughes y Cutting, 1999) documentaron el primer estudio conductual-genético de las diferencias individuales en la teoría de la mente que se presentan en mellizos de desarrollo típico, analizando a 119 parejas de mellizos de 42 meses de edad. Los análisis mostraron que el 60% de la varianza en teoría de la mente, en esta muestra, podría atribuirse a factores genéticos (más que ambientales). Tal hallazgo parecía apoyar las posturas modulares que insisten en una base innata para el desarrollo temprano de la teoría de la mente (Baron-Cohen, 1995; Leslie, 1994).

Sin embargo, Hughes y Cutting (1999) hicieron notar en su momento que su estudio original había incluido una muestra pequeña, posiblemente no representativa (voluntaria), para el análisis genético-conductual de mellizos. Entonces, Hughes y sus colegas (Hughes et al., 2005) hicieron un estudio más definitivo de las diferencias de teoría de la mente en una muestra representativa a nivel nacional de 1.116 pares de pequeños mellizos en Inglaterra. Los modelos genético-conductuales de esos datos «mostraron que los factores ambientales explican la mayor parte de la variación en el desempeño de la teoría de la mente» (pág. 356). De hecho, se apreciaron diferencias individuales sorprendentemente importantes en la teoría de la mente: el 44% de la variación en las puntuaciones de teoría de la mente se explica por influencias ambientales no compartidas, específicas de teoría de la mente y el 20% por influencias ambientales compartidas, específicas de teoría de la mente. El 21% adicional se explicaría por influencias ambientales compartidas o comunes sobre la teoría de la mente y la capacidad verbal, dejando entrever el influyente papel que desempeñan los factores semántico-conversacionales que revelan, por ejemplo, los datos de estudios con niños no oyentes. Solo el 15% correspondió a influencias genéticas comunes. Estos hallazgos se oponen con firmeza a una postura nativista de activación y de maduración para los desarrollos de la teoría de la mente, bajo el supuesto de que tal desarrollo de maduración sería similar en los niños genéticamente relacionados, y particularmente similar en los gemelos monocigóticos (idénticos).

Datos Relevantes para la Simulación

Las posturas de simulación también han construido su propia historia y los hallazgos necesarios. La teoría de la simulación se centra especialmente en la simulación y la imaginación como habilidades de los niños pequeños que apoyan las proyecciones simuladas de uno mismo hacia otros (en lugar de conceptos e inferencias de estados mentales). Por ejemplo, Paul Harris (2000/2005a en la edición en español) argumentó que el juego de simulación, tan frecuente en los niños pequeños y tan poco habitual en los adultos, en realidad nunca desaparece: se manifiesta a lo largo de la vida en nuestra capacidad de empatizar y entender la vida de otros. Este trabajo sobre la pretensión y la imaginación sin duda ha sido ilustrativo y trascendente. Además, según la teoría de la simulación, es la creciente experticia en la imaginación orientada hacia el otro la que conlleva progresos en la teoría de la mente. Por esta razón, la teoría de la simulación predice vínculos empíricos entre la participación de los niños preescolares en la simulación social y su éxito en las tareas de teoría de la mente. Este vínculo ha sido confirmado en varios estudios (entre ellos, Astington y Jenkins, 1995; Lohmann & Tomasello, 2003; Schwebel, Rosen y Singer, 1999; Youngblade y Dunn, 1995).

Sin embargo, el detallado planteamiento de desarrollo de los teóricos de la simulación para los progresos en la teoría de la mente no se ajusta a los datos descritos en este libro. Repitamos que, según esta postura, en el curso del desarrollo, los niños deben aprender a no atribuir sus propios estados a otros, sino que a simular los estados de los demás a partir de la información sobre la situación en que está esa persona: «deben ver el mundo a través de los ojos de otra persona» (Harris, 2000, pág. 54/2005 en la edición en español). La simulación implica la creación de un «modelo de situación» (Harris, 2000/2005a en la edición en español) *para el otro* y luego reaccionar como si se estuviera en esa situación. La creación de tal modelo de situación (para el otro) plantea varias dificultades. Por tanto, Harris da cuenta de la dificultad de los niños con las atribuciones de falsa-creencia de la siguiente manera (1992, 2000/2005a en la edición en español). Los modelos de situación de los niños y sus simulaciones operan en un contexto de dos escenarios predeterminados: los estados mentales de uno mismo y el estado real del mundo. Las simulaciones son más o menos difíciles dependiendo del número de predeterminaciones que el niño deba anular. Supongamos que un niño no sabe lo que hay en una caja, pero piensa que es una muñeca. Para simular la creencia de alguien que piensa que la caja contiene un camión de juguete, este niño debe anular su propia creencia y simular la creencia contrastante de la otra persona. Entonces, para simular la creencia diversa de otro (o deseo diverso), por ejemplo, uno debe ignorar su propio estado e imaginar el estado del otro. Una comprensión de las falsas creencias, sin embargo, requiere que el niño anule no solo su propia postura mental, sino que también la realidad. Por lo tanto, si el niño *sabe* que la caja contiene una muñeca y debe simular el pensamiento de otra persona que erróneamente cree que contiene un camión de juguete, entonces el niño debe dejar de lado su propio estado mental *y* la realidad conocida para imaginar que esa otra persona tiene un pensamiento totalmente diferente.

Cabe destacar que de acuerdo con esta propuesta, la atribución de los deseos *y* creencias a otros debiera ser igual de fácil siempre y cuando deba anularse solo una predeterminación, como en el ejemplo anterior de atribuir creencias diversas a los demás. Las falsas creencias debieran ser notablemente más difíciles porque en este caso, se deben anular dos predeterminaciones. Sin embargo, como señalamos cuando nos referimos a las posturas de función ejecutiva, los datos empíricos, y puntualmente los datos de la Escala ToM, han indicado reiteradamente que la atribución de deseos diversos es considerablemente más fácil que la atribución de creencias diversas, una diferencia que desafía las posturas de simulación. Una comparación entre la comprensión de acceso al conocimiento y la de falsa creencia resulta igualmente problemática para esta postura. Cuando el niño sabe qué juguete se encuentra en la caja, para simular que otra persona ignora el contenido, el niño debe hacer a un lado tanto su propio estado mental como la realidad, tal como con la falsa creencia. Así, de acuerdo con la lógica de la postura de simulación de Harris, ambas tareas serían igualmente difíciles. Sin embargo, la Escala ToM (así como el meta-análisis de Wellman y Liu, 2004) muestra que la tarea de falsa creencia es sistemáticamente más difícil que aquella de acceso al conocimiento.

Conceptualmente, en una postura de simulación la «teorización» y las «proyecciones imaginativas» serían incompatibles: las experiencias directas no implican constructos teóricos, simplemente las tenemos. Pero esta oposición es engañosa. Cuando Einstein utilizó experimentos de pensamiento, tales como imaginar cómo un reloj daría cuenta de la hora dentro de un vehículo que viaja a la velocidad de la luz, estaba imaginando pero a la vez construyendo teorías y aplicándolas. El uso de proyecciones imaginativas es complementario con nuestras teorías y, de hecho, normalmente es parte de ellas, más que una antítesis.

Esto también es válido para la teoría de la mente en los niños. Por ejemplo, para entender el comportamiento cotidiano (o para responder a las preguntas de un experimentador, o para comprender las acciones de los protagonistas de algún cuento) a través de la simulación, los niños pueden simular el ritmo cardíaco, la respiración o la sensación de hambre de un personaje, o una serie de estados y sensaciones que el niño puede experimentar él mismo en una determinada situación (o modelo de situación). ¿Pero por qué se centran tan frecuentemente en las creencias y en los deseos? Los niños se centran en algunas cosas «que es posible simular» (creencias y deseos) y no en otras (respiración, comezón) debido a su papel en el razonamiento causal-explicativo que está contenido en su marco teórico de creencias y deseos. Al igual que con el experimento de Einstein, las simulaciones cotidianas están impulsadas por la teoría.

Las propias experiencias de primera mano están ellas mismas saturadas de teoría. La simulación —el recurrir a las experiencias que el niño ha vivido por sí mismo para comprender a los demás— sin duda es importante para el desarrollo de la teoría de la mente y para su utilización. Pero estas experiencias directas no solo ayudan sino que también suponen algunos problemas. El registro observacional y experimental de los niños (y de los adultos) es grande e inmediato, ya que contiene un inmenso número de experiencias vividas en un sinnúmero de episodios y eventos entremezclados. Los niños deben desarrollar un marco conceptual coherente para organizar y dar sentido a estas experiencias. Requieren organizar algunos tipos de generalidades, como las creencias y los deseos, al margen del flujo continuo de experiencias personales específicas que en forma indiscriminada se entromete en una idea en particular, un deseo específico, tal o cual sensación, emoción, y así sucesivamente. ¿Qué es lo que organiza estas experiencias de tal manera que los niños sean capaces de simular los deseos en lugar de, por ejemplo, la corriente de conciencia omnipresente, o las sensaciones entremezcladas, los dolores, el hambre, etcétera? Los niños logran tener fantasías ordenadas porque pueden recurrir a una teoría marco común. Esta es una función importante de las teorías, tanto las científicas como las cotidianas: para deducir e imponer un orden conceptual sobre una gran cantidad de observaciones caóticas.

Por lo tanto, la historia de la simulación puede entenderse como paralela a aquella de las funciones ejecutivas. En el razonamiento de la teoría de la mente, su concepción, a menudo debe emplearse de distintas maneras. Y los procesos de simulación ayudan a emplear las concepciones de la teoría de la mente, pero no pueden sustituirlas.

Datos Relevantes para las Teorías

La cognición humana debe incluir procedimientos robustos para inferir conocimiento generalizado a partir de experiencias discretas. Esta acción al parecer es crucial para el aprendizaje en un sentido acotado y para el desarrollo en un sentido más amplio. Y también es fundamental, creo, para el desarrollo de las concepciones de la teoría de la mente.

Como ya debiese estar claro a estas alturas, los procesos de creación de conocimiento a partir del descubrimiento y construcción de teorías predicen de manera particular que los niños logran un conjunto extendido de comprensiones, donde aquellas que son tempranas ayudan a la creación de otras intermedias que sientan las bases para otras más avanzadas y así sucesivamente. Por tanto, al igual que los enfoques modulares inspiraron la investigación de la teoría de la mente en niños con autismo y las posturas de simulación motivaron investigaciones sobre una perspectiva de imaginación, la teoría de la teoría ha iluminado la investigación sobre las progresiones de la comprensión, una investigación que no ha sido abordada por otros. Es esta postura, además, la que predice las tres características del aprendizaje constructivista que presenté en el Capítulo 6 para caracterizar el desarrollo de la teoría de la mente: (a) el aprendizaje se produce por medio de progresiones conceptuales ordenadas; (b) tanto las secuencias como los planes temporales de estas progresiones son dependientes de la experiencia; y (c) el conocimiento conceptual previo influye en la presencia y cantidad de aprendizaje.

De manera similar, la teoría de la teoría ha inspirado novedosas investigaciones sobre la explicación. Según la teoría de la teoría, nuestra psicología popular es una teoría cotidiana acerca de las personas y las mentes, que merece el nombre de *teoría* de la mente. Las teorías explican los fenómenos; y por tanto la explicación, en virtud de esta postura, es fundamental para la teoría de la mente. Consideremos en cambio una postura modular innata de la teoría de la mente. Un módulo ToMM «procesa espontánea y post-perceptivamente comportamientos que son observados y calcula los estados mentales que contribuyeron a ellos» (Scholl y Leslie, 2001, pág. 697). Las posturas modulares no hacen hincapié en las explicaciones, sino que destacan los cálculos modulares que conducen a las atribuciones de los estados mentales. De hecho, las posturas evolutivas actuales de la cognición modular se enfocan solo en cómo los procesadores especializados de información incrementan la capacidad del organismo de resolver los problemas de adaptación, al hacer predicciones exactas del entorno y responder apropiadamente. En esta postura, comprender y proporcionar explicaciones es innecesario (o al menos no se menciona) para la resolución de los problemas adaptativos (Cosmides y Tooby, 1994). Las explicaciones tampoco juegan un papel crucial en las posturas de simulación, que se concentran, por su parte, en el desarrollo de habilidades que permiten a los niños participar en la atribución por medio de simulación. Al igual que con las posturas modulares, el foco central de las posturas de simulación es simplemente solucionar el problema de la atribución. El desarrollo resulta del incremento en la capacidad de los niños para simular.

La teoría de la teoría predice un papel fundamental y motivador para las explicaciones en el desarrollo e insiste en que estas explicaciones proporcionan parte del mecanismo subyacente al desarrollo. Y, como ya he comentado, dicho énfasis coincide muy bien con los datos empíricos: las explicaciones otorgan un papel motivador en el pensamiento de los niños acerca de las personas. De hecho, tal como vimos en el Capítulo 2, los niños muestran particular motivación para hacer preguntas acerca de personas en comparación con objetos físicos y procesos biológicos. Y las explicaciones influyen en cómo se da el desarrollo; recordemos los experimentos microgenéticos descritos en el Capítulo 6, donde un incremento en la exposición de los niños a explicaciones conllevó avances en la teoría de la mente, mientras que las predicciones por sí solas no lo hicieron.

El Papel del Lenguaje y la Experiencia Comunicacional

Aprender acerca de la mente requiere de estructuras y experiencias cognitivas. Y tanto las experiencias en primera persona como en segunda contribuyen. En este contexto, el lenguaje y comunicación son fuentes plausibles y potentes para conseguir las estructuras necesarias y fuentes especialmente poderosas de experiencias relevantes. En efecto, una serie de hechos empíricos que necesitan ser incluidos en cualquier postura integral de teoría de la mente es la interacción entre el lenguaje y el desarrollo de la teoría de la mente. Hay mucha evidencia que muestra que el éxito de los niños en las tareas explícitas de teoría de la mente, tales como las tareas de falsas-creencias en edad preescolar, está relacionado con su desempeño en diversas pruebas de lenguaje. En general, las mejores habilidades lingüísticas y las experiencias comunicacionales más ricas se correlacionan y conducen longitudinalmente a una mejor teoría de la mente. No revisaremos en detalle estos estudios; Janet Astington y sus colegas ya lo hicieron en un volumen editado (Astington y Baird, 2005) y en un meta-análisis (Milligan et al., 2007).

Pese a ello, resulta útil tener en cuenta el papel que el lenguaje juega en los desarrollos de la teoría de la mente.

Sintaxis

Jill y Peter de Villiers (2000; de Villiers y Pyers, 2002) han puesto de relieve que las afirmaciones verbales acerca de los estados mentales, como los verbos «pensar» y «saber», utilizan una construcción sintáctica específica: cláusulas complementarias integradas como por ejemplo: «John piensa que Obama es un republicano». En esa frase, «John piensa…» es la cláusula principal, en la cual está integrada la cláusula complementaria, *que* Obama es un republicano». En inglés, las afirmaciones sobre deseos también utilizan cláusulas integradas, pero usan una construcción distinta: «John quiere que Obama sea republicano» («*John wants Obama to be Republican*»). Son los complementos que empiezan con la conjunción *que*, en particular, los que permiten que la verdad de que «John piensa que X» sea independiente de la verdad de X. Así, «John piensa que Obama es un republicano» puede ser cierto, independiente del hecho de que Obama sea un demócrata.

Esta sintaxis de complementos proporciona un lenguaje de proposiciones integradas y los de Villiers argumentan que el aprendizaje de esta sintaxis especial proporciona la base *necesaria* para que los niños piensen acerca de las creencias y otros estados mentales proposicionales relacionados (de Villiers y de Villiers, 2000, pág. 195-197). Además, las diferentes construcciones para las creencias y deseos son un reflejo de que la comprensión de las creencias se desarrolla después y no de manera paralela a aquella de los deseos. Esta es una afirmación muy sólida respecto del impacto que tendría el lenguaje sobre la teoría de la mente y sobre el papel de desarrollo de una estructura sintáctica.

La comprensión de los niños de estos complementos integrados que comienzan con *que* ha sido probada haciéndolos (simplemente) recordar construcciones con cláusulas complementarias que son falsas (de Villiers y Pyers, 2002). Entonces, si el niño escucha: «en realidad el caramelo está en el estante. Jill piensa que el caramelo está en el cajón», la pregunta de la prueba es la siguiente: «¿qué piensa Jill?». Podría decirse la respuesta correcta a esta pregunta («Jill piensa que el caramelo está en el cajón») no requiere que el niño haga ninguna inferencia sobre lo que Jill piensa; más bien el niño necesita simplemente poner atención a la cláusula complementaria («Jill piensa que el caramelo está en el cajón») y repetirlo. No obstante, la tarea de estas cláusulas complementarias resulta difícil para los niños de 3 a 4 años de edad y no mucho más fácil que las pruebas estándares de falsa-creencia (de Villiers y Pyers, 2002; Flavell et al., 1990; Wellman y Bartsch, 1988).

Más específicamente, el éxito en la repetición de estos complementos integrados puede explicar a nivel estadístico las competencias de falsa-creencia en tareas estándares. Lo que resulta incluso más revelador es que Jill de Villiers y Jennie Pyers (2002) sometieron a prueba a los mismos niños en múltiples ocasiones y encontraron que el rendimiento de los niños en esta prueba de complementos integrados, en un punto anterior en el tiempo, predijo su desempeño en diversas tareas de falsa-creencia aplicadas con posterioridad. En contraste, el desempeño temprano en estas tareas no demostró estar relacionado sistemáticamente con el rendimiento *a posteriori* en la tarea de complementos integrados.

Es poco probable, sin embargo, que tal competencia sintáctica sea necesaria para la competencia en teoría de la mente, ni que la provoque. Por ejemplo, las tareas de creencias diversas y de falsas-creencias requieren ambas del mismo tipo de lenguaje de complementos y de razonamiento «integrado». Para las creencias diversas, «John piensa que la fruta [oculta en la bolsa] es una manzana, pero Mary piensa que es un plátano». Y para las falsas creencias, «John piensa que la fruta es una manzana, pero en realidad es un plátano». ¿Por qué la competencia en estas cláusulas complementarias originaría una comprensión precoz en las tareas de creencias diversas, pero no así en las falsas creencias? Es decir, en un análisis de complemento, ¿por qué estas comprensiones no se desarrollarían al mismo tiempo?

Además, otros idiomas distintos del inglés no utilizan tanto estos complementos integrados en la conversación cotidiana (chino, lenguaje americano de señas) o varían en el tipo de complementos necesarios (alemán). Por ejemplo, en alemán (pero no en inglés), algunas frases, para expresar *querer*, obligatoriamente utilizan el mismo complemento gramatical *que*, como lo hacen las frases relativas al *pensar* (como lo hacen las frases con el verbo *pensar* en inglés). Pese a ello, Josef Perner y sus colegas (Perner, Sprung, Zauner y Haider, 2003) encontraron que el desfase entre la comprensión de los deseos y solo la comprensión posterior de las creencias fue igual en los niños alemanes que en los de habla inglesa. Y lo mismo ocurrió incluso en las tareas de deseos versus creencias que utilizan exactamente el mismo tipo de construcciones complementarias *que* a las que aluden los de Villiers.

El idioma chino proporciona un caso complementario. En mandarín y cantonés, es posible y habitual utilizar la misma construcción gramatical relativamente simple (con una construcción integrada muy abreviada) para hablar acerca de las creencias y los deseos. Sin embargo, junto con Twila Tardif (Tardif y Wellman, 2000) encontramos una frecuencia mucho mayor y más temprana de expresiones de deseos que de creencias en los niños chinos, muy similares a los datos de niños de habla inglesa (Bartsch y Wellman, 1995). Por ende, contrariamente al postulado de los de Villiers, los niños hablan sobre deseos antes que sobre creencias aun cuando su lengua materna da la facilidad para referirse a estas últimas sin construcciones complejas con complementos *que* (chino) o cuando los deseos y las creencias utilizan las mismas construcciones de complemento *que* (alemán).

Cabe destacar también que la evaluación de los de Villiers de la competencia en cuanto al «complemento predicado» hace necesario repetir cláusulas que son falsas a nivel semántico: «realmente el caramelo está en el estante. Jill piensa que el caramelo está en el cajón. ¿Qué piensa Jill?». Him Cheung ha demostrado que es el significado —lo que realmente se dice en la cláusula integrada— y no la estructura sintáctica lo que afecta la forma en que el lenguaje de los niños chinos se correlaciona con desempeño en falsa creencia (por ejemplo, Cheung, 2006). Y Ted Ruffman y sus colegas (Slade y Ruffman, 2005) también demostraron que las capacidades semánticas, en lugar de las sintácticas, tienen más correlación con las falsas creencias en los niños de habla inglesa.

Semántica

En las conversaciones cotidianas, la gente habla abiertamente sobre sus propios estados mentales y los de otros, y lo hacen con y sin una sintaxis compleja. Lo hacen en particular mediante el uso de un conjunto de verbos mentales: *pensar, saber, recordar, querer, necesitar, sentir*. Es interesante constatar que las primeras experiencias conversacionales con tales palabras predicen comprensiones concurrentes y posteriores de la teoría de la mente. Por ejemplo, cuando los padres le hablan más a su hijo con estos términos desde temprana edad, el niño tiene mejores resultados en el razonamiento de la falsa-creencia (Ruffman et al., 2002). Además, tanto los niños de habla inglesa (Bartsch y Wellman, 1995), como los niños chinos (Tardif y Wellman, 2000) y los niños sordos (Anderson y Reilly, 2002) hablan acerca de las personas usando los términos «desear» y «sentir» antes de usar los términos «pensar» o «saber».

La semántica abarca la forma en que los lenguajes se refieren al mundo, incluido el de los estados mentales y, en particular, la forma en que los idiomas lo hacen en sus léxicos, en las palabras que utilizan. La lingüista Anna Wierzbicka (1993) sostiene que *todas* las lenguas del mundo lexicalizan los conceptos relacionados «pensamiento», «deseo» y «sensación» en verbos mentales como *pensar, querer* y *sentir*. De ser así, esto podría mostrarnos una huella extraordinaria de la concepción de la teoría de la mente en la semántica. Independientemente si esa rotunda afirmación resulta o no ser verdad (es rebatida con firmeza), los diferentes idiomas empaquetan los verbos usados para referirse a los estados mentales de diversas maneras, las que proporcionan formas de estudiar la influencia de la semántica relativa a los estados mentales en la comprensión de los mismos.

El inglés tiene varias formas de expresar los estados mentales de pensamiento y conocimiento, utilizando por ejemplo los verbos *pensar, creer, suponer, saber*, entre otros, cada uno de los cuales implica diferencias en la certeza del pensador, además de otros aspectos de sus estados mentales (Moore, Bryant y Furrow, 1989). Otros idiomas también se refieren al ámbito de la vida mental a través de varios términos lingüísticos, algunos de los cuales son muy similares al inglés y otros diferentes. Una muestra del papel que juegan dichas construcciones léxicas en la comprensión de la teoría de la mente la proporcionan los verbos de «pensamiento falso».

En inglés, los términos de creencia tales como *creer* y *pensar* son neutros con respecto a si la creencia de la persona es verdadera o falsa. Al decir «John piensa que Obama es un republicano», Obama podría ser republicano o demócrata. Algunos idiomas, incluido el chino, tienen términos para designar las creencias que son decididamente falsas. La aparición de tales términos podría tener varias influencias plausibles. En términos más generales, existe la posibilidad de que la adquisición de una lengua que marque léxicamente las falsas creencias pueda de manera general y profunda ayudar a los niños a lograr entenderlas y, en particular, la divergencia entre las creencias y la realidad. Desde un punto de vista extremo, los niños que aprenden un idioma así podrían nunca evidenciar dificultad con las falsas creencias porque su lenguaje marca esta distinción con claridad. Alternativamente, sin embargo, también puede ser que la comprensión de falsa creencia se vea potenciada, aunque con mayor modestia. O, por supuesto, la presencia de estos términos explícitos de falsa-creencia podría no conllevar mejora alguna en la comprensión.

Supongamos que esa mejora sí ocurre; entonces la hipótesis de un efecto general de mejora implica que la comprensión y desempeño de los niños podrían verse potenciados en las tareas en que se utiliza el término de falsa-creencia explícitamente marcado pero también en tareas donde no lo utilizan. Por otra parte, la hipótesis de una mejora modesta y limitada implica que tales términos bien podrían facilitar el desempeño en las pruebas de falsa-creencia solo cuando son utilizados en la tarea. Twila Tardif y sus colegas (Tardif et al., 2004) junto con Kang Lee y sus colegas (Lee et al., 1999) realizaron pruebas sobre estas posibilidades en niños chinos expuestos a estos verbos explícitos de falsa-creencia.

En ambos estudios, uno realizado con niños de habla cantonesa (Tardif et al., 2004) y otro con mandarín (Lee et al., 1999), crecer hablando chino por lo general *no* produjo una comprensión más temprana de la falsa creencia. Estos niños mostraron una comprensión de falsa creencia muy similar a los casi 200 estudios sobre niños de habla inglesa examinados en nuestro meta-análisis (Wellman et al., 2001). El meta-análisis más focalizado de Liu y sus colegas (2008), que comparó específicamente niños de habla china con niños de habla inglesa, confirmó esto con mayor precisión: la presencia de verbos explícitos de falsa creencia en chino ciertamente no significó que los niños chinos pequeños tuvieran especial facilidad con esta última. En cambio, los datos demostraron un efecto limitado, específico, en lugar de uno general. Presentar una tarea de falsa-creencia usando términos explícitamente marcados para la falsa creencia ayudó a los niños chinos a tener un resultado levemente mejor en *esa* tarea. Pero tener un término que aluda explícitamente a la falsa creencia no redundó en un beneficio más general en las tareas en las que el término era irrelevante o no utilizado.

Un estudio realizado por Marilyn Shatz y sus colegas (Shatz, Diesendruck, Martinez-Beck y Akar, 2003) que incluyó varios lenguajes, mostró el mismo patrón. Los niños que hablan idiomas con términos explícitos de falsa-creencia (español de Puerto Rico y turco) aprobaron solo ciertas tareas de falsa creencia antes que los niños que hablan idiomas que no poseen estos términos explícitos (inglés, portugués de Brasil). En concreto, las tareas de falsa-creencia que aprobaron fueron las que utilizaron el término señalado de falsa creencia en la pregunta de prueba (es decir, «pensar falsamente» en lugar de «pensar»), mientras que el desempeño de los niños en otras tareas de falsa-creencia y de teoría de la mente no demostró ninguna ventaja relativa.

Para resumir hasta ahora, una postura de *expresión* del lenguaje mental no es más defendible que una de *expresión* de la función ejecutiva. Por lo general no se da el caso de que las habilidades de teoría de la mente se alcancen tempranamente, independiente de la lengua, y solo esperan adquisiciones semánticas o sintácticas específicas para ser expresadas. Al mismo tiempo, tampoco se da la situación de que los niños adquieran de manera rápida y simple esas nociones de estados mentales marcados en su idioma. La relación entre el lenguaje y la teoría de la mente es más compleja que eso e incluye grandes dosis de desarrollo conceptual real de la teoría de la mente.

Pragmática, Conversación y Experiencia Social

El intercambio comunicacional (e incluso el significado verbal) es más que la suma de la sintaxis y la semántica. Incluso oraciones aparentemente simples, tales como «ese es el azul», pueden tener significados muy diferentes dependiendo de si el oyente puede ver los artículos o no (por ejemplo, puede estar con los ojos vendados o escuchar esa frase en el teléfono, etcétera). Descifrar el significado detrás del mensaje requiere de una sensibilidad al contexto social (lo que el oyente sabe/ve) y lo que Herb Clark (por ejemplo, 1996) llama «un terreno común»; cómo un oyente y un orador tienen en común (o no) los mismos eventos. La atención al contexto social y al terreno común está entrelazada con las características de la teoría de la mente. De este modo, el intercambio conversacional pragmático podría motivar a que los niños pongan atención y aprendan sobre la teoría de la mente.

Tras un resumen de una serie de estudios, Judy Dunn y Marcia Brophy (2005) sugieren que la cantidad total de experiencia conversacional, cuánto de esa experiencia incluye conversaciones sobre estados mentales, y la calidad de la relación entre el niño y su compañero conversacional, son todos factores que afectan las habilidades actuales o posteriores de la teoría de la mente. El volumen editado por Janet Astington y Jodie Baird (2005) entrega incluso más discusión sobre estas características experienciales dependientes del lenguaje. Y Michel Deleau (2012) resumió varios estudios que demuestran que las experiencias conversacionales y las habilidades pragmáticas del niño predicen el desarrollo infantil de la comprensión de falsa-creencia. ¿Cómo llegan a influir este tipo de experiencias en la teoría de la mente? Es fácil imaginar al menos dos formas: proporcionando abundante evidencia semántica para la adquisición de conceptos de la teoría de la mente (conceptos tales como «pensar» y «saber» mediante el uso de los verbos *pensar* y *saber*) y destacando nociones de la teoría de la mente mediante los requerimientos pragmáticos del intercambio conversacional.

En los datos analizados en los capítulos anteriores, son los resultados de los niños sordos de padres con capacidad auditiva los que más claramente respaldan y contribuyen a estas afirmaciones. Una interpretación conversacional-comunicativa (Astington, 2001; Harris, 2005, 2006) de los datos de niños sordos parece razonable por varias razones. Los niños sordos que crecen en familias con capacidad auditiva normalmente no adquieren el lenguaje de señas hasta su ingreso a la escuela y, hasta entonces, por lo general no tienen a nadie en casa que pueda conversar libremente con ellos sobre pensamientos, sentimientos y otros estados mentales no observables (Vaccari y Marschark, 1997; Moeller y Schick, 2006). A pesar de los esfuerzos a veces heroicos para aprender el lenguaje de señas, cuando sus hijos son pequeños, los padres con capacidad auditiva solo son capaces de comunicarse con ellos mediante afirmaciones cortas, de una y dos palabras, normalmente sobre objetos y acciones manifiestas que ocurren en el momento (Spencer y Harris, 2006; Vaccari y Marschark, 1997). Por lo tanto, la mayoría de los padres con capacidad auditiva tiene muy poca pericia en lenguaje de señas como para conversar sobre referentes no observables como las creencias de otros. De hecho, las madres oyentes de niños sordos de 2 y 3 años de edad se comunican con ellos principalmente a través de *discurso* verbal y, por lo general, los niños no prestan atención (Lederberg y Everhart, 1998). Por lo general, en las familias oyentes, la comunicación es didáctica más que conversacional, lo que limita aún más las interacciones socio-comunicativas. Como comenté anteriormente, para los niños con un desarrollo típico, la exposición profunda a registros conversacionales-comunicativos sobre las mentes de las personas (a través de conversaciones de parte de los padres sobre estados mentales y situaciones similares) se correlaciona con un desarrollo más rápido de la teoría de la mente (Dunn y Brophy, 2005; Ruffman et al., 2002). Esto también se aplica para los niños sordos de padres con capacidad auditiva (Moeller y Schick, 2006). Además, como ya se señaló, el desempeño de niños con desarrollo típico en las pruebas de teoría de la mente tiene una relación significativa con el número de hermanos y el número de niños de más edad y adultos con los que interactúa regularmente (Lewis et al., 1996; Perner et al., 1994; Ruffman et al., 1998). La escasez de dichas experiencias socio-conversacionales para los niños sordos que se desarrollan en una familia con capacidad auditiva es una barrera evidente para la comprensión de la mente.

Por último, recordemos que la naturaleza nos ha proporcionado una comparación controlada. Aunque la mayoría de los niños sordos nacen de padres con capacidad auditiva, una pequeña minoría de alrededor del 5% tiene un progenitor sordo y crecen en entornos familiares que utilizan lenguaje de señas desde su nacimiento, comunicándose tan temprano y tan naturalmente en señas con sus padres y hermanos como lo hacen los bebés y niños pequeños con capacidad auditiva en el discurso. Es interesante señalar que se ha encontrado que los niños que manejan la lengua de señas desde el nacimiento logran una comprensión de falsa-creencia (por ejemplo, Courtin y Melot, 1998; Schick, de Villiers, de Villiers y Hoffmeister, 2007) y los hitos de la Escala ToM (Peterson et al., 2005; Peterson, Wellman y Slaughter, 2012) en los mismos tiempos o igual edad que los niños oyentes. Por consiguiente, los retrasos severos de la teoría de la mente que registran sistemáticamente los niños sordos de padres con capacidad auditiva no son consecuencia de la sordera propiamente tal, sino de crecer sin audición en el mundo conversacional cerrado de una familia con capacidades auditivas.

Paul Harris (2005b) sostuvo que un papel fundamental para la conversación es destacar las diferencias de perspectiva entre el niño y su interlocutor, y al parecer el estudio de Heidemarie Lohmann y Michael Tomasello (2003) confirma esto. Por supuesto, reiteremos que las interacciones sociales comunicativas no son simplemente pragmática conversacional; a menudo incluyen conversaciones específicas sobre estados mentales (mediante los términos *pensar, saber, querer, sentir* y similares) y por tanto contribuyen a una base de evidencia semántica. Los niños sordos de padres oyentes participan más a menudo en experiencias conversacionales que son mucho menos enriquecedoras en expresiones acerca de estados psicológicos internos *y* mucho menos enriquecedoras en el intercambio conversacional ordinario que supone cambios de perspectiva.

CONCLUSIONES

Desde una perspectiva Bayesiana constructivista todo esto tiene sentido. Las experiencias conversacionales-comunicativas, a través de su enfoque frecuente en los estados mentales y acciones intencionales de las personas —mediante referencias y términos que aluden a estados mentales y mediante los intercambios sociales alternados que también están involucrados— proporcionan evidencia crucial necesaria para formar y modificar las hipótesis de estados mentales de los niños y a su vez para formar y revisar sus teorías de la mente en desarrollo. De manera crítica, esta conclusión no sostiene de manera alguna que los avances de dominio general de los preescolares en cuanto a habilidad lingüística *o* función ejecutiva *o* complejidad cognitiva sean irrelevantes para las teorías de la mente de los niños en desarrollo. Todas son influencias conocidas y potentes. Pero estos cambios cognitivos de dominio general no son la historia completa ni mucho menos la trama central: también se requieren conocimientos conceptuales específicos de las comprensiones subjetivas de los estados mentales para la consecución progresiva de la teoría de la mente. Mantengo que el aprendizaje constructivista, del tipo que destacamos en el Capítulo 6 e inherente a la teoría de la teoría, capta de forma precisa las características esenciales del tipo de aprendizaje que forma la base y caracteriza el desarrollo de la teoría de la mente. Ayuda en forma crucial a especificar cómo «creamos mentes».

Un gran tema, relevante para entender el desarrollo de la teoría de la mente y para comparar las distintas posiciones teóricas, que queda pendiente hasta ahora, se refiere a los resultados de los bebés en las tareas de falsas-creencias. Alan Leslie propuso originalmente que el módulo ToMM se activaba en la infancia tardía (Leslie, 1994). Pero en aquel momento y durante muchos años después, fue problemático para una posición tan modular que no hubiera evidencia de comprensión de creencias y falsas creencias hasta más tarde en los años preescolares (Wellman et al., 2001). Pero, por supuesto, las demostraciones de reconocimiento de los bebés de que las acciones pueden ser formadas y limitadas por las falsas creencias, de ser válidas, serían totalmente coherentes con su postura. En apariencia, proporcionan una confirmación de sus propuestas teóricas originales (Leslie, 2005).

Sin embargo, para la teoría de la teoría, las demostraciones de reconocimiento de los bebés de que las acciones pueden moldearse y limitarse por las falsas creencias, de ser válidas, parecen desafiar una postura basada en la construcción progresiva de nuevos conceptos construidos desde un proceso de revisión basado en evidencia de redes conceptuales previas menos completas. Sin duda las manifestaciones de una comprensión temprana de la falsa creencia por parte de bebés desestimaría la propuesta más concreta de que la comprensión temprana preescolar carece totalmente de comprensión de creencias (Wellman et al., 2001). Por ende, los datos sobre la potencial comprensión de falsas creencias en bebés son de gran trascendencia para nuestra comprensión de la teoría de la mente y su desarrollo. Retomo estos temas junto con los datos de «falsa creencia» en bebés en los Capítulos 8 y 9.

8

Bebés, Acciones y Estados Mentales

«LOS BEBÉS - ¡AQUÍ VIENEN!» era el anuncio de un registro documental llamado «Bebés» que se transmitió (2010) en los principales cines de Estados Unidos. Fue una producción que contenía material sobre los bebés de cuatro familias en cuatro países: Estados Unidos (San Francisco), China (Mongolia interior), África (una aldea en Namibia) y Japón (Tokio). Al centrarse en algunas situaciones comparables (comer, bañarse, relacionarse con los padres, con otros familiares o con otros niños) y en hitos (agarrar cosas, sonreír, voltearse, gatear, caminar, balbucear, hablar), el material trajo a la vida la expresión mencionada en el Capítulo 5: todos los seres humanos en todas partes son diferentes; todos los seres humanos en todas partes son iguales. La infancia es un período en que las diferencias en las prácticas de crianza son inmensas (dormir solos en lugar de con los padres; ser cargados en brazos constantemente versus transportados en coche; dejarlos solos a menudo versus rara vez; colocarlos mayormente de cara al adulto versus mirando hacia afuera; ser tratados de forma activa y vehemente versus con especial calma y tranquilidad). Como los bebés son especialmente dependientes, hablando en términos sociales, y son criados en sociedad, podrían estar supeditados de manera particular a las prácticas y diferencias de socialización. Sin embargo, al mismo tiempo, la infancia es un período en que los principios humanos universales, en particular las nuevas comprensiones de las personas, pueden ser especialmente obvias.

TEORÍA DE LA MENTE EN LA INFANCIA EN EL CONTEXTO DE DESARROLLO

La investigación sobre la cognición social en bebés está en auge, y proporciona importante información sobre los primeros pasos que sientan la base para el entendimiento profundo de infantes y preescolares. El trabajo es innegablemente creativo pero desigual, muy informativo, pero aún incipiente.

De los capítulos anteriores, está claro lo siguiente:

1. Hay un avance en la comprensión de la teoría de la mente que se desarrolla en la primera infancia (Capítulos 4 y 5).
2. Varios niveles coherentes caracterizan esta progresión gradual, pero generalmente durante los años preescolares, los niños llegan a evidenciar una amplia percepción de las personas y mentes que refleja una comprensión creencia-deseo con muchas facetas (Capítulo 2); comprensión de creencias (verdaderas y falsas), comprensión de entidades mentales no materiales, comprensión de entidades mentales ficticias, comprensión de diversas emociones basadas en el deseo y la creencia, entre otros.
3. Se ha demostrado que estas comprensiones mentales en desarrollo se ven afectadas por las experiencias sociales y conversacionales de los niños (Capítulos 5 y 7) y también que afectan sus acciones e interacciones sociales (Capítulo 3).
4. Estos desarrollos son impulsados por la atención de los bebés a los estados mentales internos de las personas (y no solo actos y eventos externos), en particular, las interpretaciones claras e impresionantes que tienen los bebés de las personas en cuanto a sus intenciones y atenciones (Capítulo 1).

Para entender la teoría de la mente como un logro del desarrollo, es crucial captar las comprensiones fundacionales infantiles. Ninguna capacidad de los bebés define la cognición social fundamental, pero aquí también (imitando los primeros días de la investigación con niños en edad preescolar) surge una pregunta esencial: ¿los bebés (no solo preescolares) prestan atención a las creencias y falsas creencias de las personas? Aunque es interesante el trabajo sobre la «falsa-creencia» infantil, y es mi foco principal para este capítulo, solo puede comprenderse en un contexto de desarrollo. Así es que comenzaré delineando varios niveles en la comprensión infantil de los agentes y acciones.

Atención a los Agentes: los bebés muy pequeños prestan atención en especial a agentes intencionales (prototípicamente seres humanos), agentes que actúan de manera intencional y enfrentan el mundo tanto a través de sus percepciones como de sus experiencias. De este modo, los bebés pequeños miran los rostros, imitan a las personas, prestan atención a la mirada de otros, y a los movimientos biomecánicos. Nada en esta atención a los agentes requiere que los bebés comprendan a estos agentes como seres intencionales (o mentales); expresado más simplemente, las características perceptuales especiales de dichos agentes y sus actos (sus rostros, biomecánica, ojos y movimientos que son interactivos y contingentes a los del mismo bebé) son muy dignos de atención incluso para los bebés muy pequeños.

Comprensión de Objetivos y Referentes: luego, los bebés comprenden diversos actos y actores como dirigidos hacia un objetivo u objeto (no solo animados sino que dirigidos hacia objetivos específicos). Inicialmente, esto puede ser una comprensión teleológica más que intencional (Gergely y Csibra, 2003); los bebés pueden entender bien a los agentes en el sentido de estar dirigidos y actuar para conseguir determinados objetos externos, pero aún les falta la comprensión de que el agente tiene experiencias, objetivos y estados *internos*.

Comprensión de Estados Internos: En cualquier caso, para la segunda mitad del primer año, los bebés comprenden a las personas en términos de a lo menos algunos estados internos, especialmente los objetivos/deseos y la experiencia perceptiva de un agente. En efecto, los bebés registran las experiencias cambiantes de los agentes generando una sensación de conciencia o no conciencia del agente, incluyendo que un agente no está consciente de ciertas cosas de las que el mismo bebé si está consciente.

La temprana atención de los bebés a rostros, voces y animacidad (atención a agentes) es de por sí fascinante. Pero simplemente voy a recordar que esto es así (véase también Opfer y Gelman, 2011). Y, además, voy a recordar los importantes datos acerca de la emergente comprensión de los bebés en cuanto a los actos intencionales de agentes en los primeros 12 meses de vida (comprensión de objetivos y referentes) descrita anteriormente en el Capítulo 1).

Esto nos lleva a la comprensión de estados internos, incluyendo, cuando menos, la comprensión —por parte de los bebés— de las intenciones incluso detrás de acciones infructuosas y su capacidad para inferir preferencias del agente (incluso a partir de información estadística; Capítulos 1 y 6). Una pregunta apremiante respecto de la comprensión de los estados mentales es si los bebés de entre 12 y 18 meses logran comprender las creencias y falsas creencias de otros. ¿Lo comprenden?, y si es así, ¿en qué sentido? En el recuadro 8.1, en la siguiente página, describo los métodos del primer estudio —ahora tradicional— sobre falsa-creencia infantil realizado por Kristine Onishi y Renée Baillargeon (2005). De muchas maneras este estudio compara directamente los eventos aplicados en las tareas preescolares de cambio de ubicación y de falsa-creencia (véase cuadro 1.2 en el Capítulo 1). En los casos en que se les presentaba un agente que no veía cuando el objeto pasaba de la caja oscura a la clara, los bebés miraban significativamente más tiempo a los eventos de prueba de la caja clara (donde el agente alcanzaba la caja iluminada para recuperar el objeto). Era como si esperaran que el agente pensara falsamente que el objeto aún estaba en la caja oscura y, por lo tanto, debería buscar allí. De hecho, Onishi y Baillargeon concluyeron que para los 15 meses, los bebés entienden cómo las falsas creencias limitan las acciones.

Este estudio inicial condujo a muchos otros y en el recuadro 8.2 describo otro convincente estudio sobre falsa-creencia infantil, cuyos autores son Rose Scott y Renée Baillargeon. En el estudio de Scott y Baillargeon (2009), como se muestra en el recuadro 8.2, en los ensayos de prueba los bebés de 18 meses de edad miraban significativamente más tiempo cuando el agente trataba de alcanzar el contenedor transparente que cuando trataba de alcanzar el opaco. Scott y Baillargeon interpretaron sus resultados como una evidencia de que los bebés atribuían una falsa-creencia al agente: el agente falsamente creía que el pingüino que podía ver (en la caja transparente) era el de una sola pieza, entonces se dirigía a la caja opaca para encontrar en su lugar al pingüino desarmado en dos piezas.

Estos estudios son ingeniosos, pero, ¿debemos atribuir a los bebés una comprensión de la falsa-creencia del agente a partir de estos datos? Y de ser así, ¿qué nivel o tipo de comprensión? Existen, como mínimo, tres perspectivas posibles sobre estos y otros resultados similares. Una es que, efectivamente, los bebés entienden la falsa creencia en el mismo sentido que los niños preescolares (y los adultos). En ese caso, la aparente incomprensión de falsas creencias más adelante en la edad preescolar es una estratagema: la habilidad de los preescolares más pequeños se enmascara por las exigencias de la tarea. De este modo, Leslie

RECUADRO 8.1

DESCRIPCIÓN DEL ESTUDIO DE ONISHI Y BAILLARGEON DE 2005

Investigaciones recientes afirman que la comprensión de la intención por parte de los niños de 1 año de edad también abarca la comprensión de la falsa-creencia. La demostración inicial y más conocida viene de Onishi y Baillargeon (2005), en una prueba/paradigma de familiarización que aquí esquematizamos. Básicamente, en paralelo con las tareas estándar (véase recuadro 1.2 en el Capítulo 1), los bebés observan que el agente coloca el objeto en un lugar —la caja oscura— y no ve que el objeto cambia de ubicación —hacia la caja clara—. Si los bebés esperan que el agente busque en la primera ubicación (sobre la base de una falsa creencia), debieran mirar durante mayor tiempo el evento de prueba donde el agente alcanza la caja clara (no esperando que busque en la nueva ubicación, correcta): los bebés de 15 meses de edad sistemáticamente observan durante un lapso de tiempo mayor los eventos de prueba de la caja clara.

(a) Familiarización: El agente coloca el juguete en la caja oscura

(b) Cambio: El agente no ve cuando el juguete es cambiado a la caja clara

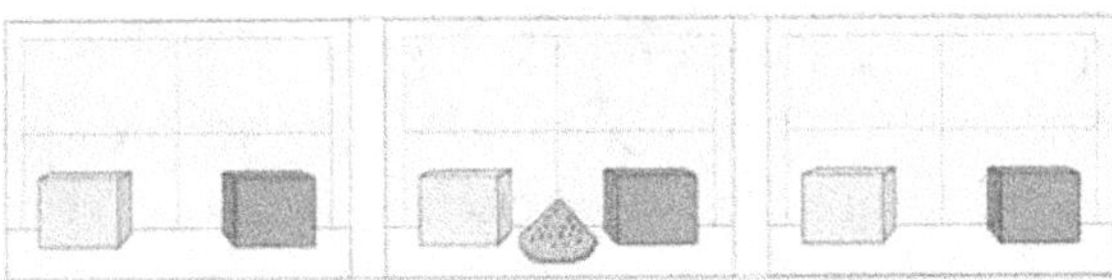

(c) Eventos de prueba: el bebé ve que el agente busca en: caja clara / caja oscura

Caja clara

Caja oscura

Onishi y Baillargeon también usaron varias otras condiciones cuidadosamente contrastantes. Por ejemplo, en una condición de creencia verdadera, los bebés vieron los mismos eventos excepto que en la Fase B observaron al agente ver cuando el objeto se movía a la caja clara. En esa condición, los bebés miraron durante un lapso de tiempo mayor el evento de prueba de la caja oscura (en lugar de la caja clara).

Cabe destacar, sin embargo, que para comprender la falsa creencia se necesita más que la comprensión de ignorancia. De este modo, hay posibles interpretaciones alternativas sobre la base de una comprensión infantil de ignorancia más que de falsa creencia. Por ejemplo, si los bebés comprenden que el agente no es consciente (y por lo tanto ignora la ubicación del objeto), esa comprensión podría ser suficiente para que les parezca novedoso o inesperado el evento de prueba de la caja clara. En esencia, el razonamiento del niño podría ser «no puede saber dónde está», y por ende que busque en la caja correcta les parece inesperado y digno de atención.

(Figura modificada de Baillargeon, Scott y He, 2010)

(2005) sostiene que los niños pequeños, incluidos los bebés, muestran su competencia relacionada con las falsas-creencias en tareas «tácitas», que miden el tiempo de observación, pero fallan si las tareas requieren de juicios tareas requieren considerar juicios verbales. Fallan porque «la competencia temprana [...] es opacada más tarde por la falta de inhibición de respuestas predominantes» (Leslie, 2005, pág. 460). La respuesta predominante en cuestión es que «las creencias de las personas acerca de los asuntos cotidianos por lo general son verdaderas» (pág. 460), por lo tanto los niños solo pueden responder correctamente a tareas preescolares de falsa-creencia si inhiben esta respuesta de creencia verdadera.

Una segunda posibilidad es que las tareas de «falsa-creencia» infantil requieren una atribución más simple de parte de los bebés que la falsa creencia. Tal vez los bebés pueden resolver dichas tareas atribuyendo a los agentes la acción y atención intencional —deseos y conciencia— en lugar de creencias. De ser así, entonces los preescolares van más allá y llegan a comprender la creencia y la falsa creencia. En este caso, la comprensión de los bebés es una forma abreviada y parcial sobre la comprensión del agente que necesita ampliarse para convertirse en la de los preescolares mediante la incorporación de una comprensión de la creencia.

Una tercera posibilidad es que dos tipos de comprensión muy distintos estén en juego: un sistema dual. Es decir, un sistema cognitivo permite a los bebés esperar que los agentes actúen en términos de sus «creencias», pero otro sistema distinto es necesario para razonar acerca de las creencias a la hora de predecir y explicar las acciones y mentes de una persona de la manera que pueden hacerlo los niños preescolares (y los adultos). Tal vez, la comprensión de los bebés es implícita y rápida, pero limitada, mientras que la comprensión preescolar es además explícita, flexible y expansiva. Y son los juicios explícitos, flexibles y sistemáticos los que se requieren y revelan en las tareas preescolares. Con sus concepciones limitadas, por ejemplo, los bebés no siguen los constructos de estados mentales que están arraigados en el razonamiento deseo-creencia y son vistos por el niño como inmateriales, mentales y representaciones. Solo los niños en edad preescolar comienzan a evidenciar este segundo sistema de razonamiento.

Todas estas perspectivas son similares en la medida que aceptan que los bebés saben algunas cosas importantes e interesantes, que se superponen con una comprensión amplia de las creencias y de la psicología creencia-deseo. Son igualmente similares porque aceptan que los preescolares jóvenes fallan en tareas estándar de falsa-creencia. De este modo, cada perspectiva intenta conciliar el éxito de los bebés y el fracaso de los niños preescolares en sus maneras alternativas. En la actualidad, evidencia no decisiva definitivamente decide entre estas distintas perspectivas. Sin embargo, podemos sopesar sus méritos y así comprender de mejor forma lo que nos dicen los resultados acerca de los orígenes y la naturaleza de la comprensión de la teoría de la mente.

Comenzaré con el primer planteamiento recién descrito y, específicamente, con el desempeño inhibitorio de Leslie (2005; Leslie, German y Polizzi, 2005) versus la propuesta de competencia de falsa-creencia. Se trata de un planteamiento donde la función ejecutiva se *expresa*. Yuyan Luo y Renée Baillargeon (2010) también promovieron un postulado de expresión de la función ejecutiva. Como sostuve en el Capítulo 7, los postulados de expresión de la función ejecutiva no pueden explicar completamente el desarrollo de la falsa-creencia en niños preescolares. Cuando menos, recordemos que la teoría de la mente en edad preescolar predice las acciones e interacciones sociales de los preescolares incluso cuando el factor de la función ejecutiva ha sido controlado.

Por otra parte, un supuesto oculto para Leslie (2005), así como para Luo y Baillargeon (2010), es que las tareas de falsa-creencia infantiles *no deben* requerir de funciones ejecutivas. Pero, ¿por qué no? Digamos que la comprensión por defecto y predominante del niño es una orientación hacia la realidad («las creencias normalmente son verdaderas») como sostiene Leslie. Luego, para atribuir de manera correcta las falsas creencias, los bebés, al igual que los niños en edad preescolar, tienen la tarea de inhibir esa expectativa de la realidad, en este caso la expectativa de que el agente llegará al lugar donde en verdad se encuentra el objeto buscado. Por lo tanto, las exigencias de la función ejecutiva están en discusión dentro de las tareas infantiles, no solo las preescolares.

En resumen, es en extremo improbable que las tareas de «falsa-creencia» en bebés nos muestren habilidades reales de teoría de la mente, y los errores preescolares son simplemente errores de desempeño de la función ejecutiva. Esto deja las otras dos posibilidades a considerar con más detalle.

ATRIBUCIONES DE DESEO-CONCIENCIA

¿Qué pasa con la posibilidad de que los bebés puedan interpretar a las personas en términos de sus acciones intencionales y experiencias y hacerlo de maneras intrigantes y suficientes como para llevar a cabo correctamente muchas de las tareas de «falsa-creencia» infantil, pero sin una atribución de falsa creencia? La versión de dicho planteamiento que a mi juicio merece más consideración —y

RECUADRO 8.2

DESCRIPCIÓN DEL ESTUDIO DE SCOTT Y BAILLARGEON DE 2009

Ensayos de familiarización (secuencia de 6 partes)

Ensayo de inducción de creencia (evento de 6 partes)

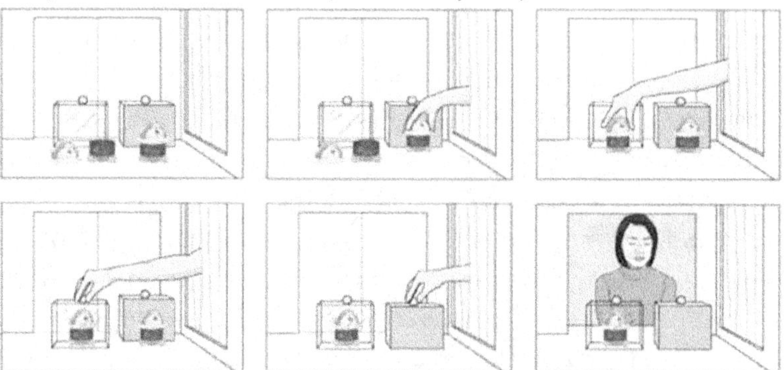

Ensayos de prueba (cualquiera de los dos eventos siguientes)

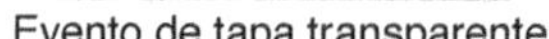

Evento de tapa transparente

Evento de tapa opaca

En la condición de falsa-creencia de Scott y Baillargeon (2009), los bebés fueron sometidos a cuatro ensayos de familiarización que involucraron dos recipientes (con una forma abstracta de pingüino de juguete) que eran idénticos excepto que uno podía desarmarse (pingüino formado por dos piezas) y el otro no (una sola pieza). Mientras una agente observaba, la mano de un experimentador colocaba el pingüino de una sola pieza y las partes desarmadas del pingüino de dos piezas en recipientes poco profundos. El agente entonces colocaba una llave en la parte inferior del pingüino de dos piezas, apilaba las dos piezas y se detenía.

Durante los ensayos de inducción de creencia, mientras el agente estaba ausente, el experimentador ensamblaba el pingüino de dos piezas, lo cubría con una tapa transparente y luego cubría el pingüino de una sola pieza con una cubierta opaca. El agente entraba en el aparato con su llave. Para el ensayo de prueba final, el agente agarraba la cubierta transparente (evento de cubierta transparente) o la cubierta opaca (evento de cubierta opaca) y se detenía.

Scott y Baillargeon razonaron que para los eventos de prueba, el bebé había inferido que el agente quería el pingüino de dos piezas (para ocultar cosas), esperaba que hubiese un pingüino desmontado de dos piezas y uno de una sola pieza (porque así partía la habituación), podía ver un pingüino entero bajo de la cubierta transparente y creía que esto significaba que el pingüino desmontado de dos piezas debía estar en la caja opaca. Esta falsa creencia (porque el pingüino de dos piezas ya estaba montado y bajo la cubierta transparente) lo llevaría a alcanzar la caja opaca, esperando que el pingüino desmontado de dos piezas estuviese allí. De ser así, los bebés mirarían durante un lapso mayor el acontecimiento inesperado de la tapa transparente.

En el experimento de Scott y Baillargeon (2009), este escenario de «falsa-creencia» fue comparado con uno de «creencia verdadera» en que el agente estuvo presente durante la fase de inducción de creencia, compuesta por seis etapas. De este modo, el bebé vio que el agente fue testigo de cómo el pingüino de dos piezas fue ensamblado y colocado en la caja transparente. Efectivamente, en la condición de «falsa-creencia» los bebés de 18 meses de edad miraron durante más tiempo el evento de prueba de tapa transparente, mientras que en la condición de «creencia verdadera», ellos miraron por más tiempo el evento de prueba de tapa opaca.

Además, hubo una tercera condición de «ignorancia» en la que todo era igual que en «falsa creencia», excepto que en los ensayos de prueba el agente se enfrentaba a dos cajas opacas. Aquí los bebés miraron durante igual lapso los dos escenarios.

(Figura modificada de Baillargeon, Scott y He, 2010)

en efecto creo que es cierto, al menos en parte y de manera importante—, es que los bebés interpretan a las personas en cuanto a su deseo-conciencia (más que desde sus creencias y falsas-creencias).

Para ser claros, no estoy sugiriendo que los bebés simplemente sepan sobre las personas en tareas como las de Scott y de Baillargeon (2009) en términos de reglas de comportamiento (Ruffman y Perner, 2005) o meras regularidades estadísticas ascendentes (Ruffman, Taumoepeau y Perkins, 2012); por ejemplo, las personas buscan cosas perdidas donde las vieron por última vez. La comprensión de los bebés es más psicológica que eso, si bien no logra abarcar una concepción de creencias.

Rastreo de Involucramiento o Conciencia de Otros

Para sustentar esta postura alternativa, retrocedamos y comencemos con la capacidad de los bebés de rastrear el involucramiento de un agente con eventos. Recordemos brevemente algunos estudios clave. En uno realizado por Michael Tomasello y Katharina Haberl (2003), descrito en el Capítulo 1, los bebés interactuaron con tres objetos inusuales y crucialmente un hombre adulto se unió a estas interacciones con dos de los objetos, pero no con el tercero. Después de estas interacciones iniciales, los tres objetos son presentados sobre una bandeja, y el adulto señala a los niños: «¡guau! ¡eso es tan genial! ¿me lo puedes dar?» mientras gesticula de manera ambigua en el sentido de los objetos. Los tres objetos ya eran conocidos para el bebé, pero uno era nuevo para el adulto. Los bebés le dieron al adulto el objeto que era nuevo *para él*. Al darle ese objeto, los bebés de 12 y 18 meses de edad demostraron cierta comprensión de las experiencias del adulto y seguimiento de las mismas. Y esto requirió reconocer algo de la subjetividad de estas experiencias, reconocer que las experiencias previas del adulto difirieron de manera crítica de las del bebé: «el objeto de interés, aunque para mí es antiguo, es nuevo para él» (véase Moll, Carpenter y Tomasello, 2007, para resultados similares). Con esto, los bebés demuestran que rastrean la conciencia/no conciencia que tiene el agente de los acontecimientos, y esto abarca algo así como un sentido rudimentario de estados de seudo conocimiento (antiguo para mí) y seudo ignorancia (nuevo para él).

Betty Repacholi y Alison Gopnik (1997) proporcionaron un ejemplo diferente de apreciación infantil de la experiencia individualizada y subjetiva en su prueba del brócoli y las galletas saladas. En la condición de discordancia principal, la mujer adulta miró, probó y le gustó el brócoli y mostró aversión por la galleta, en discordancia con la preferencia del niño. Luego la mujer sostuvo su mano en medio de los dos bocadillos y dijo: «quiero un poco más, ¿me puedes dar más?». Los bebés de 18 meses de edad tuvieron una respuesta abrumadora y le dieron a la mujer más de lo que a ella le había gustado, demostrando una comprensión de los deseos como subjetiva; dándose cuenta de que el adulto deseaba brócoli, contrariamente a sus propias preferencias por las galletas saladas.

En estos estudios, los bebés rastrean la conciencia o involucramiento de la otra persona con diferentes objetos y eventos y los distinguen de los propios. De hecho, los bebés de 7 meses rastrean las experiencias de otra persona al mismo tiempo que acumulan las propias. Angela Kovács y sus colegas (Kovács,

Táglás y Endress, 2010) mostraron videos de una serie de eventos a bebés de 7 meses de edad, por ejemplo, una pelota rodando sobre una mesa, luego detrás de una pantalla que estaba sobre la mesa, luego desde detrás de la pantalla hacia afuera de la mesa. Los videos también incluyeron a otro personaje, un espectador que, a través de diversas condiciones, estaba presente para algunas cosas y para otras no. En una serie final de eventos de prueba, los bebés luego veían la mesa con la pantalla, donde luego la pantalla se dejaba caer y revelaba ya sea (a) la pelota detrás de ella o (b) nada detrás de ella. ¿Cómo vieron los bebés estos eventos, dada su experiencia previa con los estímulos?

Dado lo que sabemos sobre la comprensión infantil de los objetos (por ejemplo, Spelke et al., 1992; Baillargeon y Wang, 2002), como se esperaba, los bebés respondieron con mayor atención si su propia experiencia sugería que la pelota no debía estar ahí, por ejemplo, solo habían visto la pelota rodar por detrás de la pantalla y caer, pero cuando la pantalla se caía, ahí estaba. Aquí, la presencia de la pelota no coincidía con la experiencia propia de los bebés y por tanto el tiempo de observación fue mayor.

Algo más novedoso y crucial es que el tiempo de observación de los bebés también fue mayor si la presencia de la pelota no coincidía con la experiencia del *otro agente*. Por ejemplo, supongamos que el agente no estaba presente para ver la pelota caer a pesar de que el bebé sí estaba; entonces, cuando se sacaba la pantalla, el agente no sabría si la pelota se había caído (a pesar de que el bebé sí sabía). En estos casos los bebés también miraron durante más tiempo. Kovacs et al. (2010) afirmaron que en este caso, sus bebés de 7 meses de edad automáticamente rastreaban las creencias del otro agente. Pero para mí no está del todo claro y me parece una sobreinterpretación. Lo que sí me parece claro es que los bebés rastreaban algo importante acerca de su propia experiencia *y* la del otro con los acontecimientos de la pelota, observando, por ejemplo, que el espectador no veía caer la pelota (por lo que su ausencia detrás de la pantalla era llamativo para él) a pesar de que ellos mismos la habían visto caer. Si el evento era llamativo para ellos mismos *o para el otro*, el tiempo de observación era mayor.

Vale la pena destacar lo interesante de estos estudios. Planteamientos clásicos sobre la infancia, y en especial el de Jean Piaget (por ejemplo, Piaget, 1952/1990 en la edición en español), retratan a los bebés como profundamente egocéntricos, atrapados en su propio mundo experiencial sin reconocer que sus experiencias podrían ser diferentes de las de los demás. En contraste, los estudios que he discutido aquí muestran que los bebés están registrando las experiencias de los otros también, incluso cuando son diferentes de las propias.

Están viendo al mundo a través de los ojos de otros, no solo a través de los suyos. De hecho, es destacable que ya desde los 7 meses, parecen rastrear automáticamente algunos aspectos clave de la experiencia del otro en relación a qué tan similar o diferente son a la experiencia propia. En el estudio de Kovacs et al. (2010), el video era predominantemente sobre la pelota y su acción; el otro agente no era central para los acontecimientos, era solo un espectador (o no) a medida que los eventos se desarrollaban. Pero los bebés identificaban de todos modos si él estaba o no conectado con ciertos eventos clave, y su experiencia, no solo su propia experiencia de la pelota, influyó en sus reacciones a los eventos experimentales.

Esta automaticidad en rastrear la experiencia de otros se revela también en el aprendizaje de palabras. Los bebés de 12 meses de edad que escuchan a un adulto pronunciar el nombre de un objeto que el bebé está mirando aprenderán la etiqueta como el nombre del objeto. Pero solo lo hacen si el adulto también está mirando el objeto. Si el adulto está mirando en otra dirección, el bebé no aprenderá la etiqueta como el nombre del objeto (Baldwin, 1991). En general, cuando los bebés aprenden palabras, ellos determinan qué aspectos son y no son referenciales para el adulto y usan esto para participar en el aprendizaje de palabras o para evitarlo (Baldwin, 2000).

En esta sección, llamo a este rastreo o seguimiento infantil de las experiencias de otros un sentido de la conciencia o involucramiento de la otra persona. Teniendo en cuenta que los adultos a menudo utilizan el término «conciencia» para referirse a la aprehensión mental de una persona, una comprensión más estrecha de la conciencia, denotada por el término «involucramiento», expresa mejor la idea. En este caso, estoy siguiendo la propuesta de Daniela O'Neill (1996) quien, en una serie de ingeniosos estudios con niños pequeños de 2 años, dio forma inicial a la investigación contemporánea con bebés. En su investigación, por ejemplo, un juguete deseable estaba en un contenedor en un estante demasiado alto para ser alcanzado, por lo que los niños de 2 años de edad tenían que pedir ayuda a uno de los padres. El progenitor estaba presente, junto con el niño, durante los acontecimientos pertinentes (por ejemplo, cuando el juguete era colocado en el contenedor) y en otros casos no estaba. Los niños se comunicaron con sus padres de formas absolutamente diferentes si el progenitor había o no estado presente. Por ejemplo, los niños de manera específica señalaban la ubicación relevante mucho más si su madre no había presenciado el momento en que el juguete había sido colocado en el contenedor en esa ubicación, y también proporcionaban verbalizaciones más específicas en cuanto a la ubicación (en lugar de indicaciones generales).

Estos resultados fueron novedosos y sorprendentes en su momento y O'Neill (1996) se esforzó por no sobreinterpretarlos ni subinterpretarlos. Su interpretación fue titulada «involucramiento + actualización». En su opinión, los niños pequeños rastreaban el involucramiento o no involucramiento de sus padres con un elemento e intentaban actualizar la conciencia del progenitor más tarde. Es importante señalar que, en esta interpretación, la experiencia del progenitor *no* se actualizó simplemente porque la experiencia del bebé cambió. La experiencia del progenitor fue actualizada (en la mente del niño) solo por nuevas experiencias por parte del *progenitor*: darse cuenta de que el juguete estaba en el contenedor o ver que se señalaba al contenedor. O'Neill distinguió el planteamiento «involucramiento + actualización» respecto del planteamiento (integral) «ver + saber» o «ver = creer». En efecto, cabe señalar que el involucramiento no se trata esencial ni necesariamente sobre la experiencia visual. Aunque los padres que no presenciaron cuando el juguete era escondido carecían de información visual, el involucramiento desde el punto de vista del niño podría ser más amplio que la visión o cualquier modalidad perceptual específica; sin duda incluía una serie de posibles características (y en algunas situaciones la visión no era necesaria ni suficiente para el involucramiento).

Es natural pensar que el bebé rastrea dos cosas individuales: sus propias experiencias y por separado las experiencias de otros. Pero, posiblemente, el bebé podría estar rastreando algo más comunitario y social que eso, algo como las experiencias *nuestras* y las experiencias *no nuestras*. *Nosotros* experimentamos conjuntamente X, *nosotros* no experimentamos conjuntamente Y (yo lo hice pero ella no; véase Moll et al., 2007 y Stack y Lewis, 2011).

En cualquier caso, el resultado es que el bebé tiene un sentido del involucramiento de los otros (o no involucramiento) más allá del suyo propio. Por un propósito de simplicidad, me referiré a esta comprensión infantil del involucramiento como rastreo de conocimientos o experiencias similares a conocimiento. Si algo sucede y el agente participa adecuadamente, él es consciente de ello y en ese limitado sentido sabe de él; si sucedió y no estaba consciente, él no sabe. No creo que estos niños tan pequeños rastreen el conocimiento de la misma manera en que los adultos comprenden más profundamente el saber. Pero en este planteamiento, ellos sí rastrean la conciencia de esta forma que de alguna manera es similar al conocimiento.

Un punto clave que me gustaría enfatizar es que la comprensión de los deseos y la conciencia, sumada a cierto entendimiento de las acciones intencionales, proporcionaría a los bebés una poderosa cognición mental social, aun *no* teniendo una comprensión de las creencias. Este es el mismo punto que destaqué en el Capítulo 4 con respecto a las comprensiones mentales de los niños pequeños, pero aquí ahondo en el tema y también lo aplico a los bebés. De esta forma, en lo que sigue, esbozo de alguna manera la magnitud y el poder de plausibles comprensiones de involucramiento de los bebés, junto con las acciones (incluyendo básicamente acciones para buscar y encontrar cosas) y deseos. La pregunta focal aquí es lo que el bebé piensa que sucederá cuando el agente es ignorante ¿Qué hará?

Deseos y conciencia/no conciencia

La investigación con niños siempre incluye a un agente que participa en algunos actos focales intencionales, esencialmente buscando un objeto, como en los estudios de Onishi y Baillargeon (2005, recuadro 8.1) y Scott y Baillargeon (2009, recuadro 8.2). Los actos intencionales son manifiestos y por lo tanto, metodológicamente, pueden ser presentados de manera directa a los bebés para su consideración. Esto significa que las inferencias de los bebés están limitadas por su comprensión de los deseos y la conciencia *y* por la comprensión de la búsqueda de objetos. A continuación planteo algunos aspectos relacionados que alguien (un bebé), con una comprensión deseo-conciencia de la gente, puede predecir sobre lo que un agente hará cuando busque cosas deseadas:

1. Si un agente quiere un objeto y lo ve, sabe que está allí (el agente ha constatado su presencia y, por tanto, está consciente de él) y por ende (a menudo) lo agarra. Es decir, puede actuar intencionalmente para obtenerlo. De hecho, los agentes por lo general tratan de conseguir las cosas que desean.
2. Como los agentes intentan conseguir las cosas que desean, entonces, si un agente quiere un objeto pero no lo ve y no es consciente de dónde está (ignorante), (a menudo) lo busca. Y como no es consciente de su ubicación, no sabe dónde mirar (ni qué ítem elegir) y por ende puede buscar al azar (aunque ya comentaremos que puede hacer mucho más).

Estos dos principios ayudan a proporcionar una interpretación de Onishi y Baillargeon (2005). Veamos nuevamente el recuadro 8.1. Desde un punto de vista deseo-conciencia/no conciencia, si el agente no puede saber dónde está el juguete, ¿por qué busca directamente en la caja correcta? A los bebés les llama la atención esta búsqueda correcta de un agente cuya conciencia no se ha actualizado adecuadamente, de alguien que es ignorante.

Estas dos comprensiones son un comienzo, pero el razonamiento deseo-conciencia va más allá:

3. Si el agente en el Principio 2 que acabamos de describir busca el objeto deseado en la primera ubicación de muchas y lo encuentra, (a) estará feliz y satisfecho y (b) dejará de buscar (véase la discusión querer-encontrar en el Capítulo 4).

4. Complementariamente, si el agente busca en la primera ubicación y no encuentra el objeto deseado, (a) estará infeliz o insatisfecho y por ende (b) seguirá buscando en otra ubicación.

5. Si el agente desconoce el paradero del objeto y por lo tanto no sabe dónde buscar ni qué ítem considerar, alguien más puede mostrarle (los agentes pueden ser influenciados por otros según hacia dónde dirijan su atención o cómo manejen su conciencia).

   (a) Veamos un caso sencillo: una persona que está consciente (sabe) —por ejemplo, alguien que ha visto dónde está el objeto— puede señalar y/o mostrar al agente la ubicación correcta o ítem correcto (como en el estudio de O'Neill, 1996).

   (b) Y un caso menos directo: alguien le puede mostrar al agente en qué *orden* buscar/probar.

6. Si el agente no sabe dónde buscar, puede (bajo condiciones apropiadas) buscar donde vio el objeto por última vez. Un bebé con deseo-conciencia puede hacer esta inferencia *no* por una regla de bajo nivel (los agentes siempre buscan donde vieron que se colocó el ítem la última vez) y *no* por una comprensión de que el agente *piense* que está ahí, sino infiriendo que, como el agente no es consciente (es ignorante), pero debe buscar en algún lugar, entonces una adecuada primera búsqueda (bajo muchas condiciones) puede ser buscar en el lugar en que se vio el objeto la última vez. Los propios bebés, cuando no conocen la ubicación inmediata de un objeto, suelen buscar donde lo vieron por última vez (Wellman, Cross y Bartsch, 1986). Además, una táctica de búsqueda apropiada puede ser buscar donde el objeto se guarda o encuentra regularmente; es decir, un buscador ignorante podría buscar en el lugar en que el objeto «pertenece». En tareas de «falsa-creencia» con bebés, si el bebé y el agente ven que el objeto se coloca en una primera ubicación (a menudo más de una

vez), podrían fácilmente inferir que eso indica que es el lugar donde el objeto pertenece y es probable que así sea.

7. La búsqueda puede hacerse a través de una inspección perceptiva (por ejemplo, visual) activa o menos activa. Esto se debe a que los agentes son tanto actores *como* observadores. De este modo, (a) la conciencia puede provenir de una información visual o de información generada por una búsqueda más activa/interactiva (o de otros, como en el Principio 5). Por lo tanto, de manera relacionada, (b) la no conciencia puede provenir de la falta de un acceso más activo/ interactivo, así como de la falta de acceso visual.

Llamaré a estos Principios del 1 al 7, parte de un sistema de razonamiento deseo-conciencia más amplio. No creo que un razonador conciencia-deseo deba distinguir, enumerar y razonar a través de todos estos principios; son solo implicaciones de pensamiento sensibles asociadas a las acciones de búsqueda de los agentes como un reflejo de sus deseos y conciencia/no conciencia. No obstante, he entrado en este nivel de detalle tan explícito para caracterizar adecuadamente lo que creo que los bebés pueden inferir y hacer con este nivel de comprensión. Además, esbozar el sentido y el alcance de tal sistema conceptual distingue esta propuesta de un mero conjunto de reglas conductuales ad hoc y bajo nivel.

Esta interpretación apunta en parte a aclarar que si un agente de deseo-conciencia es ignorante, él no solo —o siempre— no hace nada, ni actúa al azar ni actúa mal. Por esto, si un bebé predice que el agente actuará de una manera dirigida y no al azar, dicha predicción *no* necesariamente indica una comprensión de las creencias o falsas creencias del agente; todo tipo de acción dirigida y no azarosa puede provenir de la conciencia y no conciencia sumada a una búsqueda sensata. A mi parecer, en muchos estudios de «falsa-creencia» con bebés, la expectativa del infante de una acción dirigida y no aleatoria por parte de un agente suele tomarse, muy sencilla y fácilmente, como un indicador de falsa creencia.

Explicación Deseo-Conciencia de Scott y Baillargeon (2009)
Volvamos al estudio de Scott y Baillargeon (2009) descrito en el recuadro 8.2. En su condición de falsa-creencia, el bebé con deseo-conciencia interpretaría que el agente está buscando dos partes desarmadas de un pingüino (tal como afirman Scott y Baillargeon). Pero, analicemos los eventos de prueba un poco más. Para el evento de prueba con tapa transparente, el bebé puede ver claramente

que el agente ve (búsqueda visual) que el pingüino desmontado no está en la caja transparente (Ubicación 1); y por lo tanto el bebé debiera esperar que el agente de deseo-conciencia busque en cambio en el otro lugar (la caja opaca). Esto se deduce del Principio 4 que acabamos de esbozar. Por lo tanto, el bebé debiera esperar que el agente de deseo-conciencia busque bajo la tapa opaca y no bajo la transparente, y de hecho es así como se comportan los bebés: en el estudio de Scott y Baillargeon, los bebés observan con mayor detenimiento la cubierta transparente que la opaca.

Como indicamos en el recuadro 8.2, Scott y Baillargeon (2009) también presentaron una condición de ignorancia. Aquí había dos cajas opacas. Por lo tanto, el buscador no podía ver el contenido de ninguna de las cajas. En este caso, el agente deseo-conciencia podría buscar primero en cualquiera de los dos lugares (como se desprende del Principio 2 antes esbozado). Y, de hecho, en la condición de ignorancia de Scott y Baillargeon, los bebés miraron durante igual tiempo cómo se alcanzaban las dos cajas opacas indistintamente.[1]

Otro Ejemplo
David Buttelmann, Malinda Carpenter y Michael Tomasello (2009) aplicaron un enfoque inteligente para la comprensión de la «falsa-creencia» de los bebés/niños pequeños usando un paradigma acción-interacción en lugar de un paradigma de tiempo de observación (véase también Southgate, Chevallier y Csibra, 2010). Este enfoque tiene sus ventajas en que, como se describe en el recuadro 8.3, la interpretación de los experimentos de tiempo de observación no siempre, o típicamente, es tan sencilla como se asume. De hecho, dentro de la literatura de desarrollo infantil hay serios debates sobre cómo interpretar estos estudios de tiempo de observación y, en particular, sobre cuáles son los controles necesarios (a menudo ausentes) (Aslin, 2007; Cohen, 2004). Además, la convergencia de pruebas a través de paradigmas que utilizan diferentes características y demandas específicas según el método es siempre importante, e incluso crucial.

En el paradigma de Buttelmann et al. (2009), el bebé interactuó con un adulto hombre en calidad de experimentador, quien (a) lidió con dos cajas (que podían abrirse de manera no obvia al liberarse el pestillo) que podían contener y ocultar cosas; (b) deseaba un juguete; y (c) presenció —o no— una parte crucial de la secuencia de acontecimientos. La tarea aprovechó la tradicionalmente fuerte motivación de los bebés para ayudar a otros a alcanzar sus objetivos (como en Warneken y Tomasello, 2006). De nuevo, como en muchos de estos estudios, hubo una condición focal de «falsa-creencia» y una

---

RECUADRO 8.3

INTERPRETACIÓN DE LOS DATOS DE LOS MÉTODOS DE TIEMPO DE OBSERVACIÓN

Baillargeon (2004) llama a las pruebas de Scott y Baillargeon (2009) y Onishi y Baillargeon (2005) tareas de transgresión de expectativas (VOE, en su sigla en inglés). Las tareas VOE de tiempo de observación tienen su propia lógica, una lógica asimétrica (y esto está relacionado con si el bebé está atribuyendo participación o algo más). Si un infante observa durante más tiempo el evento de prueba A que el B (tras una adecuada familiarización/habituación, condiciones de control, etcétera), podemos inferir que él no esperaba A. En contraste, *no* podemos inferir que esperaba B. Puede que el bebé no tenga ninguna expectativa respecto de B (pero aún observar durante más tiempo el evento de prueba A porque no se lo esperaba).

Me parece que las glosas del pensamiento de los bebés a menudo ignoran o van más allá de esta asimetría. Por ejemplo, para la tarea de «falsa-creencia» de Scott y Baillargeon (2009), la que se muestra en el recuadro 8.2, los autores dicen que en el evento de prueba de cubierta transparente, el bebé (basado en su análisis de la creencia del agente) esperaba que el agente buscara en la caja opaca y por eso se sorprendió cuando buscó en la caja transparente.

Esto no es del todo correcto (o al menos no lo suficientemente preciso). Una lectura más precisa debiese ser que «el bebé *no* esperaba que el agente buscara en la caja transparente y por eso observó ese evento durante mayor tiempo». Esta es una diferencia crucial. Puede que el niño no tenga *ninguna* expectativa acerca de la caja opaca (en este ejemplo en particular) o quizás una no tan definida como para pensar que el agente piensa que el objeto está allí o que debiera buscar allí. No tenemos prueba de la expectativa del bebé acerca de la caja opaca *porque* haya observado durante más tiempo la caja transparente.

Reformulando en esta línea (a mi parecer más apropiada), es mucho menos seductor o convincente interpretar estos y otros datos VOE definitivamente en términos de falsa creencia. Para Onishi y Baillargeon (2005), por ejemplo, una interpretación centrada en la caja que atrajo la mirada durante más tiempo podría ser: «no puede saber dónde está, pero, guau, está buscando en X (justamente donde está), lo cual es digno de atención». Esto contrasta claramente con la interpretación preferida de los autores: «piensa que está en Y pero está buscando en X, guau, eso es lo que llama la atención».

---

condición contrastante de «creencia verdadera». Además, fundamentalmente, para estas tareas el bebé, y *no* el adulto, sabía cómo desbloquear el pestillo para abrir cualquiera de las dos cajas.

En la condición de falsa-creencia de Buttelmann et al. (2009), el agente adulto interactuaba con un juguete deseable, lo veía escondido en una caja, salía de la habitación, y mientras estaba lejos no veía cuando el juguete era trasladado a la segunda caja. Luego regresaba deseando algo para jugar. A su regreso, el adulto iba a la caja original, intentaba abrirla pero no podía, y luego se sentaba entre las dos cajas. En este punto, se animaba a un grupo de infantes de 16, 18 o 30 meses de edad a que lo ayudaran. De manera significativa estos infantes se dirigieron a tratar de abrir la nueva caja, donde realmente estaba el juguete, en lugar de hacia la primera caja que el adulto había intentado abrir. Los bebés de todas las edades, incluso aquellos de 16 meses de edad, hicieron esto entre el 75% y el 80% de las veces.

Buttelmann y sus colegas (2009) argumentaron que el bebé había comprendido que el adulto quería el juguete, pensando (erróneamente) que estaba en la primera caja y por eso había tratado de abrirla. Pero para ayudarlo a conseguir el juguete que realmente quería se necesitaba abrir la otra caja. Sin embargo, desde una perspectiva deseo-conciencia (incluyendo los Principios del 1 al 7 antes descritos), los bebés podrían haber hecho exactamente lo mismo (sin atribución de creencia). Pero el razonamiento del bebé sería que el adulto quiere el juguete pero no es consciente de dónde está (de hecho, acaba de demostrarlo al buscarlo incorrectamente en la caja vacía). Y para ayudarlo a conseguir lo que quiere, el infante le ayudará a abrir la caja correcta (es decir, la *otra* caja).

Buttelmann et al. (2009) trataron de descartar que los bebés estuvieran simplemente tratando de ayudar al adulto a conseguir el juguete oculto. Ellos abordaron la interpretación de «no-está-consciente-así-que-voy-a-ayudarlo» con su condición de creencia verdadera. En esa condición, el adulto vio el juguete en una caja y luego fue trasladado a otra (y al niño se le indicó explícitamente que el adulto estaba observando con atención). Luego, tras un breve lapso (mientras el adulto seguía allí y *sin* que hubiese otro movimiento de objeto), el adulto fue a la primera caja donde el juguete ya no estaba (como en la *falsa creencia*) e intentó abrirla sin éxito. En este caso, los niños le ayudaron a abrir esa primera caja y no la nueva (que contenía el juguete). Así que en esta condición, el bebé no solo fue a buscar el juguete para el adulto. ¿Por qué no? En este caso, el razonamiento de Buttelmann et al. fue que los bebés habían entendido que el adulto tenía una creencia verdadera (es decir, sabía) sobre dónde estaba el juguete, por lo que probablemente no deseaba el juguete sino que quería jugar con otra cosa que estaba en la otra caja. De este modo le ayudaron a lograr ese deseo *alternativo*.

Una vez más, sin embargo, una interpretación de la conciencia del deseo podría ser suficiente. El adulto es consciente de dónde está el juguete, pero quiere otra cosa (la misma atribución de un deseo alternativo que Buttelmann et al., 2009, supuso que el bebé tenía), así que los bebés lo ayudan con este deseo alternativo.

Buttelmann et al. (2009) reconocieron que «un desafío interpretativo clave es distinguir una comprensión de falsa creencia de una comprensión de conocimiento-ignorancia» (pág. 341). Concuerdo con esto. Ellos argumentan que los bebés actúan, como muestra la condición de creencia verdadera, por la respuesta natural de «ayudar», lo que implica asistir al adulto a abrir la caja que intentó abrir. Pero los bebés no lo hacen guiados por una falsa creencia. «Lo que hace que sea un estudio de falsa creencia, en nuestra opinión, es que sin una comprensión de la falsa creencia [del adulto] los niños no pueden ayudarlo acertadamente» (pág. 341). Pero a mi parecer, los bebés pueden ayudar al adulto de manera correcta *sin* una comprensión de su falsa creencia sobre la base de una comprensión deseo-conciencia: en la condición de falsa creencia, él desea el juguete, ha jugado con él y le gusta, pero lo ha buscado en la caja que está vacía (porque no está consciente de dónde está el juguete). Yo le ayudaré a conseguir el juguete y punto. Y en la condición de creencia verdadera, el adulto quiere otra cosa (no el juguete), por tanto lo ayudaré a conseguir *eso* que quiere. Tal interpretación alternativa de deseo-conciencia de Buttelmann et al., no requiere atribución de creencias.

Estas interpretaciones, tanto de Buttelmann et al. (2009) como de Scott y Baillargeon (2009), por supuesto, dejan en claro que solo porque los autores le llaman falsa-creencia no significa que requiera atribución ni razonamiento de falsa-creencia por parte del bebé; puede que requiera, simplemente, de un razonamiento deseo-conciencia. En esencia, el niño percibe que el «agente sabe» o que «puede que el agente sepa» lo cual, *junto con la comprensión clave de que hay una búsqueda intencional,* determinan las expectativas del bebé para las acciones del agente.

Vale la pena enfatizar que estos estudios muestran una comprensión convincente de las personas por parte de los bebés, en términos de sus estados de conocimiento (conciencia) o ignorancia (no conciencia) al servicio de la búsqueda de objetos. Es decir, evidencian una amplia comprensión del razonamiento deseo-conciencia, incluyendo los Principios del 1 al 7. Veamos otro ejemplo. Diane Poulin-Dubois y sus colegas (2013) mostraron a bebés de 14 y 18 meses presentaciones de tiempo de observación muy parecidas a las de Onishi y Baillargeon (2005, cuadro 8.1), con algunas modificaciones clave. Su primer estudio fue como en el recuadro 8.1, excepto que las dos cajas eran completamente transparentes. En este caso, los bebés de 14 y 18 meses observaron durante un lapso mayor los eventos de prueba en los que la mujer tomó la caja vacía donde el objeto solía estar pero ya no estaba. Según lo prescrito en el Principio 1, si el agente quiere el objeto y *puede verlo*, debiera buscarlo donde está. Por ende, lo que les llama la atención es cuando en lugar de hacer eso, se acerca a la caja vacía.

Cabe mencionar que este estudio descarta algunos planteamientos simples basados en reglas de comportamiento de los bebés, por ejemplo, que los bebés simplemente predicen que el agente buscará donde *vio* que se colocó el objeto por última vez (Ruffman y Perner, 2005). En este estudio de Poulin-Dubois et al. (2013), el adulto vio que el objeto fue colocado la última vez en la caja que ahora está vacía (la transparente), pero los bebés predicen que ahora buscará en la caja llena. Presumiblemente, según el Principio 1, el agente buscará allí porque puede ver dónde está. En un segundo estudio (Poulin-Dubois et al., 2013, Estudio 2), la puesta en escena era la misma, salvo que el agente tenía ahora los ojos vendados. En esta prueba, los tiempos de observación de los bebés fueron iguales, independiente de la caja en que el agente buscara. Según el Principio 2, si el agente no puede ver, no es consciente de dónde está y busca al azar.

Todo esto, sumado a lo que hacen los bebés en los estudios de Scott y Baillargeon (2009), así en Buttelmann et al. (2009; y en Onishi y Baillargeon, 2005), es una cognición social impresionante, que va mucho mucho más allá de un comportamiento guiado por una regla simple de bajo nivel. No obstante, no requiere que el niño atribuya falsas creencias.

SISTEMAS DUALES

Pese a la plausibilidad de un planteamiento deseo-conciencia, hay motivos para pensar que no es toda la historia. Primero, si bien puede que explique gran parte de los resultados de «falsa-creencia» de los niños, se necesita de más profundidad para dar cuenta de los resultados de mirar-anticipado como los vistos en el estudio de Victoria Southgate (Southgate et al., 2007) con niños de 2 años, o aquellos de Neumann, Thoermer y Sodian (2008) con bebés de 18 meses de edad, también con estudios de mirar-anticipado. En estas pruebas, los bebés hacen más que reaccionar mirando durante un lapso mayor diversas acciones de búsqueda; anticipan las acciones del actor o agente al mirar hacia un lugar u otro antes de que el actor opte hacia donde ir. Esta predicción antes de que la acción ocurra deja entrever más estrechamente la percepción del niño de los estados del agente.

Más importante aún, sin embargo, es que un planteamiento de conciencia del deseo puede sugerir falsamente tanto una continuidad como una discontinuidad excesiva entre las habilidades de los bebés y los preescolares. En términos de continuidad, un planteamiento deseo-conciencia sugiere que los bebés tienen una concepción bastante sólida, similar a la de los niños en edad preescolar, de los estados como la ignorancia y solo necesitan ampliar esto para llegar a una comprensión de los estados de creencia. En cuanto a la discontinuidad, un planteamiento deseo-conciencia sugiere que los niños en edad preescolar ya no hacen lo que hacen los bebés, sino que han *reemplazado* este razonamiento deseo-conciencia por uno de deseo-creencia. Las posturas de sistemas duales que aquí analizo[2] proponen en cambio que los logros tanto de los bebés como de los niños en edad preescolar son a la vez similares y discontinuos. Son similares en el sentido que explican algo semejante a las creencias (o estados de tipo creencia). Pero son también discontinuos al reflejar dos sistemas separados que operan en niveles muy diferentes del proceso cognitivo: un sistema automático, «implícito» y de nivel más básico que permite a los bebés seguir estados precursores, de tipo conocimiento o incluso de tipo creencia, y un segundo sistema de razonamiento conceptualmente rico y «explícito» que permite a los niños un poco mayores y a los adultos inferir y razonar de manera sistemática sobre una red coherente de estados mentales, que incluiría creencias, conocimientos y más; es decir, desarrollar una teoría de la mente del tipo que describí en el Capítulo 2.

Para justificar tal sistema dual, Ian Apperly (2011) señaló que la teoría de la mente adulta necesita hacer dos cosas bastante incompatibles: en algunas situaciones, necesitamos leer de forma rápida y eficiente los estados mentales de alguien. ¿El jugador de baloncesto que está frente a mí está simulando que hará un dribleo a la derecha para engañarme, o realmente tiene la intención de ir hacia la derecha? En otras situaciones, necesitamos llegar a una decisión deliberada sobre los estados mentales de una persona. ¿Acaso el acusado puso intencionalmente el veneno en el té, para engañar a la víctima para que lo ingiriera (y solo está diciendo que pensó que era azúcar para engañar al jurado y piense que fue un accidente)?

Las decisiones expeditas y eficientes (rápidas) frente a las inferencias deliberadas y reflexionadas (lentas) son ambas importantes (Kahneman, 2011/2012 en la edición en español). Pero según Apperly (2011), también son incompatibles: un sistema no puede hacer ambas cosas, de modo que podría resolverse mejor mediante dos sistemas diferentes de «lectura mental». La teoría de la mente flexible, expansiva y consciente (pero ineficiente) supone un razonamiento preescolar del tipo descrito en el Capítulo 2 en las tareas estándar de teoría de la mente; una teoría de la mente eficiente, acotada e inflexible respalda las respuestas de los bebés. Es importante destacar que, para Apperly, el sistema rápido y eficiente permite que los bebés simplemente rastreen el registro del agente (o la conciencia de) de un objeto que está en una ubicación determinada, *incluyendo* que el agente puede mantener ese registro exacto aun cuando las cosas objetivamente cambian. Podría decirse que un sistema de este tipo podría ser útil para los adultos (y, por tanto, lo suficientemente evolutivo como para ser respaldado) y estar disponible también para los bebés (explicando los hallazgos infantiles de «falsas-creencias»).

Proponer que un seguimiento rápido (inflexible) de una cognición tipo creencia de un agente explique las respuestas de los bebés (sistema 1), en lugar de un razonamiento meditado (flexible) de creencia-deseo (sistema 2), es plausible. Pero también es vacuo (o circular) a menos que otra cosa distinga lo primero de lo segundo. En principio, un sistema que sea rápido y eficiente de alguna manera también sería distintivamente limitado en otras. De hecho, Apperly (2011) formuló la hipótesis (en analogía con las concepciones de números de los bebés) de que un sistema de teoría de la mente implícito, eficiente, de tipo creencia, también sería rígido o inflexible; y en el marco de esta rigidez, debiera presentar algunas *limitaciones* distintivas. Desafortunadamente, sin embargo, la abundante literatura de «falsa-creencia» en bebés en raras ocasiones ha tomado en cuenta los límites de los bebés (aparte de que, al igual que los niños preescolares más pequeños, los bebés supuestamente fallarían en las tareas de fals-creencia para preescolares). Algunos estudios indican que los bebés sortean con éxito algunas pruebas y situaciones en las que responden con sensatez. Se sabe mucho menos acerca de las limitaciones y errores en las cogniciones sociales de los bebés. Pero, conceptualmente, aquí hay tres direcciones clave en las que buscar limitaciones.

En primer lugar, podría haber límites en la naturaleza del tipo de estados mentales que un sistema rápido y rígido podría rastrear: cuando se trata de estados «epistémicos» en particular, el sistema estaría limitado a estados de tipo creencia (por ejemplo, registros de objetos, como se discutirá más adelante) en lugar de creencias propiamente tales. En segundo lugar, incluso esa noción limitada debe integrarse junto con algo como los estados de deseo para crear sus inferencias sobre las acciones. Un sistema inicial podría estar limitado en el tipo de deseos que puede inferir y, de manera relacionada, en los tipos de acciones —basadas en deseos— a los que puede aplicarse. En tercer lugar, para ser totalmente racional, incluso un sistema limitado y rígido debe tener en cuenta algo del acceso a la información que produce los estados puntuales de tipo creencia. Por lo tanto, el sistema inicial, para lograr inferencias rápidas y relevantes, podría estar limitado en la forma en que procesa el acceso de información del agente.

Registro de Objetos

Probablemente, las nociones tipo creencia del bebé —su sistema de rastreo rápido y eficiente de la conciencia— pueden rastrear algo como el *registro de objetos* de un agente en lugar de las creencias de un agente per se, distinción que defiende Apperly (2011). Si esta distinción es válida, entonces debiera haber limitaciones cruciales con respecto al registro (sistema 1) del primer sistema de *objetos* involucrados. Los objetivos de las creencias propiamente tales son como el ejemplo del Capítulo 7 de «él piensa que *Obama es un republicano*». Los objetivos de los estados de creencia no son objetos completamente apegados a la realidad (Obama = Demócrata) sino «objetos» bajo una descripción de representaciones («Obama = republicano»). Los objetos en un registro tipo creencia (rápido, inflexible), sin embargo, probablemente podrían ser en esencia los mismos objetos físicos. Apperly (2011) y Jason Low (por ejemplo, Low & Watts, 2013) se han referido a esto como objetos de seguimiento versus identidades de representación.

Más claramente para mi mente, esta es la misma distinción que describió John Flavell al investigar las comprensiones de percepción de Nivel 1 y Nivel 2. Como describí en el Capítulo 4, en una comprensión de Nivel 1, los bebés y niños pequeños entienden que los demás pueden ver objetos diferentes. Si un robot de juguete está en una mesa delante de una barrera para el niño pero detrás de la barrera para mí (porque estoy sentado enfrente), los niños muy pequeños saben que ven el robot, pero que yo no puedo verlo. Y que si no hay barrera ambos vemos el robot. ¿Qué pasa si el robot tiene dos colores, es rojo por un lado pero azul por el otro, es decir, parece rojo desde un punto de vista pero azul desde el otro? Los niños pequeños saben que tanto ellos como yo estamos viendo el robot (Nivel 1 de comprensión), *pero* no saben que mientras que lo ven rojo, yo lo veré azul. Si cambiamos posiciones, dirán que lo ven azul y que yo también lo veo azul. Los preescolares mayores saben que lo ven azul, pero que yo lo veo rojo (Nivel 2 de comprensión de la percepción). Los niños muy pequeños entienden a las personas como si registraran objetos o no lo hicieran, pero no las entienden como identidades percibidas.

Una forma de representar esta diferencia es con la Figura 4.2 del Capítulo 4. En el panel superior de esa figura, el agente tiene una conexión Nivel 1 con el objeto. Por lo tanto, si el objeto es esa manzana, el agente registra *eso*. En la parte inferior, el agente no solo registra el objeto (como es) sino que lo representa de una forma y no de otra. Es decir, el agente representa el objeto como que tiene una identidad; «una manzana roja» puede ser incluso algo así como «una sabrosa manzana roja». Digamos que el objeto de la manzana realmente resulta ser una naranja engañosamente pintada de rojo (que se ve como una manzana). Si el conocedor solo rastrea el registro de un agente, el agente registra *ese objeto*, donde ese objeto es una naranja. Pero, si el conocedor está atribuyendo un estado mental representacional, el agente representa «una manzana». El objeto tal como está registrado es una naranja; y la identidad representada es «una manzana roja». Por lo tanto, una limitación a la hora de respaldar este registro de tipo creencia podría ser este foco en objetos y no en identidades.

Jason Low y Joseph Watts (2013) abordaron esta posible limitación del razonamiento del Sistema 1 (versus el Sistema 2) examinando si el sistema eficiente tipo creencia podría registrar el seguimiento de objetos tipo creencia por parte de un agente pero errar al no representar identidades. Estos investigadores no estudiaron a los bebés, pero razonaron, con suficiente claridad, que en una propuesta de sistema dual, los niños de 3 años, los de 4 años y los adultos también deberían tener el sistema rápido y eficiente —con sus respectivas limitaciones— y no solo los bebés. Solo a partir de los años preescolares las personas tendrían ese sistema *y* también el otro, más lento, meditado y explícito. Así, Low y Watts buscaron limitaciones en el procesamiento eficiente y rápido de los niños de 3 y 4 años y de los adultos.

Low y Watts (2013) llevaron a cabo un estudio complejo usando métodos como mirar y seguir la mirada (para medir el aspecto anticipatorio), y juguetes de dos colores, rojo y azul, pero la idea clave es bastante simple. Los niños vieron a un agente ver un robot de forma simétrica de color azul por un lado, pero rojo por el otro. Al igual que en las tareas típicas de falsa creencia, el robot fue colocado en una caja (con el lado rojo hacia adelante para partir), la Caja A, y luego el agente vio que el robot era trasladado a otra caja, la Caja B, y luego regresado a la Caja A. Sin embargo, el agente no vio que el robot fue girado de un lado para el otro al interior de la Caja B, y que ahora estaba mostrando su lado azul en lugar del rojo. Gracias a una ventana recortada en el lado de la Caja B justo frente al niño, los niños pudieron ver que el robot original se había dado vuelta pero el agente no.

La idea clave aquí era que si los niños (a través de un sistema flexible y analizado, Sistema 2) habían interpretado que el agente estaba rastreando identidades representadas, entonces cuando el robot había cambiado de lado, como el agente no podía ver eso, creería que habían sacado de la Caja B un nuevo robot azul y no el robot rojo original; por lo que el robot rojo debía seguir en la Caja B. En ese caso, se podría esperar que el agente buscara el robot original en la Caja B. Sin embargo, si el niño (a través del primer sistema, más rápido y rígido) había interpretado que el agente estaba rastreando objetos registrados, entonces *el* robot había regresado a la Caja A y por ende el agente debía buscar allí. Low y Watts (2013) usaron entonces dos mediciones: una inferencia verbal explícita («¿dónde buscará el agente?») y una medición de la mirada (cuando el agente recién va a tomar la caja, ¿dónde anticipan los ojos de los niños que el agente buscará primero?). La inferencia verbal explícita implicaría el razonamiento del Sistema 2; mientras que el seguimiento implícito de la mirada revelaría el seguimiento automático del Sistema 1, del registro del agente.

Los datos fueron claros: los niños de 4 años y los adultos respondieron correctamente a la pregunta explícita (buscará en la Caja B), pero no los niños de 3 años (que respondieron que buscará en la Caja A). En contraste, las miradas anticipatorias de los grupos de todas las edades fueron «incorrectas», yendo rápidamente hacia la Caja A. En resumen, el sistema implícito 1 rastreaba objetos, mientras que el sistema explícito 2 podía rastrear identidades. El Sistema 1 siguió de forma rápida y eficiente el registro de objetos de un agente, pero este no incluyó la representación de las identidades. Este sistema se limitó a registrar estados tipo creencia; rastreó los objetos perceptivos de Nivel 1 de Flavell. Y el sistema explícito podría tomar en cuenta estados como las identidades perceptivas de Nivel 2 de Flavell.

Deseos simples

Analicemos nuevamente la Figura 4.2 del Capítulo 4. En el panel superior de esa figura, el agente es representado como teniendo un deseo muy simple: quiere *ese* objeto, la manzana. Como acabamos de señalar, esta es una sensación de querer equivalente al registro del objeto; y entonces, si el objeto es una manzana roja sabrosa, el agente quiere *eso*. Paralelamente a los estados tipo creencia del Sistema 1 que acabamos de describir, este es un estado tipo deseo del Sistema 1. No es el sentido de deseo maduro de un adulto (Sistema 2), porque en el caso de los adultos, si quieres una manzana, pero la cosa que estás agarrando no es realmente una manzana (sino solo una naranja engañosamente pintada de rojo), en realidad no quieres *eso*; lo que quieres es una manzana en toda su identidad. Por lo tanto, una limitación a la hora de respaldar el Sistema 1 incluiría un registro limitado de objetos, no de identidades, tanto para los deseos como para las creencias. De esta forma, solo algunos tipos de deseos podrían ser operativos para el Sistema 1.

Además, sospecho que los deseos del Sistema 1, centrados en cosas deseables y preferidas, son incluso más limitados en cuanto a foco. A objeto de comparar, en el razonamiento flexible de creencia-deseo, los deseos abarcan mucho más que deseos de objetos de preferencia, abarcan anhelos de ser presidente, de superación de uno mismo, de manejar nuestros propios deseos de base y así sucesivamente. Por hipótesis, el Sistema 1 se limitaría a objetos. El sistema 1 no solo podría limitarse a deseos de objetos, sino que también implicaría límites a las acciones basadas en el deseo que el Sistema 1 logró razonar. El sistema inicial limitado solo podría aplicarse a las acciones que involucran a un agente que busca objetos de preferencia. En este sentido, aplicarían todos los principios esbozados anteriormente para la búsqueda deseo-conciencia, pero solo este tipo de acciones de búsqueda serían anticipadas con este sistema.[3] Básicamente, hasta ahora, la investigación con bebés solo tiene lugar en un contexto de comprensión infantil de la búsqueda de objetos preferidos por parte de los agentes. Un análisis más exhaustivo del alcance de la acción basada en el deseo que los bebés pueden razonar sería una dirección clara donde buscar limitaciones distintivas.

Acceso a la Información

Finalmente, consideremos que en una tarea estándar de falsa-creencia de cambio de ubicación, el protagonista tiene una creencia falsa porque esa persona no vio el conjunto crítico exacto de acontecimientos; el protagonista no vio que el objeto había sido trasladado al estante y que ya no estaba en el cajón (como en el recuadro 1.2 del Capítulo 1) o no vio que el juguete pasó de la caja oscura a la clara (como en el recuadro 8.1). Esto significa que subsumido dentro de la comprensión de la falsa-creencia hay una comprensión respecto de que «ver lleva a saber». Y, de hecho, los preescolares que pasan las tareas de falsas-creencias en realidad pasan también muchas tareas relacionadas con la relación ver-saber. A su juicio, una persona que vio un objeto pero no lo tocó puede conocer su identidad, pero no «cómo se siente»; mientras que una persona que tocó un objeto pero que no lo vio puede saber mucho sobre el objeto mismo, pero no su color (O'Neill, Astington y Flavell, 1992). Ellos juzgan que una persona que mira dentro de un contenedor cerrado sabe lo que hay en su interior, mientras que una persona que toca el contenedor o lo levanta, sin mirar adentro, no tiene por qué saber (Pratt y Bryant, 1990). A su juicio también, una persona que vio un objeto engañoso (por ejemplo, una esponja que se parece a una roca) pero que no lo exploró más en detalle no sabrá su verdadera identidad y en su lugar tendrá una falsa creencia al respecto (Tardif et al., 2004). Relacionado con lo anterior, los preescolares que pasan las tareas de falsa-creencia juzgan correctamente que alguien que vio muy poco pero que *vio el evento crítico de traslado de lugar* podría saber, mientras que alguien que vio mucho, pero que se perdió el evento crítico de traslado no sabrá (y por tanto creerá falsamente).

Es concebible, sin embargo, que un sistema infantil rápido y limitado que registra estados de tipo creencia de manera rápida (y directa) no incluya algunas (o muchas) de estas comprensiones. El registro tipo creencia (o tipo conocimiento) como resultado de la interacción de un agente con un objeto no es lo mismo que la atribución de creencias resultantes de experiencias informativas por parte de un agente.

Beate Sodian y Claudia Thoermer (2008) abordaron algunas de las respuestas de los bebés respecto de que «ver lleva a saber/creer». Las cuatro condiciones que idearon están en el recuadro 8.4. Sodian y Thoermer comenzaron replicando dos hallazgos como los hechos por Onishi y Baillargeon (2005) (descritos en el recuadro 8.1) con niños de 16 meses de edad. En una condición de creencia verdadera básica, mostrada en la parte superior del recuadro 8.4, un agente vio cómo un juguete se movía a través de una mesa y entraba en uno de dos contenedores (gris o blanco) situados justo al lado izquierdo o derecho de la mesa. Una vez que el juguete se metía en un contenedor quedaba fuera de la vista. Tras cierta familiarización con estos eventos, el niño vio uno de dos eventos de prueba: el agente alcanzó la caja correcta (gris) o bien la otra caja (incorrecta, blanca). Como era de esperar, los bebés miraron por un lapso de tiempo significativamente mayor los ensayos de prueba incorrectos que los correctos.

Una condición de ignorancia contrastante (segunda tarea del recuadro 8.4) mostró también los resultados esperados. En la misma puesta en escena, el agente primero fue visible y vio el juguete en la mesa, pero luego se fue y no vio todo el movimiento que hubo con el juguete ni su ocultamiento. Después de esta presentación en dos partes, de nuevo los bebés vieron uno de los dos eventos de prueba. En estas circunstancias, los niños miraron durante igual cantidad de tiempo los ensayos correctos (alcanzar la caja gris) e incorrectos (caja blanca), mostrando nuevamente que los bebés comprendieron que la persona ignorante no puede saber cuál de las dos cajas es la correcta y, por tanto, sería apropiado que buscara en cualquiera de las dos. Esto es paralelo a los hallazgos de la condición de ignorancia de Scott y Baillargeon (2009) antes analizados.

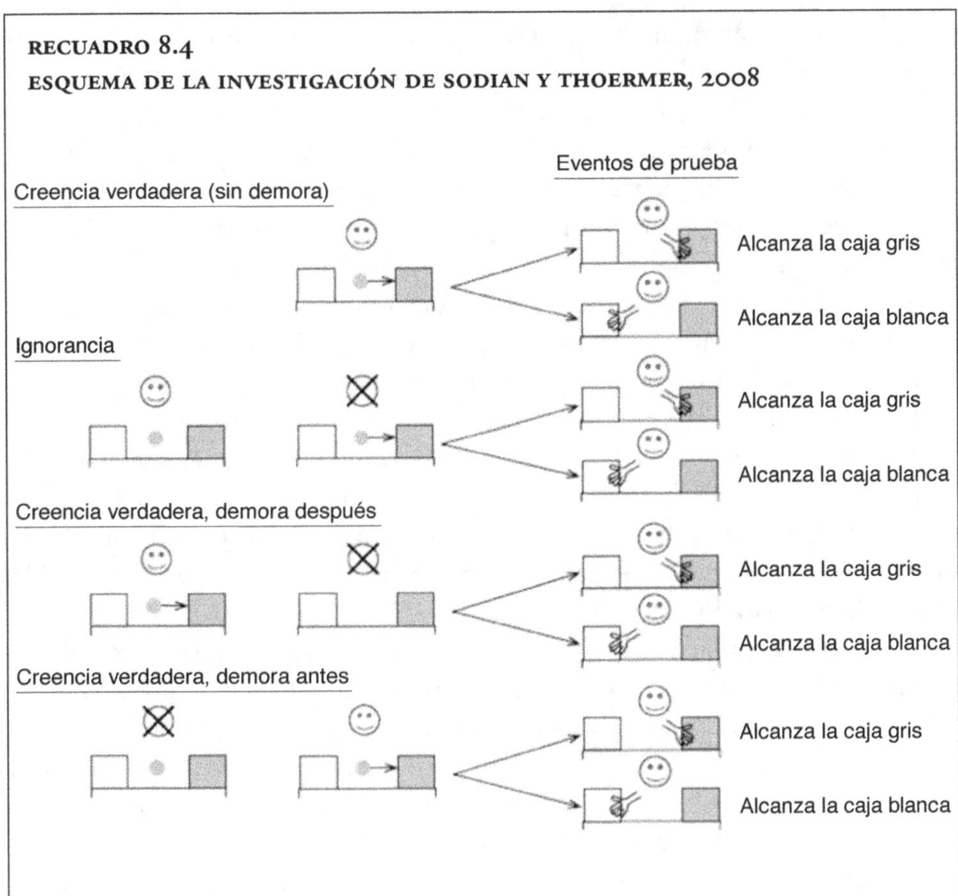

Cada fila representa un evento extendido que el niño ve. Por ejemplo, para la creencia verdadera, el niño ve a un agente (cara sonriente) que mira mientras una bola rueda hacia una caja (y se esconde en ella). Los bebés ven solo un evento de prueba a la vez, donde el agente está presente (cara sonriente) y alcanza, ya sea la caja gris o la blanca. En los eventos de prueba, el agente estira su mano hacia una de las cajas pero la acción se congela con la mano a medio camino en una caja, sin que se vea ni recupere ningún objeto. La cara sonriente significa que el agente está presente y mirando. La cara tachada significa que el agente está ausente (y no puede ver).

Después vienen las condiciones clave de creencia verdadera-demora. Estas son efectivamente condiciones de creencia verdadera, pero donde una de las partes de la presentación se da en paralelo a la condición de *ignorancia*. Como mostramos en el recuadro 8.4, similar a la *ignorancia*, para una de las dos partes del evento el agente estaba presente y en la otra, ausente. Tengamos presente, sin embargo, que el agente estuvo siempre presente en la parte crítica de ocultamiento donde se presentó el juguete y vio como este entraba en la caja (gris). En ambas condiciones, sin embargo, los bebés miraron con igual interés los eventos de prueba donde el agente alcanzó la caja gris o la blanca.

De este modo, los bebés de 16 meses actuaron como si estas condiciones de creencia verdadera-demora fuesen iguales que las condiciones de ignorancia (un agente ignorante podría buscar en cualquier lugar) y distintas de la otra condición de creencia verdadera original. La habilidad de los bebés de registrar la ignorancia estaba, por lo tanto, claramente limitada. Estaba ligada de manera apropiada a la ausencia de los agentes en la condición de *ignorancia*, pero de manera incorrecta a la ausencia del agente (en puntos no críticos) en las condiciones de creencia verdadera-demora. Así, la ausencia suficiente fue una señal de «ignorancia», pese a que el agente vio el evento crítico. En cierto sentido, entonces, los infantes parecían seguir y analizar si el agente había tenido *interacción* suficiente con el objeto/evento o no, en lugar de si había tenido conocimiento basado en información en el sentido adulto.

A uno podría preocuparle que en la primera condición de creencia verdadera-demora, donde hay un lapso de espera entre que el agente ve el evento crítico y luego busca, esta demora solo haya interferido en la memoria de los bebés respecto de que el agente vio el evento crítico. Así que este lapso de espera quizás solo confundió a los bebés que después mostraron resultados nulos (miraron durante igual cantidad de tiempo ambos eventos de prueba). Esto es improbable porque en la otra condición de creencia verdadera-demora, el lapso de espera es anterior a los eventos críticos, y no pasa más tiempo entre que el agente ve el evento crítico y los eventos de prueba que en la condición original de creencia verdadera (donde los bebés respondieron adecuadamente). La combinación de ambas condiciones, de lapso de espera antes y después del evento crítico, hace que otras varias interpretaciones alternativas también sean improbables.

Por supuesto, sigue siendo verdad que los datos que producen efectos nulos —iguales en ambos eventos de prueba— plantean ciertas preocupaciones (quizás hasta cierto punto los bebés solo se confundieron bajo estas condiciones de demora). Afortunadamente, James Stack y Charles Lewis (2011) llevaron a cabo un estudio complementario centrado en la falsa creencia (mientras que Sodian & Thoermer, 2008, se habían centrado en la creencia verdadera versus la condición de ignorancia). Veremos también que, mientras que para las condiciones focales de Sodian y Thoermer el agente estuvo *ausente* durante una parte no crítica de los eventos, para Stack y Lewis estuvo *presente* durante dichos instantes.

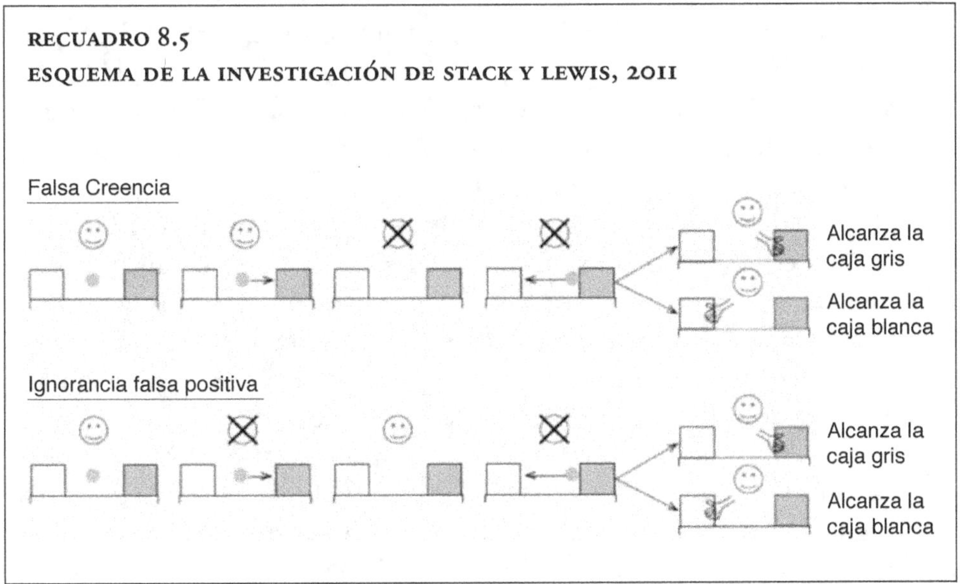

Las condiciones clave están descritas en el recuadro 8.5, la falsa creencia y la ignorancia falsa positiva. Para cada una hay una presentación inicial que consta de cuatro partes, seguida de dos eventos de prueba. La *falsa creencia* es casi idéntica a la de Onishi y Baillargeon (2005). El agente ve un juguete que se mueve hacia la caja gris; el agente se va y primero se ausenta por un momento mientras el juguete permanece en la caja gris; pero además sigue ausente mientras el juguete es transferido a la otra caja blanca. En la ignorancia falsa positiva, el agente está ausente por igual cantidad de tiempo que en la falsa creencia, pero en una parte diferente, no crítica, de la secuencia donde el juguete es cambiado de ubicación. Como se muestra en el recuadro 8.5, la secuencia de cuatro partes es la siguiente: el agente está presente y ve el juguete, pero el agente *no* ve cuando el juguete entra a la caja gris; entonces reaparece brevemente mientras el juguete *permanece* escondido en la caja gris; luego se va y está ausente cuando se traslada el juguete a la caja blanca.

Así, basándose únicamente en la creencia (que se refleja en la visualización de pistas que conducen a creer o saber), los bebés deberían mirar más tiempo los eventos donde el agente alcanza la caja blanca en la condición de falsa-creencia (ya que esperaban que el agente alcanzara la caja gris sobre la base de su falsa creencia). Pero en la ignorancia falsa positiva, como el agente es ignorante, los bebés debieran mirar con igual atención los eventos donde el agente alcanza la caja gris y la caja blanca (como lo hacen en las condiciones de ignorancia de

Sodian y Thoermer, 2008 y también Scott y Baillargeon, 2009). De hecho, los niños de 14 meses y de 18 meses de edad respondieron de manera idéntica en las condiciones de *falsa creencia* y de *ignorancia falsa positiva*. En ambos casos, miraron durante mayor tiempo los eventos donde el agente alcanzó la caja blanca. Posiblemente, el contacto durante igual cantidad de tiempo por parte de ambos agentes, cuando el juguete estaba en la caja gris, llevó a los bebés a interpretar el «conocimiento» de ambos agentes de manera similar. Ambos estuvieron en contacto con el objeto cuando estaba en la caja gris, y ninguno de los dos lo vio moverse a la caja blanca; y como resultado, tampoco debiesen esperar que el objeto esté ahora en la caja blanca (por eso el bebé mira durante mayor tiempo cuando el agente alcanza la caja blanca).

Por supuesto, para nosotros los adultos, el agente falso-positivo no tendría por qué saber si el juguete está en la caja gris o en la blanca; no lo vio escondido en ninguna parte, es ignorante. Sin embargo, estuvo en contacto con la situación durante un momento mientras el juguete estaba en la caja gris (antes de ser trasladado hacia la caja blanca).

Cabe destacar aquí que los bebés en la condición de ignorancia-falsa-positiva contrastante no entregaron resultados nulos: es decir, no miraron durante igual cantidad de tiempo los eventos donde el agente alcanzó la caja gris y aquellos donde alcanzó la caja blanca (como lo hicieron en Sodian y Thoermer, 2008). Su respuesta es sistemática: tal como en la condición de *falsa creencia*, los niños en la condición de *ignorancia falsa positiva* miran significativamente más tiempo cuando el agente alcanza la caja blanca. Pero desde una comprensión integral de creencia, esto no es correcto. Una vez más, el seguimiento (rápido, ordinario) de los estados tipo creencia o conocimiento de un agente evidencia claras limitaciones; está errado.

CONCLUSIONES

Los comienzos de los bebés indudablemente son cruciales para cualquier planteamiento de desarrollo. Al mismo tiempo, independiente de lo que muestren los datos de los bebés, las comprensiones de los preescolares, a medida que surgen y cambian en los años preescolares, son importantes de manera demostrable. Las comprensiones cruciales y fundacionales de la teoría de la mente son evidentes en los bebés (aunque todavía estamos descubriendo su naturaleza y limitaciones) y, además, evidentes en la comprensión de la creencia-deseos de los niños de 3, 4 y 5 años de edad. Por lo menos, la emergencia entre los

2 y los 6 años de comprensiones más completas y analizadas predice diversas acciones e interacciones sociales cotidianas de la niñez (como mostramos en el Capítulo 3). Es la teoría de la mente preescolar —la explicación y razonamiento deseo-creencia, integral y flexible— lo que configura la acción social.

Dicho esto, la investigación de falsas-creencias en bebés es interesante e importante. Pero también es notoriamente incompleta. Se centra casi por completo en los éxitos de los bebés, dejándonos con poca información sobre sus errores y sobre las limitaciones de sus concepciones iniciales. De hecho, sospecho que los datos publicados abarcan un problema de «cajón de archivos»: se publican las demostraciones exitosas de comprensiones de «falsas-creencias» por parte de los bebés; mientras que las infructuosas quedan archivadas en diversos cajones, sin publicar. Sin embargo, datos más completos sobre los errores y límites de los bebés darían más luces sobre sus logros.

El trabajo de falsas-creencias con bebés también ha sido, me parece, sobreinterpretado. Los bebés pueden hacer mucho con solo una comprensión deseo-conciencia, incluyendo pasar correctamente la mayoría, y quizás todas, las tareas de «falsa-creencia» para bebés. Además, como he argumentado a lo largo de este libro, necesitamos datos de desarrollo detallados y comparaciones para comprender las cuestiones clave; los estudios de falsas-creencias infantiles, sin embargo, casi siempre examinan a bebés de un solo grupo de edad: 13 meses en este estudio (Surian et al., 2007), 15 meses en este otro (Onishi y Baillargeon, 2005), y 18 meses de edad en otro más (Scott y Baillargeon, 2009).

A pesar de estas omisiones cruciales en la base de datos disponible acerca de los bebés, creo que un planteamiento de desarrollo más completo está emergiendo entre las nieblas empíricas. Así, en el próximo capítulo, bosquejaré una propuesta —una propuesta de teoría de la teoría— para comprender los desarrollos de los bebés y para vincular los primeros desarrollos con otros posteriores.

NOTAS

1. Scott y Baillargeon (2009) intentaron descartar una interpretación de conocimiento-ignorancia (como por ejemplo de deseo-conciencia) en su experimento 3. Sin embargo, la hipótesis específica de «ignorancia» que abordan es que los bebés de esta edad razonarán que si el agente es ignorante, buscará *incorrectamente* y se equivocará. En cambio, demuestran que si el agente es ignorante, los bebés parecieran esperar que el agente vaya a buscar al azar. Y esto está bien; de hecho, los principios del 1 al 7 funcionan adecuadamente para que los bebés puedan esperar que el agente ignorante vaya primero a cualquiera de las dos ubicaciones.

Por supuesto, algunos han afirmado que la comprensión temprana de la ignorancia por parte de los bebés y niños pequeños implica que un agente ignorante actuará incorrectamente (Fabricius y Khalil, 2003; Southgate, Senju y Csibra, 2007).

Es decir, para los bebés y niños pequeños un actor ignorante debe *necesariamente* elegir mal. Y tanto yo, como Scott y Baillargeon (2009), creemos que esto es poco probable; y de hecho, en condiciones de ignorancia, no es así como se comportan los bebés.

2. Luo y Baillargeon (2010) propusieron un planteamiento muy distinto de sistema dual, básicamente similar a la postura de Leslie (1994) de una teoría del cuerpo versus una teoría de la mente (ToBy versus ToM).

3. El Sistema 1 podría aplicarse de manera sensata no solo a un agente que busca objetos, sino que también los nombra. El agente se interpretaría como que registra el objeto y luego lo denomina. Los bebés también podrían comprobar si quien nombra el objeto en realidad lo estaba registrando. Si el agente no lo estaba registrando, el bebé no interpretaría la verbalización del agente como un evento de denominación (la comprensión deseo-conciencia de los agentes sería igualmente adecuada y útil para guiar el aprendizaje de la palabra de los niños).

9

Orígenes y Desarrollo

¿CÓMO SE CONECTAN la investigación y el desarrollo de la teoría de la mente en bebés y niños pequeños? Es decir, habiendo distinguido que las comprensiones de los bebés y preescolares son substancialmente diferentes (por ejemplo, sabiendo que una lidia con comprensiones deseo-conciencia mientras que la otra lo hace con comprensiones creencia-deseo, una con registros rápidos tipo creencia y la otra con representaciones de la creencia), ¿cómo se relacionan estos dos sistemas? Y de manera más general, ¿cómo se relaciona la comprensión infantil temprana con las adquisiciones cognitivas posteriores? Esta es una pregunta contemporánea clave para teorizar sobre todo desarrollo cognitivo. La investigación sobre la teoría de la mente es un foro crucial para abordar y comprender este tema.

Para comenzar, empíricamente, ahora está claro que las comprensiones socio-cognitivas de los bebés se relacionan de forma predictiva con las comprensiones preescolares posteriores. Diversas investigaciones han demostrado que la atención de los bebés a las acciones intencionales en estudios de tiempo de observación predicen la teoría de la mente posterior (Aschersleben, Hofer y Jovanovic, 2008; Wellman, Phillips, Dunphy-Lelii y LaLonde, 2004). Básicamente, el tiempo de atención que los bebés prestan a acciones intencionales, en montajes muy parecidos a los del recuadro 1.1 del Capítulo 1, predice su desempeño posterior en pruebas de falsa-creencia, así como en otras tareas de teoría de la mente preescolares.

Sabemos, además, que la atención de los bebés a exposiciones de objetos perceptuales (como objetos e imágenes familiares versus nuevas) en los estudios de tiempos de observación predice el CI posterior (Bornstein y Sigman, 1986; McCall y Carriger, 1993). Sistemáticamente, estos hallazgos respecto de la atención perceptiva se interpretan como prueba de una continuidad en el desarrollo del procesamiento general de la información, como la codificación de la memoria o la función ejecutiva. ¿Reflejan las predicciones desde la comprensión de los bebés de las intenciones hasta la teoría de la mente preescolar simplemente una continuidad en este procesamiento cognitivo general, o son más específicas de un dominio de cognición social? En el estudio más completo disponible a la fecha, junto con algunos colegas mostramos que la atención a acciones intencionales entre bebés de 10 a 12 meses predijo una comprensión posterior de la teoría de la mente en los mismos niños a los 4 años (esencialmente comprensiones de falsa-creencia en tareas estándar) incluso una vez controlados los factores como el CI, la competencia lingüística y la función ejecutiva (Wellman et al., 2008). Por otra parte, la atención de los bebés a presentaciones de acciones físicas no predice una teoría de la mente posterior (Yamaguchi, Kuhlmeier, Wynn y vanMarle, 2009).

De este modo, la comprensión socio-cognitiva da fe de continuidades distintivas entre los bebés y los niños en edad preescolar; la comprensión de las personas por parte de los bebés en términos de sus intenciones no solo se logra tempranamente, sino que además es formativa para otros logros de desarrollo posteriores en la teoría de la mente. De hecho, Claudia Thoermer y sus colegas (Thoermer, Sodian, Vuori, Prest y Kristen, 2012) mostraron recientemente un vínculo directo entre el desempeño de los bebés en tareas de falsa creencia y la teoría de la mente posterior. En su estudio, bebés de 18 meses que vieron presentaciones muy similares a las de Onishi y Baillargeon (ver cuadro 8.1) predijeron longitudinalmente el desempeño en tareas de falsa creencia preescolar a los 4 años (en este estudio se midió la observación a través de un seguimiento de la mirada y no simplemente por el tiempo total de observación).

Es importante establecer que las comprensiones de los bebés y preescolares están relacionadas. Por ejemplo, una versión tajante y segregacionista de una propuesta de sistemas duales, como la de Ian Apperly (2011), prevé que los dos sistemas prácticamente no tienen relación. El sistema 1, rápido, eficiente e implícito, funciona a su manera (y aparece temprano); mientras que el sistema 2, más lento, que actúa con cuidado y es explícito-reflexivo, trabaja de forma separada y a su modo (y emerge más tarde). En principio, las inferencias del sistema 2 están disociadas de los registros del sistema 1; y los dos sistemas funcionan en paralelo. Sin embargo, a nivel empírico, los sistemas, en lugar de estar completamente separados, tienen algunos vínculos demostrables y longitudinales. Por lo menos, de alguna manera, el sistema inicial (rígido, de registro) parece estar contribuyendo o configurando el sistema posterior (flexible, inferencial). Por lo tanto, haciendo eco de un punto del Capítulo 8, queremos un postulado que no prediga demasiada continuidad ni excesiva discontinuidad. Por otra parte, creo que queremos un planteamiento que respete la separación de dominio (por ejemplo, entre las comprensiones tempranas de la psicología ingenua y las comprensiones del mundo físico), pero tampoco que exagere en dicha separación.

¿CONOCIMIENTO NUCLEAR?

Para esbozar una postura como la que creo que necesitamos, empecé, en contraste, con las influyentes formulaciones de Elizabeth Spelke sobre el conocimiento nuclear (Spelke, 2003). El conocimiento nuclear proporciona a Spelke una manera de describir los distintos y relevantes tipos de cosas que los bebés comprenden: sus sistemas iniciales de conocimiento. La caracterización de Spelke también utiliza las comprensiones de los bebés para relacionar la cognición humana con la de otros mamíferos, así como para vincular las mentes y el conocimiento de los bebés con las de los adultos. Este es un proyecto ambicioso y necesario, y por esta razón las propuestas de conocimiento nuclear de Spelke merecen de por sí seria atención. Pero creo que el conocimiento nuclear tal y como lo describe Spelke, a pesar de proporcionar una caracterización útil de varios comienzos infantiles que dan forma al desarrollo conceptual humano, lo hace a expensas de demasiada discontinuidad (entre el conocimiento nuclear de los bebés y las comprensiones posteriores) y demasiada separación (por ejemplo, entre la comprensión de los agentes intencionales por parte de los bebés y aquella de los objetos físicos inertes). Es decir, Spelke afirma que sus sistemas de conocimiento nuclear están rígidamente separados, que no solo son evidentes en la infancia, sino que permanecen inalterados a lo largo del desarrollo y que en concreto son compartidos por los seres humanos con todos los mamíferos. El conocimiento nuclear constituye comprensiones que son «evolutivamente antiguas» y que «persisten sobre el desarrollo humano» (Spelke y Kinzler, 2007, pág. 90). Yo, por el contrario, considero que las comprensiones tempranas de la teoría de la mente en bebés no pueden separarse tan fácilmente de las diversas comprensiones físicas, que pueden cambiar de manera notoria durante el desarrollo humano y que no pueden concederse con tanta ligereza a todos los primates, y menos aún a todos los mamíferos. Por lo tanto, prefiero el enunciado de conocimiento fundacional (en lugar de conocimiento nuclear) para entregar mi mensaje (véase Wellman y Gelman, 1998).

REPRESENTACIONES INICIALES Y MECANISMOS DE APRENDIZAJE

Cualquier planteamiento de desarrollo debe especificar tanto los estados iniciales del organismo como los mecanismos del desarrollo: orígenes y desarrollo. No se puede prescindir de ninguno de estos, aunque por supuesto se puede tener estados iniciales más o menos amplios, así como un desarrollo más —o menos— rico. Cualquier postura, como la teoría de la teoría, que ponga el acento en un aprendizaje de desarrollo, debe incluir estados iniciales y mecanismos de aprendizaje que lleven los estados iniciales a estados posteriores. Por tanto, las preguntas cruciales se refieren a cómo caracterizamos el estado o punto de partida y los mecanismos de aprendizaje. Spelke (por ejemplo, 2003), en su postulado de conocimiento nuclear, entrega caracterizaciones de ambos tipos.

Representaciones iniciales

Concuerdo con que la cognición humana no puede limitarse a reflejar «un sistema de aprendizaje único que se ocupe de toda la diversidad de la vida», ni tampoco que la cognición humana refleje una enorme colección de «un sinnúmero de sistemas especiales y predisposiciones» (Spelke y Kinzler, 2007, pág. 89). La cognición humana no comienza con un aprendizaje pleno de dominio-general ni con una modularidad masiva. En su lugar, «los seres humanos están dotados de un pequeño número de sistemas disgregables» (Spelke y Kinzler, 2007, pág. 89), quizás los que Spelke ha llamado conocimiento nuclear. A grandes rasgos, la autora a menudo identifica cuatro sistemas de conocimiento nuclear, los cuales dan cuenta de objetos, agentes, números y lugares. Es decir, el conocimiento nuclear incluye la comprensión de objetos inanimados y materiales y de sus interacciones mecánicas; la comprensión de agentes y de sus acciones intencionales; la comprensión de conjuntos y de sus relaciones numéricas como enumerar, sumar y restar; y la comprensión de relaciones geométricas, incluyendo ciertas formas de disposición espacial y localización (Spelke y Kinzler, 2007, 2009). Estos abarcan un listado de sistemas casi suficiente, que son importantes, separables y que aparecen temprano en el desarrollo.

Una primera y crucial pregunta se refiere a cuán separados están estos sistemas. Muy separados, según Spelke (2003), en la medida en que las entidades de cada dominio (por ejemplo, los objetos materiales versus los intencionales) y los procesos que explican las interacciones entre las entidades dentro de cada dominio (por ejemplo, la causalidad mecánica versus la causalidad intencional) no se cruzan. Los sistemas de conocimiento nuclear están «*encapsulados*: el funcionamiento interno de cada sistema es en gran medida impermeable a otras representaciones y procesos cognitivos» (Spelke, 2003, pág. 291). Y están «*aislados* unos de otros: las representaciones que están construidas por sistemas diferentes no se combinan fácilmente» (Spelke, 2003, pág. 291).

Agentes versus Objetos

Para ilustrar, Elizabeth Spelke y Katherine Kinzler (2007) comenzaron por describir un sistema nuclear que representa los objetos materiales y sus interacciones que «se centra en los principios espacio-temporales de cohesión (los objetos se mueven como si estuviesen conectados y limitados); continuidad (los objetos se mueven en caminos conectados, sin obstrucciones); y contacto (los objetos no interactúan cuando están a cierta distancia)» (Spelke y Kinzler, 2007, pág. 89). Luego, describieron un «segundo sistema nuclear [que] representa a los agentes y sus acciones» (pág. 90). Como estos sistemas están definidos como encapsulados y aislados unos de otros, «los principios espacio-temporales no rigen las representaciones de los agentes en los bebés, ya que no necesitan ser cohesivos, ni continuos en sus cursos de movimiento, ni estar sujetos a contacto en sus interacciones» (Spelke y Kinzler, 2007, pág. 90).

Obviamente, una comprensión inicial de los agentes intencionales no puede superponerse completamente con la de objetos meramente físicos porque las acciones intencionales no son simples acciones físicas dentro del mundo de los objetos —están dirigidas hacia objetivos— y los agentes intencionales son impulsados a la acción no solo por contacto con los objetos: sus acciones pueden ser autoiniciadas. Más aún, los agentes intencionales pueden influir a otros agentes desde lejos, a través del lenguaje, la imitación, el apuntar, entre otros. La investigación con bebés muestra que saben que los agentes y las acciones intencionales actúan en estas formas que no son exclusivamente físicas.

No obstante, para los adultos, los agentes intencionales, si bien no son únicamente físicos, son también prototípicamente entidades físicas —y biológicas— (los adultos pueden pensar en agentes no físicos, como los fantasmas, pero los agentes humanos y animales ordinarios son entidades físicas y biológicas, así como psicológicas e intencionales). El contacto con fuerza (por ejemplo, vientos), la gravedad, la continuidad y la solidez (incapacidad de atravesar barreras físicas, por ejemplo) se aplican a los agentes humanos al igual que lo hacen con la mayoría de los objetos físicos, porque incluso los agentes humanos, que tienen deseos y pensamientos, igual son objetos materiales, si bien unos muy especiales. Esto les queda claro no solo a los adultos sino también a los niños de 3 y 4 años de edad (Hickling y Wellman, 2001; Schult y Wellman, 1997). En contraste, la afirmación de Spelke (por ejemplo, 2003; Spelke y Kinzler, 2007) para los bebés es radical y «separatista»: este tipo de comprensión integrada y cruzada (de que los agentes humanos son también objetos físicos) no se aplica a los bebés pequeños, cuyos sistemas de conocimientos nucleares están completamente aislados y encapsulados.

Un estudio que Spelke ha citado en varias ocasiones (por ejemplo, en Spelke y Kinzler, 2007) en respaldo a su afirmación de que para los bebés los agentes humanos no son también objetos físicos es el de Valerie Kuhlmeier y sus colegas Paul Bloom y Karen Wynn (Kuhlmeier, Bloom y Wynn, 2004). En ese estudio, en una condición de objeto-físico, bebés de 5 meses comprendieron que un solo objeto físico (un pequeño bloque sólido) no podía ir detrás de una barrera oclusiva y luego saltar a través del tiempo o del espacio a través de una brecha visible para emerger detrás de una segunda barrera. En cambio, en el caso de tal movimiento aparentemente discontinuo a través de un espacio físico, los bebés deducen que debe haber dos objetos idénticos en lugar de uno: uno que está detrás de la primera barrera y otro, un segundo objeto, que aparece detrás de la segunda barrera. En línea con este razonamiento, cuando se mostró el movimiento continuo del objeto, los bebés esperaban un objeto (y no dos); pero cuando se mostró el movimiento discontinuo, los bebés esperaban dos objetos. En contraste, los niños de 5 meses aparentemente no hicieron la misma inferencia para los agentes humanos; cuando una persona fue detrás de una primera barrera oclusiva, no apareció dentro de la brecha, pero luego reapareció detrás de la segunda pantalla, y los bebés aparentemente no infirieron que había dos personas idénticas en lugar de una.

Tengamos en cuenta, sin embargo, que para ser realistas en los eventos de prueba con agentes humanos en este estudio se utilizó un par de gemelos idénticos. Seguramente, individualizar e inferir la presencia de dos gemelos idénticos es más difícil y extraño que individualizar e inferir dos bloques idénticos. Los objetos físicos a menudo se parecen (autitos, calcetines, tenedores, bloques idénticos); los niños de 5 meses de edad rara vez (si es que alguna) se topan con gemelos idénticos; y los bebés están especialmente orientados a individualizar a las personas como diferentes, a través de sus rostros, voces, cabellos y actitudes particulares. Por otra parte, los movimientos humanos, si bien continuos, a menudo son indirectos, y por lo tanto puede parecer ser (sensiblemente) discontinuos, como cuando una persona sale por una puerta pero regresa a través de otra.

Un mejor estudio a considerar, en mi opinión, es el de Rebecca Saxe y sus colegas (Saxe, Tzelnic y Carey, 2006). Saxe, Tzelnic y Carey (2006) analizaron la comprensión de los bebés de la solidez de los objetos. En su estudio, niños de 5 meses fueron habituados a un tren de juguete o a una mano humana que se movía detrás de un oclusor que ocultaba parte de su trayectoria. Luego, para los eventos de prueba, se colocaba ostentosamente una pared sólida detrás del oclusor. Se establecieron dos condiciones distintas para dos tipos de eventos de prueba: uno con una pared sólida estrecha (lo suficiente para que una mano o un tren pudiera permanecer detrás del oclusor y, sin embargo, pasar por el lado de la pared) y uno con una pared sólida ancha (lo suficientemente ancha como para tocar la parte trasera del oclusor, de modo que nada podría pasar por el costado de esta). Tanto para los objetos físicos como para los humanos, comprender la solidez significaba entender que el tren o la mano humana podían pasar detrás del oclusor para el evento de prueba de pared estrecha (evento esperado) pero no podían pasar detrás del oclusor para el evento de prueba de pared ancha (evento inesperado).

Estos niños de 5 meses miraron durante un lapso significativamente mayor el evento inesperado *tanto* para el tren de juguete (objeto físico) *como* para la mano humana (agente intencional). Por lo tanto, esperaban que tanto los objetos como los agentes humanos fuesen físicamente sólidos y por ende incapaces de atravesar otro objeto físico sólido. Saxe, Tzelnic y Carey (2006) concluyeron que «el desafío para los bebés [...] puede que no esté en percibir que los seres humanos son a la vez agentes intencionales y objetos materiales [...] sino en tratar de entender cómo pueden serlo» (pág. B7).

En este sentido, es informativo considerar un conjunto diferente de estudios de estos mismos autores (Saxe, Tzelnic y Carey, 2007). En estos niños de 9 meses vieron un objeto físico inerte (una bolsa de semillas) pasar volando repetidamente siguiendo una trayectoria curva desde detrás de una pantalla y aterrizar en medio de un pequeño escenario. En la prueba, a los bebés se les mostraron dos posibles causas del evento: una mano humana o un tren de juguete. Si los bebés comprenden que una mano puede fácilmente lanzar por el aire objetos inertes pequeños, pero que un tren de juguete no puede, deberían mirar durante más tiempo cuando el vuelo de la bolsita parecía ser causado por el tren (evento inesperado) que cuando parecía haber sido provocado por la mano (evento esperado). Y así fue.

Este estudio toma su lugar entre varios otros (Meltzoff, 1995; Woodward, 1998) que han demostrado que los bebés pueden distinguir entre agentes (mano) y objetos físicos (tren), pero este estudio demostró además que los bebés ven que los agentes pueden causar el movimiento de objetos físicos: la mano lanzó la bolsa de semillas. Efectivamente, Alan Leslie (1982) demostró que los bebés de 5 meses ya manejan parte esencial de este conocimiento, ya que entienden que una mano puede levantar y cambiar de posición un objeto físico *y* que el contacto físico es necesario como parte de una acción intencional. En cierto sentido, el hecho de que los bebés entiendan que los agentes afectan causalmente a los objetos materiales no es nada sorprendente, como señalamos en el Capítulo 6: las acciones intencionales intervienen rutinariamente en el mundo físico. Pero, en el extremo, en la estructura agente-objeto, sólida y separatista en apariencia comprendida por el conocimiento nuclear, como los agentes están aislados a nivel conceptual del sistema de conocimiento nuclear de la causalidad de los objetos físicos, debiera argumentarse que los bebés no tienen expectativas claras en cuanto a los agentes como causantes de los movimientos de objetos físicos en lo absoluto. Pero sin embargo, sí las tienen.

En resumen, estoy convencido de que los bebés *no* tienen modos completamente diferentes de interpretación para los objetos físicos y los agentes intencionales. Para los bebés, los agentes humanos no son meramente objetos físicos; pero sí son objetos físicos. Las acciones intencionales requieren de agentes intencionales, pero agentes con propiedades físicas cuyas acciones tienen consecuencias materiales (así como intencionales).

De manera antagónica a la afirmación de Spelke de un aislamiento estricto, las representaciones de los agentes intencionales, o al menos de los agentes humanos intencionales, se combinan en forma sencilla con las de los objetos materiales, ya que estos últimos interactúan fácilmente de manera causal con otros objetos materiales (incluso objetos físicos inertes).

Una Propuesta Alternativa

En lugar de la segregación estricta de los agentes intencionales y de los objetos materiales del conocimiento nuclear, me parece más correcto sostener que los niños ven a los agentes y los objetos como entidades integradas y transversales. ¿En qué sentido? En parte, creo que los agentes y los objetos están integrados a través de la superposición de los roles causales que pueden asumir. Para plasmar esta posibilidad más concretamente, consideremos primero los roles lingüísticos del agente causal y del paciente causal abarcados en diversos sistemas semánticos. En la frase «John golpeó el camión», John es el agente causal y el camión es el paciente causal. En la frase «el camión golpeó a John», el camión es el agente causal y John es el paciente causal. Para la discusión que nos convoca, es posiblemente confuso que haya dos usos diferentes del término *agente* con que lidiar: hay seres pensantes, intencionales, a los que llamaré agentes intencionales de conformidad con la discusión que hemos sostenido hasta este punto; y está el papel semántico del causante de una interacción causal, al que llamaré agente causal. Los agentes intencionales, pero *también* los simples objetos físicos, pueden ser agentes causales; y los agentes intencionales, pero *también* los simples objetos físicos, pueden ser pacientes causales.

Dentro de tal sistema semántico, está claro que los agentes intencionales y los simples objetos físicos son tipos distintivos de entidades. No obstante, se superponen en que ambos pueden desempeñar el papel de agente causal (y paciente causal). Además, están conectados porque los agentes intencionales (en el papel de agentes causales) pueden intervenir en los objetos físicos (como sus pacientes) y viceversa. Creo que los bebés entienden algo así: en un terreno causal más amplio, los agentes intencionales y los objetos físicos son distintivamente diferentes pero (en parte) se superponen en el tipo y sin duda están conectados en la interacción.

Uso este ejemplo para hacer dos observaciones. En primer lugar, mínimamente, este ejemplo respalda la afirmación de que la comprensión de los agentes intencionales y de los objetos físicos-materiales no necesita (y no está) aislada ni encapsulada en la forma como lo describe el conocimiento nuclear; ni para los bebés, ni para los niños y adultos. En segundo lugar, de manera más amplia, utilizo este ejemplo para comenzar a perfilar una visión alternativa desde la cual es posible entender que el bebé reconoce las distinciones *y* conexiones entre agentes y objetos. En resumen, los bebés no se fijan solo en las diferencias entre los agentes intencionales y los objetos físicos; también están conscientes de las superposiciones y conexiones cruciales y, en particular, de las conexiones causales.

Agentes versus Compañeros Sociales

Dadas las superposiciones y conexiones entre la comprensión de los agentes y de los objetos por parte de los bebés, es útil considerar una superposición en su comprensión de los agentes con un candidato de sistema de «conocimiento nuclear» distinto: la comprensión de los compañeros y grupos sociales por parte de los bebés. Aquí, Spelke y Kinzler (2007) se preguntaron:

> ¿Existen otros sistemas de conocimiento nuclear, con raíces en nuestro pasado evolutivo, que surgen en la infancia y sirven de base para el aprendizaje y el razonamiento de niños y adultos? Recientemente, hemos comenzado a investigar un quinto sistema candidato, para identificar y razonar sobre posibles compañeros sociales y miembros de grupos sociales (pág. 91).

En la investigación de este quinto sistema, Spelke y sus colegas han centrado su investigación en las señales manifiestas que los bebés usan para agrupar a las personas: raza, género y lenguaje común. Usando estas señales, los bebés categorizan a las personas como nosotros o ellos y prefieren a otros que son categorizados como ellos (Kinzler, Dupoux y Spelke, 2007; Shutts, Roben y Spelke, 2013): «yo en mi grupo o nosotros» versus «ese otro grupo, o ellos» (Spelke y Kinzler, 2007, pág. 92).

Para Spelke, el estado de este tipo de razonamiento social como un sistema de conocimiento nuclear sigue siendo provisional y no está completamente definido; es una hipótesis que necesita pruebas adicionales (véase Spelke y Kinzler, 2009). Pero ella no es la única formulando hipótesis respecto de un dominio del conocimiento que se refiera a grupos sociales y acciones sociales, más allá del dominio de agentes psicológicos con acciones y mentes intencionales. Así, Scott Atran (1996) afirma: «las personas desde una edad muy temprana y, a lo largo de sus vidas en la adultez, parecen pensar de manera diferente sobre los distintos dominios, incluyendo aquellos de la física ingenua, la biología ingenua, la psicología ingenua y la sociología ingenua» (pág. 217). Al distinguir la psicología ingenua de la sociología ingenua, Atran sigue a Larry Hirschfeld (1996, 2013); y en este planteamiento la psicología ingenua, o teoría de la mente, se basa en la atribución de «relaciones intencionales a las creencias, los deseos y las acciones de los demás» (Atran, 1996, pág. 217), mientras que la sociología ingenua se basa en «asignaciones grupales (por ejemplo, parentesco, raza) que especifican una serie de obligaciones deontológicas y acciones contractuales» (Atran, 1996, pág. 217).

El razonamiento deóntico se refiere a lo que alguien puede o debe hacer, o no puede y no debe, y por lo tanto incluye también concepciones sociomorales, de bueno y malo, para los actores sociales, acciones y grupos sociales. De manera algo semejante, varios eruditos han discutido sobre una «facultad moral innata» (Harman, 1999; Hauser, 2006) independiente de una facultad psicológica innata. Ciertamente es concebible que pueda haber sistemas de conocimiento nuclear separables para razonar en forma prioritaria sobre los agentes intencionales y las acciones intencionales versus el razonamiento sobre los actores sociales y las interacciones sociomorales. Una vez más, sin embargo, una cuestión clave es ¿qué tan separados están estos sistemas de conocimiento nuclear (o, mejor, fundacional)?

Junto con Joan Miller (Wellman y Miller, 2008) argumentamos en detalle que, desde lo conceptual, lo sociomoral no podía distinguirse fácil ni claramente de lo intencional, ya que se superponen. Además, revisamos considerables pruebas de que en los años preescolares, los niños y los adultos ven estos dos dominios como inextricablemente interrelacionados. De nuevo, sin embargo, según Spelke (2003), los sistemas iniciales podrían potencialmente estar rígidamente separados en la infancia. En el momento de redactar nuestro artículo (Wellman y Miller, 2008), sorprendentemente había muy poca investigación sobre la comprensión social de los niños sobre las acciones sociomorales o los compañeros sociales preferidos. Sin embargo, esto ha cambiado mucho en los últimos años, con una serie de investigaciones sobre las comprensiones y preferencias sociomorales de los bebés (Banaji y Gelman, 2013). Las investigaciones de Kiley Hamlin y sus colegas Karen Wynn y Paul Bloom (véase Hamlin, 2013, para una revisión) han sido seminales en este esfuerzo.

En un estudio prototipo, un bebé ve pequeñas obras con un trasfondo moral, como un escenario en el que un títere intenta infructuosamente alcanzar un objetivo y luego un Ayudante lo ayuda a alcanzarlo o un Obstaculizador se lo impide. Para ser más concreto, digamos que un cerdito intenta abrir una caja para conseguir un premio y una rana Ayudante coopera con el cerdo para abrir la caja, u otra rana Obstaculizadora, de aspecto diferente, golpea la caja para que se cierre. Los bebés de apenas 3 meses prefieren a los Ayudantes sobre los Obstaculizadores, eligiendo por ejemplo a la rana Ayudante para jugar (Hamlin, Wynn y Bloom, 2010). A los 6 meses, los bebés valoran positivamente a los Ayudantes —haciendo que el experimentador los recompense— y evalúan negativamente a los Obstaculizadores, haciendo que el experimentador los castigue o los regañe (Hamlin, Wynn y Bloom, 2007; Hamlin, 2012).

Los adultos, por supuesto, no solo evalúan a los actores en términos de las características superficiales de ayuda de sus actos, sino en términos de los estados mentales intencionales de los agentes: por ejemplo, si la rana Obstaculizadora tenía la intención de impedir la acción o si la rana Ayudante estaba consciente o no consciente de la consecuencia de sus acciones sociales. Esta es una forma clave en que lo intencional se superpone con lo sociomoral: solo los actos voluntarios y conscientes están sujetos a algún tipo de alabanza o sanción, obligación o autorización (Wellman y Miller, 2008). Y tanto los preescolares como los adultos lo entienden.

¿Consideran los bebés los estados mentales de los actores al evaluarlos o asociarse con ellos? A los 10 meses claramente lo hacen. Hamlin (2013) mostró a los bebés un escenario en el cual un títere objetivo (por ejemplo, el cerdo) repetidamente elegía uno de dos juguetes disponibles. Luego el cerdo perdía acceso a los juguetes; los dos quedaban detrás de puertas cerradas. En este punto, dos ranas abrían las puertas, una cada una. En una condición, las dos ranas habían estado en el escenario desde el principio y por tanto habían visto la preferencia del cerdo. En este caso, los bebés preferían la rana que abría la puerta que permitía al cerdo alcanzar su objeto preferido. En la otra condición, las dos ranas habían estado fuera del escenario, por lo que no habían visto las preferencias iniciales del cerdo; eran ignorantes de su preferencia. En este caso, los bebés no mostraban preferencia por una rana por sobre la otra: elegían tanto a la rana que ayudaba al cerdito a alcanzar su juguete preferido, como a la que le daba acceso al otro juguete. Entonces, incluso los bebés de 10 meses entienden que la naturaleza de los actos sociomorales depende de los estados mentales intencionales de los actores; los bebés categorizaron, y prefirieron, a los actores sociales de acuerdo a esto. Así, el razonamiento del agente intencional se superpone con el razonamiento sociomoral del grupo social, tal como el razonamiento del agente intencional se superpone con el razonamiento del objeto físico.

Quiero reiterar que el objetivo de Elizabeth Spelke al caracterizar los cimientos conceptuales iniciales de los bebés es extremadamente importante (Spelke, 2003; Spelke y Kinzler, 2007).

Como argumenté en el capítulo introductorio, estos cimientos, si están empíricamente validados y correctamente descritos, nos revelan la arquitectura temprana de la mente humana. Más aún, concuerdo con Spelke en que estos cimientos (conocimiento fundacional en mi terminología) son tanto moderados en número como separables en la medida que sientan las bases o dominios iniciales para la comprensión del mundo en los bebés. Sin embargo, una concepción separatista de estos dominios iniciales, no solo separables sino totalmente encapsulados y aislados, es problemática tanto a nivel conceptual como empírico; deja de lado, en lugar de resolver, preguntas cruciales sobre cómo los bebés razonan sobre los seres humanos como agentes *y* objetos;

causas y pacientes; e infieren sobre los agentes intencionales como entidades individuales pero también como entidades sociales y relacionales.

Aprendizaje

Más allá de la encapsulación y el aislamiento, Spelke ha afirmado que los sistemas de conocimiento nuclear aparecen temprano, porque son innatos. Y al menos en un artículo con Kinzler ha especificado que, en su opinión, *«innato* significa *no aprendido»* (Spelke y Kinzler, 2009, pág. 96). Además, Spelke ha especificado sistemáticamente que los sistemas de conocimiento nuclear no cambian en el curso del desarrollo; funcionan para los adultos tal como lo hacen para los bebés. En total, de acuerdo con el conocimiento nuclear de Spelke, los sistemas de conocimiento tempranos no son aprendidos (no aprendidos rápidamente en la primera infancia, por ejemplo) y no son modificados por aprendizajes de desarrollo. «Los sistemas de conocimiento nuclear que se encuentran en los bebés existen a lo largo de toda la vida humana» (Spelke, 2003, pág. 291).

Originalmente (Spelke et al., 1992), Spelke afirmó que los sistemas iniciales de conocimiento nuclear humano eran solo humanos y, por lo tanto, daban cuenta también de las cogniciones únicamente humanas que vemos en la ciencia, las matemáticas, la fabricación de herramientas, entre otros. Sin embargo, más recientemente Spelke (2003) ha dicho que los seres humanos compartimos el conocimiento nuclear con la mayoría de los otros mamíferos, por lo que ha propuesto que los logros cognitivos distintivamente humanos requieren de una fuente diferente:

> Los sistemas de conocimiento nuclear que se encuentran en los bebés humanos existen a lo largo de toda la vida humana y sirven para construir representaciones encapsuladas y aisladas de dominio específico y para tareas específicas para los adultos tal como lo hacen para los bebés. Sin embargo, con el desarrollo surge una nueva capacidad para combinar representaciones nucleares y distintivas. Esta capacidad depende de un sistema que no tiene ninguna de las limitaciones de los sistemas de conocimientos nucleares [...] ya que permite que las representaciones se combinen en todos los dominios conceptuales que los seres humanos pueden representar y que se utilicen para cualquier tarea que se pueda comprender y emprender. Sus representaciones no están ni encapsuladas ni aisladas, ya que

están disponibles para cualquier proceso cognitivo explícito. Este sistema es un lenguaje natural específico adquirido [...]. Los lenguajes naturales proporcionan a los seres humanos un sistema único para combinar con flexibilidad las representaciones que comparten con otros animales. Las combinaciones resultantes son únicas para los seres humanos y explican aspectos únicos de la inteligencia humana (Spelke, 2003, pág. 291).

En resumen, los seres humanos explotan las propiedades composicionales y, en particular, las semánticas composicionales de sus lenguajes naturales para razonar a través de los dominios de conocimiento nuclear, creando así nuevos constructos (espacio-tiempo, antimateria, progresiones infinitas, etcétera).

Esta propuesta abarca formas importantes de aprendizaje, pero está socavada por un misterio en cuanto a cómo tal aprendizaje supuestamente ocurre. De hecho, es difícil ver cómo las propiedades composicionales del lenguaje por sí solas podrían conducir a las transformaciones necesarias. Supongamos que combino los términos (y las nociones) *natural* y *selección*. Puede que esto sea útil, pero no especifica cómo me lleva a entender la selección natural darwiniana. La combinación de los términos no nos habla acerca de los procesos conceptuales que efectiva y constructivamente llevaron a Darwin a sus ideas, ni acerca de los procesos que un niño necesita para lograr entender la evolución cuando se le enseña (por ejemplo, Evans, 2001). La estructura lingüística ofrece muchas, muchas combinaciones (tales como espacio-tiempo, antimateria, teléfono celular, pero también idea verde, o brazo de una hora de largo, etcétera); ¿cómo construimos y captamos nuevas visiones conceptuales con las combinaciones que se nos ofrecen?

Delegar el tema a las posibilidades composicionales del lenguaje, por muy potentes que sean, nos deja con el mismo problema que abordamos en el Capítulo 6 para el constructivismo: caracterizar los procesos de aprendizaje en términos más precisos que funcionan computacional y demostrablemente. Una solución obvia posible es proponer que no necesitamos nada más ni nada menos que los algoritmos bayesianos probabilísticos y jerárquicos que ayudan a resolver la vaguedad del constructivismo. Esos procesos, diseñados para abordar la creación de nuevos conocimientos (abstractos, teóricos), pueden explicar también la creación de nuevos conocimientos entre distintos dominios.

Tengamos en cuenta, sin embargo, que a diferencia de la visión de conocimiento nuclear de Spelke, los procesos de aprendizaje bayesiano jerárquico podrían producir modificaciones no solo en los dominios de conocimiento nuclear, sino también en los propios sistemas de conocimiento nuclear. Y de estar sujeto a estos procesos, entonces el conocimiento fundacional humano no es invariable; es susceptible de revisión. Se desarrolla. Por otra parte, este aprendizaje podría, en principio, ser operativo en la infancia, explicando, en parte, el establecimiento del conocimiento fundacional y la revisión progresiva de las instituciones fundacionales, en lugar de operar solo pos infancia, cuando el lenguaje entra en juego. ¿Por qué no? Solo se interpone en el camino la insistencia de que, por definición, el conocimiento nuclear no es aprendido.

Aprendizaje Social-Cognitivo Infantil, Nuevamente

Según una interpretación de conocimiento nuclear, las comprensiones nucleares iniciales no dependen del aprendizaje dependiente de la experiencia; son innatas. Especialmente pertinente para el enfoque de este libro, la investigación sobre la comprensión de las falsas creencias en bebés suele adoptar esta misma postura interpretativa. Así, según Alan Leslie (2005), «los conceptos de estados mentales ("teoría de la mente") surgen de un mecanismo neurocognitivo especializado que *madura* [énfasis añadido] en el segundo año de vida» (pág. 459). Este es un mecanismo «automático, modular, "innato"» (Leslie, 2005, pág. 462). En resumen, desde esta perspectiva, un mecanismo de teoría de la mente aparece en la infancia a través de un proceso de maduración en lugar de uno de aprendizaje (si bien influye en los aprendizajes adicionales, por ejemplo, aprender las preferencias exactas de X o las creencias de Y).

Esta postura nativista, aparente en los postulados de conocimiento nuclear y también en la investigación de falsas-creencias en bebés, en principio es atractiva. Es tentador pensar que los seres humanos más jóvenes y novatos [bebés] podrían revelar nuestras fundaciones innatas. Es crucial para estos planteamientos que la comprensión infantil de la falsa creencia será evidente si dicha comprensión se evalúa a través de tareas «espontáneas» no verbales, tales como aquellas de tiempo de observación o anticipación (Luo y Baillargeon, 2010; Leslie, 2005). Dado que se evalúa de maneras implícitas y menos reflexivas, puesto que no es aprendida, entonces la percepción implícita básica de la falsa-creencia debiera ser evidente a temprana edad para todos los bebés humanos (excepto, probablemente, para aquellos que tienen autismo). Estas interpretaciones nativistas estrictas se ven reflejadas y fomentadas por la escasez de hallazgos sobre cómo la cognición social de los bebés se desarrolla y cambia en respuesta a la experiencia. Sin embargo, un reciente estudio de Marek Meristo y sus colegas (Meristo et al., 2012) proporciona algunas pruebas empíricas necesarias.

Meristo y sus colegas (2012) usaron métodos de miradas anticipatorias para probar las inferencias espontáneas de falsa-creencia en bebés oyentes (de 19 a 20 meses de edad) y, críticamente, en bebés sin audición de padres oyentes (de 17 a 26 meses de edad). En los planteamientos nativistas (un postulado de conocimiento nuclear, un planteamiento modular de ToMM, etcétera), la comprensión de la «falsa-creencia» en bebés oyentes refleja los primeros cálculos innatos (no los aprendizajes dependientes de la experiencia). Y, de manera relacionada, la comprensión de los niños sordos debiera reflejar lo mismo. Esto porque estos niños tienen una pérdida auditiva periférica y no déficits neuronales nucleares que podrían retrasar los tiempos de maduración como en el caso del autismo.

Sin embargo, los hallazgos respecto de bebés no oyentes en Meristo et al. (2012) estuvieron en marcado contraste con tales predicciones de maduración. En dicho estudio, los bebés oyentes esperaban que las acciones de búsqueda de los agentes fuesen guiadas por sus falsas creencias, al igual que en hallazgos anteriores de anticipación con bebés oyentes de 25 meses de edad (Southgate et al., 2007) y de 18 meses de edad (Neumann, Thoermer y Sodian, 2008). Sin embargo, los niños sordos de padres oyentes, sometidos a pruebas de anticipación con los mismos métodos implícitos y no verbales, mostraron un deterioro en sus respuestas; *no* anticiparon que las acciones de búsqueda de los agentes estarían guiadas por sus falsas creencias.

Para dar cuenta de sus hallazgos, Meristo y sus colegas (2012) se refieren directamente a las diferencias en la experiencia comunicacional e interactiva que caracteriza a los bebés sin audición y con audición. Recordemos que para los niños oyentes, las conversaciones sobre estados mentales de las madres con sus bebés y sobre ellos predice su desempeño futuro en tareas verbales de la teoría de la mente en los años preescolares (Meins et al., 2002). Sin embargo, en comparación con los bebés con audición, la comunicación directa entre los niños sordos y sus padres oyentes puede ser significativamente diferente y empobrecida incluso en el primer año de vida (Moeller y Schick, 2006; Vaccari y Marschark, 1997). Más aún, los niños no oyentes no pueden aprender indirectamente al escuchar conversaciones sobre estados mentales de otros (Akhtar, 2005).

En resumen, los datos de Meristo y sus colegas (2012) dan fe del impacto que tiene el aprendizaje dependiente de la experiencia incluso en las comprensiones implícitas del sistema 1 de los bebés sobre las acciones impulsadas por estados mentales. Y estos datos, junto con los estudios sobre el aprendizaje estadístico de los bebés en el ámbito social-cognitivo (por ejemplo, Kushnir et al., 2010), sugieren más ampliamente que las comprensiones fundacionales de los bebés pueden reflejar tanto una dotación aprendida como nativa. En resumen, incluso en la primera infancia, los niños participan en un aprendizaje fundacional de la teoría de la mente.

Un planteamiento constructivista y de aprendizaje bayesiano del tipo detallado en el Capítulo 6 proporciona aquí un marco necesario, que potencialmente abarcaría tanto el conocimiento inicial como los mecanismos de aprendizaje. Los enfoques bayesianos insisten en que no se puede aprender sin algunos puntos de partida preliminares (hipótesis iniciales) *y* consideración de las experiencias basadas en evidencia. Desde esta perspectiva, los comienzos de los bebés proporcionan materias primas clave (y no sistemas de conocimiento inmodificables) para forjar teorías socio-cognitivas cada vez más perspicaces.

Para ser justos, al igual que todas las posturas de dominio específico pueden incluir una base de representaciones innatamente especificadas, todas las posturas contemporáneas (modular, conocimiento nuclear y teoría de la teoría) pueden dar cabida al aprendizaje. El postulado de conocimiento nuclear de Spelke (2003) lo hace a través de (procesos no especificados facultados por) las propiedades combinatorias del lenguaje natural. Los planteamientos modulares nativistas contemporáneos también incluyen ciertas formas de aprendizaje. Algunos tipos de módulos —insisten los teóricos modulares— deben ser vistos como mecanismos dinámicos de aprendizaje y no solo como mecanismos computacionales estáticos. Leslie (por ejemplo, 1994) comenzó enfatizando los mecanismos computacionales necesarios para ToMM (ToMMecanismo). Posteriormente afirmó que el ToMM es también, en parte, no un simple mecanismo computacional; es un mecanismo de aprendizaje (Leslie, 2005).

> La experiencia sin duda juega un papel clave en el aprendizaje de los bebés sobre objetivos específicos (por ejemplo, aprender por qué mamá a veces tiene una pequeña cajita sobre su oreja), disposiciones (por ejemplo, aprender que papá prefiere café en lugar de leche) o estados informacionales (aprender acerca de qué sucede si se tienen los ojos vendados o se usan gafas oscuras) (Leslie, 2005, pág. 460).

Perfecto. Sin embargo, pueden hacerse importantes distinciones sobre las formas de aprendizaje. En particular, no todas las posturas incluyen algo parecido al aprendizaje bayesiano constructivista y jerárquico como el que se explica en el Capítulo 6. Solo cuando la adquisición de conocimiento en un dominio determinado incorpora procesos de aprendizaje jerárquicos y constructivistas especiales, entonces el aprendizaje en cuestión está basado en teoría. Solo cuando el conocimiento nuevo surge a partir de creencias previas que son modificadas sobre la base de una interacción entre las hipótesis y la evidencia se trata del aprendizaje en cuestión basado en la teoría. Este es el tipo de aprendizaje que permite el desarrollo marco (Capítulos 5, 6) y no solo el aprendizaje de particularidades. Por ende, el aprendizaje bayesiano jerárquico basado en la teoría, tal como se describe en el Capítulo 6, ayuda a delimitar el tipo de aprendizaje distintivo de la teoría de la teoría en particular.

PASO DEL SISTEMA 1 AL SISTEMA 2

Al comienzo de este capítulo, resumí los datos longitudinales que demuestran que las respuestas de tiempos de observación de los bebés predicen los logros posteriores de la teoría de la mente en la edad preescolar. Así, los registros del sistema 1 de los bebés deben establecer de alguna manera las inferencias del sistema 2 de los preescolares. Las representaciones del sistema 2 no son simplemente paralelas a los registros del sistema 1 (como sugiere el modelo de proceso dual de Apperly), la representación del sistema 2 podría estar inspirada y limitada por el registro del sistema 1. ¿Cómo funcionaría esto? Una interacción bayesiana entre las hipótesis y la evidencia que involucra comprensiones anteriores (*a priori*) y experiencias acumulativas (evidencia) que dé forma a la comprensión posterior sugiere dos maneras en que el primer sistema eficiente podría ayudar a formar el segundo sistema más explícito. El primer sistema podría (a) proporcionar evidencia pre-envasada y (b) suministrar una fuente de hipótesis para aprender y modificar la compleja red causal que caracteriza a la teoría de la mente preescolar.

Primero analicemos el papel del sistema rápido y eficiente en la evidencia pre-envasada. Las comprensiones de los bebés, tal como las analizamos en el Capítulo 8 (como indicadores del primer sistema), han sido reveladas principalmente examinando la atención de los bebés. Esto es más que un método útil. La atención de los bebés, determinada por el sistema temprano y rápido, determina las observaciones de los infantes sobre el mundo social (su evidencia). Al mirar durante más tiempo algunas cosas respecto de otras (por ejemplo, acciones dirigidas hacia un objeto humano más que movimientos meramente biomecánicos; acciones desconcertantes que van contra algunas comprensiones intencionales iniciales pero limitadas en lugar de otras acciones), los niños pequeños prestan atención a algunas evidencias sociales en vez de a otras. Esto, a su vez, configura el tipo de evidencia más fácilmente disponible para los esfuerzos de construcción de la teoría preescolar.

Luego consideremos las hipótesis. Aquí (como describimos en el Capítulo 6 y seguimos analizando más adelante en el Capítulo 10), un tema clave tiene que ver con la formulación de nuevas hipótesis por parte del aprendiz y con la búsqueda a través de un conjunto de hipótesis alternativas. Una fuente de hipótesis alternativas podría ser la consideración del niño de sus propias hipótesis y preferencias implícitas. Esto sería algo parecido a la «redescripción representacional» de Annette Karmiloff-Smith (1992/1994 en la edición en español). Para que esta redescripción proporcione hipótesis para los preescolares, esto significa que algunas partes del segundo sistema, aprendido y explícito, deben tener acceso (al menos en forma parcial) a las representaciones del primer sistema. OK. Nada (aparte de insistir en que el primer sistema está, por definición, encapsulado como un módulo mental fodoriano o como el conocimiento nuclear de Spelke) establece que el sistema rápido y eficiente es totalmente inaccesible para la posterior construcción del conocimiento. En cambio, cuando menos, el segundo sistema podría inspeccionar los productos del primero. Por ejemplo, el sistema 2 podría, hasta cierto punto, solo intentar categorizar y comprender los propios comportamientos y experiencias sociales e interactivas, comportamientos y experiencias formados en un principio por el sistema «implícito» de los bebés. Cualquier categorización de este tipo proporcionaría cimientos para formular luego hipótesis más explícitas.

CONCLUSIONES

La teoría de la mente es un logro del desarrollo, que comienza de manera crucial en la infancia y también que continúa de manera importante durante los años de desarrollo de los niños preescolares. Lograr las comprensiones de la teoría de la mente es prueba de procesos de aprendizaje constructivistas, y esto se da tanto en los bebés como en su desarrollo posterior. Los orígenes y el desarrollo no son dos etapas separadas, una (por ejemplo, el conocimiento nuclear) que caracteriza al niño prelingüístico y otra que caracteriza al niño postlingüístico. Los orígenes y el desarrollo se funden, y una manera útil de prever esta fusión es a través del aprendizaje bayesiano jerárquico, que integra las hipótesis y las evidencias con hipótesis anteriores y posteriores.

Pasada la infancia e incluso más allá de los años preescolares siguen ocurriendo importantes logros y aprendizajes, lo cual se puede apreciar en las comprensiones más avanzadas de la teoría de la mente. Analizo estos últimos logros más adelante en los Capítulos 13 y 14.

IO

Evolución, Chimpancés y Perros

NICHOLAS HUMPHREY, EN una serie de provocativos ensayos publicados en 1984 (1987 en la edición en español), argumentó que los humanos no debíamos ser caracterizados como Homo sapiens sino como *Homo psychologicus*;

> La habilidad de hacer psicología, pese a ser hoy por hoy una habilidad que posee todo hombre o mujer común y corriente, no tiene nada de común… [Sin embargo], lejos de ser algo que desconcierte la comprensión humana, la discusión abierta de las experiencias interiores de cada uno es literalmente un juego de niños para un ser humano, algo que los niños empiezan a aprender antes de tener más de dos o tres años de edad. Y el hecho de que este vocabulario de sentido común se adquiera tan fácilmente sugiere que esta forma de descripción resulta natural para los seres humanos (Humphrey, 1984, páginas 5, 8/1987 en la edición en español).

Humphrey (1984/1987 en la edición en español) fue un poco más lejos y planteó una historia evolutiva al respecto. Afirmó que la plataforma para la inteligencia humana no era el bipedalismo ni una competencia manual para lidiar con el mundo físico, una herramienta de uso, sino más bien una habilidad para pensar sobre el mundo social que se desarrolla. Humphrey llamó a este planteamiento una hipótesis de «inteligencia social», pero en la actualidad se la conoce por lo general como la hipótesis del «cerebro social» (Dunbar,

1998). La afirmación es que la inteligencia humana surgió porque los seres humanos vivían en un mundo social cada vez más complejo. Este mundo social generaba un creciente ímpetu por una carrera con armas cognitivas, donde la mayor interacción social entre los compañeros cercanos de distintos grupos, era premiada con una mejor comprensión social entre ellos (incluyendo a los aliados y competidores), lo cual a su vez incentivaba más aún la vida y razonamiento sociales.

Los mejores datos empíricos que conducen a esta hipótesis del cerebro social probablemente provienen de estudios sobre la relación entre el volumen del neocórtex cerebral y la inteligencia y la capacidad social cuando se comparan especies con taxones de mamíferos y especialmente monos y simios (Barrett, Henzi y Dunbar, 2003; Dunbar, 1993). Gran parte de esta investigación ha sido realizada por el antropólogo comparativo Robin Dunbar y sus colegas.

Pero la investigación sobre volúmenes cerebrales no revela directamente la evolución de las capacidades propias de la teoría de la mente en nuestros antepasados primates. La investigación cognitivo-conductual comparada con primates no humanos, y otras especies, sin embargo, puede esclarecer este tema. Puede abordar cuestiones tales como ¿qué es distintivamente humano acerca de la cognición humana? ¿hasta qué punto la teoría de la mente es principalmente humana o es evidente en otros animales? ¿y es la teoría de la mente una clave para distinguir el conocimiento humano? La investigación comparativa cognitivo-conductual que aborda estas interrogantes ha tenido una interesante historia durante los últimos 25 años.

ANTECEDENTES

Desde una perspectiva histórica ha habido dos puntos de vista competitivos sobre el conocimiento socio-cognitivo de los primates no humanos: rico y pobre. Gran parte del enfoque se ha centrado en los chimpancés que (junto con los bonobos o babuinos) son particularmente cercanos a los humanos a nivel genético. Así que para fines ilustrativos me centro principalmente en los chimpancés. Para comenzar, hace 30 a 40 años, había datos fragmentarios, junto con sugerentes argumentos de eruditos como Jane Goodall (y su descripción de la «cultura» de los chimpancés, 1971) y Frans de Waal (y su descripción de la «política» de los chimpancés) (1982/1993 en la edición en español). Los geniales programas de televisión sobre chimpancés de Goodall, mirando profundamente a los ojos de Jane, arreglándose unos a otros y aparentemente fabricando herramientas, evocaban una imagen clara de los chimpancés como nuestros hermanos. Esta visión se vio reforzada con una primera oleada de estudios sobre aprendizaje de lenguas en simios y de imágenes de estos. Se filmó a Washoe, una chimpancé, que en apariencia utilizaba casi 300 señales del lenguaje estadounidense de señas (ASL, por sus siglas en inglés) para hablar con fluidez con Beatrix y Allen Gardner sobre cosas, personas y ella misma. Estas investigaciones fomentaron una amplia creencia en las profundas similitudes entre los seres humanos y los simios con respecto a la cognición social, el uso de herramientas y la aparición de tradiciones culturales, entre otros.

Pero, Entonces

Sin embargo, un conjunto acumulativo de rigurosos experimentos de laboratorio con chimpancés, especialmente de Daniel Povinelli y Michael Tomasello y sus respectivos colaboradores, resultó en un planteamiento mucho más detallado y acotado. Para ilustrarlo, Povinelli y su equipo llevaron a cabo una serie de influyentes estudios para evaluar la comprensión de siete chimpancés adultos sobre causas psicológicas del comportamiento, tales como la percepción, las intenciones y las creencias (descrito en Povinelli y Eddy, 1996). La investigación sobre la comprensión de la percepción en los chimpancés —sobre lo que otros ven— fue la más sistemática y reveladora. Originalmente diseñado como un trampolín para lanzar nuevas investigaciones sobre la comprensión de las intenciones, el conocimiento y las creencias, los datos mostraron muy poco de comprensión, incluso de lo que otros ven.

Los diversos estudios de Povinelli (Povinelli y Eddy, 1996) tenían un formato básico basado en gestos naturales iniciales de los chimpancés, como la mano extendida que utilizan para intentar conseguir alimentos unos de otros. Originalmente, los simios fueron entrenados para que entraran en una sala de pruebas de laboratorio (desde su patio de ejercicios exterior) e hicieran gestos a un entrenador familiar que estaba sentado detrás de una pared de plexiglás (pared de acrílico) transparente que lo separaba del chimpancé. Había varios agujeros en esta pared transparente, pero se suponía que los simios debían utilizar el agujero que estaba justo frente al entrenador. Cuando le pedían algo al entrenador usando dicho agujero, entonces este los elogiaba y recompensaba con algo de comida. Todos los simios aprendieron rápidamente a pedir a través del agujero correcto.

Esto no fue sorprendente, pero el verdadero propósito de este entrenamiento inicial era evaluar luego a los simios cuando había dos entrenadores: uno que podía verlos y uno que no podía. Frente a entrenadores que podían o no podían ver desde una perspectiva humana, ¿usarían los simios gesticulaciones distintas para dirigirse a ellos? Entonces, después de su entrenamiento inicial, los simios fueron testeados en una serie de situaciones contrastantes. Por ejemplo, en una situación con un par de entrenadores, (a) había uno sentado mirando al chimpancé y otro dándole la espalda (*frente versus espalda*). En otras, (b) uno de los entrenadores tenía un cubo que cubría su cabeza, mientras que el otro tenía el mismo cubo a un costado (*cubos*); o (c) una entrenadora tenía las manos sobre sus ojos, mientras que la otra tenía las manos tapando sus oídos (*manos*); y así sucesivamente.

En esencia, en la situación contrastante de frente versus espalda, los simios gesticularon a la persona que estaba de cara a ellos por sobre el azar, pero no así en las otras condiciones. De esta forma, se identificó que difieren de los niños humanos de 2 y 3 años que consistentemente distinguen diversas situaciones de ver y no ver en pruebas muy similares.

Los estudios originales de Povinelli (Povinelli y Eddy, 1996), así como otros adicionales, parecen interpretarse mejor al indicar que, si bien los simios son aprendices inteligentes, capaces de aprender sobre las regularidades conductuales, básicamente no saben nada sobre los estados mentales (en este caso sobre el estado mental de la percepción) que están detrás de las regularidades conductuales que rastrearon. Por ejemplo, analicemos otra vez la comparación frente-espalda, la única que originalmente podría parecer como que los simios observaban la percepción de los instructores. Povinelli y su equipo (en Povinelli y Eddy, 1996) presentaron con ingenio a los simios una comparación de dos entrenadores, *ambos* dandole la espalda, pero uno con la cabeza dada vuelta hacia adelante (mirando por encima del hombro). Los chimpancés rogaron a ambos entrenadores al azar, pese a que para nosotros, humanos, uno de los entrenadores obviamente podía ver (el que miraba por sobre el hombro), mientras que el otro no. Los simios parecen haber captado claramente una regularidad en que la posición del cuerpo podría ser una señal para ser alimentados (por ejemplo, en la comparación original frente-espalda), pero no que *ver* fuese el factor crítico (todavía operativo para el entrenador que miraba sobre el hombro a pesar de que el cuerpo del entrenador estaba mirando hacia atrás).

En muchas de estas pruebas, Povinelli y sus colegas hicieron numerosos ensayos con los simios; y en cada ensayo, los simios obtuvieron el alimento de recompensa solo si rogaban al entrenador «correcto» (por ejemplo, al que miraba de frente o sobre el hombro). En algunas comparaciones, los simios lograron aprender quién era el entrenador correcto, pero fue un aprendizaje laborioso y lento que tomó muchos, muchos ensayos. Los niños, en tanto, tuvieron éxito en sus primeros ensayos. Y en algunas condiciones, incluso numerosos ensayos no lograron un rendimiento por encima del azar en los chimpancés. Una comparación de este tipo que resultó interesante fue la de un entrenador con un pañuelo negro atado sobre sus ojos y otro con el mismo pañuelo negro pero atado sobre su boca (*ojos versus boca*). Los chimpancés le pidieron comida a ambos entrenadores por igual durante muchos, muchos ensayos, siendo recompensados solo si le suplicaban al entrenador que tenía la «boca» cubierta. Otros estudios indicaron que mientras se cubriera un porcentaje similar de la cara, los simios elegían de manera aleatoria. No importaba que en una persona fuesen específicamente los ojos los que estuvieran cubiertos.

Estos simios eran aprendices inteligentes y motivados, encontrando a menudo algunas pistas para utilizar en su beneficio después de esforzarse durante muchos ensayos. Pero esto solo ayudó a lograr una historia convincente de chimpancés que consiguieron un almacén laborioso de regularidades aprendidas, que les dijeron mucho sobre el comportamiento de los demás, pero no penetraron en las mentes subyacentes involucradas. Esencialmente, si utilizamos las ideas esbozadas en el Capítulo 6, podríamos decir que los simios usaron datos estadísticos acerca de las regularidades del comportamiento más que una comprensión causal basada en la teoría. Utilizaron covariaciones estadísticas entre las características superficiales de los comportamientos de los experimentadores para lograr generalizaciones empíricas «superficiales» en el ámbito social. Pero no lograron ni evidenciaron una teoría de la mente; claramente fracasaron a la hora de entender los comportamientos de los demás en términos de una comprensión de estados mentales. Tanto Daniel Povinelli como las investigaciones independientes de Michael Tomasello y sus colegas (resumidos en Tomasello, 1999/2007 en la edición en español) concluyeron que los chimpancés aprendían mucho sobre las regularidades físicas y sociales que gobernaban sus mundos, pero poco o nada sobre los principios causales subyacentes, fuesen estos agentes, herramientas o eventos. De hecho, su comprensión del mundo físico tampoco se basa en constructos causales subyacentes (Povinelli, 2000; Tomasello y Call, 1997). El sello de este escepticismo quedó plasmado de manera clara en el extenso resumen de investigaciones de numerosas pruebas de laboratorio y observaciones de Michael Tomasello y Josep Call en su libro *Primate Cognition* (1997).

Entonces, Nuevamente

Pero nuevas investigaciones cambiaron la corriente una vez más. Gran parte de ellas surgió de los esfuerzos de Michael Tomasello y sus colegas (Hare, Call, Agnetta y Tomasello, 2000; Tomasello, Call y Hare, 2003), revirtiendo su propio escepticismo previo, cuidadosamente estudiado. Un paradigma experimental ahora famoso que ayudó al cambio de corriente utilizó la configuración ilustrada en la figura 10.1. Dos chimpancés —uno de ellos dominante y el otro subordinado— se ubicaron detrás de diferentes puertas que daban a una habitación interior. Se colocó alimento en la habitación interior y se agrietaron las puertas o instalaron oclusores de modo que uno o los dos animales pudieran ver cuando se ponía el alimento. Poco después de colocar el alimento, las puertas se abrían completamente. En resumen, se escondía un trozo de comida entre el chimpancé dominante y el subordinado y, como resultado del posicionamiento de ciertos obstáculos, los chimpancés tenían un acceso visual distinto al alimento.

Se trataba de crear una competencia por comida basándose en la idea fundamental de que cuando un dominante y un subordinado compiten directamente por alimento, el subordinado pierde y se posterga ante el animal dominante. Pero en este caso, la competencia podía ser controlada. En particular, en algunos ensayos, el subordinado podía ver el alimento oculto, pero el chimpancé dominante no, a diferencia de los ensayos en que ambos veían. Entonces, ¿respondería adecuadamente el chimpancé subordinado explotando su ventaja de haber visto (a diferencia del dominante) contraviniendo el comportamiento de postergación típico de cuando ambos veían la comida?

Un primer resultado crucial se dio cuando el chimpancé subordinado podía ver dos pedazos de comida mientras que el dominante solo veía uno, y entonces el subordinado prefería el alimento menos riesgoso que el dominante no podía ver (Hare, Call, Agnetta y Tomasello, 2000). ¿Significa esto que los chimpancés pueden ajustar su comportamiento sobre la base de lo que el otro puede ver, sus estados de percepción y atención? Información adicional y las condiciones de control hacían parecer que podían y que efectivamente lo hacían. Por ejemplo, recordemos los experimentos de Povinelli descritos anteriormente, donde si tenían éxito, la mayoría de los chimpancés solo habían aprendido los contrastes críticos después de muchos ensayos reforzados. Pero en los experimentos de competencia por alimento, los subordinados se ajustaron a la capacidad del dominante de ver (o no ver) desde el primer ensayo y en una variedad de situaciones diferentes.

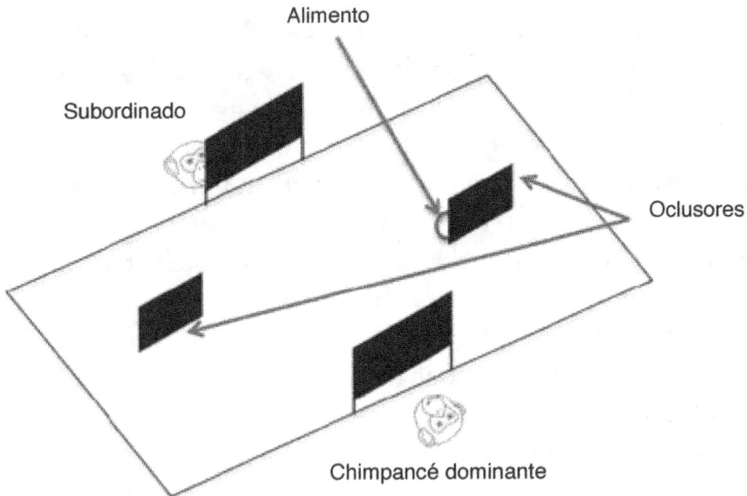

FIGURA 10.1 Representación del tipo de situación de competencia utilizada en la investigación con chimpancés por Tomasello, Hare, Call y sus colegas (Hare et al., 2000, 2001). Los chimpancés pueden ver bajo sus puertas entreabiertas pero no pueden entrar hasta que las puertas están completamente abiertas. El subordinado ve la comida y también puede ver al chimpancé dominante. Para comenzar, consideremos dos condiciones: informada: el dominante también ve el alimento; desinformada: el dominante no puede ver el alimento porque su puerta está cerrada. Cuando se abren las puertas, el subordinado logra una pequeña ventaja (no lo suficiente para evitar al dominante si este último ha visto el alimento, pero suficiente para alcanzar el alimento primero si el dominante no lo ha visto).

Y, a diferencia de los experimentos de Povinelli, donde las condiciones adicionales (por ejemplo, cabeza sobre hombro) apuntaban cada vez más a que los chimpancés simplemente pusieran atención a pistas de comportamiento básicas, en los experimentos de competencia por alimentos, las condiciones adicionales *descartaban* crecientemente estas hipótesis de bajo nivel (como se resume en Tomasello, Call y Hare, 2003). Por ejemplo, primero, tal vez en los experimentos en los que ambos animales veían un pedazo de comida (y veían que el otro animal también lo veía), pero donde solo el subordinado podía ver el otro pedazo, la mera asociación del dominante con el alimento que podía ver lo «marcaba», llevando al subordinado a preferir el otro pedazo. Pero en condiciones donde el dominante veía la comida, pero luego no veía cuando la ocultaban, el subordinado iba directamente por ella. Es evidente que la asociación de un dominante con esa comida no la había marcado. Consideremos además una condición en la cual un chimpancé dominante no solo había visto el alimento, sino que lo había visto en la ubicación 1 (tal vez marcando cualquier «alimento que estuviese en la ubicación 1»). Pero, en una condición de control, después de estos eventos iniciales, la puerta del chimpancé dominante estaba completamente cerrada y ese chimpancé dominante era intercambiado por otro dominante. En ese caso, los subordinados iban encantados hacia la comida que estaba en la ubicación 1. No estaba marcada; al contrario, no había sido vista por el chimpancé dominante relevante y por tanto estaba disponible.

En segundo lugar, tal vez no era la visión sino la mera obstrucción física la que los chimpancés seguían. Pero en condiciones en las que el «oclusor» era transparente, los subordinados no iban a buscar el alimento. El alimento estaba obstruido pero no era invisible para el dominante. En tercer lugar, Daniel Povinelli, por su experiencia con chimpancés, sugirió que en un diseño como el de la figura 10.1, por ejemplo, la señal crítica para los chimpancés no era si la comida podía verse o no, sino si estaba físicamente cerca o a la sombra de un borde o esquina (Povinelli, 2000). En la naturaleza y en los grandes recintos de cautiverio, los chimpancés evitan buscar comida en los bordes y en las sombras (tal vez porque son buenos lugares para que se escondan los depredadores). Pero en las pruebas donde se modificaron las condiciones de ver y no ver, pero no se colocó el alimento en bordes ni bajo las sombras, el factor de ver y no ver rigió las respuestas de los chimpancés de todos modos.

¿Por qué este nuevo paradigma mostró tal competencia mientras que tantos ensayos anteriores habían mostrado solamente un aprendizaje laborioso de regularidades basadas en señales? Un ingrediente clave parece ser el escenario de competencia versus cooperación, un factor que volveré a abordar más adelante.

COGNICIÓN SOCIAL EN LOS PRIMATES

Después de haber avanzado con este paradigma en particular, quiero ahora dar un paso atrás para entregar una mirada sistemática a la investigación contemporánea sobre la comprensión socio-cognitiva de los primates no humanos. En primer lugar, hay investigaciones sobre su comprensión de las acciones intencionales; en segundo, sobre los estados intencionales de atención o percepción; luego sobre el conocimiento; y en última instancia está la comprensión de creencias. Desde ahora en adelante, usaré el término *primates* para referirme a los primates no humanos, y mantener un contraste terminológico más simple con los *humanos*. En su mayor parte, los primates que han sido estudiados son monos del viejo mundo y grandes simios.

Comprensión de las Intenciones por parte de los Primates

Recordemos que los descubrimientos sobre la comprensión de los bebés de los estados internos de los demás, comenzaron con la demostración de su comprensión de las intenciones de manera manifiesta en acciones observables.

Las comprensiones de las acciones intencionales son un punto de partida interesante para analizar también a los primates. Reconsideremos el recuadro 1.1. Tras la habituación con eventos en los que un agente humano alcanza un objeto meta haciendo un arco para sortear la barrera que lo separa de su objetivo, los bebés miran durante más tiempo los eventos indirectos que los directos. Esto, junto con varias condiciones de control, demuestra una comprensión de las acciones del agente en términos de sus intenciones. Después de la familiarización con tales eventos de barrera, los monos macacos también miraron durante más tiempo el evento de prueba indirecto que el directo (Rochat, Serra, Fadiga y Gallese, 2008). En condiciones de control, tras familiarizarse con actores que hacían los mismos actos sin la barrera, los macacos miraron durante igual cantidad de tiempo los eventos de prueba directos que los indirectos. Estos resultados respaldan la idea de que, al igual que los bebés humanos, los monos y simios poseen una comprensión básica de las acciones dirigidas hacia un objetivo.

En el caso de los bebés humanos, se obtuvieron datos complementarios a partir de paradigmas más activos/interactivos que se sumaron a las conclusiones de la investigación sobre los tiempos de observación. Como ejemplo, recordemos el paradigma de no querer y no poder antes descrito para los bebés. Tanya Behne y sus colegas (Behne et al., 2005) hicieron que los bebés participaran en un juego en el que una mujer les daba juguetes a través de una mesa. De manera entremezclada hubo ensayos donde sostenía un juguete pero no lo entregaba, a veces porque no quería y otras porque «no podía» (por ejemplo, no podía sacar el juguete de un envase transparente). Los bebés de 9 a 18 meses se comportaron con más impaciencia (tratando de alcanzar, dándose vuelta, etcétera) cuando la mujer se quedaba voluntariamente con el juguete, que cuando hacía esfuerzos de buena fe por pasárselos, si bien los comportamientos superficiales y los resultados fueron similares en ambas condiciones.

Este estudio fue diseñado en realidad para obtener una versión para los chimpancés, tal como para los bebés humanos. Y, de manera similar, los chimpancés mendigaron más y se salieron de la sala de pruebas antes cuando un experimentador no quería darles comida (por ejemplo, les ofrecía unas uvas y luego las retiraba de manera burlona) que cuando no podía darles el alimento aunque lo intentaba (por ejemplo, cuando se le caía la uva en varias ocasiones,

Call, Hare, Carpenter y Tomasello, 2004). De hecho, en una investigación con pruebas de laboratorio diferentes, los monos capuchinos salieron de la sala de pruebas antes en respuesta a las acciones de un experimentador que no quería en comparación con uno que no podía (Phillips, Barnes, Mahajan, Yamaguchi y Santos, 2009). Aunque las acciones del experimentador eran notablemente similares a simple vista, los chimpancés y los capuchinos reconocieron una diferencia entre las intenciones subyacentes del actor en los dos casos. (Véase Call y Tomasello, 2008; y Rosati, Santos y Hare, 2010, para analizar otras investigaciones relacionadas).

Comprensión de los Estados de Atención en Primates

Muchos primates de forma espontánea siguen la mirada o la orientación de la cabeza de otros organismos de la misma especie o seres humanos. Y si bien es poco probable que la mayoría de las especies de primates sigan la mirada porque entienden la naturaleza de la experiencia visual, los grandes simios probablemente sí lo hacen. En situaciones controladas, los chimpancés, los bonobos, los gorilas y los orangutanes siguen la mirada hacia ubicaciones distantes y alrededor de barreras (aunque esto implique reorientar físicamente sus cuerpos) y visualmente chequean la mirada del observador para verificar la dirección de esta (Rosati et al., 2010), tal como lo hacen los humanos de 9 a 12 meses de edad (véase el Capítulo 1).

Para los chimpancés en particular, los experimentos de competencia por alimentos descritos anteriormente, utilizando montajes como el descrito en la figura 10.1, nos dicen aún más convincentemente que los chimpancés evalúan la percepción y atención de otros y cómo lo hacen.

Estas habilidades para seguir la visión de otros en situaciones competitivas probablemente no son exclusivas de los chimpancés. Los monos Rhesus también muestran una sensibilidad impresionante a la percepción y experiencias perceptivas de los experimentadores humanos en situaciones de competencia para conseguir alimentos (Flombaum y Santos, 2005).

Comprensión del Conocimiento en Primates

Los estudios sugieren además que los chimpancés, en particular, demuestran cierta comprensión sobre el vínculo entre ver y *saber*. En las extensiones de la situación de competencia por alimentos descritas en la figura 10.1, los chimpancés ajustan su comportamiento no solo sobre la base de lo que los demás pueden y no pueden ver, sino también sobre la base de lo que han visto o no han visto en el pasado, lo que saben o no saben. Los subordinados se dirigieron preferentemente al pedazo de alimento ocluido que el dominante ignoraba (que no había visto nunca) o sobre el cual estaba mal informado (lo había visto en un lugar pero no vio cuando lo cambiaron, Hare, Call y Tomasello, 2001). De este modo, los subordinados tomaron en cuenta las experiencias visuales pasadas y acumuladas del otro chimpancé, más allá de lo que el chimpancé dominante podía ver en ese preciso instante.

Para recapitular, en los primeros estudios que utilizaron paradigmas cooperativo-comunicativos (en los que el objetivo del experimentador era compartir comida con el chimpancé), los primates no demostraron conciencia de las experiencias mentales internas de otros (como en Povinelli y Eddy, 1996). Sin embargo, en los paradigmas de competencia por alimentos, los grandes simios e incluso los monos tuvieron un desempeño mucho mejor (Hare & Tomasello, 2004). Los datos son particularmente predominantes y convincentes para los chimpancés.

Limitaciones

La superposición entre los bebés y los primates en las primeras interpretaciones socio-cognitivas, a menudo basadas en tareas y medidas muy similares, da una buena razón para interpretar las comprensiones de los humanos y de los primates no humanos como más profundas y no simplemente de manera superficial, similar. Al mismo tiempo, aunque los chimpancés (y algunos monos) entienden la acción como intencional y comprenden algo acerca de la experiencia visual e incluso del conocimiento de otros, sus comprensiones son menores que las de los bebés humanos.

Es importante destacar que no hay prueba de que los simios vayan más allá de la mera distinción entre conocimiento e ignorancia para representar las falsas-creencias de los demás. Esto es así incluso cuando las tareas de falsa creencia involucran situaciones competitivas y no requieren comprensión de las intenciones comunicativas (Marticorena, Ruiz, Mukerji, Goddu y Santos, 2011; Kaminski, Call y Tomasello, 2008; Krachun et al., 2009). Más aún, en el caso humano, es posible visualizar la comprensión socio-cognitiva y la teoría de la mente en numerosos y contundentes actos de apuntar, mostrar y enseñar (Gergely, Egyed y Király, 2007); sin embargo, hay escasas pruebas, y solo para esfuerzos limitados y parciales, de algo parecido a la enseñanza en monos o simios.

Por último, recordemos que en el caso humano, las habilidades tempranas de los bebés predicen el razonamiento mental más acabado de los niños mayores (véase el Capítulo 9). En la ontogenia humana, estos hallazgos predictivos en los bebés ayudan a validar la hipótesis de que las habilidades cognitivas más tempranas contienen verdaderas semillas para las habilidades posteriores. Como los niños de 2, 3 y 4 años muestran una comprensión cada vez mayor de la percepción, los deseos, los conocimientos y las creencias de los agentes, empíricamente vinculada a su comprensión anterior de las intenciones de los agentes, hay mayores razones para pensar que las comprensiones tempranas van más allá de las simples regulaciones de comportamiento superficial y penetran en los estados psicológicos subyacentes. No tenemos pruebas de este tipo para los simios.

Desarrollo

Esta última observación conduce a otro factor digno de seria atención en un libro sobre desarrollo: no sabemos casi nada de la ontogenia de las habilidades socio-cognitivas de los primates no humanos. De hecho, no sabemos casi nada acerca de la comprensión socio-cognitiva de los chimpancés o monos jóvenes, y mucho menos sobre cómo las comprensiones juveniles se convierten en comprensiones adultas.

A veces, la demostración de habilidades similares en primates y bebés lleva a los estudiosos a asegurar que estas son innatas. Elizabeth Spelke, en sus postulados sobre el conocimiento nuclear, tal y como analizamos en el Capítulo 9, adopta esta postura. Así, en opinión de Spelke, la capacidad de los bebés de representar y comprender a los agentes (y también a los objetos, números, etcétera) es equivalente a la de los primates (Spelke y Kinzler, 2007). Sin embargo, para ser claros, los análisis comparativos actuales se basan esencialmente en tres grupos: humanos adultos, humanos jóvenes (bebés, niños pequeños) y primates adultos. Pero una comparación completa requiere de al menos cuatro grupos: primates adultos, humanos adultos, humanos jóvenes y primates jóvenes. Michael Tomasello y Malinda Carpenter (2005) hicieron algunos hallazgos iniciales interesantes en tres chimpancés jóvenes. No obstante, sus resultados ponen de relieve la escasa información disponible. ¿Y si una investigación más integral determinara que, para los primates, las comprensiones socio-cognitivas en su mayoría son percepciones maduras, de desarrollo tardío, a menudo limitadas a animales con amplio entrenamiento o experiencia de vida? Tal descubrimiento, intrigante en sí mismo, cambiaría nuestro sentido de cómo comprender mejor la filogenia y la ontogenia de la comprensión socio-cognitiva. Quizás los primates, con una competencia muy reducida para el aprendizaje bayesiano jerárquico, basado en la teoría, del tipo descrito en el Capítulo 6, requieren que los esfuerzos de vida redunden en comprensiones socio-cognitivas, y cuando mucho resulten en comprensiones limitadas en contextos limitados, como el de competencias por alimentos. Sin embargo, claramente para los humanos las comprensiones socio-cognitivas comienzan a temprana edad y se desarrollan extensamente; ya son evidentes incluso en humanos desde pequeños.

Evolución

Por supuesto, a lo largo de este libro, he argumentado que el aprendizaje socio-cognitivo humano requiere de experiencias y de un aporte social acumulativo y prolongado. Quizás los chimpancés podrían lograr estas comprensiones socio-cognitivas de tipo humano si recibieran una experiencia intensiva similar; es solo que el aporte y las experiencias sociales necesarias están más amplia y sistemáticamente disponibles para los seres humanos. Pero esta no puede ser la explicación clave. Los chimpancés que se crían desde el nacimiento en entornos humanos, con «padres» humanos —los llamados chimpancés enculturados— no muestran una teoría de la mente como la de los preescolares. A veces se dice que los chimpancés enculturados son mejores que aquellos criados por chimpancés en las pruebas socio-cognitivas y lingüísticas (Tomasello, 1999/2007 en la edición en español), pero de ninguna forma tan competentes como los humanos de 2 años de edad.

Aunque a menudo esto se pasa por alto, las consideraciones evolutivas en sí mismas *no* apuntan a un sistema innato y fijo de conocimiento social infantil, ni para el caso humano ni para el primate. Por el contrario, muchos investigadores que realizan estudios comparativos-evolutivos (en oposición a las voces dominantes dentro de la psicología evolutiva como Cosmides y Tooby, 1994; 2006) han enfatizado que los grandes simios, y aún más extremadamente los humanos, se distinguen por un largo período de inmadurez durante el cual se acumula aprendizaje, especialmente de tipo social. Para subrayar la importancia de este punto, solo necesitamos volver a la hipótesis evolutiva del cerebro social. En esencia, esa idea es que vivir en grupos sociales complejos y unidos es una ventaja para los miembros de dichas especies, quienes podrían rastrear de mejor forma el «mercado» social: cómo los demás pueden beneficiar o perjudicar, tanto a ellos mismos como a su descendencia.

Pero para seguir el contexto social hay que monitorear un escenario social cambiante. Por ejemplo, en los grupos *matrilocales* (aquellos que residen cerca de la tribu o comunidad de la mujer), las hermanas (que seguirán en su grupo) serán mejores aliados que los hermanos en el largo plazo (que en la madurez deben trasladarse a un grupo diferente). Por otra parte, si algún miembro del grupo que compite tiene más hermanas, o hermanas más hábiles, vale la pena hacer un cálculo y se necesita bastante más que un cálculo obvio porque las hermanas de alguien podrían morir o ser degradadas en rango en la medida que las jerarquías de dominio cambian con el tiempo. Además, no son solo las hermanas que están visibles y que son evidentes en ese momento (a simple vista), sino también aquellas que están ausentes —por ejemplo, buscando comida— pero que serán una fuerza con la que contar cuando regresen.

Como reconoció Robin Dunbar (2013), el seguimiento efectivo del mercado social abarca una capacidad de aprendizaje social:

> Si bien puede parecer razonable que la maquinaria neurológica que lleva a cabo el procesamiento perceptual (por ejemplo, el reconocimiento de patrones, el reconocimiento de colores) sea modular y conectada (después de todo, las propiedades del mundo físico permanecen más o menos constantes), esto tiene mucho menos sentido para algo que es inevitablemente más fortuito y con más probabilidades de cambiar a través del tiempo. Quién sabe cuántos hermanos y hermanas puede llegar a tener, y sin embargo el equilibrio entre ellos puede afectar radicalmente la estrategia social óptima de un individuo: las hermanas podrían ser normalmente los mejores aliados, pero si no se tiene una, entonces se necesita encontrar un sustituto alternativo entre las alternativas disponibles (presumiblemente hermanos)[...]. Si se vive en un mundo social donde las alianzas de este tipo son importantes para la supervivencia o habilidad de reproducirse con éxito, entonces se necesita ser fenotípicamente más flexible. [...] La única solución sensata es utilizar la experiencia como guía para el comportamiento [...] [y] esto implica aprender (págs. 4-5).

De hecho, la hipótesis del cerebro social y los datos concuerdan con una perspectiva evolutiva en cuanto a desarrollo y aprendizaje (en lugar de, digamos, un énfasis en módulos de ToM conectados o en un conocimiento nuclear innatamente enmarcado, inmutable). Los humanos no solo tenemos un neocórtex especialmente grande; también tenemos un período especialmente prolongado de inmadurez cognitiva que permite el aprendizaje y el desarrollo. Y, de hecho, no solo la estrecha sociabilidad predice el volumen del neocórtex en las especies, sino también la proporción de tiempo que dura la niñez (Joffe,

1997): «En respuesta a la creciente complejidad social [...] la evolución ha permitido ampliar la cantidad de tiempo que los primates siguen siendo jóvenes» (Joffe, 1997, pág. 603).

En resumen:

> Mientras que la hipótesis del cerebro social ofrece una explicación funcional (es decir, evolutiva) para la evolución de los cerebros inusualmente grandes en algunas especies, inevitablemente surge la idea de que[...] el aprendizaje y la experiencia social deben desempeñar un papel importante[...]. De este modo, hay un aspecto inevitable e importante del desarrollo en la hipótesis del cerebro social que, hasta ahora, ha recibido muy poca atención[...]. En cierta forma, esto es sorprendente porque todo el énfasis de la hipótesis está puesto en el manejo de entornos sociales complejos. No esperaríamos que estos tipos de capacidades estén neurológicamente conectados porque el mundo social es a la vez complejo y dinámico (Dunbar, 2013, pág. 4).

COMPARTIR Y AYUDAR VERSUS CONSEGUIR

Las situaciones de competencia por alimentos de Tomasello, Hare y Call (Hare et al., 2001; Hare y Tomasello, 2004) difieren de las situaciones de mendigar comida de Povinelli (Povinelli y Eddy, 1996) en la medida que los protagonistas no participan en intercambios de comunicación (por ejemplo, un chimpancé no mira fijamente o apunta a un objeto o lugar para informar al otro), y un protagonista no está tratando de ayudar al otro (por ejemplo, proporcionando alimento al otro). En situaciones naturales, los chimpancés rara vez comparten comida. Los chimpancés tolerarán que otros tomen comida de ellos, incluso otros no dominantes, pero solo cuando la comida sea difícil de monopolizar («compartir pasivo», Boesch y Boesch, 1989; Gilby, 2006). Las madres de vez en cuando compartirán más activamente sus alimentos con sus propios hijos (Ueno y Matsuzawa, 2004), pero esto es mucho más raro de lo que se pensaría si basamos nuestras expectativas en el caso humano, donde la entrega de alimentos es cada vez mayor entre madre a hijo, hijo a madre, y niño a niño.

En situaciones de laboratorio, la cooperación entre chimpancés puede ser «diseñada» (Melis, Hare y Tomasello, 2008). Por ejemplo, dos chimpancés pueden juntarse en un dispositivo tipo tablero si esa es la única manera de conseguir la comida puesta en él. Pero, si el alimento se coloca en un solo trozo (sin división previa), la cooperación se frena porque un chimpancé (el dominante) típicamente acaparará todos los resultados. Los niños muy pequeños por lo general cooperan; y si cooperan y el alimento no ha sido previamente dividido, intentan activamente repartirlo entre ellos de forma equitativa (Moore, 2009).

En situaciones de comunicación, los niños muy pequeños utilizan gestos (y palabras) para informar a otros. En situaciones de comunicación «proto-declarativas», los niños simplemente señalan las cosas y su objetivo es hacer que el otro se dé cuenta de ellas más que inducir al otro a hacer algo por ellos, en contraste con la comunicación «proto-imperativa» (Bates, Benigni, Bretherton, Camaioni y Volterra, 1979). Las comunicaciones proto-declarativas superan en número a las proto-imperativas en los niños muy pequeños (Carpenter et al., 1998). Esto es tan omnipresente en el caso humano que casi puede pasar desapercibido. Los bebés de 12 meses de edad en adelante incluso señalan y muestran para ayudar a *la otra persona* en lugar de a ellos mismos (Liszkowski, Carpenter, Striano y Tomasello, 2006). De conformidad con la investigación del Capítulo 8, que muestra que los niños rastrean el conocimiento e ignorancia de los demás, los niños de 12 meses no solo apuntan útilmente para ayudar a otros; sino que lo hacen correcta y distintamente para ayudar a quienes saben algo como a quienes no saben (Liszkowski et al., 2006).

En contraste, casi todas las comunicaciones de los simios son para ellos mismos. Cuando los chimpancés se comunican con los seres humanos apuntando, casi siempre lo hacen con el fin de conseguir que el ser humano les dé algo o les proporcione ayuda. Sus comunicaciones son imperativas alrededor del 95% del tiempo (Rivas, 2005). Una posible excepción podría ser los llamados que resultan en un intercambio de alimentos:

> Sin embargo, en interpretaciones recientes, incluso estas vocalizaciones se consideran principalmente interesadas. Así, cuando los chimpancés encuentran alimento, llaman a otros para tener compañía mientras comen como protección contra los depredadores[...]. Es importante destacar que estas vocalizaciones también se dan cuando todo el grupo ya está allí y por lo tanto no necesitan entregar ninguna información sobre la situación, por lo que su función no es informar (Warneken y Tomasello, 2009, pág. 397).

Ayudar

Un foro natural para informar y compartir es la ayuda en términos más generales. En una serie de estudios, Felix Warneken y Michael Tomasello demostraron dramáticamente la frecuencia y la facilidad con que los niños muy pequeños ayudan a otros. En las primeras investigaciones de Warneken y Tomasello (como por ejemplo en Warneken y Tomasello, 2006), bebés de 14 a 18 meses de edad interactuaron con un adulto en una situación cuasi-natural. En la interacción había situaciones como la siguiente: el adulto dejaba caer un objeto de un escritorio y no podía alcanzarlo fácilmente; el adulto, con las manos llenas de libros, estaba atascado en una puerta del armario que no podía abrir; el adulto no podía extraer un objeto de una caja cerrada, pero en el lado del niño (desconocido para el adulto) la caja estaba completamente abierta. En estas situaciones, los niños pequeños siempre ayudan: recuperan el juguete, abren la puerta del armario, señalan la abertura oculta (Warneken y Tomasello, 2006, 2007, 2008). Lo hacen independiente de si son o no elogiados, e incluso si tienen que interrumpir su propia actividad divertida para ayudar al adulto. De hecho, incluso los bebés humanos de 6 meses de edad ya discriminan entre los actores que son «ayudadores» versus aquellos que son «obstaculizadores», y *prefieren* a los ayudadores (Hamlin, 2013; Hamlin et al., 2007).

En situaciones comparables, los chimpancés raramente ayudan (Warneken y Tomasello, 2006). En estudios recientes, Warneken (2013; Warneken y Tomasello, 2009) ha mostrado, sin embargo, varias situaciones en las que los chimpancés ayudarán a los humanos (por ejemplo, a recuperar un artículo que está fuera de alcance para un entrenador). Cabe destacar que esta ayuda se produce en relación a acciones intencionales bloqueadas dirigidas hacia objetos (y no a alimentos) e implica una acción directa de los chimpancés (y no gestos declarativos como apuntar). Sin embargo, la ayuda espontánea no es una respuesta exclusivamente humana.

Como lo señalaron Warneken y Tomasello (2009), «desde temprana edad los bebés y niños pequeños son naturalmente empáticos, serviciales, generosos e informativos» (pág. 401). Comprender las intenciones, acciones, deseos y situaciones informativas de los demás pone de manifiesto estas contundentes actividades humanas. La historia es diferente para nuestros parientes primates más cercanos. Tanto la teoría de la mente como la conducta de ayuda son muchísimo menos evidentes. Los chimpancés efectivamente comprenden las intenciones, las acciones y los estados informativos de los demás, en parte, y en especial en situaciones competitivas. Sin embargo, la ayuda por parte de los chimpancés es mucho menos evidente que la de los bebés humanos y, cuando es perceptible, los chimpancés mayoritariamente ayudan más de manera pasiva que activa. La comunicación del chimpancé es casi totalmente imperativa; y a diferencia de las primeras comunicaciones de los niños humanos, rara vez es declarativa (si es que alguna vez lo es). Los chimpancés buscan conseguir más que informar. En síntesis, los datos sugieren que la teoría de la mente es especialmente, si no únicamente, humana. Además, cualquier cosa que se asemeje a una teoría de la mente de ayuda y comunicativa (como la descrita por Harris y Lane, 2013, para los bebés) tiene un sello humano especial.

PERROS

Los datos de los primates, y especialmente como se desprende mejor de los estudios con situaciones competitivas con organismos de su misma especie en lugar de situaciones de cooperación, plantean interesantes preguntas acerca del carácter distintivamente humano de la teoría de la mente comunicativa-cooperativa. Es interesante cómo investigaciones recientes con perros arrojan luces sobre este tema.

Cada vez que doy charlas o clases sobre la teoría de la mente, algún dueño de perro inevitablemente afirma que «mi perro entiende mi mente». Yo solía ser escéptico y pensaba que los perros eran como el «*Clever Hans*» («Inteligente Hans»), que escrupulosa y conductualmente sintonizaban las señales de sus amos, lo que requiere de muchos años de convivencia con alguien que les proporciona todas las oportunidades para obtener alimento, afecto y apego. La historia, sin embargo, resulta ser mucho más intrigante.

En resumen, los perros son sorprendentemente buenos en la lectura de las señales sociales y comunicativas de los demás (seres humanos y organismos de su misma especie). Por ejemplo, interpretan con facilidad cuando alguien señala para mostrarles comida, saben hacia donde alguien está mirando y entienden el significado referencial de varias palabras y gestos (Hare y Tomasello, 2005; Kaminski, Call y Fischer, 2004). Los perros lo hacen en situaciones controladas donde una persona puede caminar hacia un lugar pero apuntar hacia otro; evitan los alimentos prohibidos cuando los ojos de la persona están abiertos pero no cuando están cerrados; e interpretan la mirada como referencial cuando apunta hacia un objeto o ubicación, pero no cuando alguien está mirando hacia el espacio por encima de dicho objeto/ubicación (Hare et al., 2005; Soproni, Miklósi, Topál y Csányi, 2001). Los perros leen estas intenciones socio-comunicativas correctamente en los primeros ensayos de tareas nuevas, y aquí hay un punto crucial de desarrollo: lo hacen desde cachorros (Hare y Tomasello, 2004).

Estas habilidades se asemejan de varias maneras a las de los bebés humanos, que interpretan correctamente las señales, los gestos y las miradas; participan en interacciones comunicativas; y decodifican lo que significan las intenciones de los demás desde el primer año de vida (Harris, 2006; Harris y Lane, 2013). Estas habilidades contrastan con las incapacidades de lobos y chimpancés en tareas similares. Los chimpancés son capaces de leer las intenciones de los demás y las referencias atencionales en situaciones de competencia por la comida y los recursos, como se acaba de comentar, pero son pobres en comparación con los perros (sin hablar de los humanos) en situaciones cooperativas-comunicativas (Hare y Tomasello, 2005; Povinelli y Eddy, 1996). Estas habilidades también contrastan con las de los lobos, los antepasados de los perros antes de su domesticación. Para ser claros, las habilidades socio-cognitivas de los perros son claramente limitadas. Estos muestran una atención especial hacia los humanos, y hacia los gestos comunicativos humanos, al igual que los bebés de un año de edad. Pero no exhiben nada que se parezca al pleno florecimiento de capacidades de teoría de la mente que incluso los niños de 2 y 3 años muestran.

En varios artículos, Brian Hare y Michael Tomasello (2005; Hare, 2007) han argumentado que las habilidades socio-comunicativas de los perros, similares a las capacidades iniciales de teoría de la mente de los bebés humanos, representan un caso de convergencia evolutiva rastreable hacia la domesticación de los perros en su larga historia dentro de las comunidades humanas. Específicamente, proponen una hipótesis de «reactividad socio-emocional» en virtud de la cual los caninos salvajes que eran menos temerosos y no agresivos hacia los humanos fueron seleccionados para procesos de domesticación durante generaciones. Un resultado de dicho proceso fueron capacidades socio-comunicativas en los perros similares a las humanas. Como los perros/lobos maduran reproductivamente en 1 a 2 años (en lugar de los 15 a 20 de los seres humanos), entonces incluso 500 años de cohabitación con seres humanos abarcaría 200-300 generaciones de perros (o lobos). Sería un montón de ciclos en los que la evolución podría seleccionar y cambiar las capacidades conductuales (y biológicas). Por supuesto, este es un efecto multiplicador explotado por los criadores de perros.

De hecho, una prueba crítica de la hipótesis de la reactividad emocional y de la evolución del temperamento proviene de un interesante estudio sobre crianza. Esta investigación utilizó una inusitada población de zorros domesticados criados selectivamente bajo un simple criterio: que toleraran de forma menos temible y no agresiva que los humanos se acercaran a ellos y los manipularan (Belyaev, 1979). Básicamente, generación tras generación de zorros enjaulados tenían a sus crías en una granja de pieles en Siberia. Cada generación de crías se dividió en dos poblaciones. En la población objetivo, los zorros fueron examinados y, en cada generación, los que eran menos temerosos y menos agresivos hacia sus asistentes humanos fueron criados juntos. Luego se testeó a sus crías, y las menos temerosas y agresivas de *esa* generación se cruzaron. Y así sucesivamente, una y otra vez. Por otra parte, en este mismo sentido se continuó con una crianza al azar de zorros de control.

Tras varias generaciones, de manera natural la población objetivo mostró escaso temor o agresión hacia los seres humanos. Pero además, estos zorros mostraron otros signos de domesticación como los perros. Crucialmente, las crías de zorros de esta población, sometidas a pruebas básicas de apuntar y seguir la mirada, probaron ser tan hábiles como los cachorros de igual edad en el uso de señales sociales humanas (Hare et al., 2005). Los zorros de control tuvieron un desempeño deficiente (si bien parecido al de los zorros domesticados en una tarea cognitiva no social). En resumen, la domesticación implicó, principalmente, el logro de un temperamento especial, y un *subproducto* de este temperamento fueron habilidades comunicativas-cooperativas, y socio-cognitivas especiales. Por hipótesis, un temperamento especial podría ayudar a explicar también la teoría de la mente de ayuda-comunicativa en los seres humanos.

Es difícil probar esta hipótesis en un sentido evolutivo-histórico. Pero la hipótesis lleva a una hipótesis relacionada con el desarrollo que es de por sí intrigante. Tal vez, factores de temperamento paralelos o similares podrían ayudar a los niños en el logro ontogenético de la teoría de la mente. Por supuesto, hay una gran diferencia entre «en la evolución, X causa Y» y «en ontogenia, X causa Y». Sin embargo, uno puede inspirar una hipótesis en base a la otra. La relación del temperamento con el razonamiento social humano y el desarrollo es interesante en varios niveles, pero hasta hace poco no se había abordado.

Una forma de arrojar luz sobre estos temas sería preguntar si los niños con cierto temperamento se vuelven más hábiles que otros en la comprensión social. Utilizando datos longitudinales, junto con mis colegas hicimos precisamente esto (Wellman et al., 2011). Exploramos la contribución predictiva de varias dimensiones de temperamento específicamente escogidas para el logro de un hito clave de la teoría de la mente en los años preescolares: la comprensión de la falsa-creencia.

Temperamento y Teoría de la Mente

Las diferencias de temperamento, a lo largo de diversas dimensiones, son notorias en la infancia y luego persisten o cambian a lo largo del desarrollo. Los cambios de temperamento influyen en las interacciones sociales de los niños y en su adaptación social (entre otras cosas), especialmente en los años preescolares (Rothbart y Bates, 1998). Debido a que las interacciones sociales contribuyen a lograr y dan forma a la comprensión de la teoría de la mente en la niñez, los temperamentos sociales e interactivos de los niños también pueden influir en su adquisición de la teoría de la mente. Por ejemplo, cómo una mayor participación en interacciones sociales puede informar a los niños acerca de las personas y las mentes, entonces incluso las interacciones negativas (por ejemplo, la agresión) podrían ayudar al desarrollo de la teoría de la mente de los niños. De ser así, entonces el temperamento agresivo y de externalización podría predecir positivamente la teoría de la mente posterior; y el temperamento tímido-retraído podría prever negativamente una teoría de la mente posterior. De igual forma, sin embargo, las interacciones sociales quizás acaloradas y reactivas (como en la agresión) están relacionadas negativamente con una teoría de la mente más tardía y más sofisticada; mientras que un enfoque tímido-observador y menos reactivo de la interacción social podría quizás ayudar a los niños en una comprensión más reflexiva de los demás y, en comparación, a ellos mismos.

Esta discusión demuestra que puede haber numerosas relaciones posibles entre el temperamento y el desarrollo de la teoría de la mente. Pero, a partir de la investigación de los perros y su hipótesis de reactividad emocional, junto con mis colegas planteamos específicamente que ciertas formas de reactividad socio-emocional (por ejemplo, agresividad, temor) interferirían con el desarrollo infantil de la teoría de la mente. Por el contrario, un temperamento menos reactivo y más observador podría mejorar la comprensión de la teoría de la mente.

Evaluamos a casi 150 niños en edad preescolar a los 3 años y medio y luego nuevamente a la edad de 5 años y medio (Wellman et al., 2011). A los 3 años y medio, las madres completaron una serie de cuestionarios de temperamento; y también a los 3 y medio y luego de nuevo a los 5 y medio, los niños fueron sometidos a pruebas de teoría de la mente (esencialmente pruebas de falsa-creencia) y además, con fines de control, fueron evaluados en una medida comúnmente usada de IQ verbal (WPPSI Vocabulary, Wechsler, 1989) y en varias pruebas de función ejecutiva (EF, por sus siglas en inglés).

Para abreviar una larga historia, el temperamento a la edad de 3 años y medio predijo logros de teoría de la mente a la edad de 5 años y medio y lo hizo después de numerosos controles. En particular, el temperamento agresivo predijo un desarrollo relativamente más deficiente de la teoría de la mente; y el temperamento tímido y observador predijo un desarrollo relativamente mejor de la teoría de la mente. Estas relaciones predictivas se mantuvieron incluso cuando se incluyeron varios factores de control (CI verbal, función ejecutiva). Otros factores del temperamento —como el nivel de actividad— *no* predijeron una teoría de la mente posterior (aunque el nivel de actividad a los 3 y medio hizo pronosticar una función ejecutiva más deficiente a los 5 y medio).

Es importante enfatizar que el tipo de temperamento tímido y observador que se relacionó positivamente con el logro de la teoría de la mente no era de timidez temerosa, que evita el contacto (Kagan y Snidman, 2004). En su lugar, era un temperamento socialmente interesado, pero observador, evaluado en elementos tales como «prefiere mirar más que unirse al juego», «comenta cuando un padre usa ropa nueva» y «actúa con timidez alrededor de gente *nueva*».

El temperamento en sí, y particularmente los comportamientos agresivos y tímidos-retraídos, sin duda tienen un sustrato neurohormonal (Kagan y Snidman, 2004). Y los zorros domesticados muestran cambios neuro-hormonales relacionados en comparación con sus pares no domesticados (Belyaev, 1979). Así, filogenéticamente, la teoría de la mente humana podría depender en parte de la «domesticación» del sistema neurohormonal humano relacionado con el estrés que media la interacción con otros (Hare y Tomasello, 2005). Al mismo tiempo, los hallazgos que presentamos sugieren importantes mecanismos cognitivos y socio-interactivos a través de los cuales el temperamento influye en la teoría de la mente en la niñez humana. Una postura no agresiva, observadora-reflexiva sobre las interacciones sociales podría sin duda proporcionar mayores oportunidades para llegar a comprender cómo las acciones y expresiones son moldeadas por los estados mentales subyacentes de las personas. Puede que la tensión inmediata de la interacción social a menudo sea un campo relativamente más difícil para que los niños extraigan dichas regularidades, porque en las interacciones inmediatas y continuas (especialmente las agresivas), el comportamiento manifiesto y las emociones en sí pueden parecer inminentemente amenazantes.

De hecho, en investigaciones adicionales dirigidas por Jonathan Lane (Lane, Wellman, Olson et al., 2013) se usaron mediciones de cortisol de reactividad al estrés fisiológico para diferenciar dos tipos de niños tímidos, tanto en muestras estadounidenses como chinas. Un grupo era socialmente aislado y fisiológicamente reactivo; el otro incluía a aquellos que también eran socialmente retraídos, pero de baja reactividad. Fueron los niños tímidos pero no reactivos los que se vieron favorecidos en las habilidades de la teoría de la mente, tanto en los Estados Unidos como en China.

En resumen, las características específicas del temperamento temprano —la falta de agresividad y una postura tímida pero observadora no reactiva para interactuar con los demás— predicen una comprensión más avanzada de la teoría de la mente en los niños en los años preescolares. Para ser claros, estos hallazgos no son estricta ni rígidamente «biológicos». Los temperamentos emergen temprano, pero también cambian en el curso de las interacciones del desarrollo infantil. El temperamento influye en las interacciones sociales; y las interacciones sociales informan a la teoría de la mente. De manera más general, la adquisición de información puede beneficiar los desarrollos de teoría de la mente, aunque estos igualmente se alcancen. De hecho, los hallazgos en relación con nuestro temperamento se relacionan de manera interesante con la investigación que muestra que las conversaciones más enriquecedoras entre padres e hijos sobre emociones (refiriéndose a causas, consecuencias y conexión de las emociones con otros estados mentales) se dan no solo respecto de sucesos emocionales actuales sino más reflexivamente sobre episodios emocionales pasados (Dunn y Brown, 1994; Lagattuta y Wellman, 2002). Una postura observadora-reflexiva sobre los acontecimientos humanos ayuda a la comprensión de la teoría de la mente si la postura es inducida temperamental o conversacionalmente.

CONCLUSIONES

La investigación de la teoría de la mente con seres humanos dio forma a la investigación de la teoría de la mente con otros animales, lo cual a su vez dio forma a la investigación de la teoría de la mente en humanos (al menos, a través de la «hipótesis de la reactividad emocional»). De manera más general, la investigación animal comparativa ilumina de forma importante la evolución *y* el desarrollo de la teoría de la mente humana. La teoría de la mente en los seres humanos refleja comienzos que debemos a nuestros antepasados no humanos y por lo tanto son evidentes también en parte, en los grandes simios. Sin embargo, la teoría de la mente humana es distintiva. Es amplia; las comprensiones de la teoría de la mente tienen un impacto sobre casi toda la cognición social y la interacción social humana (y no solo sobre la competencia por recursos). La teoría de la mente humana es impresionantemente de desarrollo; muestra una acumulación de ideas mentales cada vez más avanzadas sobre una larga trayectoria de desarrollo progresivo. La teoría de la mente humana también es especialmente colaborativa y comunicacional por naturaleza. Incluso los bebés despliegan de forma insistente su visión socio-cognitiva para ayudar y para comunicarse con los demás. Nuestros parientes animales más cercanos, los grandes simios, rara vez lo hacen.

II

El Cerebro Social

Areas cerebrales involucradas en la teoría de la mente

Han proliferado las investigaciones en neurociencias en los últimos años, en especial los métodos para imaginar el cerebro humano intacto y funcional, mientras desarrolla alguna tarea. Estas impactan las comprensiones científicas y cotidianas; hoy en día es frecuente ver imágenes de cerebros con una u otra área activada, «iluminadas», en publicaciones científicas, periódicos, revistas y documentales de televisión. Recordemos la historia de NBCNews.com que describimos al principio del Capítulo 1, en la que investigadores alemanes utilizaron la neuroimagen funcional para «leer las mentes» de sus participantes.

La teoría de la mente, como cualquier cognición, funciona dentro del cerebro y depende de él, y la investigación ha comenzado a informarnos sobre los procesos cerebrales involucrados. Sin embargo, quedan interrogantes profundas, incluyendo, en particular, cómo los sustratos neuronales a través del desarrollo dan forma, son el resultado de y apoyan el razonamiento de la teoría de la mente. El grueso de la investigación conductual sobre la teoría de la mente consiste en investigación del desarrollo con niños, del tipo que hemos analizado en extenso en los capítulos anteriores. Pero la mayoría de los estudios neurocientíficos que abordan la teoría de la mente se han realizado con adultos. Pese a ello, quiero poner énfasis en el desarrollo.

De manera más general, la pregunta que me planteo se refiere a qué tipo de cambios funcionales del cerebro se producen durante el desarrollo de la teoría de la mente, si es que los hay. Para comenzar básicamente, ¿son las regiones cerebrales que se correlacionan con el razonamiento de la teoría de la mente en adultos las mismas para los niños o son diferentes? Además, paralelo a las preguntas abordadas con anterioridad acerca de los procesos de dominio específico versus los de dominio general, surgen las siguientes interrogantes: ¿Utiliza el razonamiento de la teoría de la mente esencialmente sistemas cerebrales de fines generales (por ejemplo, aquellos que sirven para la memoria, el lenguaje y las funciones ejecutivas), o hay sistemas cerebrales que parecen estar dedicados en particular al razonamiento de la teoría de la mente? ¿existen, quizás, células especiales —neuronas espejo— dedicadas al razonamiento de la teoría de la mente? Y, ¿cuál es la relación entre los desarrollos neuronales y los conductuales en la teoría de la mente; qué da paso a qué? Incluso respuestas parciales a estas preguntas resultan interesantes e informativas.

También habrá algunas preguntas interesantes que no abordaré. El ejemplo clave aquí se refiere a lo que sucede en la infancia. Para ampliar la discusión de los Capítulos 8 y 9, en principio, la evidencia de la neurociencia podría ayudarnos a saber cómo caracterizar las comprensiones de la teoría de la mente en bebés. Es decir, los mecanismos neuronales subyacentes al razonamiento de los bebés (rápido, automático o lo que conocemos como Sistema 1) podrían ser comparados con los de niños más grandes para abordar cómo la comprensión de los estados mentales en bebés se relaciona con la comprensión creencia-deseo mostrada en los preescolares. Desafortunadamente, hasta la fecha ningún estudio de neuroimagen ha comparado a bebés y niños en edad preescolar, y mucho menos en tareas adecuadamente contrastantes.

Teniendo en cuenta la otra dirección del desarrollo, y como preámbulo del Capítulo 13, el desempeño de los niños alcanza su techo en las tareas estándares y conductuales de teoría de la mente alrededor de los 6 o 7 años, si bien la teoría de la mente de seguro sigue desarrollándose más allá de eso. Los datos de la neurociencia nos ayudan a entender el desarrollo de la teoría de la mente después de la edad preescolar. En contraste con la primera infancia, hay datos emergentes de la neurociencia con niños mayores (e incluso algunos con niños en edad preescolar) que comienzan a arrojar luces sobre los desarrollos posteriores. En primer lugar, abordo estos datos aquí, empezando con la investigación en adultos y continúo hacia atrás en el desarrollo.

Las imágenes por resonancia magnética funcional (fMRI, en su sigla en inglés) y los potenciales relacionados con eventos (ERP, en su sigla en inglés) son los dos métodos más utilizados para recopilar datos funcionales de la neurociencia con niños (y también en adultos) y son los que considero aquí. El recuadro 11.1 contrasta varias características de estas técnicas. Posiblemente, las técnicas MEG (magnetoencefalografía) y fNIRS (espectroscopía funcional cercana al infrarrojo, en su sigla en inglés) también podrían ser utilizadas en el futuro, si bien ninguna investigación actual de la teoría de la mente las ha empleado hasta ahora.

CORRELATOS NEURONALES DE TEORÍA DE LA MENTE EN ADULTOS

Las investigaciones neurocognitivas con adultos demuestran que la teoría de la mente involucra una red de regiones cerebrales, principalmente aquellas señaladas en la figura 11.1: la corteza prefrontal (PFC, en su sigla en inglés) medial y de manera más sistemática la unión temporoparietal (TPJ, en su sigla en inglés) en ambos hemisferios; como también el precúneo y el giro/surco temporal superior (STG/STS, en sus siglas en inglés); y, de manera relacionada, los polos temporales (para consultar análisis recientes véase Apperly, 2011; Carrington y Bailey, 2009). Estas regiones son utilizadas cuando los adultos participan en múltiples tareas de razonamiento mental y social, tanto en estudios de neuroimagen funcional (por ejemplo, fMRI) como en estudios electrofisiológicos (por ejemplo, ERP).

Para ilustrar, consideremos la decodificación de estados mentales por parte de adultos. Los adultos mostraron una mayor señal dependiente del nivel de oxígeno en la sangre (BOLD, en su sigla en inglés; la respuesta hemodinámica que indica la activación neuronal y que es rastreada por la técnica fMRI; ver recuadro 11.1) en la PFC izquierda y en el STG izquierdo (así como en el giro frontal medio) al inferir estados mentales a partir de fotografías de ojos (por ejemplo, deseosos, pensativos, confundidos) versus determinar el género de los ojos (Baron-Cohen et al., 1999). Cuando esta tarea se adaptó a los métodos ERP, los adultos mostraron una mayor actividad electrofisiológica en las localizaciones frontal y media del cuero cabelludo, que corresponden aproximadamente a la PFC y al STG, respectivamente (Sabbagh, Moulson y Harkness, 2004).

Más allá de la decodificación de estados mentales a través de imágenes estáticas simples, se usan las regiones neuronales de la teoría de la mente al procesar descripciones de interacciones y escenas sociales más complejas. En un estudio ilustrativo, adultos mostraron una mayor señal BOLD en la TPJ bilateral, en el STS anterior y en la corteza frontal medial al oír descripciones de estados mentales en contraste con descripciones *humanas* no mentales (por ejemplo, descripciones no mentales de la apariencia de personas; Saxe y Kanwisher, 2003).

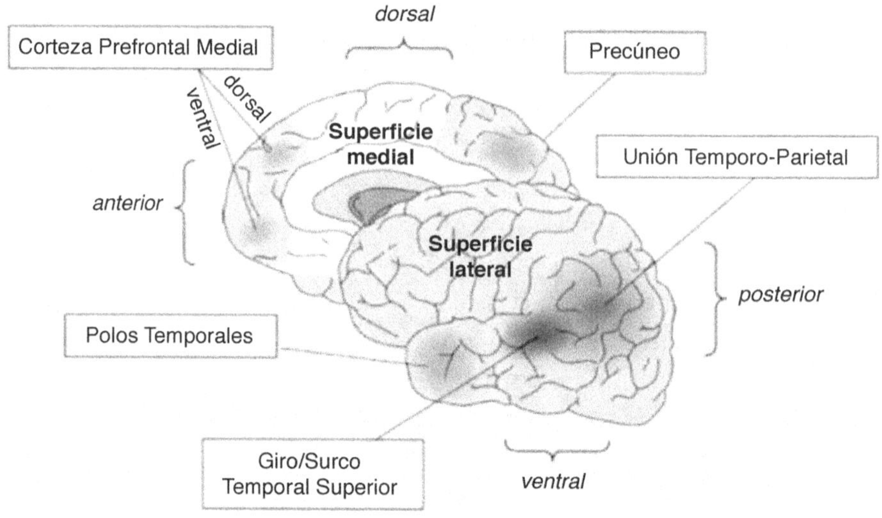

FIGURA II.I Representación de las regiones cerebrales que conforman la red de la teoría de la mente. Si bien se muestra aquí un solo hemisferio, la investigación ha demostrado que todas estas regiones se utilizan bilateralmente en el razonamiento de la teoría de la mente tanto en adultos como en niños.

Razonar sobre un tipo específico de estado mental —creencias— también activa la red neuronal de la teoría de la mente. Al atribuir creencias verdaderas y falsas a personajes de dibujos animados, los adultos muestran activación en la TPJ, la corteza prefrontal y el precúneo, mostrando más activación con la atribución de falsas creencias en comparación con la atribución de creencias verdaderas (Sommer et al., 2007). En un estudio ERP, junto con David Liu, Mark Sabbagh y Bill Gehring (Liu, Sabbagh et al., 2009) determinamos que cuando los adultos razonan de forma específica acerca de creencias contrastadas con la realidad, muestran una activación electrofisiológica en la región medio frontal y posterior derecha del cuero cabelludo, zonas que corresponden aproximadamente a la PFC media y TPJ derecha.

Como un aspecto metodológico aparte, estos estudios ejemplifican una metodología típica de substracción de la neurociencia. Las activaciones neuronales focales para la teoría de la mente (por ejemplo, las inferencias de estados mentales) son las que permanecen después de que algunas activaciones informativas de contraste (por ejemplo, las de inferencias mecánicas, las de realidad) se restan.

La lógica es que ambas tareas requerirían inferencia, memoria, y así sucesivamente, pero las inferencias de estados mentales también revelarían procesos específicos de la teoría de la mente más allá de los procesos cognitivos más generales. Los contrastes de tareas son una característica metodológica general de la mayoría de las investigaciones acerca de la teoría de la mente; una preocupación general para la investigación en neurociencia, en particular, es si las tareas de objetivo y de contraste o substracción están efectivamente bien emparejadas y en qué medida las pruebas de objetivo cubren el razonamiento de los estados mentales.

RECUADRO II.I

BREVE DESCRIPCIÓN DE LOS MÉTODOS NEUROCOGNITIVOS NO INVASIVOS

Imágenes de Resonancia Magnética Funcional (fMRI)

- Usa principios magnéticos para detectar cambios en la oxigenación sanguínea del cerebro (correlato indirecto de la actividad neuronal).

- La hemoglobina oxigenada y la desoxigenada tienen diferentes propiedades magnéticas. Los participantes se introducen en un campo magnético generado por bobinas, lo que permite detectar cambios en las concentraciones de hemoglobina.

- Críticamente, las concentraciones de hemoglobina cambian sistemáticamente como una función de la actividad neuronal. Este cambio neuronal-dependiente del flujo sanguíneo se denomina *función de respuesta hemodinámica* (HRF en su sigla en inglés), que alcanza un umbral a los ~ 5 segundos después de un evento neuronal.

Electrofisiología (EEG / ERP)

- Utiliza sensores eléctricos colocados en el cuero cabelludo de un participante para detectar los potenciales eléctricos que son consecuencia directa de la actividad neuronal subyacente (denominados datos *electroencefalográficos* o EEG). Las neuronas se activan mediante cambios quimio-eléctricos y los EEG registran las señales captables a través del cuero cabelludo de esta actividad eléctrica.

- Muchos estudios electrofisiológicos funcionales utilizan métodos potenciales relacionados con eventos (ERP). Los *métodos ERP* detectan la actividad electroencefalográfica asociada con el procesamiento de un evento particular (por ejemplo, visualización de una imagen objetivo). Resultan en formas de onda características del tiempo de actividad eléctrica bloqueada para ese evento en particular.

- La resolución temporal (el curso del tiempo de las formas de onda eléctricas resultantes) es del orden de milisegundos (dada la rapidez con que se propagan los potenciales eléctricos desde la fuente neuronal a la superficie del cuero cabelludo).

- La HRF se utiliza para derivar la señal dependiente del nivel de oxígeno en la sangre (BOLD), que puede compararse entre las condiciones y poblaciones como un correlato indirecto de la actividad neuronal.

- El método fMRI tiene una resolución espacial de ~ 1-3 mm (porque el campo magnético penetra profundamente en el cerebro para detectar cambios en el flujo sanguíneo muy cercanos al sitio de la actividad neuronal).

- La resolución temporal es de ~1-5 segundos (dado el desfase entre los eventos neuronales y la HRF correspondiente).

- La resolución espacial de los datos EEG brutos se asocia al número de sensores colocados en la cabeza. Pero incluso los sistemas de matrices densas utilizan solo 100 o más sensores distribuidos sobre la cabeza, por lo que la resolución espacial es del orden de centímetros (en vez de mms) y es algo ambigua (dado que varios sensores del cuero cabelludo podrían medir la actividad de una fuente neuronal o un sensor podría medir la actividad de varias fuentes neuronales).

- Los métodos de localización de fuentes (por ejemplo, sLORETA, Pascual-Marqui, 2002) pueden estimar estadísticamente y con mayor precisión la ubicación de las fuentes neuronales subyacentes (mediante la evaluación de los patrones de actividad a través de los sensores del cuero cabelludo y cálculos de la conductividad eléctrica de la sangre, huesos y tejidos), dada una variedad de supuestos de base.

- Otro método EEG utiliza análisis de poder espectral. Los *análisis de poder espectral* miden los cambios en la amplitud y frecuencia de los potenciales eléctricos para estimar las zonas de actividad y la maduración neuronal de distintas regiones cerebrales. Los análisis de poder espectral se usan a menudo de una manera independiente de la tarea como una medida de la actividad cerebral «basal» o «en reposo», que puede indicar conectividad funcional y maduración neuronal (también puede usarse para medir patrones de activación a través de condiciones como un índice de actividad neuronal asociado con diferentes tareas cognitivas).

Para resumir hasta aquí, aunque se desconoce mucho sobre el fundamento neural de la teoría de la mente en adultos, hay ahora pruebas sustanciales de que el razonamiento de la teoría de la mente utiliza sistemáticamente una red de regiones neurales específicas incluyendo la TPJ izquierda y derecha, la PFC media, el precúneo, y la STS/STG. La identificación de «señales neurales» tales como estas ayudan a abordar cuestiones más grandes y más complejas del procesamiento cognitivo.

Teoría de la Mente y Función Ejecutiva

Como ya he comentado en capítulos anteriores, los hallazgos conductuales demuestran vínculos entre las funciones ejecutivas (EF, en su sigla en inglés) (por ejemplo, la atención, el control inhibitorio, la memoria de trabajo) y el desempeño en la teoría de la mente y estos vínculos se mantienen incluso cuando se controla la edad y la inteligencia general (Carlson y Moses, 2001). Recordemos del Capítulo 7 que un planteamiento de desarrollo de la teoría de la mente postula que los avances en la comprensión de los estados mentales reflejan una maduración de dominio general de las habilidades de función ejecutiva; estas habilidades de dominio general se desarrollan y posiblemente este desarrollo podría explicar en su totalidad la capacidad emergente de los niños de hacer atribuciones de estados mentales (Leslie, 2005; Luo y Baillargeon, 2010). Las interrogantes sobre el papel que tienen tales cogniciones de dominio general en el razonamiento de la teoría de la mente (de seguro tienen a menudo algún papel que desempeñar) han recibido cierta atención en las investigaciones neurocientíficas con adultos. La metodología general de substracción aborda este tema, en parte, mostrando que las regiones neuronales especializadas de la teoría de la mente se activan por encima y más allá de las tareas de contraste, que también demandan memoria y función ejecutiva. Pero, más específicamente, se ha investigado si los sustratos neuronales utilizados por la teoría de la mente son disociables de aquellos usados para la función ejecutiva. Los sustratos disociables proporcionarían evidencia adicional para los procesos de teoría de la mente de dominio específico.

Por ejemplo, en un estudio de fMRI con adultos, Rebecca Saxe y sus colegas (Saxe, Schulz y Jiang, 2006) compararon regiones cerebrales activadas con la participación en una tarea de función ejecutiva (aprendizaje de una serie de reglas para rastrear un objeto en movimiento), una tarea de atribución de creencias (inferir la creencia de un personaje después de leer un cuento) y una tarea combinada de cognición social que requería tanto de función ejecutiva como de atribución de creencias. Las regiones cerebrales utilizadas durante la tarea de función ejecutiva (surco intraparietal bilateral, opérculo frontal, giro frontal medio y giro temporal medio) no se superpusieron con ninguna región usada para la tarea de atribución de creencias (TPJ izquierda y derecha, PFC media y STS anterior). Estos resultados demuestran que existen procesos cognitivos de dominio específico para el razonamiento de la teoría de la mente (por ejemplo en la PFC media y la TPJ derecha), que respaldan las conclusiones que saqué de los datos de comportamiento en los Capítulos 3 y 7. La tarea combinada utilizó, apropiadamente, tanto regiones de «ToM» como de la «EF». Por lo tanto, estos resultados también prueban que el razonamiento de la teoría de la mente en muchas tareas ordinarias puede requerir también de habilidades de función ejecutiva.

Conclusiones similares resultaron de un estudio más reciente de otros investigadores (Rothmayr et al., 2011), quienes también encontraron regiones neuronales comunes tanto para la función ejecutiva como para la atribución de creencias en adultos, pero adicionalmente identificaron activaciones de dominio específico de teoría de la mente en la TPJ y la PFC (en este estudio solo las regiones dorsales izquierdas de la PFC), independiente de las activaciones de función ejecutiva.

Por lo tanto, ambos estudios indican sólidamente que el razonamiento de la teoría de la mente utiliza regiones neuronales que son específicas a la atribución de estados mentales, más allá de aquellas que se superponen con los procesos de función ejecutiva. Por lo tanto, estos respaldan la idea de que las tareas de la teoría de la mente apuntan a cogniciones de dominio específico, aunque a menudo también usan procesos cognitivos de dominio general.

Por supuesto, quedan preguntas acerca de cómo difieren y se relacionan en el desarrollo la función ejecutiva y la teoría de la mente.

Razonamiento sobre los Diferentes Tipos de Estados Mentales

Rebecca Saxe, en particular, ha acumulado considerable evidencia convergente de que las regiones posteriores del cerebro (como la TPJ) están probablemente especializadas en el procesamiento de estados mentales y, en particular, en el procesamiento de creencias. Saxe y Wexler (2005) demostraron que los adultos usaron selectivamente la TPJ derecha para procesar los estados mentales, pero no para procesar otros hechos socialmente relevantes de una persona (como el estado civil, las relaciones familiares o los antecedentes culturales). Además, ninguna de las otras regiones que típicamente se utilizan en el razonamiento de la teoría de la mente (como la PFC media) mostró un papel específico. Saxe y Powell (2006) encontraron entonces que las activaciones en la TPJ y el cíngulo posterior se asociaban de forma selectiva con el razonamiento acerca de creencias pero no con el razonamiento sobre otros hechos relevantes a nivel social como la apariencia de una persona o sobre otros estados internos no mentales específicos como las sensaciones corporales.

Sin embargo, como he enfatizado hasta aquí, el razonamiento de la teoría de la mente abarca tanto la comprensión como el razonamiento sobre múltiples estados *mentales* distintivamente diferentes, incluyendo deseos, intenciones y emociones y no solo creencias. Pero estos estudios neurocientíficos en adultos suelen examinar el razonamiento de los estados mentales en general, o incluso más comúnmente, el razonamiento sobre creencias en sí (en lugar de la apariencia personal, el rol de la familia, etcétera). Analicemos uno de los primeros estudios de fMRI realizado por Rebecca Saxe y Nancy Kanwisher (2003), que examinó principalmente el razonamiento de falsas-creencias contrastándolo con el razonamiento sobre representaciones no-mentales (como fotografías falsas). En efecto, las regiones de la TPJ participaron en el razonamiento de la falsa-creencia en contraste con el razonamiento acerca de las fotografías falsas. En este estudio, Saxe y Kanwisher también incluyeron historias mentales sobre deseos junto con creencias, pero los datos para procesar los deseos en específico no fueron mencionados ni analizados en detalle. De manera más general, los estudios de Saxe no han contrastado los deseos con las creencias. De hecho, para adultos, casi no hay datos disponibles sobre los correlatos neuronales del razonamiento acerca de deseos o del razonamiento sobre deseos en contraste con las creencias. No obstante, investigaciones neurocientíficas que contrasten directamente el razonamiento de los deseos con el razonamiento de las creencias podrían ser particularmente importantes desde una perspectiva de desarrollo. Esto se debe a que, como vimos en los Capítulos 4 y 5, una progresión especialmente evidente acerca de las comprensiones de los estados mentales que se manifiesta en la investigación conductual es que el desarrollo de la comprensión de los deseos precede al desarrollo de la comprensión de las creencias (véase por ejemplo el meta-análisis de Wellman y Liu, 2004).

Para esclarecer los mecanismos que podrían estar en el origen de esta progresión de desarrollo, junto con David Liu y Andy Meltzoff (Liu, Meltzoff y Wellman, 2009) registramos los ERP mientras algunos adultos realizaban tareas sobre deseos diversos (las que exigen razonar que diferentes personas pueden tener deseos diferentes por la misma cosa) y pruebas de creencias diversas (que requieren de un razonamiento de que diferentes personas pueden tener creencias distintas sobre una misma situación). Estas tareas eran muy similares a las de deseos diversos y creencias diversas utilizadas en la Escala ToM (Wellman y Liu, 2004) analizadas en el Capítulo 5. Como control, los participantes realizaron tareas paralelas de objetos físicos diversos (que demandan un razonamiento acerca de dónde van cosas diferentes). En nuestros resultados (Liu, Meltzoff et al., 2009), una onda de ERP tardía con distribución en el cuero cabelludo medio-frontal estuvo asociada con los juicios de deseos *y* creencias (con activaciones máximas a unos 900mseg, casi 1 segundo post-estímulo). Es decir, las regiones medio-frontales se activaron tanto para los juicios de deseo como para los de creencia (y lo hicieron de manera equivalente) más allá de cualquier activación para el control físico. Sin embargo, una onda tardía de activación con distribución derecha-posterior en el cuero cabelludo se asoció *solo* con juicios de creencias, más allá de cualquier activación, no solo para cosas físicas sino también para deseos. Esta disociación neuronal entre los deseos y las creencias fue aún más sorprendente considerando que la exactitud del comportamiento para los juicios en las dos condiciones era idéntica.

Las activaciones frontales medias corresponden de forma natural a regiones neuronales de la PFC media y las activaciones de la zona posterior derecha corresponden aproximadamente a la TPJ derecha. Sin embargo, cualquier inferencia sobre la localización a partir de los datos de ERP es en realidad bastante vaga en dos sentidos: (a) los registros electrofisiológicos regionales del cuero cabelludo provienen de áreas espacialmente grandes (del orden de varios centímetros en lugar de los milímetros identificados a través de los *«voxels»* para fMRI, como indicamos en el recuadro 11.1); y (b) la actividad eléctrica registrada en el cuero cabelludo no puede atribuirse de manera concluyente a regiones cerebrales subyacentes específicas. Sin embargo, la correspondencia aproximada entre los métodos para identificar que tanto las regiones medias frontales como las posteriores derechas se activan para la teoría de la mente es reconfortante y reveladora.

Cabe destacar, a un nivel amplio, que estos resultados demuestran cómo los datos neurocognitivos pueden proporcionar información distintiva cuando los datos de comportamiento no lo hacen; estos revelaron diferencias neuronales subyacentes a pesar de las equivalencias de comportamiento en términos de precisión. Más específicamente, estos hallazgos demostraron una superposición neural, así como diferencias críticas en el razonamiento sobre deseos y creencias. Y de este modo, dejan entrever una posible explicación para la progresión desde la comprensión de los deseos hacia la comprensión de las creencias que se observa en los niños: puede que los niños necesiten utilizar recursos neuronales adicionales (dentro de las regiones parietales posteriores) para razonar acerca de las creencias, más allá de un sistema neural común, (dentro de las regiones frontales medias) utilizado para razonar acerca de los estados mentales en general. Los datos neurocientíficos con adultos, por ende, pueden esclarecer indirectamente el tema del desarrollo.

Solo otro estudio neurocientífico con adultos ha comparado directamente el razonamiento de deseo con aquel de creencias (Abraham, Rakoczy, Werning, von Cramon y Schubotz, 2010). Como consecuencia, es difícil concluir de forma rotunda que las regiones parietales posteriores derechas (como la TPJ derecha) están específicamente especializadas en el razonamiento de creencias por encima de la utilización de estados mentales, tales como los deseos. De hecho, el papel de la TPJ derecha como específica para las creencias es discutido por algunos investigadores (véase Mitchell, 2008; Rothmayr et al., 2011). Así que aquí también la literatura actual de estudios con adultos es útil, si bien no concluyente.

Resumen Preliminar

La función ejecutiva y una progresión creencia-deseo son solo dos ejemplos en los que los datos de adultos esclarecen, de modo indirecto, aspectos de desarrollo de la teoría de la mente. Otro ejemplo aborda frecuentes caracterizaciones de los procesos de la teoría de la mente como necesariamente rápidos y automáticos. Por ejemplo, Alan Leslie, al abogar que la teoría de la mente es un módulo mental de aparición temprana, a menudo ha afirmado: «Coherentemente con esta interpretación modular […] la interpretación de las personas en términos de sus estados mentales parece ser rápida e irresistible» (Scholl y Leslie, 2001, pág. 697). En este sentido, Leslie ha caracterizado a menudo la teoría de la mente como un proceso similar a la visión. Potencialmente, entonces, si en verdad fuese el reflejo de un módulo mental innato, el procesamiento en línea de la teoría de la mente podría ser del tipo percepción en términos de velocidad y automaticidad.

Los hallazgos con adultos con tareas estándar de teoría de la mente «preescolar» siembran considerables dudas sobre tal afirmación. Recordemos que en nuestro estudio (Liu, Meltzoff y Wellman, 2009), las activaciones focales que distinguían el razonamiento de la creencia del adulto del razonamiento del deseo o sobre objetos físicos se produjeron en una onda tardía que alcanza el máximo de registro aproximadamente a los 900 mseg. Esto es muy diferente de las activaciones de 200-300 mseg que caracterizan los procesos perceptivos automáticos. Aunque los datos de ERP son imprecisos en términos de localizaciones espaciales (como se observó anteriormente), son bastante exactos en términos del curso de tiempo de las activaciones neuronales. En un estudio relacionado, David Liu y sus colegas (Liu, Sabbagh, Gehring y Wellman, 2004) usaron ERP para comparar los juicios de adultos sobre falsas creencias versus sobre la realidad.

Un componente tardío de ERP diferenció de nuevo los juicios sobre creencias de aquellos sobre la realidad en el rango de 900 mseg. Con este máximo tardío y un curso de tiempo extendido, parece extremadamente improbable que los procesos neuronales en línea que dan como resultado el razonamiento estándar de creencias y deseos, sean modulares y de tipo percepción en su automaticidad. Por el contrario, los resultados están más en consonancia con el análisis de Ian Apperly (2011; Apperly y Butterfill, 2009) donde las tareas estándar representarían una forma de razonamiento más lenta y flexible del Sistema 2. Quizás las tareas del Sistema 1 evidenciarían una automaticidad del «tipo percepción», pero esto aún no ha sido probado.

Los hallazgos con adultos contienen un consenso emergente en cuanto a una red neuronal de teoría de la mente adulta, en medio de continuo debate y ambigüedades. Sin embargo, aunque estas conclusiones fuesen definitivas, no es posible abordar el desarrollo solo a partir de datos con personas adultas. Una comprensión de correlatos neurocognitivos en adultos cognitivamente expertos no se traduce en una comprensión cognitiva anterior en el desarrollo. Se necesitan datos neurocientíficos del *desarrollo*, al menos porque la teoría de la mente es un logro profundamente de desarrollo. Además, como he argumentado en los capítulos previos, la teoría de la mente es un producto del aprendizaje y desarrollo constructivista. Puede que una postura de tipo «neuroconstructivista» tenga sentido (véase, por ejemplo, Westermann et al., 2007).

Así, vuelvo a los estudios emergentes que han aplicado métodos neurocientíficos tanto para niños como para adultos y para niños de diferentes edades. Cuando menos, estos estudios pueden proporcionar importantes adiciones a las investigaciones sobre comportamientos. Por ejemplo, pueden revelar similitudes subyacentes donde los datos de comportamiento muestran diferencias, así como diferencias subyacentes en el procesamiento donde los datos de comportamiento muestran similitudes (como ocurrió en Liu, Meltzoff y Wellman, 2009).

CORRELATOS NEURONALES DEL DESARROLLO DE LA TEORÍA DE LA MENTE

Investigaciones Iniciales con Niños

En una investigación temprana de correlatos de teoría de la mente en niños, Matthew Mosconi y sus colegas (Mosconi, Mack, McCarthy y Pelphrey, 2005) utilizaron el método fMRI para examinar la comprensión de las intenciones en niños de desarrollo típico de 7 a 10 años de edad. Las mediciones de comprensión de las intenciones para este estudio consistieron en ver un cambio en la mirada de un personaje hacia una imagen objetivo (una acción con una clara intención de ver un objeto meta), en contraste con ver el mismo personaje alejando su mirada de la imagen objetivo hacia un espacio vacío (una acción con un objetivo menos claro). El STS, el lóbulo temporal medio y el lóbulo parietal inferior mostraron una activación aumentada en la condición de «cambio de la mirada hacia el objeto» en comparación con la condición de «alejamiento». Por lo tanto, este estudio prueba que el STS se utiliza para la comprensión de las intenciones en niños de apenas 7 años de edad.

Cabe destacar que los métodos neurocientíficos plantean ciertas dificultades para trabajar con niños. Como resultado, en total hay menos estudios, muestras más pequeñas y también un análisis de grupos de edad menos precisos que en la investigación sobre la teoría de la mente conductual. El enfoque en un rango de edad relativamente amplio, de 7 a 10 años de edad, en la investigación de Mosconi et al. (2005) es solo un ejemplo.

Takashi Ohnishi y sus colegas (2004) utilizaron de manera similar el método fMRI para examinar la comprensión de acciones intencionales, tanto como la atribución de estados mentales en niños de desarrollo típico de 7 a 13 años de edad. Compararon la activación neuronal en condiciones de acción-intención (mirando una mano desempeñando acciones intencionales tales como agarrar una taza, del tipo que se usa con frecuencia en la investigación con bebés) y en condiciones de atribución de estados mentales (en este caso, viendo triángulos moviéndose de maneras «mentalistas», como un triángulo saltando para «sorprender» a otro triángulo). De esta manera, Ohnishi y sus colegas intentaron analizar la relación entre la comprensión de las intenciones y una teoría de la mente de «nivel superior». Las condiciones de acción-intención y de atribuciones de estados mentales produjeron una activación neuronal en el STS bilateral, en los lóbulos temporales y el giro fusiforme. En cierta forma esto es comparable con la investigación de Mosconi y sus colegas (2005). Sin embargo, la PFC media derecha y la TPJ derecha (así como la corteza parietal inferior derecha) se activaron únicamente en la condición de atribución de estados mentales.

Este patrón de superposición y distinción promueve una hipótesis según la cual, tanto neuronal como conductualmente, la teoría de la mente puede desarrollarse a partir de una capacidad anterior para inferir intenciones a una capacidad posterior para participar en inferencias de estados mentales más complejas. Los datos indican que incluso en la infancia, se utilizan los sustratos de PFC media y la TPJ derecha para apoyar el razonamiento más complejo sobre estados mentales.

En un estudio interesante, Mark Sabbagh y sus colegas (Sabbagh, Bowman, Evraire e Ito, 2009) midieron los correlatos neurales en niños en edad preescolar, en un momento en el desarrollo cuando las tareas de comportamiento muestran un cambio radical (pasando de fallar a sortear con éxito las tareas estándares de falsa-creencia). Estos investigadores usaron una matriz densa (de 128 canales) de registros EEG para analizar cómo la coherencia EEG en reposo alfa en niños de 4 años (una variante de los análisis de poder espectral, véase el recuadro 11.1) se relaciona con su desarrollo de la teoría de la mente (por ejemplo, desempeño en tareas de falsa-creencia). Esto es ingenioso desde el punto de vista metodológico porque al usar registros EEG independientes de la tarea (datos en reposo), se recogieron datos neuronales de niños en edad preescolar en tan solo 6 minutos (en contraste con los 30 minutos o más a menudo necesarios para recolectar datos tarea-dependientes en múltiples ensayos en los estudios ERP o fMRI con niños). La coherencia EEG en reposo alfa no produce una activación neuronal asociada a la tarea (como en los métodos ERP o fMRI), sino que proporciona una medida de la maduración funcional de los sistemas neurocognitivos subyacentes (Nunez y Cutillo, 1995). Sabbagh y sus colegas (2009) relacionaron entonces esta medida del EEG del funcionamiento neuronal con los resultados de las tareas de la teoría de la mente en los mismos niños a través de tareas estándar de teoría de la mente administradas en una sesión diferente. Además, en su estudio de las tareas de la teoría de la mente, se midió el desempeño de la función ejecutiva de los niños (conflicto de respuesta, inhibición) como covariable.

La localización de la fuente (como se indica en el recuadro 11.1) de la EEG alfa mostró que el aumento de la maduración funcional de la PFC media y de la TPJ derecha predijo un aumento en el desempeño de la teoría de la mente en estos niños pequeños. Es importante destacar que esta relación se mantuvo incluso después de controlar estadísticamente el desempeño de la función ejecutiva de los niños. Estos hallazgos amplían aquellos identificados con adultos al proporcionar evidencia de que incluso en el desarrollo temprano, la teoría de la mente incluye sustratos de dominio específico (por ejemplo, sustratos que se correlacionan con el desarrollo de la teoría de la mente independientemente de cualquier relación común con la función ejecutiva). Y muestran la participación tanto de la PFC media como de la TPJ derecha en el desempeño de la teoría de la mente en los niños preescolares.

Otra investigación ha examinado los correlatos neuronales del razonamiento de los estados mentales en los niños de manera más directa, aunque con niños mayores. En un estudio fMRI, Rebecca Saxe y sus colegas (Saxe, Whitfield-Gabrieli, Scholz y Pelphrey, 2009) midieron la activación neuronal mientras niños de desarrollo típico (6-10 años) escuchaban historias en tres condiciones: (a) una condición mental (descripciones de estados mentales de las personas, incluyendo intenciones, deseos y creencias), (b) una condición de personas (descripciones no mentales de la apariencia e interacciones de las personas) y (c) una condición física (descripciones de escenas físicas). Los niños mostraron mayor activación en la TPJ bilateral, el precúneo y la PFC media para la condición mental en relación con la condición física. Además, a medida que los niños fueron creciendo, específicamente se determinó que la TPJ derecha aumentaba en selectividad para el razonamiento de estados mentales (en comparación con el procesamiento de las descripciones físicas *y* las descripciones de la apariencia e interacciones de las personas). Así, los datos demostraron un desarrollo neuronal continuado más allá de la edad de la niñez en la cual el desempeño de los niños alcanza un techo en las mediciones conductuales de la teoría de la mente.

Resumiendo estos estudios, los hallazgos neurocientíficos con niños implican que las regiones que participan en el razonamiento de la teoría de la mente son similares a aquellas identificadas en los adultos, incluso para los niños de apenas 4 años de edad (Sabbagh et al., 2009). Las comparaciones entre los datos neuronales de niños y adultos podrían haber sido distintas; es viable concebir que los datos de los adultos podrían haber mostrado activaciones neuronales solo para la cognición social experta, fluida y bien desarrollada, las que hubiesen sido distintas de las activaciones de los niños necesarias para aprender, primero que todo, sobre los conceptos de la teoría de la mente. Sin embargo, dos de las regiones neuronales que se activan en los adultos, en particular, también participan en el desarrollo del razonamiento social-cognitivo desde muy temprana edad: la PFC y la TPJ. De este modo, los datos ilustran algunas importantes continuidades del desarrollo neurológico. También hay evidencia inicial de cambios de desarrollo, con frecuencia nuevamente respecto de la cantidad y especificidad de las activaciones en la PFC media y en la TPJ. Sin embargo, las comparaciones entre estudios separados, que han utilizado métodos diferentes, arrojan solo mediciones imprecisas de continuidad y de cambio asociado al desarrollo. Se necesita de estudios que incluyan a niños y adultos en las mismas tareas y métodos para obtener conclusiones más contundentes en cuanto al desarrollo.

Investigaciones con Niños y Adultos

Una posibilidad clara es que, al principio del desarrollo de la teoría de la mente, las tareas no activen las regiones neuronales de la teoría de la mente de los adultos, lo que podría confirmar una interpretación no mental (o menos mental) de las tareas objetivo de los niños pequeños. David Liu y sus colegas (Liu, Sabbagh et al., 2009) identificaron este patrón en su estudio de ERP examinando el desarrollo de juicios de falsa-creencia en tareas «preescolares» estándar (en comparación con juicios sobre la realidad) en niños de 4, 5 y 6 años de edad y adultos. El hallazgo clave fue que los niños se dividieron en dos grupos claros: los que sistemáticamente pasaban las tareas de falsa-creencia (respuestas correctas en 75% o más de 40 ensayos de falsa creencia), los «aprobados», y aquellos que fueron sistemáticamente incorrectos (respuestas correctas en menos del 25% de estos ensayos): los «reprobados». Aunque en este estudio, los niños aprobados y los reprobados fueron cuidadosamente seleccionados para ser iguales en edad, en promedio, por supuesto, el fracaso es evidente a principios de la edad preescolar y tiende a mejorar y pasar las tareas de falsa-creencia más adelante en los años preescolares. Los adultos (que pasaron las pruebas de manera sistemática) y los niños aprobados mostraron los mismos patrones de activación descritos anteriormente: una onda de ERP tardía diferencia el razonamiento de la creencia del razonamiento de la realidad en las regiones frontales del cuero cabelludo (que corresponden aproximadamente a la PFC media) y alcanzando un máximo a los 800-900 mseg en los adultos e incluso un poco más tarde en los 1200-1400 mseg en los niños. Sin embargo, los niños reprobados (incluso en las mismas edades que los niños que aprobaban), no evidenciaron activaciones de ERP que distinguieran las creencias de la realidad.

Un patrón diferente se observa con frecuencia cuando se compara la actividad neurocognitiva de niños y adultos, en el cual los niños muestran una activación mayor (y más difusa) en comparación con los adultos (Casey, Giedd y Thomas, 2000). Bregtje Moor y sus colegas (2012) identificaron este patrón en la actividad fMRI cuando adultos, preadolescentes (edades 10-12 años) y adolescentes medio (de 14-16 años) infirieron estados mentales a partir de imágenes de ojos. En todas las edades, se observó activación en el STS posterior. Sin embargo, solo el grupo de edad más joven (10 a 12 años de edad) mostró una participación adicional de la PFC media. Análisis de regresión mostraron una disminución de la activación de PFC media a medida que aumentaba la edad en estos últimos años de la niñez.

La PFC media figura también en otros estudios de desarrollo. En su investigación fMRI, Monika Sommer y sus colegas (2010) hicieron que adultos y niños (de 10-11 años) vieran caricaturas que representaban las creencias verdaderas y falsas de los personajes. Ambos grupos etarios mostraron mayor activación en la PFC dorsal-media para el razonamiento de falsa creencia en comparación con el razonamiento de la creencia verdadera; sin embargo, la activación en la PFC dorsal-media fue significativamente mayor en los niños en comparación con los adultos, mientras que la activación en la TPJ para la falsa-creencia versus el razonamiento para la creencia verdadera fue significativamente mayor en los adultos que en los niños.

Un patrón similar de resultados se identificó recientemente en un estudio de Hyowon Gweon y sus colegas (Gweon, Dodell-Feder, Bedny y Saxe, 2012). Se midió la activación de fMRI mientras adultos y niños (de 5-11 años de edad) escuchaban descripciones de estados mentales de personas (condición mental), apariencia de la gente e interacciones sociales (condición social) y escenas físicas (condición física). Tanto los adultos como los niños mostraron una mayor activación de la condición mental frente a la física en la TPJ izquierda y derecha, en la PFC dorsal-media y en el precúneo. Sin embargo, los adultos mostraron mayor *selectividad* para el procesamiento específico de los estados mentales (en relación con el procesamiento social y físico) en la TPJ y en el precúneo (pero no en la PFC media) en comparación con los niños. Además, los análisis de correlación mostraron que la selectividad de los estados mentales tanto en la TPJ izquierda como derecha aumentó con la edad, y la selectividad de estados mentales en TPJ derecha se correlacionó positivamente con el desempeño de la teoría de la mente conductual de los niños.

Patrones de Desarrollo Emergentes

De los estudios de comportamiento, podemos imaginar (al menos) dos patrones posibles para el desarrollo neuronal de la teoría de la mente. En primer lugar, la red de teoría de la mente y sus componentes regionales clave (como la PFC media y la TPJ) ya podrían estar funcionando con madurez a muy temprana edad. Una interpretación estricta de los datos recientes obtenidos con bebés (como los analizados en el Capítulo 8) podría implicar esto: si incluso los bebés pueden razonar correcta y completamente acerca de creencias y conocimiento y no solo acerca de deseos e intenciones, podríamos esperar que sus activaciones neuronales imiten las de los adultos. Una interpretación estricta de conocimiento nuclear también debiera implicar este patrón, porque según Spelke

(Spelke, 2003; Spelke y Kinzler, 2007), el conocimiento nuclear se mantiene sin cambios a lo largo del desarrollo. Alternativamente, sin embargo, de acuerdo con un cronograma más progresivo para el desarrollo de la teoría de la mente, estas regiones todavía podrían estar desarrollándose y cambiando en los años preescolares e incluso más allá.

Los datos de los estudios revisados aquí sugieren que los cambios funcionales en las regiones cerebrales relevantes (a) son observables en los años preescolares (4, 5 y 6 años) cuando los cambios de comportamiento en las tareas estándar de teoría de la mente son dramáticamente evidentes y, además, que (b) son observables después de 5 y 6 años, aunque la precisión en las tareas estándar de teoría de la mente a menudo alcanzan su techo. Este prolongado cambio funcional en las regiones de la teoría de la mente, así como las distinciones definitivas entre las regiones neuronales utilizadas para la teoría de la mente frente a las utilizadas para las funciones ejecutivas, se opone a un planteamiento estricto, nativista o de conocimiento nuclear para el desarrollo de la teoría de la mente desde la edad preescolar.

Más aún, tanto las regiones de la PFC media como la TPJ derecha figuran sistemáticamente en este prolongado desarrollo de la teoría de la mente. Los resultados de Gweon et al. (2012), Sommer et al. (2010), y Saxe et al. (2009) demuestran que la TPJ, en particular, aumenta la selectividad para el procesamiento de los estados mentales a medida que los niños crecen, desde los 5 años hasta la edad adulta. Gweon et al., confirmaron que este aumento de la selectividad se correlaciona con un mejor desempeño en las tareas de creencia-razonamiento.

También existe evidencia complementaria de un rol prominente de la PFC media en el razonamiento de la teoría de la mente de los niños. Además, de manera interesante, hay indicios que sugieren que tal vez la PFC media podría tener un papel más prominente en los niños *de menor edad* que en los niños más grandes y en adultos. La PFC media se utiliza para procesar los pensamientos y las creencias más fuertemente en los niños (10-14 años) que en los adultos (Pfeifer et al., 2009; Sommer et al., 2010). Y está relacionada con el razonamiento de la teoría de la mente en niños de 4 años, independientemente de cualquier asociación común con la función ejecutiva (Sabbagh et al., 2009), pero no muestra esta especificidad de dominio en los adultos (Saxe, Schulz et al., 2006), mientras la TPJ derecha sí lo hace.

En resumen, una hipótesis interesante es que antes en el desarrollo (posiblemente ya a los 4 años de edad y aproximadamente hasta los 14), la PFC media desempeña un papel más prominente en el razonamiento general de los estados mentales, incluyendo el razonamiento de las creencias; pero más tarde en el desarrollo (después de los 12-14 años aproximadamente), su papel en este tipo de razonamiento disminuye o se vuelve más especializado. En contraste, la TPJ desempeña un papel cada vez más prominente a medida que avanza el desarrollo; se vuelve cada vez más selectiva para procesar estados mentales y en especial las creencias a medida que los niños crecen y se vuelven más precisos en su razonamiento creencia-deseo.

Sin embargo, falta hasta ahora un elemento clave en estas investigaciones. Al igual que en las realizadas con adultos, los estudios infantiles se han centrado estrechamente en el razonamiento de las creencias o en el razonamiento de los estados mentales en general. La teoría de la mente (psicología ingenua de la creencia-deseo) implica la comprensión de conceptos mentales múltiples interconectados de manera causal y especialmente de los estados de creencia (que representan el mundo) y de deseo (que motivan las acciones particulares dentro del mundo representado, para obtener lo que se quiere).

Así, en un estudio reciente, junto con Lindsay Bowman, David Liu y Andy Meltzoff (2012) examinamos directamente los correlatos neuronales del razonamiento de la creencia *y* del deseo en niños. Registramos los ERP mientras niños de 7 y 8 años realizaban tareas de deseos diversos y creencias diversas, así como tareas de razonamiento de objetos físicos como condición de control. Las tareas, los métodos y el sistema de adquisición de EEG fueron idénticos a los utilizados en el estudio ERP de Liu, Meltzoff et al. (2009) con adultos descrito anteriormente. Esto permitió comparaciones directas entre los datos de ERP de niños y adultos. Tanto los adultos como los niños mostraron activaciones neuronales frontales para el razonamiento de creencias y deseos que se diferenciaron igualmente de las activaciones de objetos físicos de control, aunque no se distinguieron entre sí. Y como señalamos anteriormente, los adultos también mostraron activación neuronal específica para el razonamiento de creencias, distinto del razonamiento físico *y* del razonamiento de deseo en las regiones del cuero cabelludo posterior derecho. Es crucial destacar que este patrón también surgió con los niños. Cuando se incluyeron en los análisis todos los ensayos ERP con niños (como se hizo con los datos de los adultos), no se evidenció ninguna distinción posterior derecha, de creencia-deseo. Sin embargo, cuando se consideró en los análisis solo los ensayos en los que los niños juzgaron correctamente (los adultos respondieron correctamente casi siempre), las activaciones de la región posterior derecha para el razonamiento de la creencia emergieron de manera más clara que aquellas para los deseos.

Así, a los 7 y 8 años de edad, los niños ya habían desarrollado especializaciones neuronales para razonar sobre creencias y deseos que eran diferentes de las activaciones neuronales para el razonamiento físico, patrones que son similares a los encontrados en adultos y que se localizan en regiones equivalentes en la parte media frontal del cuero cabelludo. Y estos mismos niños utilizaron regiones posteriores derechas para razonar sobre las creencias más allá del razonamiento sobre los estados mentales de manera más general, aunque los niños mostraron esta activación selectiva para la creencia sobre el deseo solo cuando los análisis se restringieron a los ensayos correctos.

Estos resultados respaldan más directamente la hipótesis de que los neuromecanismos para el razonamiento de estados mentales, y en particular para el razonamiento de la creencia, se siguen desarrollando en infancia (véase, por ejemplo, Gweon et al., 2012; Sommer, Meinhardt et al., 2010) y más allá de la primera infancia. Más específicamente, estos y los datos de falsa-creencia de Liu, Sabbagh et al. (2009) apuntan a un mecanismo por el cual los aumentos de desarrollo en la *precisión* para inferir estados mentales complejos contribuyen al desarrollo de la especialización neuronal que respalda la comprensión socio-cognitiva.

NEURONAS ESPEJO Y AUTO-PROYECCIÓN

Neuronas Espejo

Cualquier análisis contemporáneo de las bases neuronales de la cognición social —incluida la existencia de acciones intencionales, objetivos, deseos y creencias— tiene necesariamente que decir algo acerca de las neuronas espejo. Las neuronas espejo, como la investigación del cerebro en general, están en las noticias. Como ejemplo, véase el artículo del *New York Times* de Sandra Blakeslee titulado «*Cells that Read Minds*» («Células que Leen la Mente») (2006).

El interés en las neuronas espejo (MN, en su sigla en inglés) partió cuando unos científicos italianos hallaron que algunas neuronas en la corteza premotora de los macacos (técnicamente, en la zona frontal F5 de la anatomía cerebral de los macacos), que ya se sabía se activaban cuando el mono participaba en una acción dirigida hacia un objetivo (como levantar un maní), se disparaba de manera similar cuando el mono simplemente observaba pasivamente a alguien más participar en dicha acción. Estos datos provienen de registros de células únicas y, según un estudio anterior más detallado (Gallese, Fadiga, Fogassi y

Rizzolatti, 1996), las neuronas espejo representaron aproximadamente el 20% de las células que se recolectaron dentro de F5. Las células no se activaron frente a objetos presentados visualmente (como un maní), a rostros, a partes del cuerpo o a movimientos corporales sin un claro objeto meta.

Una interpretación directa de la función de tales células podría haber sido que respaldan acciones directas de imitación. Pero los monos rara vez imitan. Y reiteremos que las neuronas espejo no se activaron frente a movimientos corporales en ausencia de un objetivo material (por ejemplo, movimientos del brazo para saludar), aunque esas acciones a menudo son imitadas por los seres humanos.

Por ende, los investigadores italianos interpretaron crecientemente la función de esas células espejo como una «comprensión de una acción intencional» (Gallese, Keysers y Rizzolatti, 2004; Rizzolatti y Fabbri-Destro, 2008): cuando estas células se disparan al ver la acción de otra persona, el animal puede asignar dicha acción a su propio repertorio de acciones intencionales y así entenderla «de inmediato». Spelke (véase Spelke y Kinzler, 2007), desde su posición de conocimiento nuclear, aplaude este enfoque al pensar en el sistema conocimiento nuclear para razonar sobre los agentes, ya que especifica los aspectos comunes entre las representaciones de agentes para seres humanos y monos. «Objetivo-dirigido [...] contingencia [...] y dirección de la mirada son señales de las representaciones del agente que permiten su estudio en animales no humanos y en humanos adultos [...]. Estas [...] coinciden con las firmas fisiológicas de las "neuronas espejo" observadas en monos en cautiverio» (Spelke y Kinzler, 2007, pág. 90).

En el artículo de Blakeslee del *New York Times* (2006), uno de los principales científicos italianos, el Dr. Rizzolatti, declaró: «Las neuronas espejo nos permiten captar las mentes de los demás a través de la simulación directa, no a través del razonamiento conceptual. Al sentir, no pensar» (pág. F1). Este tipo de planteamiento fue rápidamente promovido por los teóricos que habían propuesto que el razonamiento de la teoría de la mente procedía por medio de la simulación (véase Gallese y Goldman, 1998; Goldman, 2009), tal como se expuso en el Capítulo 7. Este era una planteamiento más amplio que afirmaba que las neuronas espejo formaban la base para un sistema espejo (MS, en su sigla en inglés) más grande, un sistema que también operaba en humanos (el uso de «neuronas espejo *nos* permite captar las mentes de los demás [...] a través de la simulación directa» como en la anterior cita de Rizzolatti). Así, ampliando aún más, se afirmó que las MN, tan cruciales para un MS, proporcionan el sustrato neural que permite la empatía humana, la imitación y la teoría de la mente.

Es importante enumerar todos los pasos involucrados en este tipo de pensamiento expansivo de las neuronas espejo (y de las divulgaciones científicas que se han popularizado): (a) las neuronas espejo existen en los monos (y se activan de manera similar tanto para las acciones que ven como para las que ejecutan ellos mismos); y (b) permiten comprender directamente las acciones intencionales de los demás; y (c) las neuronas homólogas desempeñan un papel fundamental en un sistema humano espejo más amplio que incluye, pero va más allá de, la comprensión de la acción motriz, para así sustentar (d) la empatía, (e) proyectarse en las actividades de otros, (f) imitación y (g) atribuir estados mentales tales como deseos y creencias (más allá de los objetivos de acción), y (h) cuando están alteradas, conducen a los déficits socio-cognitivos, de aprendizaje social y de acción social característicos de los individuos con autismo (teoría del autismo del «espejo roto»). Una vez que pasamos del paso (a), sin embargo, encontramos dificultades y falta de evidencia empírica para todos los demás pasos de esta cadena de argumentos.

Consideremos, por ejemplo, que un solo estudio (con 21 pacientes convulsivos implantados con electrodos intracraneales con fines clínicos) ha proporcionado registros de células únicas a partir de células humanas (de varias localizaciones neuronales) que parecen activarse de forma idéntica con la observación y ejecución de acciones simples (Mukamel, Ekstrom, Kaplan, Iacoboni y Fried, 2010). Todos los demás estudios han utilizado procedimientos no invasivos (como por ejemplo el método fMRI) que rastrean grupos enteros de células, de 1 a 3 mm de área y que por ende representan la actividad de cientos de miles de células. Estos estudios fMRI (con adultos) han arrojado evidencia de regiones neurales especialmente activadas para la comprensión de las acciones intencionales. Pero estos estudios han revelado una red de ubicaciones (que se superponen de manera parcial con las que he descrito como la red de la teoría de la mente), de las cuales solo una está localizada (a veces) en una parte similar del cerebro humano, el área de Brodmann (por ejemplo, BA 4, 6, 9, 46), como el área frontal F5 de los monos. El «espejo», tal como se ha estudiado en concreto en los seres humanos, implica más claramente regiones coordinadas del cerebro en lugar de células únicas especiales.

Más aún, recordemos que la evidencia clave para los monos fue que las neuronas espejo F5 solo se activaron ante acciones dirigidas hacia objetivos reales, y no ante actos sin un objeto material, como saludar, ni ante estados que no implican acción, como simplemente desear algo (véase Rizzolatti y Fabbri-Destro, 2008, para afirmaciones más amplias sobre el tipo de acciones que gatillan las neuronas espejo). Sin embargo, en los seres humanos, de alguna manera, eso es exactamente lo que se dice de un sistema espejo: por ejemplo, permite la atribución de estados mentales que no implican acción (como desear, soñar) y de las acciones intencionales no dirigidas a un objeto (como saludar o fingir sin objeto) y además explican la imitación humana.

Muchos investigadores cuestionan entonces una teoría neuronal espejo para la comprensión de las acciones, o especialmente para las comprensiones de estados mentales, en los seres humanos (Cook, Bird, Catmur, Press y Heyes, 2014; Hickok, 2009). Y cuestionan una teoría de neuronas espejo para la imitación humana y por cierto la interpretación del «espejo roto» para el autismo (Southgate y Hamilton, 2008).

En el Capítulo 7, describí muchos problemas para una postura únicamente de simulación de la teoría de la mente, si se considera que la simulación es como un proceso para «permitirnos captar las mentes de los demás no a través del razonamiento conceptual, sino a través de la simulación *directa*» (como en la cita anterior de Rizzolatti; véase también Gallese et al., 2004, pág. 396). En la comprensión de los demás, los seres humanos claramente pueden utilizar sus propias mentes como una fuente importante para comprender las experiencias internas de los demás, y a veces lo hacen. Pero esto equivale a una simulación basada en teoría y no a una «simulación directa» carente de concepto.

No obstante, parece razonable aceptar que los datos del sistema espejo humano ayudan a localizar la red de regiones empleadas cuando los seres humanos se involucran en algo como «la comprensión de acciones», en el sentido de codificar las acciones intencionales que ocurren al ver estímulos de acción. Dado esto, entonces podemos preguntarnos cómo estas regiones se relacionan con la red de regiones analizadas en este capítulo, como la red neuronal de la teoría de la mente. En un meta-análisis interesante, Frank Van Overwalle y Kris Baetens (Van Overwalle y Baetens, 2009) hicieron precisamente eso. En su meta-análisis de más de 200 estudios de fMRI, buscaron evidencia de consenso de las regiones neurales involucradas en los sistemas humanos de «espejo» y «mentalización». Una vez más, los estudios fMRI de mentalización indicaron actividad en las regiones de la PFC media y la TPJ derecha. Sin embargo, el análisis fMRI del sistema «espejo» indicó tres regiones diferentes: la corteza premotora (PMC, en su sigla en inglés), el surco intraparietal anterior (IPS, en su sigla en inglés) y el STS posterior. Van Overwalle y Baetens (2009) concluyeron que el sistema espejo ayuda a comparar movimientos biológicos observables directamente (en especial de las manos y la boca) con «el repertorio de conducta propio y los objetivos más comunes asociados con él» (pág. 567). Pero, «los sistemas espejo y de mentalización son dos sistemas distintos» (pág. 579) y «no hay evidencia de la participación de un sistema espejo en la inferencia de formas más abstractas y complejas de intencionalidad y mentalización» (pág. 567). Por lo tanto, al igual que en el estudio ya descrito de Ohnishi y sus colegas (2004), la comprensión de nivel inferior de las acciones dirigidas hacia objetivos está separada, neuronalmente, de las comprensiones de la teoría de la mente de nivel superior.

Bostezo

El bostezo contagioso ilumina el funcionamiento del sistema espejo como una codificación de comportamientos directamente observables en los demás en formas que se superponen con las propias tendencias de acción. El bostezo espontáneo es un comportamiento evolutivamente antiguo. Pero el bostezo contagioso —donde ver a alguien que bosteza, te hace bostezar también— es evolutivamente joven. Es común en los seres humanos y los monos (macacos, babuinos, chimpancés), pero poco evidente en otras especies. El bostezo espontáneo ocurre en los recién nacidos humanos, pero el bostezo contagioso parece no aparecer hasta el segundo año de vida (Anderson y Meno, 2003; Provine, 2005). En la investigación fMRI, el bostezo contagioso —evocado viendo videos de otros bostezos— activa partes específicas del área de Brodmann (BA 9), una región dentro del sistema espejo humano (Haker, Kawohl, Herwig y Rössler, 2013). Las áreas cerebrales ligadas a la percepción facial también se activan, pero las activaciones del sistema espejo del bostezo-contagioso aparecen después de sustraer las activaciones producidas por videos neutros de las mismas personas sin bostezar.

Recordemos la investigación del Capítulo 10 sobre las habilidades socio-cognitivas especiales de los perros al poner atención e interpretar los gestos y las acciones humanas. Es interesante menciona que los perros también muestran el bostezo contagioso, en su caso reaccionando a bostezos *humanos*. Los perros bostezan más al ver bostezar a sus dueños que al verlos simplemente abrir la boca. Y los perros bostezan considerablemente más al ver a sus *dueños* bostezar que al ver a otros humanos desconocidos hacerlo (Romero, Konno y Hasegawa 2013).

Desarrollo

La investigación actual sobre las neuronas espejo nos da una nueva oportunidad para repetir un énfasis de todo este libro: el desarrollo. La investigación de las neuronas espejo con monos se ha llevado a cabo con monos adultos (de historia de desarrollo indeterminada o desconocida). Por lo tanto, no está claro si las estructuras neuronales detectadas son innatas y evidentes al nacer o si son producto de largas historias de aprendizaje dependiente de la experiencia. Richard Cook y sus colegas (2014), en una reciente revisión reveladora, argumentaron que los complejos patrones de datos de las neuronas espejo, incluyendo las diferencias en la función para los animales que aparentemente surgirían con las diferentes experiencias de aprendizaje, solo tienen sentido si vemos las funciones de las neuronas espejo como resultados aprendidos. Y recordemos que, si el bostezo contagioso sirve como indicador de la operación de un sistema espejo humano, este no aparece temprano en la infancia (cuando lo hace el bostezo espontáneo), sino recién después de aproximadamente 1 año y medio de desarrollo postnatal.

Auto-Proyección

En total, los datos neurocientíficos muestran que el sistema espejo humano desempeña un papel directo en la mayoría de las tareas de mentalización (Van Overwalle y Baetens, 2009). Sin embargo, como señalamos en el Capítulo 7, los seres humanos emplean claramente una estrategia de comprensión de la mente de los demás en base a una analogía con la propia. Esto plantea una interesante nueva interrogante de cómo la red neuronal de la teoría de la mente, ampliamente interpretada, incorpora tal procesamiento específico. Jason Mitchell y sus colegas han proporcionado datos interesantes sobre esto. Mitchell y sus colegas han tenido el cuidado de llamar a tales estrategias de auto-proyección *una* fuente importante de comprensión de las mentes (Waytz y Mitchell, 2011), pero no afirman que tales estrategias sean la fuente inevitable, fundamental o única para comprender las mentes.

Mitchell y sus colegas (Mitchell, Macrae y Banaji, 2006), utilizando los métodos de sustracción de fMRI, intentaron rastrear lo que sucede cuando los adultos razonamos sobre nuestros propios estados mentales y los de los demás y, del mismo modo, cuando razonamos sobre los estados mentales de otras personas que son similares a los nuestros versus otros que son muy diferentes. Dos hallazgos surgieron. En primer lugar, las regiones activas para el razonamiento de estados mentales propios y de otros resultaron similares, siendo localizadas aproximadamente en la PFC media: una de las regiones clave que sistemáticamente forma parte de la red de la teoría de la mente. Pero dado lo anterior, la subregión más activa para pensar sobre uno mismo (y sobre otros similares a mí) se localiza en la PFC ventral-media; mientras que la mentalización de otros, y especialmente de otros distintos de mí mismo, involucra una región más dorsal separable de la PFC media.

La superposición parcial de estas regiones dentro de la PFC media llevó a que Mitchell et al. (2006) afirmaran «la plausibilidad de las posturas de "simulación" de la cognición social, que postulan que los perceptores pueden usar el conocimiento sobre sí mismos para inferir los estados mentales de otros» (pág. 655). Y efectivamente los adultos pueden hacerlo. Sin embargo, la no-superposición también sugiere que a menudo el razonamiento de la teoría de la mente sobre los demás puede darse sin depender de una auto-referencia. La teoría de la mente adulta no es necesaria ni constitutivamente simulativa. De hecho, recordemos que Waytz y Mitchell (2011) afirmaron que los individuos usan varios mecanismos diferentes para participar en las inferencias de estados mentales.

CONCLUSIONES

En total, la neurociencia evolutiva existente esboza una red neuronal de teoría de la mente en desarrollo, centrada en las mismas regiones neuronales que las que participan en la investigación de la teoría de la mente en adultos, pero que evidencian un considerable desarrollo en el largo plazo. En particular, los resultados sugieren un sistema neuronal para el razonamiento general acerca de la mente y las acciones, incluido el razonamiento acerca de deseos, así como de creencias, en las regiones medio-frontales. En consecuencia, la PFC media está sistemáticamente involucrada en los estudios que miden el razonamiento acerca de estados mentales en niños de manera más general, incluyendo las creencias, pero también los deseos. Además, una creciente especialización de las regiones cerebrales posterior derechas (como la TPJ derecha) emerge del desarrollo específico para el razonamiento de creencias, más allá de aquel destinado para otros estados mentales más generales y, en particular, más allá del razonamiento acerca de los deseos.

Más especulativamente, la PFC media y la TPJ derecha podrían estar sujetas a un desarrollo complementario en los niños más grandes: con una activación creciente de la TPJ para el razonamiento acerca de estados mentales (específicamente para las creencias) y una activación decreciente de la PFC media (para el razonamiento acerca de estados mentales de manera genérica). Tal vez como especialización de la mayor activación de la TPJ específicamente para el razonamiento acerca de creencias, cierta carga computacional se transfiera desde la PFC media, lo que podría contribuir a la disminución de la activación de esta última como hemos visto en niños de más edad y en adultos.

Una tarea claramente importante para la investigación futura es desentrañar el papel que desempeñan los factores de maduración y la experiencia en los cambios de la teoría de la mente. Mark Sabbagh, que me ayudó con mis primeras investigaciones de neurociencia de desarrollo, también me transmitió una frase feliz para describir la investigación actual: estamos comenzando a trazar los correlatos neuronales que «marcan el ritmo» del desarrollo de la teoría de la mente. Esto es correcto en el sentido que estamos trazando la evolución de los desarrollos neuronales que van de la mano con el desarrollo de la teoría de la mente y ayudan a dilucidarlo. Pero esto del ritmo es muy ambiguo. Pensémoslo en términos de carreras. Si un caballo marca el paso o el ritmo, puede significar que va marcando el paso desde adelante (tirándolo), que va a su lado (a un mismo ritmo) o incluso que va siguiéndolo de cerca. Teniendo en cuenta solo los datos con adultos, ha sido tentador suponer que la maduración cerebral impulsada biológicamente es la que «tira» o provoca una mejora en el desempeño conductual. Y de manera relacionada, los datos de comportamiento en bebés han motivado la conclusión de que los sistemas cerebrales cruciales podrían estar bastante maduros a muy temprana edad, en posición de «tirar» o motivar los logros de comportamiento que van detrás. En contraste, ahora está claro que las activaciones cerebrales de la teoría de la mente cambian a lo largo del desarrollo infantil en sintonía con los cambios de la teoría de la mente conductual; estos co-ocurren, y no solo en cuanto al tiempo de desarrollo. También van acompañados de cambios en la precisión del rendimiento. Cuando la precisión cambia con la edad, las activaciones neuronales cambian; cuando niños de una misma edad difieren en precisión, sus activaciones neuronales también difieren. En mi opinión, las relaciones triangulares entre la edad, el rendimiento y las activaciones neuronales sugieren importantes vínculos dependientes de la experiencia entre la teoría de la mente y la red neuronal de la teoría de la mente.

Comúnmente, no se ha entregado una explicación de las redes neuronales de la teoría de la mente y del desarrollo neuronal en formas dependientes de la experiencia. Sin embargo, es innegable que la experiencia da forma a la organización neuronal. Los neurocientíficos del desarrollo, como los neuroconstructivistas, pero otros también, cada vez más hacen hincapié en la variedad de formas en que el desarrollo del cerebro es moldeable y dependiente de la experiencia (Lillard y Erisir, 2011). Así también, el desarrollo de la teoría de la mente es dependiente de la experiencia como lo he mostrado en los Capítulos 5, 6 y 9.

Y recordemos del Capítulo 10 que Robin Dunbar (2013) insistió en que el cerebro social humano ha evolucionado para requerir no una simple maduración sino un aprendizaje ontogénico. Me inclino por, y creo que los datos actuales también van en ese sentido, un papel de la experiencia bastante importante en dar forma a los cambios neurofuncionales, así como conductuales, de la teoría de la mente. Una investigación neurocientífica cognitiva del *desarrollo* cada vez más precisa servirá para esclarecer aún más las entremezcladas contribuciones de los factores intrínsecos y vivenciales en el desarrollo de la teoría de la mente.

Felizmente, tal como hemos analizado aquí, ya están surgiendo datos sobre el desarrollo del razonamiento de la teoría de la mente y los procesos cerebrales. Y resumiéndolos, estos datos arrojan tres conclusiones claras:

1. Se sabe muy poco sobre la primera infancia y el desarrollo temprano.
2. Desde la edad preescolar, el razonamiento de la teoría de la mente utiliza algunas de las mismas regiones neuronales usadas para el razonamiento de la teoría de la mente en adultos: en particular, la PFC media y la TPJ son regiones utilizadas tempranamente de lo que se convertirá en la red de la teoría de la mente adulta.
3. Las estructuras neuronales que apoyan el razonamiento de la teoría de la mente cambian en el curso del desarrollo, y lo hacen incluso después de la edad preescolar, cuando los niños han alcanzado el techo en términos conductuales en las tareas de razonamiento de la teoría de la mente que se han analizado (como por ejemplo, tareas de falsas creencias, creencias versus deseos).

12

Buscar, Aprender y Escuchar

EXPLORACIÓN, PEDAGOGÍA Y TESTIMONIO

DOS TRUISMOS CLÁSICOS sobre la cognición infantil son que los niños son (a menudo) aprendices activos —como queda claro en su juego y sus preguntas— y que los niños son (a menudo) aprendices sociales —como lo demuestra el hecho de que aprendan de sus padres, maestros y compañeros—. En ninguna parte estos procesos son más evidentes o más útiles que en la cognición social: aprender sobre el mundo social. Las perspectivas constructivistas de la teoría de la teoría sobre el aprendizaje abarcan estos truismos y van más allá para describirlos y explorarlos.

En el Capítulo 6 esbozamos cómo surgen y cambian las teorías sobre la base de una interacción interesante pero comprensible entre las hipótesis y la evidencia, dando origen a hipótesis posteriores modificadas. De hecho, los modelos probabilísticos contemporáneos de aprendizaje bayesiano describen cómo las hipótesis y las pruebas limitan y permiten el aprendizaje, e incluso conducen a un aprendizaje marco abstracto. Hay varios tipos de búsquedas basadas en la teoría que son integrales a este proceso: modos racionales de exploración que dan forma al aprendizaje. Un tipo de problema de búsqueda, abordado de manera sistemática por gran parte del aprendizaje bayesiano de máquinas, se refiere a la búsqueda a través de hipótesis probabilísticas sobre las variables más probables. Un aprendiz bayesiano probabilístico incluso puede plantear hipótesis sobre variables o constructos no observables, ocultos, para representar de mejor manera la evidencia. Sin embargo, del mismo modo, un aprendiz puede buscar activamente nueva evidencia y buscar explicaciones:

¿cómo participan los niños en esta exploración? ¿lo hacen de manera fortuita o —como coincide con un aprendiz bayesiano y constructivista— más racional? Distintas investigaciones contemporáneas han iluminado sobre estas interrogantes, esclareciendo con ello los procesos con que los niños construyen su conocimiento. Esta investigación también ilustra los procesos de creación de mentes de los niños, porque tal exploración no es solo cognitiva; es socio-cognitiva, y está saturada con una comprensión, en desarrollo, de los agentes, personas y mentes.

APRENDER A PARTIR DE INTERVENCIONES: EXPLORACIÓN, EXPERIMENTACIÓN Y JUEGO

Los enfoques bayesianos probabilísticos se superponen con la teoría de la teoría en particular en el caso del aprendizaje causal. Una de las ideas de este enfoque del aprendizaje causal, señalado en el Capítulo 6, es que intervenir de manera deliberada en el mundo —y observar los resultados de dichas intervenciones— es una manera particularmente buena de identificar la estructura causal del mundo. El filósofo de la ciencia Frederick Eberhardt, usando modelos bayesianos, ha explorado con modelos matemáticos cómo las intervenciones permiten inferir la estructura causal a partir de datos (Eberhardt y Scheines, 2007; véase también Cook, Goodman y Schulz, 2011). Resulta que al intervenir uno puede obtener rápidamente la evidencia que necesita para deshacerse de muchas hipótesis posibles y, por tanto, acotar la búsqueda a las que quedan. Es decir, tal como creen los científicos, la intervención facilita la exploración de la evidencia, la cual luego moldea la búsqueda a través de hipótesis. De esta manera, el enfoque bayesiano probabilístico explica formalmente la intuición científica de que la experimentación te dice más sobre las relaciones causales que la simple observación.

Juego Exploratorio

¿Puede ser que la intervención de los niños —como en el juego activo, quizás— también funcione de esta manera? El juego de los niños ha sido estudiado por años e, históricamente, Piaget, Montessori, Bruner y la mayoría de los maestros de preescolar han convenido que los niños aprenden a través del juego (véase Hirsh-Pasek y Golinkoff, 2003/2005 en la edición en español; Lillard, 2005). Cualquiera que haya observado a niños pequeños ha visto cómo juegan con las cosas sin cesar. En el juego, los niños intervienen en las cosas y, de esta manera, puede parecer una experimentación informal. Sin embargo, ¿podría funcionar realmente como experimentación, ayudando a los niños a explorar de manera racional la causalidad?

Investigaciones recientes han comenzado a abordar estas interrogantes. El resultado de estos estudios es que el juego exploratorio de los niños, aunque ciertamente no estructurado como los experimentos científicos ideales, puede ser lo suficientemente sistemático para ayudar a los niños a descubrir la estructura causal.

En una ilustrativa serie de estudios, Laura Schulz y Elizabeth Bonawitz (2007) evaluaron cómo los niños en edad preescolar exploraban un nuevo juguete del tipo *«jack-in-the-box»* (caja sorpresa/resorte de Jack). El juguete tenía dos palancas que producían dos efectos distintos (podía aparecer un pato o un títere). Básicamente, Schulz y Bonawitz compararon dos condiciones. En ambas, un adulto y un niño jugaron de modo interactivo con el juguete; pero en una condición, la estructura causal del juguete era ambigua, y en la otra estaba clara. En la condición de *confusión*, tanto el adulto como el niño empujaron una palanca y lo hicieron a la vez. Como resultado, ambos efectos aparecieron. Con esta demostración, en realidad no quedaba claro cómo funcionaba el juguete. Tal vez una palanca hizo que apareciera el pato y la otra, el títere; quizás una misma palanca produjo ambos efectos; o ambas palancas produjeron ambos efectos; y así sucesivamente. Por otra parte, en la condición de *no confusión*, el adulto empujó una palanca, y produjo sistemáticamente un solo efecto; luego el niño empujó la otra palanca, que produjo sistemáticamente el otro efecto. En esta condición de no confusión, la estructura causal del juguete quedaba clara.

Después de manipular el juguete de manera interactiva con el niño (en las situaciones de confusión y no confusión), el experimentador colocó este juguete viejo y uno nuevo (un juguete nuevo, pero más sencillo, con una sola palanca) delante del niño. Luego dejó al niño solo, para que pudiese jugar con cualquiera de los dos juguetes. El telón de fondo de este contraste de juego libre es que, con frecuencia, después de que los niños ya han jugado con un juguete, prefieren jugar con un juguete nuevo; tanto en el juego, como en otros aspectos, los niños a menudo prefieren lo novedoso. Así que si el juego de los niños está impulsado por el deseo de novedad, en este caso debieran preferir el juguete nuevo *en ambas condiciones*. Pero, si el juego de los niños es impulsado por el deseo de explorar y entender la estructura causal, entonces debieran comportarse de manera diferente en las dos condiciones. Ante un deseo de explorar la estructura causal, en la condición de confusión debieran mostrarse especialmente proclives a explorar el juguete viejo. Esto se debe a que en esa condición, la estructura causal del juguete viejo no está clara y a que una intervención adicional podría ayudar a revelarla. Sin embargo, en la condición de no confusión, las intervenciones no tendrán ningún beneficio adicional porque las manipulaciones iniciales ya revelaron la estructura causal del juguete.

Efectivamente, los niños de 3 y 4 años exploraron en forma sistemática el juguete viejo en lugar del nuevo en la condición de confusión, pero no en la condición de no confusión. Más aún, después de terminar la exploración del juguete, los niños en la condición de confusión mostraron que habían descubierto cómo funcionaba el juguete. Esta investigación muestra no solo que los niños buscan activamente nueva evidencia, sino que lo hacen, en términos racionales, en dos sentidos: intentar desentrañar confusiones, y generar evidencia suficiente para sacar las conclusiones correctas. En pocas palabras: cuando se les dio un juguete que causaba desconcierto, los niños pequeños espontáneamente intervinieron en ese juguete —de manera de producir nueva evidencia—, generaron evidencia relevante y sacaron las conclusiones correctas a partir de la evidencia (véase también Cook et al., 2011).

Por lo tanto, las acciones basadas en juegos infantiles pueden representar una búsqueda efectiva de evidencia causal relevante e informativa. Pero, por supuesto, también está la igualmente convincente observación de que el juego en los niños es, con frecuencia eso: solo juego, es decir, una actividad no dirigida ni sistemática. Efectivamente, el juego de los niños con más frecuencia es considerado una actividad caprichosa y desordenada, tierna, pero caprichosa. De seguro el juego infantil no logra una experimentación bien controlada; por cierto, otras investigaciones han demostrado que incluso los niños mayores y los adultos ingenuos no son buenos para diseñar explícitamente experimentos causales informativos (Chen y Klahr, 1999; Kuhn, 1962/2011 en la edición en español). Esto nos lleva a un enigma. Si las exploraciones lúdicas de los niños son tan desordenadas y no sistemáticas, ¿cómo podrían conducir en realidad a un aprendizaje causal racional?

Un resultado menos obvio, pero para mí incluso más interesante, de los cálculos bayesianos de Frederick Eberhardt (por ejemplo, Eberhardt y Scheines, 2007) ayuda a explicar esto: las intervenciones informativas no necesitan ser experimentos científicos sistemáticos ni cuidadosamente controlados. El trabajo formal de Eberhardt muestra que intervenciones incluso menos controladas en el mundo pueden ser muy informativas sobre la estructura causal. Por ejemplo, en muchas situaciones, múltiples intervenciones simultáneas (que entremezclan diversos factores) pueden ser tan eficaces como la intervención en una sola variable a la vez. Además, las intervenciones «blandas», en las que el experimentador solo interpreta el valor de una variable, pueden ser tan efectivas como intervenciones más controladas, donde el experimentador fija ese valor. En resumen, lo que los científicos llaman despectivamente una *«fishing expedition»* (investigación sin hipótesis previas) puede decirnos mucho acerca de la estructura causal: no se necesita el aparato completo de un ensayo aleatorio controlado. Los cálculos de Eberhardt demuestran que para el aprendizaje mecánico, y para los científicos, el juego puede revelar eficazmente la estructura causal mediante intervenciones exploratorias. Lo mismo es válido para los niños.

Exploración mediante Explicaciones

Recordemos del Capítulo 2 que los niños pequeños buscan activamente explicaciones: Las piden a los demás y las formulan por su cuenta. Y no solo piden explicaciones, sino que aprenden de ellas. Como un ejemplo, en la investigación microgenética destacada en el Capítulo 6, cuando los niños tienen que explicar las acciones de algunos actores, avanzan más rápido en la teoría de la mente, aprendiendo más que una variedad de grupos de control. Cristine Legare (Legare, 2012) ha proporcionado una investigación reciente que vincula el aprendizaje de los niños a partir de explicaciones, directamente con sus intervenciones exploratorias.

Para preparar el terreno, junto con Cristine Legare y Susan Gelman (2010) inicialmente mostramos que los eventos anómalos inconsistentes con el conocimiento previo de los niños desencadenan sus explicaciones. En nuestra investigación, los niños vieron dos tipos de objetos de apariencia diferente y cómo varios de ellos influyeron en un detector de *blicket* (similar al que mostramos en el recuadro 6.1 del Capítulo 6). Varios objetos de un mismo tipo (por ejemplo, bloques triangulares verdes), llamados «tomas», siempre iluminaban un detector de *blicket*; pero varios objetos de otro tipo (por ejemplo, bloques amarillos en forma de corazón), llamados «daxes», nunca encendieron el detector. Después de estos ensayos preliminares, en un evento de prueba focal, tanto un triángulo verde como un corazón amarillo fueron colocados de manera simultánea en el detector, y el dispositivo no se encendió. En este punto, el adulto apuntó con ambigüedad hacia el detector con ambos bloques y preguntó (de manera no específica): «¿por qué sucedió eso?». Los niños intentaron explicar abrumadoramente el evento inconsistente (el triángulo verde que no encendía el detector) más que el suceso consistente (un corazón amarillo que, al igual que los corazones amarillos anteriores, no activó el detector). En sus explicaciones, esencialmente ofrecieron argumentos de *cambio de categoría* (por ejemplo, se parece a un «toma», pero en realidad es un «dax») u ofrecieron explicaciones *causales* (por ejemplo, que ese «toma» debe estar roto, que sus baterías deben estar descargadas, etcétera). Así pues, esta investigación demostró que los niños particularmente buscan y ofrecen explicaciones para las ocurrencias anómalas.

Astutamente, en investigaciones posteriores con niños de edades comprendidas entre los 2 y los 6 años, Legare (2012) hizo esencialmente lo mismo, pero luego preguntó a los niños si querían jugar con los materiales: una pila con los dos objetos de apariencia diferente y el detector. Todos quisieron y entonces ella los dejó libres para que lo hicieran.

Los niños, entusiastas, comenzaron a jugar exploratoriamente con los objetos (como lo hicieron en la investigación de Schulz & Bonawitz, 2007) y, además, sus explicaciones anteriores dieron forma a sus exploraciones. Los niños que dieron explicaciones de cambio de categoría por lo general ordenaron la pila de objetos según los dos tipos de apariencia y luego comprobaron si otros «tomas» parecían funcionar como «daxes». En contraste, los niños que dieron explicaciones causales buscaron algún tipo de mal funcionamiento. De hecho, los niños en un principio habían dado dos subtipos de explicaciones causales: de *funcionamiento causal* (por ejemplo, la máquina está averiada, probablemente las que funcionan son más pesadas) o de la *acción causal* (como por ejemplo, «usted puso el toma en el lado equivocado», o «no lo empujó con la fuerza suficiente»). Si habían dado explicaciones de la función causal, sus exploraciones fueron dirigidas a las funciones (hubo algunos «tomas» demasiado ligeros, la máquina conectada, etcétera). Si habían dado explicaciones de función causal, trataron de rotar las que «estaban funcionando mal», las empujaron con más fuerza en la máquina, pusieron dos en la máquina, etcétera. Las observaciones dieron lugar a explicaciones, las que a su vez condujeron a intervenciones y exploraciones, y una condujo racionalmente a la otra mientras los niños manipulaban y jugaban.

Exploración mediante Simulación

Cabe destacar que la mayoría de los juegos infantiles son enfáticamente sociales, mucho más que la mera comanipulación de objetos entre niños y adultos. Por hipótesis, la exploración lúdica de la evidencia podría extenderse especialmente al mundo social y provocar el aprendizaje social, así como el de objetos. Aquí es donde el juego de los niños afecta su teoría de la mente más directamente. Por ejemplo, el juego de simulación social a menudo se describe como una prueba de los distintos roles sociales: «tú serás la mamá, yo seré el papá». Desde una exploración bayesiana, la simulación social parece dar a los niños un lugar especial para experimentar con la causalidad socio-mental, un laboratorio para llevar a cabo exploraciones e intervenciones socio-causales. Si es así, entonces, siguiendo el razonamiento de los modelos causales, los juegos de simulación debieran dar una idea de la estructura causal de los agentes sociales; debe vincularse con el desarrollo de la teoría de la mente.

Los vínculos entre la simulación y una mejorada teoría de la mente son claros: la creciente participación de los niños en los juegos de simulación o de roles se asocia con el aprendizaje acerca de las personas y las mentes (aunque véase Lillard et al., 2013, quienes manifiestan cierto escepticismo sobre lo definitivo de esta investigación). Marjorie Taylor y Stephanie Carlson (1997), por ejemplo, determinaron que los niños de 3 y 4 años de edad con vasta experiencia de fantasía —como el juego con amigos imaginarios y simulación frecuente— tenían más probabilidades de pasar las tareas de falsas-creencias. Pero, más específicamente, el vínculo es entre el juego de simulación *social* y la teoría de la mente (Harris, 2005; Kavanaugh, 2006). De este modo, una participación más frecuente en juegos de simulación social con los padres (Astington y Jenkins, 1995) y los juegos de roles con hermanos y compañeros (Schwebel et al., 1999) predice la comprensión de las falsas-creencias por parte de los niños.

Los planes colaborativos y la asignación de roles son tanto formas de intervenir socialmente como puntos clave del juego infantil. En el juego social, es frecuente colaborar en la narrativa social y discutir lo que los personajes hacen y piensan (Dunn y Brophy, 2005). Y una mayor frecuencia de tal juego está relacionada con las competencias de la teoría de la mente (Howe et al., 1998). En el juego social, la asignación de roles a uno mismo y a los demás, además de hacer planes en conjunto para juegos de simulación compartida, es algo que se observa con frecuencia. Y participar en conversaciones que asignan roles y que organizan el juego de simulación compartida, está relacionado con el desempeño en las pruebas de falsas-creencias (Jenkins y Astington, 2000). Tales conexiones no solo aparecen en la investigación en la que el juego simulado y la teoría de la mente se evalúan de manera simultánea, sino también en la que estos dos factores se evalúan longitudinalmente (Jenkins y Astington, 2000).

Los niños sordos proporcionan evidencia adicional de los vínculos entre el juego simulado y la teoría de la mente. En general, los niños sordos de padres oyentes se retrasan no solo en el logro de la teoría de la mente (como describimos en los Capítulos 5 y 6), sino que también participan significativamente menos en instancias de juego de simulación. Por ejemplo, cuando dos científicos observaron un grupo de niños sordos de 4 y 5 años que se comunicaban oralmente, encontraron que el juego de simulación solitario era poco frecuente en ellos y que la simulación social era casi inexistente (Higginbotham y Baker, 1981). Mientras que los niños en edad preescolar pasaban el 25% de su tiempo libre en juegos de simulación social (y el 42% en simulaciones de todo tipo), los porcentajes correspondientes para los niños sordos fueron de solo 3% y 25%, respectivamente. De manera similar, un estudio más reciente (Brown et al., 1997) encontró que mientras que los preescolares oyentes conversaban frecuentemente con sus compañeros sobre los eventos de simulación en el juego libre (un promedio de 20 turnos de habla por hora), un grupo de niños no oyentes de igual edad rara vez lo hizo (promediando 2 o 3 turnos de habla por hora o, para muchos niños, ninguno en absoluto). Por consiguiente, en sus escasos juegos de simulación y, de manera más general, en sus interacciones sociales alteradas, los niños pequeños sordos de padres oyentes tienen menos oportunidades de explorar los roles sociales, de buscar por medio de pruebas sociales y de intervenir en sus propias acciones y en las de los demás. Esto redunda en un aprendizaje social retrasado.

Resumen

Como adultos, a menudo buscamos conocimiento para explotarlo; y nuestros motivos son a menudo pragmáticos. Pero también a veces solo buscamos entender, por simple curiosidad, apartándonos de cualquier objetivo pragmático. Los científicos básicos y los aventureros ejemplifican este motivo de exploración. También lo hacen los niños. Sin restricciones, los niños despliegan una amplia curiosidad, como queda claro en sus preguntas: «¿qué hace?», «¿por qué hizo eso?», «¿cómo se llama?», «¿por qué la gente come caracoles?», «¿puedo probar?», «¿está vivo?» (Chouinard, 2007; Hickling y Wellman, 2001; Callanan y Oakes, 1992). Las exploraciones de científicos y niños no son fortuitas; a menudo «*fish*-ean» y juguetean, pero tanto racionalmente como al azar. Su activa exploración e intervención en el mundo proporciona información importante sobre las propiedades causales no solo de los objetos, sino también de las personas. A menudo no está al servicio de algo «práctico», sino que en pos de la construcción de teoría.

APRENDER DE LOS DEMÁS: IMITACIÓN, PEDAGOGÍA Y OBSERVACIÓN

Imitación y Pedagogía

Un medio directo de aprender de los demás y sobre los demás no es solo jugar con ellos sino imitarlos. Incluso los bebés imitan (Bauer, 1996; Meltzoff, 2011).

Cuando la mayoría de la gente piensa por primera vez en la imitación, piensa en la mímica directa y fiel, copiando exactamente los actos de otra persona. Pese a ello, la imitación no es tan simple; más bien requiere y revela el aprendizaje causal de los niños y en particular el aprendizaje causal sobre agentes y mentes. Por ejemplo, recordemos del Capítulo 1 que los bebés «imitan» acciones infructuosas; y cuando lo hacen, representan el objetivo no visto del actor y no el acto fallido que en realidad se vio. Recordemos también que los bebés no imitan actos obviamente accidentales («¡vaya!»), sino que imitan actos obviamente intencionales («¡ahí está!»). Estos resultados ya muestran que los niños, incluso los bebés, no solo imitan lo que ven, sino que lo que imitan depende de su análisis de las intenciones causales de los agentes.

Otra demostración clara de la imitación, como una ventana hacia la comprensión causal de los niños, muestra además una importante interacción entre la exploración y la imitación. Elizabeth Bonawitz y sus colegas (2011) mostraron a los niños una sola función de un juguete nuevo que podía comportarse de muchas maneras diferentes y no obvias (presionar un botón lo hacía sonar, apretar una bombilla lo iluminaba, etcétera). Cuando el experimentador verbalizó que le estaba mostrando al niño cómo funcionaba el juguete, diciendo «mira este juguete. Mira lo que hace», entonces en una situación de juego libre posterior, los niños simplemente imitaron la acción que el experimentador realizó. Sin embargo, cuando el experimentador activó el juguete por accidente, diciendo «mira este juguete, vaya, mira esto», en la oportunidad de juego libre posterior, los niños exploraron el juguete y descubrieron sus otras propiedades causales.

Este estudio demuestra, una vez más, las activas exploraciones lúdicas de los niños; pero también, en el otro sentido, ayuda a ejemplificar la receptividad de los niños a la pedagogía: la intención de otros de enseñarles algo. Cuando el adulto les demostró intencionalmente algo, los niños limitaron sus intervenciones a las demostradas. De hecho, un foro en particular poderoso y temprano para el aprendizaje socio-causal es la enseñanza de los demás: normalmente para los niños pequeños, una pedagogía informal (no formal). En particular, Csibra y Gergely (2006) han insistido en que incluso los bebés son receptivos a la pedagogía y hacen diferentes inferencias cuando la evidencia proviene de un maestro. Para Csibra y Gergely, este es el resultado de un conjunto innato de claves que apuntan a la intención pedagógica, como el uso del lenguaje dirigido a los niños («el lenguaje que utilizan los adultos o niños mayores cuando hablan con los bebés») y el contacto visual, lo que lleva automáticamente a los niños a hacer tipos particulares de inferencias. Pero, de manera alternativa, otros argumentan que los bebés y los niños a menudo están haciendo análisis más profundos de la intención de los demás de enseñar (Gopnik y Wellman, 2012; Shafto, Goodman y Frank, 2012). Es decir, los niños no están privilegiando la pedagogía de manera ciega; más bien, están juzgando de manera racional las implicaciones causales de las intenciones y demostraciones de los maestros.

La abundante investigación sobre la «sobre-imitación» ayuda a ilustrar los análisis de los niños. En estos estudios de imitación, los niños ven a otra persona actuar en el mundo de una manera complicada para producir un efecto. Por ejemplo, un adulto se inclina hacia abajo y presiona con su frente un tipo de caja detector *blicket* para activarlo. A veces, en estas circunstancias, los niños simplemente reproducen la secuencia exacta de acciones que observan en el experimentador, aún cuando algunas de las acciones representadas son irrelevantes para el efecto causal: sobre-imitan (Horner y Whiten, 2005; Lyons, Santos y Keil, 2006; Meltzoff, 1988; Tomasello, 1993). A veces, sin embargo, los niños actúan de manera racional, reproduciendo la acción más efectivamente causal (Gergely, Bekkering y Király, 2002; Southgate, Chevallier y Csibra, 2009; Williamson, Meltzoff y Markman, 2008) usando su cabeza, por ejemplo, para presionar y activar el detector. En un caso, los niños parecen estar siguiendo un análisis socio-causal: esta es la forma en que se supone se debe actuar respecto de este objeto (en nuestro grupo social, véase, por ejemplo, Harris, 2012). En el otro caso, siguen un análisis físico-causal: la activación requiere presionar en la parte superior del dispositivo.

En general, la sensibilidad a la pedagogía implícita es un activo enorme para el aprendizaje; ayuda a dirigir la búsqueda directa de evidencia y de hipótesis. Permite a los niños centrarse solo en las hipótesis y evidencias que son más relevantes y significativas para su cultura y comunidad o para esta tarea y dispositivo. Otros están preclasificando las hipótesis pertinentes y la evidencia para el niño, evitando la mayor parte de la exploración necesaria para encontrarlas.

Por otro lado, la pedagogía implícita también tiene desventajas. Como en la investigación de Bonawitz (Bonawitz et al., 2011), puede llevar a los niños a ignorar algunas hipótesis causales; como en la investigación de la sobre-imitación, puede llevar a los niños a suponer que las características causales irrelevantes son relevantes. En esa investigación de Bonawitz, por ejemplo, dada una demostración «pedagógica», los niños pasaban la mayor parte del tiempo ejercitando la función demostrada. Como consecuencia, no exploraron más ampliamente y por lo tanto no pudieron descubrir que el juguete también tenía otras funciones y operaciones. Por el contrario, en la condición no pedagógica (por ejemplo, la condición accidental), los preescolares exploraron más ampliamente y aprendieron formas adicionales en las cuales el juguete operaba. Daphne Buchsbaum y sus colegas (Buchsbaum, Gopnik, Griffiths y Shafto, 2011) proporcionaron resultados muy similares. Y los niños sobre-imitan más cuando los modelos adultos son más evidentemente pedagógicos, por ejemplo, cuando usan un lenguaje más direccionado (por ejemplo, «mira»). Como otro ejemplo, los niños de 3 a 6 años de edad imitan con mayor fidelidad («se apegan al guion») si ven que dos adultos realizan el mismo acto en vez de uno solo (Herrmann, Legare, Harris y Whitehouse, 2013).

Observar a Otros

Comencé este capítulo describiendo cómo los niños aprenden la estructura causal a partir de sus propias intervenciones en el juego exploratorio, en la simulación. Así podemos aprender acerca de la causalidad experimentando nosotros mismos y, algo crucial para los niños, experimentando simplemente al jugar. Pero también podemos aprender acerca de la causalidad observando lo que otras personas hacen, y lo que ocurre como resultado, como ocurre en la imitación infantil y la receptividad de los niños a las demostraciones pedagógicas. Estas son instancias de aprendizaje social que está formado por y a la vez que resulta en exploraciones causalmente relevantes de evidencia social. Sin embargo, no todo el aprendizaje socio-causal tiene que ver con la imitación o la pedagogía. Nos involucramos en otras formas de aprendizaje causal sobre otras personas y a partir de ellas, y esto nos proporciona también ejemplos de aprendizaje a través de intervenciones, en este caso, simplemente observando las intervenciones de otros.

Como he argumentado a lo largo de este libro, una característica socio-cognitiva crucial de las personas, entendida muy temprano por los bebés y niños pequeños, es que son agentes intencionales. Además, las acciones intencionales constituyen intervenciones en el mundo que intentan producir efectos causales interviniendo en probabilidades de fondo (la caja principalmente llena de patos amarillos), la dinámica biomecánica (mover la mano) o la mecánica de objetos (mover un juguete). De acuerdo con el marco causal de las redes bayesianas, uno puede aprender la estructura causal con eficacia a partir de las intervenciones de otros, así como de intervenciones propias. Por consiguiente, los niños pequeños, como aprendices causales racionales, deben estar alerta a las intervenciones de los demás como una fuente especial de información causal. Todos los tipos de información sobre la covarianza causal son informativos, pero las covariaciones causales que resultan de las acciones directas de las personas podrían ser especialmente informativas en términos causales.

Un ejemplo claro fue proporcionado por Elizabeth Bonawitz y sus colegas (2010), quienes mostraron a niños de 4 años y también de 2 años, correlaciones entre dos eventos que eran resultado de la acción humana y otros que no. En un caso —donde hubo intervención humana— los niños vieron a un actor empujar una caja que se movía y chocaba con una segunda caja varias veces. Cada vez que se encendía la segunda caja, giraba la hélice de un avión de juguete que estaba a unos cuantos centímetros de distancia. En un segundo caso —intervención de objeto— la primera caja se movía espontáneamente y chocaba con la segunda caja y, de nuevo, cada vez que la segunda caja se encendía giraba el avión de juguete. Así, en ambas condiciones los niños vieron una primera caja colisionar con una segunda caja y luego funcionar la hélice de un avión de juguete adyacente. La única diferencia fue que en una condición (intervención humana) una persona inició la secuencia, y en la otra (intervención con objeto), nadie lo hizo. Después de ver estos eventos, a los niños se les pidió que hicieran girar la hélice del avión. El curso de acción obvio era empujar la primera caja contra la segunda.

En ambas condiciones, los niños de 4 años empujaron espontáneamente la primera caja contra la segunda cuando se les pidió que hicieran funcionar el avión. Y también miraron hacia el avión tan pronto como lo hicieron. El principal resultado de desarrollo, sin embargo, fue que los niños de 2 años se mostraron increíblemente poco proclives a empujar de manera espontánea la caja para hacer funcionar el avión en la condición de *intervención de objeto*. Si bien movían gustosamente la caja si se les pedía que lo hicieran, incluso entonces no miraban hacia el avión para anticipar el resultado. Sin embargo, estos niños más pequeños se mostraron mucho más proclives a actuar con espontaneidad y anticipar el resultado cuando observaban que un agente humano producía exactamente los mismos acontecimientos. Es decir, en la condición de intervención humana, cuando vieron al experimentador empujar el primer bloque contra el segundo para hacer girar el avión, los niños de 2 años empujaron el bloque y anticiparon el resultado.

Utilizando diferentes estímulos y controles adicionales, Andrew Meltzoff y sus colegas (Meltzoff, Waismeyer y Gopnik, 2012) evaluaron a niños de 24 meses en una tarea en la que el niño estaba sentado entre dos cajas iluminadas que flanqueaban un ingenioso dispensador de canicas. El niño vio una secuencia coherente de eventos en los que, cuando una de las cajas se iluminaba, el dispensador liberaba una canica; pero cuando la otra caja se iluminaba, no se liberaba una canica. Un grupo de niños vio esta secuencia cuando un adulto claramente encendía las cajas de luz: el grupo de intervención humana. Y un segundo grupo vio la misma secuencia de acontecimientos, pero esta vez las cajas de luz se encendían por sí solas: el grupo de covarianza natural. Los niños de 2 años fueron especialmente propensos a hacer inferencias causales de estos eventos cuando los eventos fueron el resultado de las acciones humanas. De hecho, a menudo para estos niños muy pequeños fue necesario observar que los eventos eran resultado de una intervención deliberada para inferir las conexiones causales. De nuevo, como en los hallazgos reportados por Bonawitz y sus colegas (2010), cuando Meltzoff y sus colegas (2012) hicieron la prueba con niños mayores, en este caso niños de 3 y 4 años, estos pudieron hacer las inferencias en las condiciones de covariación natural así como en la de intervención humana.

Resumen

Los niños exploran, manipulan y juegan. Es interesante mencionar que lo hacen de maneras que ayudan al descubrimiento de regularidades causales, formas que efectivamente acotan su búsqueda de hipótesis causales y evidencia. La observación pasiva de las covariaciones naturales entre los eventos puede proporcionar evidencia de la estructura causal. Sin embargo, experimentar uno mismo puede proporcionar información especialmente rica sobre la estructura causal. Estas intervenciones ayudan a ir directamente a las relaciones estadísticas que tienen más probabilidades de apoyar las inferencias causales. Efectivamente, prestar atención a las intervenciones de otros también puede llevar a los niños en la dirección correcta, y los niños más pequeños prestan particular atención y aprenden de las intervenciones humanas. Comprender cuándo esas intervenciones son pedagógicas añade aún más información, y los niños pequeños son muy receptivos a las demostraciones pedagógicas. Además, los niños pequeños buscan evidencia a través de hipótesis indagando activamente explicaciones y generándolas. El trabajo empírico muestra que estas proclividades naturales en los niños más pequeños se condicen con los enfoques de búsqueda y aprendizaje que los modelos causales computacionales ponen de manifiesto como formas particularmente eficaces de aprender acerca de la causalidad.

Estas actividades de recolección de información en la infancia a menudo son actividades sociales. Y con frecuencia llevan al aprendizaje social, a conceptos de la teoría de la mente. Los niños no solo aprenden *a través* del juego, las interacciones humanas, la pedagogía y la explicación. Aprenden *sobre* el actuar, enseñar, aprender y explicar; y aprenden *sobre* agentes, maestros, aprendices y explicadores.

APRENDIZAJE A PARTIR DE TESTIMONIO

Un capítulo sobre las exploraciones de los niños y sobre aprender de y sobre las fuentes sociales sería deficiente si no se tomara en cuenta la creciente literatura que existe sobre la receptividad de los niños al testimonio. A partir del testimonio de otros, adquirimos información que va desde aspectos mundanos —qué fecha o día es hoy o el número de teléfono de alguien— hasta aquella que no puede ser fácilmente observada ni evaluada, como la presencia de gérmenes, la existencia de Dios o la estructura atómica de la materia (Harris y Koenig, 2006; Lane y Harris, 2014). Dada la limitada experiencia personal de los niños pequeños con el mundo, buscar, escuchar y aprender de los testimonios de otros es una fuente inestimable de información para ellos (Gelman, 2009; Harris y Koenig, 2006). La atención al testimonio es necesaria, por ejemplo, para una tarea tan importante como la de aprender nombres; y tareas clásicas de «testimonio» han explorado este aprendizaje en los niños.

En un ejemplo de una tarea de testimonio estándar, los niños ven a dos personajes, típicamente títeres de mano o personas reales en video (Clément, Koenig y Harris, 2004; Koenig, Clément y Harris, 2004; Pasquini, Corriveau, Koenig y Harris, 2007) que difieren en la exactitud demostrada (por ejemplo, nombran correcta o incorrectamente objetos comunes), y los niños eligen preguntarle a uno de los personajes para aprender algo nuevo (por ejemplo, el nombre de un objeto nuevo). Entonces ambos personajes ofrecen información contradictoria (testimonio), y los niños eligen el testimonio del personaje al que le creen apoyando a uno o al otro. El grueso del abundante trabajo sobre la receptividad de los niños a los testimonios examina la «confianza» selectiva de los niños en este tipo de testimonio (Harris, 2012).

Un hallazgo sistemático es que, a la hora de aprender nombres de objetos nuevos, los niños de 4 años prefieren quedarse con aquellos proporcionados por los informantes precisos (Clément et al., 2004; y Koenig et al., 2004). En tareas relacionadas en las que los niños eligen a quién preguntar para aprender el nombre de algún objeto nuevo, preguntan a los informantes precisos (Koenig et al., 2004). A pesar de que los niños de 3 años a menudo no respaldan de manera sistemática el testimonio de los informadores precisos en estas tareas, incluso los niños de 3 años los apoyarán de manera selectiva cuando se les presenten más datos sobre ellos. Analicemos una comparación en la que los niños ven que un informante es sistemáticamente preciso en cuatro casos y el otro informante es impreciso en cuatro casos. Luego, incluso los niños de 3 años confían en el testimonio proporcionado por el informador que fue preciso antes (Birch, Vauthier y Bloom, 2008; Pasquini et al., 2007; Scofield y Behrend, 2008). Sin embargo, si ambos informantes se equivocan al menos una vez —aunque uno de ellos dé los nombres correctos el 75% de las veces y el otro solo el 25%— los niños de 3 años ya no demuestran confianza selectiva; sí lo hacen a los 4 años de edad (Pasquini et al., 2007). Por lo tanto, los niños de 3 años en particular parecen requerir pruebas más coherentes y sin errores sobre las tendencias de los informantes para confiar en su testimonio.

No revisaré la vasta literatura que ha surgido investigando las respuestas de los niños al testimonio (véase Harris, 2012). Pero vale la pena enfatizar, para un libro sobre la creación de mentes, que el aprendizaje a partir del testimonio, aunque por supuesto social, no es meramente social: está saturado de características y comprensiones de la teoría de la mente. Para ver esto, consideremos que la precisión podría considerarse como una característica «objetiva» del testimonio de una persona: si lo que él o ella dijo estaba de acuerdo con la realidad. Sin embargo, desde el punto de vista de la teoría de la mente, las características «subjetivas» de los testigos son más importantes y especialmente relevantes. Algunas personas sin saberlo ofrecen información inexacta debido a sus propias percepciones erróneas o ignorancia. Otros de manera intencional (tal vez malévolamente) proporcionan información falsa. Y así en adelante. Debido a esta variabilidad en el conocimiento e intenciones de los informantes, son diferencialmente confiables. Para seleccionar de manera adecuada de quiénes quieren aprender, los niños necesitan penetrar en las intenciones de los testigos (por ejemplo, quieren ayudar o engañar), el conocimiento o la ignorancia de los testigos y sus rasgos epistémicos (por ejemplo, que X es siempre un mentiroso o que Y es siempre honesto). Si bien menos investigación sobre la confianza de los niños en el testimonio ha abordado estas cualidades subjetivas, cuando lo ha hecho, incluso los niños en edad preescolar aprecian también estos aspectos del testimonio.

La Consideración del Conocimiento de los Informantes

En particular, la investigación del testimonio ha comenzado a revelar cómo los niños pequeños son adecuadamente receptivos al conocimiento de los informantes, al menos en algunos escenarios. Por ejemplo, frente a un escenario en el que un informante nombra de forma correcta objetos comunes y el otro informante dice sistemáticamente «no sé», los niños de 3 años prefieren preguntar al informador preciso el nombre de un nuevo objeto, mientras que los niños de 4 años prefieren preguntar y respaldar los nombres dados por el informador más exacto que por el ignorante (Koenig y Harris, 2005). Los niños de 4 años también aceptan más la información proporcionada por los informantes que confían en sus conocimientos (Moore et al., 1989). Por ejemplo, creen en la información proporcionada por alguien que dice «sé que está en la caja roja» frente a alguien que dice «supongo que está en la caja roja» (Jaswal y Malone, 2007; Sabbagh y Baldwin, 2001). Y los niños de apenas 3 años están menos dispuestos a creer en el testimonio de una persona que no tiene acceso visual a la información relevante y, por ende, quien debiera estar desinformada (Robinson, Champion y Mitchell, 1999).

Esta receptividad al conocimiento y a las creencias, por supuesto, se condice con la floreciente comprensión de estos estados mentales representativos, los tipos de comprensiones y avances de niños de 3, 4 y 5 años analizados en los Capítulos 2, 4 y 5. De esta manera, los datos se suman a la discusión del Capítulo 3, que explora explícitamente cómo la comprensión creencia-deseo de los niños, su teoría de la mente, afecta la vida social de los preescolares. En este caso, la comprensión creencia-deseo infantil de los niños afecta su selectividad para aprender de los demás, lo que constituye una de las principales interacciones sociales en la vida de los niños pequeños.

Por supuesto, los futuros maestros y testigos pueden saber, pero actuar de manera engañosa o intencionalmente ser de poca de ayuda, incluso cruel. Así, en varios estudios, Oliver Mascaro y Dan Sperber (2009) intentaron examinar la influencia de la bondad y honestidad de los informantes en la confianza de los niños. En uno de sus estudios, los niños de 3 años claramente prefirieron el testimonio de un informante amable en lugar del testimonio de un informante que no lo era. Jonathan Lane, yo mismo y Susan Gelman (2013) identificamos igual patrón. En nuestra investigación, a niños de 3 a 6 años se les contó de dos chicos, uno de los cuales era amable («Neal es un niño que hace cosas agradables a la gente. Mira, Neal ve a otro niño que está complicado tratando de llevar una planta grande; Neal lo ayuda a llevar la planta; Neal es amable»), mientras que el otro era cruel («Mike es un muchacho que hace cosas desagradables a las personas. Mira, Mike ve a un niño complicado tratando de llevar una planta grande; Mike lo empuja y su planta cae y se rompe; Mike es cruel»). Luego los niños ven una caja cerrada y se les pide (a) que decidan a quién le quieren preguntar para averiguar lo que hay en el interior (*hacer* una pregunta). Luego, Neal y Mike declaran contenidos opuestos para la caja y a los niños se les pregunta (b) lo que ahora piensan que hay en la caja (*respaldar* la pregunta). Los niños de todas las edades escogen siempre preguntarle al amable de Neal y respaldar su respuesta por sobre la de Mike.

¿Qué pasa con los personajes que mienten? La mentira es una característica del testimonio que parece estar aún más claramente ligada a la comprensión infantil de la teoría de la mente, como analizamos en el Capítulo 3. Mascaro y Sperber (2009), en su investigación, tenían un informante (por ejemplo, un títere que era un sapo) que les daba a los niños un testimonio erróneo sobre la ubicación de un caramelo. En el caso de la mentira, el informante era descrito como un «¡gran mentiroso! Siempre dice mentiras. ¡Ten cuidado!» Luego se les presentó a los niños dos cajas, y el informante afirmaba que el caramelo estaba en una de las cajas. A los 4 años (véase el Estudio 2), la mayoría de los niños evitó la caja indicada por el sapo engañoso. Sin embargo, puede que estos resultados no reflejen la consideración de los niños de la honestidad de los informantes en particular. En el estudio de Mascaro y Sperber, a los niños no solo se les dijo que el títere era un «gran mentiroso» sino que además se les advirtió acerca de él («ten cuidado»), por lo que no está claro si las elecciones adecuadas de los niños de 4 años reflejaron la advertencia o la mentira, o ambas.

Nuestra investigación encabezada por Jonathan Lane (Lane et al., 2013) mejoró en esto. Paralelo al contraste entre Neal y Mike, que eran respectivamente amable y pesado como se acaba de describir, los niños también oyeron hablar de otras parejas como Tom y Larry. «Tom es un niño que dice la verdad. Tom es honesto. Mira, Tom tiró accidentalmente su bola por la ventana. Su madre le preguntó: "Tom, ¿rompiste la ventana?". Y Tom dijo: "sí". Tom es honesto». En contraste «Larry es un niño que dice mentiras. Larry es un mentiroso. Mira, Larry accidentalmente lanzó su bola por la ventana. Su mamá le preguntó: "Larry, ¿rompiste la ventana?". Y Larry dijo: "no". Larry es un mentiroso». Entonces, como en la comparación amable-cruel, los niños vieron una caja cerrada. Los niños de 4 años de edad y mayores siempre le preguntaron a Tom, no a Larry, —al que decía la verdad, no al mentiroso— lo que estaba en la caja, y apoyaron consistentemente la declaración de Tom, no la de Larry, sobre lo que estaba en la caja (Lane et al., 2013). Los niños de 3 años fueron menos sistemáticos; pero en esencia, teniendo en cuenta a todos los niños, la preferencia a la hora de preguntar y confiar en el informador honesto estuvo relacionada con su desempeño en una tarea separada de teoría de la mente que evaluaba su comprensión del conocimiento y la ignorancia.

La sensibilidad a la importancia del conocimiento y las creencias es importante para aprender sobre el mundo a partir de los demás en términos generales, más allá de la provisión de testimonios de otros. Recordemos de la sección anterior que los preescolares usan la información de las intervenciones de otros —a saber, sus acciones intencionales— para hacer inferencias causales. Los estados de conocimiento de los demás como actores pueden ser tan importantes como los estados de conocimiento de los testigos. Junto con Tamar Kushnir y Susan Gelman (Kushnir, Wellman y Gelman, 2008) demostramos que los niños de 3 y 4 años entienden esto.

Los preescolares vieron un detector *blicket* (que se activó cuando se colocaron algunos bloques sobre él, pero no todos) y a dos actores —dos títeres, «una ardilla y un mono»— colocar un bloque cada uno, simultáneamente, arriba de la máquina, que luego se activó. Un actor (digamos que la ardilla, aunque esto fue contrabalanceado entre los diferentes niños) fue presentado como alguien que «ha visto la máquina antes», que «sabe todo sobre ella» y que «sabe qué bloques hacen que la máquina funcione». El segundo actor (digamos que el mono) «nunca ha visto la máquina antes», «no sabe nada al respecto» y «no sabe qué bloques hacen que la máquina funcione». La ardilla y el mono tomaron un bloque cada uno, desde una pila de varios bloques, y lo colocaron sobre la máquina al mismo tiempo. Luego se le preguntó al niño qué bloque había hecho que la máquina funcionara. Los niños escogieron sistemáticamente al títere que sabía (la ardilla).

En este mismo estudio, los niños también demostraron que entendían que los actores no solo tenían que tener conocimiento; su conocimiento realmente tenía que causar acciones relevantes. Así es que en una condición de control, el títere conocedor y el ignorante recibieron bloques al azar entregados por el niño (que no sabía qué bloques eran efectivos) y colocaron *esos* bloques sobre la máquina al unísono. Ahora, cuando se les preguntó qué bloque había hecho que la máquina se encendiera, los niños eligieron al azar o dijeron que no sabían. Y en otra condición de control, la ardilla y el mono eligieron sus propios bloques, pero lo hicieron con los ojos vendados. Nuevamente en este control, los niños *no* escogieron el bloque del títere conocedor. En total, estos niños comprendieron que el bloque del títere conocedor era indicador de la intervención relevante solo cuando el títere tenía conocimiento y podía usarlo:

podía escoger intencionalmente su propio bloque y ver lo que escogía (Kushnir et al., 2008). Las comprensiones sociales basadas en la evaluación de los estados epistémicos de las personas son cruciales para aceptar (o rechazar) el testimonio e intervención de otros como especialmente informativos sobre el mundo; y a los 3 años y en particular a los 4, los preescolares ya lo saben y lo demuestran en su aprendizaje a partir de los demás.

TEORÍA DE LA TEORÍA, UNA VEZ MÁS

Según la teoría de la teoría, existen paralelos profundos y reveladores entre el desarrollo cognitivo de los niños y la ciencia. Paul Harris (2012), en su libro sobre niños y testimonios, dice:

> Soy escéptico acerca de esta analogía. Las comunidades científicas y sus distintivos modos de investigación son extremadamente tardíos, cuando se analizan frente al prolongado telón de fondo de la historia humana. Sería extraño que el desarrollo cognitivo reflejara una institución reciente y distintiva (pág. 206).

Pero el punto, para la teoría de la teoría, no es que la cognición de los niños imite a la ciencia; sino que ambas se imitan en ciertas maneras cruciales, aunque solo en algunas. Así, al final del Capítulo 6, observé que al aprender sobre la estructura causal del mundo, los científicos y los niños no solo sacan partido de la interacción crucial entre la teoría y la evidencia; participan en prácticas cognitivas necesarias que permiten y limitan la construcción teórica:

- Infieren las relaciones causales a partir de la evidencia.
- Sacan conclusiones generales a partir de pequeñas muestras de evidencia, de manera inductiva y probabilística.
- Utilizan evidencia tanto experimental como estadística para inferir relaciones causales.
- Buscan y generan explicaciones e hipótesis revisadas para datos anómalos o inesperados.
- Proponen variables no observadas para explicar datos anómalos.

A partir de este capítulo, vemos que los niños, junto con los científicos, participan también en otras prácticas importantes, generadoras de conocimiento:

- No solo prestan atención a la evidencia, sino que la generan y la buscan activamente.
- Prestan atención a la evidencia que otros generan además de sus propias investigaciones.
- Buscan a otros que saben y están dispuestos a ayudar como maestros e informantes.
- Buscan colaboradores que saben y están dispuestos a ayudar.

En resumen, los niños pequeños exploran y experimentan activamente; y se ven a sí mismos como parte de una comunidad de conocedores, y por lo tanto aprenden de los demás, no solo de la naturaleza. Para la teoría de la teoría, y para los niños, la construcción de teoría no es una actividad cognitiva pasiva; es activa y experimental. La construcción de teoría tampoco es una actividad cognitiva solitaria sino socialmente saturada. Se lleva a cabo con otros, que nos informan y guían tanto directa como indirectamente.

Imaginar a un investigador solitario aprendiendo y teorizando sobre el mundo es una caricatura de la ciencia, tal como lo es de la construcción de teoría por parte de los niños concebir un niño solo construyendo el conocimiento del mundo. Pensemos en cambio en un estudiante de postgrado atento que aprende dentro de un grupo de laboratorio interdisciplinario y colaborativo: presta atención a la evidencia que otros generan, usa esto para dar forma a sus propias investigaciones emergentes, busca maestros conocedores, indagando tanto colaboraciones como evidencias y aprende de todo ello. Los procesos de construcción de teoría explican el aprendizaje teórico de cada individuo, pero el proceso epistémico global es también característicamente colaborativo y social. Los científicos siempre hemos participado en estas prácticas epistémicas sociales, pero las utilizamos cada vez más en esta era de la ciencia interdisciplinaria de colaboración. De esta manera, nuestras prácticas científicas han venido a imitar cada vez más las prácticas cognitivas socialmente saturadas de los niños.

13

Desarrollos Posteriores

PARA LOS ADULTOS, los agentes extraordinarios, como Dios, son distintivamente diferentes de los agentes ordinarios, incluso poderosos bien conocidos como Mao Zedong. Para los adultos, el cerebro es distintivamente diferente de la mente. ¿Son los conceptos relacionados a Dios diferentes de los conceptos de las personas comunes para los niños? Si es así, ¿cuándo y cómo? ¿son diferentes los conceptos cerebrales de los conceptos mentales para los niños? Si es así, ¿cuándo y cómo? Mi tesis para ambos conjuntos de preguntas es que los conceptos de cerebro y aquellos asociados a Dios de manera similar representan desarrollos posteriores, construidos sobre una plataforma de la teoría de la mente preescolar: aquellos explorados y explicados en los Capítulos 2, 4 y 5.

Por lo tanto, para empezar, recapitularé brevemente algunos de los logros preescolares clave que configuran la infraestructura para construir estas ideas posteriores describiéndolas como logros de un dualismo ingenuo de la niñez, como en el Capítulo 2. Este logro de la infancia es evidente en nuestro propio dualismo psicofísico cotidiano adulto, que se hace evidente incluso a los 3 y 4 años de edad y abarca varias distinciones subjetivas-objetivas:

1. Los pensamientos difieren de las cosas: un pensamiento sobre el hielo es mental; el hielo mismo es físico, concreto, frío y resbaladizo.

2. Las actitudes mentales subjetivamente difieren entre los individuos: puedo pensar que un edificio de 10 pisos es realmente alto, pero alguien podría pensar que es bajo.

3. Los actos y eventos mentales privados pueden diferir de las expresiones y eventos externos: los deseos, pensamientos y sentimientos de una persona pueden estar ocultos y en disonancia con los dichos, expresiones y actos objetivos. Puedo ser profundamente infeliz, pero aun así sonreír y reír.

4. Los actos mentales difieren de los comportamientos corporales: las intenciones, los deseos y las creencias no son movimientos físicos. Puedo pensar correctamente y actuar equivocadamente, y viceversa.

Los niños muy pequeños ya se dan cuenta de muchas de estas distinciones a través de comprensiones arraigadas dentro de su teoría de la mente cotidiana. ¿Qué sucede después de estos logros preescolares? Muchas cosas, incluyendo la consolidación y automatización de las comprensiones «preescolares» que describí en el Capítulo 11. Pero aquí analizo nuevos tipos de ideas, bastante diferentes, con las que lidian y adoptan los niños mayores y los adultos.

DESDE LA COMPRENSIÓN INTUITIVA A LAS IDEAS REFLEXIVAS

Para los niños en edad preescolar, las comprensiones comunes de los agentes, las mentes y las acciones intencionales proporcionan conceptos ricos e intuitivos para la comprensión de la actividad mental y la intencionalidad. Además, los conceptos preescolares proporcionan la base para ideas reflexivas que se extienden más allá de la experiencia intuitiva. La distinción intuitivo-reflexiva que empleo aquí es imprecisa, y diferentes autores sacan lecciones diversas de ella (véase, por ejemplo, Baumard y Boyer, 2013; Sperber, 1996/2005 en la edición en español; 1997), pero es un vehículo importante para pensar en los desarrollos posteriores. Entonces, ¿cuáles son, en mi opinión, las ideas intuitivas versus las reflexivas acerca de la mente, y cómo se diferencian?

Los conceptos preescolares de actividad mental e intencionalidad, los desarrollos tempranos que describí en los Capítulos 2 y 4, aunque ellos mismos van más allá de las comprensiones de los bebés (rápidas, iniciales), son útilmente diferenciados aquí como intuitivos, en el sentido de que constituyen una manera inmediata que damos por sentado, en la cual la actividad mental (y la agencia) es entendida directamente. Es decir, sobre la base de las primeras ideas en desarrollo discutidas hasta el momento, para el niño pequeño lo mental, no menos que lo físico, parece ser una parte indudable de la realidad experimentada. Los niños, a través de sus teorías iniciales de la mente y de los objetos, dan por hecho (sin cavilación reflexiva ni esfuerzo) que hay agentes psicológicos «aquí dentro» y objetos físicos «allá afuera». Es en este nivel básico que los niños son dualistas psicofísicos. Los tipos de cosas mentales y físicas parecen provenir directamente de la percepción externa o interna (por ejemplo, la visión versus la introspección), y este tipo de cosas se diferencian claramente. Estas ideas de la infancia surgen de una intrincada interacción inferencial de datos e hipótesis, de realidad y teoría marco. Pero para el niño de 3 o 4 años, no hay mayor conciencia de estos marcos conceptuales subyacentes, ni ninguna brecha entre lo que es así y sus ideas sobre él. En este sentido, no hay reflexión sobre sus propias ideas.

Las ideas reflexivas, en contraste, son más «de segundo orden», marcadas por nociones adicionales acerca de estas realidades intuitivamente conocidas. Las ideas reflexivas requieren de un poco más de meditación reflexiva y esfuerzo, junto con el aprendizaje del desarrollo. Con la edad y la experiencia, emergen las diferenciaciones, surgen ideas *sobre* las realidades de primer orden; las realidades preescolares indudables pueden ser cuestionadas, y es posible barajar extensiones y alternativas.

(Para ser claros, entonces, aunque adoptemos una postura de proceso dual para la teoría de la mente de bebés y niños en edad preescolar, la teoría preescolar sigue siendo intuitiva y no reflexiva. Puede que las ideas preescolares representen cognición del Sistema 2 en comparación con el Sistema 1, pero siguen presentando al niño una impresión inmediata y directa de qué es qué. Las ideas reflexivas van más allá para justificar, comentar, explicar y cuestionar explícitamente las intuiciones anteriores).

En resumen, temprano en el desarrollo, los procesos inferenciales constructivistas permiten el desarrollo de sistemas conceptuales organizados (teorías intuitivas) que sirven para explicar y predecir las acciones, objetos y eventos ordinarios, tal como para distinguir los estados mentales de los físicos y las acciones intencionales de los simples movimientos corporales, descritos en los Capítulos 2, 4 y 8. La ideas reflexivas, en contraste, toman estos conceptos de «primer orden» —acciones intencionales de creencia-deseo, entidades mentales, en el caso de la teoría de la mente— como objetos y luego construyen más conscientemente sistemas conceptuales sobre ellos. Por supuesto, los filósofos participan en esfuerzos rigurosos para examinar de manera crítica y sistematizar estas ideas intuitivas y reflexivas aún más. Pero yo no estoy hablando de eso, sino de las ideas cotidianas, menos rigurosas, menos sistemáticas pero, sin embargo, ideas reflexivas de los niños más grandes.

De hecho, para analizar esta trayectoria de desarrollo más en profundidad, comparemos las ideas reflexivas cotidianas de los niños mayores y los adultos con las ideas más elaboradas de los filósofos. Los filósofos tratan de conceptualizar sistemáticamente cómo la mente puede ser en verdad homologada en el cerebro físico, ideando nociones como la superveniencia, el compatibilismo y el epifenomenalismo. Los teólogos intentan explicar de modo sistemático cómo Jesús puede ser divino y humano, ordinario y extraordinario. Creo que estas reflexiones aún más sistemáticas de los filósofos, teólogos y similares se derivan, en primer lugar, de las ideas reflexivas cotidianas de los niños y adultos típicos, que dependen, en su origen, de las ideas intuitivas de la primera infancia.

En su trabajo inicial, Jean Piaget (1967/2001 en la edición en español) intentó distinguir su interés por las ideas reflexivas de los niños mayores como entidades separadas de las comprensiones intuitivas de los niños más pequeños (véase Johnson, 2000). Él llamó a las tendencias espontáneas pero reflexivas de los niños, «filosofías de los niños». Piaget, por su parte, contrastó las nociones emergentes de reflexión fragmentaria de los niños, evidentes a partir de la edad escolar (niños con competencia operacional-concreta), como diferentes tanto de las ideas más sistemáticas y formuladas de los adultos, como de las intuiciones básicas de los niños más pequeños. Es en estas ideas más reflexivas de la niñez media en las que me enfoco en este capítulo.

Desde el punto de vista del desarrollo, creo que está claro que las ideas reflexivas surgen de la *reflexión espontánea* —los propios pensamientos reflexivos del niño— y de las *ideas colectivas*. Paul Harris (Harris y Koenig, 2006; Harris, 2012) ha argumentado que el conocimiento de los niños sobre el mundo, más allá de su experiencia, es el producto indeleble de ideas colectivas transmitidas por otros. Tal conocimiento se deriva del testimonio; no teniendo experiencia directa con cosas como el cerebro y el alma, los niños dependen de la información de otros. Las ideas colectivas son sin duda importantes, así como el testimonio, pero también lo son las propias ideas espontáneas de los niños, incluso a nivel del pensamiento reflexivo de la niñez media. Si los niños dependieran «exclusivamente de información de otros [...] su asimilación de todo tipo de ideas introducidas a través del testimonio de otros (como la omnisciencia de Dios, por ejemplo) ocurriría más rápidamente de lo que en realidad ocurre» (P. Harris, comunicación personal, 29 de octubre de 2013). A mi juicio, la aceptación (o malinterpretación) de las ideas y nociones presentadas colectivamente a los niños es un proceso constructivo, que requiere una base de inferencias espontáneas. Además, de manera crucial, estoy convencido de que las ideas reflexivas de los niños sobre la *mente*, el *cerebro*, el *alma* y *Dios* —ya sean inspiradas espontánea o colectivamente— surgen de una base de comprensión temprana, intuitiva, del estado mental.

Los procesos reflexivos amplían la comprensión de los niños (y de los adultos) más allá de las comprensiones intuitivas básicas de los estados mentales en al menos dos direcciones. Por un lado, las comprensiones preescolares enmarcan ideas más reflexivas posteriores sobre la mente y el cerebro. En este sentido, los niños desarrollan una psicología cotidiana o *folk* más elaborada y explícita que distingue el cerebro de la mente y lidian con cómo la mente inmaterial depende causalmente del cerebro físico. Por otra parte, en una segunda dirección más exótica, los niños amplían sus ideas iniciales sobre los estados y procesos mentales ordinarios y limitados para considerar aquellas sobre una actividad mental extraordinaria, enfrentándose a ideas espontáneas y colectivas sobre seres sobrenaturales, dioses, almas y omnisciencia.

IDEAS SOBRE EL PENSAMIENTO, LA MENTE Y EL CEREBRO

Durante los años preescolares, los niños se vuelven bastante competentes para hacer inferencias respecto de la interacción de las intenciones, percepciones, deseos y creencias con el fin de comprender las acciones humanas y distinguir los pensamientos sobre objetos de aquellos sobre acciones manifiestas. En la niñez media, esta teoría intuitiva se amplía hacia el desarrollo de ideas explícitas acerca de la naturaleza y función de la *mente*, y complementariamente acerca del *cerebro*. En este punto los niños logran ideas reflexivas que van más allá de las intuitivas, pero no son contraintuitivas (como pueden ser las ideas reflexivas de los niños acerca de Dios, la omnisciencia y cosas por el estilo).

¿Cuáles son los conceptos de la mente en los niños (más allá de sus concepciones de los diversos estados mentales)? ¿y cómo se construyen sobre una base de datos previa (las comprensiones intuitivas tempranas)? En parte, las ideas cada vez más ricas y reflexivas de los niños sobre la mente dependen de sus ideas cada vez más ricas y conscientes sobre el pensamiento.

Pensamiento

Como describimos en el Capítulo 2, los niños de 4 años saben que pensar es un evento mental interno que es diferente de ver, hablar o tocar y que el contenido de los pensamientos (por ejemplo, un pensamiento sobre un perro) no es físico ni tangible. De igual manera, de los 2 a los 6 años de edad, los niños pequeños llegan a captar mucho sobre la subjetividad, y por lo tanto de la diversidad de los pensamientos. Por ejemplo, si los niños de 3 años no saben lo que hay en una caja, pueden entender que Mary piensa que la caja contiene una muñeca y que Bill piensa que contiene un osito de peluche (Wellman et al., 1996).

Sin embargo, como describimos brevemente en el Capítulo 1, estos niños pequeños parecen tener poca o ninguna comprensión del flujo constante de ideas y pensamientos experimentados en la vida cotidiana y que forman parte activa del pensamiento consciente. Esto parece una parte inequívoca de la vida mental de los adultos. Al igual que las experiencias de los personajes de una novela de James Joyce, la vida mental es una corriente siempre presente de pensamientos, impresiones, autoconciencia, etcétera que conforman nuestra propia existencia e identidades. De este modo, por ejemplo, los niños de 7 años y los adultos afirman que una persona que está sentada en silencio con una expresión en blanco está experimentando «algunos pensamientos e ideas» y que es casi imposible tener una mente completamente «vacía de pensamientos e ideas» (Flavell et al., 1993, 1995, 1998). Pero los niños de 5 años y menores tienen nociones diferentes. En la investigación de John Flavell, los niños de 5 años juzgan que esa persona no tiene pensamientos. Cuando se les pide que escojan una burbuja de pensamiento que represente su estado mental, eligen una imagen completamente vacía o en blanco (Flavell et al., 1993). De hecho, no es sino hasta los 6 a 8 años de edad que los niños de manera sistemática juzgan que las personas están pensando cuando participan en tareas tales como simular (Lillard, 1993), leer, escuchar y hablar (Flavell et al., 1995), tareas que requieren claramente de ideación y cognición desde un punto de vista adulto.

Aún cuando los niños preescolares reconocen que una persona está pensando, les resulta difícil reportar la conexión de estos pensamientos con otros. A diferencia de los niños de 6 y 7 años de edad, los más pequeños son «inconscientes de la cadena de reacción intermitente de secuencias completas de pensamientos, donde cada cual es seguido cognitivamente por su sucesor» (Flavell et al., 1995, pág. 85). En algunas situaciones emocionales, los niños en edad preescolar pueden a veces informar cómo el pensar en un evento negativo previo evoca un recuerdo que conduce a una emoción triste en el presente (Lagattuta y Wellman, 2001). Pero los pensamientos que evocan otros pensamientos que a su vez producen emociones y los pensamientos que evocan otros pensamientos que a su vez producen otros pensamientos, son concepciones fáciles y frecuentes para los niños en edad escolar (Flavell et al., 1995; Lagattuta y Wellman, 2001).

En resumen, los niños mayores y los adultos conciben de manera espontánea que los pensamientos no son eventos mentales aislados, sino más bien que están embebidos en corrientes de conciencia. Del mismo modo, en la niñez media, al menos en nuestra sociedad letrada occidental-europea, los niños conciben la mente como un constructor activo de conocimiento (Carpendale y Chandler, 1996; Wellman, 1990) y como un «homúnculo» o centro de procesamiento, que puede funcionar junto con una «mente propia» (Flavell et al., 1998; Wellman y Hickling, 1994). Este tipo de ideas —ideas reflexivas espontáneas de la infancia media— contribuyen a las nociones que describo a continuación, en las cuales, más allá de los años preescolares, los niños logran profundizar la apreciación de la mente y luego del cerebro.

Mente y Cerebro

La capacidad intuitiva de los niños para distinguir estados mentales y actos particulares, deseando X y creyendo Y, sienta las bases para ideas generales acerca de funciones distintivas de la mente, tales como el pensamiento entendido de forma más general y penetrante. Pensar se convierte en una «facultad» de la mente en el sentido clásico de funciones mentales distintivas generalizadas, tales como la sensación, la volición y la actividad mental, que han sido comúnmente distinguidos desde tiempos remotos (Maher, 1900). Los actos de representación (pensar, imaginar, recordar) forman, en su conjunto, una facultad de acción mental más general. Por supuesto que los niños no utilizan el término «acción mental», pero hablan de pensar de una manera cada vez más general y extendida. El reconocimiento de tal facultad mental generalizada —pensar— ayuda a generar una perspectiva reflexiva explícita, aún más general, de la mente y el cerebro. ¿Cómo ocurre esto?

El término *mente*, y no así *cerebro*, es comúnmente usado por los niños pequeños en su lenguaje cotidiano (Corriveau, Pasquini y Harris, 2005; Wellman y Hickling, 1994). Pero los niños empiezan a mencionar el cerebro y a responder con sensatez (aunque no con precisión) a las preguntas sobre el cerebro, así como sobre la mente, hacia fines de los años preescolares. Y al hacerlo, tienden a identificar erróneamente el cerebro y la mente como el mismo tipo de cosa y a utilizar ambos términos para referirse a la facultad de la actividad mental. Por ejemplo, hace bastante tiempo, junto con Carl Johnson (Johnson y Wellman, 1982, Experimento 2) preguntamos a niños estadounidenses de primer, tercer, quinto y noveno grado si podían realizar diversos tipos de funciones sin un cerebro y, de manera separada, sin una mente. Los ítems incluyeron actos mentales (pensar, recordar), sensaciones (ver, oír), sentimientos (sentirse interesado, sentirse feliz), acciones voluntarias (caminar, hablar) y comportamientos involuntarios (respirar, estornudar). Los niños más pequeños en esta investigación, así como en otras más recientes (Richert y Harris, 2006), respondieron idénticamente cuando se les preguntó sobre el cerebro y la mente, concibiendo el cerebro y la mente por igual como el escenario de actos puramente «mentales».

Más específicamente, en los primeros años escolares, los niños tienden a explicar que solo necesitan ojos para ver, oídos para oír y piernas para caminar, tal como solo necesitan la mente (y también el cerebro) para pensar o recordar. Hacia el quinto y noveno grado, los niños en estos estudios son generalmente conscientes de que el cerebro es necesario para todas las funciones (incluidas las acciones involuntarias), mientras que consideran claramente que la mente es solo necesaria para los actos mentales y para los sentimientos (Johnson y Wellman, 1982).

Aunque incluso las ideas más tempranas sobre las funciones cerebrales son probablemente comunicadas a través de la cultura, al menos en parte (por ejemplo «utilice su cerebro» o «es un cerebrito»), estas igual reflejan los límites de las comprensiones intuitivas de los niños. Inicialmente dependientes de una conciencia intuitiva de primer orden de los estados mentales, los niños más pequeños razonan que el cerebro (= mente) es el órgano del pensamiento, pero no tienen idea de que el cerebro (≠ mente) participa en los procesos subyacentes de toda experiencia o comportamiento: ver, caminar, respirar, además de pensar. De hecho, como acabamos de mencionar, los niños más pequeños al principio suponen que la mayor parte del tiempo las personas (incluidos ellos mismos) hacen lo que tienen que hacer sin pensar en absoluto. Por lo tanto, una clave para los cambios posteriores del desarrollo es el reconocimiento de que el pensamiento no es solo una ocurrencia mental ocasional (consciente), sino que es constante. Pensar acerca del pensar promueve nociones acerca de la mente y el cerebro y sobre cómo estos dos divergen.

Una manifestación de estos desarrollos posteriores de la niñez media es que los niños llegan no solo a diferenciar los conceptos de mente y cerebro sino también a integrarlos. Aunque los estudiantes de primer grado en nuestra investigación juzgaron que el cerebro y la mente eran equivalentes a nivel funcional (y mentales), en tercero los niños juzgaron que el cerebro y la mente eran diferentes pero que estaban estrechamente interconectados, o completamente interdependientes (es decir, una persona no podía tener uno sin el otro) o que la mente era singularmente dependiente del cerebro (es decir, una persona no podría tener una mente sin un cerebro, si bien podría tener un cerebro sin una mente). De manera similar, Kathleen Corriveau, Elisabeth Pasquini y Paul Harris (2005) encontraron que los niños de 5 a 7 años exhibían una considerable confusión sobre la potencial visibilidad (y por tanto materialidad) del cerebro frente a la mente. En nuestros datos (Johnson y Wellman, 1982), con un conjunto más amplio de edades, pedimos a los niños que juzgaran por separado si el cerebro y la mente podían ser vistos y tocados al abrir una cabeza. El porcentaje de niños estadounidenses que sistemáticamente juzgó que la mente era intangible e invisible en contraste con el hecho de que el cerebro era tangible y visible fue de 0,00 en los niños de primero, 0,25 en tercero, 0,62 en quinto y 0,92 en niños de noveno grado. De este modo, más adelante en la infancia, a medida que los niños logran diferenciar la mente consciente del cerebro que funciona de manera inconsciente, también distinguen la condición ontológica del cerebro y de la mente, siendo una material y la otra inmaterial.

Las ideas que desarrollan los niños sobre el cerebro (junto con la mente) como sede de las actividades mentales y la dependencia de la mente del cerebro se confirman y amplían en estudios en los que se pide a los niños que imaginen las consecuencias de un trasplante cerebral. En varios estudios replicados (Corriveau et al., 2005; Gottfried, Gelman y Schultz, 1999; Johnson, 1990), se pidió a algunos niños que hicieran inferencias sobre las consecuencias de trasplantes imaginarios de cerebro, como entre un animal y una persona o entre dos personas. Por ejemplo, en el estudio original de Carl Johnson (1990), se contó a niños desde kínder hasta cuarto una historia sobre los atributos de un cerdito llamado Garby, que, a diferencia del niño del cuento, amaba dormir en una ruma de basura (en lugar de en una cama), tenía amigos cerditos (versus amiguitos humanos), etcétera. A los niños se les pidió después que fingieran que algo le sucedía a Garby: «vamos a hacer como si te sacáramos el cerebro de la cabeza [refiriéndose al niño participante] y lo pusiéramos dentro de la cabeza de Garby». Los resultados de este y otros estudios muestran sistemáticamente que hasta aproximadamente el segundo grado (entre los 7 y los 8 años de edad), los niños por lo general no reconocen las consecuencias profundas que un trasplante de estas características tendría sobre el ser y la identidad de una persona. Aunque los niños reconocen que el cerebro es necesario para poder pensar, los más pequeños no conciben que el cerebro esencialmente encarne los contenidos mentales personalizados (*mis* recuerdos, pensamientos), las disposiciones conductuales (*mis* preferencias) ni la identidad. Por lo tanto, aunque se requiere un cerebro para pensar, los niños no reconocen que un cerebro diferente traiga como resultado distintos pensamientos, recuerdos, preferencias y cosas por el estilo. De hecho, los niños pequeños tampoco se impresionan cuando se les pregunta acerca de las consecuencias que tendría el trasplante de todo el interior de una persona (Gottfried et al., 1999). No es sino hasta los 7 a 8 años que los niños estadounidenses comprenden que el cerebro (o algo de tipo interior mental y especial) es esencial para el ser y la identidad de una persona.

Estos estudios con preguntas sobre potenciales trasplantes señalan la diferencia entre la conciencia intuitiva de que los estados mentales ocurren privadamente, «dentro» (véase el Capítulo 2), y la idea reflexiva de que tales estados son en esencia dependientes, para su identidad, de un «interior» corporal. La conciencia preescolar intuitiva de que los estados mentales —deseos, sentimientos, pensamientos, etcétera— son cosas de tipo privado no incluye la idea de que se necesite algo en el cuerpo para tales estados ni que tal encarnación individualice los estados mentales. Los niños adquieren gradualmente la idea de que la actividad mental depende a nivel más profundo de un cerebro funcional, tal como lo hacen otras actividades (caminar, ver, respirar).

Las ideas cada vez más reflexivas de los niños sobre la mente y el cerebro son indudablemente influenciadas por la cultura. El conocimiento sobre la función cerebral es ciertamente un logro colectivo y cultural. A lo largo de la historia y las sociedades, por ejemplo, ha habido diferentes ideas acerca de dónde se producen en el cuerpo los atributos mentales (Wierzbicka, 1992): en la cabeza, en el corazón, en las vísceras. En este sentido, la fijación en el cerebro per se (más que en el corazón, la cabeza o la boca) para la encarnación de la mente es una idea reflexiva apoyada nivel colectivo. Sin embargo, al mismo tiempo, todas las culturas, en apariencia, distinguen las facultades como la percepción, vinculadas con partes externas del cuerpo, del pensamiento, que ocurre internamente. Además, los lenguajes, en la metáfora y de otras formas, suelen asociar el pensamiento con la cabeza (Lakoff y Johnson, 1980/1986 en la edición en español). Esta es una idea generalizada, aunque quizás no universal. Por ejemplo, los lenguajes de señas usan gestos con las manos para designar ciertos significados; y estos gestos también se encuentran típicamente en un lugar u otro dentro del espacio corporal de quien habla. En todo el mundo, los lenguajes de señas usan gestos ubicados en la región de la cabeza para designar conceptos como pensar, recordar, imaginar y similares (Thompson, Vinson, Woll y Vigliocco, 2012).

En resumen, pensar acerca del acto de pensar y, por otra parte, pensar en la mente (y en el cerebro), no es algo que se completa con el desarrollo de las comprensiones preescolares. En cambio, esas comprensiones intuitivas dan forma (y al principio limitan) el desarrollo de ideas reflexivas. Sobre la base de un sentido inicial limitado de que los actos mentales ocurren de vez en cuando, y no de manera sistemática, los niños piensan más y más sobre el hecho de pensar, incluyendo las primeras ideas, bastante pobres, sobre el pensamiento como algo penetrante y sobre la mente como el órgano de la actividad mental. Luego desarrollan ideas reflexivas posteriores sobre la mente y el cerebro, que se originan y toman forma a partir de la información colectiva proporcionada culturalmente, pero también de la reflexión espontánea.

DE LO INMANENTE A LO TRASCENDENTE

Paralelo a sus ideas en desarrollo sobre el funcionamiento interno de la mente/ cerebro pensante, los niños en edad escolar también están desarrollando ideas acerca de la posibilidad de que la actividad mental trascienda por completo las fronteras del cuerpo inmanente. Destaco tres ilustraciones de estas posibilidades trascendentales. Primero, consideremos los seres sobrenaturales. Los niños imaginan fácilmente la posibilidad de un ente sobrenatural cuya actividad mental trasciende las limitaciones humanas ordinarias: de conocimiento, sensoriales, corporales. Esto nos lleva a una segunda ilustración, centrada en las concepciones en desarrollo de la omnisciencia en los niños. Por último, reviso la evidencia emergente de que muchos niños infieren que las funciones mentales pueden continuar más allá de la muerte física. Importantes en sí mismas, tales consideraciones reflexivas de algún tipo de vida después de la muerte llevan a menudo a desarrollar conceptos sobre el «alma». Estas ideas reflexivas no solo van más allá de las ideas intuitivas anteriores; son contraintuitivas en diversos grados.

La Trascendencia de las Mentes Ordinarias: Seres Sobrenaturales

La actividad mental está encarnada ordinariamente. Por lo tanto, puede resultar, por ejemplo, en acciones intencionales concretas. Pero la concepción *reflexiva* de la actividad mental en la niñez, como mostramos en la última sección, no vincula necesaria ni estrechamente la mente con el cuerpo. En cambio, las ideas reflexivas iniciales sobre la mente y el cerebro mantienen una fuerte división entre la mente (y su área de actividad, pensar, recordar, imaginar) y el cuerpo y su respectiva área de actividad (actuar, percibir). Esta capacidad emergente para reflejar y distinguir categóricamente la existencia de la actividad mental, independiente de su encarnación normal, proporciona la base no solo para concebir la mente y el cerebro, sino también para imaginar más ampliamente la existencia de seres sobrenaturales.

Retrocediendo un poco, los niños (y los adultos) oyen acerca de y confrontan no solo a los agentes humanos ordinarios, sino también a los agentes que poseen capacidades extraordinarias, que son distintivamente no humanas. Charles Darwin señaló en su ensayo *Descent of Man* (1898/1966 en la edición en español *El Origen del Hombre*) que «la creencia en los agentes espirituales omnipresentes parece ser universal». De hecho, muchas de las religiones del mundo creen en seres que poseen capacidades mentales extraordinarias como la omnisciencia (Campbell, 1972/1994 en la edición en español; Pickover, 2001). Además, los programas de televisión, las películas y los mitos están plagados de personajes que poseen capacidades perceptivas y mentales excepcionales (por ejemplo, como visión de rayos X); y los tabloides y la ciencia ficción hablan de personas con percepción extra sensorial y telequinesis. Una pregunta interesante es, ¿por qué las creencias acerca de mentes extraordinarias son tan atractivas y generalizadas? Dan Sperber (1994), al desarrollar un análisis de la «epidemiología de las creencias», pregunta, ¿por qué tales creencias son contagiosas? Y la pregunta de desarrollo complementaria, pero anterior, se cuestiona: ¿cómo la gente llega a entender las mentes menos limitadas de estos agentes?

La ciencia cognitiva reciente de la religión (por ejemplo, McCauley y Whitehouse, 2005) se ha centrado en cómo tales ideas se forman naturalmente y se adquieren, difunden y retienen con facilidad: la hipótesis de la «naturalidad de la religión» (Barrett, 2000; Boyer, 1994). Así, en esta postura, la cognición sobre el conocimiento sobrenatural comienza como algo ordinario. Desde el punto de vista del desarrollo, mi planteamiento es que pensar en seres sobrenaturales comienza a partir de comprensiones intuitivas de seres ordinarios, adornados con procesos de cognición comunes y corrientes. Con un mayor desarrollo, los niños pueden generar reflexivamente nuevas ideas —y de hecho lo hacen—, sobre lo extraordinario, y pueden procesar las enseñanzas al respecto, y manejar nociones colectivas sobre lo extraordinario. Esta postura es una variante de una *hipótesis de antropomorfismo* (Boyer, 1994; Piaget 1967/2001 en la edición en español) que propone que los niños atribuyen al principio a todos los agentes las mismas características y límites psicológicos que atribuyen a los humanos comunes y corrientes y, más tarde, logran diferenciar las mentes ordinarias de las extraordinarias.

Un argumento clave es que las ideas colectivas sobre seres sobrenaturales (como Dios, los superhéroes, etcétera) se destacan como cognitivamente atractivas y memorables (contagiosas) porque están marcadas por combinaciones cognitivamente viables de propiedades intuitivas y contraintuitivas (Atran, 2002; Boyer, 1994). «Contraintuitivo» aquí significa transgredir algunos de los aspectos dados, incuestionables, de la teoría intuitiva de la infancia, tal y como la he descrito. De hecho, hasta cierto punto, los atributos sobrenaturales solo pueden ser distinguidos (o imaginados) como extraordinarios en contraste con un contexto diferente de restricciones intuitivas ordinarias. La transgresión de estas hace que estos seres sean especiales, mientras que el fondo intuitivo (junto con la violación de *algunas* limitaciones ordinarias, no todas) hace que estos seres sean inteligibles. De esta forma, en esta postura, las ideas sobrenaturales emergen a raíz de la reflexión, pero necesariamente contra un contexto de limitación intuitiva.

Pascal Boyer (1994, 2001) y Justin Barrett (2000) han resumido cómo las ideas sobre seres sobrenaturales pueden ser creadas y aceptadas (naturalmente) de la siguiente manera:

1. Comience con la idea básica de un agente.
2. Sáquelo del cuerpo y modifíquelo de manera inusual (hágalo infalible).
3. Utilice a estos seres sobrenaturales para pensar sobre ocurrencias difíciles de explicar (difícilmente dada la psicología ingenua intuitiva, la física y la biología), por ejemplo, cómo alguien que está en coma, prácticamente muerto, vuelve a la vida.
4. Haga que otros se refieran de manera persuasiva a los seres sobrenaturales para fines explicativos, además de involucrarse mutuamente en prácticas que hacen que las acciones y seres sobrenaturales sean memorables e importantes a través de rituales especiales, prácticas secretas y con «grandeza emocional» convincente.

Desarrollo

Analicemos una postura de desarrollo, de antropomorfismo, más en profundidad. Por ejemplo, según este planteamiento, cuando los niños comienzan a apreciar que la gente común puede ser ignorante o tener falsas creencias, atribuyen las mismas limitaciones cognitivas a todos los seres, tanto ordinarios como extraordinarios. Antes de eso, los niños no comprenden la distinción entre los estados de creencia (potencialmente falibles) y la realidad, por lo que si se les pide juzgar creencias, simplemente reportan estados de realidad para los agentes humanos y no humanos por igual. Solo más tarde se desarrollaría la capacidad de imaginar fácilmente la posibilidad de lo sobrenatural. En este punto, los niños empezarían a distinguir de forma espontánea entre la causalidad ordinaria y la extraordinaria, imaginando o aceptando fácilmente la posibilidad de todo tipo de superpoderes.

Sin embargo, tanto históricamente como en la investigación contemporánea, una perspectiva contrastante también es evidente. Durante el Romanticismo se argumentaba que los niños eran «cercanos a Dios» y que tenían una comprensión inicial de las cosas que trascendía el nivel de los adultos, cuyas mentes habían sido contaminadas por la práctica y la experiencia. Esta postura del Romanticismo es replicada por una perspectiva contemporánea de «preparación» sobre la comprensión de los niños de lo extraordinario. En un influyente estudio, Justin Barrett y sus colegas (Barrett et al., 2001) compararon una hipótesis de *preparación* con un planteamiento de antropomorfismo y siguieron elaborando esta alternativa en ensayos posteriores (Richert y Barrett, 2005). Según este planteamiento de preparación, los sesgos socio-cognitivos tempranos de los niños pequeños (por ejemplo, el no atribuir falsas creencias a los agentes) respaldan directamente la comprensión de las capacidades mentales extraordinarias. En esta línea, Barrett (2000) ha argumentado que antes de que los niños comprendan las limitaciones mentales (por ejemplo, la ignorancia, el error o las falsas creencias), no se limitan a utilizar la realidad para atribuir los estados mentales de los agentes (como en la hipótesis del antropomorfismo); más bien, creen activamente que los agentes lo saben todo. Por consiguiente, cuando los niños comienzan a atribuir una falibilidad mental particular (como las falsas creencias, por ejemplo) a los seres humanos ordinarios, pueden simplemente seguir atribuyendo estados y capacidades mentales infalibles a Dios.

De hecho, en su estudio inicial, Barrett y sus colegas (2001) demostraron que cuando los niños logran identificar las limitaciones humanas ordinarias del conocimiento y la creencia, reconocen que Dios tiene otros poderes. Utilizando una tarea de contenidos sorpresivos, la medición estándar de la comprensión de falsas creencias en los niños, Barrett et al. (2001) compararon las inferencias infantiles sobre Dios versus Mamá. A los niños se les presentó una caja de galletas saladas que ellos esperaban contuviese galletas. Luego la caja fue abierta y se vio que contenía pequeñas piedras. Al cerrar la caja nuevamente, se pidió a los niños que adivinaran lo que Mamá, o Dios, pensarían que había en la caja, cuando se les presentó por primera vez, cerrada y sin abrir. Los investigadores determinaron que, antes de los 4 años, los niños asumían que Mamá y Dios responderían que la caja contenía piedras (clásico error de falsa-creencia, que evidencia que no comprenden las creencias, conocimientos ni falsas creencias).

Sin embargo, un poco más grandes, una vez que reconocían los límites del conocimiento humano (Mamá puede estar equivocada), concedían un poder más especial a Dios. Mamá no sabría qué contenía la caja, pero Dios sí.

Si bien son muy interesantes, estos hallazgos y la propia hipótesis de preparación plantean varias preguntas, tanto empíricas como conceptuales. Primero, cuando los niños muy pequeños atribuyen conocimiento y creencias infalibles a las personas (o Dioses), sus respuestas pueden simplemente reflejar un sesgo temprano de la realidad, como acabo de argumentar; podrían responder contestando la realidad de la situación sin considerar para nada las habilidades mentales de los agentes (Evans y Wellman, 2006; Wellman y Bartsch, 1988). La pregunta realmente interesante entonces es lo que los niños atribuyen a Dios cuando *recién* empiezan a distinguir entre el estado actual de la realidad y las representaciones mentales de la gente (a menudo inexactas) de dicha realidad. En particular, en el momento en que empiezan a atribuir falsas creencias o ignorancia a los seres humanos, ¿atribuyen los niños conocimiento y creencias falibles también a Dios, como propone la hipótesis del antropomorfismo, o conocimiento y creencias infalibles, tal como lo plantea la hipótesis de preparación?

Aquí se necesita una mirada de desarrollo más precisa, ya que en una época aún más avanzada, cuando los niños han desarrollado una comprensión más robusta de las capacidades mentales falibles, alrededor de los 5 a 6 años por decir una edad, tanto la hipótesis de preparación como la del antropomorfismo predicen que los niños serán capaces de atribuir capacidades mentales más infalibles a Dios, siempre que hayan sido expuestos a tal información acerca de Dios. Particularmente, sin embargo, la hipótesis de preparación predice que tal entendimiento a la edad de 5 y 6 años reflejaría una *continuación* de la comprensión temprana que tienen los niños por defecto de las mentes extraordinarias. La hipótesis del antropomorfismo, en contraste, postula que tal comprensión a los 5 y 6 años indica que los niños están comenzando a dejar atrás su tendencia anterior a «antropomorfizar» a todos los agentes.

Para probar mejor estas dos hipótesis, es necesario muestrear a los niños dentro del rango de edad apropiado y analizar los datos de una manera sensible, relacionada con la edad, para encontrar y evaluar la ventana crítica de cuándo los niños atribuyen correctamente las capacidades mentales falibles a los humanos. Barrett y sus colegas (2001) simplemente agruparon a niños de 3, 4 y 5 años en bloques de edades de un año. Esos agrupamientos amplios en edad pueden haber enmascarado la ventana crítica de desarrollo durante la cual los niños comienzan a atribuir limitaciones a los agentes humanos (y de igual forma podrían haber atribuido —o no— limitaciones humanas a agentes no humanos).

La falta de un muestreo de edad y de un análisis más preciso, debido a que diferentes muestras o grupos de edad podrían captar distintamente la ventana de desarrollo crítico, también podría conducir a resultados inconsistentes entre los estudios. De hecho, aunque los hallazgos iniciales de Barrett (Barrett et al., 2001) fueron replicados con una muestra de niños mayas yucatecos cuya cultura adoptó al Dios Católico (Knight, Sousa, Barrett y Atran, 2004), y Richert y Barrett (2005) informaron de datos conformes a una trayectoria de preparación para el desempeño de los niños en un conjunto de diversas pruebas de conocimiento-ignorancia, otros investigadores han hecho hallazgos que entran en conflicto con los de Barrett y sus colegas.

Por ejemplo, utilizando una tarea de conocimiento-ignorancia de menor grado de dificultad, Nikos Makris y Dimitris Pnevmatikos (2007) determinaron que los niños griegos de 3 y 4 años atribuían sistemáticamente la ignorancia tanto a un ser humano como a Dios. Marta Giménez-Dasí, Silvia Guerrero y Paul Harris (2005) pidieron a niños españoles de 3 a 5 años de edad, criados en escuelas religiosas o laicas (que los padres seleccionaron a propósito por ser laicas), que juzgaran las capacidades de un amigo y las de Dios en una tarea de falsa-creencia de contenido sorpresivo. Los investigadores determinaron que los niños de 4 años negaban sistemáticamente el conocimiento extraordinario (es decir, atribuían falsas creencias) tanto a su amigo como a Dios. Esto sucedió tanto con los niños educados en escuelas religiosas como laicas. Recién a los 5 años los niños comenzaron a distinguir que su amigo podía ignorar lo que estaba oculto en el contenedor cerrado, mientras que Dios sabría lo que contenía. Estos hallazgos de Makris y Pnevmatikos (2007) y Giménez-Dasí y sus colegas (2005) coinciden con la hipótesis del antropomorfismo, pero entran en conflicto con la postura de la preparación.

Para resolver estas conclusiones contradictorias, junto con Jonathan Lane y Margaret Evans (Lane, Wellman y Evans, 2010) pedimos a niños que hicieran juicios y razonaran sobre el conocimiento y las creencias de agentes con habilidades perceptivas y mentales contrastantes: seres humanos comunes; Heroman, que «puede ver a través de las cosas»; Mr. Smart, que «sabe todo» sin mirar; y Dios. Crucialmente, hicimos un muestreo amplio de niños de una edad en la que estaban empezando a atribuir la ignorancia y las falsas creencias a los humanos comunes. En los análisis focales, los niños (en esencia, niños de 4 años de edad) que empezaban a comprender las limitaciones mentales de los agentes ordinarios (su ignorancia y creencias falibles) atribuyeron esas mismas limitaciones a las mentes de Mr. Smart y Dios. Solo los niños mayores (del grupo de 4 años, así como los de más edad) diferenciaron entre las capacidades mentales falibles (y la ignorancia y creencias equivocadas resultantes) de los seres humanos y las capacidades y estados mentales menos limitados de Dios y Mr. Smart. De este modo, nuestros hallazgos aportan evidencia clara en apoyo de la hipótesis del antropomorfismo y ayudan a conciliar anteriores contradicciones aparentes.

Curiosamente, los niños menores del grupo de 4 años de nuestro estudio (Lane, Wellman y Evans, 2010) a menudo identificaron que las habilidades *perceptivas* excepcionales de algunos agentes (como por ejemplo, la visión de rayos X de Heroman) podían conducir a un conocimiento y creencias más precisos, aún cuando todavía no identificaban las habilidades *mentales* extraordinarias (saber todo sin mirar). Una de las razones por las que los niños podrían identificar temprano las capacidades perceptivas excepcionales es porque estas son a simple vista más o menos limitadas entre los seres humanos y los animales: algunas personas ven bien sin lentes, otras los necesitan; los perros pueden oír silbatos de perro silenciosos; y los murciélagos manejan una ecolocalización que les permite navegar en la oscuridad. Pero, además, la comprensión temprana de las habilidades perceptivas excepcionales por parte de los niños puede reflejar la exposición a «testimonios» y medios en los que los personajes poseen capacidades especiales (por ejemplo, la ecolocalización de un murciélago, la visión de rayos X de Superman).

Cabe destacar que los niños a menudo no solo oyen hablar de habilidades perceptivas excepcionales, sino también de habilidades mentales extraordinarias a través de diversos estímulos socioculturales informales y formales (Bergstrom, Moehlmann y Boyer, 2006; Harris y Koenig, 2006), como el amplio discurso padre-hijo, historias orales e impresas, películas, además de exposición formal e informal a doctrinas religiosas. De manera crucial, el testimonio social colectivo de estas diversas formas puede tener efectos poderosos en el desarrollo conceptual de los niños (Shweder et al., 2006), aunque esta información no se proporcione de manera intencionalmente didáctica (Atran y Sperber, 1991). Por ejemplo, como analizamos en el Capítulo 7, un gran cuerpo de investigación demuestra relaciones predictivas entre el estímulo social cotidiano (por ejemplo, las conversaciones entre los padres y los hijos sobre los estados mentales) y la comprensión en desarrollo de las mentes humanas ordinarias (y recordemos, por ejemplo, la información sobre niños no oyentes, como analizamos en el Capítulo 5). Además, está claro que los estímulos sociales tienen un efecto sobre los juicios de los niños mayores, como por ejemplo, la extraordinaria habilidad de Dios para crear el mundo (Evans, 2001).

Nuestros resultados precisos (Lane et al., 2010) hacen improbable que los niños pequeños estén cognitivamente *preparados* para comprender las capacidades mentales extraordinarias. Los niños pequeños atribuyen a Dios la ignorancia y falsas creencias ordinarias (y, como veremos, la muerte). No obstante, cuando los niños empiezan a identificar las capacidades mentales de los agentes extraordinarios, la exposición a las doctrinas religiosas podría ciertamente *facilitar* la adquisición y aplicación de conceptos de capacidades mentales sobrehumanas. En particular, los niños que están fuertemente expuestos a ideas sobre agentes con habilidades cognitivas extraordinarias (por ejemplo, doctrinas y testimonios acerca de la omnisciencia de Dios) pueden resistirse con mayor facilidad a atribuir limitaciones cognitivas (por ejemplo, falsas creencias) a tales agentes. Pero es curioso lo poco que se sabe sobre los efectos que tendrían este tipo de estímulos, y la exposición focal a las ideas religiosas, sobre los conceptos en desarrollo de los niños acerca de las mentes extraordinarias.

Para abordar estos temas de manera parcial, en nuevas investigaciones encabezadas nuevamente por Jonathan Lane (Lane, Wellman y Evans, 2012), se evaluó a niños en edad preescolar con educación religiosa con las mismas pruebas de teoría de la mente usadas en nuestro primer estudio (Lane, Wellman y Evans, 2010), y otra vez los niños fueron muestreados de manera precisa según su edad. Estos niños sujetos a una formación religiosa demostraron los mismos patrones de desarrollo que los niños criados de manera laica: cuando atribuyeron por primera vez estados mentales falibles a los seres humanos ordinarios (como Mamá), también atribuyeron estados falibles (por ejemplo, falsas creencias) a Mr. Smart y a Dios. En particular, aunque Barrett y sus colegas han afirmado que a los niños les resultará especialmente fácil entender la infalibilidad de *Dios* (Richert y Barrett, 2005), para estos niños educados religiosamente resultó más fácil comprender primero los poderes especiales de Mr. Smart (cuando proporcionamos instrucción y demostración en terreno) y lo hicieron antes de comprender los de Dios.

Omnisciencia

Incluso cuando los niños empiezan a comprender la posibilidad de que haya mentes extraordinarias, es importante reconocer la sencillez de estas ideas iniciales, al menos en los estudios analizados hasta ahora. En particular, los ítems realmente probados no dejan claro si tales juicios preescolares indican una aceptación temprana o fácil de la omnisciencia.

Claramente, los adultos de todo el mundo creen hasta cierto punto en seres con omnisciencia. La idea de un Dios omnisciente, o que lo sabe todo, está inserta en los sistemas de creencias del Judaísmo, el Cristianismo y el

Islam (Armstrong, 1993/1995 en la edición en español). Además, el Budismo sostiene que Gautama Buddha alcanzó un estado iluminado en el que poseía un conocimiento extraordinario (Pyysiäinen, 2004), y Vishnu, un dios hindú supremo, también es descrito como omnisciente (Kumar, 1998). Los conceptos de seres omniscientes no solo se encuentran entre las religiones más difundidas del mundo, sino que las cualidades «omni», como la omnisciencia y la omnipotencia, son fundamentales para las conceptualizaciones personales de un Dios para muchos individuos (Barrett, 1998; Gorsuch, 1968; Kunkel, Cook, Meshel, Daughtry y Hauenstein, 1999; Noffke y McFadden, 2001; Spilka, Armatas y Nussbaum, 1964). Sin embargo, aunque tales ideas son ampliamente respaldadas, pueden ser particularmente difíciles para nosotros de representar plenamente de manera cognitiva porque son contraintuitivas; no están en consonancia con nuestras intuiciones cotidianas (ni con las intuiciones de los preescolares) sobre las mentes humanas que, por el contrario, son falibles y están sujetas a la ignorancia y a las percepciones erróneas.

En contraste con la conciencia ordinaria, la omnisciencia se refiere a saberlo todo. Como explica el teólogo James Packer:

> Las escrituras declaran que los ojos de Dios están en todas partes […]. Busca en todos los corazones y observa las formas de ser de cada uno […]. En otras palabras, él sabe todo sobre todo y todos en todo momento. Además, conoce el futuro no menos que el pasado y el presente […]. Tampoco tiene que «acceder» a la información sobre cosas, como una computadora puede acceder a un archivo; todo su conocimiento está siempre inmediata y directamente ante su mente (Packer, 1993, págs. 31-32).

Las ideas de la mente profundamente extraordinaria de Dios también se encuentran en los textos de otras religiones monoteístas modernas. Por ejemplo, el Corán proclama que «Alá sabe todo lo que está en los cielos y en la tierra […]. Verdaderamente, Alá es el conocedor de todo» (Surah Al-Mujadila, Corán, 58:7). Tal mente es radicalmente diferente de las mentes humanas con las que interactuamos a diario, que son imperfectas y propensas a la ignorancia. Tal mente es radicalmente, no modestamente, contraintuitiva.

La omnisciencia, entonces, vuelve a plantear los problemas de las posturas de preparación y del antropomorfismo, en este nuevo contexto. De este tema, Barrett y sus colegas (Barrett et al., 2001; Richert y Barrett, 2005) han argumentado que los niños están preparados para representar y creer en seres omniscientes o mentalmente infalibles; así que para representar estas ideas más tarde en el desarrollo, solo se requiere que el niño se aferre a estas ideas intuitivas en la edad adulta. Barrett y Richert dedujeron entonces que, «en muchas propiedades, los niños pequeños parecen equipados con suposiciones por defecto que coinciden mejor con las descripciones teológicas de Dios que las concepciones adultas de las personas. Los niños de 3 años dan por hecho que las creencias y las percepciones son infalibles» (2003, pág. 309). Otros investigadores han llegado a conclusiones similares, tal como lo afirma Greene (2011): «A los niños en particular les resulta muy fácil pensar de maneras religiosas, como creer en la omnisciencia de Dios».

Cabe destacar que ambas posturas —el antropomorfismo y la preparación— aceptan que hacia los 5 años los niños de diversos contextos socioculturales pueden distinguir entre el conocimiento (mejorado y menos limitado) de Dios y el conocimiento (más falible y limitado) de los seres humanos común y corrientes, al menos cuando se trata de conocer el contenido de contenedores cerrados o que no permiten ver su interior. Estos son los datos que acabo de analizar, en los cuales, hacia los 5 o 6 años, la mayoría de los niños en las muestras de Estados Unidos, Grecia, España y Yucatán creen que Dios tendrá un desempeño correcto (no incorrecto) en las tareas de falsas-creencias (Giménez-Dasí et al., 2005; Knight et al., 2004; Lane et al., 2010, 2012; Makris y Pnevmatikos, 2007). Por otra parte, los estadounidenses de 5 años atribuyen fácilmente este tipo de conocimiento extraordinario a un ser novedoso que, según les enseñan, lo «sabe todo»: Mr. Smart (Lane et al., 2010, 2012). Pero esta atribución hacia los 5 y 6 años de un conocimiento privilegiado tanto a Dios como a los demás, ¿es reflejo de algo similar a una atribución de omnisciencia?

Para indagar sobre esto, en investigaciones recientes, junto con Jonathan Lane y Margaret Evans (Lane, Wellman y Evans, 2013) evaluamos la comprensión de niños de preescolar, niños de primaria y adultos en cuanto a la amplitud y profundidad del conocimiento de un ser que todo lo sabe. Por «amplitud» nos referimos a los diferentes tipos de conocimiento que alguien posee; aquí nos centramos en el saber de un agente que conoce todos los hechos del pasado, presente y futuro, así como las actividades y estados privados de otros (por ejemplo, sus pensamientos, preferencias y acciones).

Con «profundidad», en cambio, nos referimos a la cantidad de conocimiento que alguien posee dentro de una sola área o tema. Para evaluar esta comprensión, examinamos cuándo los niños empezaron a darse cuenta de que el conocimiento de un agente omnisciente supera el conocimiento de los expertos, incluso dentro de los campos de dominio de estos mismos expertos. Para entender esto, los niños deben hacer la distinción entre saber mucho acerca de un dominio específico (como por ejemplo sobre medicina), es decir, ser *experto*, en comparación con saber *todo* acerca de ese dominio, o de hecho todo sobre *todos* los dominios, es decir, ser *omnisciente*.

Estos aspectos del conocimiento no solo son adecuadamente amplios para la consideración de la omnisciencia, sino que la atribución de estos tipos de conocimiento por los niños a seres extraordinarios podría revelar una progresión del desarrollo en la comprensión de las mentes extraordinarias. Si bien los preescolares más grandes conceden un conocimiento omnisciente al agente sobre ciertos hechos en las tareas estándar de conocimiento-ignorancia y falsas-creencias, ¿se resisten o aceptan la idea de que un agente extraordinario pueda tener conocimiento sobre el futuro o conocimiento de la mente de los demás, o un conocimiento completo de todos los dominios de especialización? Es decir, ¿puede saber todo sobre todo y sobre todos?

Entonces examinamos cuidadosamente (Lane, Wellman y Evans, 2014) la amplitud del conocimiento (es decir, los tipos de conocimiento) y la profundidad del mismo (la cantidad de conocimiento dentro de los distintos dominios) que preescolares, niños de primaria y adultos atribuían a un ser que conoce todo. Hicimos esto en Estados Unidos, un contexto cultural en el que la creencia en los seres que conocen todo es predominante: más del 90% de la población estadounidense cree en un Dios (Pew Research Center, 2008).

En nuestra investigación, los preescolares fueron sistemáticamente conservadores en sus atribuciones de conocimiento, a menudo informando que una mente omnisciente sería ignorante de muchas cosas, siendo completamente incapaces de comprender la profundidad del conocimiento omnisciente (es decir, que una mente omnisciente sabría más acerca de un determinado campo o dominio que incluso un experto). Con el paso de los años, los niños se acercaron gradualmente a la comprensión de la omnisciencia, atribuyendo un conocimiento más amplio y más profundo a un agente omnisciente, si bien solo los adultos comprendieron la profundidad del conocimiento abarcado por la omnisciencia (Lane, Wellman et al., 2013).

Los factores socioculturales (por ejemplo, la exposición a ideas colectivas acerca de Dios) se correlacionaron con la comprensión de la omnisciencia por parte de los niños. Pero incluso los niños más pequeños con una formación religiosa subestimaron sistemáticamente el conocimiento de un ser «omnisciente». Los factores cognitivos (una comprensión del infinito, y una capacidad de concebir la posibilidad de fenómenos improbables) también se correlacionaron con la comprensión de los niños de la omnisciencia. Solo en la infancia media, en la medida que los niños manejan cada vez más las nociones de lo ilimitado de manera más general (el infinito, números ilimitados, etcétera), también comienzan a manejar cada vez más nociones más amplias y profundas de la omnisciencia. Estos hallazgos demuestran entonces que la comprensión de las mentes extraordinarias está anclada en las representaciones infantiles de mentes humanas falibles y limitadas, que hacen posible y a la vez limitan las comprensiones de las mentes que no son humanas.

Esta tensión de desarrollo entre «hacer posible» y «limitar» deja su huella en la cognición del adulto. Para la mayoría de nosotros, incluso como adultos, las ideas de cosas como la omnisciencia, aunque espontáneamente imaginables en forma lógica, siguen siendo difíciles de comprender de una manera coherente y significativa. Por lo tanto, aunque la alteridad radical de Dios es comúnmente reconocida y explicada en la teoría teológica, estas ideas parecen tener mucho menos impacto en la práctica religiosa ordinaria tanto en los adultos como en los niños. En este sentido, Justin Barrett y Frank Keil (1996) pidieron a adultos que hicieran juicios sobre las cualidades de Dios en dos contextos. Cuando se les preguntó simplemente acerca de los poderes de Dios, los adultos respaldaron con facilidad la alteridad radical de Dios; por ejemplo, afirmaron que Dios era omnisciente y que no estaba sujeto a limitaciones perceptivas. Pero cuando se les pidió que hicieran inferencias acerca de Dios en un contexto narrativo, los mismos individuos inevitablemente interpretaron que los actos excepcionales ocurrían dentro de otras limitaciones más comunes; por ejemplo, Dios solo puede atender un número limitado de oraciones a la vez. En otras palabras, la idea radicalmente contraintuitiva de un ser completamente ilimitado les resultó escurridiza, en el mejor de los casos, cuando intentaron dar sentido al comportamiento de Dios en un contexto. De este modo, aunque los adultos pueden asegurar que creen en la omnisciencia total de ciertos agentes, en su razonamiento cotidiano, vuelven a pensar en los agentes extraordinarios (incluso en Dios) como poseedores de una mente poderosa pero *limitada*, de tipo más humano.

La dificultad en la conceptualización de la omnisciencia total ha sido evidente para los teólogos durante siglos (Aquinas, 1265-1274/2006 edición en inglés/Aquino, 2010 en la edición en español; Agustín, 1844/1981 en la edición en español). Como han señalado los teólogos durante mucho tiempo, no se puede decir mucho sobre un ser que es totalmente «otro». Sin límites, la acción pierde significado y sentido; sin algún tipo de humanidad, la acción completamente extraña también pierde su drama y propósito. Más aún, desde el punto de vista del desarrollo, inicialmente es desde los límites —las limitaciones que la psicología intuitiva atribuye a las mentes ordinarias y las vidas de los agentes intencionales— que surgen las ideas sobrenaturales, pues la reflexión imagina la suspensión de esos límites ordinarios.

La Trascendencia de la Muerte

Los dioses no son solo (por lo general) omniscientes, sino también (a menudo) inmortales (así como omnipotentes). Incluso cuando se consideran simples seres humanos, según la *Harris Poll* de 2005, aproximadamente 6 de cada 10 estadounidenses cree en el infierno (esa forma diabólica de vida después de la muerte) y alrededor de 7 de cada 10 creen en una vida celestial después de la muerte. Las ideas iniciales de la infancia sobre la inmortalidad o la vida después de la muerte han sido estudiadas y ayudan a reforzar la historia que comenzamos antes con la omnisciencia. Como ya señalamos, durante la niñez media, los niños se vuelven cada vez más conscientes de la diferenciación entre el cerebro (cuerpo) y la mente (actividad mental). Esto les ayuda crecientemente a concebir la posibilidad de que la mente pueda trascender la muerte del cuerpo.

En los primeros años escolares, la mayoría de los niños llega a comprender que la muerte termina con las funciones corporales, que afecta a todos los seres vivos y que es irreversible (Slaughter, Jaakkola y Carey, 1999). Esta es una comprensión lograda en la primera infancia como parte de una biología ingenua en desarrollo; hacia los primeros años de escolaridad, esto es intuitivamente de sentido común. Pero ¿qué pasa con Dios? Una vez más, Dios se vuelve especial. En un estudio mencionado anteriormente de Giménez-Dasí et al. (2005), estos autores no solo preguntaron a los niños sobre las falsas creencias, sino también sobre la «inmortalidad». Este fue el estudio con niños españoles de 3 a 5 años de edad, criados en escuelas religiosas o laicas, a quienes se les pidió que juzgaran las capacidades de un amigo y las de Dios. Se les preguntó acerca de limitaciones de conocimiento (incluyendo una prueba de falsa-creencia con contenidos sorpresivos) pero también sobre limitaciones biológicas con respecto a la mortalidad (incluyendo una pregunta respecto de si su amigo o Dios morirían o vivirían por siempre). Ampliando la discusión anterior, los hallazgos mostraron que a los 5 años (y no antes), los niños distinguían a Dios como especial en términos de conocimiento, pero también en términos de vida: Dios era especialmente inmune a la muerte. Y los niños comprendieron con facilidad estas ideas no solo en las escuelas religiosas; los de las escuelas laicas también lo hicieron.

La inmortalidad, entendida plenamente, puede tener el mismo tipo de contraintuitividad radical que la omnisciencia. Sin embargo, los seres humanos comunes manejan ideas sobre la vida después de la muerte, aunque no sea la inmortalidad total. De manera más general, los niños llegan a pensar que algunas formas de vida después de la muerte podrían aplicarse no solo a Dios, sino también a seres más comunes. Así, en una serie de estudios, narrando la muerte de un personaje que era un ratón, Jesse Bering y David Bjorklund (2004) encontraron que aunque los niños de primaria normalmente reconocen que la muerte pone término a las funciones corporales, incluidas las del cerebro, igual tienden a inferir que los estados mentales se mantendrán. Las ideas de los niños en este sentido, a primera vista, parecían inconexas. Por ejemplo, cuando se les preguntó si el ratón muerto podría enfermar de nuevo, estar vivo de nuevo, o *tener un cerebro que funcionara*, los niños en su mayoría dijeron que no. Pero cuando se les hacen preguntas paralelas acerca de si el ratón todavía se *siente* enfermo, o si *sabe* que está vivo, o *piensa*, los niños dijeron que sí. Las ideas de los niños sobre la muerte, por lo tanto, parecieron depender de si estaban pensando en los órganos físicos del cuerpo/cerebro o centrándose más puramente en los actos espontáneos de la mente.

Paul Harris y Marta Giménez (2005) fueron más allá con su investigación, y sus datos presentan un panorama más completo. Le preguntaron a niños, de 7 a 11 años, sobre las consecuencias de la muerte de un abuelo en dos contextos diferentes: uno médico y otro religioso. Dado el contexto médico, los niños típicamente afirmaron que todas las funciones, tanto físicas como mentales, cesaban. Pero en el contexto religioso, en cambio, tendieron a afirmar que las funciones mentales continuarían después de la muerte. Así, los datos mostraron diferencias contextuales (religiosas versus médicas) y diferencias «funcionales» (mente versus cuerpo). Finalmente y de manera crucial, los datos también mostraron claras tendencias de desarrollo; los niños más pequeños (de 7 años de edad en este caso) se inclinaron más a pensar que todas las funciones cesaban con la muerte, y los niños mayores lo pensaron menos. En total, los niños mayores se mostraron más propensos a *negar* que el funcionamiento cesaba con la muerte; y se mostraron más propensos a negarlo con las funciones mentales (por sobre las del cuerpo) y en el contexto religioso (por sobre el médico). Y, cuando los niños más pequeños negaron el cese del funcionamiento con la muerte, lo hicieron para las funciones mentales en el contexto religioso.

En dos estudios recientes, junto con Jonathan Lane, Liqi Zhu y Margaret Evans (2016) replicamos y ampliamos estos hallazgos con datos de desarrollo más completos, datos de niños de 4 a 12 años y adultos. Preguntamos a distintos participantes acerca de la posible persistencia de diversas funciones (mentales, por ejemplo, pensar, así como corporales, por ejemplo, respirar) en dos contextos: médico y religioso. Además, un estudio se hizo con participantes estadounidenses, y en el otro estudio paralelo se evaluaron participantes de China continental, país que está emergiendo de un período histórico de represión religiosa donde predomina el ateísmo, sin duda más que en Estados Unidos.

A los 5 o 6 años de edad, los participantes de ambos países sabían perfectamente que la muerte termina a nivel biológico con todas las funciones. Sin embargo, en la niñez media, los niños afirmaron crecientemente que algunas funciones (en especial las mentales, por sobre las corporales) podían continuar más allá de la muerte, y lo hicieron en particular en el contexto religioso más que en el médico. La disposición a afirmar algunas creencias después de la muerte fue particularmente frecuente en Estados Unidos y más rara en China, aunque también evidente ahí, pero de manera más moderada.

En conjunto, los datos existentes muestran ideas emergentes sobre la mente que trasciende la muerte, pero también diferencias de desarrollo y contextuales. Estas ideas reflexivas son especialmente evidentes cuando los niños pasan a la infancia media. A los 5 o 6 años, los niños (que han dejado atrás los años preescolares, pero no por mucho) parecen centrarse con facilidad en el cese de las funciones corporales, operando quizá con una regla biológica simple (intuitivamente fundamentada): la muerte elimina *todas* las funciones. Otra evidencia sugiere que la mayoría de los niños siguen esta comprensión intuitiva cuando se les muestra información causal explícita que señala la muerte biológica (como por ejemplo un asesinato). Utilizando historias que explican el asesinato de animales y personas de manera explicita, H. Clark Barrett y Tanya Behne (2005) encontraron que los niños alemanes de 4 años de edad y niños Shuar (de la región amazónica de Ecuador) sabían perfectamente que la muerte, y no así el sueño, eliminaría tanto las funciones mentales como las motoras.

Sin embargo, los niños algo mayores cada vez más piensan en la muerte de dos maneras muy diferentes: una centrada en la discontinuidad/cese de toda función (corporal), más aparente en contextos biológicos, y la otra enfocada en la posibilidad de que las funciones *mentales* continúen después de la muerte, más evidentes en contextos religiosos (véase también Rosengren et al., 2014). Como indicamos antes, este panorama general de desarrollo del pensamiento reflexivo acerca de las posibilidades de vida después de la muerte está sujeto a interesantes variaciones entre las diferentes culturas, en países como Estados Unidos, China, España y Ecuador (como los Shuar). Un nuevo ejemplo es el de Rita Astuti y Paul Harris (2008), quienes dijeron que los niños del pueblo

Vezo, de las zonas rurales de Madagascar, mostraban una comprensión de la finalidad de la muerte mucho antes de tener la idea de que las funciones mentales podrían persistir después de la muerte. En este caso, el patrón de desarrollo estuvo acompañado por datos sobre el curso de la exposición cultural. Al principio, los niños Vezo están ampliamente expuestos a las consecuencias de la muerte corporal (incluyendo la putrefacción de los cadáveres), pero están protegidos de las ideas sobre espíritus (consideradas inapropiadas para los niños). Las ideas sobre los espíritus y el mundo espiritual, presentadas colectivamente, aparecen más tarde. Sin embargo, una vez que los jóvenes comienzan a encontrarse con ideas sobre el mundo espiritual, su comprensión de las mismas parece basarse en divisiones intuitivas entre el cuerpo y la mente. Así, tal como Harris y Giménez (2005), Astuti y Harris encontraron que para los niños mayores las funciones cognitivas (saber, recordar, extrañar) tenían más probabilidades de continuar después de la muerte que las psicobiológicas (ver, escuchar, sentir hambre). En particular, los participantes Vezo juzgaron que era más probable que el *espíritu* continuara después de la muerte en comparación con la *mente* (menos probable) y el *cuerpo* (mucho menos probable).

La Idea del Alma

En las tradiciones religiosas, la facultad de una persona que muy probablemente trasciende la muerte es el espíritu o alma. Y en los datos de Vezo (de Astuti y Harris, 2008) los niños distinguieron el espíritu de la mente en sus respuestas. El pensamiento filosófico de Descartes ayudó a promover una tendencia académica para referirse a la mente y al alma de forma intercambiable (véase Bloom, 2004). La investigación emergente, sin embargo, sugiere que para los adultos laicos y para los niños, la mente y el alma son separables y distintas.

En particular, en dos experimentos, Rebekah Richert y Paul Harris (2006) identificaron que las ideas de alma de los niños rápidamente llegan a diferenciarse de sus ideas sobre la mente y el cerebro. En el primer experimento, se presentó a niños estadounidenses de 4 a 12 años de edad una imagen que mostraba un ritual de bautismo de un bebé y luego se les preguntó acerca de la diferencia que este bautismo haría. Se les preguntó acerca de dónde se ubicaría esta diferencia —externamente (visible y tangible) o en el interior— y si la mente, el cerebro o el alma del bebé serían diferentes después del bautismo. Incluso el grupo de niños más pequeños (de 4 a 6 años de edad) demostró una creencia en que el bautismo daría lugar a un cambio invisible/intangible al interior del cuerpo. En las distintas edades, los niños consideraron que el bautismo cambiaba principalmente el alma, hasta cierto punto la mente, pero que no tenía casi ningún efecto sobre el cerebro.

En su segundo experimento, Richert y Harris (2006) investigaron más directamente las ideas de los niños acerca de las propiedades y funciones del alma en comparación con las de la mente y el cerebro. Siguiendo el modelo del estudio original mente-cerebro de Johnson y Wellman (1982), se preguntó a los niños si varios tipos de funciones —cognitivas, no cognitivas y biológicas— continuaban sin la presencia de un cerebro, una mente o un alma. También se les preguntó si los bebés tenían estas facultades, si cambiaban y se desarrollaban con el tiempo, y si el bebé sería el mismo si se le quitaran estas facultades. Los resultados demostraron sistemáticamente que los niños en edad escolar no identificaban el alma y la mente. Si bien estos niños juzgaron con facilidad que las funciones cognitivas serían interrumpidas sin un cerebro o una mente, por lo general dijeron que tales funciones continuarían sin problema sin un alma. También dijeron con más frecuencia que el cerebro y la mente cambiaban y se desarrollaban con respecto al alma. En respuesta a las preguntas abiertas, los niños distintivamente asociaron el alma con funciones espirituales, tales como los fines morales, la fuerza de la vida y el espíritu invisible.

Sería positivo contar con más investigaciones sobre la comprensión en desarrollo en los niños de las almas o del espíritu, como cosas distintas de las mentes y los cuerpos (véase, por ejemplo, Jesse Bering, 2006; especulación y teorización). Pero incluso estos datos iniciales contribuyen a una emergente historia coherente.

Desde el punto de vista del desarrollo, la idea de la mente se origina al pensar en el acto de pensar en el sentido generalizado de la actividad mental. La mente se convierte en parte de una teoría causal-explicativa ampliada y más reflexiva de la conducta humana. Se puede decir que la idea de «alma» en parte es solo un paso más reflexivo más allá de la «mente», una esencia personal aún más destilada e incorpórea, dependiente o al menos respaldada por las ideas colectivas de otros sobre el alma, el espíritu y la vida después de la muerte.

En resumen, los niños comúnmente desarrollan dos nociones reflexivas sobre la muerte. Por un lado, a medida que se vuelven cada vez más conscientes de la muerte y de que la mente es contingente en el cuerpo, pueden inferir la muerte de la mente. Por otro, también llegan a imaginar que la actividad mental opera independiente del cuerpo. Estas dos nociones coexisten (Rosengren et al., 2014), en parte quizás porque operan con respecto a «facultades» y contextos psicológicos distintos. Como destacó Aristóteles hace muchísimo tiempo, los contenidos perceptivos en forma de sensaciones —como ver, oír y sentir hambre— tienen causas corporales obvias. Sin embargo, la facultad de la actividad mental (pensamientos, recuerdos, sueños) no está tan claramente encarnada. Por lo tanto, cuando las ideas sobre la trascendencia de la muerte (del cuerpo) comienzan a aparecer, lo hacen más fácilmente para las facultades que se centran en los actos distintivos de la mente, más alejados de las limitaciones corporales. En general, la mente, el cerebro y el alma son ideas que surgen de la reflexión espontánea y colectivamente inspirada en una comprensión intuitiva inicial de la intencionalidad y la actividad mental.

CONCLUSIONES

En el último tiempo, los científicos evolucionistas han debatido acaloradamente si las creencias en los dioses, la vida después de la muerte y otros conceptos similares son adaptativos desde el punto de vista de la evolución o si son solo un subproducto de alguna otra adaptación más directamente útil (por ejemplo, Wright, 2009). Sin embargo, estas creencias existen y además se desarrollan a medida que los niños crecen dentro de sus familias y comunidades. Es en esta historia de desarrollo en la que me centro.

La historia de desarrollo total que imagino tiene cuatro fases superpuestas (véase también Wellman y Johnson, 2008). En primer lugar, el sistema cognitivo del bebé logra rápidamente una variedad de distinciones implícitas de procesamiento que sirven para dar sentido práctico a un mundo de agentes intencionales que experimentan y actúan sobre los objetos. Durante los años preescolares, estos procesos y comprensiones iniciales se organizan en *teorías intuitivas* relativamente coherentes que enmarcan la comprensión ordinaria de los niños de los agentes intencionales (así como de las entidades biológicas y los objetos físicos del mundo; véase, por ejemplo, Wellman y Gelman, 1998). En particular, una teoría de la mente intuitiva proporciona una comprensión clara, y que se da por sentada, de la agencia y los agentes creencia-deseo. En los años preescolares, la teoría de la mente intuitiva principalmente enmarca la comprensión del niño de la actividad mental en contraste con la realidad, y la biología intuitiva enmarca la comprensión del niño de la vida y en contraste con la muerte. Sin embargo, el logro y la estructura de estas teorías intuitivas también proporcionan una base —y un estímulo— para las *ideas reflexivas*. Estas nociones reflexivas fragmentadas en su origen, patrocinadas por ideas tanto espontáneas como colectivas, surgen particularmente en la infancia media.

A un cuarto nivel posible, más allá de la generación de ideas reflexivas, está la capacidad de pensar más (y más críticamente) sobre estas mismas ideas. El pensamiento crítico sobre las ideas reflexivas puede redundar parcialmente (en los adultos laicos) o más plenamente (en filósofos y teólogos) en una verdadera *teoría filosófica*. Esto requiere pensar en las posibilidades teóricas, independiente de las suposiciones intuitivas. La reflexión en este nivel superior abarca también ideas profundamente contraintuitivas, si bien son ideas que están ancladas en un pensamiento intuitivo ordinario previo. Habiendo dividido a nivel conceptual el mundo en diferentes tipos de cosas (mente y cuerpo, vida y vida después de la muerte), las preguntas ontológicas finales (para los pensadores laicos de más edad y para la filosofía y la religión) se refieren a cómo estas cosas están conectadas entre sí. ¿Cómo se relacionan la mente y el cuerpo, el alma y la materia, las ideas y la realidad? ¿es la mente solo un producto de la materia (materialismo), o es la materia un reflejo de la mente (idealismo)? ¿la realidad última es material o espiritual?

No he abordado esta cuarta fase de la teoría filosófica. Me he concentrado más bien en desarrollos anteriores (distinciones iniciales, teorías intuitivas e ideas reflexivas). Estos desarrollos previos son interesantes en sí mismos *y* constituyen la infraestructura para cualquier teorización reflexiva posterior. En resumen, las ideas reflexivas y las teorías reflexivas, evidentes en las sociedades de todo el mundo y en toda la historia humana, están enmarcadas por ideas que se fundamentan en las comprensiones intuitivas de la infancia. Las ideas reflexivas sobre las mentes y los cerebros, los dioses y las almas, se basan en la teoría de la mente ordinaria, alcanzada tempranamente.

14

El Paisaje de la Mente

A LOS ADULTOS les encanta chismear. Y al parecer esto es así en todas las sociedades y culturas, aunque quizás es más manifiesto en algunas y más encubierto, pero incontrolable, en otras. El antropólogo comparativista Robin Dunbar (de la hipótesis del «cerebro social» analizada en el Capítulo 10) ha argumentado que el chisme es parte de nuestra herencia primate y que los humanos son especialmente competentes en esta actividad (Dunbar, 2004). De hecho, en su libro *Grooming, Gossip, and the Evolution of Language* (1996) (*Acicalamiento, Chismes y la Evolución del Lenguaje*), Dunbar argumentó que nuestra necesidad de hablar acerca de otros era causa y consecuencia de la evolución de la inteligencia humana y del lenguaje humano.

Naturalmente, entonces, el chisme es la materia de la conversación cotidiana. En su investigación con seres humanos, Dunbar y sus colegas (revisados en Dunbar, 1996, 2004) realizaron estudios observacionales escuchando las conversaciones de personas en diversos lugares públicos (como centros comerciales, vagones de metro, etcétera). Los chismes ocuparon alrededor del 65% de los tiempos de habla. Y esta actividad frecuente evidenció muy poca variación a través de las distintas edades o géneros.

Cuando chismeamos, directamente en conversaciones o indirectamente a través de revistas sensacionalistas, columnas de consejos o artículos de las páginas de deportes que hablan sobre los jugadores y los administradores, podría ser fácil pasar por alto un punto crucial: el chisme evidencia nuestras teorías de la mente, enmarcadas por las comprensiones deseo-creencia, forjadas en el crisol del desarrollo. El chisme no es solo social: chismeamos con los demás y acerca de los demás; es cognitivo social: hablamos de las intenciones de las personas, de sus gustos (ordinarios y perversos), creencias (ordinarias y perversas), acciones (y travesuras), ideas y caprichos. Como tal conversación refleja nuestra propensión humana y nuestra tendencia como niños a pensar en las acciones, las vidas y las mentes de la gente, el chisme ilumina tres temas que están ligados a los procesos de construcción de mente: el poder y las raíces de las narraciones en nuestra comprensión de las personas; el alcance, la complejidad y el carácter constructivista de nuestras teorías cotidianas; y una y otra vez la huella fundamental del desarrollo en nuestras mentes adultas.

NARRACIONES

En el capítulo introductorio de este libro, utilicé el poder de las historias —de Shakespeare, de la revista *People*— para ayudar a introducir la intriga de nuestra teoría de la mente cotidiana. Las historias presentan nuestras vidas, proporcionan narraciones que explican la personalidad; lo hacen en chismes cotidianos y tabloides y también en otros foros.

Comenzando con las reflexiones de Jerome Bruner (1986/1988 en la edición en español), una multidisciplinaria gama de eruditos ha convergido en la comprensión y creación narrativa como un modo de saber humano por excelencia. Bruner argumentó que los niños vienen al mundo buscando un significado y que están preparados para usar historias para extraer este significado, para dar sentido a la acción humana e interpretar las vidas y experiencias propias y de los demás. En su introducción al pensamiento narrativo en su libro *Actual Minds, Possible Worlds* (1986/1988 en la edición en español *Realidad Mental y Mundos Posibles*), Bruner comenzó contrastando modos paradigmáticos y narrativos de pensamiento. A grandes rasgos, el pensamiento paradigmático o lógico-científico se centra en la realidad física y se preocupa por la observación, el análisis y la prueba. El pensamiento narrativo se centra en lo psicológico, más que en lo físico, y se preocupa por la experiencia, las intenciones, el drama y la historia.

El poder y el atractivo de la narración —de las historias, chismes y dramas que retratan vidas y acciones humanas— es indiscutiblemente universal. Pero las narraciones abarcan una comprensión multifacética de las vidas humanas. La historia de la *Cenicienta* se basa en los papeles que desempeña Cenicienta (hijastra, doncella) y los roles de los demás (la madrastra, el hada madrina, etcétera), sus acciones (por ejemplo, limpiar, fregar, asistir al baile) y por debajo de estos, la historia de la Cenicienta depende de sus deseos (querer ir al baile) y creencias (por ejemplo, que no tiene sentido pensar que irá), así como los obstáculos y obligaciones (la necesidad de hacer montones de tareas) que moldean sus acciones y emociones a medida que se desarrollan los acontecimientos. Esta narración —todas las narraciones— describe situaciones, acciones y mentes. Como lo expresó Bruner, la narración fusiona dos paisajes:

> Uno es el paisaje de la acción, donde los constituyentes son los argumentos de la acción: agente, intención u objetivo, situación, instrumento, algo que corresponda a una «gramática de la historia». El otro paisaje es el paisaje de la conciencia: lo que aquellos involucrados en la acción saben, piensan o sienten, o no saben, piensan o sienten (Bruner, 1986, pág. 14/1988 en la edición en español).

No es casual que, a lo largo de este libro —por ejemplo, al considerar las comprensiones de los bebés o analizar la red neuronal que caracteriza la teoría de la mente— haya sido útil distinguir la comprensión de las acciones intencionales de la comprensión de los estados mentales que organizan y subyacen a estas acciones. Tanto el «paisaje de la acción» como el «paisaje de la conciencia» cuentan y dependen ambos de los constructos de la teoría de la mente, de las concepciones de las creencias, los deseos y las intenciones de los agentes.

La *Cenicienta* es una de esas historias arquetípicas con las que algunas personas se identifican. Esta construye un puente entre una historia común y pública y una historia privada de vida: una narración de los eventos clave de la vida de una persona. Una historia de vida es la autobiografía de una persona, indiscutiblemente ligada a la identidad propia y utilizada para dar sentido a la coherencia y al cambio de la persona (Dunlop y Walker, 2013). El título del libro de Dan McAdams (1993), *The Stories We Live By* (*Las historias con las que vivimos*), capta cómo estructuramos nuestras vidas de forma narrativa. *Cenicienta* es un ejemplo, al menos para algunas personas. *David Copperfield* ofrece un ejemplo alternativo e intrigante. A pesar de ser ficticio, David Copperfield es ampliamente reconocido como el personaje más autobiográfico de las novelas de Charles Dickens. En ese libro, Dickens escribió: «Si voy a convertirme en el héroe de mi propia vida, o si ese rol lo interpretará alguien más, estas páginas deben mostrarlo» (1870, pág. 9/2011 en la edición en español). Grandes escritores explotan promiscuamente historias de vida; no solo Dickens, no solo de héroes: Sófocles nos cuenta la trágica historia de Edipo. Y los psicólogos explotan estas vidas «ficticias»: Freud argumentó que todos vivimos una historia edípica en nuestra infancia.

Cuando las personas comunes, o Dickens, o los científicos cognitivos llaman a nuestros propios recuerdos memorias *autobiográficas*, reconocen tácitamente este vínculo entre la narración y el ser. Las memorias autobiográficas surgen en la primera infancia (Bauer, 2002; Fivush y Haden, 2005), y la inmersión en los discursos narrativos acerca de las proezas y experiencias propias comienza antes de la edad preescolar (Miller, Fung y Mintz, 1996). En promedio, cuando se les pide que se describan a sí mismos, los niños pequeños se basan en el «paisaje de la acción», proporcionando descripciones que combinan acciones con atributos físicos, pero que incluyen intenciones, preferencias y estados de ánimo emocionales (Damon y Hart, 1988). A medida que pasan los años, las auto-descripciones se basan más en el «paisaje de la conciencia», entrenando más la auto-atribución y situándose más en el ámbito de lo psicológico interior. En la adolescencia, las historias de vida se hacen más extensas, más coherentes, más como tipo historia. Eventualmente se convierten en historias de vida que son cada vez más autodefinidas (Habermas y Bluck, 2000). Por lo tanto, es a menudo en la adolescencia que los jóvenes tratan de encontrar un hilo narrativo para su vida: ya sea como héroe (¿David Copperfield?) o como víctima, una historia de lecciones aprendidas o de malas acciones corruptas, una historia de un agente poderoso o de trágica casualidad, una historia de coherencia o cambio personal.

Del mismo modo, en la adolescencia viene un mayor impacto de lo que Habermas y Bluck (2000) denominaron el «concepto cultural de la biografía» (pág. 750). Los conceptos culturales de la biografía ayudan a las personas a enmarcar sus auto-descripciones ampliadas, para encuadrar una autobiografía cada vez más histórica. Podría decirse que el «concepto cultural de la biografía» es algo común o relevante para todas las culturas humanas, en el sentido de que alguna forma de marco biográfico, formado culturalmente, ayuda al sentido y al orden narrativo de las vidas en las sociedades de todo el mundo. Pero también es culturalmente específico en el sentido que las diferentes comunidades privilegian distintos escritos biográficos culturales (y estos pueden cambiar para los protagonistas más jóvenes o más viejos). Como ejemplo, Peggy Miller y sus colegas (1996, 2012) detallaron diferencias críticas en los escritos biográficos correspondientes a las narraciones de clase media occidentales versus chinas, de adultos-niños, a partir de los 2, 3 y 4 años.

Tanto en Estados Unidos como en Taiwán, en sus investigaciones, los padres describieron con frecuencia y sistemáticamente las acciones de sus hijos a los demás y al propio niño. En Estados Unidos, las historias personales de las familias sobre el niño evidenciaron sistemáticamente un «sesgo favorable a la preferencia del niño» (Miller et al., 1996), centrándose en los hechos positivos de la niñez y mencionando rara vez las travesuras. Incluso cuando las familias de clase media de Estados Unidos narraron algunas travesuras, estas fueron abordadas con humor o moldeadas para dejar bien parado al niño. Aquella acción negativa no correspondía al actuar típico del niño, o representaba un comportamiento más infantil de un niño que ya ha crecido.

En contraste, en las familias taiwanesas, la narración personal a menudo pone al niño como un transgresor; el 35% de las historias taiwanesas citan las diabluras de los niños (en comparación con el 5% o menos en Estados Unidos). En lugar de presentar un «sesgo favorable hacia los niños», en Taiwán estas narraciones tuvieron un «sesgo didáctico»: las historias fueron contadas, y reveladas públicamente, para enseñar al niño cómo comportarse. En Taiwán, estas narraciones se enmarcaron dentro de un sentido confuciano del desarrollo como un proceso de aprendizaje moral (Li, 2002, 2004), con lecciones que aprender sobre la humildad, el comportamiento correcto y las virtudes del esfuerzo moral (Miller, Fung, Lin, Chen y Boldt, 2012).

Independientemente de las diferencias culturales, tales narraciones personales, incluidas las contadas por otros al niño y que varían en función de las diferentes biografías concebidas por la cultura, dibujan paisajes mentales-intencionales de acción y de conciencia. Llaman y revelan el poder de la teoría de la mente para los niños, los adolescentes, los adultos y sus comunidades. La teoría de la mente proporciona el marco para las «historias que vivimos».

CONSTRUCCIONES Y ERRORES DE LOS ADULTOS

La historia de vida de una persona nunca es totalmente correcta: los éxitos pueden exagerarse (por ejemplo, en Estados Unidos), los errores pueden ser adornados (como en Taiwán) y las auto-narraciones a menudo pueden incluir falsedades tan grandes que engañan a la misma persona. He mantenido el enfoque de este libro en las concepciones y desarrollos de la niñez, pero también es instructivo considerar las teorías de la mente de los adultos y los errores reveladores que tales teorías pueden evidenciar. Recordemos en el Capítulo 5 la discusión acerca de la variedad de teorías psicológicas comunes que se ven actualmente en todo el mundo. A través de procesos constructivistas de desarrollo marco, las comunidades culturales han tenido años para desarrollar sus propias comprensiones de las personas y las mentes. No todas estas teorías comunes, de hecho ninguna de ellas, pueden ser perfectamente «correctas». Las teorías cotidianas están ancladas en evidencia, pero son simultáneamente construcciones sujetas al error constructivista.

Son famosos los planteamientos de Richard Nisbett y Timothy Wilson (1977) respecto de que los adultos usan teorías sobre sí mismos para dar sentido a sus propias acciones. Pero, la idea principal del análisis de Nisbett y Wilson es que las teorías de las personas sobre sí mismas son a menudo sorprendentemente erróneas. Las auto-teorías de los adultos son erróneas en cuanto a las causas reales de su propio comportamiento, actitudes y juicios. Nisbett y Wilson mostraron que rara vez las personas «ven» las causas internas de sus comportamientos a través de la introspección directa, por lo que recurren a teorías causales indirectas sobre sí mismas, teorías de sus propias intenciones, creencias, percepciones y emociones causalmente relevantes. Nisbett y Wilson se mostraron muy preocupados por las teorías de los adultos sobre sus propias acciones y elecciones individuales: «¿por qué elegí ese detergente?»; «¿por qué prefiero la playa a la montaña?». Pero también hay ejemplos más generales.

Extramisión, Cómo Funciona la Percepción

Piaget argumentó que la historia de las concepciones científicas puede informarnos sobre el desarrollo de las concepciones cotidianas. La teoría de la teoría también respalda naturalmente esta idea (Carey, 1985; Wellman, 1990). Por supuesto, la historia científica no prefigura el desarrollo del niño, ni viceversa, pero las construcciones conceptuales de un tipo pueden ayudarnos a entender las construcciones conceptuales de otro. Esto es especialmente evidente si queremos esclarecer los errores que pueden caracterizar la teoría de los niños y de los adultos. Una de mis líneas de investigación favoritas comienza con la observación de que tanto los astrónomos novatos como los niños pequeños parten pensando que el mundo es plano. Luego, la discusión y la investigación les muestran las progresiones históricas necesarias para descubrir que el mundo es esférico. Estas también son necesarias en la infancia para aceptar la enseñanza científica en la escuela, de que la tierra es redonda (Vosniadou y Brewer, 1992). La teoría de la mente tiene un ejemplo similarmente interesante.

Algunos filósofos antiguos, como Euclides y Ptolomeo, a menudo creían que la percepción visual implicaba rayos de luz emitidos por los ojos. Esta es una teoría de *extramisión* de la percepción. Científicamente, esta teoría fue reemplazada por teorías de *intromisión*: la percepción visual viene de rayos de luz reflejados desde los objetos hacia los ojos. Basados en sus primeras comprensiones intuitivas de la percepción (las ideas Nivel 1 de los bebés y las Nivel 2 en el nivel preescolar, que combinan la toma de perspectiva más la apariencia de la realidad), los niños más grandes logran una comprensión reflexiva de la percepción. Perfectamente, el pensamiento reflexivo sobre la percepción a menudo evidencia una teoría de la vista de extramisión. De hecho, Piaget (1967/2001 en la edición en español), en uno de sus primeros libros, *The Child's Conception of the World*, sugiere que los niños creen que los ojos emiten «miradas» durante la visión. Al menos un niño llegó a la conclusión de que las «miradas» de dos personas se reunirían y mezclarían cuando se cruzaran. Gerald Winer y sus colegas determinaron sistemáticamente que cerca del 50% de los estudiantes de primer grado demuestran creencias de extramisión (Winer y Cottrell, 1996) dependiendo de cómo se formula la prueba que se les aplica (por ejemplo, cuando se les pregunta: «cuando miramos algo, ¿sale algo de nuestros ojos?»). En varios de sus estudios, Winer y sus colegas demostraron una *creciente* creencia de extramisión de primero a tercer grado y/o de tercero a quinto (Winer y Cottrell, 1996; Winer, Cottrell, Karefilaki y Chronister, 1996). Esto tiene sentido puesto que las creencias reflexivas necesitan desarrollarse sobre las intuiciones preescolares; por tanto, aumentan en los primeros años escolares.

No solo los niños creen en la extramisión. Winer y sus colegas descubrieron que muchos adultos también lo hacen (Winer, Cottrell, Gregg, Fournier y Bica, 2002). En su investigación, el 50% de los universitarios estadounidenses creen en la extramisión, e incluso aquellos que, como estudiantes de psicología, han tenido cierta instrucción universitaria en cuanto a la percepción visual. En este estudio, el método utilizado fue pedir a los estudiantes que respaldaran representaciones gráficas de la visión que contrastaban representaciones con rayos de luz provenientes de los objetos, o desde los ojos, o en ambas direcciones, de los ojos hacia los objetos y de los objetos a los ojos. Otro método consistió en plantear estas mismas opciones de pregunta pero de manera verbal (por ejemplo, «cuando vemos, ¿algo como ondas o rayos entran o salen de nuestros ojos?»). Una proporción sustancial de los estudiantes universitarios respaldó la extramisión.

Al principio, Winer y su equipo (Winer et al., 1996) se sorprendieron con estos resultados y observaron que, cuando los adultos respaldan la extramisión, afirman con mayor frecuencia que los rayos de luz proceden tanto de los objetos como de los ojos. Así que crearon un procedimiento que pensaron mostraría que las creencias de extramisión, informadas por adultos, habían sido tomadas a la ligera. En esta instancia preguntaron a los estudiantes universitarios acerca de la visión presentándoles una bombilla de luz brillante, la misma bombilla apagada y una bola blanca esencialmente del mismo tamaño que la bombilla (Winer et al., 1996). «Esperábamos que al referirnos a la bombilla iluminada disminuirían las respuestas de extramisión; de hecho, sería prácticamente imposible mantener creencias de extramisión en referencia a una luz que nos alumbra la cara» (Winer et al., 2002, pág. 420). También esperaban que cuando los estudiantes dieran respuestas de *intromisión* correctas para la bombilla brillante, respuestas de intromisión similares serían obvias para la bombilla no iluminada (o bola blanca) también. Pero el 33% de los adultos afirmó creencias de extramisión para la bombilla iluminada que estaba ahí iluminando sus ojos.

Más aún, no hubo señales de transferencia positiva a partir de las preguntas sobre la bombilla iluminada a las preguntas sobre los objetos no luminosos. De hecho, ocurrió lo contrario. Cuando pasamos de la bombilla iluminada a los objetos no luminosos, hubo un aumento en las respuestas de extramisión, como si apagar la luz indicara que no había más rayos entrantes (Winer et al., 2002, pág. 420).

Comprensiones Ciegas de la Visión

La construcción de la teoría constructivista no siempre conduce a errores, especialmente cuando se trata de ciertos principios básicos. Un ejemplo llamativo de esto también proviene de las concepciones cotidianas de la percepción, pero en este caso de la visión de individuos ciegos.

Los adultos ciegos, e incluso los niños, atribuyen el ver a los demás y no a ellos mismos. Obviamente puede que sea vano el uso de los términos *ver* y *mirar*, o el uso metafórico de tales términos para referirse a cosas como explorar o encontrar cosas con el tacto o el oído, pero no con la vista. Pero hace algunos años, Barbara Landau y Lila Gleitman (1985) presentaron pruebas de comprensiones más apropiadas y correctas en un estudio detallado de una niña no vidente en edad preescolar, Kelli. Es importante destacar que los datos de Landau y Gleitman se enfocan en una distinción entre la comprensión de Kelli y el uso de *mirar* y *ver* aplicados a sí misma y a otros. Cuando Kelli aplicó los términos para referirse a ella misma, los usó en el sentido de explorar o aprehender mediante el uso del tacto. Pero al aplicar los términos a su madre vidente o un experimentador vidente, Kelli utilizó los términos para referirse a explorar con la vista y aprehender con la visión. Esto queda más claro en una serie de experimentos en los que Kelli (a los 3 años y medio), cuando se le pidió «déjame ver/mirar la parte delantera de tu camisa», por ejemplo, llamó la atención hacia el objetivo orientándolo o señalándolo a cierta distancia, es decir, fuera del alcance del observador. A la misma edad, ella diferenció apropiadamente entre mostrar versus dar algo a alguien y dejar que alguien viera algo en comparación con dejarlos tocar algo. Y, a los 4 años y medio, Kelli comprendió que las personas con visión no pueden ver a través de las barreras opacas a través de las cuales ella puede oír y, por el contrario, que las personas con visión pueden mirar a través de las ventanas, aunque ella no puede acceder a través de ellas. En total, Landau y Gleitman demostraron persuasivamente que la comprensión de Kelli de la visión era excepcionalmente buena.

Es evidente que, independientemente de lo que se piense sobre el papel de la simulación desde la propia experiencia personal para comprender las mentes (véanse los Capítulos 7 y 11), este es un ejemplo de otro tipo. Tal conocimiento no podría resultar de la experiencia directa de ver. Constituye, en cambio, la atribución a otros de una categoría teórica de la experiencia (ver). Es cierto que el conocimiento de la visión puede basarse indirectamente en las experiencias de tocar y oír, pero solo de una manera creativa y constructiva que va mucho más allá de tocar y oír en primera persona per se. En este sentido, el conocimiento es, en parte importante, construido e inferido; y está depositado en otros, en tercera persona, debido a su función teórico-explicativa y su utilidad.

Por supuesto, Kelli es solo una niña ciega, pero Candida Peterson y sus colegas (Peterson, Peterson y Webb, 2000) evaluaron a casi 30 niños ciegos de 6 a 12 años en varias tareas de toma de perspectiva visual de Nivel 2. Por ejemplo, después de explorar con el tacto un perrito de juguete, los niños se sentaron alrededor de una mesa con dos adultos y realizaron tareas como la siguiente: «coloca el perro sobre la mesa para que [el adulto-1] tenga la mejor vista de su nariz (cola, etcétera), para que pueda ver su nariz mejor». De estos niños ciegos, el 87% obtuvo calificaciones *perfectas* en 6 de 6 tareas de toma de perspectiva visual.

Por otra parte Marina Bedny y Rebecca Saxe nos dan todavía más datos de adultos ciegos; en investigaciones conductuales, los adultos ciegos, al igual que los niños ciegos, a menudo responden correctamente a preguntas sobre la visión (véase Bedny y Saxe, 2012, para una revisión). Pero los estudios de comportamiento dejan la persistente pregunta: ¿qué clase de conceptos de visión representan estas respuestas? ¿son respuestas inteligentes y laboriosamente aprendidas basadas en regularidades correlacionadas de manera manifiesta (como las de los chimpancés de Daniel Povinelli en el Capítulo 10), o son referencias, de forma más profunda, a los estados mentales internos? Bedny y Saxe (2012) razonaron que los estudios de neuroimagen proporcionaban una manera de «mirar el interior» y esclarecer este tema. Como discutimos en el Capítulo 11, cuando los adultos videntes razonan sobre las creencias y otros estados mentales, esto activa una red de teoría de la mente de las regiones neuronales donde destacan la PFC media (corteza prefrontal) y la TPJ derecha (unión temporo-parietal). Estas regiones también se activan cuando se piensa en las experiencias de ver de las personas, no solo de creer. Si los adultos ciegos tienen comprensiones fundamentalmente diferentes de ver, a pesar de un uso bastante preciso del lenguaje asociado al término ver, debieran tener patrones de activación neuronal distintos para las tareas que involucran historias sobre ver respecto de los individuos videntes. Sin embargo, las «respuestas neuronales de los adultos ciegos fueron muy similares a las de los adultos videntes» (Bedny y Saxe, 2012, pág. 72). Y no fue solo que los adultos ciegos equipararan ver con alguna otra modalidad sensorial como escuchar. Tanto los adultos ciegos como los videntes distinguieron las historias sobre oír de aquellas sobre ver dentro de la TPJ derecha, y los patrones de activación que mostraron esta distinción fueron los mismos para ambos conjuntos de adultos, videntes y no videntes (Bedny y Saxe, 2012).

Estos hallazgos demuestran firmemente que las personas ciegas construyen concepciones de ver basadas en la teoría. Además, la equivalencia entre los individuos ciegos y los videntes en sus activaciones neuronales sugiere de manera más profunda que los conceptos de ver de los adultos videntes y sus teorías de la mente en términos más amplios no necesitan derivarse en concreto de la experiencia en primera persona.

Bertrand Russell (1912/1970 en la edición en español) distinguía «conocimiento por descripción» versus «conocimiento por familiarización». Nuestras teorías de la mente no son solo «conocimiento por descripción» ni por «familiarización». Son mezclas, pero del tipo más íntimo y sólido. Son logros constructivistas, pero construcciones que nos dan un conocimiento privilegiado, aunque no siempre se basen, en primera instancia, en experiencias en primera persona.

Mentir, Cómo Detectamos a los Mentirosos

El ámbito de la percepción —incluyendo las creencias de extramisión sobre la visión— no es el único tema de la teoría de la mente en el cual las teorías de los adultos resultan adecuadamente reveladoras o sorprendentemente erróneas. Pensemos en la mentira. Comprender las nociones básicas sobre la mentira —en particular, que las mentiras representan una intención de engañar— es parte de las intuiciones de los preescolares acerca de las mentes y las acciones (como analizamos en el Capítulo 3). No es sorprendente que la comprensión de que algunos actos de habla —las mentiras— que están destinados a engañar nos lleven a intentar detectar cuando la gente miente. No se sabe mucho respecto de cuándo ni cómo los niños comienzan a tratar de detectar la mentira en los demás, aunque sí se sabe bastante respecto de los adultos. Y está claro que nuestros juicios adultos sobre cuándo y cómo las personas mienten no son reflejo de observaciones directas de nosotros mismos y de los demás, sino más bien de nuestras teorías sobre la detección de mentiras y de las teorías de las conexiones entre la mente y el comportamiento. Como habrían predicho Nisbett y Wilson (1977), las personas tienen teorías sensibles y causales sobre la mentira, pero teorías erróneas.

En un paradigma experimental prototípico, los adultos, tal como los estudiantes universitarios, son grabados en video hablando de un evento que presenciaron personalmente, describiéndolo de manera veraz o mintiendo a propósito al respecto. Luego los videos son mostrados a otros adultos —los detectores de mentiras— quienes juzgan la verdad o falsedad de lo que se dijo. Charles Bond y Bella DePaulo han llevado a cabo varios meta-análisis de la precisión de los adultos como detectores de mentiras y, sumados a cientos de estos estudios, los «detectores de mentiras» promediaron 54% de juicios correctos, superando microscópicamente el 50% que puede lograrse al azar (Bond y DePaulo, 2006, 2008). Los «expertos» que de manera rutinaria evalúan la mentira en sus labores, como los policías o especialistas en interrogatorios, no tuvieron un mejor desempeño (Garrido, Masip y Herrero, 2004; Vrij, 2008), es decir, no fueron mejores que los estudiantes universitarios no entrenados.

Al mismo tiempo, los adultos informan con regularidad sobre creencias coherentes sobre la detección de mentiras. Típicamente en estos estudios, se pide a los participantes que informen sus creencias sobre mentiras y mentirosos. Más comúnmente, a los participantes se les presenta un listado de comportamientos verbales y no verbales y se les pregunta si estos se relacionan con la mentira y de qué forma (véase Hartwig y Bond, 2011). O bien, se les pide a los detectores de mentiras de los estudios con grabaciones de video antes descritos que expliquen sus juicios (por ejemplo, «pensé que estaba mintiendo porque dudaba mucho»). Dos comportamientos son asociados sistemáticamente a la mentira: evitar el contacto visual y comportarse de manera inquieta, nerviosa.

Un estudio global examinó las creencias acerca de las señales de engaño en 58 países y encontró que, en 51 de ellos, lo más mencionado fue la creencia en un vínculo entre el comportamiento de la mirada y el engaño (Global Deception Research Team, 2006). La gente también informó que el aumento de los movimientos corporales, la inquietud y los cambios en la postura se asocian con el engaño, así como una voz más aguda y los errores de habla. Este patrón sugiere que la gente espera que los mentirosos experimenten incomodidad y nerviosismo, y que este último sea evidente en el comportamiento (Hartwig y Bond, 2011, pág. 644).

De hecho, sin embargo, las teorías de las personas comunes acerca de la mentira son incorrectas. Reconsideremos los videos de los adultos que mentían versus los que decían la verdad. Esos videos también se pueden analizar cuidadosamente para identificar los comportamientos verbales y no verbales de los mentirosos. Las teorías de la gente acerca de tales comportamientos mentirosos están equivocadas dos niveles. En primer lugar, objetivamente, la aversión a la mirada y el nerviosismo no se correlacionan con la mentira real de los mentirosos en los estudios con videos. Un meta-análisis de más de 100 estudios (DePaulo et al., 2003) demostró que evitar el contacto visual no predice la mentira y que los comportamientos de nerviosismo —movimientos nerviosos, ruborización, tartamudeo— tampoco lo hacen (para información respecto de qué señales pueden predecir, hasta cierto punto, la mentira, véase Ekman, 2009/2010 en la edición en español). En segundo lugar, de una manera que se remonta a Nisbett y Wilson (1977), los detectores de mentiras no son buenos a la hora de informar las señales que realmente utilizan para hacer sus juicios respecto de si alguien está mintiendo o no. Sus auto-teorías les dicen que están usando la aversión al contacto visual, pero sus juicios reales están basados en otras señales (igualmente ineficaces) (Hartwig y Bond, 2011).

En resumen, a pesar de años de preocuparse por la mentira, las teorías que la mayoría de los adultos construyen sobre la mentira no están basadas en características ni estrategias exactas de detección de mentiras. Además, las teorías que los adultos construyen sobre sus propias estrategias de detección de mentiras no captan con precisión sus propios esfuerzos de detección de mentiras.

TEORÍA DE LA MENTE BUDISTA Y REALIDAD

Al parecer, según se desprende de los meta-análisis de la mentira, en muchos países los adultos tienen teorías similares sobre la detección de mentiras (por ejemplo, en 51 de 58 países se cree que evitar el contacto visual es la principal señal de estar mintiendo, Global Deception Research Team, 2006). Pero las diferencias culturales en las teorías de la mente también abundan. En este sentido, las comprensiones y enseñanzas budistas acerca de la mente —desarrolladas durante siglos de exploración e instrucción sobre la mente de los maestros y de la meditación— proporcionan un contrapunto especialmente interesante a las teorías occidentales de los adultos comunes.

A partir del Capítulo 13, sabemos que después de los años preescolares, los niños y los adultos afirman sistemáticamente que la experiencia cotidiana de pensar se parece a una corriente de conciencia, como en una novela de James Joyce: «secuencias completas de pensamientos, cada uno sugiriendo cognitivamente el siguiente, como tipo reacción en cadena» (Flavell et al., 1995, pág. 85). Del mismo modo, nuestra comprensión reflexiva cotidiana de la mente y de la realidad es que los estados mentales de la percepción, el conocimiento y el reconocimiento conectan el yo interior con el mundo exterior «real». En las enseñanzas y teorías budistas, estas dos creencias mentalistas cotidianas están erradas. La comprensión adulta cotidiana y Gautama Buda nos dan teorías de la mente desarrolladas y en disputa.

Hay muchas variedades de enseñanzas y tradiciones budistas. Incluso los expertos están en desacuerdo sobre cómo resumirlas o condensarlas mejor, así que no intentaré hacerlo aquí. Pero aun así, es posible destacar varios puntos informativos. Lo hago para el Budismo Mahayana («el Gran Vehículo»), una de las dos grandes corrientes del budismo. Paul Williams, en su libro *Buddhist Thought: A Complete Introduction to the Indian Tradition* (Williams, 2000/2013 en la edición en español *Pensamiento Budista: una introducción completa a la tradición India*), declaró que el budismo Mahayana se originó tempranamente en la India (junto con el budismo Theravada, la otra corriente principal) y luego se extendió al Tíbet, China, Indochina, Japón, Corea y otros lugares.

Según el pensamiento budista Mahayana, nuestra comprensión y experiencia cotidiana y reflexiva de la mente es engañosa y defectuosa. Nuestra experiencia cotidiana de una corriente de conciencia —donde «cada pensamiento sigue al otro»— no es una percepción avanzada del carácter consciente de la vida mental; por el contrario, es sintomática de una «mente de mono» que es inestable y perturbadora, confusa y caprichosa. Del mismo modo, nuestra comprensión cotidiana de la mente como una conexión del yo con el mundo «real» nos engaña en cuanto a nuestro verdadero yo, y en lugar de ello nos entrampa en un atolladero de atracciones y repulsiones externas (antojos y aversiones). De esta manera, nuestro sentido cotidiano, no guiado, de la mente, el ser y la realidad perpetúan una interconexión maliciosa. La mente del mono, conectada con las atracciones y las repulsiones externas, nos hace rebotar en una auto-existencia de ignorancia y sufrimiento.

Afortunadamente, según la gran iluminación de Buda, la mente y la realidad son diferentes de la impresión engañosa cotidiana. Y, varias prácticas e ideas pueden iluminarnos en cuanto a nuestra verdadera naturaleza. Las prácticas que pueden ayudar a cualquiera a descubrir la naturaleza de la mente, entre sus apariencias engañosas, incluyen, de manera relevante, el entrenamiento de la meditación. Tales prácticas controlan la mente del mono y en su lugar culminan en una mente vacía de pensamientos y atenta al momento presente. De acuerdo con la teoría budista de la mente y la realidad, con respecto a la mente, en lugar de una corriente de conciencia individualizada y caleidoscópica, las prácticas y enseñanzas de meditación producen ideas reflexivas que apuntan a una mentalidad más verdadera, una conciencia universal duradera. En cuanto a la realidad, en lugar de una seductora realidad experiencial de atracciones y repulsiones, las prácticas de meditación apuntan a una realidad experiencial alternativa, de serenidad dichosa.

HACIA LO MENTAL

En mi libro de 1990, *The Child's Theory of Mind* (Wellman, 1990), afirmé que la teoría de la mente era una competencia importante y fundacional y analicé la investigación inicial que llevó a tal aseveración. Ese libro contribuía a un campo emergente, pero en ese momento tanto el libro como el campo de investigación eran en gran medida un vale por pagar. Era temprano, los datos eran escasos y preliminares y, si bien coherentes, ya mostraban no solo las brechas, sino también las inconsistencias que surgirían con creciente fuerza en los años posteriores, a medida que más y más investigación se fuese acumulando gracias a las contribuciones de académicos de todo el mundo. En los años que han transcurrido desde entonces, mucho se ha dilucidado en la investigación con bebés, niños, adultos, individuos con autismo y sordera, y también con primates no humanos. Sobre la base de esta voluminosa investigación, les ofrezco con este nuevo libro una continuación, con la esperanza de captar lo que ahora se conoce al respecto y cobrando el pagaré inicial.

Aparentemente, Edmund O. Wilson, el famoso biólogo evolutivo, ofreció este consejo a los aspirantes a investigadores: un buen científico debe ser lo suficientemente brillante como para conocer un buen esfuerzo de investigación cuando lo vea, pero no tan brillante como para aburrirse haciéndolo. Durante estos 25 años no he sido tan brillante como para aburrirme con la teoría de la mente. Los niños insistentemente se mantienen interesados en las personas, las mentes y las teorías, y a mí me pasa lo mismo.

REFERENCIAS

Abraham, A., Rakoczy, H., Werning, M., von Cramon, D. Y., & Schubotz, R. I. (2010). Matching mind to world and vice versa: Functional dissociations between belief and desire mental state processing. *Social Neuroscience, 5*(1), 1-18. doi: 10.1080/17470910903166853

Agustín, S. (1981). *Sermones*. (M. María Campelo y M. Fuertes Lanero, Trad.). Madrid: Editorial Católica. (Trabajo original publicado en 1844).

Akhtar, N. (2005). The robustness of learning through overhearing. *Developmental Science, 8*, 199-209. doi: 10.1111/j.1467-7687.2005.00406.x

Amsterlaw, J., & Wellman, H. M. (2006). Theories of mind in transition: A microgenetic study of the development of false belief understanding. *Journal of Cognition and Development, 7*, 139-172. doi: 10.1207/s15327647jcd0702_1

Anderson, D., & Reilly, J. (2002). The MacArthur Communicative Development Inventory: Normative data for American Sign Language. *Journal of Deaf Studies and Deaf Education, 7*, 83-106.

Anderson, J. R., & Meno, P. (2003). Psychological influences on yawning in children. *Current Psychology Letters, 11*(2). Retrieved from http://cpl.revues.org/document390.html

Andrews, G., Halford, G. S., Bunch, K. M., Bowden, D., & Jones, T. (2003). Theory of mind and relational complexity. *Child Development, 74*, 1476-1499. doi: 10.1111/1467-8624.00618

Apperly, I. (2011). *Mindreaders: The cognitive basis of "theory of mind."* Hove, England: Psychology Press.

Apperly, I. A. (2012). What is "theory of mind"? Concepts, cognitive processes and individual differences. *The Quarterly Journal of Experimental Psychology, 65*, 825-839. doi: 10.1080/17470218.2012.676055

Apperly, I. A., & Butterfill, S. A. (2009). Do humans have two systems to track beliefs and belief-like states? *Psychological Review, 116*, 953-970. doi: 10.1037/a0016923

Aquinas, T. (2006). *Summa theologiae: Questions on God*. B. Leftow & B. Davies (Eds.). Cambridge, England: Cambridge University Press (Original work written 1265-1274) References 300

Aquino, T. (2010). *Suma Teológica*. (F. Barbado Viejo, Trad.). Madrid: Biblioteca de Autores Cristianos. (Trabajo original publicado en 1265-1274).

Armstrong, K. (1994). *A history of God: The 4000-year quest of Judaism, Christianity, and Islam*. New York: Ballantine Books.

Armstrong, K. (1995). *Una historia de Dios: 4000 años de búsqueda en el Judaísmo, el Cristianismo y el Islam*. (M. del C. Blanco Moreno y R. A. Diez Aragón, Trad.). Barcelona: Paidós Ibérica. (Trabajo original publicado en 1993).

Aschersleben, G., Hofer, T., & Jovanovic, B. (2008). The link between infant attention to goal-directed action and later theory of mind abilities. *Developmental Science, 11*, 862-868. doi: 10.1111/j.1467-7687.2008.00736.x

Aslin, R. N. (2007). What's in a look? *Developmental Science, 10*, 48-53. doi: 10.1111/j.1467-7687.2007.00563.x

Astington, J. W. (2001). The future of theory-of-mind research: Understanding motivational states, the role of language, and real-world consequences. *Child Development, 72*, 685-687. doi: 10.1111/1467-8624.00305

Astington, J. W. (2003). Sometimes necessary, never sufficient: False-belief understanding and social competence. In B. Repacholi & V. Slaughter (Eds.), *Individual differences in theory of mind: Implications for typical and atypical development* (pp. 13-38). Hove, England: Psychology Press.

Astington, J. W., & Baird, J. A. (2005). *Why language matters for theory of mind*. New York: Oxford University Press.

Astington, J. W., & Gopnik, A. (1988a). Children's understanding of representational change and its relation to the understanding of false belief and the appearance-reality distinction. *Child Development, 59*, 26-27. doi: 10.2307/1130386

Astington, J. W., & Gopnik, A. (1988b). Knowing you've changed your mind: Children's understanding of representational change. In J. W. Astington, P. L. Harris, & D. R. Olson (Eds.), *Developing theories of mind* (pp. 193-206). New York: Cambridge University Press.

Astington, J. W., & Jenkins, J. M. (1995). Theory of mind development and social understanding. *Cognition and Emotion, 9*, 151-165.

Astuti, R., & Harris, P. L. (2008). Understanding mortality and the life of the ancestors in rural Madagascar. *Cognitive Science, 32*, 713-740. doi: 10.1080/03640210802066907

Atran, S. (1996). Modes of thinking about living kinds; science, symbolism and common sense. In D. Olson & N. Torrance (Eds.), *Modes of thought: Explorations in culture and cognition* (pp. 216-260). New York: Cambridge University Press.

Atran, S. (2002). *In gods we trust: The evolutionary landscape of religion*. Oxford, England: Oxford University Press.

Atran, S., & Sperber, D. (1991). Learning without teaching. In L. Tolchinsky-Landsmann (Ed.), *Culture, schooling and psychological development* (pp. 39-55). Norwood, NJ: Ablex.

Augustine. (1844). *Sermons on selected lessons of the New Testament*. Oxford, England: J. H. Parker.

Baillargeon, R. (2004). Infants' physical world. *Current Directions in Psychological Science, 13*, 89-94. doi: 10.1111/j.0963-7214.2004.00281.x

Baillargeon, R., & Wang, S.-H. (2002). Event categorization in infancy. *Trends in Cognitive Sciences, 6*, 85-93. doi: 10.1016/s1364-6613(00)01836-2

Baillargeon, R., Scott, R. M., & He, Z. (2010). False-belief understanding in infants. *Trends in Cognitive Sciences, 14*, 110-118.

Baldwin, D. A. (1991). Infants' contribution to the achievement of joint reference. *Child Development, 62,* 875-890. doi: 10.2307/1131140

Baldwin, D. A. (2000). Interpersonal understanding fuels knowledge acquisition. *Current Directions in Psychological Science, 9,* 40-45. doi: 10.1111/1467-8721.00057References 301

Baldwin, D. A., & Moses, L. J. (1996). The ontogeny of social information gathering. *Child Development, 67,* 1915-1939. doi: 10.2307/1131601

Baldwin, D. A., Baird, J. A., Saylor, M. M., & Clark, M. A. (2001). Infants parse dynamic action. *Child Development, 72,* 708-717. doi: 10.1111/1467-8624.00310

Banaji, M., & Gelman, S. (Eds.). (2013). *Navigating the social world: A developmental perspective.* Oxford, England: Oxford University Press.

Baron-Cohen, S. (1995). *Mindblindness: An essay on autism and theory of mind.* Cambridge, MA: MIT Press.

Baron-Cohen, S. (2000). Theory of mind and autism: A fifteen year review. In S. Baron-Cohen, H. Tager-Flusberg & D. J. Cohen (Eds.), *Understanding other minds: Perspectives from developmental cognitive neuroscience* (2nd ed., pp. 3-20). New York: Oxford University Press.

Baron-Cohen, S., Leslie, A. M., & Frith, U. (1985). Does the autistic child have a "theory of mind"? *Cognition, 21,* 37-46. doi: 10.1016/0010-0277(85)90022-8

Baron-Cohen, S., Ring, H. A., Wheelwright, S., Bullmore, E. T., Brammer, M. J., Simmons, A., & Williams, S. C. (1999). Social intelligence in the normal and autistic brain: An fMRI study. *European Journal of Neuroscience, 11,* 1891-1898.

Barrett, H. C., & Behne, T. (2005). Children's understanding of death as the cessation of agency: A test using sleep versus death. *Cognition, 96,* 93-108. doi: http://dx.doi.org/10.1016/j. cognition.2004.05.004

Barrett, J. L. (1998). Cognitive constraints on Hindu concepts of the divine. *Journal for the Scientific Study of Religion, 37,* 608-619.

Barrett, J. L. (2000). Exploring the natural foundations of religion. *Trends in Cognitive Sciences, 4,* 29-34. doi: 10.1016/s1364-6613(99)01419-9

Barrett, J. L., & Keil, F. C. (1996). Conceptualizing a nonnatural entity: Anthropomorphism in God concepts. *Cognitive Psychology, 31,* 219-247. doi: http://dx.doi.org/10.1006/cogp.1996.0017

Barrett, J. L., & Richert, R. A. (2003). Anthropomorphism or preparedness? Exploring children's God concepts. *Review of Religious Research, 44,* 300-312. doi: 10.2307/3512389

Barrett, J. L., Richert, R. A., & Driesenga, A. (2001). God's beliefs versus mother's: The development of nonhuman agent concepts. *Child Development, 72,* 50-65. doi: 10.1111/1467-8624.00265

Barrett, L. F., Gendron, M., & Huang, Y.-M. (2009). Do discrete emotions exist? *Philosophical Psychology, 22,* 427-437. doi: 10.1080/09515080903153634

Barrett, L., Henzi, P., & Dunbar, R. (2003). Primate cognition: From 'what now?' to 'what if?'. *Trends in Cognitive Sciences, 7,* 494-497. doi: 10.1016/j.tics.2003.09.005

Bartsch, K. (1996). Between desires and beliefs: Young children's action predictions. *Child Development, 67,* 1671-1685. doi: 10.2307/1131724

Bartsch, K., & London, K. (2000). Children's use of mental state information in selecting persuasive arguments. *Developmental Psychology, 36,* 352-365. doi: 10.1037/0012-1649.36.3.352

Bartsch, K., & Wellman, H. M. (1995). *Children talk about the mind.* New York: Oxford University Press.

Bartsch, K., London, K., & Campbell, M. D. (2007). Children's attention to beliefs in interactive persuasion tasks. *Developmental Psychology, 43*, 111-120. doi: 10.1037/0012-1649.43.1.111

Bartsch, K., Wade, C. E., & Estes, D. (2011). Children's attention to others' beliefs during persuasion: Improvised and selected arguments to puppets and people. *Social Development, 20*, 316-333. doi: 10.1111/j.1467-9507.2010.00580.xReferences 302

Bates, E., Benigni, L., Bretherton, I., Camaioni, L., & Volterra, V. (1979). *The emergence of symbols: Cognition and communication in infancy.* New York: Academic Press.

Bauer, P. J. (1996). What do infants recall of their lives? Memory for specific events by one- to two-year-olds. *American Psychologist, 51*, 29-41. doi: 10.1037/0003066x.51.1.29

Bauer, P. J. (2002). Long-term recall memory: Behavioral and neuro-developmental changes in the first 2 years of life. *Current Directions in Psychological Science, 11*, 137-141. doi: 10.1111/1467-8721.00186

Baumard, N., & Boyer, P. (2013). Religious beliefs as reflective elaborations on intuitions: A modified dual-process model. *Current Directions in Psychological Science, 22*, 295-300. doi: 10.1177/0963721413478610

Beck, D. M., Schaefer, C., Pang, K., & Carlson, S. M. (2011). Executive function in preschool children: Test-retest reliability. *Journal of Cognition and Development, 12*, 169-193. doi: 10.1080/15248372.2011.563485

Bedny, M., & Saxe, R. (2012). Insights into the origins of knowledge from the cognitive neuroscience of blindness. *Cognitive Neuropsychology, 29*(1-2), 56-84. doi: 10.1080/02643294.2012.713342

Behne, T., Carpenter, M., Call, J., & Tomasello, M. (2005). Unwilling versus unable: Infants' understanding of intentional action. *Developmental Psychology, 41*, 328-337. doi: 10.1037/0012-1649.41.2.328

Belyaev, D. K. (1979). Destabilizing selection as a factor in domestication. *Journal of Heredity, 70*, 301-308.

Bergstrom, B., Moehlmann, B., & Boyer, P. (2006). Extending the testimony problem: Evaluating the truth, scope, and source of cultural information. *Child Development, 77*, 531-538. doi: 10.1111/j.1467-8624.2006.00888.x

Bering, J. M. (2006). The folk psychology of souls. *Behavioral and Brain Sciences, 29*, 453-462. doi: 10.1017/S0140525X06009101

Bering, J. M., & Bjorklund, D. F. (2004). The natural emergence of reasoning about the afterlife as a developmental regularity. *Developmental Psychology, 40*, 217-233. doi: 10.1037/0012-1649.40.2.217

Birch, S. A. J., & Bloom, P. (2007). The curse of knowledge in reasoning about false beliefs. *Psychological Science, 18*, 382-386. doi: 10.1111/j.1467-9280.2007.01909.x

Birch, S. A. J., Vauthier, S. A., & Bloom, P. (2008). Three- and four-year-olds spontaneously use others' past performance to guide their learning. *Cognition, 107*, 1018-1034. doi: 10.1016/j.cognition.2007.12.008

Blakeslee, S. (2006, January 10). Cells that read minds. *New York Times*, F1. Retrieved from http://search.proquest.com.proxy.lib.umich.edu/docview/433260430?accountid=14667

Bloom, P. (2004). *Descartes' baby: How the science of child development explains what makes us human.* New York: Basic Books.

Boesch, C., & Boesch, H. (1989). Hunting behavior of wild chimpanzees in the Taï National Park. *American Journal of Physical Anthropology, 78*, 547-573. doi: 10.1002/ajpa.1330780410

Bonawitz, E. B., Ferranti, D., Saxe, R., Gopnik, A., Meltzoff, A. N., Woodward, J., & Schulz, L. E. (2010). Just do it? Investigating the gap between prediction and action in toddlers' causal inferences. *Cognition, 115*, 104-117. doi: 10.1016/j.cognition.2009.12.001

Bonawitz, E., Fischer, A., & Schulz, L. (2012). Teaching 3.5-year-olds to revise their beliefs given ambiguous evidence. *Journal of Cognition and Development, 13*, 266-280. doi: 10.1080/15248372.2011.577701

Bonawitz, E., Shafto, P., Gweon, H., Goodman, N. D., Spelke, E. S., & Schulz, L. (2011). The double-edged sword of pedagogy: Instruction limits spontaneous exploration and discovery. *Cognition, 102*, 322-330. doi: 10.1016/j.cognition.2010.10.001 References 303

Bond C. F., Jr., & DePaulo, B. M. (2008). Individual differences in judging deception: Accuracy and bias. *Psychological Bulletin, 134*, 477-492. doi: 10.1037/00332909.134.4.47710.1037/0033-2909.134.4.477.supp

Bond, C. F., Jr., & DePaulo, B. M. (2006). Accuracy of deception judgments. *Personality and Social Psychology Review, 10*, 214-234. doi: 10.1207/s15327957pspr1003_2

Bornstein, M. H., & Sigman, M. D. (1986). Continuity in mental development from infancy. *Child Development, 57*, 251-274. doi: 10.2307/1130581

Bowman, L. C., & Wellman, H. M. (2014). Neuroscience contributions to childhood theory-of-mind development. In O. N. Saracho (Ed.), *Contemporary perspectives on research in theories of mind in early childhood education* (pp. 195-223). Charlotte, NC: Information Age Publishing.

Bowman, L. C., Liu, D., Meltzoff, A. N., & Wellman, H. M. (2012). Neural correlates of belief- and desire-reasoning in 7- and 8-year-old children: An event-related potential study. *Developmental Science, 15*, 618-632. doi: 10.1111/j.14677687.2012.01158.x

Boyer, P. (1994). *The naturalness of religious ideas: A cognitive theory of religion*. Berkeley: University of California Press.

Boyer, P. (2001). *Religion explained: The human instincts that fashion gods, spirits and ancestors*. London: Heinemann.

Bradley, L., & Bryant, P. E. (1983, February). Categorizing sounds and learning to read-a causal connection. *Nature, 301*(5899), 419-421. doi: 10.1038/301419a0

Brainerd, C. J. (1978). The stage question in cognitive-developmental theory. *Behavioral and Brain Sciences, 1*(2), 173-213. doi: 10.1017/S0140525X00073842

Brandone, A. C., & Wellman, H. M. (2009). You can't always get what you want: Infants understand failed goal-directed actions. *Psychological Science, 20*, 85-91. doi: 10.1111/j.1467-9280.2008.02246.x

Brandtstädter, J. (1987). On certainty and universality in human development: Developmental psychology between apriorism and empiricism. In M. Chapman & R. A. Dixon (Eds.), *Meaning and the growth of understanding* (pp. 69-84). New York: Springer-Verlag.

Bretherton, I., & Beeghly, M. (1982). Talking about internal states: The acquisition of an explicit theory of mind. *Developmental Psychology, 18*, 906-921. doi: 10.1037/0012-1649.18.6.906

Brown, J. R., & Dunn, J. (1991). 'You can cry, mum': The social and developmental implications of talk about internal states. *British Journal of Developmental Psychology, 9*, 237-256. doi: 10.1111/j.2044-835X.1991.tb00874.x

Brown, J. R., Donelan-McCall, N., & Dunn, J. (1996). Why talk about mental states? The significance of children's conversations with friends, siblings, and mothers. *Child Development, 67*, 836-849.

Brown, P. M., Prescott, S. J., Rickards, F. W., & Paterson, M. M. (1997). Communicating about pretend play: A comparison of the utterances of four-year-old normally hearing and hearing-impaired children in an integrated kindergarten. *Volta Review, 99*, 5-17. References 304

Bruner, J. (1986). *Actual minds, possible worlds*. Cambridge, MA: Harvard University Press.

Bruner, J. (1988). *Realidad mental y mundos posibles. Los actos de la imaginación que dan sentido a la experiencia*. (B. López, Trad.). Barcelona: Gedisa. (Trabajo original publicado en 1986)

Buchsbaum, D., Gopnik, A., Griffiths, T., & Shafto, P. (2011). Children's imitation of causal action sequences is influenced by statistical and pedagogical evidence. *Cognition, 120*, 331-340. doi: 10.1016/j.cognition.2010.12.001

Buttelmann, D., Carpenter, M., & Tomasello, M. (2009). Eighteen-month-old infants show false belief understanding in an active helping paradigm. *Cognition, 112*, 337-342. doi: 10.1016/j.cognition.2009.05.006

Butterworth, G., & Jarrett, N. (1991). What minds have in common is space: Spatial mechanisms serving joint visual attention in infancy. *British Journal of Developmental Psychology, 9*, 55-72. doi: 10.1111/j.2044-835X.1991.tb00862.x

Call, J., & Tomasello, M. (1999). A nonverbal false belief task: The performance of children and great apes. *Child Development, 70*, 381-395. doi: 10.1111/14678624.00028

Call, J., & Tomasello, M. (2008). Does the chimpanzee have a theory of mind? 30 years later. *Trends in Cognitive Sciences, 12*, 187-192. doi: 10.1016/j.tics.2008.02.010

Call, J., Hare, B., Carpenter, M., & Tomasello, M. (2004). 'Unwilling' versus 'unable': Chimpanzees' understanding of human intentional action. *Developmental Science, 7*, 488-498. doi: 10.1111/j.1467-7687.2004.00368.x

Callanan, M. A., & Oakes, L. M. (1992). Preschoolers' questions and parents' explanations: Causal thinking in everyday activity. *Cognitive Development, 7*, 213-233.

Campbell, J. (1972). *Myths to live by*. New York: Viking Press.

Campbell, J. (1994). *Los mitos: su impacto en el mundo actual*. (M. Portillo, Trad.). Barcelona: Kairós. (Trabajo original publicado en 1972).

Caputi, M., Lecce, S., Pagnin, A., & Banerjee, R. (2012). Longitudinal effects of theory of mind on later peer relations: The role of prosocial behavior. *Developmental Psychology, 48*, 257-270. doi: 10.1037/a0025402

Carey, S. (1985). *Conceptual change in childhood*. Cambridge, MA: MIT Press.

Carey, S. (2009). *The origin of concepts*. New York: Oxford University Press.

Carey, S., & Spelke, E. (1996). Science and core knowledge. *Philosophy of Science, 63*, 515-533. doi: 10.2307/188065

Carlson, S. M., & Moses, L. J. (2001). Individual differences in inhibitory control and children's theory of mind. *Child Development, 72*, 1032-1053. doi: 10.1111/1467-8624.00333

Carlson, S. M., & Schaefer, C. M. (2012). *Executive function scale for early childhood. Test manual*. University of Minnesota.

Carlson, S. M., Mandell, D. J., & Williams, L. (2004). Executive function and theory of mind: Stability and prediction from ages 2 to 3. *Developmental Psychology, 40*, 1105-1122. doi: 10.1037/0012-1649.40.6.1105

Carpendale, J. I. M., & Lewis, C. (2004). Constructing an understanding of mind: The development of children's social understanding within social interaction. *Behavioral and Brain Sciences, 27*, 79-151. doi: 10.1017/s0140525x04000032

Carpendale, J. I., & Chandler, M. J. (1996). On the distinction between false belief understanding and subscribing to an interpretive theory of mind. *Child Development, 67*, 1686-1706. doi: 10.2307/1131725

Carpenter, M., Nagell, K., & Tomasello, M. (1998). Social cognition, joint attention, and communicative competence from 9 to 15 months of age. *Monographs of the Society for Research in Child Development, 63*(4), i-vi, 1-143.References 305

Carrington, S. J., & Bailey, A. J. (2009). Are there theory of mind regions in the brain? A review of the neuroimaging literature. *Human Brain Mapping, 30*, 2313-2335. doi: 10.1002/hbm.20671

Carruthers, P. (2002). The cognitive functions of language. *Behavioral and Brain Sciences, 25*, 657-674. doi: doi:10.1017/S0140525X02000122

Casey, B. J., Giedd, J. N., & Thomas, K. M. (2000). Structural and functional brain development and its relation to cognitive development. *Biological Psychology, 54*(1-3), 241-257. doi: 10.1016/s0301-0511(00)00058-2

Cassidy, K. W. (1998). Three- and four-year-old children's ability to use desire- and belief-based reasoning. Cognition, 66, B1-B11. doi: 10.1016/s00100277(98)00008-0

Cassidy, K. W., Fineberg, D. S., Brown, K., & Perkins, A. (2005). Theory of mind may be contagious, but you don't catch it from your twin. *Child Development, 76*, 97-106. doi: 10.1111/j.1467-8624.2005.00832.x

Cassidy, K. W., Werner, R. S., Rourke, M., Zubernis, L. S., & Balaraman, G. (2003). The relationship between psychological understanding and positive social behaviors. *Social Development, 12*, 198-221. doi: 10.1111/1467-9507.00229

Chao, R. K. (1994). Beyond parental control and authoritarian parenting style: Understanding Chinese parenting through the cultural notion of training. *Child Development, 65*, 1111-1119. doi: 10.1111/j.1467-8624.1994.tb00806.x

Chen, X., Dong, Q., & Zhou, H. (1997). Authoritative and authoritarian parenting practices and social and school performance in Chinese children. *International Journal of Behavioral Development, 21*, 855-873.

Chen, Z., & Klahr, D. (1999). All other things being equal: Acquisition and transfer of the control of variables strategy. *Child Development, 70*, 1098-1120. doi: 10.1111/1467-8624.00081

Cheung, H. (2006). False belief and language comprehension in Cantonese-speaking children. Journal of Experimental Child Psychology, 95, 79-98. doi: 10.1016/j.jecp.2006.05.002

Chi, M. T. H. (1978). Knowledge structure and memory development. In R. Siegler (Ed.), *Children's thinking: What develops?* (pp. 73-96). Hillsdale, NJ: Erlbaum.

Chi, M. T. H., De Leeuw, N., Chiu, M.-H., & Lavancher, C. (1994). Eliciting Self-Explanations Improves Understanding. *Cognitive Science, 18*, 439-477. doi: 10.1207/s15516709cog1803_3

Chi, Michelene T. Hutchinson, Jean E. Robin, Anne F. (1989). How inferences about novel domain-related concepts can be constrained by structured knowledge. Merrill-Palmer Quarterly: *Journal of Developmental Psychology, 35*, 27-62.

Chomsky, N. (2006). *Language and mind* (3rd ed.). New York: Cambridge University Press.

Chouinard, M. M. (2007). Children's questions: A mechanism for cognitive development: I. Introduction. *Monographs of the Society for Research in Child Development, 72*(1, Serial No. 286), 1-126. doi: 10.1111/j.1540-5834.2007.00413.x

Churchland, P. M. (1984). *Matter and consciousness: A contemporary introduction to the philosophy of mind.* Cambridge, MA: MIT Press.

Churchland, P. M. (1992). *Materia y conciencia: introducción contemporánea a la filosofía de la mente*. (M. N. Mizraji, Trad.). Barcelona: Gedisa. (Trabajo original publicado en 1984)

Clark, H. H. (1996). *Using language*. New York: Cambridge University Press.

Clément, F., Koenig, M., & Harris, P. (2004). The ontogenesis of trust. *Mind & Language, 19*, 360-379. doi: 10.1111/j.0268-1064.2004.00263.x

Cohen, L. B. (2004). Uses and misuses of habituation and related preference paradigms. *Infant and Child Development, 13*, 349-352. doi: 10.1002/icd.355References 306

Cook, C., Goodman, N., & Schulz, L. E. (2011). Where science starts: Spontaneous experiments in preschoolers' exploratory play. *Cognition, 120*, 341-349. doi: 10.1016/j.cognition.2011.03.003

Cook, R., Bird, G., Catmur, C., Press, C., & Heyes, C. (2014). Mirror neurons: From origin to function. *Behavioral and Brain Sciences, 37*, 177-192. doi: 10.1017/S0140525X13000903

Corliss, R. (1981, September 14). Cinema: Over easy. *Time Magazine*. Retrieved from http://content.time.com/time/magazine/article/0,9171,924877,00.html

Corriveau, K. H., Pasquini, E. S., & Harris, P. L. (2005). "If it's in your mind, it's in your knowledge": Children's developing anatomy of identity. *Cognitive Development, 20*, 321-340. doi: http://dx.doi.org/10.1016/j.cogdev.2005.04.005

Cosmides, L., & Tooby, J. (1994). Beyond intuition and instinct blindness: Toward an evolutionarily rigorous cognitive science. *Cognition, 50*(1-3), 41-77. doi: http://dx.doi.org/10.1016/0010-0277(94)90020-5

Cosmides, L., & Tooby, J. (2006). Origins of domain specificity: The evolution of functional organization. In J. L. Bermúdez (Ed.), *Philosophy of psychology: Contemporary readings* (pp. 539-555). New York: Routledge/Taylor & Francis Group.

Courtin, C., & Melot, A. M. (1998). Development of theories of mind in deaf children. In M. Marschark & D. M. Clark (Eds.), *Psychological perspectives on deafness* (pp. 79-102). Mahwah, NJ: Lawrence Erlbaum.

Csibra, G., & Gergely, G. (2006). Social learning and social cognition: The case for pedagogy. In Y. Munakata & M. H. Johnson (Eds.), *Processes of change in brain and cognitive development. Attention and performance XXI* (pp. 249-274). Oxford, England: Oxford University Press.

Csibra, G., & Gergely, G. (2009). Natural pedagogy. *Trends in Cognitive Sciences, 13*, 148-153. doi: 10.1016/j.tics.2009.01.005

Csibra, G., Gergely, G., Bíró, S., Koós, O., & Brockbank, M. (1999). Goal attribution without agency cues: The perception of "pure reason" in infancy. *Cognition, 72*, 237-267. doi: http://dx.doi.org/10.1016/S0010-0277(99)00039-6

Custer, W. L. (1996). A comparison of young children's understanding of contradictory representations in pretense, memory, and belief. *Child Development, 67*, 678-688.

Cutting, A. L., & Dunn, J. (1999). Theory of mind, emotion understanding, language, and family background: Individual differences and interrelations. *Child Development, 70*, 853-865. doi: 10.1111/1467-8624.00061

D'Andrade, R. (1987). A folk model of the mind. In D. Holland & N. Quinn (Eds.), *Cultural models in language and thought* (pp. 112-148). Cambridge, England: Cambridge University Press.

Damon, W., & Hart, D. (1988). *Self-understanding in childhood and adolescence*. Cambridge [Cambridgeshire]; New York: Cambridge University Press.

Darwin, C. (1898). *The descent of man, and selection in relation to sex*. London, England: John Murray.

Darwin, C. (1966). *El origen del hombre y la selección en relación al sexo*. (M. J. Barroso-Bonzon, Trad.) Madrid: Ediciones Ibéricas. (Trabajo original publicado en 1898).

Davidson, D. (1980). *Essays on actions and events*. Oxford: Clarendon Press.

Davidson, D. (1995). *Ensayos sobre acciones y sucesos*. (O. Hansberg, J. A. Robles & M. Valdés, Trad.). Barcelona: Crítica. (Trabajo original publicado en 1980).

de Villiers, J. G., & de Villiers, P. A. (2000). Linguistic determinism and the understanding of false beliefs. In P. Mitchell & K. J. Riggs (Eds.), *Children's reasoning and the mind* (pp. 191-228). Hove, England: Psychology Press/Taylor & Francis (UK).

de Villiers, J. G., & Pyers, J. E. (2002). Complements to cognition: A longitudinal study of the relationship between complex syntax and false-belief-understanding. *Cognitive Development, 17*, 1037-1060. doi: 10.1016/s0885-2014(02)00073-4

de Waal, F. B. M. (1982). *Chimpanzee politics: Power and sex among apes*. New York: Harper & Row.

de Waal, F. B. (1993). *La política de los chimpancés: el poder y el sexo entre los simios*. (P. Teixidor Maisell, Trad.). Madrid: Alianza Editorial. (Trabajo original publicado en 1982).

Deák, G. O., Ray, S. D., & Brenneman, K. (2003). Children's perseverative appearance-reality errors are related to emerging language skills. *Child Development, 74*, 944-964. doi: 10.1111/1467-8624.00578

Deleau, M. (2012). Language and theory of mind: Why pragmatics matter. *European Journal of Developmental Psychology, 9*, 295-312. doi: 10.1080/17405629.2012.680303References 307

Dempster, F. N. (1992). The rise and fall of the inhibitory mechanism: Toward a unified theory of cognitive development and aging. *Developmental Review, 12*, 45-75. doi: 10.1016/0273-2297(92)90003-k

DePaulo, B. M., Lindsay, J. J., Malone, B. E., Muhlenbruck, L., Charlton, K., & Cooper, H. (2003). Cues to deception. *Psychological Bulletin, 129*, 74-118. doi: 10.1037/0033-2909.129.1.74

Dickens, C. (1870). *David Copperfield* (Globe ed.). New York: Hurd and Houghton.

Dickens, C. (2011). *David Copperfield*. (M. Salís, Trad.). Barcelona: Alba Editorial. (Trabajo original publicado en 1870).

Diesendruck, G., & Ben-Eliyahu, A. (2006). The relationships among social cognition, peer acceptance, and social behavior in Israeli kindergarteners. *International Journal of Behavioral Development, 30*, 137-147. doi: 10.1177/0165025406063628

Dunbar, R. I. M. (1993). Coevolution of neocortical size, group size and language in humans. *Behavioral and Brain Sciences, 16*, 681-694. doi: 10.1017/S0140525X00032325

Dunbar, R. I. M. (1996). *Grooming, gossip and the evolution of language*. London: Faber and Faber.

Dunbar, R. I. M. (1998). The social brain hypothesis. *Evolutionary Anthropology: Issues, News, and Reviews, 6*, 178-190. doi: 10.1002/(sici)1520-6505(1998)6:5<178::aid-evan5>3.0.co;2-8

Dunbar, R. I. M. (2004). Gossip in evolutionary perspective. *Review of General Psychology, 8*, 100-110. doi: 10.1037/1089-2680.8.2.100

Dunbar, R. I. M. (2013). An evolutionary basis for social cognition. In M. Legerstee, D. W. Haley, & M. H. Bornstein (Eds.), *The infant mind: Origins of the social brain* (pp. 3-18). London: Guilford.

Dunlop, W. L., & Walker, L. J. (2013). The life story: Its development and relation to narrative and personal identity. *International Journal of Behavioral Development, 37*, 235-247.

Dunn, J. (1988). *The beginnings of social understanding.* Cambridge, MA: Harvard University Press.

Dunn, J. (1995). Children as psychologists: The later correlates of individual differences in understanding of emotions and other minds. *Cognition & Emotion, 9,* 187-201.

Dunn, J., & Brophy, M. (2005). Communication, relationships, and individual differences in children's understanding of mind. In J. W. Astington & J. A. Baird (Eds.), *Why language matters for theory of mind* (pp. 50-69). Oxford, England: Oxford University Press.

Dunn, J., & Brown, J. (1994). Affect expression in the family, children's understanding of emotions, and their interactions with others. *Merrill-Palmer Quarterly, 40,* 120-137.

Dunn, J., & Brown, J. R. (1993). Early conversations about causality: Content, pragmatics and developmental change. *British Journal of Developmental Psychology, 11,* 107-123. doi: 10.1111/j.2044-835X.1993.tb00591.x

Dunn, J., Cutting, A. L., & Fisher, N. (2002). Old friends, new friends: Predictors of children's perspective on their friends at school. *Child Development, 73,* 621-635. doi: 10.1111/1467-8624.00427References 308

Dunphy-Lelii, S., & Wellman, H. M. (2004). Infants' understanding of occlusion of others' line-of-sight: Implications for an emerging theory of mind. *European Journal of Developmental Psychology, 1,* 49-66.

Dyer, J. R., Shatz, M., & Wellman, H. M. (2000). Young children's storybooks as a source of mental state information. *Cognitive Development, 15,* 17-37.

Dyer-Seymour, J. R., Shatz, M., Wellman, H. M., & Saito, M. T. (2004). Mental state expressions in U.S. and Japanese children's books. *International Journal of Behavioral Development, 28,* 546-552.

Eberhardt, F., & Scheines, R. (2007). Interventions and causal inference. *Philosophy of Science, 74,* 981-995. doi: 10.1086/525638

Eggum, N. D., Eisenberg, N., Kao, K., Spinrad, T. L., Bolnick, R., Hofer, C., … Fabricius, W. V. (2011). Emotion understanding, theory of mind, and prosocial orientation: Relations over time in early childhood. *The Journal of Positive Psychology, 6*(1), 4-16. doi: 10.1080/17439760.2010.536776

Egyed, K., Király, I., & Gergely, G. (2013). Communicating shared knowledge in infancy. *Psychological Science, 24,* 1348-1353.

Eisenberg, N., Zhou, Q., Liew, J., Champion, C., & Pidada, S. U. (2006). Emotion, emotion-related regulation, and social functioning. In X. Chen, D. C. French, & B. H. Schneider (Eds.), *Peer relationships in cultural context.* (pp. 170-197). New York: Cambridge University Press.

Ekman, P. (2009). *Telling lies: Clues to deceit in the marketplace, politics, and marriage.* New York: Norton.

Ekman, P. (2010). *Cómo detectar mentiras. Una guía para utilizar en el trabajo, la política y la pareja.* (L. Wolfson, Trad.). Barcelona: Paidós Ibérica. (Trabajo original publicado en 2009).

Elman, J. L., Bates, E. A., Johnson, M. H., Karmiloff-Smith, A., Parisi, D., & Plunkett, K. (1996). *Rethinking innateness: A connectionist perspective on development.* Cambridge, MA: MIT Press.

Estes, D. (1998). Young children's awareness of their mental activity: The case of mental rotation. *Child Development, 69,* 1345-1360. doi: 10.1111/j.1467-8624.1998.tb06216.x

Estes, D., Wellman, H. M., & Woolley, J. D. (1989). Children's understanding of mental phenomena. In H. Reese (Ed.), *Advances in child development and behavior, Vol. 22* (pp. 41-87). Orlando, FL: Academic.

Evans, E. M. (2001). Cognitive and contextual factors in the emergence of diverse belief systems: Creation versus evolution. *Cognitive Psychology, 42,* 217-266. doi: 10.1006/cogp.2001.0749

Evans, E. M., & Wellman, H. M. (2006). A case of stunted development? Existential reasoning is contingent on developing a theory of mind. *Behavioral & Brain Sciences, 29,* 471-472.

Fabricius, W. V., & Khalil, S. L. (2003). False beliefs or false positives? Limits on children's understanding of mental representation. *Journal of Cognition and Development, 4,* 239-262. doi: 10.1207/s15327647jcd0403_01

Fajans, J. (1985). The person in social context: The social character of Baining "Psychology." In G. White & J. Kirkpatrick (Eds.), *Person, self, and experience: Exploring pacific ethnopsychologies* (pp. 367-397). Los Angeles: University of California Press.

Ferres, L. A. (2003). Children's early theory of mind: Exploring the development of the concept of desire in monolingual Spanish children. *Developmental Science, 6,* 159-165. doi: 10.1111/1467-7687.00266

Fivush, R., & Haden, C. A. (2005). Parent-child reminiscing and the construction of a subjective self. In B. D. Homer & C. S. Tamis-LeMonda (Eds.), *The development of social cognition and communication.* (pp. 315-335). Mahwah, NJ: Lawrence Erlbaum Associates.References 309

Flavell, J. H. (1978). The development of knowledge about visual perception. In C. B. Keasey (Ed.), *Nebraska symposium on motivation 1977* (pp. 43-76). Lincoln: University of Nebraska Press.

Flavell, J. H. (1988). The development of children's knowledge about the mind: From cognitive connections to mental representations. In J. Astington, P. Harris, & D. Olson (Eds.), *Developing theories of mind* (pp. 244-267). New York: Cambridge University Press.

Flavell, J. H., Everett, B. A., Croft, K., & Flavell, E. R. (1981). Young children's knowledge about visual perception: Further evidence for the Level 1-Level 2 distinction. *Developmental Psychology, 17,* 99-103. doi: 10.1037/0012-1649.17.1.99

Flavell, J. H., Flavell, E. R., Green, F. L., & Moses, L. J. (1990). Young children's understanding of fact beliefs versus value beliefs. *Child Development, 61,* 915-928.

Flavell, J. H., Green, F. L., & Flavell, E. R. (1986). Development of knowledge about the appearance-reality distinction. *Monographs of the Society for Research in Child Development, 51*(1, Serial No. 212), 1-87.

Flavell, J. H., Green, F. L., & Flavell, E. R. (1993). Children's understanding of the stream of consciousness. *Child Development, 64,* 387-398.

Flavell, J. H., Green, F. L., & Flavell, E. R. (1995). Young children's knowledge of thinking. *Monographs of the Society for Research in Child Development, 60*(1, Serial No. 243), 1-114.

Flavell, J. H., Green, F. L., & Flavell, E. R. (1998). The mind has a mind of its own: Developing knowledge about mental uncontrollability. *Cognitive Development, 13,* 127-138.

Flavell, J. H., Green, F. L., Flavell, E. R., & Grossman, J. B. (1997). The development of children's knowledge about inner speech. *Child Development, 68,* 39-47.

Flombaum, J. I., & Santos, L. R. (2005). Rhesus monkeys attribute perceptions to others. *Current Biology, 15,* 447-452. doi: http://dx.doi.org/10.1016/j.cub.2004.12.076

Flynn, E., O'Malley, C., & Wood, D. (2004). A longitudinal, microgenetic study of the emergence of false belief understanding and inhibition skills. *Developmental Science, 7*, 103-115. doi: 10.1111/j.1467-7687.2004.00326.x

Fodor, J. A. (1983). *Modularity of mind: An essay on faculty psychology.* Cambridge, Mass.: MIT Press.

Fodor, J. A. (1986). *La modularidad de la mente: Un ensayo sobre la psicología de las facultades.* (J. M. Igoa, Trad.). Madrid: Ediciones Morata. (Trabajo original publicado en 1983).

Fodor, J. A. (1987). *Psychosemantics: The problem of meaning in the philosophy of mind.* Cambridge, MA: Bradford Books/MIT Press.

Fodor, J. A. (1992). A theory of the child's theory of mind. *Cognition, 44*, 283-296. doi: 10.1016/0010-0277(92)90004-2

Fodor, J. A. (1994). *Psicosemántica: El problema del significado en la filosofía de la mente.* (O. L. González Castán, Trad.). Madrid: Tecnos. (Trabajo original publicado en 1987).

Frazier, B. N., Gelman, S. A., & Wellman, H. M. (2009). Preschoolers' search for explanatory information within adult-child conversation. *Child Development, 80*, 1592-1611. doi: 10.1111/j.1467-8624.2009.01356.x

Freud, S. (1933). *New introductory lectures on psycho-analysis* (Walter John Herbert Sprott, Trans.). New York: W. W. Norton.

Freud, S. (1979). *Obras Completas* (2ª ed.). (J. L. Etcheverry, Trad.). Buenos Aires: Amorrortu. (Trabajo original publicado en 1933).

Friedman, O., & Leslie, A. M. (2004). A developmental shift in processes underlying successful belief-desire reasoning. *Cognitive Science, 28*, 963-977. doi: 10.1016/j.cogsci.2004.07.001

Friedman, O., Griffin, R., Brownell, H., & Winner, E. (2003). problems with the seeing = knowing rule. *Developmental Science, 6*, 505-513. doi: 10.1111/1467-7687.00308

Frye, D., Zelazo, P. D., & Palfai, T. (1995). Theory of mind and rule-based reasoning. *Cognitive Development, 10*, 483-527. doi: 10.1016/0885-2014(95)90024-1

Gale, E., DeVilliers, P. A., DeVilliers, J. G., & Pyers, J. E. (1996). Language and theory of mind in oral deaf children. In A. Stringfellow, D. Cahama-Amitay, E. Hughes, & A. Zukowski (Eds.), References 310

Gallagher, H. L., & Frith, C. D. (2003). Functional imaging of 'theory of mind'. *Trends in Cognitive Sciences, 7*, 77-83. doi: http://dx.doi.org/10.1016/S1364-6613(02)00025-6

Gallese, V., & Goldman, A. (1998). Mirror neurons and the simulation theory of mind-reading. *Trends in Cognitive Sciences, 2*, 493-501. doi: http://dx.doi.org/10.1016/S1364-6613(98)01262-5

Gallese, V., Fadiga, L., Fogassi, L., & Rizzolatti, G. (1996). Action recognition in the premotor cortex. *Brain, 119*, 593-609. doi: 10.1093/brain/119.2.593

Gallese, V., Keysers, C., & Rizzolatti, G. (2004). A unifying view of the basis of social cognition. Trends in Cognitive Sciences, 8, 396-403. doi: http://dx.doi.org/10.1016/j.tics.2004.07.002

Gardiner, A. K., Greif, M. L., & Bjorklund, D. F. (2011). Guided by intention: Preschoolers' imitation reflects inferences of causation. *Journal of Cognition and Development, 12*, 355-373. doi: 10.1080/15248372.2010.542216

Garfield, J. L., Peterson, C. C., & Perry, T. (2001). Social cognition, language acquisition and the development of the theory of mind. *Mind & Language, 16*, 494-541. doi: 10.1111/1468-0017.00180

Garon, N., Bryson, S. E., & Smith, I. M. (2008). Executive function in preschoolers: A review using an integrative framework. *Psychological Bulletin, 134*, 31-60. doi: 10.1037/0033-2909.134.1.31

Garrido, E., Masip, J., & Herrero, C. (2004). Police officers' credibility judgments: Accuracy and estimated ability. *International Journal of Psychology, 39*, 254-275. doi: 10.1080/00207590344000411

Gelman, S. A. (2009). Learning from others: Children's construction of concepts. *Annual Review of Psychology, 60*, 115-140. doi: 10.1146/annurev.psych.59.103006.093659

Gelman, S. A., & Wellman, H. M. (1991). Insides and essences: Early understandings of the non-obvious. *Cognition, 38*, 213-244. doi: 10.1016/0010-0277(91)90007-Q

Gergely, G., & Csibra, G. (2003). Teleological reasoning in infancy: The naive theory of rationale action. *Trends in Cognitive Science, 7*, 287-292.

Gergely, G., Bekkering, H., & Király, I. (2002). Developmental psychology: Rational imitation in preverbal infants. *Nature, 415*(6873), 755. doi: 10.1038/415755a

Gergely, G., Egyed, K., & Király, I. (2007). On pedagogy. *Developmental Science, 10*, 139-146. doi: 10.1111/j.1467-7687.2007.00576.x

Gergely, G., Nádasdy, Z., Csibra, G., & Bíró, S. (1995). Taking the intentional stance at 12 months of age. *Cognition, 56*, 165-193. doi: 10.1016/0010-0277(95)00661-h

Gilby, I. C. (2006). Meat sharing among the Gombe chimpanzees: Harassment and reciprocal exchange. *Animal Behaviour, 71*, 953-963. doi: http://dx.doi.org/10.1016/j.anbehav.2005.09.009

Giménez-Dasí, M., Guerrero, S., & Harris, P. L. (2005). Intimations of immortality and omniscience in early childhood. *European Journal of Developmental Psychology, 2*, 285-297. doi: 10.1080/17405620544000039

Global Deception Research Team. (2006). A world of lies. *Journal of Cross-Cultural Psychology, 37*, 60-74. doi: 10.1177/0022022105282295

Glymour, C. (2003). Learning, prediction and causal Bayes nets. *Trends in Cognitive Sciences, 7*, 43-48. doi: http://dx.doi.org/10.1016/S1364-6613(02)00009-8References 311

Glymour, C. N. (2001). *The mind's arrows: Bayes nets and graphical causal models in psychology.* Cambridge, MA: MIT Press.

Goetz, P. J. (2003). The effects of bilingualism on theory of mind development. *Bilingualism: Language and Cognition, 6*, 1-15. doi: 10.1017/S1366728903001007

Gold, E. M. (1967). Language identification in the limit. *Information and Control, 10*, 447-474. doi: 10.1016/S0019-9958(67)91165-5

Goldman, A. I. (1992). In defense of the simulation theory. *Mind & Language, 7*(1-2), 104-119. doi: 10.1111/j.1468-0017.1992.tb00200.x

Goldman, A. I. (2005). Imitation, mind reading, and simulation. In S. Hurley & N. Chater (Eds.), *Perspectives on imitation: From neuroscience to social science: Vol. 2. Imitation, human development, and culture* (pp. 79-93). Cambridge, MA: MIT Press.

Goldman, A. I. (2009). Mirroring, simulating and mindreading. *Mind & Language, 24*(2), 235-252. doi: 10.1111/j.1468-0017.2008.01361.x

Gómez, R. L. (2002). Variability and detection of invariant structure. *Psychological Science, 13*, 431-436. doi: 10.1111/1467-9280.00476

Goodall, J. (1971). *In the shadow of man.* London: Collins.

Goodman, N. (1955). *Fact, fiction, and forecast.* Cambridge, MA: Harvard University Press.

Goodman, N. (2004). *Hecho, ficción y pronóstico.* (J. Rodríguez Marqueze, Trad.). Madrid: Síntesis. (Trabajo original publicado en 1955).

Goodman, N. D., Ullman, T. D., & Tenenbaum, J. B. (2011). Learning a theory of causality. *Psychological Review, 118,* 110-119. doi: 10.1037/a0021336

Gopnik, A., & Astington, J. W. (1988). Children's understanding of representational change and its relation to the understanding of false belief and the appearance-reality distinction. *Child Development, 59,* 26-37. doi: 10.2307/1130386

Gopnik, A., & Slaughter, V. (1991). Young children's understanding of changes in their mental states. *Child Development, 62,* 98-110. doi: 10.1111/j.1467-8624.1991.tb01517.x

Gopnik, A., & Tenenbaum, J. B. (2007). Bayesian networks, Bayesian learning and cognitive development. *Developmental Science, 10,* 281-287. doi: 10.1111/j.1467-7687.2007.00584.x

Gopnik, A., & Wellman, H. M. (1994). The theory theory. In L. Hirschfeld & S. Gelman (Eds.), Domain specificity in cognition and culture (pp. 257-293). New York: Cambridge University Press.

Gopnik, A., & Wellman, H. M. (2012). Reconstructing constructivism: Causal models, Bayesian learning mechanisms, and the theory theory. *Psychological Bulletin, 138,* 1085-1108. doi: 10.1037/a0028044

Gopnik, A., Glymour, C., Sobel, D. M., Schulz, L. E., Kushnir, T., & Danks, D. (2004). A theory of causal learning in children: Causal maps and Bayes nets. *Psychological Review, 111,* 3-32. doi: 10.1037/0033-295X.111.1.3

Gopnik, A., Meltzoff, A. N., & Kuhl, P. K. (2001). *The scientist in the crib: What early learning tells us about the mind.* New York: HarperCollins Publishers.

Gopnik, A., Slaughter, V., & Meltzoff, A. (1994). Changing your views: How understanding visual perception can lead to a new theory of the mind. In C. Lewis & P. Mitchell (Eds.), Children's early understanding of mind: Origins and development (pp. 157-181). Hillsdale, NJ: Lawrence Erlbaum Associates.

Gorsuch, R. L. (1968). Conceptualization of God as seen in adjective ratings. *Journal for the Scientific Study of Religion, 7,* 56-64.References 312

Gottfried, G. M., Gelman, S. A., & Schultz, J. (1999). Children's understanding of the brain: From early essentialism to biological theory. *Cognitive Development, 14,* 147-174. doi: http://dx.doi.org/10.1016/S0885-2014(99)80022-7

Greene, R. A. (2011, May 12). Religious belief is human nature, huge new study claims. CNN.com. Retrieved from http://religion.blogs.cnn.com/2011/05/12/religious-belief-is- human-nature-huge-new-study-claims/

Greenfield, P. M., Keller, H., Fuligni, A., & Maynard, A. (2003). Cultural pathways through universal development. *Annual Review of Psychology, 54,* 461-490. doi: 10.1146/annurev.psych.54.101601.145221

Griffiths, T. L., & Tenenbaum, J. B. (2007). Two proposals for causal grammars. In A. Gopnik & L. Schulz (Eds.), *Causal learning: Psychology, philosophy, and computation* (pp. 323-345). New York: Oxford University Press.

Griffiths, T. L., & Tenenbaum, J. B. (2009). Theory-based causal induction. *Psychological Review, 116,* 661-716. doi: 10.1037/a0017201

Griffiths, T. L., Chater, N., Kemp, C., Perfors, A., & Tenenbaum, J. B. (2010). Probabilistic models of cognition: Exploring representations and inductive biases. *Trends in Cognitive Sciences, 14,* 357-364. doi: 10.1016/j.tics.2010.05.004

Griffiths, T. L., Sobel, D. M., Tenenbaum, J. B., & Gopnik, A. (2011). Bayes and Blickets: Effects of knowledge on causal induction in children and adults. *Cognitive Science, 35*, 1407-1455. doi: 10.1111/j.1551-6709.2011.01203.x

Gross, D., Nelson, S., Rosengren, K. S., Pick, A. D., Pillow, B. H., & Melendez, P. (1991). Children's understanding of action lines and the static representation of speed of locomotion. *Child Development, 62*, 1124-1141. doi: 10.2307/1131157

Guttman, L. (1944). A basis for scaling qualitative data. *American Sociological Review, 9*, 139-150. doi: 10.2307/2086306

Guttman, L. (1950). The basis of scalogram analysis. In S. A. Stouffer, L. Guttman, E. A. Suchman, P. A. Lazarsfeld, S. A. Star, & J. A. Clausen (Eds.), *Measurement and prediction* (pp. 60-90). Princeton, NJ: Princeton University Press.

Gweon, H., Dodell-Feder, D., Bedny, M., & Saxe, R. (2012). Theory of mind performance in children correlates with functional specialization of a brain region for thinking about thoughts. *Child Development, 83*, 1853-1868. doi: 10.1111/j.1467-8624.2012.01829.x

Habermas, T., & Bluck, S. (2000). Getting a life: The emergence of the life story in adolescence. *Psychological Bulletin, 126*, 748-769. doi: 10.1037/0033-2909.126.5.748

Hadwin, J., & Perner, J. (1991). Pleased and surprised: Children's cognitive theory of emotion. *British Journal of Developmental Psychology, 9*, 215-234. doi: 10.1111/j.2044-835X.1991.tb00872.x

Haker, H., Kawohl, W., Herwig, U., & Rössler, W. (2013). Mirror neuron activity during contagious yawning-an fMRI study. *Brain Imaging and Behavior, 7*, 28-34. doi: 10.1007/s11682-012-9189-9

Halford, G. S., Wilson, W. H., & Phillips, S. (2010). Relational knowledge: The foundation of higher cognition. *Trends in Cognitive Sciences, 14*, 497-505. doi: 10.1016/j.tics.2010.08.005References 313

Hamlin, J. K. (2012). A developmental perspective on the moral dyad. *Psychological Inquiry, 23*, 166-171. doi: 10.1080/1047840x.2012.670101

Hamlin, J. K. (2013). Moral judgment and action in preverbal infants and toddlers: Evidence for an innate moral core. *Current Directions in Psychological Science, 22*, 186-193. doi: 10.1177/0963721412470687

Hamlin, J. K., Hallinan, E. V., & Woodward, A. L. (2008). Do as I do: 7-month-old infants selectively reproduce others' goals. *Developmental Science, 11*, 487-494. doi: 10.1111/j.1467-7687.2008.00694.x

Hamlin, J. K., Wynn, K., & Bloom, P. (2007). Social evaluation in preverbal infants. *Nature, 450*(7169), 557-559. doi: 10.1038/nature06288

Hamlin, J. K., Wynn, K., & Bloom, P. (2010). Three-month-olds show a negativity bias in their social evaluations. *Developmental Science, 13*, 923-929. doi: 10.1111/j.1467-7687.2010.00951.x

Hansen, M. B., & Markman, E. M. (2005). Appearance questions can be misleading: A discourse-based account of the appearance-reality problem. *Cognitive Psychology, 50*, 233-263. doi: 10.1016/j.cogpsych.2004.09.001

Happé, F. G. E. (1995). The role of age and verbal ability in the theory of mind task performance of subjects with autism. *Child Development, 66*, 843-855. doi: 10.1111/j.1467-8624.1995.tb00909.x

Hare, B. (2007). From nonhuman to human mind: What changed and why? *Current Directions in Psychological Science, 16*(2), 60-64. doi: 10.1111/j.1467-8721.2007.00476.x

Hare, B., & Tomasello, M. (2004). Chimpanzees are more skilful in competitive than in cooperative cognitive tasks. *Animal Behaviour, 68*, 571-581. doi: 10.1016/j.anbehav.2003.11.011

Hare, B., & Tomasello, M. (2005). Human-like social skills in dogs? *Trends in Cognitive Sciences, 9*, 439-444. doi: 10.1016/j.tics.2005.07.003

Hare, B., Call, J., & Tomasello, M. (2001). Do chimpanzees know what conspecifics know? *Animal Behaviour, 61*, 139-151. doi: 10.1006/anbe.2000.1518

Hare, B., Call, J., Agnetta, B., & Tomasello, M. (2000). Chimpanzees know what conspecifics do and do not see. *Animal Behaviour, 59*, 771-785. doi: 10.1006/anbe.1999.1377

Hare, B., Plyusnina, I., Ignacio, N., Schepina, O., Stepika, A., Wrangham, R., & Trut, L. (2005). Social cognitive evolution in captive foxes is a correlated by-product of experimental domestication. *Current Biology, 15*, 226-230. doi: 10.1016/j.cub.2005.01.040

Harman, G. (1999). Moral philosophy and linguistics. In K. Brinkmann (Ed.), *Proceedings of the 20th World Congress of Philosophy* (Vol. 1, pp. 107-115). Bowling Green, OH: Philosophy Documentation Center.

Harris, P. L. (1992). From simulation to folk psychology: The case for development. *Mind & Language, 7*(1-2), 120-144. doi: 10.1111/j.1468-0017.1992.tb00201.x

Harris, P. L. (2000). *The work of the imagination.* Malden, MA: Blackwell Publishing.

Harris, P. L. (2005a). *El funcionamiento de la imaginación.* (M. Rosenberg & M. Balaguer, Trad.). México: Fondo de Cultura Económica. (Trabajo original publicado en 2000).

Harris, P. L. (2005b). Conversation, pretense and theory of mind. In J. W. Astington & J. A. Baird (Eds.), *Why language matters for theory of mind* (pp. 70-83). New York: Oxford University Press.

Harris, P. L. (2006). Social Cognition. In W. Damon & R. M. Lerner (Eds.), *Handbook of child psychology. Volume 2. Cognition, perception, and language* (pp. 811-858). Hoboken, NJ: Wiley.

Harris, P. L. (2012). *Trusting what you're told: How children learn from others.* Cambridge, MA: Belknap Press of Harvard University Press.References 314

Harris, P. L., & Giménez, M. (2005). Children's acceptance of conflicting testimony: The case of death. *Journal of Cognition and Culture, 5*, 143-164. Retrieved from http://booksandjourn als.brillonline.com/content/10.1163/1568537054068606

Harris, P. L., & Koenig, M. A. (2006). Trust in testimony: How children learn about science and religion. *Child Development, 77*, 505-524. doi: 10.1111/j.1467-8624.2006.00886.x

Harris, P. L., & Lane, J. D. (2013). Infants understand how testimony works. *Topoi*, 1-16. doi: 10.1007/s11245-013-9180-0

Harris, P. L., Brown, E., Marriott, C., Whittall, S., & Harmer, S. (1991). Monsters, ghosts and witches: Testing the limits of the fantasy-reality distinction in young children. *British Journal of Developmental Psychology, 9*, 105-123. doi: 10.1111/j.2044-835X.1991.tb00865.x

Harris, P. L., Donnelly, K., Guz, G. R., & Pitt-Watson, R. (1986). Children's understanding of the distinction between real and apparent emotion. *Child Development, 57*, 895-909.

Harris, P. L., Pasquini, E. S., Duke, S., Asscher, J. J., & Pons, F. (2006). Germs and angels: The role of testimony in young children's ontology. *Developmental Science, 9*, 76-96. doi: 10.1111/j.1467-7687.2005.00465.x

Harris, P. L., Rosnay, M. D., & Pons, F. (2005). Language and children's understanding of mental states. *Current Directions in Psychological Science, 14*, 69-73. doi: 10.2307/20182991

Hartwig, M., & Bond, C. F., Jr. (2011). Why do lie-catchers fail? A lens model meta-analysis of human lie judgments. *Psychological Bulletin, 137,* 643-659. doi: 10.1037/a002358910.1037/a0023589.supp (Supplemental)

Hauser, M. (2006). *Moral minds: How nature designed our universal sense of right and wrong.* New York: Ecco/HarperCollins Publishers.

Haviland, J. M., & Lelwica, M. (1987). The induced affect response: 10-week-old infants' responses to three emotion expressions. Developmental Psychology, 23, 97-104. doi: 10.1037/ 0012-1649.23.1.97

Herrmann, P. A., Legare, C. H., Harris, P. L., & Whitehouse, H. (2013). Stick to the script: The effect of witnessing multiple actors on children's imitation. *Cognition, 129,* 536-543. doi: http://dx.doi.org/10.1016/j.cognition.2013.08.010

Hickling, A. K., & Wellman, H. M. (2001). The emergence of children's causal explanations and theories: Evidence from everyday conversation. Developmental Psychology, 37, 668-683.

Hickling, A. K., Wellman, H. M., & Gottfried, G. (1997). Preschoolers' understanding of others' mental attitudes toward pretend happenings. *British Journal of Developmental Psychology, 15,* 339-354.

Hickok, G. (2009). Eight problems for the mirror neuron theory of action understanding in monkeys and humans. *Journal of Cognitive Neuroscience, 21,* 1229-1243. doi: 10.1162/ jocn.2009.21189

Higginbotham, D. J., & Baker, B. M. (1981). Social participation and cognitive play differences in hearing impaired and normally hearing preschoolers. *Volta Review, 83,* 135-149.

Hirschfeld, L. A. (1996). *Race in the making: Cognition, culture, and the child's construction of human kinds.* Cambridge, MA: The MIT Press.

Hirschfeld, L. A. (2013). The myth of mentalizing and the primacy of folk sociology. In M. Banaji & S. Gelman (Eds.), *Navigating the social world: A developmental perspective* (pp. 101-106). Oxford, England: Oxford University Press.References 315

Hirschfeld, L. A., & Gelman, S. A. (1994). *Mapping the mind: Domain specificity in cognition and culture.* New York: Cambridge University Press.

Hirschfeld, L. A., & Gelman, S. A. (2002). *Cartografía de la mente: la especificidad de dominio en la cognición y en la cultura.* (A. Ruiz, Trad.). Barcelona: Gedisa. (Trabajo original publicado en 1994).

Hirsh-Pasek, K., & Golinkoff, R. M. (2003). *Einstein never used flash cards: How our children really learn-and why they need to play more and memorize less.* Emmaus, PA: Rodale Inc.

Hirsh-Pasek, K., & Golinkoff, R. M. (2005). *Einstein nunca memorizó, aprendió jugando.* (I. Belaustegui, Trad.). Madrid: Ediciones Martínez Roca. (Trabajo original publicado en 2003).

Hood, L., & Bloom, L. (1979). What, when, and how about why: A longitudinal study of early expressions of causality. *Monographs of the Society for Research in Child Development, 44*(6, Serial No. 181), 1-47. doi: 10.2307/1165989

Horner, V., & Whiten, A. (2005). Causal knowledge and imitation/emulation switching in chimpanzees (*Pan troglodytes*) and children (*Homo sapiens*). *Animal Cognition, 8,* 164-181. doi: 10.1007/s10071-004-0239-6

Howe, N., Petrakos, H., & Rinaldi, C. M. (1998). 'All the sheeps are dead. He murdered them': Sibling pretense, negotiation, internal state language, and relationship quality. *Child Development, 69,* 182-191. doi: 10.2307/1132079

Hughes, C. (1998). Finding your marbles: Does preschoolers' strategic behavior predict later understanding of mind? *Developmental Psychology, 34,* 1326-1339. doi: 10.1037/0012-1649.34.6.1326

Hughes, C., & Cutting, A. L. (1999). Nature, nurture, and individual differences in early understanding of mind. *Psychological Science, 10,* 429-432. doi: 10.1111/1467-9280.00181

Hughes, C., Ensor, R., & Marks, A. (2011). Individual differences in false belief understanding are stable from 3 to 6 years of age and predict children's mental state talk with school friends. *Journal of Experimental Child Psychology, 108,* 96-112. doi: 10.1016/j.jecp.2010.07.012

Hughes, C., Jaffee, S. R., Happé, F., Taylor, A., Caspi, A., & Moffitt, T. E. (2005). Origins of individual differences in theory of mind: From nature to nurture? *Child Development, 76,* 356-370. doi: 10.1111/j.1467-8624.2005.00850_a.x

Humphrey, N. (1984). *Consciousness regained: Chapters in the development of mind.* Oxford, England: Oxford University Press.

Humphrey, N. (1987). *La reconquista de la conciencia: desarrollo de la mente humana.* (J. J. Utrilla, Trad.). México: Fondo de Cultura Económica. (Trabajo original publicado en 1984).

Inagaki, K., & Hatano, G. (1993). Young children's understanding of the mind-body distinction. *Child Development, 64,* 1534-1549. doi: 10.2307/1131551

Inagaki, K., & Hatano, G. (2002). *Young children's naive thinking about the biological world.* New York: Psychology Press.

Inagaki, K., & Hatano, G. (2004). Vitalistic causality in young children's naive biology. *Trends in Cognitive Sciences, 8,* 356-362. doi: 10.1016/j.tics.2004.06.004

James, W. (1981). *The principles of psychology.* Cambridge, MA: Harvard University Press. (Original work published 1890).

James, W. B. (1989). *Principios de psicología.* (A. Bárcena, Trad.). México: Fondo de Cultura Económica. (Trabajo original publicado en 1890).

Jaswal, V. K., & Malone, L. S. (2007). Turning believers into skeptics: 3-year-olds' sensitivity to cues to speaker credibility. *Journal of Cognition and Development, 8,* 263-283. doi: 10.1080/15248370701446392

Jaswal, V. K., & Neely, L. A. (2006). Adults don't always know best: Preschoolers use past reliability over age when learning new words. *Psychological Science, 17,* 757-758. doi: 10.1111/j.1467-9280.2006.01778.x

Jenkins, J. M., & Astington, J. W. (2000). Theory of mind and social behavior: Causal models tested in a longitudinal study. *Merrill-Palmer Quarterly, 46,* 203-220.

Joffe, T. H. (1997). Social pressures have selected for an extended juvenile period in primates. *Journal of Human Evolution, 32,* 593-605. doi: http://dx.doi.org/10.1006/jhev.1997.0140References 316

Johnson, C. N. (1990). If you had my brain, where would I be? Children's understanding of the brain and identity. *Child Development, 61,* 962-972. doi: 10.2307/1130868

Johnson, C. N., & Wellman, H. M. (1982). Children's developing conceptions of the mind and brain. *Child Development, 53,* 222-234.

Johnson, S. C. (2000). The recognition of mentalistic agents in infancy. *Trends in Cognitive Sciences, 4,* 22-28. doi: http://dx.doi.org/10.1016/S1364-6613(99)01414-X

Johnston, J. R., & Wong, M. Y. A. (2002). Cultural differences in beliefs and practices concerning talk to children. *Journal of Speech, Language, and Hearing Research, 45,* 916-926. doi: 10.1044/1092-4388(2002/074)

Joseph, R. M., & Tager-Flusberg, H. (1999). Preschool children's understanding of the desire and knowledge constraints on intended action. *British Journal of Developmental Psychology, 17*, 221-243. doi: 10.1348/026151099165249

Kagan, J., & Snidman, N. C. (2004). *The long shadow of temperament.* Cambridge, MA: Belknap Press of Harvard University Press.

Kahneman, D. (2011). *Thinking, fast and slow.* New York: Farrar, Straus and Giroux.

Kahneman, D. (2012). *Pensar rápido, pensar despacio.* (J. Chamorro Mielke, Trad.). México: Debate (Trabajo original publicado en 2011).

Kalish, C. (1998). Reasons and causes: Children's understanding of conformity to social rules and physical laws. *Child Development, 69*(3), 706-720.

Kaminski, J., Call, J., & Fischer, J. (2004). Word learning in a domestic dog: Evidence for "fast mapping". *Science, 304*(5677), 1682-1683.

Kaminski, J., Call, J., & Tomasello, M. (2008). Chimpanzees know what others know, but not what they believe. *Cognition, 109*, 224-234. doi: 10.1016/j.cognition.2008.08.010

Karmiloff-Smith, A. (1992). *Beyond modularity: A developmental perspective on cognitive science.* Cambridge, MA: MIT Press.

Karmiloff-Smith, A. (1994). *Más allá de la modularidad: la ciencia cognitiva desde la perspectiva del desarrollo.* (J. Crespo & M. Bernardos, Trad.). España: Alianza Editorial. (Trabajo original publicado en 1992).

Kavanaugh, R. D. (2006). Pretend play and theory of mind. In L. Balter & C. S. Tamis-LeMonda (Eds.), *Child psychology: A handbook of contemporary issues* (2nd ed., pp. 153-166). New York: Psychology Press.

Kemp, C., Perfors, A., & Tenenbaum, J. B. (2007). Learning overhypotheses with hierarchical Bayesian models. *Developmental Science, 10*, 307-321. doi: 10.1111/j.1467-7687.2007. 00585.x

Kessen, W., & The American Delegation on Early Childhood Development in the People's Republic of China (Eds.). (1975). *Childhood in China.* New Haven, CT: Yale University Press.

Kinzler, K. D., Dupoux, E., & Spelke, E. S. (2007). The native language of social cognition. *PNAS, Proceedings of the National Academy of Sciences of the United States of America, 104*, 12577-12580. doi: 10.1073/pnas.0705345104

Kirkham, N. Z., Slemmer, J. A., & Johnson, S. P. (2002). Vital statistical learning in infancy: Evidence of a domain general learning mechanism. *Cognition, 83*, B35-B42. doi: 10.1016/ S0010-0277(02)00004-5

Knafo, A., Steinberg, T., & Goldner, I. (2011). Children's low affective perspective-taking ability is associated with low self-initiated pro-sociality. *Emotion, 11*, 194-198. doi: 10.1037/a0021240

Knight, N., Sousa, P., Barrett, J. L., & Atran, S. (2004). Children's attributions of beliefs to humans and God: cross-cultural evidence. *Cognitive Science, 28*, 117-126. doi: 10.1207/ s15516709cog2801_6References 317

Kochanska, G., DeVet, K., Goldman, M., Murray, K., & Putnam, S. P. (1994). Maternal reports of conscience development and temperament in young children. *Child Development, 65*, 852-868. doi: 10.2307/1131423

Koenig, M. A., & Harris, P. L. (2005). Preschoolers mistrust ignorant and inaccurate speakers. *Child Development, 76*, 1261-1277. doi: 10.1111/j.1467-8624.2005.00849.x

Koenig, M. A., & Harris, P. L. (2005). The role of social cognition in early trust. *Trends in Cognitive Sciences, 9*, 457-459. doi: 10.1016/j.tics.2005.08.006

Koenig, M. A., Clément, F., & Harris, P. L. (2004). Trust in testimony: Children's use of true and false statements. *Psychological Science, 15*, 694-698. doi: 10.1111/j.0956-7976.2004.00742.x

Kovács, Á. M., Táglás, E., & Endress, A. D. (2010). The Social Sense: Susceptibility to others' beliefs in human infants and adults. *Science, 330*, 1830-1834. doi: 10.1126/science.1190792

Krachun, C., Carpenter, M., Call, J., & Tomasello, M. (2009). A competitive nonverbal false belief task for children and apes. *Developmental Science, 12*, 521-535. doi: 10.1111/j.1467-7687.2008.00793.x

Kristen, S., Thoermer, C., Hofer, T., Aschersleben, G., & Sodian, B. (2006). Skalierung von "theory of mind" aufgaben [Scaling of theory of mind tasks]. *Zeitschrift fur Entwicklungspsychologic und Padagogische Psychologie, 38*, 186-195. doi: 10.1026/0049-8637.38.4.186

Kuhlmeier, V. A., Bloom, P., & Wynn, K. (2004). Do 5-month-old infants see humans as material objects? *Cognition, 94*, 95-103. doi: 10.1016/j.cognition.2004.02.007

Kuhlmeier, V., Wynn, K., & Bloom, P. (2003). Attribution of dispositional states by 12-month-olds. *Psychological Science, 14*, 402-408. doi: 10.1111/1467-9280.01454

Kuhn, T. S. (1962). *The structure of scientific revolution*s. Chicago: University of Chicago Press.

Kuhn, T. S. (2011). *La estructura de las revoluciones científicas*. (C. Solís Santos, Trad.). México: Fondo de cultura económica. (Trabajo original publicado en 1962).

Kumar, V. (1998). *108 names of Vishnu*. New Delhi: Sterling Publishers.

Kunkel, M. A., Cook, S., Meshel, D. S., Daughtry, D., & Hauenstein, A. (1999). God images: A concept map. *Journal for the Scientific Study of Religion, 38*, 193-202.

Kushnir, T., & Gopnik, A. (2007). Conditional probability versus spatial contiguity in causal learning: Preschoolers use new contingency evidence to overcome prior spatial assumptions. *Developmental Psychology, 43*, 186-196. doi: 10.1037/0012-1649.43.1.186

Kushnir, T., Wellman, H. M., & Gelman, S. A. (2008). The role of preschoolers' social understanding in evaluating the informativeness of causal interventions. *Cognition, 107*, 1084-1092. doi: 10.1016/j.cognition.2007.10.004

Kushnir, T., Xu, F., & Wellman, H. M. (2010). Young children use statistical sampling to infer the preferences of other people. *Psychological Science, 21*, 1134-1140. doi: 10.1177/0956797610376652

LaBounty, J. (2008). *Social cognition and its effects on young children's social and mental health* Unpublished Ph.D. dissertation, University of Michigan, Ann Arbor.

Lagattuta, K. H. (2007). Thinking about the future because of the past: Young children's knowledge about the causes of worry and preventative decisions. *Child Development, 78*, 1492-1509. doi: 10.1111/j.1467-8624.2007.01079.x

Lagattuta, K. H. (2008). Young children's knowledge about the influence of thoughts on emotions in rule situations. *Developmental Science, 11*, 809-818. doi: 10.1111/j.1467-7687.2008.00727.x

Lagattuta, K. H., & Wellman, H. M. (2001). Thinking about the past: Early knowledge about links between prior experience, thinking, and emotion. *Child Development, 72*, 82-102.References 318

Lagattuta, K. H., & Wellman, H. M. (2002). Differences in early parent-child conversations about negative versus positive emotions: Implications for the development of psychological understanding. *Developmental Psychology, 38*, 564-580.

Lagattuta, K. H., Wellman, H. M., & Flavell, J. H. (1997). Preschoolers' understanding of the link between thinking and feeling: Cognitive cuing and emotional change. *Child Development, 68*, 1081-1104.

Lakatos, I. (1970). Falsification and the methodology of scientific research programmes. In I. Lakatos & A. Musgrave (Eds.), *Criticism and the growth of knowledge* (pp. 91-196). Cambridge, England: Cambridge University Press.

Lakoff, G., & Johnson, M. (1980). *Metaphors we live by.* Chicago: University of Chicago Press.

Lakoff, G., & Johnson, M. (1986). *Metáforas de la vida cotidiana.* (J. A. Millán & S. Narotzki, Trad.). Madrid: Cátedra. (Trabajo original publicado en 1980).

Lalonde, C. E., & Chandler, M. J. (1995). False belief understanding goes to school: On the social-emotional consequences of coming early or late to a first theory of mind. *Cognition and Emotion, 9,* 167-185. doi: 10.1080/02699939508409007

Landau, B., & Gleitman, L. R. (1985). *Language and experience: Evidence from the blind child.* Cambridge, MA: Harvard University Press.

Lane, J. D., & Harris, P. L. (2014). Confronting, representing, and believing counterintuitive concepts: Navigating the natural and the supernatural. *Perspectives on Psychological Science, 9,* 144-160. doi: 10.1177/1745691613518078

Lane, J. D., Liqi, Z., Evans, E. M., & Wellman, H. M. (2016). Developing concepts of the mind, body, and afterlife: Exploring the roles of narrative context and culture. *Journal of Cognition and Culture, 16,* 50-82.

Lane, J. D., Wellman, H. M., & Evans, E. M. (2010). Children's understanding of ordinary and extraordinary minds. *Child Development, 81,* 1475-1489. doi: 10.1111/j.1467-8624.2010. 01486.x

Lane, J. D., Wellman, H. M., & Evans, E. M. (2012). Sociocultural input facilitates children's developing understanding of extraordinary minds. *Child Development, 83*(3), 1007-1021. doi: 10.1111/j.1467-8624.2012.01741.x

Lane, J. D., Wellman, H. M., & Evans, E. M. (2014). Approaching an understanding of omniscience from the preschool years to early adulthood. *Developmental Psychology, 50*(10), 2380-2392.

Lane, J. D., Wellman, H. M., & Gelman, S. A. (2013). Informants' traits weigh heavily in young children's trust in testimony and in their epistemic inferences. *Child Development, 84,* 1253-1268. doi: 10.1111/cdev.12029

Lane, J. D., Wellman, H. M., Olson, S. L., Miller, A. L., Wang, L., & Tardif, T. (2013). Relations between temperament and theory of mind development in the United States and China: Biological and behavioral correlates of preschoolers' false-belief understanding. *Developmental Psychology, 49,* 825-836. doi: 10.1037/a0028825

Laudan, L. (1977). *Progress and its problems: Toward a theory of scientific growth.* Berkeley: University of California Press.

Laudan, L. (1986). *El progreso y sus problemas: Hacia una teoría del crecimiento científico.* (J. López Tapia, Trad.). España: Ediciones Encuentro. (Trabajo original publicado en 1977).

Lecce, S., Caputi, M., & Hughes, C. (2011). Does sensitivity to criticism mediate the relationship between theory of mind and academic achievement? *Journal of Experimental Child Psychology, 110,* 313-331. doi: 10.1016/j.jecp.2011.04.011

Lederberg, A. R., & Everhart, V. S. (1998). Communication between deaf children and their hearing mothers: The role of language, gesture, and vocalizations. *Journal of Speech, Language, and Hearing Research, 41,* 887-899.References 319

Lee, K., Olson, D. R., & Torrance, N. (1999). Chinese children's understanding of false beliefs: The role of language. *Journal of Child Language, 26,* 1-21. doi: 10.1017/s0305000998003626

Leekam, S. R., & Perner, J. (1991). Does the autistic child have a metarepresentational deficit? *Cognition, 40*, 203-218. doi: 10.1016/0010-0277(91)90025-Y

Legare, C. H. (2012). Exploring explanation: Explaining inconsistent evidence informs exploratory, hypothesis-testing behavior in young children. *Child Development, 83*, 173-185. doi: 10.1111/j.1467-8624.2011.01691.x

Legare, C. H., Gelman, S. A., & Wellman, H. M. (2010). Inconsistency with prior knowledge triggers children's causal explanatory reasoning. *Child Development, 81*, 929-944. doi: CDEV1443 [pii]10.1111/j.1467-8624.2010.01443.x

Lempers, J. D., Flavell, E. R., & Flavell, J. H. (1977). The development in very young children of tacit knowledge concerning visual perception. *Genetic Psychology Monographs, 95*, 3-53.

Leslie, A. M. (1982). The perception of causality in infants. *Perception, 11*, 173-186. doi: 10.1068/p110173

Leslie, A. M. (1994). ToMM, ToBy, and agency: Core architecture and domain specificity in cognition and culture. In L. Hirschfeld & S. Gelman (Eds.), *Mapping the mind: Domain specificity in cognition and culture* (pp. 119-148). New York: Cambridge University Press.

Leslie, A. M. (2005). Developmental parallels in understanding minds and bodies. *Trends in Cognitive Sciences, 9*, 459-462. doi: 10.1016/j.tics.2005.08.002

Leslie, A. M., & Polizzi, P. (1998). Inhibitory processing in the false belief task: Two conjectures. *Developmental Science, 1*, 247-253. doi: 10.1111/1467-7687.00038

Leslie, A. M., & Thaiss, L. (1992). Domain specificity in conceptual development: Neuropsychological evidence from autism. *Cognition, 43*, 225-251. doi: 10.1016/0010-0277 (92)90013-8

Leslie, A. M., German, T. P., & Polizzi, P. (2005). Belief-desire reasoning as a process of selection. *Cognitive Psychology, 50*, 45-85. doi: 10.1016/j.cogpsych.2004.06.002

LeVine, R. A. (1984). Properties of culture: An ethnographic view. In R. Sweder & R. LeVine (Eds.), *Culture theory: Essays on mind, self, and emotion* (pp. 67-87). Cambridge, England: Cambridge University Press.

LeVine, S. (1979). *Mothers and wives.* Chicago: University of Chicago Press.

Lewis, C., Freeman, N. H., Kyriakidou, C., Maridaki-Kassotaki, K., & Berridge, D. M. (1996). Social influences on false belief access: Specific sibling influences or general apprenticeship? *Child Development, 67*, 2930-2947. doi: 10.2307/1131760

Lewis, M., Stanger, C., & Sullivan, M. W. (1989). Deception in 3-year-olds. *Developmental Psychology, 25*, 439-443. doi: 10.1037/0012-1649.25.3.439

Li, J. (2001). Chinese conceptualization of learning. *Ethos, 29*, 111-137. doi: 10.1525/eth.2001.29.2.111

Li, J. (2002). A cultural model of learning: Chinese 'heart and mind for wanting to learn'. *Journal of Cross-Cultural Psychology, 33*, 248-269. doi: 10.1177/0022022102033003003

Li, J. (2003). The core of Confucian learning. *American Psychologist, 58*, 146-147. doi: 10.1037/0003-066x.58.2.146

Li, J. (2004). Learning as a task or a virtue: U.S. and Chinese preschoolers explain learning. *Developmental Psychology, 40*, 595-605. doi: 10.1037/0012-1649.40.4.595References 320

Li, J. (2005). Mind or virtue: Western and Chinese beliefs about learning. *Current Directions in Psychological Science, 14*, 190-194. doi: 10.1111/j.0963-7214.2005.00362.x

Lillard, A. (1998). Ethnopsychologies: Cultural variations in theories of mind. *Psychological Bulletin, 123*, 3-32.

Lillard, A. S. (1993). Pretend play skills and the child's theory of mind. *Child Development, 64*, 348-371. doi: 10.2307/1131255

Lillard, A. S. (2005). *Montessori: The science behind the genius.* Oxford, England: Oxford University Press.

Lillard, A. S., & Erisir, A. (2011). Old dogs learning new tricks: Neuroplasticity beyond the juvenile period. *Developmental Review, 31*, 207-239. doi: 10.1016/j.dr.2011.07.008

Lillard, A. S., & Flavell, J. H. (1992). Young children's understanding of different mental states. *Developmental Psychology, 28*, 626-634. doi: 10.1037/0012-1649.28.4.626

Lillard, A. S., Lerner, M. D., Hopkins, E. J., Dore, R. A., Smith, E. D., & Palmquist, C. M. (2013). The impact of pretend play on children's development: A review of the evidence. *Psychological Bulletin, 139*, 1-34. doi: 10.1037/a0029321

Liszkowski, U., Carpenter, M., Striano, T., & Tomasello, M. (2006). 12- and 18-month-olds point to provide information for others. *Journal of Cognition and Development, 7*, 173-187. doi: 10.1207/s15327647jcd0702_2

Liu, D., Gelman, S. A., & Wellman, H. M. (2007). Components of young children's trait understanding: Behavior-to-trait inferences and trait-to-behavior predictions. *Child Development, 78*, 1543-1558. doi: 10.1111/j.1467-8624.2007.01082.x

Liu, D., Meltzoff, A. N., & Wellman, H. M. (2009). Neural correlates of belief- and desire-reasoning. *Child Development, 80*, 1163-1171. doi: 10.1111/j.1467-8624.2009.01323.x

Liu, D., Sabbagh, M. A., Gehring, W. J., & Wellman, H. M. (2004). Decoupling beliefs from reality in the brain: An ERP study of theory of mind. *Neuroreport, 15*, 991-995. doi: 00001756-200404290-00012 [pii]

Liu, D., Sabbagh, M. A., Gehring, W. J., & Wellman, H. M. (2009). Neural correlates of children's theory of mind development. *Child Development, 80*, 318-326. doi: 10.1111/j.1467-8624.2009.01262.x

Liu, D., Wellman, H. M., Tardif, T., & Sabbagh, M. A. (2008). Theory of mind development in Chinese children: A meta-analysis of false-belief understanding across cultures and languages. *Developmental Psychology, 44*, 523-531. doi: 10.1037/0012-1649.44.2.523

Lohmann, H., & Tomasello, M. (2003). The role of language in the development of false belief understanding: A training study. *Child Development, 74*, 1130-1144. doi: 10.1111/1467-8624.00597

Low, J., & Watts, J. (2013). Attributing false beliefs about object identity reveals a signature blind spot in humans' efficient mind-reading system. *Psychological Science, 24*, 305-311. doi: 10.1177/0956797612451469

Luo, Y., & Baillargeon, R. (2010). Toward a mentalistic account of early psychological reasoning. *Current Directions in Psychological Science, 19*, 301-307. doi: 10.1177/ 0963721410386679

Lyons, D. E., Santos, L. R., & Keil, F. C. (2006). Reflections of other minds: How primate social cognition can inform the function of mirror neurons. *Current Opinion in Neurobiology, 16*, 230-234. doi: 10.1016/j.conb.2006.03.015References 321

Ma, L., & Xu, F. (2011). Young children's use of statistical sampling evidence to infer the subjectivity of preferences. *Cognition, 120*, 403-411. doi: 10.1016/j.cognition.2011.02.003

MacWhinney, B., & Snow, C. (1985). The child language data exchange system. *Journal of Child Language, 12*, 271-295. doi: 10.1017/S0305000900006449

MacWhinney, B., & Snow, C. (1990). The child language data exchange system: An update. *Journal of Child Language, 17*, 457-472. doi: 10.1017/S0305000900013866

Maher, M. (1900). *Psychology: Empirical and rational.* London: Longmans, Green, & Co.

Makris, N., & Pnevmatikos, D. (2007). Children's understanding of human and supernatural mind. *Cognitive Development, 22,* 365-375. doi: 10.1016/j.cogdev.2006.12.003

Malle, B. F., Knobe, J. M., & Nelson, S. E. (2007). Actor-observer asymmetries in explanations of behavior: New answers to an old question. *Journal of Personality and Social Psychology, 93,* 491-514. doi: 10.1037/0022-3514.93.4.491

Markus, H. R., & Kitayama, S. (1991). Culture and the self: Implications for cognition, emotion, and motivation. *Psychological Review, 98,* 224-253.

Marr, D. (1982). *Vision: A computational investigation into the human representation and processing of visual information.* San Francisco: W.H. Freeman.

Marr, D. (1985). *Visión: una investigacion basada en el cálculo acerca de la representación y el procesamiento humano de la información visual.* (T. del Amo Martín, Trad.). Madrid: Alianza. (Trabajo original publicado en 1982).

Marticorena, D. C. W., Ruiz, A. M., Mukerji, C., Goddu, A., & Santos, L. R. (2011). Monkeys represent others' knowledge but not their beliefs. *Developmental Science, 14,* 1406-1416. doi: 10.1111/j.1467-7687.2011.01085.x

Masangkay, Z. S., McCluskey, K. A., McIntyre, C. W., Sims-Knight, J., Vaughn, B. E., & Flavell, J. H. (1974). The early development of inferences about the visual percepts of others. *Child Development, 45,* 357-366. doi: 10.2307/1127956

Mascaro, O., & Sperber, D. (2009). The moral, epistemic, and mindreading components of children's vigilance towards deception. *Cognition, 112,* 367-380. doi: 10.1016/j.cognition.2009.05.012

McAdams, D. P. (1993). *The stories we live by: Personal myths and the making of the self.* New York: W. Morrow.

McAlister, A., & Peterson, C. (2007). A longitudinal study of child siblings and theory of mind development. *Cognitive Development, 22,* 258-270. doi: 10.1016/j.cogdev.2006.10.009

McCall, R. B., & Carriger, M. S. (1993). A meta-analysis of infant habituation and recognition memory performance as predictors of later IQ. *Child Development, 64,* 57-79. doi: 10.2307/1131437

McCauley, R. N., & Whitehouse, H. (2005). Introduction: New frontiers in the cognitive science of religion. *Journal of Cognition and Culture, 5*(1-2), 1-13. doi: 10.1163/1568537054068705

Meins, E., & Fernyhough, C. (1999). Linguistic acquisitional style and mentalising development: The role of maternal mind-mindedness. *Cognitive Development, 14,* 363-380. doi: 10.1016/s0885-2014(99)00010-6

Meins, E., Fernyhough, C., Wainwright, R., Clark-Carter, D., Gupta, M. D., Fradley, E., & Tuckey, M. (2003). Pathways to understanding mind: Construct validity and predictive validity of maternal mind-mindedness. *Child Development, 74,* 1194-1211. doi: 10.1111/1467-8624.00601

Meins, E., Fernyhough, C., Wainwright, R., Gupta, M. D., Fradley, E., & Tuckey, M. (2002). Maternal mind-mindedness and attachment security as predictors of theory of mind understanding. *Child Development, 73,* 1715-1726. doi: 10.1111/1467-8624.00501References 322

Melis, A. P., Hare, B., & Tomasello, M. (2008). Do chimpanzees reciprocate received favours? *Animal Behaviour, 76,* 951-962. doi: 10.1016/j.anbehav.2008.05.014

Meltzoff, A. N. (1988). Infant imitation after a 1-week delay: Long-term memory for novel acts and multiple stimuli. *Developmental Psychology, 24,* 470-476. doi: 10.1037/0012-1649.24.4.470

Meltzoff, A. N. (1995). Understanding the intentions of others: Re-enactment of intended acts by 18-month-old children. *Developmental Psychology, 31*, 838-850.

Meltzoff, A. N. (2011). Social cognition and the origins of imitation, empathy, and theory of mind. In U. Goswami (Ed.), *The Wiley-Blackwell handbook of childhood cognitive development* (2nd ed., pp. 49-75): Malden, MA: Wiley-Blackwell.

Meltzoff, A. N., & Brooks, R. (2008). Self-experience as a mechanism for learning about others: A training study in social cognition. *Developmental Psychology, 44*, 1257-1265.

Meltzoff, A. N., Waismeyer, A., & Gopnik, A. (2012). Learning about causes from people: Observational causal learning in 24-month-old infants. *Developmental Psychology, 48*, 1215-1228. doi: 10.1037/a0027440

Meristo, M., Morgan, G., Geraci, A., Iozzi, L., Hjelmquist, E., Surian, L., & Siegal, M. (2012). Belief attribution in deaf and hearing infants. *Developmental Science, 15*, 633-640. doi: 10.1111/j.1467-7687.2012.01155.x

Miller, P. H., Kessel, F. S., & Flavell, J. H. (1970). Thinking about people thinking about people thinking about…: A study of social cognitive development. *Child Development, 41*, 613-623.

Miller, P. J., Fung, H., & Mintz, J. (1996). Self-construction through narrative practices: A Chinese and American comparison of early socialization. *Ethos, 24*, 237-280. doi: 10.1525/eth.1996.24.2.02a00020

Miller, P. J., Fung, H., Lin, S., Chen, E. C., & Boldt, B. R. (2012). How socialization happens on the ground: Narrative practices as alternate socializing pathways in Taiwanese and European-American families. *Monographs of the Society for Research in Child Development, 77*(1, Serial No. 302), 1-140. doi: 10.1111/j.1540-5834.2011.00642.x

Milligan, K., Astington, J. W., & Dack, L. A. (2007). Language and theory of mind: Meta-analysis of the relation between language ability and false-belief understanding. *Child Development, 78*, 622-646. doi: 10.1111/j.1467-8624.2007.01018.x

Mitchell, J. P. (2008). Contributions of functional neuroimaging to the study of social cognition. *Current Directions in Psychological Science, 17*, 142-146. doi: 10.1111/j.1467-8721.2008.00564.x

Mitchell, J. P., Macrae, C. N., & Banaji, M. R. (2006). Dissociable medial prefrontal contributions to the judgments of similar and dissimilar others. *Neuron, 50*, 655-663.

Mitchell, P. (1996). *Acquiring a conception of mind: A review of psychological research and theory.* Hove, England: Psychology Press.

Miyake, A., & Friedman, N. P. (2012). The nature and organization of individual differences in executive functions: Four general conclusions. *Current Directions in Psychological Science, 21*, 8-14. doi: 10.1177/0963721411429458

Moeller, M. P., & Schick, B. (2006). Relations between maternal input and theory of mind understanding in deaf children. *Child Development, 77*, 751-766. doi: 10.1111/j.1467-8624.2006.00901.x

Moll, H., & Meltzoff, A. N. (2011). How does it look? Level 2 perspective-taking at 36 months of age. *Child Development, 82*, 661-73. doi: 10.1111/j.1467-8624.2010.01571.x

Moll, H., & Tomasello, M. (2004). 12- and 18-month-old infants follow gaze to spaces behind barriers. *Developmental Science, 7*, F1-F9.

Moll, H., Carpenter, M., & Tomasello, M. (2007). Fourteen-month-olds know what others experience only in joint engagement. *Developmental Science, 10*, 826-835. doi: 10.1111/j.1467-7687.2007.00615.xReferences 323

Moor, B. G., Op de Macks, Z. A., Güroglu, B., Rombouts, S. A. R. B., Van der Molen, M. W., & Crone, E. A. (2012). Neurodevelopmental changes of reading the mind in the eyes. *Social Cognitive and Affective Neuroscience, 4,* 44-52. doi: 10.1093/scan/nsr020

Moore, C. (2009). Fairness in children's resource allocation depends on the recipient. *Psychological Science, 20,* 944-948. doi: 10.1111/j.1467-9280.2009.02378.x

Moore, C., & Corkum, V. (1994). Social understanding at the end of the first year of life. *Developmental Review, 14,* 349-372.

Moore, C., Barresi, J., & Thompson, C. (1998). The cognitive basis of future-oriented prosocial behavior. *Social Development, 7,* 198-218. doi: 10.1111/1467-9507.00062

Moore, C., Bryant, D., & Furrow, D. (1989). Mental terms and the development of certainty. *Child Development, 60,* 167-171. doi: 10.2307/1131082

Morgan, G., & Shepard-Kegl, J. (2006). Nicaraguan sign language and theory of mind: The issue of critical periods and abilities. *Journal of Child Psychology & Psychiatry, 47,* 811-819. doi: 10.1111/j.1469-7610.2006.01621.x

Mosconi, M. W., Mack, P. B., McCarthy, G., & Pelphrey, K. A. (2005). Taking an "intentional stance" on eye-gaze shifts: A functional neuroimaging study of social perception in children. *NeuroImage, 27,* 247-252. doi: http://dx.doi.org/10.1016/j.neuroimage.2005.03.027

Moses, L. J. (2001). Executive accounts of theory-of-mind development. Commentary on "Meta-analysis of theory-of-mind development: The truth about false belief." *Child Development, 72,* 688-690. doi: 10.1111/1467-8624.00306

Moses, L. J., & Chandler, M. J. (1992). Traveler's guide to children's theories of mind. *Psychological Inquiry, 3,* 286-301. doi: 10.2307/1449383

Moses, L. J., Baldwin, D. A., Rosicky, J. G., & Tidball, G. (2001). Evidence for referential understanding in the emotions domain at twelve and eighteen months. *Child Development, 72,* 718-735. doi: 10.1111/1467-8624.00311

Moses, L. J., Coon, J. A., & Wusinich, N. (2000). Young children's understanding of desire formation. *Developmental Psychology, 36,* 77-90. doi: 10.1037/0012-1649.36.1.77

Mukamel, R., Ekstrom, A. D., Kaplan, J., Iacoboni, M., & Fried, I. (2010). Single-neuron responses in humans during execution and observation of actions. *Current Biology, 20,* 750-756.

Müller, U., Zelazo, P. D., & Imrisek, S. (2005). Executive function and children's understanding of false belief: How specific is the relation? *Cognitive Development, 20,* 173-189. doi: 10.1016/ j.cogdev.2004.12.004

Munro, D. J. (1969). *The concept of man in early China.* Stanford, CA: Stanford University Press.

Munro, D. J. (1977). *The concept of man in contemporary China.* Ann Arbor: University of Michigan Press.

Neumann, A., Thoermer, C., & Sodian, B. (2008). *Belief-based actions anticipation in 18-month-old infants.* Paper presented at the International Congress of Psychology, Berlin, Germany.

Newport, E. L. (1991). Contrasting concepts of the critical period for language. In S. Carey & R. Gelman (Eds.), *The epigenesis of mind: Essays on biology and cognition* (pp. 111-130). Hillsdale, NJ: Erlbaum.References 324

Newton, P., Reddy, V., & Bull, R. (2000). Children's everyday deception and performance on false-belief tasks. *British Journal of Developmental Psychology, 18,* 297-317. doi: 10.1348/026151000165706

Nisbett, R. E. (2003). *The geography of thought: How Asians and westerners think differently-and why*. New York: Free Press.

Nisbett, R. E., & Wilson, T. D. (1977). Telling more than we can know: Verbal reports on mental processes. *Psychological Review, 84*, 231-259. doi: 10.1037/0033-295x.84.3.231

Noffke, J. L., & McFadden, S. H. (2001). Denominational and age comparisons of God concepts. *Journal for the Scientific Study of Religion, 40*, 745-756.

Notaro, P. C., Gelman, S. A., & Zimmerman, M. A. (2001). Children's understanding of psychogenic bodily reactions. *Child Development, 72*, 444-459. doi: 10.1111/1467-8624.00289

Nunez, P. L., & Cutillo, B. A. (1995). *Neocortical dynamics and human EEG rhythms*. New York: Oxford University Press.

O'Neill, D. K. (1996). Two-year-old children's sensitivity to a parent's knowledge state when making requests. *Child Development, 67*, 659-677. doi: 10.2307/1131839

O'Neill, D. K., Astington, J. W., & Flavell, J. H. (1992). Young children's understanding of the role that sensory experiences play in knowledge acquisition. *Child Development, 63*, 474-490. doi: 10.2307/1131493

O'Neill, D. K., Main, R. M., & Ziemski, R. A. (2009). 'I like Barney': Preschoolers' spontaneous conversational initiations with peers. *First Language, 29*, 401-425. doi: 10.1177/0142723709105315

Oaksford, M., & Chater, N. (2007). *Bayesian rationality: The probabilistic approach to human reasoning*. New York: Oxford University Press.

Oh, S., & Lewis, C. (2008). Korean preschoolers' advanced inhibitory control and its relation to other executive skills and mental state understanding. *Child Development, 79*, 80-99. doi: 10.1111/j.1467-8624.2007.01112.x

Ohnishi, T. C. A., Moriguchi, Y., Matsuda, H., Mori, T., Hirakata, M., Imabayashi, E., … Uno, A. (2004). The neural network for the mirror system and mentalizing in normally developed children: An fMRI study. *NeuroReport, 15*, 1483-1487.

Olineck, K. M., & Poulin-Dubois, D. (2005). Infants' ability to distinguish between intentional and accidental actions and its relation to internal state language. *Infancy, 8*, 91-100.

Onishi, K. H., & Baillargeon, R. (2005). Do 15-month-old infants understand false beliefs? *Science, 308*(5719), 255-258. doi: 10.1126/science.1107621

Opfer, J. E., & Gelman, S. A. (2011). Development of the animate-inanimate distinction. In U. Goswami (Ed.), *The Blackwell handbook of childhood cognitive development* (2nd ed., pp. 213-238). New York: Blackwell.

Packer, J. I. (1993). *Concise theology: A guide to historic Christian beliefs*. Wheaton, IL: Tyndale House Publishers.

Parsons, S., & Mitchell, P. (1999). What children with autism understand about thoughts and thought bubbles. *Autism, 3*(1), 17-38.

Partington, A. (Ed.). (1996). *The Oxford dictionary of quotations* (4th ed.). New York: Oxford University Press.

Pascual-Marqui, R. D. (2002). Standardized low-resolution brain electromagnetic tomography (sLORETA): Technical details. *Methods and Findings in Experimental and Clinical Pharmacology, 24*(Suppl D), 5-12.References 325

Pasquini, E. S., Corriveau, K. H., Koenig, M., & Harris, P. L. (2007). Preschoolers monitor the relative accuracy of informants. *Developmental Psychology, 43*, 1216-1226. doi: 10.1037/0012-1649.43.5.1216

Pearl, J. (1988). *Probabilistic reasoning in intelligent systems: Networks of plausible inference.* San Mateo, CA: Morgan Kaufman.

Pearl, J. (2000). *Causality: Models, reasoning, and inference.* New York: Cambridge University Press.

Perner, J. (1991). *Understanding the representational mind.* Cambridge, MA: MIT Press.

Perner, J. (1994). *Comprender la mente representacional.* (M. Aurelio Galmarini, Trad.). Barcelona: Paidós. (Trabajo original publicado en 1991).

Perner, J., & Wimmer, H. (1985). 'John thinks that Mary thinks that…': Attribution of second-order beliefs by 5- to 10-year-old children. *Journal of Experimental Child Psychology, 39*, 437-471. doi: 10.1016/0022-0965(85)90051-7

Perner, J., Ruffman, T., & Leekam, S. R. (1994). Theory of mind is contagious: You catch it from your sibs. *Child Development, 65*, 1228-1238. doi: 10.1111/j.1467-8624.1994.tb00814.x

Perner, J., Sprung, M., Zauner, P., & Haider, H. (2003). Want that is understood well before say that, think that, and false belief: A test of de Villier's linguistic determinism on German-speaking children. *Child Development, 74*, 179-188. doi: 10.1111/1467-8624.t01-1-00529

Perner, J., Zauner, P., & Sprung, M. (2005). What does 'that' have to do with point of view? Conflicting desires and 'want' in German. In J. W. Astington & J. A. Baird (Eds.), *Why language matters for theory of mind* (pp. 220-244). New York: Oxford University Press.

Peskin, J., & Ardino, V. (2003). Representing the mental world in children's social behavior: Playing hide-and-seek and keeping a secret. *Social Development, 12*, 496-512. doi: 10.1111/1467-9507.00245

Peterson, C. C. (2000). Kindred spirits: Influences of siblings' perspectives on theory of mind. *Cognitive Development, 15*, 435-455. doi: http://dx.doi.org/10.1016/S0885-2014(01)00040-5

Peterson, C. C. (2004). Theory-of-mind development in oral deaf children with cochlear implants or conventional hearing aids. *Journal of Child Psychology and Psychiatry, 45*, 1-11.

Peterson, C. C. (2009). Development of social-cognitive and communication skills in children born deaf. *Scandinavian Journal of Psychology, 50*, 475-483. doi: 10.1111/j.1467-9450.2009. 00750.x

Peterson, C. C., & Siegal, M. (1995). Deafness, conversation and theory of mind. *Journal of Child Psychology and Psychiatry, 36*, 459-474. doi: 10.1111/j.1469-7610.1995.tb01303.x

Peterson, C. C., & Siegal, M. (1999). Representing inner worlds: Theory of mind in autistic, deaf and normal hearing children. *Psychological Science, 10*, 126-129.

Peterson, C. C., & Siegal, M. (2002). Mindreading and moral awareness in popular and rejected preschoolers. *British Journal of Developmental Psychology, 20*, 205-224. doi: 10.1348/026151002166415

Peterson, C. C., & Wellman, H. M. (2009). From fancy to reason: Scaling deaf and hearing children's understanding of theory of mind and pretence. *British Journal of Developmental Psychology, 27*(Pt. 2), 297-310.

Peterson, C. C., Peterson, J. L., & Webb, J. (2000). Factors influencing the development of a theory of mind in blind children. *British Journal of Developmental Psychology, 18*, 431-447. doi: 10.1348/026151000165788

Peterson, C. C., Wellman, H. M., & Liu, D. (2005). Steps in theory-of-mind development for children with deafness or autism. *Child Development, 76*, 502-517. doi: 10.1111/j.1467-8624.2005.00859.x

Peterson, C. C., Wellman, H. M., & Slaughter, V. (2012). The mind behind the message: Advancing theory of mind scales for typically developing children, and those with deafness, autism, or Asperger Syndrome. *Child Development, 83*, 469-485.

Peterson, C., & Slaughter, V. (2003). Opening windows into the mind: Mothers' preferences for mental state explanations and children's theory of mind. *Cognitive Development, 18*, 399-429. doi: 10.1016/s0885-2014(03)00041-8References 326

Peterson, N. R., Pisoni, D. B., & Miyamoto, R. T. (2010). Cochlear implants and spoken language processing abilities: Review and assessment of the literature. *Restorative Neurology and Neuroscience, 28*, 237-250.

Pew Research Center. (2008). U.S. Religious landscape survey. Religious beliefs and practices: Diverse and politically relevant. *Pew Forum on Religion & Public Life.* Retrieved from http://www.pewforum.org/

Pfeifer, J. H., Masten, C. L., Borofsky, L. A., Dapretto, M., Fuligni, A. J., & Lieberman, M. D. (2009). Neural correlates of direct and reflected self-appraisals in adolescents and adults: When social perspective-taking informs self-perception. *Child development, 80*, 1016-1038.

Phillips, A. T., & Wellman, H. M. (2005). Infants' understanding of object-directed action. *Cognition, 98*, 137-155. doi: 10.1016/j.cognition.2004.11.005

Phillips, W., Barnes, J. L., Mahajan, N., Yamaguchi, M., & Santos, L. R. (2009). 'Unwilling' versus 'unable': Capuchin monkeys' (Cebus apella) understanding of human intentional action. *Developmental Science, 12*, 938-945. doi: 10.1111/j.1467-7687.2009.00840.x

Piaget, J. (1932). *The moral judgment of the child.* London: Kegan Paul.

Piaget, J. (1935). *El juicio moral en el niño.* (J. Comas, Trad.). Madrid: Librería Beltrán. (Trabajo original publicado en 1932).

Piaget, J. (1952). *The origins of intelligence in children.* New York: International Universities Press.

Piaget, J. (1967). *The child's conception of the world.* London: Routledge & Keegan Paul. (Original work published 1929).

Piaget, J. (1970). *Structuralism.* New York: Harper & Row.

Piaget, J. (1983). Piaget's theory. In P. H. Mussen (Ed.), *Handbook of child psychology* (4th ed., Vol. 1). New York: John Wiley & Sons.

Piaget, J. (1990). *El nacimiento de la inteligencia en el niño.* (P. Bordonaba, Trad.). Barcelona: Crítica. (Trabajo original publicado en 1952).

Piaget, J. (1995). *El Estructuralismo.* (C. A. Loeffler Berg, Trad.). México: Publicaciones Cruz O. (Trabajo original publicado en 1970).

Piaget, J. (2001). *La representación del mundo en el niño* (9a ed.). (V. Valls y Anglés, Trad.). Madrid: Ediciones Morata. (Trabajo original publicado en 1929).

Pickover, C. A. (2001). *The paradox of God and the science of omniscience.* New York: Palgrave Macmillan.

Pinker, S. (1984). *Language learnability and language development.* Cambridge, MA: Harvard University Press.

Pinker, S. (1997). *How the mind works.* New York: Norton.

Pinker, S. (2001). *Cómo funciona la mente.* (F. Meler-Orti, Trad.). Barcelona: Destino. (Trabajo original publicado en 1997).

Polak, A., & Harris, P. L. (1999). Deception by young children following noncompliance. *Developmental Psychology, 35*(2), 561-68. doi: 10.1037/0012-1649.35.2.561

Pons, F., & Harris, P. L. (2005). Longitudinal change and longitudinal stability of individual differences in children's emotion understanding. *Cognition and Emotion, 19,* 1158-1174. doi: 10.1080/02699930500282108

Pons, F., Harris, P. L., & de Rosnay, M. (2004). Emotion comprehension between 3 and 11 years: Developmental periods and hierarchical organization. *European Journal of Developmental Psychology, 1,* 127-152. doi: 10.1080/17405620344000022References 327

Pons, F., Lawson, J., Harris, P. L., & de Rosnay, M. (2003). Individual differences in children's emotion understanding: Effects of age and language. *Scandinavian Journal of Psychology, 44,* 347-353. doi: 10.1111/1467-9450.00354

Poulin-Dubois, D., Polonia, A., & Yott, J. (2013). Is false belief skin-deep? The agent's eye status influences infants' reasoning in belief-inducing situations. *Journal of Cognition and Development, 14,* 87-99. doi: 10.1080/15248372.2011.608198

Povinelli, D. J. & Preuss, T. M. (1995). Theory of mind: Evolutionary history of a cognitive specialization. *Trends in Neurosciences, 18,* 418-424.

Povinelli, D. J. (2000). *Folk physics for apes: The chimpanzee's theory of how the world works.* Oxford, England: Oxford University Press.

Povinelli, D. J., & Eddy, T. J. (1996). What young chimpanzees know about seeing. *Monographs of the Society for Research in Child Development, 61*(3, Serial No. 247), v-vi, 1-152.

Pratt, C., & Bryant, P. (1990). Young children understand that looking leads to knowing (so long as they are looking into a single barrel). *Child Development, 61,* 973-982. doi:10.1111/j.1467-8624.1990.tb02835.x

Premack, D., & Woodruff, G. (1978). Does the chimpanzee have a theory of mind? *Behavioral and Brain Sciences, 1,* 515-526. doi: 10.1017/S0140525X00076512

Price, M. (2006). Patriarchy and parental control in Iran. *Iran Chamber Society Articles, 6,* 1-3.

Proceedings of the 20th annual Boston University conference on language development (Vol. 1, pp. 213-244). Somerville, MA: Cascadilla Press.

Provine, R. R. (2005). Yawning. *American Scientist, 93,* 532-539.

Pyers, J. E., & Senghas, A. (2009). Language promotes false-belief understanding: Evidence from learners of a new sign language. *Psychological Science, 20,* 805-812. doi: 10.1111/j.1467- 9280.2009.02377.x

Pyysiäinen, I. (2004). Intuitive and explicit in religious thought. *Journal of Cognition and Culture, 4,* 123-150. Retrieved from http://booksandjournals.brillonline.com/content/10.1163/ 156853704323074787

Rakoczy, H., Warneken, F., & Tomasello, M. (2007). "This way!," "No! That way!"-3-year olds know that two people can have mutually incompatible desires. *Cognitive Development, 22,* 47-68. doi: 10.1016/j.cogdev.2006.08.002

Randell, A. C., & Peterson, C. C. (2009). Affective qualities of sibling disputes, mothers' conflict attitudes, and children's theory of mind development. *Social Development, 18,* 857-874. doi: 10.1111/j.1467-9507.2008.00513.x

Rasch, G. (1960). *Probabilistic models for some intelligence and attainment tests.* Chicago: University of Chicago Press.

Razza, R. A., & Blair, C. (2009). Associations among false-belief understanding, executive function, and social competence: A longitudinal analysis. *Journal of Applied Developmental Psychology, 30,* 332-343. doi: http://dx.doi.org/10.1016/j.appdev.2008.12.020

Reddy, V. (2008). *How infants know minds*. Cambridge, MA: Harvard University Press.

Remmel, E., & Peters, K. (2009). Theory of mind and language in children with cochlear implants. *Journal of Deaf Studies and Deaf Education, 14*, 218-236.

Repacholi, B. M., & Gopnik, A. (1997). Early reasoning about desires: Evidence from 14- and 18-month-olds. *Developmental Psychology, 33*, 12-21. doi: 10.1037/0012-1649.33.1.12

Repacholi, B. M., Meltzoff, A. N., & Olsen, B. (2008). Infants' understanding of the link between visual perception and emotion: "If she can't see me doing it, she won't get angry." *Developmental Psychology, 44*, 561-574. doi: 10.1037/0012-1649.44.2.561References 328

Rhodes, M., & Wellman, H. (2013). Constructing a new theory from old ideas and new evidence. *Cognitive Science, 37*, 592-604. doi: 10.1111/cogs.12031

Richert, R. A., & Barrett, J. L. (2005). Do you see what I see? Young children's assumptions about God's perceptual abilities. *International Journal for the Psychology of Religion, 15*, 283-295. doi: 10.1207/s15327582ijpr1504_2

Richert, R. A., & Harris, P. L. (2006). The ghost in my body: Children's developing concept of the soul. *Journal of Cognition and Culture, 6*(3-4), 409-427.

Rieffe, C. J., Meerum Terwogt, M., Koops, W., Stegge, H., & Oomen, A. (2001). Preschoolers appreciation of uncommon desires and subsequent emotions. *British Journal of Developmental Psychology, 19*, 259-274.

Rivas, E. (2005). Recent use of signs by chimpanzees (Pan troglodytes) in interactions with humans. *Journal of Comparative Psychology, 119*, 404-441.

Rizzolatti, G., & Fabbri-Destro, M. (2008). The mirror system and its role in social cognition. *Current Opinion in Neurobiology, 18*, 179-184. doi: 10.1016/j.conb.2008.08.001

Robinson, E. J., Champion, H., & Mitchell, P. (1999). Children's ability to infer utterance veracity from speaker informedness. *Developmental Psychology, 35*, 535-546. doi: 10.1037/0012-1649.35.2.535

Rochat, M. J., Serra, E., Fadiga, L., & Gallese, V. (2008). The evolution of social cognition: Goal familiarity shapes monkeys' action understanding. *Current Biology, 18*, 227-232. doi: http:// dx.doi.org/10.1016/j.cub.2007.12.021

Romero, T., Konno, A., & Hasegawa, T. (2013). Familiarity bias and physiological responses in contagious yawning by dogs support link to empathy. PLoS ONE, 8(8). doi: http:// dx.doi. org/10.1371/journal.pone.0071365

Rosati, A. G., Santos, L. R., & Hare, B. (2010). Primate social cognition: Thirty years after Premack and Woodruff. In M. L. Platt & A. A. Ghazanfar (Eds.), *Primate neuroethology* (pp. 117-143). New York: Oxford University Press.

Rosengren, K. S., Miller P. J., Gutiérrez, I. T., Chow, P.I., Schein, S. S. & Anderson, K. N. (2014). Children's understanding of death: Toward a contextualized and integrated account. *Monographs of the Society for Research in Child Development, 79*(1). doi: 10.1111/mono.12080

Rothbart, M. K., & Bates, J. E. (1998). Temperament. In W. Damon (Series Ed.) & N. Eisenberg (Vol. Ed.), *Handbook of Child Psychology: Vol. 3. Social, emotional and personality development* (5ᵗʰ ed., pp. 105-176). New York: Wiley.

Rothmayr, C., Sodian, B., Hajak, G. r., Döhnel, K., Meinhardt, J. & Sommer, M. (2011). Common and distinct neural networks for false-belief reasoning and inhibitory control. *NeuroImage, 56*, 1705-1713. doi: http://dx.doi.org/10.1016/j.neuroimage.2010.12.052

Rowland, C. F., Pine, J. M., Lieven, E. V. M., & Theakston, A. L. (2003). Determinants of acquisition order in wh-questions: Re-evaluating the role of caregiver speech. *Journal of Child Language, 30*, 609-635. doi: 10.1017/S0305000903005695

Rudy, D., & Grusec, J. E. (2006). Authoritarian parenting in individualist and collectivist groups: Associations with maternal emotion and cognition and children's self-esteem. *Journal of Family Psychology, 20*, 68-78. doi: 10.1037/0893-3200.20.1.68

Ruffman, T. (1996). Do children understand the mind by means of simulation or a theory? Evidence from their understanding of inference. *Mind & Language, 11*, 388-414. doi: 10.1111/j.1468-0017.1996.tb00053.xReferences 329

Ruffman, T., & Keenan, T. R. (1996). The belief-based emotion of surprise: The case for a lag in understanding relative to false belief. *Developmental Psychology, 32*, 40-49. doi: 10.1037/0012-1649.32.1.40

Ruffman, T., & Perner, J. (2005). Do infants really understand false belief? *Trends in Cognitive Sciences, 9*, 462-463. doi: 10.1016/j.tics.2005.08.001

Ruffman, T., Perner, J., Naito, M., Parkin, L., & Clements, W. A. (1998). Older (but not younger) siblings facilitate false belief understanding. *Developmental Psychology, 34*, 161-174. doi: 10.1037/0012-1649.34.1.161

Ruffman, T., Slade, L., & Crowe, E. (2002). The relation between children's and mothers' mental state language and theory-of-mind understanding. *Child Development, 73*, 734-751. doi: 10.1111/1467-8624.00435

Ruffman, T., Taumoepeau, M., & Perkins, C. (2012). Statistical learning as a basis for social understanding in children. *British Journal of Developmental Psychology, 30*, 87-104. doi: 10.1111/j.2044-835X.2011.02045.x

Russell, B. (1912). *The problems of philosophy.* London: Williams and Norgate.

Russell, B. (1970). *Los problemas de la filosofía.* (J. Xirau, Trad.) Barcelona: Labor. (Trabajo original publicado en 1912).

Russell, J. A. (1991). Culture and the categorization of emotions. *Psychological Bulletin, 110*, 426-450. doi: 10.1037/0033-2909.110.3.426

Russell, J. A. (1994). Is there universal recognition of emotion from facial expressions? A review of the cross-cultural studies. *Psychological Bulletin, 115*, 102-141. doi: 10.1037/0033-2909.115.1.102

Russell, J., Jarrold, C., & Potel, D. (1994). What makes strategic deception difficult for children-the deception or the strategy? *British Journal of Developmental Psychology, 12*, 301-314. doi: 10.1111/j.2044-835X.1994.tb00636.x

Ryle, G. (1949). *The concept of mind.* London: Hutchinson's University Library.

Ryle, G. (2005). *El concepto de lo mental.* (E. Rabossi, Trad.). Barcelona: Paidós Surcos. (Trabajo original publicado en 1949).

Sabbagh, M. A., & Baldwin, D. A. (2001). Learning words from knowledgeable versus ignorant speakers: Links between preschoolers' theory of mind and semantic development. *Child Development, 72*, 1054-1070. doi: 10.1111/1467-8624.00334

Sabbagh, M. A., & Taylor, M. (2000). Neural correlates of the theory-of-mind reasoning: An event-related potential study. *Psychological Science, 11*, 46-50. doi: 10.1111/ 1467-9280.00213

Sabbagh, M. A., Bowman, L. C., Evraire, L. E., & Ito, J. M. B. (2009). Neurodevelopmental correlates of theory of mind in preschool children. *Child Development, 80*, 1147-1162. doi: 10.1111/j.1467-8624.2009.01322.x

Sabbagh, M. A., Moulson, M. C., & Harkness, K. L. (2004). Neural correlates of mental state decoding in human adults: An event-related potential study. *Journal of Cognitive Neuroscience, 16*, 415-426. doi: 10.1162/0898929904322926755

Sabbagh, M. A., Xu, F., Carlson, S. M., Moses, L. J., & Lee, K. (2006). The development of executive functioning and theory of mind: A comparison of Chinese and U.S. preschoolers. *Psychological Science, 17*, 74-81.

Saffran, J. R., Aslin, R. N., & Newport, E. L. (1996). Statistical learning by 8-month-old infants. *Science, 274*, 1926-1928. doi: 10.1126/science.274.5294.1926

Saxe, R. R., Whitfield-Gabrieli, S., Scholz, J., & Pelphrey, K. A. (2009). Brain regions for perceiving and reasoning about other people in school-aged children. *Child Development, 80*, 1197-1209. doi: 10.1111/j.1467-8624.2009.01325.x

Saxe, R., & Kanwisher, N. (2003). People thinking about thinking people: The role of the temporo-parietal junction in "theory of mind." *NeuroImage, 19*, 1835-1842. doi: http://dx.doi. org/10.1016/S1053-8119(03)00230-1References 330

Saxe, R., & Powell, L. J. (2006). It's the thought that counts: Specific brain regions for one component of theory of mind. *Psychological Science, 17*, 692-699. doi: 10.1111/j.1467-9280.2006.01768.x

Saxe, R., & Wexler, A. (2005). Making sense of another mind: The role of the right temporo-parietal junction. *Neuropsychologia, 43*, 1391-1399. doi: http://dx.doi.org/10.1016/ j. neuropsychologia.2005.02.013

Saxe, R., Schulz, L. E., & Jiang, Y. V. (2006). Reading minds versus following rules: Dissociating theory of mind and executive control in the brain. *Social Neuroscience, 1*(3-4), 284-298. doi: 10.1080/17470910601000446

Saxe, R., Tzelnic, T., & Carey, S. (2006). Five-month-old infants know humans are solid, like inanimate objects. *Cognition, 101*, B1-B8. doi: 10.1016/j.cognition.2005.10.005

Saxe, R., Tzelnic, T., & Carey, S. (2007). Knowing who dunnit: Infants identify the causal agent in an unseen causal interaction. *Developmental Psychology, 43*, 149-158. doi: 10.1037/ 0012-1649.43.1.149

Schick, B., De Villiers, P., De Villiers, J., & Hoffmeister, R. (2007). Language and theory of mind: A study of deaf children. *Child Development, 78*, 376-396. doi: 10.1111/j.1467-8624.2007.01004.x

Scholl, B. J., & Leslie, A. M. (2001). Minds, modules, and meta-analysis. *Child Development, 72*, 696-701. doi: 10.1111/1467-8624.00308

Schult, C. A., & Wellman, H. M. (1997). Explaining human movements and actions: children's understanding of the limits of psychological explanation. *Cognition, 62*, 291-324. doi: S0010-0277(96)00786-X [pii]

Schulz, L. E., & Bonawitz, E. B. (2007). Serious fun: Preschoolers engage in more exploratory play when evidence is confounded. *Developmental Psychology, 43*, 1045-1050. doi: 10.1037/ 0012-1649.43.4.1045

Schulz, L. E., & Gopnik, A. (2004). Causal learning across domains. *Developmental Psychology, 40*, 162-176. doi: 10.1037/0012-1649.40.2.162

Schulz, L., Bonawitz, E., & Griffiths, T. (2007). Can being scared cause tummy aches? Naive theories, ambiguous evidence, and preschoolers' causal inferences. *Developmental Psychology, 43*, 1124-1139.

Schwebel, D. C., Rosen, C. S., & Singer, J. L. (1999). Preschoolers' pretend play and theory of mind: The role of jointly constructed pretence. *British Journal of Developmental Psychology, 17*, 333-348. doi: 10.1348/026151099165320

Scientists try to predict intentions: Using brain scans to read minds before thoughts turn into actions. (2007, March 5). *Science on NBCNEWS.com.* Retrieved from http://www. nbcnews. com/id/17464320/ns/technology_and_science-science/t/scientists-try-predict-intentions/ #. U34KoySSaLm

Scofield, J., & Behrend, D. A. (2008). Learning words from reliable and unreliable speakers. *Cognitive Development, 23*, 278-290. doi: 10.1016/j.cogdev.2008.01.003

Scott, R. M., & Baillargeon, R. (2009). Which penguin is this? Attributing false beliefs about object identity at 18 months. *Child Development, 80*, 1172-1196. doi: 10.1111/j.1467-8624.2009.01324.xReferences 331

Scott, R. M., Baillargeon, R., Song, H. J., & Leslie, A. M. (2010). Attributing false beliefs about non-obvious properties at 18 months. *Cognitive Psychology, 61*, 366-395. doi: 10.1016/ j.cogpsych.2010.09.001

Searle, J. R. (1983). *Intentionality, an essay in the philosophy of mind.* Cambridge, England: Cambridge University Press.

Searle, J. R. (1992). *Intencionalidad: Un ensayo en la filosofía de la mente.* Madrid: Tecnos. (Trabajo original publicado en 1983)

Shafto, P., Goodman, N. D., & Frank, M. C. (2012). Learning from others: The consequences of psychological reasoning for human learning. *Perspectives on Psychological Science, 7*, 341-351. doi: 10.1177/1745691612448481

Shahaeian, A., Peterson, C. C., Slaughter, V., & Wellman, H. M. (2011). Culture and the sequence of steps in theory of mind development. *Developmental Psychology, 47*, 1239-1247. doi: 10.1037/a0023899

Shakespeare, W. (1961). Romeo and Juliet. In C. Hardin (Ed.), *The complete works of Shakespeare* (pp. 393-424). Glenview, IL: Scott, Foresman. (Original work published 1597)

Sharifzadeh, V. (2004). Families with Middle Eastern roots. In E. Lynch & M. Hanson (Eds.), *Developing cross-cultural competence* (3rd ed., pp. 373-410). Baltimore, MD: Brookes.

Shatz, M., Diesendruck, G., Martinez-Beck, I., & Akar, D. (2003). The influence of language and socioeconomic status on children's understanding of false belief. *Developmental Psychology, 39*, 717-729. doi: 10.1037/0012-1649.39.4.717

Shipley, B. (2000). *Cause and correlation in biology: A user's guide to path analysis, structural equations and causal inference.* Cambridge, England: Cambridge University Press.

Shutts, K., Roben, C. K. P., & Spelke, E. S. (2013). Children's use of social categories in thinking about people and social relationships. *Journal of Cognition and Development, 14*, 35-62. doi: 10.1080/15248372.2011.638686

Shweder, R. A., Goodnow, J. J., Hatano, G., LeVine, R. A., Markus, H. R., & Miller, P. J. (2006). The cultural psychology of development: One mind, many mentalities. In W. Damon & R. M. Lerner (Eds.), *Handbook of child psychology: Vol. 1. Theoretical models of human development* (pp. 716-792). New York: Wiley.

Siegal, M., & Peterson, C. C. (1998). Preschoolers' understanding of lies and innocent and negligent mistakes. *Developmental Psychology, 34*, 332-341. doi: 10.1037/0012-1649.34.2.332

Siegal, M., & Varley, R. (2002). Neural systems involved in 'theory of mind'. *Nature Reviews Neuroscience, 3*, 463-471. doi: 10.1038/nrn844

Siegler, R. S. (1995). Children's thinking: How does change occur? In W. Schneider & F. Weinert (Eds.), *Memory performance and competencies* (pp. 405-430). Hillsdale, NJ: Erlbaum.

Siegler, R. S. (2007). Cognitive variability. *Developmental Science, 10*, 104-109. doi: 10.1111/j.1467-7687.2007.00571.x

Sigel, I. E., McGillicuddy-DeLisi, A. V., & Goodnow, J. (1992). *Parental belief systems: The psychological consequences for children* (2nd ed.). Hillsdale, NJ: Lawrence Erlbaum Associates.

Simons, D. J., & Keil, F. C. (1995). An abstract to concrete shift in the development of biological thought: The insides story. *Cognition, 56*, 129-163. doi: 10.1016/0010-0277(94)00660-d

Skuse, D. H., James, R. S., Bishop, D. V. M., Coppin, B., Dalton, P., Aamodt-Leeper, G., ... Jacobs, P. A. (1997). Evidence from Turner's syndrome of an imprinted X-linked locus affecting cognitive function. *Nature, 387*(6634), 705-708. doi: 10.1038/42706References 332

Slade, L., & Ruffman, T. (2005). How language does (and does not) relate to theory of mind: A longitudinal study of syntax, semantics, working memory and false belief. *British Journal of Developmental Psychology, 23*, 117-141. doi: 10.1348/026151004x21332

Slaughter, V., Dennis, M. J., & Pritchard, M. (2002). Theory of mind and peer acceptance in preschool children. *British Journal of Developmental Psychology, 20*, 545-564. doi: 10.1348/026151002760390945

Slaughter, V., Jaakkola, R., & Carey, S. (1999). Constructing a coherent theory: Children's biological understanding of life and death. In M. Siegal & C. C. Petersen (Eds.), *Children's understanding of biology and health* (pp. 71-96). New York: Cambridge University Press.

Slaughter, V., Peterson, C. C., & Moore, C. (2013). I can talk you into it: Theory of mind and persuasion behavior in young children. *Developmental Psychology, 49*, 227-231. doi: 10.1037/a0028280

Smiley, P., & Huttenlocher, J. (1995). Conceptual development and the child's early words for events, objects, and persons. In M. Tomasello & W. E. Merriman (Eds.), *Beyond names for things: Young children's acquisition of verbs* (pp. 21-61). Hillsdale, NJ: Lawrence Erlbaum Associates.

Sobel, D. M., Tenenbaum, J. B., & Gopnik, A. (2004). Children's causal inferences from indirect evidence: Backwards blocking and Bayesian reasoning in preschoolers. *Cognitive Science, 28*, 303-333. doi: 10.1207/s15516709cog2803_1

Sodian, B. (1994). Early deception and the conceptual continuity claim. In C. Lewis & P. Mitchell (Eds.), *Children's early understanding of mind: Origins and development* (pp. 385-401). Hillsdale, NJ: Lawrence Erlbaum Associates.

Sodian, B., & Thoermer, C. (2008). Precursors to a theory of mind in infancy: Perspectives for research on autism. *The Quarterly Journal of Experimental Psychology, 61*, 27-39. doi: 10.1080/17470210701508681

Sommer, M., Döhnel, K., Sodian, B., Meinhardt, J., Thoermer, C., & Hajak, G. (2007). Neural correlates of true and false belief reasoning. *NeuroImage, 35*, 1378-1384. doi: http://dx.doi. org/10.1016/j.neuroimage.2007.01.042

Sommer, M., Meinhardt, J., Eichenmüller, K., Sodian, B., Döhnel, K., & Hajak, G. (2010). Modulation of the cortical false belief network during development. *Brain Research, 1354*, 123-131. doi: http://dx.doi.org/10.1016/j.brainres.2010.07.057

Soproni, K., Miklósi, A., Topál, J., & Csányi, V. (2001). Comprehension of human communicative signs in pet dogs (Canis familiaris). *Journal of Comparative Psychology, 115*, 122-126. doi: 10.1037/0735-7036.115.2.122

South, M., Ozonoff, S., & McMahon, W. M. (2007). The relationship between executive functioning, central coherence, and repetitive behaviors in the high-functioning autism spectrum. *Autism, 11*, 437-451. doi: 10.1177/1362361307079606

Southgate, V., & Hamilton, A. F. (2008). Unbroken mirrors: Challenging a theory of autism. *Trends in Cognitive Sciences, 12*, 225-229. doi: 10.1016/j.tics.2008.03.005

Southgate, V., Chevallier, C., & Csibra, G. (2009). Sensitivity to communicative relevance tells young children what to imitate. *Developmental Science, 12*, 1013-1019. doi: 10.1111/j.1467-7687.2009.00861.x

Southgate, V., Chevallier, C., & Csibra, G. (2010). Seventeen-month-olds appeal to false beliefs to interpret others' referential communication. *Developmental Science, 13*, 907-912. doi: 10.1111/j.1467-7687.2009.00946.xReferences 333

Southgate, V., Senju, A., & Csibra, G. (2007). Action anticipation through attribution of false belief by 2-year-olds. *Psychological Science, 18*, 587-592.

Spelke, E. (1994). Initial knowledge: six suggestions. *Cognition, 50*(1-3), 431-445. doi: 10.1016/0010-0277(94)90039-6

Spelke, E. S. (2003). What makes us smart? Core knowledge and natural language. In D. Gentner & S. Goldin-Meadow (Eds.), *Language in mind* (pp. 277-312). Cambridge, MA: MIT Press.

Spelke, E. S., & Kinzler, K. D. (2007). Core knowledge. *Developmental Science, 10*, 89-96. doi: 10.1111/j.1467-7687.2007.00569.x

Spelke, E. S., & Kinzler, K. D. (2009). Innateness, learning, and rationality. *Child Development Perspectives, 3*, 96-98. doi: 10.1111/j.1750-8606.2009.00085.x

Spelke, E. S., Breinlinger, K., Macomber, J., & Jacobson, K. (1992). Origins of knowledge. *Psychological Review, 99*, 605-632. doi: 10.1037/0033-295x.99.4.605

Spencer, P., & Harris, M. (2006). Patterns and effects of language input to deaf infants and toddlers from deaf and hearing mothers. In M. M. P. Spencer (Ed.), *Advances in the sign language development of deaf children* (pp. 71-101). New York: Oxford University Press.

Sperber, D. (1994). The modularity of thought and the epidemiology of representations. In L. A. Hirschfeld & S. A. Gelman (Eds.), *Mapping the mind: Domain specificity in cognition and culture* (pp. 39-67). New York: Cambridge University Press.

Sperber, D. (1996). *Explaining culture: A naturalistic approach.* Oxford, England: Blackwell.

Sperber, D. (1997). Intuitive and reflective beliefs. *Mind & Language, 12*, 67-83. doi: 10.1111/1468-0017.00036

Sperber, D. (2005). *Explicar la cultura: Un enfoque naturalista.* (P. Manzano, Trad.) Madrid: Ediciones Morata. (Trabajo original publicado en 1996).

Spilka, B., Armatas, P., & Nussbaum, J. (1964). The concept of God: A factor-analytic approach. *Review of Religious Research, 6*, 28-36. doi: 10.2307/3510880

Spirtes, P., Glymour, C., & Scheines, R. (2000). *Causation, prediction, and search* (2nd ed.) Cambridge, MA: MIT Press.

Stack, J., & Lewis, C. (2011). *Reassessing "infant false belief."* Paper presented at the Biennial Meetings of the Society for Research in Child Development, Montreal, Canada.

Stein, N. L., & Levine, L. J. (1989). The causal organisation of emotional knowledge: A developmental study. *Cognition and Emotion, 3*, 343-378. doi: 10.1080/02699938908412712

Stevenson, H. W., Lee, S., Chen, C., Stigler, J. W., Hsu, C.-C., Kitamura, S., & Hatano, G. (1990). Contexts of achievement: A study of American, Chinese, and Japanese children. *Monographs of the Society for Research in Child Development, 55*(1-2, Serial No. 221). doi: 10.2307/1166090

Stevenson, M. B., & Friedman, S. L. (1986). Developmental changes in the understanding of pictorial representations of sound. *Developmental Psychology, 22*, 686-690. doi: 10.1037/0012-1649.22.5.686

Stich, S. P. (1983). *From folk psychology to cognitive science: The case against belief.* Cambridge, MA: MIT Press.

Stouthamer-Loebel, M. (1991). Young children's verbal misrepresentations of reality. In K. Rotenberg (Ed.), *Children's interpersonal trust* (pp. 20-42). Berlin, Germany: Springer-Verlag.

Sullivan, K., Zaitchik, D., & Tager-Flusberg, H. (1994). Preschoolers can attribute second-order beliefs. *Developmental Psychology, 30*, 395-402. doi: 10.1037/0012-1649.30.3.395References 334

Surian, L., Caldi, S., & Sperber, D. (2007). Attribution of beliefs by 13-month-old infants. *Psychological Science, 18*, 580-586. doi: 10.1111/j.1467-9280.2007.01943.x

Sutton, J., Smith, P. K., & Swettenham, J. (1999). Social cognition and bullying: Social inadequacy or skilled manipulation? *British Journal of Developmental Psychology, 17*, 435-450. doi: 10.1348/026151099165384

Talwar, V., & Lee, K. (2002). Development of lying to conceal a transgression: Children's control of expressive behaviour during verbal deception. *International Journal of Behavioral Development, 26*, 436-444. doi: 10.1080/01650250143000373

Talwar, V., & Lee, K. (2008). Social and cognitive correlates of children's lying behavior. *Child Development, 79*, 866-881. doi: 10.1111/j.1467-8624.2008.01164.x

Tardif, T., & Wellman, H. M. (2000). Acquisition of mental state language in Mandarin- and Cantonese-speaking children. *Developmental Psychology, 36*, 25-43. doi: 10.1037/0012-1649.36.1.25

Tardif, T., Wellman, H. M., & Cheung, K. M. (2004). False belief understanding in Cantonese-speaking children. *Journal of Child Language, 31*, 779-800.

Taumoepeau, M., & Ruffman, T. (2006). Mother and infant talk about mental states relates to desire language and emotion understanding. *Child Development, 77*, 465-481. doi: 10.1111/ j.1467-8624.2006.00882.x

Taylor, M., & Carlson, S. M. (1997). The relation between individual differences in fantasy and theory of mind. *Child Development, 68*, 436-455. doi: 10.1111/j.1467-8624.1997.tb01950.x

Taylor, M., Cartwright, B. S., & Carlson, S. M. (1993). A developmental investigation of children's imaginary companions. *Developmental Psychology, 29*, 276-285. doi: 10.1037/0012-1649.29.2.276

Tenenbaum, J. B., Griffiths, T. L., & Kemp, C. (2006). Theory-based Bayesian models of inductive learning and reasoning. *Trends in Cognitive Sciences, 10*, 309-318. doi: http:// dx.doi.org/10.1016/j.tics.2006.05.009

Tenenbaum, J. B., Griffiths, T., & Niyogi, S. (2007). Intuitive theories as grammars for causal inference. In A. Gopnik & L. Schulz (Eds.), *Causal learning: Psychology, philosophy, and computation* (pp. 301-322). New York: Oxford University Press.

Tenenbaum, J. B., Kemp, C., Griffiths, T. L., & Goodman, N. D. (2011). How to grow a mind: Statistics, structure, and abstraction. *Science, 331*, 1279-1285. doi: 10.1126/science.1192788

Termine, N. T., & Izard, C. E. (1988). Infants' responses to their mothers' expressions of joy and sadness. *Developmental Psychology, 24*, 223-229. doi: 10.1037/0012-1649.24.2.223

Thelen, E., & Smith, L. B. (1994). *A dynamic systems approach to the development of cognition and action.* Cambridge, MA: MIT Press.

Thoermer, C., Sodian, B., Vuori, M., Perst, H., & Kristen, S. (2012). Continuity from an implicit to an explicit understanding of false belief from infancy to preschool age. *British Journal of Developmental Psychology, 30*, 172-187. doi: 10.1111/j.2044-835X.2011.02067.x

Thompson, R. L., Vinson, D. P., Woll, B., & Vigliocco, G. (2012). The road to language learning is iconic: Evidence from British sign language. *Psychological Science, 23*, 1443-1448. doi: 10.1177/0956797612459763

Tobin, J. J., Wu, D. Y. H., & Davidson, D. H. (1989). *Preschool in three cultures: Japan, China, and the United States.* New Haven, CT: Yale University Press.References 335

Tomasello, M. (1993). It's imitation, not mimesis. *Behavioral and Brain Sciences, 16*, 771-772. doi: 10.1017/S0140525X00032921

Tomasello, M. (1999). *The cultural origins of human cognition.* Cambridge, MA: Harvard University Press.

Tomasello, M. (2007). *Los orígenes culturales de la cognición humana.* (A. Negrotto, Trad.). Buenos Aires: Amorrortu. (Trabajo original publicado en 1999).

Tomasello, M., & Call, J. (1997). *Primate cognition.* New York: Oxford University Press.

Tomasello, M., & Carpenter, M. (2005). The emergence of social cognition in three young chimpanzees. *Monographs of the Society for Research in Child Development, 70*(1), 107-122.

Tomasello, M., & Haberl, K. (2003). Understanding attention: 12- and 18-month-olds know what is new for other persons. *Developmental Psychology, 39*, 906-912.

Tomasello, M., Call, J., & Hare, B. (2003). Chimpanzees understand psychological states-the question is which ones and to what extent. *Trends in Cognitive Sciences, 7*, 153-156. doi: 10.1016/S1364-6613(03)00035-4

Toulmin, S. (1967). *The philosophy of science: An introduction.* London: Hutchinson University Library. (Original work published 1953).

Tsai, J. L. (2007). Ideal affect: Cultural causes and behavioral consequences. *Perspectives on Psychological Science, 2*, 242-259. doi: 10.1111/j.1745-6916.2007.00043.x

Tsai, J. L., Knutson, B., & Fung, H. H. (2006). Cultural variation in affect valuation. *Journal of Personality and Social Psychology, 90*, 288-307. doi: 10.1037/0022-3514.90.2.288

Tsai, J. L., Louie, J. Y., Chen, E. E., & Uchida, Y. (2007). Learning what feelings to desire: Socialization of ideal affect through children's storybooks. *Personality and Social Psychology Bulletin, 33*, 17-30. doi: 10.1177/0146167206292749

Tyack, D., & Ingram, D. (1977). Children's production and comprehension of questions. *Journal of Child Language, 4*(02), 211-224. doi: 10.1017/S0305000900001616

Ueno, A., & Matsuzawa, T. (2004). Food transfer between chimpanzee mothers and their infants. *Primates, 45*, 231-239. doi: 10.1007/s10329-004-0085-9

Ullman, T. D., Goodman, N. D., & Tenenbaum, J. B. (2012). Theory learning as stochastic search in the language of thought. *Cognitive Development, 27,* 455-480. doi: 10.1016/j.cogdev.2012.07.005

Vaccari, C., & Marschark, M. (1997). Communication between parents and deaf children: Implications for social-emotional development. *Journal of Child Psychology and Psychiatry, 38,* 793-801.

Van Overwalle, F., & Baetens, K. (2009). Understanding others' actions and goals by mirror and mentalizing systems: A meta-analysis. *NeuroImage, 48,* 564-584. doi: 10.1016/j.neuroimage.2009.06.009

Vosniadou, S., & Brewer, W. F. (1992). Mental models of the earth: A study of conceptual change in childhood. *Cognitive Psychology, 24,* 535-585. doi: 10.1016/0010-0285(92)90018-w

Vrij, A. (2008). *Detecting lies and deceit: Pitfalls and opportunities.* Chichester, England: Wiley.

Walker-Andrews, A. S. (1988). Infants' perception of the affordances of expressive behaviors. In C. Rovee-Collier & L. P. Lipsitt (Eds.), *Advances in infancy research* (Vol. 5, pp. 173-221). Westport, CT: Ablex.

Warneken, F. (2013). What do children and chimpanzees reveal about human altruism. In M. R. Banaji & S. A. Gelman (Eds.), *Navigating the social world* (pp. 393-399). New York: Oxford.

Warneken, F., & Tomasello, M. (2006). Altruistic helping in human infants and young chimpanzees. *Science, 311*(5765), 1301-1303. doi: 10.1126/science.1121448References 336

Warneken, F., & Tomasello, M. (2007). Helping and cooperation at 14 months of age. *Infancy, 11,* 271-294. doi: 10.1111/j.1532-7078.2007.tb00227.x

Warneken, F., & Tomasello, M. (2008). Extrinsic rewards undermine altruistic tendencies in 20-month-olds. *Developmental Psychology, 44,* 1785-1788. doi: 10.1037/a0013860

Warneken, F., & Tomasello, M. (2009). Varieties of altruism in children and chimpanzees. *Trends in Cognitive Sciences, 13,* 397-402.

Watson, A. C., Nixon, C. L., Wilson, A., & Capage, L. (1999). Social interaction skills and theory of mind in young children. *Developmental Psychology, 35,* 386-391. doi: 10.1037/0012-1649.35.2.386

Watson, J. (1999). *Theory of mind and pretend play in family context.* Unpublished Ph.D. dissertation, University of Michigan, Ann Arbor.

Watson, J. K., Gelman, S. A., & Wellman, H. M. (1998). Young children's understanding of the non-physical nature of thoughts and the physical nature of the brain. *British Journal of Developmental Psychology, 16,* 321-335.

Waytz, A., & Mitchell, J. P. (2011). Two mechanisms for simulating other minds: Dissociations between mirroring and self-projection. *Current Directions in Psychological Science, 20,* 197-200. doi: 10.1177/0963721411409007

Wechsler, D. (1989). *Primary scale of intelligence-revised (WPPSI-R).* San Antonio, TX: The Psychological Corporation.

Wellman, H. M. (1990). *The child's theory of mind.* Cambridge, MA: MIT Press.

Wellman, H. M. (1995). Desarrollo de la teoría del pensamiento en los niños (C. Boulandier). Bilbao, España: Desclee De Brouwer. (Trabajo original publicado en 1990).

Wellman, H. M. (2011). Developing a theory of mind. In U. Goswami (Ed.), *The Blackwell handbook of childhood cognitive development* (2nd ed., pp. 258-284). New York: Blackwell.

Wellman, H. M. (2011). Reinvigorating explanations for the study of early cognitive development. *Child Development Perspectives, 5,* 33-38.

Wellman, H. M. (2013). Universal social cognition: Childhood theory of mind. In M. Banaji & S. Gelman (Eds.), *Navigating the social world: A developmental perspective* (pp. 69-74). New York: Oxford University Press.

Wellman, H. M. (2016). Cognición social y educación: teoría de la mente. *Pensamiento Educativo. Revista de Investigación Educacional Latinoamericana, 53*(1), 1-23.

Wellman, H. M., & Banerjee, M. (1991). Mind and emotion: Children's understanding of the emotional consequences of beliefs and desires. *British Journal of Developmental Psychology, 9*, 191-214.

Wellman, H. M., & Bartsch, K. (1988). Young children's reasoning about beliefs. *Cognition, 30*, 239-277.

Wellman, H. M., & Estes, D. (1986). Early understanding of mental entities: a reexamination of childhood realism. *Child Development, 57*, 910-923.

Wellman, H. M., & Gelman, S. A. (1992). Cognitive development: Foundational theories of core domains. *Annual Review of Psychology, 43*, 337-375. doi: 10.1146/annurev.ps.43.020192.002005

Wellman, H. M., & Gelman, S. A. (1998). Knowledge acquisition in foundational domains. In D. Kuhn & R. Siegler (Eds.), *Handbook of child psychology: Vol. 2. Cognition, perception, and language* (5th ed., pp. 523-573). Editor-in-Chief: William Damon. New York: Wiley.

Wellman, H. M., & Hickling, A. K. (1994). The mind's "I": children's conception of the mind as an active agent. *Child Development, 65*, 1564-1580.

Wellman, H. M., & Johnson, C. N. (2008). Developing dualism: From intuitive understanding to transcendental ideas. In A. Antonietti, A. Corradini, & E. Lowe (Eds.), *Psychophysical dualism today: An interdisciplinary approach* (pp. 3-35). Lanham, MD: Lexington Books.

Wellman, H. M., & Liu, D. (2004). Scaling of theory-of-mind tasks. *Child Development, 75*, 523-541. doi: 10.1111/j.1467-8624.2004.00691.x

Wellman, H. M., & Miller, J. G. (2008). Including deontic reasoning as fundamental to theory of mind. *Human Development, 51*, 105-135.

Wellman, H. M., & Peterson, C. C. (2013). Deafness, thought bubbles, and theory-of-mind development. *Developmental Psychology, 49*, 2357-2367. doi: 10.1037/a0032419

Wellman, H. M., & Woolley, J. D. (1990). From simple desires to ordinary beliefs: The early development of everyday psychology. *Cognition, 35*, 245-275.

Wellman, H. M., Cross, D., & Bartsch, K. (1986). Infant search and object permanence: A meta-analysis of the a-not-b error. *Monographs of the Society for Research in Child Development, 51*(3, Serial No. 214). doi: 10.2307/1166103

Wellman, H. M., Cross, D., & Watson, J. (2001). A meta-analysis of theory-of-mind development: The truth about false belief. *Child Development, 72*, 655-684. doi: 10.1111/1467-8624.00304

Wellman, H. M., Fang, F., & Peterson, C. C. (2011). Sequential progressions in a theory of mind scale: Longitudinal perspectives. *Child Development, 82*, 780-792. doi: 10.1111/j.1467-8624.2011.01583.xReferences 337

Wellman, H. M., Fang, F., Liu, D., Zhu, L., & Liu, G. (2006). Scaling of theory-of-mind understandings in Chinese children. *Psychological Science, 17*, 1075-1081. doi: 10.1111/j.1467-9280.2006.01830.x

Wellman, H. M., Harris, P. L., Banerjee, M., & Sinclair, A. (1995). Early understanding of emotion: Evidence from natural language. *Cognition and Emotion, 9*, 117-149.

Wellman, H. M., Hollander, M., & Schult, C. A. (1996). Young children's understanding of thought bubbles and of thoughts. *Child Development, 67,* 768-788. doi: 10.1111/j.1467-8624.1996.tb01763.x

Wellman, H. M., Kushnir, T., Xu, F. & Brink, K. A. (2016). Infants use statistical sampling to understand the psychological world. *Infancy, 21,* 668-676. doi: 10.1111/infa.12131

Wellman, H. M., Lopez-Duran, S., LaBounty, J., & Hamilton, B. (2008). Infant attention to intentional action predicts preschool theory of mind. *Developmental Psychology, 44,* 618-623. doi: 10.1037/0012-1649.44.2.618

Wellman, H. M., Phillips, A. T., & Rodriguez, T. (2000). Young children's understanding of perception, desire, and emotion. *Child Development, 71,* 895-912.

Wellman, H. M., Phillips, A. T., Dunphy-Lelii, S., & LaLonde, N. (2004). Infant social attention predicts preschool social cognition. *Developmental Science, 7,* 283-288.

Westermann, G., Mareschal, D., Johnson, M. H., Sirois, S., Spratling, M. W., & Thomas, M. S. C. (2007). Neuroconstructivism. *Developmental Science, 10,* 75-83. doi: 10.1111/j.1467-7687.2007.00567.x

Widen, S. C., & Russell, J. A. (2003). A closer look at preschoolers' freely produced labels for facial expressions. *Developmental Psychology, 39,* 114-128. doi: 10.1037/0012-1649.39.1.114

Wierzbicka, A. (1992). *Semantics, culture, and cognition: Universal human concepts in culture-specific configurations.* New York: Oxford University Press.

Wierzbicka, A. (1993). A conceptual basis for cultural psychology. *Ethos, 21,* 205-231. doi: 10.1525/eth.1993.21.2.02a00040

Williams, P. (with Tribe, A.) (2000). *Buddhist thought: A complete introduction to the Indian tradition.* London: Routledge.References 338

Williams, P., Tribe, A., & Wynne, A. (2013). *Pensamiento Budista: una introducción completa a la tradición India.* (A. Luengo, Trad.). Barcelona: Herder. (Trabajo original publicado en 2000).

Williamson, R. A., Meltzoff, A. N., & Markman, E. M. (2008). Prior experiences and perceived efficacy influence 3-year-olds' imitation. *Developmental Psychology, 44,* 275-285. doi: 10.1037/0012-1649.44.1.275

Winer, G. A., & Cottrell, J. E. (1996). Does anything leave the eye when we see? Extramission beliefs of children and adults. *Current Directions in Psychological Science, 5,* 137-142. doi: 10.1111/1467-8721.ep11512346

Winer, G. A., Cottrell, J. E., Gregg, V., Fournier, J. S., & Bica, L. A. (2002). Fundamentally misunderstanding visual perception: Adults' belief in visual emissions. *American Psychologist, 57*(6-7), 417-424. doi: 10.1037/0003-066x.57.6-7.417

Winer, G. A., Cottrell, J. E., Karefilaki, K. D., & Chronister, M. (1996). Conditions affecting beliefs about visual perceptions among children and adults. *Journal of Experimental Child Psychology, 61,* 93-115. doi: 10.1006/jecp.1996.0007

Woodward, A. L. (1998). Infants selectively encode the goal object of an actor's reach. *Cognition, 69,* 1-34. doi: http://dx.doi.org/10.1016/S0010-0277(98)00058-4

Woollett, K., Spiers, H. J., & Maguire, E. A. (2009). Talent in the taxi: A model system for exploring expertise. *Philosophical Transactions: Biological Sciences, 364*(1522), 1407-1416. doi: 10.2307/40485913

Woolley, J. D. (1995). Young children's understanding of fictional versus epistemic mental representations: Imagination and belief. *Child Development, 66,* 1011-1021. doi: 10.2307/1131795

Woolley, J. D. (1997). Thinking about fantasy: Are children fundamentally different thinkers and believers from adults? *Child Development, 68*, 991-1011. doi: 10.2307/1132282

Woolley, J. D., & Wellman, H. M. (1990). Young children's understanding of realities, nonrealities, and appearances. Child Development, 61, 946-961.

Wright, R. (2009). *The evolution of God.* New York: Little, Brown.

Wu, R., Gopnik, A., Richardson, D. C., & Kirkham, N. Z. (2011). Infants learn about objects from statistics and people. *Developmental Psychology, 47*, 1220-1229. doi: 10.1037/a0024023

Xu, F., & Garcia, V. (2008). Intuitive statistics by 8-month-old infants. *Proceedings of the National Academy of Sciences, 105*, 5012-5015. doi: 10.1073/pnas.0704450105

Xu, F., Bao, X., Fu, G., Talwar, V., & Lee, K. (2010). Lying and truth-telling in children: From concept to action. *Child Development, 81*, 581-596. doi: 10.1111/j.1467-8624.2009.01417.x

Xu, F., Dewar, K., & Perfors, A. (2009). Induction, overhypotheses, and the shape bias: Some arguments and evidence for rational constructivism. In B. M. Hood & L. Santos (Eds.), *The origins of object knowledge* (pp. 263-284). Oxford, England: Oxford University Press.

Yamaguchi, M., Kuhlmeier, V. A., Wynn, K., & vanMarle, K. (2009). Continuity in social cognition from infancy to childhood. *Developmental Science, 12*, 746-752. doi: 10.1111/j.1467-7687.2008.00813.x

Youngblade, L. M., & Dunn, J. (1995). Individual differences in young children's pretend play with mother and sibling: Links to relationships and understanding of other people's feelings and beliefs. *Child Development, 66*, 1472-1492. doi: 10.1111/j.1467-8624.1995.tb00946.x

Yuill, N. (1984). Young children's coordination of motive and outcome in judgements of satisfaction and morality. *British Journal of Developmental Psychology, 2*, 73-81. doi: 10.1111/j.2044-835X.1984.tb00536.x

Zajonc, R. B., & Mullally, P. R. (1997). Birth order: Reconciling conflicting effects. *American Psychologist, 52*, 685-699. doi: 10.1037/0003-066x.52.7.685References 339

Zelazo, P. D., & Müller, U. (2011). Executive function in typical and atypical development. In U. Goswami (Ed.), *The Wiley-Blackwell handbook of childhood cognitive development* (2nd ed., pp. 574-603): Malden, MA: Wiley-Blackwell.

Zelazo, P. D., Carter, A., Reznick, J. S., & Frye, D. (1997). Early development of executive function: A problem-solving framework. *Review of General Psychology, 1*, 198-226. doi: 10.1037/1089-2680.1.2.198

Zelazo, P. D., Müller, U., Frye, D., & Marcovitch, S. (2003). The development of executive function in early childhood: I. The development of executive function. *Monographs of the Society for Research in Child Development, 68*(3, Serial No. 274), 11-27.

Guerrero, S. 370
Guttman, L. 131, 132, 152, 153
Gweon, H. 323, 324, 326

H
Haberl, K. 30, 238
Habermas, T. 388
Haden, C. A. 388
Hadwin, J. 62, 71, 105
Haider, H. 220
Haker, H. 330
Halford, G. S. 206, 207
Hallinan, E. V. 27
Hamilton, A. F. 329
Hamilton, B. 129
Hamlin, J. K. 27, 273, 274, 299
Hansen, M. B. 117
Happé, F. G. E. 41, 198
Hare, B. 288, 289, 292, 293, 297, 300,
    301, 302, 304
Harkness, K. L. 309
Harman, G. 273
Harmer, S. 65
Harris, M. 224
Harris, P. L. ix, 32, 41, 42, 65, 68, 87, 89,
    99, 145, 153, 154, 208, 211, 213, 214,
    215, 224, 225, 300, 301, 341, 344, 345,
    348, 349, 350, 353, 358, 361, 362, 363,
    370, 371, 378, 379, 380, 381
Hart, D. 388
Hartwig, M. 395, 396
Hasegawa, T. 330
Hatano, G. 60, 61, 186
Hauenstein, A. 373
Hauser, M. 273
Haviland, J. M. 156
He, Z. 233, 237
Henzi, P. 284
Herrero, C. 395
Herrmann, P. A. 345
Herwig, U. 330
Heyes, C. 329
Hickling, A. K. x, 58, 60, 69, 98, 122, 144,
    268, 342, 361
Hickok, G. 329
Higginbotham, D. J. 145, 342

Hirschfeld, L. A. 208, 272
Hirsh-Pasek, K. 336
Hofer, T. 38, 263
Hoffmeister, R. 225
Hollander, M. 71, 72
Hood, L. 60
Horner, V. 344
Howe, N. 35, 341
Hughes, C. 82, 85, 212, 213
Humphrey, N. 283
Huttenlocher, J. 109

I
Iacoboni, M. 328
Imrisek, S. 199
Inagaki, K. 60, 61, 186
Ingram, D. 59
Ito, J. M. B. 320
Izard, C. E. 156

J
Jaakkola, R. 377
Jacobson, K. 160
James, W. 42
Jarrett, N. 117
Jarrold, C. 200
Jaswal, V. K. 350
Jenkins, J. M. 35, 36, 79, 81, 144, 214, 341
Jiang, Y. V. 313
Joffe, T. H. 296, 297
Johnson, C. N. ix, x, 42, 361, 362, 363,
    381, 382
Johnson, M. 364
Johnson, S. C. 358
Johnson, S. P. 172
Johnston, J. R. 136
Jones, T. 206
Joseph, R. M. 105
Jovanovic, B. 263

K
Kagan, J. 304
Kahneman, D. 250
Kaminski, J. 293, 300
Kanwisher, N. 309, 315
Kaplan, J. 328

www.ingramcontent.com/pod-product-compliance
Lightning Source LLC
Chambersburg PA
CBHW080935120726
48003CB00011B/3164